麦积山石窟艺术研究所　编
东山健吾先生及夫人东山セツ子捐款资助文集

麦积山石窟研究

MAIJISHANSHIKUYANJIU

◎主　编　马世长
◎副主编　东山健吾　魏文斌

文物出版社

封面设计:周小玮
责任印制:陆　联
责任编辑:黄文昆　李　净

图书在版编目(CIP)数据

麦积山石窟研究/麦积山石窟艺术研究所编. —北京:文物出版社,2010.3

ISBN 978-7-5010-2938-9

Ⅰ.①麦…　Ⅱ.①麦…　Ⅲ.①麦积山石窟—研究—文集
Ⅳ.①K879.244-53

中国版本图书馆 CIP 数据核字(2010)第 043997 号

麦积山石窟研究

麦积山石窟艺术研究所　编

*

文 物 出 版 社 出 版 发 行

(北京东直门内北小街 2 号楼)

http://www.wenwu.com

E-mail:web@wenwu.com

北京君升印刷有限公司印刷

新　华　书　店　经　销

889×1194　1/16　印张:26

2010 年 3 月第 1 版　2010 年 3 月第 1 次印刷

ISBN 978-7-5010-2938-9　定价:140.00 元

东山健吾先生向麦积山石窟艺术研究所捐款

麦积山石窟远眺

第44窟佛像

目　录

故国情·石窟缘

——略述文集编辑缘起

马世长

参与文集编辑的诸先生，要我策划此事，并写一点相关的情况。我以为也应该让读者知道文集之外的前因后果，故略述缘起于此。

这本麦积山石窟研究文集的编辑与出版，与东山健吾先生有一段特殊的因缘。

东山健吾先生，原名邓健吾。日本成城大学教授、名誉教授，上个世纪三十年代初，出生于日本东京，年长我八岁，是我老师辈的学长。青年时代，就学于日本东京艺术大学，学习艺术史。1953年，新中国建国不久，许多爱国侨胞，纷纷返回祖国，投身于新中国各种项建设事业。正是基于这种爱国热情，东山先生中断了在日本的学习，义无反顾地来到北京，先曾参与日语对外播音工作，不久转到中央美术学院，钻研中国美术史，多次调查西北地区佛教石窟。后来东山先生的研究与教学，以中国佛教美术为核心，特别关注佛教石窟的遗迹和遗物。近几年，先生虽然年近八十，仍然每年来中国一两次，访问石窟。可以说，东山先生与中国佛教石窟有割舍不了的特殊感情。

老话说，光阴如箭，日月如梭，转眼间，我与东山先生相识，已有四十八个年头。

1962年夏，我正在北京大学历史系考古专业，学习中国考古学，宿白教授率领段鹏琦、樊锦诗、谢德根和我，赴敦煌文物研究所进行佛教石窟考古实习。途中在兰州小住，等待文化部和文物局的领导及相关专家，准备一同前往敦煌。恰值东山先生正在甘肃调查石窟，我们有机会在兰州巧遇。当时甘肃省文化局招待文化部和文物局领导及专家们，欣赏甘肃诞生不久的陇剧——枫洛池。优美的唱腔和华丽的服装，给我们留下深刻印象。因为同车前往剧场，第一次见到东山先生。修长的身材，白净的面容。说话轻柔，举止温文尔雅。聊天中，知道他正在调查麦积山石窟；知道他会开汽车（当时国内一般人是不会开汽车的，所以印象深刻，并感到奇怪）；知道他原在日本学习，回国后在中央美术学院工作。

那以后我们各奔东西，很少联系。1963年我毕业后，分配到敦煌文物研究所工作，东山先生在北京，没有再见过面。

在那场史无前例的运动中，听说东山先生被关进秦城监狱，接受调查。那时这类的事，层出不穷。没人能说清为什么。再后来，听说东山先生获释、平反。再后来，听说东山先生离开北京，重回日本。

后来听说东山先生在日本成城大学得到教职，教授中国美术史。

1976年，东山先生和台湾摄影师石嘉福先生一道造访敦煌莫高窟。我们在莫高窟见面。当时东山先生在敦煌进行了详细的调查，并被允许拍摄照片。东山先生和石嘉福先生合著的《敦煌の旅》一书，在日本出版。此书图文并茂，向日本读者介绍了敦煌石窟的基本情况，以及敦煌的风土人情。

以后文物出版社与日本平凡社商议合作出版系列研究性图录《中国石窟》。为保证学术水准，中日双方各有三位学者出任编委。中方是夏鼐、宿白和金维诺三位先生，日方是长广敏雄、冈崎敬和邓健吾三位先生。大约是1979年夏，文物出版社和日本平凡社的社长，相关编辑人员，双方编委以及若干作者，在北京饭店聚会，商讨《中国石窟》的具体编辑事宜，我与东山先生再次会面。十七卷本的《中国石窟》，囊括了中国最为重要的佛教石窟群（敦煌莫高窟、安西榆林窟、克孜尔石窟、库木吐喇石窟、云冈石窟、龙门石窟、麦积山石窟、炳灵寺石窟、巩县石窟），刊布了丰富的图片，发表了全新的研究成果。无论是图片的选择和拍照、论文的撰写、图版的解说，乃至相关的附录资料，均属上乘。

作为日方编委，东山先生通日语，又懂中文，了解中国石窟的具体情况，在审校日文译本时，能够严格把关，保证译文的质量。

长久以来，凡中国石窟艺术在日本展览，东山先生一定积极参与。或讲演，或撰写文章，向日本民众宣传介绍中国的传统文化与艺术。日本NHK直播敦煌莫高窟，东山先生被邀请在洞窟现场为日本观众讲解莫高窟的佛教艺术，反响强烈。极大地提高了莫高窟在日本民众当中的知名度。

为了表达他对中国佛教石窟研究的关心，东山先生曾两次向敦煌研究院赠款。

2005年，云冈石窟研究院举行学术研讨会，东山先生携夫人东山セツ子参加会议。其间，东山先生与我谈起，夫人建议他也应向麦积山石窟艺术研究所赠款，略表他对麦积山石窟研究的关心。于是我提议将赠款用于出版一本麦积山石窟研究文集。当年秋季，东山先生和夫人专程赴天水，实践赠款的诺言。

东山先生和夫人的赠款，是他们热爱中国的具体表现，用于石窟研究，表现出他们与中国石窟特殊的情缘。这些就是本文集编辑的初衷和缘起。我们期望东山先生夫妇这种令人感动的情感，在文集的编辑与出版中能够得到体现。

文集的组稿与编辑，前后经历了三年时间。具体组稿事宜，主要是魏文斌先生联系和安排的。

文集内容以麦积山石窟研究为核心，同时也收入若干相关石窟的研究论文，作者包括中日两国老、中、青三代学者，反映学术界对麦积山石窟研究的扩大与延续。

当文集即将付梓出版之际，我们对东山先生的故国情怀及与中国佛教石窟的因缘，表示敬意。

东山健吾先生与麦积山石窟

花平宁

东山健吾先生原名邓健吾，祖籍中国台湾，1931年生于日本东京。日本成城大学教授、名誉教授。

东山先生早年就学于日本东京艺术大学，1953年来到中国，就职于中央美术学院民族美术研究所。

自1957年始至文革前，东山先生在学习考察和工作中，曾多次调查麦积山石窟。那时麦积山石窟文物保管所，工作人员很少，游人也不多，调查洞窟却比较方便。东山先生调查了当时可以进入的所有洞窟，拍摄石窟文物照片，绘制洞窟形制示意图，记录洞窟塑像和壁画的现状和艺术特点，为此后研究麦积山石窟，积累了大量的第一手资料。

1973年，东山先生回到日本，任教于日本成城大学，主讲中国佛教美术史，培养了一批研究中国佛教美术的年轻学者。

80年代初，文物出版社与日本平凡社通过协商，合作出版多卷本《中国石窟》，在中国和日本出中文版和日文版。中、日双方邀请著名学者担任编委。中方编委是夏鼐、宿白和金维诺，日方编委是长广敏雄、冈崎敬和邓健吾。

这套中国佛教石窟共十七卷，囊括了中国北方各重要佛教石窟。其中的一卷是《中国石窟·天水麦积山》，集中介绍了麦积山石窟83个典型代表洞窟和小龛。同时刊登金维诺、傅熹年、孙纪元、张宝玺等学者撰写的专题研究论文。其中东山健吾先生撰写《麦积山石窟的研究及早期洞窟的两三个问题》一文，在书中刊出。《中国石窟·天水麦积山》卷的出版，再度引起学术界对麦积山石窟的关注。

1992年，“麦积山石窟展”在日本四个城市巡回展出。此次展览的成功举办，得力于东山健吾先生的积极联系和活动。先是得到日本经济新闻社在经费上大力支持，东山先生又通过日本NHK，配合展览进行现场讲解，播出后在日本民众中产生极大影响。经济新闻社配合展览出版了《日中邦交正常化20周年纪念·中国麦积山石窟展》一书，书中除展品图片外，还收入东山健吾先生撰写的《麦积山石窟的创建与佛像的源流》论文。展览和图录，向日本民众介绍了麦积山石窟，扩大了麦积山石窟在日本的知名度。

20世纪70年代末，东山先生即开始回国考察各大石窟，也多次重游麦积山。为他的研究和教学，搜集新的资料。2005年5月，东山先生携夫人东山セツ子再次考察麦积山石窟。夫人是第一次到麦积山，非常喜欢麦积山的自然环境和洞窟中的雕塑作品。遂有向麦积山石窟捐赠的想法。同年10月东山先生再次来到麦积山，向麦积山石窟艺术研究所捐赠100万日元，以资助学术研究。东山先生50多年来，情系麦积山石窟，退休后依然关心麦积山石窟的研究工作，我们深受感动。谨在此向东山健吾先生表示感谢！

麦积山石窟

——云海中微笑的众佛及其系谱

东山健吾著　官秀芳译

序　天水麦积山的历史和风土

麦积山位于甘肃省东部，西安以西330公里。自古由长安沿渭水逆流而上向西是通往丝绸之路的主要路线；而从麦积山山麓南下则曾是从中原通往蜀地（四川）的主要道路。

我第一次去麦积山是1957年的初夏。当我站在陇海铁路天水站（北道埠）的时候，映入眼帘的是一种绿色小江南的景致，与我的想象相去甚远，令我十分意外。我印象中的甘肃省是一副黄土高原的景色。回顾历史，天水在三国魏时与长安同属雍州。麦积山周围，现在还留存五丈原、祁山堡、街亭等古战场遗迹，这些地名在《三国志》里脍炙人口。

从天水站向东南2公里即为一个叫马跑泉的小村庄，村里有一个相当于公共水井的泉眼。我们到的时候，那里聚集了许多村民，在忙着洗菜、洗农具。我们行李较多，便来到这里想借匹马来驮，但一到这里我们就完全被这口水井周围的热闹景象吸引住了。饶有兴味的是，道路两边并排的房舍还保持着古时旅店的样子。离开村子，涉渭水支流永川河。由于连续几天下雨，河水水位上涨，骑在马上需要高抬双脚才不至于沾湿裤脚。穿行在河川右岸，时而趟水前行，着实体会到一股浓厚的乡土气息。从马跑泉穿过永川河向南经过崖湾、白石峪等村庄前行约10公里，视野豁然开阔，到了一个叫“甘泉”的村子。村子的道路两旁房舍排列，依旧保留着旧时旅店的风致。这个村子古时是从长安通往秦州（现在的天水）古道上的驿站。房舍前面有露天集市，出售农作物和日用品。甘泉寺便位于集市的尽头。甘泉寺古称太平寺。唐乾元二年（759年）长安频发饥荒，诗人杜甫携家带口，舍弃华州地方官的职务，从秦州来到外甥杜佐居住的甘泉附近的东柯谷。当时，杜甫于太平寺写下《太平寺泉眼》诗。

山头到山下，凿井不尽土。取供十方僧，香美胜牛乳。

这期间杜甫留下“秦州杂诗”二十首，其中有颂咏麦积山的“山寺”一首。

山　寺　　　杜甫

野寺残僧少，山园细路高。
麝香眠石竹，鹦鹉啄金桃。
乱石通人过，悬崖置屋牢。
上方重阁晚，百里见秋毫。

在第一句里“野寺残僧少，山园细路高”，野寺指麦积山的瑞应寺，唐开元二十二年（734 年）三月，一场大地震袭击了这个地方，当时秦州四千余人死于这场灾难。杜甫来麦积山游览的时候，地震过去仅二十五年。北魏、西魏、北周时期，麦积山集聚了很多修行的僧人，这里曾经是繁盛的禅修中心，然而，现在仅剩几名修行的和尚，和荒废的寺庙没有什么两样，通向石窟的道路变得狭窄。去年（2008 年）5 月 12 日发生四川大地震，广元、茂汶等地受灾严重，临近四川的甘肃省天水也震感强烈。去年 10 月 2 日我去麦积山考察的时候，工作人员正在为第 4 窟倒伏的塑像安装支架进行加固。

那时，甘泉寺的尼姑住持住在这里并守护着这所寺院。寺内有一颗几个人都环抱不过来的巨大古柏，树下有亭，亭中有井，井中涌出甘甜的泉水。看着这口古井，不禁使我想起了一句诗“万方声一慨，吾道竟何之”（四面八方传来轰鸣的军鼓声，我不知该向何处去才好。）杜甫颠沛流离中吟出这一诗句，从中我能深切地感受到他当时的心情。

告别甘泉寺，我们向山间进发，山坡上的荞麦花迎风盛开，小小的白花带着粉边，令人怜爱。路旁排列着很多蜂箱，养蜂人在采集花蜜。经过一个叫元店的集市，我们来到了大峡门。由此，一条盘山险道顺着溪谷向前延伸。大峡门附近经常发生山体崩塌，而且没有一条像样的道路，只能趟水溯流而上，这种情况直到五十多年前才得以解决。正是因为这样险峻的溪谷阻断了行人，以致麦积山几乎被世间所遗忘。再往深处走，山体被茂密的森林覆盖，凉风拂面。再往前走，抬头远望，麦积山那与众不同的身姿豁然出现。此时的麦积山，笼罩在云雾之中，若隐若现。麦积山的山腰为一凸出的悬崖，北宋《太平广记》卷三九七引五代《玉堂闲话》记述：“掘起一石块，高百万寻。望之团团，如民间积麦之状，故有此名。”《玉堂闲话》中还有如下记载：“峭壁之间，镌石成佛，万龛千室。虽自人力，疑是神功。”这里是秦岭山脉的西端，被浓密的森林所覆盖，空气清冷。我们围着山脚走了一圈，登上最后一个陡坡之后来到了麦积山瑞应寺的山门前。瑞应寺前有一广场，建有戏台。四月八日庙会时，附近村子的村民聚集于此，欣赏地方戏曲“秦腔”。这里还保留着当时为了赈济民众使用过的灶。麦积山曾与这些善男信女们同呼吸共命运。我们在石窟中进行考古调查的时候，时常能听到从远处传来的带着哀调的秦腔。听到这悠长哀婉的唱腔，可能只有经常来西北的我才能感受到这种缠绵之情吧。

天水以前被称作秦州。周孝王时期，一个叫嬴非子的人善于放牧，他为周孝王驯养骏马。非子被封于秦（甘肃省张家川回族自治县），号秦嬴。《史记》秦本纪中对秦的发源地有如此的记载。另外一种说法是嬴非子放牧的地方可能就在秦州麦积山山麓。据《清嘉庆一统志》记载，春秋时的秦文公（前 765 ~前 716）的墓穴之所以位于麦积山下，可能就是因为那里是嬴非子放牧的地方。

张骞受汉武帝之命被派去大月氏国的时候，从上邽（天水）通过陇西郡的狄道来到汉朝的边境，当时渡过黄河便进入了匈奴的势力范围，张骞一行不幸被匈奴捕获，被扣留长达十年。虽然张骞在当地娶妻生子，但他一直也没有丢掉手中的使节，逃离匈奴之后贯彻初衷造访了大月氏国，于十三年后他终于回到长安。元狩二年（前 121），霍去病奉汉武帝之命，于春夏两次攻击位于河西走廊上匈奴人的据点，并大获全胜。河西走廊地区，原来为匈奴从汉朝获取大量丝绸后运往西域的重要通道，由于卫青和霍去病的军事行动，匈奴败走西方，汉朝开始积极经营与西域的贸易，并最终确立了东西方交流的丝绸之路。

据《汉书》卷二十八《地理志》记载，汉武帝元鼎三年（前 114）设立天水郡。自此，丝绸之路确立了两条主要线路，一条由长安出发沿渭水溯流而上经秦州、陇西，绕永靖渡黄河，经唐述窟（今炳灵寺石窟）通往河西走廊；另一条由长安出发沿泾水溯流而上经彬县、泾川、平凉、靖远，由红山峡渡黄河，到达河西走廊的武威。《水经注》卷二引《秦州记》记载 ：“枹罕有河夹岸，岸广四十丈。义熙中，乞佛于此河上作飞桥，桥高五十丈，三年乃就。”由于乞伏在黄河上修建飞桥（吊桥），因此东西往来更为频繁。魏晋南北朝、隋、唐时期，作为东西交流干线的正是这条渭水道。这条通道上连接天水麦积山、永靖唐述山（亦称堂述山，今炳灵寺石窟），竺法护、法显等都经过这条通道。唐武则天时文人张鷟（文成）作《游仙窟》，以一段神奇经历描写黄河对岸一处娼优之所，刻画出当时丝绸之路上的驿站——永靖、枹罕的繁盛景象。

（一）麦积山石窟的初创（麦积山石窟的历史背景）

“麦积山阁胜迹，始建于姚秦，成于元魏”。这是麦积山石窟南宋绍兴二十七年（1157年）镌刻的《登第4号阶梯石壁刻石》题记开始的一句话。由此可以看出，麦积山石窟始建于鸠摩罗什至长安，后秦皇帝姚兴时期。此外，南宋有名的地理书祝穆的《方舆胜览》中，也有关于麦积山的名称及创建的具体记载：“在天水县东百里，状如麦积，为秦地林泉之冠。上有姚秦所建寺。……”“在麦积山，后秦姚兴凿山而修”等等。据此记载，首先可以推定麦积山石窟是姚兴时期开始兴建的，但由此推断现存最早石窟的年代比较困难。“麦积山”这个名字很古老，早在南朝梁慧皎（497～554）所著的《高僧传》中就已经出现了。

十六国时代后秦弘始三年（401），龟兹高僧鸠摩罗什受后秦皇帝姚兴的邀请来到长安。在姚兴的授命下，弘始四年（402）正月鸠摩罗什于长安南郊的逍遥园开始翻译佛经。最初翻译的佛经《坐禅三昧经》三卷颇受关注。鸠摩罗什翻译了《妙法莲华经》、《阿弥陀经》、《大智度论》、《大品般若经》、《维摩经》等等很多大乘经典而为世人所知。与此相比，鸠摩罗什对于翻译属于菩萨禅的禅经更加用心，如以《坐禅三昧经》为代表的《禅秘要法经》、《禅法要解》、《思惟略要法》、《菩萨诃色欲法经》等。姚兴灭前秦后，在国内实行德治政策，对于佛教大力保护。姚兴信奉佛教三宝，召开了很多法会和斋会。长安街道上佛教法会盛行，因此崇尚佛教的出家者十室有九。①

（二）在麦积山留下足迹的释玄高（释玄高和麦积山石窟）

梁《高僧传》中有关于释玄高进入麦积山时的记载：“隐居麦积山，山学百余人。崇其义训，禀其禅道。时有长安沙门释昙弘，秦地高僧，隐在此山。与高相会，以同业友善。”这座位于秦岭西端的奇峰麦积山，作为佛教灵山驰名已久。在麦积山修行的有百余名僧人，其中释昙弘的名字也备受肯定。

据梁《高僧传》记载，玄高本姓魏，冯翊万年（陕西省临潼县东北35公里处）人。母亲寇氏，本奉信道教。弘始四年（402）四月八日生下男婴，满室生香。母亲认为儿子的出生实为瑞兆，故取名灵育。故说玄高出家前一直是道教的信徒也是有可能的。当时长安在鸠摩罗什的影响下，修禅之风盛行，以此推断隐居于秦岭山中的禅僧也不在少数。据《高僧传》记载玄高一心出家受戒，十二岁便进入中常山修禅，可能就是位于长安南面的中南山（终南山）。在这样一个佛教兴盛的年代，于佛教兴盛之地长安修行的玄高，十五岁时便开始为山僧讲经说法，受戒后更专于精修禅律。当时受戒的最低年龄是二十岁，佛驮跋陀罗到长安的时间为弘始十年（408）的话，玄高仅六岁，还不到受戒年龄。笔者以前的论

① （唐）房玄龄撰《晋书》卷一百一十七《姚兴载记》记载：“兴既讬意于佛道，公卿已下莫不钦附，沙门自远而至者五千余人，起浮图于永贵里，立波若台于中宫，沙门坐禅者恒有千数，州郡化之，事佛者十室而九矣。”中华书局，1974年。

文①提到，是否应当把玄高的出生年再向前追溯十年呢？关于浮陀跋陀，我认为佛驮跋陀罗与佛驮跋陀为同一个人。佛驮跋陀罗未能融入长安佛教界而遭受排挤，赴庐山慧远之邀，仅一年后又前往江陵（荆州）。僧祐（445～518）《出三藏记集》卷十四《佛驮跋陀传》记载，佛驮跋陀罗去荆州的时间为义熙八年（412），因此他被排挤逼迫离开长安的时间，最迟也是一年前的411年，假设玄高师从佛驮跋陀罗，他出家时仅十岁，这不大可能。

《高僧传》载，“受戒已后专精禅律。闻关中有浮驮跋陀禅师，在石羊寺弘法，高往师之。旬日之中妙通禅法。跋陀叹曰：善哉佛子，乃能深悟如此！于是卑颜推逊不受师礼。”或者说，石羊寺的浮驮跋陀禅师与佛驮跋陀罗也可能不是同一个人。玄高于这之后前往西秦，到达麦积山，在那里呈现出“山学百余人”的盛况。

当时，外国禅师昙无毗到西秦国都枹罕指导禅道，得知这个消息的玄高带着弟子们前往枹罕听取昙无毗的指导。然而旬日（十日左右）之中昙无毗反而颇受启发，不久昙无毗返回。这时河南（黄河以南）两名恶僧向西秦王世子（太子）曼（乞伏慕末，428～431在位）进言“玄高蓄聚徒众，将为国灾”。乞伏慕末信以为真，企图杀害玄高。其父河南王乞伏炽磐（412～427在位）不许，将玄高发配至河北（黄河北岸）林阳堂山（唐述山）。玄高曾经在麦积山的同业好友——长安的昙弘，虽已移居蜀地，但听说玄高被发配的消息后，不畏路途艰险，赶往河南，向河南王申诉玄高的清白。河南王炽磐与太子慕末赧然愧悔，派使者前去向玄高表示歉意，并聘请玄高担任国师。

玄高结束其在陇西的传教讲经之后到了凉州，而沮渠蒙逊最终皈依佛门。延和元年（432）玄高接受北魏阳平王杜超的邀请，前往北魏国都平城，担任太子拓跋晃的老师。但是，崔浩和寇谦之二人怕削弱道教的威信和影响，遂诬告玄高与太子结党。太平真君五年（444）玄高被捕，同年九月十五日玄高和凉州沙门慧崇一起被处刑。

（三）麦积山石窟的早期洞窟

麦积山一带，自秦汉时期便为著名的林泉胜地，至5世纪初一直为修行禅法的灵山，众多的修行僧聚集于此。称得上是大乘禅宗修行道场的麦积山石窟登上了历史舞台。被请到长安来的鸠摩罗什最初翻译的经典是《坐禅三昧经》，由此可见麦积山石窟是当时最高的供养者——后秦姚兴所开创的供大乘禅宗实践的修行道场。

麦积山石窟位于秦岭山脉的西部北麓，距天水市秦州区东南45公里。由第三纪砂砾岩构成。北纬34度21分09秒，东经106度00分10秒，海拔1671.4米，山高142米。秦岭山脉由陕西省南部绵延至甘肃东部，《诗经》中提到的长安南郊终南山和玉泉山等也位于这条山脉上。终南山即为秦岭山脉长安南侧一带的山岳，作为鸠摩罗什翻译场所的逍遥园和西明阁也位于终南山周边。在终南山一带，如果说秦岭山脉的长安一侧是鸠摩罗什翻译佛典的场所，那麦积山就可以说是接受鸠摩罗什训导的僧众们实践大乘禅法的场所。

1953年，中央文化部勘察团勘察麦积山时，在山体的崖壁上架设了木质的栈道，并为洞窟编号1～194号。现洞窟共计221处。② 由于多次发生大地震，麦积山山崖中间出现严重的纵向坍塌，很多洞窟随

① 东山健吾《麦积山石窟的研究及早期石窟的两三个问题》，《中国石窟·天水麦积山》，文物出版社、平凡社，1987年5月。
② 魏文斌、白凡《麦积山石窟历次编号及新编洞窟的说明》，《敦煌研究》2008年5期。

之消失。可以确定的是当初营造的洞窟数量应当大大超出现有的洞窟数量。现在，以这个坍塌区为界，分为东崖和西崖。

麦积山最早的洞窟，从洞窟形式、尊像的构成和样式判断，当为西崖的第51、57、70、71、74、78、165号窟等。早期窟多数位于西崖的东侧，由于接近崩塌的崖面，可以推测当时在地震中毁掉的早期窟不在少数。

西崖栈道早已崩塌损毁，多数洞窟宋代以后无法攀登，故麦积山石窟的北朝窟避免了后世的修补，几乎保留了原作的风貌。另一方面，由于东崖的栈道状况较好，宋代以后的元、明、清各代，均受到周边的信徒的供养。正因如此，很多北朝窟也被后世加以修改，现已面目全非（图1）。

图1 麦积山洞窟分布图（花平宁 摄）

第74窟正壁中央佛坐像，头部损毁，清代修补，技艺拙劣。右壁佛坐像和正壁本尊的胁侍菩萨，以及正壁上层左右小龛里的交脚菩萨像和半跏思惟像等都较好地保留着原状。右壁佛坐像手结定印，高2.8米，高肉髻，雕刻细腻的水波纹。脸型与云冈昙曜五窟大佛的样式接近，从头、眼部到脸颊雕刻手法夸张，给人以力量感。左壁佛坐像头缺损，左下半身残破，露出内部结构。正壁左右胁侍菩萨像体态修长，日本最初报道麦积山石窟的时候，研究者中也有人提及这身菩萨与法隆寺百济观音的关系。百济观音像的修长也是独一无二的。胁侍菩萨戴高冠，上身袒露，戴颈饰和臂钏，穿偏袒右肩袈裟。右胁侍右手持净瓶，左手持莲花置于胸前。如前所述，正壁左右上方有小龛，右龛为交脚菩萨像，左龛为半跏思惟像。在犍陀罗2~5世纪之间很早就出现在浮雕板上的佛三尊像背后上方开小龛的先例。拉合尔博物馆藏莫哈默德·那利出土的佛说法图与麦积山石窟的作品相同，右上部龛里是交脚菩萨像，左上部龛里是半跏思惟像。①

再来看第78窟正壁主尊佛坐像。像高3.25米，高肉髻，直通宽额的高鼻，棱线分明的嘴唇，丰满的脸颊线条简练，概括性极强（图2）。身穿偏袒右肩袈裟，袈裟从右肩绕过右臂外侧，横过右腿，披搭到左肩，胸前斜向的衣缘刻锯齿状纹，其尊容气魄巍然，模仿了云冈第19、20窟的大佛。但是制作这样大型的塑像好像有种种限制，左边破损的坐佛可以看到内部结构，下半身由土坯垒砌而成（图3）。该窟

① 东山健吾《麦积山石窟的研究及早期石窟的两三个问题》，《中国石窟·天水麦积山》，文物出版社、平凡社，1987年5月。

图 2 第 78 窟主尊

图 3 第 78 窟左壁主尊残存内部结构

正壁胁侍菩萨现存左侧一身，仅存上半身。右侧胁侍菩萨已经残失，现为北周或是隋补塑的菩萨像，仅剩上半身。从左手那柔软的动作仿佛能看到血脉流动一般。幸好第 74 窟的两身胁侍菩萨保存完好可以作为参考。

第 165 窟平面长方形，窟顶略平，位于第 78 窟正上方，两窟左右壁完全在同一条竖线上。正壁一尊北宋菩萨坐像，坐像下有束帛座，塑像和束帛座后的壁面有宽阔的背光。束帛座左右的背光上，表现了弥勒菩萨天衣的衣角。由此可见正壁曾为菩萨交脚像。束帛座上用刮刀刻出深痕和浅阴刻线，简练有力，不禁令人联想起早期佛像衣纹的表现方法（图 4）。此窟正壁上部接近窟顶的部分绘有砖砌的建筑构件，虽然不很肯定，但其下面的图案像是描绘着飞翔的形象。也许为兜率陀天的内部。另外，左右两壁也有宽阔的背光，可以考虑弥勒菩萨的左右塑有胁侍菩萨像或半跏思惟菩萨像。

一些研究者根据《登第 4 号阶梯刻石》南宋绍兴二十七年（1157）题记“麦积山阁胜迹，始建于姚秦，成于元魏”，推断早期窟的开凿始于 5 世纪初的姚秦时期。作为推定第 78 窟营造年代的佐证，近年在该窟右边基坛上后来修补的泥皮剥掉后发现了十六身供养人行列像壁画及其榜题，这些供养者身着鲜卑族服装，包头巾，榜题中有“仇池镇经生王□□供养十方诸佛时”等（图 5）。仇池国始于东汉献帝建安元年（196），从氐族酋长杨腾定居仇池开始。太平真君四年（443）二月，北魏据有此地置仇池镇。如此第 78 窟就应为太平真君四年之后所建，但当时北魏太武帝施行抑佛政策，如前所述，太平真君五年（444）玄高被处死，七年（446）北魏全面禁佛。自此，至太武帝死，兴安元年（452）文成帝即位止。期间，麦积山石窟营造活动停止，所以第 78 窟的营造时间应该推定为同年 12 月文成帝发布复兴佛教的诏书之后至献文帝时期。

第 78 窟坛基木框上尚保留有火烧痕迹，有说法断定此为当时灭佛所留，由此得出此窟为废佛之前兴建，但这种说法缺乏可信的证据。北宋元符元年（1098）麦积山发生火灾，宋代《秦州雄武陇城县第六保瑞应寺再葬佛舍利记》中有记载，前述《登第 4 号阶梯石壁刻石》南宋绍兴二十七年（1157）题记中也有“绍兴二年，岁在壬子，兵火毁□”的记载，明嘉靖二十二年（1543）麦积山艺文附录任其昌的

图 4 第 165 窟正壁菩萨束帛座

图 5 第 78 窟仇池镇供养人壁画

《游麦积山记》中也提到“栈道为野火所毁，余柱栏少许，然不可登矣”。此后，据说有记载麦积山屡次因参拜者焚香不慎失火烧毁栈道。

此外，从洞窟建筑形式判定年代的话，云冈昙曜五窟为椭圆形平面和穹隆顶，模仿古代草庐的建筑样式，麦积山石窟的早期窟与云冈石窟的早期窟不同，以长方形的设计为主，多数为平顶，这是比草庐更新的样式，由此可见现存麦积山的早期窟的创建晚于云冈昙曜五窟。

大同云冈石窟和洛阳龙门石窟是北魏为维护国家政权所建的石窟，故其建筑样式作为一种规范而被认可。另一方面，麦积山石窟的塑像由定都于长安的后秦、西魏、北周及隋所建，因此也受到关中地区传统文化的较深影响。而且麦积山接壤南朝，也是它融入汉族样式的原因之一。

第 74、78 窟规模相当，构造及内容几近一致。窟正壁和左右两壁都有高 0.9 米的凹字形基坛，上塑三尊结跏趺坐佛像，代表过去、现在、未来的三世佛，这种形式与云冈昙曜五窟的造像“三尊三佛”一致，容貌形象也很接近。日本飞鸟、白凤、天平的“三尊佛”指的是“一佛二菩萨”。而麦积山第 74、78 窟及第 51 窟的三尊佛像，仅中间主尊两侧有菩萨胁侍，与云冈昙曜五窟及第 5 窟的“三尊三佛”一致。北魏迁都洛阳后，继云冈石窟开凿了龙门宾阳洞，沿袭了三世佛的构成，但与云冈石窟昙曜五窟“三尊三佛”不同，龙门宾阳洞“三尊佛”已确立了“一佛二菩萨”的形式，三尊佛各有两尊菩萨胁侍。麦积山第 128、145、155、142 窟作为修禅窟，由于窟内空间狭小，故未采用龙门宾阳洞“三尊佛”的形式，佛像摆放的自由度大，摆脱了洛阳形制规范。麦积山石窟可以说形成了自己独特的形式。

——麦积山石窟早期窟的年代与编年：现存麦积山最早的洞窟如下：第 51、57、74、78、165、70、71、72、75、77、68 窟，年代大概是北魏献文帝天安、皇兴（466 ~ 471）至孝文帝延兴、承明（471 ~ 476）时期。

（四）北魏中前期、中后期的麦积山石窟

1. 北魏中前期

这个时期相当于云冈石窟中期，麦积山石窟进入变革期。第 80、100、128、144 和 148 窟，正壁

和左右两龛各置一佛。这种类型是在表现早期三世佛构成的基础上发展而来。这个时期的三世佛组合已演变为中央主佛没有胁侍菩萨，而在其他两佛前方相对侍立二菩萨。可以说是龙门石窟宾阳洞三世佛的简化形式。

第128窟窟内结构保存较好，窟内全部被烟熏黑，加上造像经宋代修补，眼部插入黑瓷片，因此原型的魅力大打折扣。正壁主佛高1.84米，头部呈鹅蛋形，高肉髻，结定印。左右壁各一胁侍菩萨，高均为1.48米，虽受烟熏，但右手持净瓶，左手持莲花置于胸前的动作，修长的身姿与衣裳纹理相配，静中有动，尽显北魏中期前半期塑像的魅力。正壁泥皮大部已脱落，现只剩左上部小龛内的半跏思惟像和右边第三段的二佛并坐像。第128窟前部左右两壁各凿一半圆拱形龛，龛内一作禅定印的坐佛。佛像高均1.4米，容貌十分相似。每龛内左右壁各凿有两个小龛共计四个。表现单独的坐佛和二佛并坐像。此外，左右两壁上方各有六龛，前壁窟门上部两段各开七个小龛。第100、80窟也是窟内各壁有很多小龛。

因为第148窟的正壁尚保持着原貌，故这一时期的其他窟室才得以复原。惜左右壁胁侍菩萨已不存，窟室前部和两侧壁保存不是十分完整。该窟为平面方形，平顶，正壁前基座很宽。主尊坐佛结跏趺坐，手结定印，高1.4米，服饰为西方样式，高圆肉髻。正壁主尊后左右各开三个小龛。上段佛龛稍大，右边是交脚菩萨，左边为思惟菩萨。两龛内交脚菩萨和思惟菩萨像与74、78窟等早期窟及其他20多处窟室的形式一致。①

交脚、思惟两菩萨龛下方有4个小龛，内置二佛并坐像影塑。不仅云冈的中期窟，早期昙曜五窟第20窟的光背上也刻有二佛并坐像。《法华经》卷四“见宝塔品”讲过去世的多宝佛听到释迦牟尼说《法华经》，大为赞叹，于是现身塔中，邀请释迦牟尼与他共坐。

第128窟的造像组合与第148窟相同，但该窟的尊像由于信徒们烧香拜佛，已完全被熏黑，再加上佛像眼部被修补过，插入了黑色的瓷片或石片，容貌颇不自然。同样的修补方式在北宋非常普遍。正壁上段的小龛现仅存左侧半跏思惟像。所幸前方左右龛内尚保留六个小龛，塑有两方样式的坐佛和二佛并坐像。

第80窟因山崖崩塌，窟前半部已塌毁，主尊虽经后世修补，但工艺比较粗糙。正壁分两段凿小龛，上段为禅定印坐佛，下段为二佛并坐像。其下各排列三身头戴笼冠、身着文官服装的供养人像。

第100窟正壁基座上为宋代重修的佛坐像，侍立于左右壁的胁侍菩萨头戴三面冠，瘦体修长，具有西方风格的美。右胁侍菩萨右手提水瓶，左手持莲花置于胸前。左胁侍菩萨与右侧的基本相同，但其腰身略扭，下腹稍突出，提着水瓶的左手与天衣呈反向伸展，给腰身增添了动感（图6）。正壁主尊背后壁面泥皮虽已脱落，但小龛内的影塑保存完整。上段龛中右侧为交脚菩萨，左侧为思惟菩萨，各有一尊左胁侍。中段和下段龛内为二佛并坐像，禅定印。左右壁上方各开凿有六个小龛，前壁两段现存共八个小龛，内置二佛并坐像和七尊禅定佛。

图6　第100窟左壁胁侍菩萨

这一时期窟龛的思想内容多次表现代表法华经的二佛并坐像。

① 本书刊载魏文斌《麦积山石窟交脚与半跏思惟菩萨对称构图的研究》。

前面说到鸠摩罗什到长安后翻译了很多禅经，他所译的《妙法莲华经》具体提到了观佛观像的方法。包括麦积山石窟，即便说所有北魏时期的石窟寺院建造佛像的根本思想都是《妙法莲华经》也不为过。

2. 麦积山石窟最早的造像记

麦积山石窟第76窟的佛座正面能看见墨书题记，如根据金维诺释读为“南燕主安都侯□□……”，可知这是南燕主安都侯之妻□□姬的造像记。慕容超为了向后秦讨回被扣压的母亲段氏和妻子呼延氏，于弘始九年（407）派仆射等人出使后秦。在妻子归还之际，慕容超为了表达实现祈愿的感激之情，命人在麦积山开凿石崖，即第76窟。[①]

另一方面，郑炳林和花平宁对于第76窟台座正面的“南燕主安都侯□□”表示怀疑，认为不是“燕”而应读为“南秦主安都侯□陇右诸□□俊敬造”。如此，第76窟为仇池国杨俊所建。[②] 但杨俊于前凉升平四年（360）就已不在人世，从第76窟的窟形和造像样式来看是不可能的。郑国穆认为第76窟应为北魏中晚期建造，即太和改制之后佛教石窟造像开始汉化的时期，与第115窟大致为同时期，约建于景明前后。[③] 第76窟显示的是北魏太和后期的样式。

五胡十六国时代的国名前，多冠以表示立国时间的前后，或者表示方位的东西南北，但这些国名并非当时那个国家的自称，而是后世为了方便叙述历史所起的名字。因此，无论南燕还是南秦，这段铭文都有再作考虑的余地。

麦积山石窟北魏中后期样式研究的极为重要的遗迹，是有景明三年（502）墨书铭文的第115窟。其本尊须弥座上墨书麦积山最早有确切纪年的题记。

唯大代景明三年九月十五日遣上邽镇司□
张元伯稽首白常住三宝今在此麦积□□
□□□为菩萨造石室一躯愿三宝兴
□法轮常转众僧□□天所□□右愿国
祚□（乃）昌万代不绝八方倭负天人庆儴右愿弟
子所有诸师父母命之者神生兜率□面圣
尊□耳□教悟无生忍右现先忘者愿使四大
康像六府□益寿二宜命不中天右愿
弟子夫妻儿媳现世之中众灾消灭百□吉
常为国之良辅学者聪明□箧内列
诸典记□年□历代不移及一
切众生普同成佛
愿子孙养大愿是见佛

这里的菩萨是指在麦积山修行大乘佛教的比丘。由此可知此窟是上邽镇（天水）叫张元伯的镇司，为在麦积山修行悟道的大乘佛教比丘所建造的。由龙门石窟可见，景明年间（500～503）前后，北魏佛

---

① 金维诺：《麦积山石窟的兴建及其艺术成就》，麦积山石窟艺术研究所编《中国石窟·天水麦积山》，文物出版社、平凡社，1998年6月。

② 郑炳林、花平宁：《麦积山石窟第76窟建窟时代考》，郑炳林、花平宁主编《麦积山石窟艺术文化论文集》（上），兰州大学出版社，2004年6月。

③ 郑国穆：《麦积山第76窟考察》，《敦煌学辑刊》2005年第3期。

像服制开始演变为中国样式，而第115窟中的佛坐像和胁侍菩萨仍保留着传统的西方样式（图7）。这身本尊坐佛脸型稍长，面颊丰满，嘴唇略带微笑，容貌温和，体态端庄，还有肩膀棱角分明，与龙门古阳洞北壁第三层第二龛中的杨大眼供养的坐佛十分相似（图8）。这位杨大眼，据说是仇池国杨难当之孙。杨大眼发愿所建佛龛的年代被推定为景明年间，尽管本尊坐佛的服饰具有西方风格，但胁侍菩萨肩上有披肩，天衣于腹前交叉呈X状，采用的是中国的样式。

图7　麦积山第115窟

图8　龙门古阳洞杨大眼造像龛主尊

第114窟与景明三年第115窟西邻，方形平顶，正壁塑本尊坐佛，左右壁前部各开一龛，龛内各有一坐佛，构成三佛的组合。本尊坐佛与前述第76窟的本尊坐佛十分相似，可判断为同时期作品。正壁本尊背后两侧上方两层台上排列着一些影塑，上层各三尊，右侧为菩萨交脚像，左侧为菩萨思惟像。这个传统从第51、74、78号窟一直传承下来。

建造第115、114窟时，位于西崖中央与第128窟同规模的第155窟也完成了开凿，其为平面方形、平顶。正壁开龛，内置佛坐像。此坐佛身着西方式袈裟，衣领上有锯齿纹样，容貌清瘦，肩膀和膝盖均棱角分明。衣纹使用凹凸交错雕刻，这也是旧有的传统手法。正壁龛两侧上方有两个小龛，左龛内为半跏思惟像及两身胁侍菩萨像。右龛的塑像虽已遗失，而以第114窟为例推断，这里曾放置交脚菩萨像的可能性很大。本尊坐佛龛额周围的影塑为飞天和供养像，与第114窟一样，可能有同样的范本吧。以此推测，第115和114窟几乎为同时开凿。而塑像样式的不同则有可能是由于工匠派系差异的缘故。

进入景明年间后，麦积山石窟一边保持旧有的样式，也产生了新样式。那么，云冈和龙门石窟又是怎样的呢？附带说明一下，云冈第11窟外壁上方的释迦多宝龛（11—14）中，尖拱形的龛中雕有二佛并坐像。此像为长脸，中国式的服制，悬裳座。虽然有太和十三年（491）七月十二日敬造的铭记，但因为文字风化严重内容很难判断（图9）。这是“褒衣博带”衣制在云冈最早的例证。同年，即太和十三年，云冈第17窟明窗东壁雕有西方风格的造像（图10）。龛分为上下两层，上层楣拱龛内中尊交脚弥勒菩萨坐在狮子座上，龛内右侧的供养菩萨合掌而立，右侧菩萨已残失。龛外左右次间中为思惟菩萨像。下层尖拱龛内为释迦多宝二佛并坐像。龛楣的七佛均结禅定印。龛外左右站头戴三面高冠的供养菩萨。龛周围绾高髻双手合十的十身供养天。释迦多宝二佛下面有太和十三年（489）九月十九日造像记《比丘尼惠定造释迦多宝弥勒记》，其中可见弥勒、释迦、多宝之名，可推定这种组合的含义。云冈石窟上

图 9　云冈第 11 窟太和十三年铭造像龛

图 10　云冈第 17 窟明窗东壁太和十三年造像龛

述两例造像记，证明太和十三年佛像服制的新旧交替，能推断云冈石窟服制改革进行得较早，早于龙门石窟。

由于孝文帝的迁都，与北魏朝廷相关的石窟从云冈移向龙门。

太和十七年（493）八月，孝文帝的銮驾从京师出发，率步骑百万余，假意征讨南朝齐，实则迁都洛阳。这个时期，以比丘慧成为中心，龙门西山天然溶洞“古阳洞”依照计划进行施工，以本尊释迦大像为中心，左右南北壁开八大佛龛。这些佛龛从太和末年（6 世纪末）直至景明年间（500 ~ 503）。佛像服制与麦积山 115 窟一样保持着西方样式，但胁侍菩萨的服制均为中国式，天衣从肩垂到腹前呈 X 状交叉。第二龛杨大眼西侧第一龛的佛、菩萨像都为中国式的褒衣博带式。也就是说龙门古阳洞的尊像多为西方样式，而胁侍菩萨为中国式，这也是其一大特征。现在，古阳洞中菩萨服制只有在太和十九年（495）营造的长乐王丘穆陵亮夫人尉迟造弥勒像龛中的弥勒菩萨像保留着旧有的西方样式（图 11）。古阳洞中，本尊和胁侍菩萨都表现为旧式衣制的，仅此尉迟造像龛。

图 11　龙门古阳洞丘穆陵亮夫人尉迟造弥勒像龛

因此，中国佛教雕刻样式汉化的时间，云冈石窟最早，龙门石窟 5 世纪末完成了菩萨像的中国化，佛像在景明年间（500 ~ 503）汉化。而麦积山石窟不只是佛像汉化较晚，连菩萨像的汉化也如此。

第 115 窟等洞窟于北魏景明三年（502）完成后，以西崖为中心开凿了为数众多的 2 ~ 3 米见方的小型方窟。与此同时，也正在开凿 133、135 等大型洞窟，麦积山石窟迎来了极盛时代。不仅在窟形上有所改变，就连尊像的样式和服制也相应发生变化，所谓的汉民族样式的佛像逐渐流行开来。第 115 窟开凿之前，以中印度、犍陀罗的佛像为基础，在河西走廊地区定型的凉州样式通过首都平城影响到了麦积山，6世纪初至中叶，造像便形成了一种秀美清雅的风格，即所谓“秀骨清像”的清瘦形中国化的样式。

正如上文所述，尊像的中国化不仅是受西域影响，汉化之风始于东面的云冈石窟尤其值得关注。进入6世纪初，就出现了如龙门古阳洞北壁第三层第一龛中那样的尊像：身着汉民族传统的衣装，胸前袈裟内侧系有一根带子垂下结纽，下裳覆垂于须弥座上，出现了悬裳座，而在麦积山，尊像的中国化出现较晚。

衣纹为平行的阴刻线，衣褶重叠。坐佛同法隆寺金堂的释迦三尊一样，下裳搭于须弥座上形成悬裳座。此样式在麦积山石窟一直流行至西魏末年（556），之后汉式的衣制就越来越复杂化，悬裳座的褶襞形式也出现了诸多种类不同的变化，故可据其形式的发展进行编年。

北魏中期窟龛：76、80、86、89、91、93、100、114、115、128、143、155、156、148、69、169、170。年代约为北魏孝文帝太和年间（477～499），该样式延续到宣武帝景明年间（500～503）在麦积山则包含第76窟和第114、115窟。

（五）西崖最大的万菩萨堂（第133窟）与石刻造像碑

关于第133窟，五代《玉堂闲话》中记载：“有万菩萨堂，凿石而成，广古今之大殿……万躯菩萨，列于一堂。”该窟亦称万佛洞。窟内存有十八通石刻造像碑，所以又称碑洞。

此窟位于西崖最高处，窟内高6米，宽15米，进深13米，为西崖规模最大的洞窟。第133窟由前室及两个后室组成，初进此窟，不禁令人联想到四川东汉的崖墓构造。我自己并没到四川崖墓进行过实地考察，先谈至此。麦积山第133窟的结构复杂，窟内周壁开有地上龛11个，壁上龛4个，共计15个龛。

第1龛与第3龛均塑一佛二胁侍菩萨像。塑像容貌近似，着中国式袈裟，下有悬裳座。

第8龛塑有一尊较大的菩萨交脚像。菩萨眼角向下，含笑，肩上有披肩，戴鱼形颈饰，脚穿草鞋。充分体现出麦积山独特的民间风格。

第9龛正壁塑坐佛一尊。佛像着中国式袈裟，悬裳座。在对佛像容貌的刻画上少了些风趣，弟子阿难紧挨佛像右侧而立，聪慧可掬，符合佛经所述。

第11龛塑有一尊坐佛像，龛楣的龛梁中间与两端饰有兽面图案的装饰物。龛梁的上部有山岳、佛像、修行者、供养比丘、供养者与飞天等影塑，龛内左右两壁满是千佛影塑，以黏土与壁面粘接。

佛教美术中的佛传表现即为依据佛弟子的记忆口口相传而整理出的一种理想化的固定形式，具有时代与地域特色。印度在于公元前2世纪末至公元前1世纪初的巴尔胡特佛塔，以及公元前1世纪后半叶建造的山奇佛塔，栏楯上均刻有佛传，因此可以说佛传于当时就已经形成了一种简练凝重的形式。佛传初期的画面构成将不同时间的几个情景表现在同一空间内，即所谓“异时同图法”，这是佛传初期常用的手法。这种画面构成法由中亚传至敦煌。而麦积山石窟的佛传很少。麦积山第133窟的入口处有释迦牟尼佛与儿子罗睺罗的塑像，为父子会面。前室窟门前立有一尊3.1米多高的佛像，佛像前有一高1.44米的小佛双手合十伫立。上述情景描述释迦牟尼成佛后，回到王城第一次见到自己的儿子罗睺罗的故事。故事说释迦牟尼佛出家的前一天晚上，其妻子耶输陀罗怀孕，六年后释迦牟尼成佛成道的夜晚儿子罗睺罗出生。又过六年他回到迦毗罗城拜谒自己的父王。罗睺罗已经六岁，人们怀疑罗睺罗是否为释迦牟尼的亲生儿子。为此，释迦牟尼佛率领一千二百五十个比丘弟子，每人都扮成与自己相同的佛陀模样，毫无区别，让罗睺罗从中选认亲生父亲。罗睺罗没有丝毫迟疑，径直走到释迦牟尼的身边。进入133窟的窟门首先映入眼帘的就是这感人的佛传场景。作品虽为宋代，但该故事北魏时期即已流行，云冈第19窟内也有同样题材的作品。第133窟内的这一造像最初很有可能是北魏时期塑造的。

133窟中有十八通石刻造像碑，又名“碑洞”。其中第一、第十、第十一和第十六号造像碑以“灵鹫山说法”、过去七佛、释迦说法图、三世佛以及释迦多宝等尊像为主题。显然这些碑像是以大乘佛教的思想为基础雕刻的。多数碑上刻有千佛。例如第1号碑正面及背面均刻千佛，正面刻释迦在灵鹫山说法的情景。该碑又称“千佛碑”。石雕技术精湛，与窟中的塑像相比在样式上有差异。我认为石造像碑是在133窟完成之后，西魏时期搬运进去的。

其中10号造像碑分上、中、下三段，每段中间都有一个主佛龛。上段为释迦多宝二佛并坐像，中段为弥勒菩萨交脚坐像，下段为一佛二菩萨的释迦说法像。三龛充分表现了《法华经》的内容。

下段龛为中印度中期摩揭陀国首都王舍城耆阇崛山。山中释迦牟尼佛的周围聚集着以弟子为主的各阶层会众。释迦佛首先讲述真理的广大与无量之说，随即进入冥想。而后，释迦牟尼眉间的白毫放射光芒，普照宇宙万物。此时，弥勒菩萨问文殊师利菩萨说：“导师为何从眉间白毫放出光芒普照一切宇宙万物呢？我们的国土能因此得以净化，前来听法的人从未像现在这样快乐与高兴。”下段和中段是《法华经》的“序品”。上段龛中的内容是“见宝塔品”的释迦多宝二佛并坐像。“见宝塔品”第十一暗示释迦牟尼将来会成为久远佛。此外，因为其根本的目的是倡导菩萨行，所以在中国成为法华经美术的中心主题，自北魏开始便广为发展，留下了许多雕刻作品。

佛传故事的场面分别表现在中间三龛的左右两侧。上段右侧为太子悉达多于深山中“断发出家”的场景。上段左侧为“阿育王施土因缘”与菩萨“树下思惟”，其下为“释迦涅槃”。下段右侧上部为“初转法轮”，其下为护法天王和狮子。下端右上为“文殊菩萨问疾”，即指来探望病中的维摩诘的文殊菩萨，其下为护法天王与狮子。佛传并没有被刻在正面中央。佛传图一般雕刻在印度佛塔的栏楯和门柱上，以此来表现释迦牟尼伟大的行为。笈多王朝至波罗王朝时期佛传中，有萨尔纳特出土的笈多王朝的作品，表现了佛传中最重要的“佛诞生”、“降魔成道”、“初转法轮”、“涅槃”的“佛传四相图”，在此基础上又附加了四相的“佛传八相图”石刻浮雕。

佛传中尚未见到在上、中、下段的中央表现释迦多宝二佛并坐像、兜率天的弥勒交脚菩萨与释迦说法像的例子。特别是将释迦多宝二佛并坐像放在上段中央的情况，其主体精神在《法华经》中有所表述。另外，印度、犍陀罗没有造释迦多宝二佛并坐像。

与第133窟同期开凿的中小型洞窟数量众多，从而形成了麦积山石窟中后期的样式。与北魏中期第155窟上段相连的为第154窟。第155窟的佛像着西式袈裟，但此窟三壁佛像身着中式袈裟，衣裾垂于须弥座前即所谓悬裳座，仿佛飞鸟佛一样。近似椭圆的瓜子脸上露出笑容。修长的脖颈、细长的双眼及温和的笑容令人印象深刻。三身佛像位于正壁及左右壁。正壁尊像胳膊已残失，有可能手结施无畏印和与愿印。正壁本尊背后的泥皮已经脱落，手与背光已不存在。左右两壁的尊像与正壁本尊相像，双手合起置于腹前作禅定印。背光均为举身光，略显窄长，其后设有段，上面贴着影塑小像或散花等。右壁外侧立供养人身着僧衣，头结螺髻。塑像体长，双手合十显示出敬重虔诚的气氛。头结螺髻的人物像在龙门石窟与响堂山石窟等也能见到，有研究者确定其为“缘觉”（辟支佛），但从麦积山石窟造像的构成配置推测，因与比丘相对应，所以可认定其为比丘尼像。螺髻比丘尼像在第64、101、121、122等窟中也能看到。

第121窟高2.55米，宽2.36米，进深2.15米，覆斗形方窟，正壁与左右两壁各开一龛，龛内各塑佛像一尊。引人注目的是正壁与两壁的一角，正壁两侧的比丘、比丘尼像与左右两壁后部胁侍菩萨的上半身离墙壁较远，而互相贴得很近，上半身略微前倾，肘与肩贴近，头部靠拢。两人会意微笑，仿佛在窃窃私语一般。其实是窟内壁面上用来固定塑像的榫头由于麦积山周边频发地震而松动，原来被固定的塑像稍稍脱离了墙壁，因此这两尊塑像现在接触在一起了。

第101、121、122、154窟均为"秀骨清像"的形象，这种典型样式是北魏后期的工匠将世俗世界中亲友的形象理想化之后创造出来的。

与这一组石窟同一时期的第140、142、159、163诸窟值得注意。第140窟正壁本尊佛坐像为佛说法相，面容细长棱角分明，雕刻手法独特。而右壁前部与左壁前部的比丘尼像螺髻高高隆起，作出屈膝的姿势，富有动感。

第142窟富有魅力，正壁与左壁佛坐像为现在世释迦佛与过去世迦叶佛，右壁为菩萨交脚像即未来世弥勒菩萨，以三世佛作为主尊。该窟与第140窟高度相同，平面方形，平顶，规模稍大一些。正壁结跏趺坐佛像，左右胁侍菩萨各一尊，左右壁塑有比丘与比丘尼像，因其面向正面，所以看起来正壁似乎有五尊像。本尊左右上部有象头山瑞像和牛角山瑞像。右侧为象头山瑞像。《俱舍论记》卷十八提到"羯阇尸利沙山，此云象头山。山顶如象头故以名焉。去鹫峰山北可三、四里。"① 这里曾为佛祖为龙鬼神说法之地。象头顶缺损，象头左侧为正在修行禅观的比丘。牛角山的左侧也有二比丘像。

北魏后期建造的窟龛有：16、17、19、23、64、72、83、84、85、87、88、98、108、110、116、121、122、126、130、133、135、140、142、146、147、154、159、160、163、172。

（六）乙弗皇后的悲剧和西魏石窟·第127窟

西魏窟中比较重要的是东崖的第43窟。窟内经宋代重修，窟外雕出三间崖阁，柱头上方浮雕莲花卷草纹与宝珠，屋顶上装饰鸱尾。窟内分为前室与后室，后室高1.73米，宽2.5米，长3.2米，窟顶低而纵深长。后室顶呈覆斗形，为西魏时代坟墓中玄室的形式。前室后部置一尊佛倚坐像，须弥座与后室之间贯通一条墓道式空间，将玄室联接为一体。泥塑佛倚坐像背后有龙首靠背，左右二尊供养菩萨塑像，仅表现上半身。本尊佛倚坐像前方左右两侧各立一身胁侍菩萨像。这几尊塑像面容丰满与唐代后期和五代时期的样式非常接近。前廊下左右两侧各立一尊金刚力士像，为忿愤怒相，裸露的上身青筋暴起，造型合理，在宋代的塑像中亦为优秀之作。由此我联想到《北史》所记一段西魏文帝皇后乙弗皇后的悲惨故事。柔然（又称蠕蠕）于西魏大统四年（538）侵犯北方疆土。西魏丞相宇文泰为安抚柔然，利用政治联姻，挟文帝废乙弗皇后娶柔然可汗之女为妻。文帝被迫废掉乙弗皇后并让其削发为尼。之后柔然将女儿郁久闾氏送到西魏。大统六年（540）乙弗皇后迁出后宫并削发为尼。然而柔然公主郁久闾氏仍心怀猜忌。文帝封乙弗后的儿子武都王戊为秦州刺史，黄门侍郎苏亮为秦州司马，以辅佐武都王戊，将乙弗皇后迁往秦州居住。同年春，柔然发动全国军队横渡黄河，前锋已过夏州。魏文帝迫不得已遣使令乙弗后自尽。乙弗后死后，魏文帝于麦积山开凿石窟安葬并纪念她。后来称这个窟为寂陵。据史料推断，第43窟正是乙弗后的寂陵。

---

① 《大正藏》第41册，第0278a页。

第44窟位于第43窟西邻，窟前部大部分毁于地震，仅存正面的三尊像。正壁龛内坐佛高1.60米，在麦积山西魏窟中尤为端庄典雅。坐佛面型方圆适中，眼角、脸颊以至下颚每一处曲线富具美感，充满魅力。嘴角微露自然的微笑，区别于北魏后期佛像那种神秘的古典微笑。乙弗后自缢前，命令数十个侍女出家为尼，并亲手为她们断发，目睹佛像端庄典雅的容姿，我能想象来自长安的佛像工匠，依照侍女们的供养而塑造出这尊佛像。龛外右侧站立的胁侍菩萨像高1.30米，佩带项饰，天衣下垂，袒露上身，区别于龛内主尊厚重的袈裟。左壁后部残存一弟子像，高1.07米，形象质朴，与龛内的坐佛形成对比。

与第44窟具有共同造像形式的窟还有第20、102、120、123、127、132、135、147窟等。其中第127窟规模较大，雕像和壁画方面表现出典雅的长安风格，也许与西魏大统年间乙弗皇后及武都王迁往秦州有关系。

第127窟为有覆斗形天井的横长方形窟。高4、宽8、进深4米，为麦积山西崖三大窟之一。又名壁画窟，在麦积山石窟中本生画和经变画占有面积最多。窟顶的平天井绘乘坐张有伞盖龙车的帝释天。一身很大的飞天为先导，帝释天前后围绕众多伎乐天乘坐飞龙。流云飘忽，天衣飘动，描绘出满天飞动的效果。经变画，“涅槃经变”绘制在最重要位置的正壁龛上，还有表现大乘佛教精髓的“维摩诘经变”绘于左壁龛上方、“阿弥陀经变”绘于右壁龛上方。

尤其重要的是，麦积山第127窟“阿弥陀经变”为中国石窟中最早的“阿弥陀经变”。迄今所知中国最早的“阿弥陀经变”为南响堂石窟第2洞前壁上部浮雕“阿弥陀净土图”（现藏华盛顿弗利尔美术馆），北齐武平五年（574）完成。1954年四川省成都市万佛寺遗址出土的石雕“二菩萨立像”背面发现了“带有宫殿和莲花图案的阿弥陀净土图”的浅刻浮雕（现藏四川省博物馆）。具体年代尚待考证，但可以推断浮雕应为梁代即公元6世纪前半叶所做。关于西方净土图，敦煌莫高窟壁画已为世人所知，第220窟南壁初唐阿弥陀净土经变前壁题记“贞观十有六年敬造奉”，年代可考，这也是根据窟内题记考证年代的先例。贞观十六年（642）题记也见于北壁“药师净土变相”壁画中央的灯架台座上，由此第220窟的建成应为这一年，在此一提。在敦煌“观无量寿经变”将《观无量寿经》的内容用图像的形式表现出来。其表现形式一般为：中台极乐净土庄严两侧增加“外缘”，即观经序分的未生怨、十六观，敦煌莫高窟初唐以后，绘制了众多西方净土变，而唐朝前期阿弥陀经变的数量较多。公元700年后，“观无量寿经变”不断增加。如果用绘画表现中台宝座上的九品往生，基于对《观无量寿经》的诸多说法，即使省略外缘，也可视为观经变相。仅以壁画中台部分来判断其为《阿弥陀经变》或是《观无量经变》，是相当困难的。莫高窟中基于《观无量寿经》的变相，现存最早的是第431窟。第431窟中央有方柱，为北魏后期窟，初唐时在这里修补壁画，方柱基座的南壁下部绘九品往生，西壁下部绘十六观。

返回到麦积山第127窟西壁上的西方净土变。壁画上部绘宫殿，两侧有楼阁、树木。殿中阿弥陀三尊的两侧胁侍众多罗汉弟子，前方置一大鼓，两侧二伎乐敲打，舞人翩翩起舞。二舞人两侧有伎乐天，坐在绒毯上演奏伎乐。由于画面剥落严重，宝池部分已难以辨别，但依旧可以分辨出水禽戏水的姿态。假若存在莲华化生，这幅西方净土变便亦可看作“观无量寿经变”。此幅西方净土变根据建筑画严格的透视画法，与敦煌莫高窟初唐时期第321窟北壁“阿弥陀净土变相”相比，技法更为先进。麦积山靠近长安，仅以麦积山石窟西方净土图便能推断西方净土变的源流及其发展过程。

左壁龛上部“维摩诘经变”以大画幅构图表现。在传入中国的维摩经变壁画中画面最为完整。内容包括“问疾品”、“观众生品”、“方便品”，画面右侧方形宝帐中，维摩居士盘坐于内。左侧圆形宝盖下文殊菩萨头戴宝冠，手持如意端坐其中。前来听法的弟子和世俗人物聚集于文殊周围，其中还有戴高冠的国王。国王两边侍女侍从纷纭，官宦众多。一天女立于文殊菩萨与维摩居士的中间，施法力散花。维摩诘身旁刻画有各国王子，源于《方便品》，表现出各民族不同的特征。

“维摩诘经变”在中国为脍炙人口的题材，唐张彦远《历代名画记》记述“长康（顾恺之，345～406）又曾于瓦棺寺北小殿画维摩诘”。即使此画为东晋穆帝升平年间（357～361）前后，也应为最早的维摩诘经变。总之，中国“维摩诘经变”绘画出现于4世纪，壁画最早为5世纪初的作品，现存于炳灵寺石窟第169窟。敦煌维摩诘经变壁画出现较晚，为隋（581～618）初开始。石雕为云冈石窟的第6窟最早，随后相继出现于龙门石窟的宾阳中洞、莲花洞等北魏窟中，均为5世纪后半叶建造。

我于1957年最初来到麦积山石窟，第102窟左壁一身造像首先映入眼帘与平时所见佛像迥然不同，并与右壁一身菩萨像相对而坐。我于佛像前陷入沉思。仔细观察后发现，尊像头部并非肉髻而为冠戴。根据麦积山勘察团发表的《麦积山勘察团工作报告》称：

第102号“造像：正壁一坐佛，左壁一座较低，坐者戴冠，似居士，但无须，是否维摩待考。”①

进一步观察后，发现造像下颚处并排许多小孔，原为插胡须之处。可知这尊造像原为居士，两个窟表现维摩诘与文殊菩萨问答的场面。维摩居士双手置于胸前，上身前探，与文殊菩萨对坐论辩。并且第123窟塑像与第102窟同样。左壁造像戴冠，下颌有须痕，面向右壁菩萨，可判断为“维摩诘经变”。前壁窟门左右两侧童男童女虔敬而立。童子身着长袍，袖手，留海覆额，发辫垂于头后；童女着大袖襦，长裙，头结双髻。二人似冥想状，眼睛细长，嘴角微笑，造型端丽洗练，映衬出供养者纯真的精神世界。在塑像方面，麦积山第123窟和第102窟塑像一并为“维摩诘经变”在这里最早的例证，同时创作于西魏时期。

第4窟（即“上七佛阁”）前廊左壁龛内塑有维摩诘坐像，两侧胁侍弟子像一尊、天女像三尊；右壁上方龛内塑文殊菩萨倚坐像，两侧胁侍菩萨像一尊、弟子像三尊。两龛位于第4窟前廊两端，遥相呼应，合为“维摩诘经变”。两龛塑像经宋代重修，原作为北周塑像。《维摩经》在中国，与佛教中的禅关联较深，鸠摩罗什翻译《维摩经》与禅观无疑有密切关系。云冈、龙门石窟为主的北魏石窟中，以维摩经变为主题雕刻的作品比比皆是。

迄今为止，敦煌以西的中亚或犍陀罗、印度，尚未发现“维摩诘经变”的遗例。

西魏的窟龛有：20、43、44、56、60、64、84、87、88、92、102、105、123、124、127、132、146、147、158。

（七）北周时代石窟：上七佛阁与中七佛阁

继西魏后兴起的北周，在麦积山建造了许多窟龛。西魏时期，西崖崖面已经饱和，无法继续开凿新的洞窟，故第43窟等部分西魏洞窟开凿于东崖。东崖最重要的石窟营造，是位于东崖绝壁之上，距地面80余米的第4窟，北周开凿，亦称“上七佛阁”或“散花楼”，在麦积山石窟中规模最大。第4窟为仿木构建筑崖阁式洞窟。单檐庑殿式窟顶，柱间为七间，宽31米，进深6米，柱高8米。前廊中

① 《文物参考资料》1954年第4期。

间的六根列柱已经崩塌无存，前廊两端的八角柱仅留下两端石柱。各柱间前廊后部开有七间大的佛龛，各龛外面作成帐形（图 12）。帐，本来是显贵于室内用来遮蔽的家具，又叫“帐”、“幔”、“帏”、“承尘”等，河北省中山王墓等有战国时期帐的金属构件出土，以后流行于汉代至南北朝。石窟的装饰方面，云冈第 13、14 窟为先例，尤其河北省邯郸市南响堂山第 1 窟（北齐天统元年；565），第 2 窟（武平五年；574）以及第 5 窟的帐形佛龛与麦积山第 4 窟非常相近。换言之，龛外上部置方锥形覆斗，横梁上置一宝珠形装饰物，横梁下有鳞片状垂幕，其下重叠挂纵长的等腰倒三角形的垂幕，三角形下端缀玉石。各帐的两端垂挂珠链，各帐之间浮雕天龙八部。我想原来在帐的上端饰有口衔连珠的宝鸟图案。与此几乎同出一辙的帐形龛，在麦积山石窟第 133 窟的 16 号造像碑上也可见到（图 13），由此可知，在当地，西魏时代已有先例。饶有兴味的是日本法隆寺金堂释迦三尊的天盖和橘夫人厨子也传承着这种帐形装饰的传统。

图 12　麦积山第 4 窟龛外立面

图 13　第 133 窟第 16 号造像碑局部

帐形龛之间的天龙八部浮雕先将崖面粗略削平，然后以黏土塑造而成。后经宋、明时期两三次的补修，虽然原型有些损坏，但至今仍保留着北周时期的模样。每个大佛龛里分别都塑有一尊坐佛和二胁侍菩萨、二弟子等，但无论明代以后如何修复加固，也无法还原其北周时期的原型了。每龛内正、左、右三壁上方均贴有好几排影塑千佛。虽说现存无多，但抛开影塑的类型不论，只要统一成大小规格即可。在第 31 窟中有上下两层影塑佛像 10 身，故能近距离地仔细观赏（图 14）。日本奈良县飞鸟地区白凤时代的山田寺金堂内壁墙面上也贴满了上述毫无特点的砖制佛像，而麦积山的影塑千佛造型，面部圆润，身体四肢躯干非常饱满，这和日本的白凤佛颇具共通之处。

图 14　第 31 龛影塑佛像

前廊左右两端分别塑一明代修复过的金刚力士像。其上方各开一龛，左边龛内维摩诘像、右边龛内文殊菩萨像各一身及其弟子、天女像各4尊。

关于上七佛阁的建造。南朝梁文学家、梁亡后亡命北周的庾信著《秦州天水郡麦积崖佛龛铭》，其中有"大都督李允信者，奉为亡父造七佛龛"，当为该七佛龛。但是，因在东崖中段有第9窟和标有编号的中七佛阁，故李允信建造的到底是第4窟还是第9窟尚难以断定。现在，第9窟经过明清时期的重修，虽原型基本未曾保留，但在第9窟第3龛的坐佛台座底层的悬裳显露出来，为北周时代佛像样式，故此窟的建造年代一定也是在北周时期。

（八）北周时代的石窟及其造像形式

如上所述，北周时期，虽然麦积山东崖建造了上七佛阁和中七佛阁两个大窟，但大多数洞窟仍为中小型覆斗形方形洞窟。正壁塑一坐佛，左右两壁各塑三尊坐佛的七佛题材较多。与七佛阁同样表现了过去七佛。

过去七佛的造型作品有印度桑奇佛塔的四门浮雕和阿旃陀石窟的壁画，还有犍陀罗，能见到七尊立佛加一尊菩萨形立像一共八尊列像。

在中国，近年在酒泉、敦煌及吐鲁番地区共发现了14座北凉时期的佛教石塔。石塔大致由6部分组成，八角形塔基上有塔身、覆钵、塔颈、相轮和塔盖，覆钵周围圆形佛龛雕刻出七佛一菩萨。14座石塔中的5座上雕刻着自426年到436年北凉的年号。

北魏时期云冈第11窟西壁和第13窟南壁上有过去七佛和弥勒菩萨的组合像。另有永平二年（509）和三年（510）建造的甘肃省陇东北石窟寺和南石窟寺，也有同样的七尊佛立像和一尊菩萨交脚像的组合。此即过去七佛和弥勒菩萨。但为什么麦积山上、中七佛阁及中小型七佛窟内未发现弥勒菩萨像呢？

过去七佛，是指释迦牟尼佛及其以前的过去六佛。释迦牟尼佛涅槃后，人们从思想上进入了无佛时代。为弥补这个空虚及不安，佛的时间属性开始扩大，首先大家认为过去世娑婆世界里掌握法之真谛的佛是存在的，因此管此类佛叫"过去佛"。最后，无论是法抑或是佛两者均可永继。

关于过去七佛，昙曜译有《大吉义神咒经》，其卷一曰"七佛真济，毗婆尸、尸弃、比睑婆皁、讫啰迦孙陀、迦那迦牟尼、迦叶、释师子，两足之尊，有大名称，弥勒在兜率天上与大众围绕。"① 另外，卷二中有"七佛世尊有大神力，长夜拥护是持咒者，使常安吉。于迳常日立诸宿会，都无凶患等同于吉"。又云"一切诸佛有大遗德，一切罗汉皆尽诸漏不受后有。如是诸圣我今归依，以此实语，拥护帝王延祚无穷"②的描述。

创立日本曹洞宗的道元禅师（1200～1253），著有《正法眼藏》95卷，充分显示了道元禅的特色"只管打坐"（即坐禅）。第五十二的"佛祖"上写道："佛祖之现成，为举拈佛祖或为奉勤佛祖。无论过去或现在，都要比佛还有进取之心。……"又举过去七佛之名，"七佛释迦牟尼佛大和尚，此云能忍寂默。"释迦名后为第一摩诃迦叶大和尚等西天第二十八菩提达摩大和尚相继。即，达摩是作为第二十

① 《大正藏》第21册，第568a页。
② 《大正藏》第21册，第571c页。

八代祖师自过去七佛之后传播悟道之真理者。此处无弥勒菩萨之名，那么在西魏以后的北周时期，悟道之真理便倾向于表现禅的精神世界。

第135窟正壁左龛内放置一尊倚坐像的客佛，虽不能推断是从哪个窟移至此窟，但从佛像的样式来看，可判断其为北周时代的塑像。低肉髻、面颊丰满、五官端正，如少年一般纯真。两手自然置于胸前，完美地表现出一种柔和的质感，是北周时代的杰作。北周时代的佛像具有以下特征：低肉髻、丰满圆润的童颜、透过一件薄如蝉翼的外衣展现出人物柔和的躯体线条。当时，北齐有个叫曹仲达的画家，据唐张彦远《历代名画记》记载，其为曹国（粟特）出身的具有代表性的画家，因其画作在表现人物的衣饰方面十分出色，衣服紧贴身体像是刚中水中出来一般，故称其为“曹衣出水”。可见麦积山石窟的北周风格是由中印度笈多时期的秣菟罗以及中亚粟特等地传来的新样式最早在中国本土化的产物。

北周时期的窟龛：3、4、7、9、12、18、22、25、26、27、31、32、36、39、41、45、46、52、54、55、65、67、109、113、134、141、157。

（九）隋代的麦积山石窟

继东崖第4、3、9号北周窟之后，隋代营造了第5、13、14、15、30、28等窟。第4窟下崖面上有凿进岩石里卯眼的痕迹，有20余个，上下两排相连。研究这些卯眼，有像第4窟一样大型建筑物痕迹的说法。若该说事实成立，则第13窟的大佛像就有可能建造于隋代后期。主尊佛倚像高15米多，比北魏建造的麦积山西崖第98号摩崖佛三尊还大。至于大佛的塑造，云冈、龙门等中国东部的石窟以石雕为主，而对于没有细密石质的麦积山石窟和敦煌石窟等西北地区的石窟，则以石胎塑像为主。石胎塑像在日本称石芯塑像，先将塑像的胎在崖面上雕刻出来，其上敷以塑土制作而成。明代的补修尽管圆润但仍表现出隋代厚重的作风。大佛的制作技法，在石质不佳的中国西北地区及中亚石窟中，绝大部分的大佛像都是石胎泥塑。麦积山第13号摩崖大佛三尊像位于东崖中央，上方为上七佛阁，东侧与千佛廊和中七佛阁邻接，位置非常显著。中尊为佛倚像，头部圆满，紧闭双唇，表现出强有力的意志。另一方面，左右两边的胁侍菩萨嘴角显露出柔美的微笑，保留着北周塑像的遗风。篡夺北周王朝即位于581年（开皇元年）建立王朝的隋文帝，致力于北周废佛后佛教的复兴。其不仅在全国四十五州大兴国寺，且前后三次在全国范围内修建舍利塔，其数量多达113所，还造了大小10万6580躯像，修复150万8940躯故像。隋代初期的造像分别继承了齐、周样式。

展望隋代西北地区，麦积山有碑文记载：仁寿元年（601）再次修复崖阁，敕建舍利塔，赐净念寺。于麦积山顶建塔，开大小窟龛。最近于舍利塔内发现了佛像。[①]

若论北周时代遗风，则在第8窟内可以见到。穹隆形小佛龛内表现一佛倚像及左右各一胁侍菩萨像。中尊像将左手轻贴在胸前略显害羞态，躯体修长柔软，神态安详，从左手掌握莲蕾的胁侍菩萨少女样的姿容可见其清新生动的新面貌。

第62窟平面方形，窟顶呈方锥形，正、左、右壁各开一龛，龛内各有一坐佛，龛外左右各侍立胁侍菩萨。虽为北周时代开凿，但胁侍菩萨颇具动感，对丰满身姿的处理也恰到好处，且使人们感到胁侍菩

① 麦积山石窟艺术研究所《麦积山舍利塔清理简报》，待刊。

萨的举止动作被赋予了新时代的气息。应为隋代营造。

第5窟开凿于东崖最高处紧邻第4窟西端，和第4、43窟同样为仿木构建筑的三间四柱崖阁。正壁开三龛，中间龛为平面马蹄形穹隆顶龛，内有坐佛一身、弟子像二身、菩萨像四身。肃穆的面部，具有力感的身躯标示着从北周时代起写实风格的进步，隋样式的典型（初唐完成）。

龛外左侧塑摩醯首罗天（大自在天，即印度教的最高神湿婆神），头戴宝冠，身穿铠甲，高4.5米，一副威武不可侵犯的英雄气概，双脚踩在牛背上。因此，周边信徒亲切称其为“牛儿堂”。云冈石窟北魏第8窟中也雕造有乘牛的摩醯首罗天雕像，以及与之相对的骑金翅鸟毗纽天（印度教的毗湿奴神，被佛教吸收后成为那罗延天）雕像。此外，敦煌莫高窟第285窟西壁上也画有乘牛的大自在天像和与之对应的骑着金翅鸟的那罗延天。现在麦积山第5窟里已见不到摩醯首罗天对面的那罗延天了。这或许是因为开元二十二年（734）的大地震致使其消失了吧。

第24窟位于第5窟下方，周围有许多北魏和西魏的洞窟。窟前部已经崩塌，现仅剩坐佛像一身和左侧菩萨立像一身，右侧有弟子立像和菩萨立像各一身，尊像的配置不太规则。塑像不仅写实性表现宽肩等躯体，而且对眼睛和脸部表情的处理上也颇见工夫。隋代佛像的特点之一，就是从北周时代的童颜脱胎换骨为端正的成人面容，仔细观看了第24窟的造像之后，仿佛领会到作者的用心，其间流露出一种强烈的亲近感。

第14窟为具有代表性的方形平面加方锥形窟顶北周窟，此窟左壁后部，置一力士像，石窟形式与其他窟不一致，这有可能是由于隋代的补充而重新建造形成的。至隋代，为了让这些从北周时代遗留下的坚固雕像更显其强大有力，该力士像比前代雕塑更强调向近代的转变（图15）。由此联想起罗丹曾言：“作为艺术家，在自然里没有丑的东西，全是美丽的。他可以将对他人而言是丑恶的东西变为美的。为什么这样说呢，是因为所说的美在艺术上没有能超过表现极强真的表现。任何艺术家只要能把映入眼中的任何自然的东西以艺术的形式强有力地、深刻地、成功地表现出来，那么他的作品就是美的。”每当看到第14窟的力士像，心中确信只有它可说是麦积山隋代最美的杰作，也可见麦积山雕刻变化之鲜明。另外，敦煌塑像在隋代初期残留有流行于北魏后期的褒衣博带服饰制度的遗风，颜面躯体表现出浑圆的北周样式特征，而接近长安的麦积山与地处西陲的敦煌石窟其差异十分显著。

图15　第14窟力士像

隋代窟龛：第5、8、13、14、24、34、37、40、42、62、82、166、152窟。

结　语

弘始三年（401），鸠摩罗什作为后秦王姚兴的国师被迎往长安。其后姚兴将长安南郊的终南山作为鸠摩罗什的译经道场赠予大师，大师译《坐禅三昧经》等禅经于此。麦积山石窟为鸠摩罗什主持终南山禅经践行之地。百年后的景明三年，上邽镇司□张元伯于麦积山为求得觉悟，为比丘修建了观像观佛修行大乘菩萨行的第115窟。

云冈昙曜五窟和龙门石窟的宾阳洞为皇帝敕令建造，而麦积山石窟据第115窟留存铭文记载，上邽一位官员为修禅者即大乘菩萨，即出家修禅者，作为修行场所而开凿了这个洞窟。像麦积山石窟第154窟里的佛像，以善良的农民为原形，塑像很多，这在中国的佛教石窟中非常珍贵。

作者简介

东山健吾，原名邓健吾。1931年生，日本成城大学教授，从事佛教艺术研究，成果颇丰。并致力于中日文化交流事业。著有《敦煌三大石窟》、《敦煌莫高窟北朝期尊像图像的考察》、《麦积山石窟的研究及早期石窟的两三个问题》、《围绕睒子本生图试论敦煌石窟本生说法图的形式》等。

（翻译稿经李梅、魏文斌校对）

麦積山石窟

——雲海に微笑む仏たちとその系譜

東山健吾

序章　天水麦積山その歴史と風土

麦積山は甘粛省の東に位置し、西安（長安）の西、約330㎞の地点にある。かつて長安から渭水を溯る路は西に通ずるシルクロードの幹線であったばかりでなく、中原から蜀（四川）に通ずる主な街道であった。

私が初めて麦積山に行ったのは1957年の初夏だった。隴海鉄道の天水駅（北道埠）を下車した時の第一印象は、緑滴る江南と言う感じで意外だったが、迂闊にも私は甘粛省というので、黄土高原の風景を想像していたのである。そういえば天水は三国時代の魏のときには長安と同じく雍州に属していた。麦積山の周辺には、五丈原をはじめ、祁山堡、街亭等の古戦場があり、これらの地名は『三国志』で名高い。

天水駅（北道埠）を出て東南へ2㎞も行くと馬足包泉という村がある。共同井戸のような泉があり、野菜や農具を洗う村人が集まっていた。私たちは、シュラーフザック（寝袋）等の手荷物を運ぶために馬を借りようと来たのであったが、熱気溢れる共同井戸の賑わいにすっかり見とれてしまった。道の両側の家並みは古い宿場の様子を保っていて興味深い。村をはずれると渭水の支流永川河を渡る。前日の雨で水嵩が増えて、馬の背の私も思わず足をあげる。現在は国道が川の右岸を走っているが、当時は河原に降りて流れの中を溯ると言う具合で、なかなか野趣に富んでいた。馬足包泉から10㎞ほど登ると視野が開けて、甘泉という村に着く。道の両側には旅籠の面影を止める家並みが連なる。この村は、かつて長安から秦州（現在の天水）に通ずる古道の宿場だった。家並みの前には露店が市をなし、農作物や日用品等を売っている。この集落のはずれには甘泉寺がある。甘泉寺はもと太平寺と称していた。唐の詩人杜甫は唐乾元二年（759）大飢饉に襲われた長安を離れ華州の地方事務官の職を捨てて、家族と共に安住の地を求めて秦州から甥の杜佐が住んで居た甘泉に程近い東柯谷に流寓していた。その折に太平寺に立ち寄り、賦『太平寺泉眼』の詩篇を残し「山頭到山下，鑿井不盡土。取供十方僧，香美勝牛乳。」と詠っている。この頃杜甫は秦州雑詩二十首を残しており、この中には麦積山石窟を詠んだ『山寺』と題する一首がある。

山　寺　　　杜甫

野寺残僧少　山園細路高

麝香眠石竹　鸚鵡啄金桃

乱石通人過　懸崖置屋牢
上方重閣晩　百里見纖毫

最初の対句の「野の寺の残りの僧は少なく、山園細き道高し」とあるが、野寺とは麦積山瑞応寺であり、この地方を襲った唐開元22（734）年3月の大地震の時、秦州では四千人もの住民が死亡するなど大きな被害に遭ってしまった。震災から、わずか25年しか経過しておらず、かつて北魏・西魏・北周期に多くの修行僧を集めてあれほど盛んであった禅業の修行の中心だった石窟が、今や残った修行僧は少なくなり、野の寺と変わりなくなり、石窟に向かう道は狭まってしまったと詠んでいるのである。昨年（2008年）5月12日に起こった四川省の大地震では、広元・茂文等の地方が大被害を被ったが、その地域に隣接している甘粛省の天水でも相当の揺れがあったようで、昨年の10月2日に麦積山を訪れたときには、第4号窟の倒れかかった尊像に支柱が取り付けられ、補強されていた。

現在、甘泉寺には尼僧の住職が居り寺を守っている。寺内には数人でも抱え切れない程大きな柏の老樹があり、樹の袂には古い甘泉がある。この古い泉を見ていると、「万方声一慨、吾道竟何之」（四方八方で軍鼓の音が轟いている。私は一体どこへ行けば良いのだろう）と詠んだ流浪の旅路にある杜甫の心情がひしひしとせまる思いがする。

甘泉寺を離れて山間に入ると、山の斜面には蕎麦が一面にピンク色を帯びた白い花を開いている。路傍にはこの花を追って養蜂の巣箱が並ぶ。この辺りから渓谷に沿って険しい登りになる。大峡門付近はしばしば崖崩れがあり、五十数年程前までは、この河原を溯るほかには道らしい道はなく、険しい渓谷が、行く人を阻んでいたので、麦積山は世間から永らく忘れ去られていたのである。この辺りにさしかかると、山は鬱蒼とした森林に覆われ空気もひんやりと冷たい。渓谷の中をさらに進むと、行く手には大地から突き出たような、特徴ある麦積山が姿を現す。山腹はオーバーハングの絶壁で、「石塊がひときわ高く聳え、その高さ百万尋、遠望すると山容が麦打ち場に積み上げた麦積（藁塚）に似ているので、麦積山という名がある」と北宋の『太平広記』巻397に引用された五代の『玉堂間話』に述べられている。『玉堂間話』は「青雲の半ばにある峭壁の間に、岩を刻って仏となす。千龕一千室あり、人工なるも神の功と疑う」とある。雲がたなびき、後方の香積山は霞んでいる。ここは秦嶺山脈の西端にあり、深い森林に覆われているので空気もひんやりとしている。山の裾を一回りするように最後の急坂を登り詰めると麦積山瑞應寺の山門の前に出る。門前に広場があり、舞台が造られている。四月八日の廟会の時には近隣の村々から村民が集まって、地方劇「秦腔」を楽しんだことであろう。炊き出しの為の竈の跡も残っている。麦積山はこれらの善男善女と共に息づいてきたのである。石窟で考古学の実地調査をしていると、時々、遠くから哀調を帯びた「秦腔」を謡う声が聞こえる。この謡声を耳にすると、いつも西北に来た懐かしさを感ずるのは私だけであろうか。

天水はかつて秦州とよばれた。周の孝王のとき嬴・非子という者が牧畜をよくし、孝王の為に馬を大いに繁殖させた。そこで非子に秦（甘粛省張家川回族自治県）の地を与え、号して秦嬴・といった。《史記》秦本紀は、秦発祥の伝説をこのように述べている。一説によると非子が放牧した故地は、秦州麦積山山麓ではないかという。《清嘉慶一統志》に、春秋時代の秦文公（B. C. 765 ~ 716）の墓が麦積山の下にあるというのも、嬴・非子放牧の故地に因んでのことかもしれない。

張騫が漢の武帝の命により大月氏国へ派遣されたとき、上邽（天水）から隴西郡の狄道を通過して漢の辺境に至ったと思われるが、当時は黄河を渡れば匈奴の勢力圏に入り、張騫一行はたちまち匈奴に捕らえられてしまった。10年間にわたり抑留され、逃亡の後、初志貫徹して大月氏国を訪れ、13年後に長安に帰還した。漢武帝の命により、霍去病は元狩二年（前121）には、春と夏の二回にわたって河西回廊の匈奴の拠点に出撃し大勝利をおさめた。河西回廊地帯は、かつて匈奴が漢から得た大量の絹織物を西域に運ぶ幹線ルートであったが、衛青と霍去病の働きによって、匈奴を遠く西に敗走させた漢は、積極的に西域経営に乗りだし、東西交流の道シルクロードを確立する。

『漢書』28「地理志」によると、武帝は元鼎三年（前114）天水郡を置いた。爾来、シルクロードは、長安から渭水を溯って秦州・隴西を経て、永靖で黄河をわたり、唐述窟（現在の炳霊寺石窟）を経て河西回廊に通じる要路と、長安から径水を溯り彬県・涇川・平涼・靖遠を経て、紅山峡で黄河をわたり、河西回廊の武威に出る二つの主なルートが成立した。『水経注』に引用された『秦州記』には「枹罕に河夾岸があり、岸の広さは四十丈。義熙年間（405—418）に乞仏がこの河（黄河）上に飛橋（吊り橋）を架けた。橋の高さは五十丈、三年でやっとできた」とある。乞伏氏が黄河に架けた飛橋によって東西の往来が便利になり、魏晋南北朝、隋・唐を通じて東西交流の幹線となったのがこの渭水ルートであった。このルート上には天水に麦積山があり、永靖には唐述山（或いは堂山、現在の炳霊寺石窟）があり、竺法護・法顕等が通った道である。唐則天期の文人張鷟（文成）の『游仙窟』には「神仙の窟」の体験談という形で黄河の渡しにあった遊里が語られ、当時のシルクロードの宿場町永靖枹罕の盛んな様が反映されている。

（一）麦積山石窟の草創:（麦積山石窟の歴史的背景）

「麦積山閣勝迹、始建于姚秦、成于元魏」これは南宋の紹興二十七年（1157）に麦積山石窟《登第4号階梯石壁刻石》に刻まれた題記の最初に記されている一文である。これにより、麦積山石窟はまさに鳩摩羅什を長安に招聘した、後秦の皇帝姚興のとき開鑿されたことがわかる。また南宋時代の地理書として有名な祝穆の『方輿勝覧』も、麦積山の名称のいわれとその草創についてさらに具体的に述べている。「麦積山は天水県東百余里に在り、状は麦積のごとし、秦地林泉の冠たり。上に姚秦の建つるところの寺あり……」「瑞応院は麦積山に在り、後秦の姚興、山を鑿ちて修す」とある。このような記録により、麦積山石窟は姚興の時に開かれたのはまず推定できるが、現存する初期の石窟をそのまま比定するのは難しい。なお、「麦積山」という名称は古く、南朝梁代の慧皎（497～554）が著した『高僧伝』にすでに使用されている。

五胡十六国時代の後秦弘始三年（401）、亀茲国の名僧鳩摩羅什が後秦の皇帝姚興によって長安に迎えられた。姚興のもとで、弘始四年（402）正月より長安南郊の秦嶺山中にある逍遥園において鳩摩羅什による訳経が始まるが、まず最初に漢訳された仏典が『坐禅三昧経』三巻であったことは注目される。鳩摩羅什は『妙法蓮華経』『阿弥陀経』『賢劫経』『大智度論』『大品般若経』『維摩経』など多くの大乗経典を翻訳したことで知られているが、『坐禅三昧経』をはじめ『禅秘要法経』『禅法要解』『思惟略要法』『菩薩訶色欲経』等特に菩薩禅に属する禅経を訳出することに努めたといわれる。姚興は前秦を滅ぼし、国内については徳治主義をもって政治に当たり、仏教に対して深い理解をもっていた。姚興は三宝を崇信して法会や斎会を盛んに開いた。長安の街が仏教法会であふれ、そのため仏教を慕って出家する者が十室の半ばに達したという。『晋書』巻百十七、姚興載記に「興はすでに意を仏道に託し、公卿已下欽んで附せざるものなし。沙門の遠きよりいたるもの五千余人あり、浮図（仏塔）を永貴里に起て、波若台（般若台）を中宮に立つ、沙門の坐禅する者恒に千数あり。州郡これに化し、仏に事うる者十室のうち九なり」と述べている。①

（二）麦積山に足跡を印した釈玄高（釋玄高と麦積山石窟）

釈玄高が麦積山に入った時の状況について梁『高僧伝』には、「麦積山に隠居す。山に学ぶもの百余人、其の義訓を崇び、其の禅道を稟く。時に長安の沙門釈曇弘有り。秦地の高僧にして、隠れてこの山に在るなり。高と再会し、同業を以て友とし善し」と記されている。この麦積山は、秦嶺山脈の西端の奇峰であり、仏教の霊山として知られていた。麦積山には百人余りの修行僧がいたが、其の中には釈曇弘の名前も認められる。

梁『高僧伝』によると、玄高の姓は魏、馮翊万年（陝西省臨潼県の北東35 km）の人である。母は寇氏と云い、もともと道教を信じていた。弘始四年（402）四月八日に至って男児が生まれた。家内に異香が漂った。母は男児が生まれた瑞兆とし本名を霊育と名づけた。あるいは玄高も出家する前は道教の信者であったかもしれない。『高僧伝』によって玄高が受戒する迄の足取りを追うと、当時長安の仏教界では鳩摩羅什の影響下にあって、修禅の風が盛んである様が伺われ、秦嶺山中に隠棲して禅業にはげむ僧侶が少なくなかった事が推測される。玄高が修禅のため十二歳で中常山は、恐らく長安の南にある中南山（終南山）のことであろう。このような仏教興隆の時代に、長安の仏教界の環境の中で修行したのであったが、玄高は十五歳のときにすでに山僧の為に説法し、受戒が終わってから専ら禅律に精しかったとされる。当時受戒の年齢は二十歳であるから、仏駄跋陀羅が長安に到着したのが弘始十年（408）とすれば、玄高は齢わずか六歳であり、受戒の齢ではない。

私は以前の論文②の中で、玄高の生年は十年程溯らせることになるのではないかと述べた。しかし浮陀跋陀については、仏駄跋陀羅或いは仏駄跋陀と同一人物と考えていた。仏駄跋陀羅が長安の仏教界に容れられず擯出されて、廬山の慧遠のもとに赴き、一年ばかり後江陵（荊州）へ行った。僧祐（445—518）の『出三蔵記集』巻14「仏駄跋陀伝」によると、荊州に行ったのは義熙八年（412）である。すると、仏駄跋陀羅が長安から擯出されたのは、遅くとも一年前の411年であるから、玄高が仏駄跋陀羅を師と仰いだとすれば、玄高出家以前の歳わずか十歳の時ということになり、不可能である。

「受戒已りて後、専ら禅律に精しかった。釋玄高は十五歳のとき長安の石羊寺に浮陀跋陀禅師を訪ね師と仰ぐが、旬日（十日間）のうちに禅法を妙通したので、跋陀は感嘆し謙遜して師の礼を受けなかった」と『高僧伝』は述べている。或いは、石羊寺の浮駄跋陀禅師は仏駄跋陀羅とは別人である可能性があろう。玄高はその後西秦に行脚し、麦積山に赴くが、そのとき麦積山は「山に学ぶもの百余人」といわれるほどの盛況を呈していた。

その頃、外国の禅師曇無毘が西秦の都枹罕に来て禅道の指導をしていることを知った玄高は、曇

① （唐）房玄齢撰『晋書』巻百十七載記第十七《姚興上》："興既託意於仏道、公卿已下莫不欽附、沙門自遠而至者五千余人、起浮図於永貴里、立波若臺于中宮、沙門坐禅者恒有千数、州郡化之、事仏者十室而九矣。" 中華書局，1974年。

② 東山健吾「麦積山石窟の研究と初期石窟に関する二、三の問題」『中国石窟・麦積山石窟』1987年5月7日、平凡社刊。

無毘の指導を受けようと、学徒を率い枹罕へ行った。旬日のうちに曇無毘がかえって啓蒙されたという。曇無毘がやがて舎夷に帰ると、河南（黄河以南）の二人の悪僧が西秦王の世子（太子）である曼（乞伏慕末，在位428～431）に「玄高は衆徒を集めており、国の災いなろう」と進言した。乞伏慕末は二人の讒訴を信じて玄高を殺害しようとした。父河南王乞伏熾槃（在位412～427）はこれを許さず、玄高を擯して（斥けて）河北（黄河北岸）の林陽堂山（唐述山）に行かせた。かつて麦積山で同業の友として親しかった長安の曇弘は、蜀に移住していたが、曇弘は玄高が擯けられたことを聞いて、河南王の下に行きその身の潔白であることを訴えた。河南王熾槃と太子暮末は慙じて、使者を玄高のもとに遣わし陳謝し、玄高を国師として迎えた。

玄高は隴西を教化した後涼州に移り、沮渠蒙遜の帰依を得たが、延和元年（432）、魏の陽平王杜超の要請を請けて共に魏都平城に行き、太子拓跋晃の師礼を受ける。しかし、道教が得た威光と信任を失うことをおそれた崔浩と寇謙之によって、玄高は太子晃と結託していると讒訴され、太平真君五年（444）捕らえられ、その年の九月十五日、玄高は、涼州の沙門慧崇と共に、処刑された。

（三）麦積山石窟の初期窟龕

麦積山一帯は、秦漢の頃から林泉の勝境として知られ、五世紀初頭に至って禅法修行の霊山として多くの修行僧を集めた。ここに大乗禅修行の道場と言える麦積山石窟が登場する。鳩摩羅什が、長安に迎えられ、最初に漢訳した経典が『坐禅三昧経』であることを想えば、麦積山石窟が、最高の供養者である後秦の姚興のもとに、大乗禅観実践の修行道場として開かれたのは時宜を得たものといえよう。

麦積山石窟は、天水市の中心秦州区の南東およそ45 ㎞の地点、秦嶺山脈の西部分の北麓にあって、第三紀砂礫岩によって構成されている。北緯34°21′09″，東経106°00′10″，海抜が1671.4m、麦積山の山体の高さは142mである。秦嶺山脈は陝西省南部から甘粛東部に連なり、長安の南郊には終南山、玉泉山など『詩経』にみえる山峰がある。終南山は秦嶺山脈のうち長安南側の山岳一帯を指し、鳩摩羅什の翻訳道場となった逍遙園と西明閣も終南山周辺に在ったとされる。終南山一帯が、秦嶺山脈の長安側にあって鳩摩羅什の仏典翻訳の場であれば、麦積山は鳩摩羅什の教えを受けた禅僧等が大乗禅観を実践する場であったといえる。

麦積山は、1953年中央文化部の勘察団による調査のとき、山体の崖に木造の桟道が架けられ、窟龕には1～194の番号が付けられた。現在の合計は221ケ所である。① しかし麦積山は度重なる大地震に見舞われた為、そして、崖の中央が縦に大きく崩れ落ちて、相当数の窟龕がそれと運命を共にした事などが原因で、造営当初の数はこれを大きく上回っていたことは確かである。現在、この崩壊地点を挟んで、東方崖と西方崖に分けられている。

麦積山に開かれた最も古い石窟は、窟の形式と尊像の構成およびその様式から、西崖の第51・57・70・71・74・78・165号窟等である。初期窟の多くは西崖の東端にあり、崩壊した崖面に近いため、これらの窟に隣接する初期窟の中には地震で失われたものも少なくなかったと思われる。

① 魏文斌・白凡「麦積山石窟歴次编号及新编窟龕的説明」,『敦煌研究』2008年5期。

西崖の桟道は早くから崩落するものが多く、宋代以降は登攀できない窟が大部分を占めていたため、麦積山石窟の北朝窟は後代の大規模な補修から免れ、ほとんど原作のまま保存されてきた。一方、東崖の石窟は足場が良かった為、宋代以降、元、明、清の各時代にわたり周辺の信者の供養が続いてきた。多くの北朝窟もその為後代の人々の手が加えられるなど、改作の憂き目に遭ってしまった（図1）。

第74号窟正壁中央の仏坐像は、頭部が損壊した為清朝に俗悪な補修を受けてしまった。右壁の仏坐像と正壁本尊の脇侍菩薩、及び正壁左右小龕内の交脚菩薩像と半跏思惟像等は原型をよく残している。右壁の仏坐像は定印を結び、高さ2.80m、頭部に高い肉髻をのせ、箆で細かい水波文を表している。顔形は雲岡石窟初期の様式に近く、額と目から頬にかけてのモデリングが大つかみであることから、力強い印象を与えている。左壁の仏坐像は頭部を失い、体躯の左下半身を破損して像内部が露出している。すらりとした長身の正壁左右の脇侍菩薩は、麦積山石窟が初めて日本で報道された当時、研究者の中には法隆寺の百済観音との関係を言及する人もあったほどである。百済観音像が長身であったからにほかならない。面冠を戴き、上半身裸身に頸飾、臂釧を着け、偏袒右肩に袈裟を纏う。右脇侍は右手に浄瓶を持ち、蓮華を執る左手を胸の前にあてている。正壁左右上部には小龕が開かれている。右龕には交脚菩薩像、左龕には半跏思惟像が塑像されている。

ガンダーラでは2～5世紀に早くも片岩に彫刻された仏三尊像の背後上部に小龕を作る作例がある。中でもラホール博物館蔵のモハメド・ナリ出土の仏説法図は麦積山の遺例のように、右上部の龕に交脚菩薩像、左上部龕に思惟菩薩像が表されている。①

第78号窟正壁の仏坐像を見よう。正面の主尊仏坐像は高さ3.25m、高い肉髻、広い額から通る秀でた鼻梁、鋭い稜線による象徴的な唇、ふくよかな頬は変化の少ない単純なモデリングで纏められ力強い（図2）。体躯は右肩を脱いだ偏袒右肩像で、袈裟は右の肩先から右腕の外側を廻って右の大腿部に接し、左肩から胸前を斜めに下がる衣の縁とつながっている。衣の縁には鋸歯文が表され、その堂々たる尊容は、雲岡第19・20窟の大仏を彷彿させる。ただ、これだけ大型の像を塑像で制作するのは種々な制約があったようで、破損した左の坐仏の内部を見ると体躯の下部は日干煉瓦を積み重ねて形成されている（図3）。この窟正壁脇侍菩薩は左側の一体の上半身のみが現存する。右側の脇侍菩薩はもとの像が失われて、北周あるいは隋代に補修された菩薩像上半身が置かれている。左手の柔らかな動きは血が通っているかのようにである。幸い第74号窟の脇侍菩薩は二体共に完好なので参考になる。

第165号窟は長方形のプランを持ち、平天井である。第78号窟の真上に開かれ、両窟の左右壁は完全に上下の線上に一致する。正壁に宋代の塑像菩薩坐像が一体置かれている。坐像の下は束縄座になっており、像と束縄座の後の壁面は幅の広い光背になっている。束縄座の左右の光背上には、弥勒菩薩の天衣の衣端が表されている。もとの正壁には菩薩交脚像があったことが分かる。束縄座は箆で深い溝と浅い陰刻線を彫っており、この豪快な手法は、初期の仏像の衣文の表現法を想起させる（図4）。台座のこの窟の正壁上部窟頂に近い部分に煉瓦を並べた様な構築物があり、その下に形象が定かではないが飛翔しているかのように見えるものが描かれている。これは兜率陀天の内部を表したもの

① 东山健吾《麦积山石窟的研究及早期石窟的两三个问题》，《中国石窟・天水麦积山》，平凡社1987年5月。

であろうか。なお、左右壁にも幅の広い光背があるので、弥勒菩薩の左右には思惟像或は脇侍菩薩像が造られていたと考えられる。

一部の研究者は、これら初期窟を『登第4号階梯刻石』に刻まれた、南宋の紹興二十七年(1157)題記「麦積山閣勝迹、始建于姚秦、成于元魏」に依拠して、5世紀初頭の姚秦の頃に窟龕が開鑿されたとしている。第78号窟の造営年代を推定する傍証として、近年同窟右基壇の後補の壁土を剥離した時に発見された供養者像壁画とその題記がある。供養者は鮮卑族の衣装をまとい、題記には「仇池鎮経生王□□供養十方諸仏時」等とある(図5)。

仇池国は後漢献帝建安元年(196)の時、氐族の酋長楊騰が仇池に定住したのが始まりといい、太平真君四年(443)二月、北魏の支配下にはいり仇池鎮となった。第78号窟が造営されたのは太平真君四年以降ということになるが、まさにこの頃北魏太武帝が仏教に対する弾圧を強め、前述のように、同五年(444)玄高が処刑され、同七年には終に廃仏が断行されるに至った。その後、太武帝が没し、文成帝が即位する興安元年(452)までの時期までは、麦積山石窟に造営が行われる可能性が無いので、第78号窟の造立は、文成帝が同年12月仏教復興の詔を発布した後の献文帝の時期と推定される。

第78号窟の基壇の木枠には焼けた痕跡が今なお残っており、これを廃仏毀釈当時の痕と断定して、この窟が廃仏毀釈以前に造営されたとする説があるが確証は全く無い。北宋元符元年(1098)に麦積山が火災に遭ったという記録は、宋『秦州雄武隴城県第六保瑞應寺再葬仏舎利記』にあるだけでなく、前出の「登第4号階梯石壁刻石」に刻まれた南宋の紹興二十七年(1157)題記にも「紹興二年歳在壬子兵火毀□」とあり、さらに明嘉靖22年(1543)には、麦積山芸文付録任其昌『游麦積山記』に「野火の為桟道焼け、柱及び桁の一部は残ったが、登ること不可能となる」との記録がある。その後もしばしば参詣者の焼香の残り火の不始末による桟道の失火があったと伝えている。

そのほか、窟型式の年代については、雲岡石窟の曇曜五窟は楕円形の平面とドーム式の窟頂を備える、いわば草堂の様な旧い形式であるが、麦積山石窟の初期窟では雲岡石窟の初期窟の窟形式と異なり、プランが基本的に長方形を呈し、窟頂も平らで、草堂よりも新しい型式であることから見ると、現存する麦積山石窟の初期窟は、雲岡曇曜五窟より年代的に遅れると考えられる。

大同雲岡石窟や洛陽龍門石窟は、北魏が国家権力の庇護のもとに造営した石窟なので、造営様式にはある種の規範性が認められる。一方、麦積山石窟の造像には、長安に都を置いた後秦、西魏、北周、隋の各代に造営されたことにより、関中の強い伝統の影響が認められる。また、土地が南朝に接していたことも、漢民族様式を受け入れた原因といえる。

第74・78号窟は窟の大きさや構造、内容がほとんど一致している。これらの窟には正壁と左右両側壁にかけて高さ0.90mの凹字形基壇があり、その上に塑像で結跏趺坐の仏三尊が造られている。三体の仏像は、過去、現在、未来の三世仏を表しており、雲岡石窟曇曜五窟の造像内容の「三尊三仏」の構成と一致するだけでなく、像容もすこぶる近似している。日本では、飛鳥・白鳳・天平の仏像で「三尊仏」と言えば、「一仏二菩薩」の事である。しかし、麦積山石窟の第74・78号窟及び第51号窟では三仏のうち中央の仏像のみに菩薩が脇侍しているが、他の二仏には脇侍菩薩は無い。これは雲岡石窟の曇曜五窟及び第五窟の「三尊三仏」と一致する。三世仏の構成は、北魏の洛陽遷都後雲岡石窟に継いで開かれた龍門賓陽洞にも及んでいるが、雲岡石窟曇曜五窟では、「三尊三仏」であったが、しかし龍門賓陽洞では「三尊仏」すなわち「一仏二菩薩」の制が確立しているので、三仏がそれぞれ二菩薩を伴っている。なお、麦積山石窟第128・148・155・142号窟は禅観の場という狭い空間であるので、龍門賓陽洞の「三尊仏」形式を採らなかったため、尊像の配置は自由度が大きい。洛陽の規範から脱した麦積山石窟独自の形式といえる。

——麦積山石窟初期窟の年代と編年：現存する麦積山石窟最初期に属する窟龕は以下の通り：

第51・57・74・78・165・70・71・72・75・77・68号窟，年代は凡そ北魏献文帝の天安・皇興（466—471）、孝文帝延興・承明（471—476頃）か。

(四) 北魏中前期・中後期の麦積山石窟

1. 北魏中前期

この時期は雲岡石窟の中期に相応し、麦積山石窟では変革期に入る。第80・100・128・144と148窟は、正壁の本尊と左右壁の龕にそれぞれ一仏を置き三世仏構成を表す共通した初期の構成を発展させた類型である。なお、この時期の三世仏構成は、中央の主仏に脇侍菩薩を置き、他の二仏に対しては前方に二菩薩を侍立させるものである。すなわち、龍門石窟賓陽洞の三尊仏の形式の簡略化と言えよう。

第128窟は、窟内の構成はよく保存されているが、窟内全体が黒く燻され、加えて尊像が宋代に補修されて眼部に黒磁片を挿入しているので、原型の魅力を失っている。正壁の主尊は高さ1. 84m、頭部は卵型、高い肉髻をのせ、定印を結ぶ。脇侍菩萨は左右壁に各一体塑造されている。高さはそれぞれ1. 48 m、煙燻を受けているが、右手に淨瓶を下げ、左手に蓮華を持って胸にあてる所作は、すらりとした体躯と天衣と相俟って静かな動きを見せ、北魏中期前半期の魅力を醸し出している。正壁は塑壁の大部分が剥落してしまったが、左上部の小龕の半跏思惟像と右三段目の二仏並坐像の一体のみが残っている。第128窟の前部左右両壁に半円アーチ型の龕がそれぞれ開かれ、定印の坐仏を安置している。高さは共に1. 40m、像容はよく似ている。龕内には小龕が左右壁に三龕あわせて六龕開かれ、単独の坐仏と二仏並坐像を表している。又、左右両壁上方にそれぞれ六龕、前壁窟門上部小龕が二段七龕開かれている。第80・100号窟も窟内周壁に小龕が多い。

第148窟の正壁は原型がよく保たれているので、この期の一連の窟の姿を補うことができる。惜しいことに左右壁の脇侍菩薩は両方とも失われており、窟室前部と両側壁の保存はよくない。窟形式は、プランが方形で窟頂は平らで正壁前の基壇は幅が広い。主尊の坐仏は、結跏趺坐し定印を結んでいる。高さは1. 40m、西方式の衣制で、頭部はややふっくらとして肉髻は高い。正壁には主尊の後部左右にそれぞれ三小龕が開かれている。上段の龕がやや大きく、右に塑造の交脚菩薩、左に塑造の思惟菩薩が置かれている。二龕内にそれぞれ交脚菩薩像と思惟菩薩像が表される型式は第74・78窟等初期窟等他20数例の窟に遺例があることが確認されている。①

交脚、思惟両菩薩龕下方には4小龕があり、すべて影塑の二仏並坐像が安置されている。二仏並坐像は、雲岡の中期窟のみならず初期の曇曜五窟の第20窟の光背にも彫られている。これは『法華

① 本書刊載魏文斌氏の論文《麦積山石窟交脚与半跏思惟菩薩對称构図的研究》参照。

経』巻四、見宝塔品にみえる物語で、釈迦牟尼仏が法華経を説きたまうのを賛嘆した過去世の多宝仏が塔中に現れ、座をあけて釈迦牟尼を招き入れたという。

第128窟の構成は、第148号窟と共通するがこの窟の尊像は焼香のために燻されて黒変している。さらに、尊像すべての眼を加工して黒い磁器片或いは黒曜石を挿入したので不自然な容貌になってしまった。この加工は宋時代に広範に行われたものである。正壁の龕は上段左の半跏思惟像が残るほか全て失われている。幸い前方左右の龕中に六小龕が開かれ、西方様式の坐仏と二仏並坐像が置かれている。

第80号窟は崖面の崩落によって窟の前半部が破壊され、主尊は後代の粗雑な補修を受けている。正壁は二段に小龕が造られ、上段に定印を結ぶ坐仏、下段には二仏並坐像が表されている。その下には頭に籠冠をかぶり文官の衣服を纏った供養者が各3体並んでいる。

第100号窟は、正壁の基壇に置かれた仏坐像は宋代に補修されているが、左右壁に侍立する脇侍菩薩は3面冠を載せた痩躯長身の像で、西方式のすらりとした美しさを表出している。右脇侍菩薩は右手に水瓶を提げ左手に蓮華を持ち胸に当てる。左脇侍菩薩も基本的には同様式であるが、やや腰を捻り、下腹を多少突き出して、水瓶を提げた左手と天衣を逆の方向に流しているので体躯に動きを与えている（図6）。正壁の本尊背後の壁面は塑壁は剥がれてしまったが小龕内の影塑は完全に残っている。上段の龕は右が交脚菩薩、左が思惟菩薩像で、それぞれ左脇侍が侍立している。中段と下段の龕には二仏並坐像が表されている。共に定印を結ぶ。左右壁上部にそれぞれ六龕、前壁に二段八龕の小龕が開かれ、一体の二仏並坐像と七体の禅定仏が置かれている。

この時期における窟龕の思想的な内容は、二仏並坐像に代表される法華経の内容を何回となく繰り返し表出している事である。鳩摩羅什が長安に到着後、多くの禅経を翻訳したことは前述した通りであるが、羅什訳の『妙法蓮華経』には観仏観像の方法が具体的に説かれている。麦積山石窟のみならず北魏時代の石窟寺院における造仏の根本思想は『妙法蓮華経』と言っても過言ではなかろう。

2. 麦積山石窟最古の造像記

麦積山石窟第76号窟の台座正面に墨書銘が見え、金維諾氏によれば「南燕主安都侯□□……」と読めるので、この窟が南燕主安都侯の妻□□姫の造像銘とされ、慕容超が後秦に止まっていた母親段氏と妻の呼延氏を帰還させるため、弘始九年（407）僕射等を派遣したという。[①] ときに、慕容超が使いを遣わし妻の東帰に際して、人に命じて麦積山に龕を開き祈願成就の感謝を表明したのが、この第76号窟という。

一方、鄭炳林と花平寧両氏は、第76号窟の台座正面にある「南燕主安都侯□□……」の記銘に疑義を呈し、燕ではなく秦と読むべきであるとして「南秦主安都侯□隴右諸□□俊敬造」とし、第76号窟を仇池国の楊俊の造営としている。しかし、楊俊は前涼升平四年（360）に没しているので、第76号窟の窟形式と造像様式から考察して無理である。[②] 鄭国穆氏は第76号窟を北魏中晩期、すなわち太和の服装改制以後の仏教石窟造像が漢化し始めた時期の造営であるとする。また第115号窟とも同

① 金維諾：《麥積山石窟的興建及其藝術成就》，麥積山石窟藝術研究所編《中國石窟・天水麥積山》，文物出版社・平凡社，1998年6月。

② 鄭炳林、花平寧：《麥積山石窟第76窟建窟時代考》，鄭炳林、花平甯主編《麥積山石窟藝術文化論文集》（上），蘭州大學出版社，2004年6月。

時期で、おそらく景明前後であろうとされている。① 第76号窟は、北魏太和後期の様式を示しているからである。

五胡十六国時代の国名の前に、前後あるいは東西南北を付ける事例が多いが、当事者である国が自称していた訳ではなく、後の歴史の叙述にあたり便宜上付加されたものである。南燕にしても、南秦にしてもこの銘文は再考の余地があろう。

麦積山石窟の北魏後期様式を考える上で極めて重要な遺例は、景明三年（502）年の墨書銘がある第115号窟である。すなわち本尊須弥座に麦積山では最も古い確実な年記が墨書されている。

唯大代景明三年九月十五日遣上邽鎮司□
張元伯稽首白常住三寶今在此麥積□□
□□□為菩薩造石室一軀願三寶興
□法輪常轉眾僧□□天所□□右願國
祚□（乃）昌萬代不絕八方僂負天人慶儴右願弟
子所有諸師父母命之者神生兜率□面聖
尊□耳□教悟無生忍右現先忘者願使四大
康像六府□益壽二宜命不中天右願
弟子夫妻兒媳現世之中眾災消滅百□吉
常為國之良輔學者聰明□篋內列
諸典記□年□歷代不移及一
切眾生普同成佛
願子孫養大願是見佛

ここで菩薩とは麦積山で大乗の禅観を修行する比丘を指している。すると、此の窟は、上邽鎮（天水）の張元伯という鎮司が、麦積山で悟りを求めて修行する大乗の比丘の為に造営した窟であることが分かる。龍門石窟では景明年間（500—503）前後から北魏の仏像の服制が中国式に変化を見せ始めるが、この第115号窟の仏坐像及び脇侍菩薩は伝統的な西方様式を保っている（図7）。この本尊坐仏はやや面長であるが、頬は豊かで、微笑する唇、容貌は優しいが、体躯は引き締まっている。角張った肩の部分は、龍門石窟古陽洞北壁第三層第二龕の楊大眼供養の坐仏に近い（図8）。ちなみに、楊大眼は、仇池国楊難当の孫と伝えられる。楊大眼発願の龕の製作年代もまた、景明年間と推定されるが、本尊坐仏の服制が西方式であるのにもかかわらず、脇侍菩薩は肩に被巾をかけ、天衣を腹前でX字状に交差させる中国様式を採っている。

景明三年の墨書がある第115号窟の西隣に接する第114号窟は方形平頂窟で正壁に本尊仏坐像、左右壁前部にそれぞれ1龕を開き、坐仏各1体を置く3仏構成になっている。本尊坐仏は様式上先に述べた第76号窟の本尊仏坐像に近く、同時期の作と考えてよい。正壁本尊の背後両側上方には影塑が2段棚上に並べられている。上段は各3尊、右側が菩薩交脚像、左側が菩薩思惟像である。この伝統は第51・74・78号窟以来続いていることが分かる。

① 鄭國穆:《麥積山第76窟考察》,《敦煌學輯刊》2005年第3期。

第115・114号窟が造営された頃、西崖のほぼ中央に第128号窟と同等の規模を持つ第155号窟が開かれた。平面は方形、平頂。正壁に龕を開き龕内に塑像の仏坐像を置く。坐仏は襟に鋸歯文のある西方式の袈裟を着し、像容は痩せて肩や膝頭が角張っている。衣紋は篦で凸凹を交互に彫り出す手法で、旧い伝統的手法を保持している。正壁龕両側上方に2小龕があり、左龕に半跏思惟像と2脇侍菩薩が塑像されている。右龕は塑像が失われているが、第114号窟の例から類推すれば交脚菩薩が置かれていた可能性が強い。本尊坐仏の龕額周囲に貼られた、影塑の飛天と供養者像は第114号窟と同型で、もとの雛形を共有したものと思われる。類推すると第115・114号両窟はほとんど同時期に開かれたのであろう。塑像の様式の違いは、異なる工人集団の差と思われる。

このように麦積山石窟では景明年間に入ってもなお旧様式の像容が保持された一方新しい様式が出現した。さて、雲岡と龍門ではどうであろうか。ちなみに、雲岡石窟では第11窟外壁上方にある釈迦多宝龕（11—14）に、尖拱龕に二仏併坐の像を彫っている（図9)。面長で中国式の服制、裳懸座を表しており、太和十三年（489）七月十二日敬造の銘記があるが、文字は風化していて内容の判別は難しい。褒衣博帯の衣制による最も早い例である。雲岡第17窟では同年の太和十三年に、第17窟明窓の東壁に西方式尊像が彫られている（图10)。龕は上下二層に開かれている。上層楣拱龕には中尊交脚弥勒菩薩が獅子座に坐り、龕内右側には供養菩薩が合掌して立つが、右菩薩は失われている。龕外左右廂には思惟菩薩像が表されている。下層の尖拱龕には釈迦多宝二仏併坐像が彫り出されている。拱額の七仏はすべて定印。龕外左右には、高い三面冠を載せる供養菩薩が立つ。龕周囲の合掌する供養天十体は高髻である。釈迦・多宝二仏の下には「比丘尼恵定造釈迦多宝弥勒記」太和十三年（489）九月十九日の造像記があるが、この中に弥勒、多宝、釈迦の名が見えて、その組み合わせに意味があるということが推定できる。雲岡石窟の二例の造像記は、太和十三年に尊像服制の新旧交替があったことを証明するもので、雲岡における服制改革が龍門石窟より早く行われたことが分かる。

孝文帝の遷都によって、北魏朝廷が関わった石窟は、雲岡から龍門へ移動した。

太和十七（493）年八月、孝文帝の車駕、京師を発し、歩騎百万余にて、斉を伐つに借りて名をなし、洛陽に至った。この頃、比丘慧成を中心に、龍門の西山の自然洞「古陽洞」に一定の計画に従い、本尊釈迦大像を中心とする左右南北壁を開き、八仏龕を彫る計画がおこった。これらの龕は、太和末年（六世紀末）から景明年間（500—503）に及んでいる。仏像は麦積山第115号窟と同じように服制は西方様式を保っているが、脇侍菩薩の服制は全て中国式で、天衣を肩から懸け腹前でX字状に交差させている。第二龕楊大眼のその西側第一龕の仏・菩薩像は共に中国式の褒衣博帯式である。すると、龍門古陽洞の尊像は、大部分が西方式で、その脇侍菩薩が中国式であるのが特徴である。なお、古陽洞における菩薩の服制は、太和十九年（495）造営の長楽王丘穆稜亮夫人尉遲造弥勒像龕の弥勒菩薩像のみが旧来の西方様式を保っている（図11)。古陽洞において、本尊と脇侍菩薩が共に旧式の衣制で表されているのは尉遲造龕のみである。

このように、中国仏教彫刻の様式が漢民族化した時期は、雲岡石窟が最も早く、龍門石窟では5世紀の末に菩薩像の中国化が完成、如来像は景明年間（500～503）に中国化されたが、麦積山石窟では如来像のみならず、菩薩像の中国化もさらに遅れることが分かった。

北魏景明三年（502）に第115号窟等の石窟が造営された後、西崖を中心に2～3m四方ほどの小型の方窟が数多く開かれた。それと平行して、第133・135号窟などの大型の窟の造営も進められている。麦積山は石窟造営の最盛期を迎えたのである。窟形式のみならず尊像の様式や服制の変化が起こり、いわゆる漢民族様式の仏像が流行する。第 115 号窟の造営に至るまでは、中インド、ガンダーラの仏像を基にして、河西回廊地区で定着した涼州様式が都平城を通じて麦積山に及んでいたが、六世紀の初頭から中葉にかけて、造像は秀でた清雅ないわゆる「秀骨清像」とよばれる痩形で中国式の様式になるのである。

前述のように、尊像の中国化は西からではなく、東の雲岡石窟からも始まっていることは注意に値いする。六世紀の初頭に入ると、龍門古陽洞では北壁第三層第一龕の尊像のように、ゆったりとした漢民族伝統の衣装をまとい、胸前には袈裟の内側に垂下した紐を表し、下裳を須弥座の前に懸ける裳懸座が出現するが、麦積山では、尊像の中国化は一歩遅れて出現する。

衣文は平行に陰刻線を刻んだり、襞をつくって折り重ねている。坐仏は、法隆寺金堂の釈迦三尊のように、下裳を須弥座の前に垂下させるいわゆる裳懸座を形づくっている。この様式は麦積山石窟では西魏末年（556）まで流行するが、漢式の衣制はますます複雑に変化し、裳懸座の襞の形式も何種類かのバリエーションが見られ、その形式の発展形態によって編年することができる。

北魏中期造営の窟龕：76、80、86、89、91、93、100、114、115、128、143、155、156、148、69、169、170。

年代は、孝文帝の太和年間（477－499）の造営として良いダロウ。その様式の延長として、宣武帝の景明年間（500－503）は麦積山の第 76 号窟と第 114・155 号窟は見逃せない。

（五）西崖最大の万菩薩堂（第 133 号窟）と石刻造像碑

第 133 号窟は、五代の『玉堂閒話』に「万菩薩堂有り。古今の大殿であり、……万躯の菩薩が並ぶ」とあり、万仏洞ともいわれている。また窟内に石刻の造像碑が18 面あるので碑洞ともいう。

西崖の最高処にあり、高さ6m、幅 15m、奥行き13m、西崖最大の石窟で、前室と二つの後室からなり、最初にこの窟に入ったとき、四川省の後漢代崖墓の構造に類似していることに気が付いた。しかし、私自身四川省崖墓の実地調査は行っていないのでここでは言及を避けたい。麦積山第 133 窟の周壁には地上龕 11、壁上龕 4、合計 15の龕が開かれ、室内の構造は複雑である。

第 1 龕と第 3 龕は共に塑像 1 仏 2 脇侍菩薩を作る。像容は近似しており、中国風の袈裟を着し裳懸座を形成している。

第 8 号龕はやや大型の菩薩交脚像 1 体。目尻を下げて微笑み、被巾を肩に掛け首に魚型の頸飾を着け、足には草履を履いている。いかにも庶民的な麦積山らしさを感じさせる。

第 9 号龕、正壁に塑造仏坐像 1 体。中国式の袈裟をまとい、裳懸座である。像容に変化が少なく面白みに欠けるが、右側に寄り添うように立つ塑造の弟子阿難像は、伝説に伝えられる聡明な姿をよく表現している。

第 11 号龕には1 仏坐像が置かれ、龕楣の龕梁の中央と両端には獣面の飾りがアップリケされている。龕梁の上部には影塑による山岳、仏像、修行者、供養比丘、供養者、飛天等が表され、龕の左右両側の壁面には段を造り千仏の影塑が貼り着けられている。

仏教美術に表された仏伝は、弟子たちの記憶に基づいて口伝され、各時代にそれぞれの地域で理想的な一定の形式に整えられていった。インドでは、前2世紀末から前1世紀初頭のバールフト或いは前1世紀後半に建立されたサーンチーの仏塔の欄楯に仏伝が彫刻されているので、その頃にはすでに纏まった形式が成立していたと考えられている。すなわち、仏伝の最初期の画面構成は、時間的差異のある数場面を同一空間内に表す「異時同図法」が好んで用いられている。この画面構成は中央アジアから敦煌にも伝えられた。麦積山石窟には仏伝は少ない。しかし、第133号窟には石窟の入り口に釈尊とラーフラの父子対面の場面がある。前室の窟門前には高さ3.1m余りの巨大な仏像が立ち、その前方には高さ1.44mの小仏が手を合わせて佇んでいる。釈迦が成道した後、王城に帰って初めてわが子ラーフラ（Rahula）に会ったという故事を表したものである。釈尊が出家した夜、夫人耶輸陀羅（Yasodhara）は懐胎し、六年後の釈迦成道の夜に、初めてラーフラを生んだ。釈迦は成道後、六年にして初めて迦毘羅城（Kapilavastu）に帰り、父王に謁見した。そのときラーフラは六歳になっており、ラーフラが釈迦の実子であるかどうか人々は疑惑を深める。釈迦は率いる一千二百五十体の比丘たちを釈迦と同形の仏の姿に変じ、その中から誰がその実の父であるかをラーフラ自身に選ばせた。ラーフラは少しもためらわずに、真っすぐに釈迦の手もとにとびこんだ。第133号窟の窟門を入ると、まずこの感動的な仏伝の情景が人々を迎えるのである。宋代の作品であるが、この故事は北魏時代に好まれ、雲岡第19窟にも造られている。この第133号窟の像は北魏の作品を作り直した可能性が高い。

第133号窟には18点の石刻造像碑があり、一名「碑洞」とよばれている。なかでも第1・10・11・16号造像碑は、或いは「霊鷲山説法」、或いは過去七仏と釈迦説法図、或いは三世仏及び釈迦・多宝等の尊像を主題としている。明らかに大乗仏教の思想を基に碑像を造形している。多くの碑には千仏が彫られている。例えば、第1号造像碑には正面と背面にそれぞれ仏龕が鑿られ、正面には仏陀霊鷲山での説法が表現されている。石碑の彫刻は塑造の千仏像と呼応させているが、石彫の技術は高く、この窟に造られた塑像と比べると様式的にも違いがあることは免れない。石碑は第133号窟が完成した後に、西魏時代に運び込まれたと思われる。

中でも第10号造像碑は、中央を上・中・下三段に分け、各段共に中央に主な仏龕を置いている。上段は釈迦多宝二仏並坐像、中段は弥勒菩薩交脚像、下段は一仏二菩薩の釈迦説法像である。この三龕は明らかに『法華経』を意識している。

下段は中インドのマガダ国の首都王舎城にある耆闍崛山である。山中の釈迦仏の周囲には、弟子達を初めとして、あらゆる階層の存在が参集する。そこで、釈迦仏はまず真理の広大・無量なる義を説き示し、みずからその中にひたって瞑想する。ついで眉間の白毫より光を放ち、くまなく宇宙万有を照らし出す。ここで、弥勒菩薩が文殊師利菩薩に「導師は何故に眉間の白毫から、あらゆる世界に向けて光をお放ちになったのですか」「これによってこの国土は浄められ、集まった聴聞の人々は、いままで味わったことのない喜びと快よさに満たされている」と述べた。すなわち下段と中段の龕は、『法華経』の「序品」である。上段の龕には、「見宝塔品」の釈迦多宝二仏並坐像が表されている。「見宝塔品」第十一は、釈尊の久遠仏なることを暗示しており、さらに菩薩行の唱導を究極の目的とするものであったので、法華経美術の中心主題として、中国では北魏時代から彫刻作品に広く展開されて多くの遺例が見られる。

仏伝説話の場面は中央の3龕の左右両側に分けて表されている。上段右側は太子悉達多（シッダールタ；Siddhartha）の深山における「断髪出家」を表す。上段左側は「アショカ王施土因縁」と菩薩の「樹下思惟」、その下は「釈迦涅槃」。下段、右側の上は「初転法輪」、その下は護法天王と獅子。下段右上は「文殊菩薩問疾」、すなわち維摩詰の病を見舞う文殊菩薩。その下は護法天王と獅子になっている。仏伝は正面中央に彫られているわけではない。仏伝図はインドでストゥーパの欄楯や門柱に浮き彫りして、釈迦の偉大な行為を表現したのが始まりとされている。グプタ朝以降パーラ朝にかけて仏伝のうちサールナート出土のグプタ朝の作例には、仏伝のうち最も重要な「仏誕生」、「降魔成道」、「初転宝輪」、「涅槃」の『仏伝四相図』とこれに準ずる四相を加えた『仏伝八相図』の石刻浮彫が遺されている。

仏伝としては上・中・下段の中央に釈迦多宝二仏並坐像、兜率天の弥勒交脚菩薩および釈迦説法像を表すことはあまり例を見ない。とりわけ釈迦多宝二仏並坐像を上段の中央に表す事は、造形の主体精神が『法華経』にある表れであろう。ちなみに、インド・ガンダーラには釈迦多宝二仏並坐像は造られていない。

第133号窟と同時期に開かれた中小型の石窟は数多く、麦積山石窟中後期様式を形成している。北魏中期の窟第155号窟の上段に接して154号窟がある。第155号窟仏像は、西方様式の袈裟を着ていたが、この窟の三壁の仏像は中国式の袈裟をまとい、裳を須弥座の前に垂下するいわゆる裳懸座で、飛鳥仏を彷彿させる。やや細長い瓜実顔に笑みを浮かべている。穏やかな細長い眼も唇も笑っている。3体の仏像は、正壁と左右壁に分けて置かれる。正壁の尊像は腕が欠落しているが、施無畏与願印を執っていたのだろう。正壁本尊背後の塑土は既に落ち、手と光背は失われている。左右壁の尊像は正壁本尊と良く似ているが、両手を腹前に合わせる禅定印を結んでいる。光背は共に細長い挙身光で、その背後に段を設けて影塑小像或いは散華などを貼っていたらしい。右壁の外側には僧衣を着し頭上に螺髻を結った供養者が立っている。体躯は長身で両手を合わせ、敬虔な雰囲気を醸し出している。頭上に螺髻を結う人物像は龍門石窟、響堂山石窟等でも見られ、「縁覚」（辟支仏）とする研究者もあるが、麦積山石窟の像はその構成配置から推察すると、比丘と対応しているので、比丘尼像と考えられる。螺髻を結う比丘尼の造像は、第64・101・121・122号窟等にも見られる。

第121号窟は、高さ2.55m、幅2.36m、奥行き2.15mの伏斗形方窟で、正壁と左右両壁には各1龕が開かれ、龕内には仏像が各一体塑造されている。この窟で注目されているのは、正壁と両壁の角で、正壁両側の比丘・比丘尼像と左右両壁の後部にある脇侍菩薩の上半身が壁から離れて互いに接近しており、さらに上半身をやや前方に傾けて肘と肩、そして頭部をつけあっていることである。互いに笑みを交わし合い、ひそひそと何かを語り合っているかのように見える。実は窟内の壁と塑像を固定していた枘（ほぞ）が、歴史上麦積山周辺で頻発した地震によって緩み、塑像を固定していた壁から抜けて、塑像同士が接触しあったのである。

第101・121・122・154号窟の共通する様式は、当時の工匠たちが、世俗の生活の中から親しい友人の姿を理想化して、いわゆる北魏後期初頭の典型的な“秀骨清像”を創造したのであったと言えよう。このグループのほか同時期の窟として第140・142・159・163号窟等の諸窟が注目される。第140号窟の正壁の本尊仏坐像は説法相を表し、顔容は細長く角張り魅力に欠ける。しかし、右壁前部及び左壁前部の比丘尼像は螺髻が高く盛り上がり、膝を曲げてポーズを作り、動きを表出している。

第142号窟は魅力のある窟で、正壁と左壁に仏坐像、現在世の釈迦仏と過去世の迦葉仏、右壁に菩薩交脚像で未来世の弥勒菩薩、すなわち三世仏を主尊としている。第140号窟と同じ高さに開かれ、平面は方形、平頂、規模はやや大きい。正壁に結跏趺坐仏と左右に脇侍菩薩各1体、左右壁に比丘と比丘尼が造られ、正面を向いているので、正壁の五尊像の様に見える。本尊の左右上部に塑像象頭山瑞像と牛角山瑞像が造られている。右側は象頭山の瑞像である。『倶舎論記』巻18に「羯闍尸利山、此れ象頭山と言う。山の頂、象頭の如し、故に以て名付く。鷲峰山の北、可三、四里に在り」① とあり、ここは仏がかつて龍鬼神のために法を説いたところである。象の頭頂は壊れているが、頭の左側に禅観の行を行う比丘の姿がある。牛角山の左側にも比丘が二人斜面を駆け降りる様子である。

北魏後期造営の窟龕：16、17、19、23、64、72、83、84、85、87、88、98、108、110、116、121、122、126、130、133、135、140、142、146、147、154、159、160、163、172。

（六）乙弗皇后の悲話と西魏の石窟・第127号窟について

西魏窟で重要なのは東崖の第43号窟である。窟内は宋代に改修されているが、窟外部は石彫で三間寄せ棟造りの庇を彫り出し、柱頭の上方には蓮華唐草文様と宝珠が浮彫されている。屋根には鴟尾を飾っている。窟内は前室と後室に分かれ、後室は高さ1.73m、幅2.50m、長さ3.20m、天井が低く、奥が深い。後室の窟頂は伏斗式になっており、西魏時代の墳墓の棺を収める玄室の形式である。前室の後部には仏倚像が配置され、須弥座と後室の間にある羨道のような空間が玄室と一体になっている。塑造の仏倚坐像の背後には龍首の背もたれがあり、左右に二体の塑像供養菩薩の上半身を表している。本尊の仏倚像の前左右には二体の脇侍菩薩が侍立している。これらの尊像はともに顔かたちが豊満で唐後期・五代の様式に近い。前廊下左右に立つ二体の金剛力士は忿怒相をとり、裸形に筋肉や血管を表現しながら理にかなったモデリングによって、宋代の尊像の中でも優れた作品となっている。ここに想起されるのは、『北史』に伝えられている西魏文帝の皇后乙弗氏の悲話である。西魏大統四年（538）、柔然が北方を占拠し、たびたび辺境を騒がしていた。そこで、西魏の丞相宇文泰は、政略結婚で柔然を安んじようと、文帝に、乙弗氏を廃し柔然可汗の女を納めるよう、すなわち乙弗皇后を廃して尼とするよう要請した。柔然はむすめ、郁間氏を魏に送ってきた。大統六年（540）乙弗氏は尼となり、別宮に居住した。郁久間氏はなおこれを嫌った。魏の文帝はその子武都王戊を秦州刺史とし、黄門侍郎蘇亮を秦州司馬としてこれを補佐させ、乙弗氏を秦州に移らせた。この年の春、柔然は黄河を渡り夏州にやって来た。そこで文帝は使いを遣わし勅して乙弗氏に自刃させ、麦積崖を鑿し龕を造り葬った。のちに、寂陵と号した。あらゆる状況から推して、この第43号窟が寂陵であることは間違いないだろう。

第44号窟は、第43号窟の西隣にある。この窟は後代の地震により、窟正壁の三尊像を残して窟の前半分以上が崩落してしまった。この主尊仏坐像は高さ1.60m，麦積山の西魏窟の中でもとりわけ典雅で、整った瓜実顔の目尻から頬、頬から顎にかけた線がなんとも魅力的だ。口許に浮かぶ微笑は自然で、北魏後期の仏像にみられる神秘的な古式の笑いを脱している。乙弗皇后は、自刃するにあたり、侍女数十人を出家させ、手ずから剃髪したというが、この仏像の雅やかな容姿をみると、長安か

① 《大正藏》第41冊，P0278a。

ら従って来た仏師が、侍女たちの供養を受けて造営したものと思えるのである。中尊像の厚みのある着衣に対して、龕外の右に立つ脇侍菩薩立像は、高さ1.30m，頸飾を掛け天衣を垂下するのみで上半身裸身である。左壁後部には弟子像が1体を残している。高さ1.07m、おとなしい素直な作柄で中尊を引き立たせている。

様式が第44号窟と共通する窟として：第20・102・120・123・127・132・135・147号窟等を挙げることができる。中でも第127窟は規模が大きく、造像・壁画共に典雅な長安の都風を表しており、西魏大統年間に乙弗皇后と武都王が秦州に移ったことと深い関連があるのではないかと推定されている。

第127号窟は伏斗形の天井をもつ横長の長方形の窟で、窟の幅8.0m、奥行き4.0m、高さ4.0m、西崖の三大窟の一つである。この窟は一名壁画窟ともよばれ、麦積山石窟の中でも本生、経変等壁画の占有面積が最も多い。窟頂の平天井には傘蓋を張った龍車に乗った帝釈天が描かれている。前方には、大きな飛天が先導し、帝釈天の前後には龍にまたがった多数の伎楽天が取り巻き、流雲と天空にたなびく天衣によって動的な効果を醸し出している。経変は、『涅槃経変』が窟の最も重要な正壁龕上に描かれている。また大乗仏教の神髄というべき『維摩詰経変』は左壁の龕上にあり、『阿弥陀経変』は右壁龕上に描かれている。

とりわけ重要なのは、この麦積山第127窟の『阿弥陀経変』が中国最古の『阿弥陀経変』であることである。従来、中国最古とされる『阿弥陀経変』は、南響堂山石窟第2洞前壁上部にあった浮彫『阿弥陀浄土図』（現在、ワシントンのフリア美術館蔵）で、北斉武平五年（574）の造営と知られる。一方南朝では、1954年四川省成都万仏寺遺跡出土の石彫「二菩薩立像」裏面に浅浮彫された「宮殿や蓮池を伴う阿弥陀浄土図」が発見されている。（現在、四川省博物館蔵）絶対年代は不明であるが、梁代6世紀前半と推定されている。西方浄土図については、敦煌莫高窟の壁画が知られているが、初唐の第220窟南壁に描かれた阿弥陀浄土経変は前壁の題記に記された「貞観十有六年敬造奉」によって年代が確認できる最初の遺例である。ちなみに、貞観十六年（642）の題記は北壁の『薬師浄土変相』の中央にある燈架の階段部分にもあり、第220窟はこの年には概ね落成していたと考えられる。敦煌では、『観無量寿経変』とは『観無量寿経』の内容を図相として表しているものであり、一般には中台の極楽浄土の荘厳の両側に外縁を加え、それぞれ序分の未生怨と十六観を表した形式をいうと規定している。敦煌莫高窟では初唐以降多くの西方浄土変が描かれたが、この規定に拠ると唐代前期では阿弥陀経変が多く、700年代に入る頃になると『観無量寿経変』が多く描かれるようになる。しかし、中台の宝池の中に九品往生者を表す図相であれば、『観無量寿経』の諸説に基づくので、外縁を省略しても観経変相ということができる。中台のみの場合、実際上は『阿弥陀経変』と『観無量経変』のいずれであるのかを判断するのはむずかしい。莫高窟で『観無量寿経』に基づく変相が最も早く現れるのは第431窟である。第431窟は中央に方柱がある北魏後期の窟であるが、初唐に壁画の補修が施され、方柱基壇の南壁下部に九品往生、西壁下部の十六観が描かれている。

振り返って、麦積山第127窟西壁の西方浄土変を見よう。上部には宮殿、その両側に楼閣・樹木等を配す。殿中に阿弥陀三尊が多くの聖衆を両脇に従え、阿弥陀三尊の前には鼓が置かれ、両側で二人の伎楽がそれを打ち、二人の舞人が優雅な姿で舞う。その両側では伎楽天が絨毯に坐り伎楽を奏す。画面の剥落のため、特に宝池の部分は判別しがたいが、水中に水鳥の様な形が見える。若し蓮華化生であればこの西方浄土変は『観無量寿経変』と考えてよい。この西方浄土変は宝楼段による遠近法を忠実に意識しており、敦煌莫高窟初唐期の第321窟北壁『阿弥陀浄土変相』と比べるとはるかに進んでいる。長安に近い麦積山石窟の西方浄土図から、西方浄土図の源流とその展開を推定することができよう。

左壁龕上部に『維摩詰経変』が大画面の構成で表されている。画面は整い、中国に伝わる維摩経変の壁画の中では最も完成度が高い。その内容は「問疾品」「観衆生品」「方便品」で、右側の方形の宝帳のなかに、維摩居士が坐っている。左側の円形の宝蓋の下には頭に宝冠を戴き、手に如意を持った文殊菩薩が台座に坐っている。文殊菩薩の側には、法を聞くために集まった弟子と世俗人物が在り、中には高冠を戴いた国王の姿がある。両側を侍女に支えられ、身辺には多くの宦官がつき従う。両者の間には手には瀟洒な天女が散華し、仏弟子に笑みを向けている。維摩詰の側には、「方便品」により各国の王子が描かれ、各民族の特徴が表されている。

『維摩詰経変』は、中国で特に好まれたテーマで、唐・張彦遠の『歴代名画記』に「長康（顧愷之345—406）は又曽て瓦棺（官）寺の北小殿に於いて維摩詰を画いたと述べている。東晋穆帝の升平年間（357—361）頃と仮定しても、最も早い維摩詰経変である。いずれにしても、中国では『維摩詰經変』の絵画が4世紀には出現し、壁画では炳霊寺石窟第169窟に、最も早い五世紀初めの作品が現存している。敦煌では大分遅れて隋（581—618）に入って初めて出現する。石彫では、雲岡石窟第6窟が最も早く、ついで龍門石窟賓陽中洞、蓮華洞等北魏時代の石窟に見られる。5世紀後半の造営である。

1957年、最初に麦積山石窟を訪れた時、第102号窟に入って左壁に、仏像とは異なる見慣れない造像が右壁の菩薩と相対して坐っているのに出会った。この造像を前に考え込んでしまった。よく見ると尊像の頭部は肉髻ではなく冠である。麦積山勘察団による「麦積山勘察団工作報告」を確認すると、

「第102号 造像：正壁一坐仏，左壁一座較低，坐者戴冠，似居士，但無鬚，是否維摩待考。」①

とある。私が仔細に観察したところによると、顎には小さな穴が波状に並び、従来は髭を植えていたことが分かって。するとこの像は居士であり、この両窟は維摩詰と文殊菩薩の問答の場を表している。維摩居士が双手を胸にあて、上半身を乗り出して弁論を交わしている場面をよくとらえている。また、第123号窟においても、第102号窟と同じ様な塑像が造られていた。左壁に冠を戴せ、顎に鬚を植えた穴がある造像が坐り、右壁の菩薩と向かい合っている。これもまた、塑像による『維摩詰経変』であることが分かる。前壁窟門左右には供養童子と童女が敬虔な心を表して静かに立っている。童子は長い袍を着て袖をこまねき、頭をおかっぱにして、後頭部には小さな弁髪を下げている。童女は大きな袖の上着をきて、長裙をつけ、頭上には双髷を結っている。瞑想するような切れ長の眼、微笑む唇、その造形は端麗で洗練され、供養者の精神世界をも表現している。塑像では麦積山第123号窟は第102号窟の塑像と並んで塑像による『維摩詰経変』の最も早い遺例であり、制作は共に西魏時代である。

第4号窟すなわち「上七仏閣」前廊左壁の龕内には維摩詰坐像とその両側に脇侍の弟子一体、天

① 『文物参考資料』1954年第4期。

女三体が塑像され、右壁上方の龕内には文殊師利倚坐像と、その両側に脇侍菩薩像一体、弟子像三体が塑造されている。この二つの龕は前廊の両端にあって、はるかに向かい合って『維摩詰経変』を表している。塑像は全て宋代の重修であるが、もとは北周時代に造られた像である。『維摩経』は、中国では、禅との関係が深く、『維摩経』を翻訳した鳩摩羅什も禅観との関係を意識していたに違いない。雲岡、龍門石窟を初め北魏時代の石窟には維摩経変を主題にした彫刻作品は少なくない。

なお、敦煌より西の中央アジアあるいはガンダーラ、インドでは『維摩詰經変』の遺例は発見されていない。

西魏の窟龕：20・43・44・56・60・64・84・87・88・92・102・105・123・124・127・132・146・147・158。

（七）北周の石窟：上七仏閣と中七仏閣

西魏に続いて興った北周時代にも、麦積山では大いに窟龕が造営された。ただ、西魏に至って西方崖は崖面に新たな石窟を開く余地がなくなり、第43号窟など西魏窟の一部も東崖に造営され始めた。東方崖に造営された北周窟の最たるものが地上80mあまりの絶壁に開かれた第4号窟である。この窟は上七仏閣あるいは散華楼と呼ばれ、麦積山の窟中では最も規模が大きい。建築様式は断崖に木造建築を模した崖閣を鑿り出している。屋根は単層寄せ棟造り、柱間は七間、桁行31m、奥行き6m、柱高8m、中間にあった六本の柱は、現在は崩落してしまったが、前廊の両端に八角柱がそれぞれ一本残っている。各柱間の前廊後部には七室の大きな仏龕を開き、各龕外面を帳形に造っている（図12）。帳は本来、貴人が室内で使う遮蔽用の調度品で、「帳」「幔」「帷」「承塵」等と呼ばれ、河北省中山王墓等から戦国時代の帳の組み立て金具が出土しており、漢代から南北朝を通じて流行した。石窟の龕飾では雲岡石窟第13・14窟に先例があり、特に河北省邯鄲市の南響堂山第1窟（北斉天統1年; 565）・第2窟（武平5年; 574）、および、第5窟の帳形龕は、麦積山第4号窟のそれに近い。すなわち、龕外上部に方錐形の覆斗を載せ、桁に宝珠形の飾りを置き、桁の下には鱗状（子札状）の垂れ幕を一列、その下に縦長の二等辺逆三角形の垂れ幕を重ねて、その三角形飾の下端に玉を下げている。各帳の両端には連珠が垂下し、その間には天龍八部を浮き彫りで表している。かつて帳の上端に連珠を啄む宝鳥が飾られてあったと思われる。これとほとんど同型の帳形龕は、麦積山石窟西崖第133号窟の第16号造像碑にも見られ（図13）、当地でも西魏時代に、先例があることが分かる。興味深いことは、法隆寺金堂釈迦三尊の天蓋や橘夫人厨子もこの種の帳形飾の伝統を伝えていることである。

帳形龕と帳形龕の間の天龍八部は、崖面を粗く削り、その上に粘土で塑造している。宋・明代の二重、三重の補修によって幾分原型が損なわれているが、今もなお北周時代の面影を残している。各大龕内にはそれぞれ一体の坐仏と両脇侍菩薩、二弟子等が造られているが、いずれも明代以降の補修が施されて、すでに北周の原型を止めていない。各龕の三壁上部には、いずれも影塑の千仏が数段にわたり貼られている。現存するものはそれ程多くはないが、型抜きで造られて寸法の規格も統一されている。第31号窟には上下二段に影塑の仏像が十体造られているので（図14）、間近に観察することができる。奈良県飛鳥地方にある白鳳時代の山田寺金堂にも、このような型抜きの磚仏が堂内壁一面に貼られていたというが、この麦積山の影塑の千仏の造形も顔がふっくらとして、体躯が丸く、白鳳仏と共通するところが多い。

前廊の左右両端には、明代に補修された塑像の金剛力士像が置かれている。その上方には龕が各一所開かれ、左壁龕に維摩詰像、右壁龕に文殊菩薩像各一体及び弟子・天女像各四体の塑像が置かれている。

上七仏閣の造営については、南朝梁の文人で、梁滅亡後北周に亡命した庾信が『秦州天水郡麦積崖仏龕銘』を残している。「秦州の大都督李允信が、亡父の為麦積崖に七仏閣を造った」とあり、この七仏閣にあたると考えられている。しかし、東崖中段にも第9号窟と編号された中七仏閣があるので李允信が造営したのは、第4号窟か第9号窟のいずれかは断定できない。なお、第9号窟は明・清時代の補修が著しく、原型をほとんど止めていないが、第9号窟の第3龕の坐仏台座に低層の裳懸が露出しており、北周時代の様式を示すので、この窟が北周時代に造営されたことは間違いない。

(八) 北周時代の石窟と造像様式

上述のように、北周時代には麦積山の東崖に上七仏閣と中七仏閣の二大窟が造営されたが、大多数の石窟は中・小型の覆斗形方窟である。正壁に一坐仏、左右壁に各々三坐仏を置く七仏構成が多い。これは、七仏閣と同じように過去七仏を表したものである。

過去七仏の造形作品としては、インドサンチー仏塔の四門浮彫やアジャンター石窟の壁画、またガンダーラでは、七体の立仏に菩薩形の立像を加えた八体の列像が見られる。中国では、近年酒泉、敦煌、及びトゥルファン地区から北涼時代の仏教石塔が十四基発見されているが、石塔は八角形の塔基の上に塔身、覆鉢、塔頸、相輪、塔蓋の6部分よりなり、覆鉢の周囲に開いた円形龕に七仏一菩薩の彫刻を彫出している。十四基のうち五基に426年から436年に至る北涼の年号が刻まれている。北魏時代では、雲岡石窟第11窟西壁と第13窟南壁に、過去七仏と弥勒菩薩の組み合わせがある。また永平二年（509）と同三年（510）に造営された甘粛省隴東の、北石窟寺石窟と南石窟寺にも七体の仏立像と菩薩交脚像の組み合わせがある。すなわち、過去七仏と弥勒菩薩である。しかし、麦積山の上・中七仏閣及び中・小型の七仏窟には弥勒菩薩の像は何故か見られない。

過去七仏とは、釈尊以前にこの世に現れたとされる諸仏である。釈尊の入滅以後、思想的には無仏の時代に入る。その虚無・不安を補完するために、仏の時間的拡大が始まり、まず過去世にも法を見いだした仏が存在していたと理解され、それを過去仏と称した。その結果、法も仏も絶える事なく続いていることが保証された。

過去七仏については、曇曜訳『大吉義神咒經』がある。その巻一の劈頭に、

「七佛真済す。毘婆尸、尸棄、比晗婆阜、訖羅迦孫陀、迦那迦牟尼、迦葉、釈獅子 両足之尊、大名称在り、大衆に囲遶せらる」とある。また巻二には

「七仏世尊は大神力在り、咒を見持するものを長夜擁護し、つねに安吉ならしむ。経常の日ならびに諸宿会において、すべて凶患なく、ひとしく吉に同ぜしむ」

とある。また

「一切の羅漢皆諸漏をつくし、後有をうけず、かくのごときの諸聖に、我今帰依す。この実語を

かつて、帝王を擁護し延祚無窮ならしむ」という。①

日本曹洞宗を開いた道元（1200～1253）は、『正法眼藏』95巻を著しているが、道元禅の本領である「只管打坐」（ひたすらに坐禅すること）が、余すところなく示されている。第五十二の「仏祖」に「仏祖の現成は、仏祖を挙拈して奉勤するなり。過現當来のみにあらず、佛向上よりも向上なるべし。……。」さらに過去七仏の名を挙げ「七佛釋迦牟尼佛大和尚 此云能忍寂黙。」釈迦の名の後は、第一摩訶迦葉大和尚等西天第二十八菩提達磨大和尚と続いている。すなわち達磨は過去七仏より二十八代目の祖師として悟りの真実を伝えたという。ここでは弥勒菩薩の名称は無いが、西魏以降北周の頃には、悟りの真実は禅の内面に向かったのではなかろうか。

第135窟正壁左龕に置かれていた仏倚像は客仏で、どこの窟から移されてきたか推定できないが、様式から北周時代の塑像であることが分かる。肉髻は低く、顔容は豊かで目鼻立ちが少年のように純真である。両手を自然に胸前に当て、柔らかな質感を見事に表出している。北周時代の傑作である。北周時代の仏像は、低い肉髻、ふくよかな童顔、柔らかな体躯が薄い衣を通して表現されているのがその特徴である。その頃、北斉に曹仲達という画家がおり、唐・張彦遠の『歴代名画記』によると、曹国（ソグディアナ）の出身の代表的な画家であり、水の中から出てきたような衣文表現を得意としたので、「曹衣出水」と云われたという。麦積山の北周様式は、中インド・グプタ期のマトゥラーおよび中央アジアのソグディアナ等の地から齎された新様式を、いち早く中国化したものといえる。

北周時代の窟龕には:

第3、4、7、9、12、18、22、25?、26、27、31、32、36、39、41、45、46、52、54、55、65、67、109、113、134、141、157号窟。

（九）隋代の麦積山石窟

東崖の第4・3・9窟の北周窟に続いて、隋代には第5・13・14・15・30・28窟等の石窟が 造営された。第4窟の下の崖面には枘を差し込んだ跡の枘穴が二十数箇横二列に上下に連なっている。桟道の跡と思われるが、第4窟のような大型の構築物があった跡とする説がある。その説が事実だとすれば、第13窟の摩崖大仏は隋代の後期に造営された可能性が強い。主尊の仏倚像は高さ15m余り、麦積山では北魏時代に西崖に造営された第98号摩崖の仏三尊より大きい。大仏の制作に当り、雲岡、龍門石窟等中国東部の石窟では、石彫によるものが主流であったが、緻密な石材に恵まれない西北地区の麦積山石窟や敦煌石窟等西北地区の石窟では石胎塑像が主流であった。石胎塑像は日本では石芯塑像と称し、塑像の芯の部分を崖から彫り出し、その上に塑土を付け形を整えている。明代の補修によって丸く柔軟であるが、なお隋の力強く重厚な作風を表出している。大仏の製作技法は、石質の良くない中国西北地区及び中央アジアの石窟では、大仏の大多数が石芯塑像である。麦積山第13号摩崖大仏三尊像は、東崖中央に位置し、上方に上七仏閣があり、東側に千仏と中七仏閣に隣接して非常に顕著な位置にある。中尊は倚像で、頭部に丸く強い塊量性を与えている。口をしっかりと結び、力強い意

① “七佛世尊有大神力。長夜擁護是持呪者使常安吉。於巡常日竝諸宿會。都無凶患等同於吉。一切諸佛有大遺德。一切羅漢皆盡諸漏不受後有。如是諸聖我今帰依。以此實語擁護帝王延祚無窮。”『大吉義神呪経』巻第二,『大正蔵』第21－p571。

志的な感情を表出している。一方、左右両脇侍菩薩は柔和な笑み口元に浮かべ、北周時代の塑像の遺風を遺している。北周王朝を簒奪し、581（開皇1）年即位して 隋王朝を建てた文帝は、北周の廃仏の後を受けて仏教の復興に尽力し、全国四十五州に官寺大興国寺を建立、さらに前後三回にわたり全国に舎利塔を建て、その数は113カ所に及んだ。また大小10万6580躯の像を造り、150万8940躯の古像を修理したという。隋代初期の造像は、それぞれ東西の斉周様式を継承している。

隋代の西北地区を展望すると、麦積山では碑文に仁寿元（601）年に崖閣を再び修復し、勅して舎利塔を建て、浄念寺を賜ったとあるが、麦積崖山頂に塔が建てられ大小の窟龕が開かれた。最近、舎利塔内部から仏像が発見されている。[①]

北周時代の遺風と言えば、第8窟がある。ヴォールト形の小龕に仏倚像と左・右に脇侍菩薩各一体を表す。中尊は左の手をそっと胸に当て恥じらいのあるさまで、体躯が細く柔らかなおとなしい作風であるが、蓮の蕾を左の手にした脇侍菩薩の、少女の様な姿に、清新な新面目が見られる。

第62窟はプランが方形で、方錐形の窟頂を持ち、正・左・右の壁面それぞれ一龕を開いて一坐仏をおき、龕外左右にそれぞれ脇侍菩薩が侍立している。北周時代の開鑿とされてきたが、とりわけ脇侍菩薩に動きがあり、豊満な体躯の処理に合理性が認められ、特に脇侍菩薩の立ち居ふるまいに、清新な時代の息吹を感じさせる。隋代営造としてよいだあろう。

第5窟は、東崖の最高所にある第4窟の西に隣接して開かれた。第4・43窟と同様に木造建築を模した三間四柱の崖閣である。正壁には三龕が開かれ、中央の龕は平面が馬蹄形の穹窿頂龕で、内部には仏坐像一体、弟子像二体、菩薩像四体が置かれている。引き締まった面部、量感のある体駆は、北周時代より写実が進み、隋様式の典型を示している。

龕外左側には摩醯首羅天（大自在天、Mahesvara インド教の最高神シウァ神）が宝冠を戴き、鎧をまとい、高さ4.50m、堂々とした英姿であり、牛の上に立っている。そのため、近在の信者から牛児堂と呼ばれ親しまれてきた。雲岡石窟の北魏第8窟にも牛に乗った摩醯首羅天の彫刻と、その対として金翅鳥に乗った毘紐天（インド教のヴィシュヌ神，Visnu，仏教に吸收されて那羅延天となる）の彫像が造られている。また、敦煌莫高窟第285窟の西壁にも、牛に乗った大自在天像が描かれ、その対として、金翅鳥に乗った那羅延天が表されている。なお、麦積山第5窟には、摩醯首羅天の対となる那羅延天は見られない。おそらく、開元22年（734）の大地震によって失われたのではないかと考えられている（注：初唐に完成した。）。

第24窟は第5窟の下方にあり、周囲は北魏及び西魏窟が多い。窟の前の部分は崩壊しており、仏坐像一体と左側に菩薩立像一体、右側には弟子立像と菩薩立像各一体、尊像の配置は不規則である。肩幅を広く表わすなど体躯の写実にこだわるだけでなく、目の表情など顔の細部にも細やかな工夫が見られる。隋代の仏像は、目鼻立ちに北周時代の童顔から成人に脱皮したような特徴があるが、第24窟の造像を見ると作者の工夫が伝わってくるようで強い親近感が沸かずにはいられない。

第14号窟は方形の平面に方錐形の窟頂を持つ代表的な北周窟であり、この窟の左壁後部に置かれた力士像は窟形式と一致せず、隋代に補充のため造り直されたものらしい。隋代に至って、北周代の名残の強い像に強い塊量性を持たせたが、この力士像は前代のモデリングをさらに強調したことによ

① 麥積山石窟藝術研究所《麥積山舍利塔清理簡報》，待刊。

り、近代的な作品に脱皮している（図15）。ここでロダンの言葉を思い出した。「芸術家にとっては、自然の中かに決して醜なものはない。みな美しい。彼は、他の人にとって醜悪であるものを、美に変ぜしめる。なぜといえば、美とは、芸術においては強く表現された真のことにすぎないからだ。ある芸術家が、自然のなかで目に移るどんなものでも、その真を力強く、深く表現することに成功したら、その作品は美である。」第14号窟の力士像を見る限り、これこそ麦積山隋代の美の傑作と言えることを確信する。麦積山では彫刻の変化が鮮明であったことが分かる。一方、敦煌の塑像は、隋代初期には、未だ北魏後期に流行した褒衣博帯の衣制の残滓が残っており、顔と体躯のモデリングは丸まるとした北周様式の特徴を表出しているにしても、長安に近い麦積山石窟と西陲の地敦煌との差は歴然としている。

隋代の窟龕:

第5. 8. 10. 13. 14. 24. 34. 37. 40. 42. 62. 82. 166. 152号窟。

余　説

鳩摩羅什が後秦王の姚興に国師として長安に迎えられたのは、弘始3（401）年である。長安入京後は長安の南郊の終南山が鳩摩羅什の翻訳道場として姚興から与えられ、『坐禅三昧経』等の禅経が漢訳された。麦積山石窟は、鳩摩羅什が主催する終南山の禅経実践の場として登場する。それから百年後の景明3年、上邽の鎮司□张元伯が、麦積山石窟で悟りを求めて観像観仏の修行する比丘すなわち大乗の菩薩のために、石室一室を造營したのが第115窟である。

雲岡石窟の曇曜五窟と龍门石窟賓陽洞は皇帝敕願の石窟であるが、一方麦積山石窟は第115窟に遺された銘文によゐと、上邽の一官僚が、禪の修行者である大乘の菩薩すなわち出家した禪の修行者の為に、修行の場として窟龛を造營し提供したのであった。麦積山石窟には第154号窟の仏像のように善良な農民モデルにしたような尊像が多く造られたことは中国の仏教石窟の中でも貴重である。

麦积崖的开创年代与相关问题

——兼论早期佛教艺术

初世宾　初　昉

要　約

本論では、麦積山石窟の開鑿と雲岡石窟との関係という問題に関して、20世紀後半から今日に至るまでなされた議論に見られる大きな意見の相違について、客観的な回顧と論述を行った。炳霊寺石窟西秦遺跡の発見とその啓示にもかかわらず、早期の東西晋、十六国時代の研究は、中国石窟考古学界において比較的手薄である。とくに基礎的研究などに、一層の進歩が待たれる。

甘粛省の特殊な歴史的重要性を踏まえ、麦積山石窟と雲岡第一期との基本的な関係について、作者は理論と方法論を駆使することで、甘粛省秦涼時代早期石窟の系統及びそれらの造営背景、雲岡石窟以前の石窟寺の様式の確立と特徴、北魏仏教と雲岡石窟芸術の成立と意義などについて探求し、ここに新しい意見を提示する。

麦積山石窟、雲岡石窟の第1期の作品について、仏教美術がインド、中央アジア、西域を経て、中国へ伝播しそれにつれて変遷していった事実を踏まえ、以下の3つの方面から考察を行う。

1. 造像題材、配置形式（三世仏、弥勒信仰の変遷、石窟の構成の変化と伝承）

2. 如来造像の様式（外来の要素及び「中国化」の過程の分析）

3. 着衣形式の変革（無着衣、偏袒右肩、通肩から、いわゆる涼州式偏袒右肩に至る4種類の着衣形式）、また炳霊寺石窟、麦積山石窟、涼州、雲岡石窟早期の作品に対して、総合的に比較、分析を行うことで、麦積山石窟第1期が曇曜五窟よりも遅いという考えに対して疑問を呈する。

本論では、河西金塔寺、炳霊寺石窟及び麦積山石窟早期窟の総合的考察と比較分析、またガンダーラ、マトゥラーの仏教芸術との関係を通して、麦積山石窟早期窟が雲岡石窟よりも早い開鑿であること、炳霊寺石窟西秦造像と河西金塔寺石窟北涼窟などとほぼ同じ時期であり、十六国時代の開鑿であることを客観的に述べる。

我对佛教艺术是门外汉。学校毕业后到甘肃工作，一开始便是石窟调查建档，踏访了不少历史名刹，如麦积山、炳灵寺、马蹄寺石窟等。此后又与石窟考古绝缘了数十年，只是偶尔投以关注，积累了一点皮毛印象。其中，关于麦积崖的开凿、源流等，目前尚未定谳。这不只关系其本身的历史地位真相，还涉及我国佛教的传播和石窟艺术的渊源、演变的正确阐述，也是建国后石窟考古学逢到的第一个重大疑难，甚至今天这一问题还在困惑我们。兹不揣陋浅，冒昧陈述一二，抛砖引玉，以期深入切磋而已。

历史的回顾

早在1950年代，麦积崖刚勘察完不久，史岩、（日）町田甲一两位先生就同时发表了不同的观点，[①] 可以说这是延续至今的分歧争议的起点。

史氏指出：麦积艺术的式样、风格和渊源，存在：一、汉式传统；二、传入、汲取外来因素两大类型体系。后者的“前期”74、100、70、71、77号等窟，是北魏太武帝“灭佛”（446）以前相当于4世纪末、5世纪初之作，并影响了后来的云冈。他甚至还认为昙曜五窟“可能就是由麦积山派遣来的优秀作家所造作”。史氏此论绝非空穴来风。因为北魏平定北凉掠夺了大批佛僧、工匠东迁平城，成为后来北魏佛教艺术大肆造作的参与者。而众所周知，如《高僧传·玄高传》所载，北魏所掠人众中也包括有后秦、西秦的僧释佛徒等。

町田先生针对《麦积山考察团工作报告》[②] 不确定的推测：“六国共修”约是从唐上溯隋、北周、西魏、北魏至后秦，经过标本学、类型学的比对，认为麦积全部早期洞窟几乎无一可上溯后秦或5世纪前半期的，现存较早之作晚于孝文太和中期，开凿年代与龙门或云冈之龙门期大体同时。

二位资深学者于同一雕塑之断代如此悬殊，而研究方法基本相似，恐怕是所持理论和主观认识各异。症结在于，当时对云冈之前的十六国阶段及其艺术宗教特征和流变的认识，还属于空白，有待新的发现、探索。町田氏说麦积无后秦，也只是间接从理论和考古类型的比较上，认定麦积早期晚于昙曜五窟、甚至云冈二期。我猜想，理由之一当是云冈比麦积具备更多更强烈的外来因素。日本学者于云冈石窟的研究是积累有年的，町田氏尤精于古印度、犍陀罗艺术，他们对云冈更赋予外来因素的论述毋庸置疑。但何谓后秦佛教艺术？不易回答，史氏也不可能有先入为主的看法。直至今日，传世的金石佛造像亦未闻有后秦铸造者。或亦因此而没有引发双方的争论。只是当炳灵寺发现了西秦（385～431）的佛像遗迹时，关于佛教艺术的十六国阶段和麦积开创的问题等，才被重新提到日程上来。

认识总有个过程。回顾麦积开凿分歧的这段尘封历史，似应承认，史氏早就注意到云冈与其远亲印度（或中亚、西域）之间，还应有一个近亲的中介或过渡环节。此前他踏遍河西天梯山诸石窟，[③] 遗憾的是，过于零星、残断、分散的凉州石窟资料，未引起足够重视，而最终是将立论支点落脚于麦积崖。在他的体系、序列中，麦积、云冈早期是分处其第二“外来因素类型”的前、后期，年代差了半个世纪。诚然，他对麦积崖早期早于云冈一期的论说似欠透彻有力。其次，作为正确阐述石窟艺术不同时代、地域、风格的产生、发展，以及传统因素和外来因素的关系等，其理论是积极而有其合理内涵的。

---

① ［日］町田甲一《论麦积山石窟的北魏佛》，日本佛教艺术学会《佛教艺术》35期，1957年（甘肃省图书馆梁民达译为中文）；史岩《麦积山石窟北朝雕塑的两大风格体系及其流布情况》，《美术研究》1957年第1期。

② 吴作人《麦积山勘察团工作报告》，《文物参考资料》1954年第2期。本文引自麦积山石窟艺术研究所编辑的《麦积山石窟研究论文选集》，甘肃人民出版社，2005年。

③ 见史岩《凉州天梯山石窟的现存状况和保存问题》，《文物参考资料》1955年第2期、《散布在祁连山区民乐县境的石窟群》，《文物参考资料》1956年第4期、《酒泉文殊山的石窟寺院遗迹》，《文物参考资料》，1956年第7期。

但不敢欣同的是，两大体系同时并存并交互影响，明显有违于佛教艺术在中国的实际，① 未免陷入机械论的境地。尽管如此，他置麦积早期于云冈一期之前，仍然是一次勇敢而有益的探索和创新，这与后来“凉州模式”的观点是异曲同工的。

1960年代初，甘肃省博物馆文物队加强了石窟考古工作。1961—1962年，派出张宝玺、董玉祥二人随北京大学阎文儒教授的石窟小组调查国内重点石窟并学习。其时阎先生正着力探讨中国石窟的源流传承脉络。受其影响，甘肃诸佛窟开创年代一时成为圈内热门话题。

1963年4~6月，文物队对全省重要石窟展开新一轮勘察，首个目标选中炳灵寺。这实际上是一次“练兵”性质的实习和探险。② 5月底工作即将结束，平时对唐述、时亮窟早就向往遐想，此时一睹究竟、势在必得的念头已不可抑止，于是，在岳邦湖的带领下，与初世宾、王有举共三人，费时一天，冒险攀岩，终于登临凌悬高峡的169窟，一举发现令中外惊诧的西秦佛教艺术珍品。③ 中国石窟之确凿定为早于昙曜五窟的十六国造作，这还是破天荒的第一次。说来偶然，实则也在意料之中。记得当第6龛的墨书题记“建弘元年岁在玄枵三月廿四日造”，清晰地映入望远镜时，④ 凭直觉那肯定是早期写经的书风，但却想不起属于何王何年？只得从高空向下喊话，请地面带年表的同志查对，而结果确实令我们惊喜和兴奋了好一阵子！

炳灵西秦遗珍的发现很有意义：

1. 它是20世纪石窟考古的重大事件之一，确证十六国或更早时期佛教艺术的存在和辉煌。西域、内地早期佛教遗迹遗物今后还会发现。他们无疑将成为佛教史、艺术史、石窟史志不可或缺的组成部分和研究新领域。

2. 炳灵169、1、16窟等为代表的西秦佛教遗迹，是石窟考古学年代与类型的珍贵标本，也是研究鉴别十六国时期或更早的佛教艺术的重要依据。

3. 从佛教、文化艺术史两方面印证了十六国时期后秦、西秦、北凉对北魏的重要影响。其实质和过程是，对外来成分的积极汲取、改造，对内则是民族间的交流融合，不断统一、创新、前进。

---

① 佛教、佛像初入中国，最早的中土佛像，有以传统技法制作的，如四川汉末、三国时期原始古拙的陶石佛像。后来出现模仿外来印度、锡兰、中亚、西域佛像的风格类型，如日本藤井有邻馆藏4世纪之金铜弥勒菩萨立像（传陕西出土）；又哈佛大学福格美术馆藏时代同上金铜禅定狮子座佛像（传河北出土）；又旧金山亚洲博物馆藏后赵建武四年（336）金铜禅定坐佛。以上第三尊明显为仿照舶来外域佛像之作，方台座前附镶一对狮子及摩尼火焰宝珠已佚。第二尊衣饰、面相神情模仿犍陀罗，但技艺手法稚拙，又双狮子为汉晋风格。第一尊亦透露强烈犍陀罗菩萨像特征，但发式、衣褶已汉化，胸腹的解剖学处理程式化，身材粗短，不合比例。故后二尊亦定为中土所造，但已有相当仿造水平与娴熟程度。如果说以上两种类型曾一度并存，也是非主流的偶然现象。但基本规律是每一时代一种主流样式风格代表潮流，起主导作用。像史氏所谓不论时代早晚（如十六国、北魏、西魏）都并存两种风格类型体系，不仅麦积崖，在中国其它石窟寺中都未曾发生。

② 甘肃省文化局文物工作队《调查炳灵寺石窟的新收获——第二次调查（1963）简报》，《文物》1963年第10期。

③ 这次攀登169窟，在5月23~29日。5月23日晨九时开始，使用长30米碗口粗巨缆两条，钢钎20余，拼接10米长梯1架，小木梯2个，及其他绳索、木杠、工具等，由岳邦湖（文物队长，此次勘察总领队）率先探路指挥，初世宾紧随协作，王有举（炳灵寺保管所所长）殿后运送接应，由低而高，利用崖面的坑凹和遗留的残桩栈孔等，捆缚架设极简易的绳梯杠栈，几经翻转弯折，下午四时许进入169窟，自最近地面攀升约近40米。此后在洞内又连续工作六日，每日早晚仅上下一次。岳负责摄影，初做文字记录，二人合作测量等。5月29日撤离之前，岳、初负责接引陪同每位勘察人员逐一登临观摩，保证安全。此四十年前事，情形未曾披露，谨简志于此。

④ 关于此题记，日本学者曾有质疑。见（日）福山敏男《关于炳灵寺石窟的西秦造像铭》，《美术研究》276，1971年（转引自（日）邓健吾《麦积山石窟的研究及早期石窟的两三个问题》，《中国石窟·天水麦积山》，文物出版社、平凡社，1998年）。认为岁星（木星）在玄枵之次，当合干支纪年的子年，而西秦建弘元年（420）为庚申年，四年后的建弘五年岁在甲子，故题记当作“建弘五年”（424）为是。按，木岁并非整十二年绕日一周，而是略有超过，其准确值为11.8622年一周天，故每过86年木星会超过一个星次（木星每年在天体仅运行移动周天的1/12，称一星次），谓之“超辰”。为求岁星纪年的准确度，就要纠正超辰问题，即每86年需减一星次。这里建弘元年岁在玄枵的星次，而干支纪年为庚申年，约经过纠正。又十二星次的玄枵位于“子”位，与干支纪年的地支“子”并无关系。题记“元年”的“元”形近“五”字，容易误辨。其原文、录文皆作“元”字无误。

4. 促进了中国石窟早期阶段与相关问题的研究探索。此后，甘博文物队同年7～10月继续调查张掖金塔寺、千佛洞、酒泉文殊山、玉门昌马大坝、下窖诸石窟，对“早期”的断代就更多了些理性和自信，也就自然产生了“凉州石窟”不只天梯山一处、北凉一朝的认识。我们发现，金塔寺东、西窟和千佛洞塔柱窟与炳灵169、1号虽具有同时代之气质风格，但造像样式迥异，169窟以地道的中印度秣菟罗风范为主，金塔寺造像底层原作保存极佳，我敢说那是内地最“犍陀罗化”的作品。① 大坝石窟在玉门疏勒河上游昌马峡口，因工程炸石破坏，用望远镜看到与莫高、文殊等相同的中心柱和神秘浓郁的画风，与金塔寺系统区别较大。又1966年3～5月调查兰州东北的靖远县法泉寺石窟，发现也有十六国时期的佛教遗迹，② 可能是西秦前半期定都勇士、苑川时期的造凿。又，70年代敦煌文物研究所参照炳灵169，酒泉、敦煌的北凉刻铭石塔，及新疆、云冈、河西等地，自身排比，首次析出北凉统治敦煌时期（420～442）的268、272、275三窟，定为莫高窟总分期的第一期即十六国晚期，③ 这也是一次有意义的新突破。

麦积山石窟自1962年张学荣任所长以来，一直留意开创年代问题。70年代初他发表《麦积山石窟的新通洞窟》一文，④ 强调创建于后秦即400年前后，可以说是重启和继续了50年代的那场争论。围绕这一主题，从此展开一场持续至今的学术讨论。许多中外学者发表了很有见地的意见。目前讨论仍在继续。焦点虽然集中在麦积崖，但触及石窟考古的问题却相当深刻、广泛。

分歧所在

以下对诸家论述分歧的所在，取其主旨，存其枝节，按最早洞窟开凿、年代、传承关系等几个方面扼要归纳于下：

一、后秦（西秦）开创说

麦积崖的早期窟龛以74、78、90、165等为代表。创建于十六国后秦王朝（384～417），或西秦（417统辖秦州～431）。时代早于并影响了云冈，后者初期造像题材、风格等，均可追溯至炳灵寺、麦积

① 时笔者负责做金塔寺东窟记录，曾对两处造像外表臃肿的后妆泥皮，试做局部剥离。一处为中心柱背侧下层龛形象相同二弟子之一，经剥离面部显示为迦叶长老。另一为柱东下层外侧胁侍菩萨，面部露出古希腊美女雕塑的娟好形象。如此希腊化、西域化的倾向，除新疆库车、和阗、鄯善以外，两关以东包括莫高窟等地，是绝无仅有的。调查金塔寺石窟时，调查人员驻大都麻公社所在，每日步行上洞一次，进李家沟抵窟前，从极浓密的灌木林中穿行，需手持刀斧木杖“披荆斩棘”。时值七月大雪，祁连深处，终日不融，深可没胫，要披着棉被工作。

② 法泉寺石窟，位于靖远县城东北15里赴打拉池公路山口处，洞窟约七八处，为主的最大一窟方形，塔柱半凿出，紧挨后壁，似为未完工者，壁面散乱分布包括北魏早期的佛龛，窟门方形，门外两侧凿圆雕二禅定坐佛，门内两侧壁各一圆拱龛坐佛，衣饰通肩、袒右肩，风格与炳灵、金塔寺相似。又另有高方坛塔柱窟二、三座。其中之一，塔柱前彩塑密迹金刚立像如炳灵169－3龛和金塔寺西窟塔柱正面下层者。有二座塔柱窟被初唐重修，遗有极精美的佛、菩萨塑像。该寺外崖面满布小禅窟多达数百。寺内遗北宋开封为法泉寺勘定度牒四百余僧人之碑碣。西秦国都在412年徙都枹罕（今临夏市）之前，曾都勇士城（385年，在今靖远县地）、苑川（400年，在今榆中县苑川河流域）。故推测法泉寺石窟为西秦王乞伏国仁、乾归时所开凿。

该石窟资料丢失，未发表。文革中为寻觅收藏《文溯阁四库全书》处，曾再次踏察一次，该处已为军队借用为仓库，但一切保存尚好。后又闻为群众性宗教团体维修恢复活动。一晃四十余年，不知近况。

③ 敦煌研究院编《敦煌石窟内容总录》，文物出版社，1996年。樊锦诗、马世长、关友惠《敦煌莫高窟北朝洞窟的分期》，《敦煌研究文集》，甘肃人民出版社，1982年。

④ 麦积山文物保管所张学荣执笔《麦积山石窟的新通洞窟》，《文物》1972年第12期。

崖。代表学者有：史岩、张学荣、[1] 阎文儒、[2] 董玉祥、[3] 杜斗城、[4] 步连生、[5] 金维诺、[6] 温玉成[7]等。

还需另加说明。张学荣认为《太平广记》引《玉堂闲话》云“古记六国共修”当在400～410年，时姚秦在五胡诸国中最强为“霸主”。释“六国共修”以此论最妥。即诸国为佛陀和宗主国共做功德造窟。金维诺先生力主只有后秦、西秦时期有造窟可能。此外，在74、78窟之间76号小窟佛座前方，他发现底层墨书铭文：“南燕主安都侯□□文｜姬□□□後□造……”。据《晋书》、《资治通鉴》所记考证，事属姚兴弘始三年（407），南燕王慕容超遣使赴后秦称藩，献太乐伎以迎取超之母、妻时所造之窟。按，此题铭非常模糊，不足凭据。温玉成强调麦积崖创于400年初，举庾信《麦积崖佛龛铭》“度杯远至”为证。庾子山此处称引典故逸事，恐为漫衍虚文，故不宜当真。但他主张后秦全盛时期，作为关中佛教文化圈内的麦积崖早期作品具有“楷模”作用，自在情理之中。至于是否称之“秦州模式”（约400～417），“凉州模式”是否又是其继续和发展，值得再作探讨。杜斗城认为玄高一辈高僧在长安、麦积山、炳灵寺、凉州和平城的频繁活动，加深几者间的密切交流关系，促进佛教与石窟寺的修建，实为不易之论。

二、仇池国开创说

郑炳林主张最早洞窟74、78号坛基诸供养人像榜题与建窟同时，但题名“仇池镇”为仇池国杨盛所建二十部护军镇之一，非北魏于仇池所置镇，故78窟创于杨盛时期（始于394）。又郑氏重新审视76窟题记，当是“南秦主安都侯□陇右诸□□俊敬造”，与金氏所释颇出入。[8] 又据《魏书·氐传》记，考此处之“俊”，即晋穆帝永和十二年（356）篡杀仇池前王而自立的杨俊，76号为杨俊所造。74、78窟同时或更早，75、93窟也是仇池国所建。

按此说存疑颇多，尚待继续推敲。一是先需甄别题记文字无误。二是杨俊据《通鉴》卒于穆帝升平四年（360），如此，76窟当凿于356～360的五年或更早些。但此推定与76窟造像年代（拙见相当于太和改制初，表层壁画隋代），相差达150余年，又以国主身份造此弹丸小窟似出乎常规。三是《北史·氐传》云：仇池杨定被西秦攻杀，杨盛继之为王。《通鉴》系此于太元十九年（394）十月。杨盛不设郡县，而分诸羌氐为二十部护军镇戍，亦系于是年。这样，公认最早的78窟开凿上限不过394年，反而大大晚于76窟，也不符合洞窟断代和崖面分布的实际。

---

① 见麦积山文物保管所张学荣执笔《麦积山石窟的新海洞窟》，《文物》1972年第12期。又见张学荣、何静珍《麦积山石窟创凿年代考》，《文物》1983年第6期；《再论麦积山石窟的创建年代及最初开凿的洞窟——兼与张宝玺先生商榷》，《敦煌研究》1997年第4期。

② 阎文儒《麦积山石窟的历史、分期及其题材》，《麦积山石窟》，甘肃人民出版社，1984年10月。

③ 董玉祥《麦积山石窟的分期》，《文物》1983年第3期。

④ 杜斗城《北凉佛教与河西诸石窟的关系》，《敦煌研究》1986年第1期。

⑤ 步连生《麦积山石窟塑像源流辨析》，阎文儒主编《麦积山石窟》，甘肃人民出版社，1984年。

⑥ 金维诺《麦积山石窟的兴建及其艺术成就》，《中国石窟·天水麦积山》，文物出版社、平凡社，1998年。

⑦ 温玉成《中国早期石窟寺研究的几点思考》，《敦煌研究》2000年第2期。

⑧ 郑炳林《天水麦积山石窟研究文集序》，郑炳林、魏文斌主编《天水麦积山石窟研究文集》，甘肃文化出版社，2008年。

三、后秦始建已毁无，今存最早为文成复法后所作说

主此说者有张宝玺、① 邓健吾（即日本学者东山健吾）、② 黄文昆③三家，其论证在以下方面颇一致，兹予引述：

1. 历史记载和石窟考古并重，尤其对大量翔实的文献、碑刻及秦州深厚的文化底蕴、重要的地理环境等，给予重视和研究。张氏谓麦积佛教活动可上溯十六国晚期，石窟兴建与炳灵、天梯山同时而早于云冈、龙门。黄文昆直以为创建于姚兴之世（394～416），主事者或即姚兴本人。总之有不少独到新鲜的见解。

2. 最早的后秦（西秦）的造作，因地震崖塌和北魏太武帝“灭佛”（446）的破坏，今已不存，很难再找到十六国时期的遗迹。

3. 现存最早的78窟，是文成帝“复法”（452）至孝文帝太和十年“改制”（486）之间所作。理由是，78窟坛基的“仇池镇”胡服供养人只能在太平真君四年（443）平仇池置镇以后，而七年（446）即“灭佛”，造窟就只能在文成复法（452）以后。但对坛基内埋露被焚的木框却看法不一。张氏云供养画像与该窟造像、开凿同时，78窟全部皆属北魏置镇或复法之后作。邓、黄二先生严谨对待，以为这正是太武灭法之证，原后秦、西秦造像约已击破焚毁，今像乃复法后重做，现窟、像并非同时期作品。

4. 78窟具体年代，三家略异，各自亦有矛盾。例如，张氏云78窟接近炳灵169建弘元年（420）、酒泉北凉铭石塔、云冈18～20三窟和莫高275窟弥勒主尊，年代定在十六国晚至446年灭法前。十六国的下限当以平定北凉（439）为界。这显然又与其北魏开凿之说不一（当然也相差无几）。邓氏据造像比较，定74、78窟比云冈19、20窟及北魏天安六年（466）冯爱爱造像“稍早”。④ 但他又认为麦积崖早期受“凉州模式”或曰受平城“反作用影响”，这就与前说相悖了。黄文昆氏明申78窟晚于昙曜窟，但又说74、78窟三佛的式样早在后秦可能已形成，这削弱了其观点的说服力。

总之，此说轻易地认为后秦（西秦）的原创作品今已全无。原本复杂的问题一下子变得简单了。人们也许疑惑，它们是真的被毁了，还是尚未被我们真正识别？

四、麦积崖受北魏平城影响而创建说

此说主要观点，麦积崖非后秦而是北魏一统北方后之作，其渊源受平城模式影响。代表学者有町田

---

① 张宝玺《麦积山石窟开凿年代及现存最早洞窟造像壁画》，《中国考古学会第一次年会论文集》，文物出版社，1980年。又《从“六国共修”看麦积山石窟的历史》，《敦煌研究》1995年第4期。又《再议麦积山石岩寺年代及第78窟创建年代——兼答张学荣、何静珍先生》，《敦煌研究》1999年第1期。

② （日）邓健吾《麦积山石窟的研究及早期石窟的两三个问题》，《中国石窟·天水麦积山》，文物出版社、平凡社，1998年。东山健吾《麦积山石窟的创建与佛像的源流》（官秀芳译），《敦煌研究》2003年第6期。

③ 黄文昆《麦积山的历史与石窟》，《文物》1989年第3期。

④ 据本页注2第一篇论文。所谓稍早，约指下限冯爱爱造像（466），上限在北魏设仇池镇（443）、文成复法（452）之后。

甲一、宿白、[①] 八木春生、[②] 久野美树、[③] 魏文斌、[④] 陈悦新[⑤]以及有关的专业教材[⑥]等。

此说之诸家对麦积崖早期洞窟的具体年代，宿白先生断74、78、165窟造于文成帝时（452～466），为所定年代之最早者。[⑦]《佛教石窟考古概要》（见注6）定于文成复法到太和改制，略有弹性。八木先生不认为74、78窟与云冈一期有直接、密切关系，而是与北凉的“凉州样式”之后新产生的“凉州二期”相似和接近，故年代较晚，为470～480年。陈悦新用云冈、龙门衡量麦积崖，认为74、78窟属于太和年代（477～497）。本文开始提到町田甲一先生的断代，是观摩名取洋之助先生（日）所摄照片作出判断的，可能会有误差。他对74窟有记述，[⑧] 但所列接近太和中期的早期洞窟，不包括74窟。

北魏说之可商榷处有三：1. 忽视文献、碑铭所载麦积崖开创史早于北魏，对古人记云似求全责备。[⑨] 2. 有些立论命题，以及方法论上，还很有探讨之余地。3. 为何昙曜五窟比麦积74、78窟早？何以说前者影响后者？并未真正讲清楚，列举事实。这二、三方面，我后文再试研讨，这里先说一点对甘肃石窟的总体看法。

几个认识问题

一、甘肃的早期佛教艺术

众所周知，印度佛教及其造型艺术东渐中国，主要路线的陆路自中亚、新疆西来，甘肃乃必经之地，故甘肃传入、接受佛教文化一般较早。丝路初通，印度时尚无佛像，故匈奴祭天金人非佛陀。东汉、三国则变化颇大。汉明帝白马驮经，朱士行流沙求法，皆途径甘肃往返。而中原建寺、译经、祠浮屠、造佛像已不稀罕，考古发现也已见佛像，而甘肃缺乏此类资料。但近年悬泉汉简相当于东汉前期的文书，有敦煌“小浮屠里”的记载，是一重大发现。[⑩] 该里坊立一小佛塔而得名，可惜不知有否镌刻佛像？想酒泉、敦煌的北凉小佛塔，亦同样用于乡里寺舍的祠奉。又武威一带汉魏墓多以莲花饰藻井，属佛教象征和印度建筑特色。这些都是甘肃佛教艺术的最早物证，相信今后还会有更重要的发现。

两晋、十六国为甘肃佛教艺术的早期阶段。晋初甘肃相对稳定，承曹魏余绪，凉州兼领西域都护校尉，汉戎共处，中西交往，佛事日益炽盛。如月支僧人竺法护，世居敦煌，往来西域、凉州、长安、洛阳间，传经授徒无算千数，惠、怀时关中扰乱，复避乱凉土。永嘉二年（308）五月，据经记，法护在天水寺口译《普曜经》胡本为晋言。此天水寺当属古秦州佛刹，足以说明甘肃通道在早期佛教传播中无可替代的特殊作用。尤其永嘉动乱，五胡纷争并立，甘肃先后为三秦五凉所治。因民族、地缘亲近，各

---

① 宿白《敦煌莫高窟现存早期洞窟的年代问题》，《香港中文大学中国文化研究所学报》第20卷，1989年。又宿白《敦煌莫高窟早期洞窟杂考》，《中国石窟寺研究》第214～225页，文物出版社，1996年。

② 八木春生《关于麦积山石窟第74及第78窟的创建年代》（何洪岩、魏文斌译），《敦煌研究》2003年第6期。

③ 久野美树《中国初期石窟及观佛三昧——以麦积山石窟为中心》（官秀芳、魏文斌译），《敦煌学辑刊》2006年第1期。

④ 魏文斌《麦积山石窟几个问题的思考和认识》，《敦煌研究》2003年第6期。

⑤ 陈悦新《中心文化对北朝麦积山石窟的影响》，《敦煌研究》2006年第3期。

⑥ 国家文物局教育处编《佛教石窟考古概要》，文物出版社，1993年。

⑦ 转引自邓健吾《麦积山石窟的研究及早期石窟的两三个问题》，《中国石窟・天水麦积山》，文物出版社，平凡社，1998年。

⑧ 见町田甲一《论麦积山石窟的北魏佛》。据74窟照片所做描述相当准确，包括正壁主尊头部重修的判断，均正确无误。

⑨ 见本页注6书81页。

⑩ 张德芳《悬泉汉简中的浮屠简考——兼论佛教传入敦煌的时间》，《中国吐鲁番学会2008年度理事会议暨“敦煌汉唐佛教艺术与文化学术研讨会”论文集》，兰州大学，2008年6月。

少数民族与地方政权为了割据争霸，就最愿意接受和尊崇外来的佛教，所谓胡俗戎教，而引为觉醒自立的思想文化武器。其中，前凉、苻秦、后凉三朝直控西域达百年，两次用兵鄯善、龟兹，加速促进沟通了佛教的大举东进，其作用不可小觑。故而河西陇右，一时名僧咸集，寺塔林立，大兴禅修礼佛。于是继新疆之后，一批效法印度、西域蓝本模式的早期石窟寺，竞相诞生，形成一阵前所未见的踊跃热潮。

自发现西秦佛迹之后，我对甘肃石窟的形成、发展历史、特征，逐渐形成一种构想或曰观点，即由西向东按以下五个区系分布：①

1. 河西走廊西部，可称敦煌区系，以莫高窟为代表，含玉门昌马大坝、下窖，酒泉文殊山等（以下同此，仅举早期石窟）；

2. 走廊东部，称金塔寺、天梯山区系，即张掖、武威之地，含千佛洞、上中下观音洞等；

3. 甘肃中部：炳灵寺区系，包括靖远法泉寺；

4. 陇南、渭河流域：麦积山区系，及其周边；

5. 陇东、泾河流域：泾川王母宫为代表，南、北石窟寺和合水保全寺、张家沟门石窟等。

以上五区系，除陇东一系为北魏统一以后受平城、洛阳二京影响之作，其余均产生于前述十六国佛教东进之浪潮中，均应早于云冈。他们各有特定的地域、政治背景，不是朝廷敕建（如姚秦“六国共修”；炳灵169“国大禅师”建造，沮渠蒙逊为母立像等）；便是高僧住锡、隐士遁世的禅林幽居（如昙弘、玄高隐于麦积；外国禅师昙摩毘“领徒立众”；段业读书天梯山；郭瑀修行“临松薤谷”——马蹄寺；乐僔、法良坐禅莫高窟等等②）均发现十六国时期窟龛及相关文献记载，和历代相继造凿的窟像，遗迹文物与历史资料极丰富，应该说毋庸置疑。

但疑难、分歧往往出于对客观存在的不同认识。在具体比较分析麦积早期与云冈一期早晚关系之前，有必要再就几点认识做探讨交流。

二、佛教艺术中国化第一阶段的划分和认识

佛教艺术在印度，除了具备完全异域的素质以外，本身也存在多样性。在东传经中亚、西域时，虽然也孽生多样式支流，如龟兹、于阗样式等，但相对于“中国化”而言，只是小变，与印度、阿富汗基本属于同一体系或曰支系。但当进入三秦五凉时期在甘肃的发展却不同，为第一次大变，我们称之为早期，即十六国时期（北魏太和改制为第二次大变，北朝末至隋唐为第三次大变）。此阶段有如下特征：

1. 佛教艺术仍保持强烈的外来素质、风范，但又具备明显的“中国化”倾向；

2. 宗教与艺术的流派纷至沓来，竞相出胜，出现争奇斗艳的繁荣局面（也有各地政治、文化、宗教差异的原因）。但中国化的过程又赋予其同一性。所以各早期石窟的式样、技艺、风格自然有同有异。

3. 本期初，或更早些，如传为19世纪末出于河北省的金铜释迦禅定像、③ 陕西省所出弥勒立像，④ 是完全“梵相”的犍陀罗式，属西域的舶来品或内地照模仿制。但4世纪至5世纪前半叶中，如石赵建

---

① 未发表。1980年代在接待中央美术学院亚洲日本留学生参观座谈时，曾经介绍过相关观点。

② 《晋书·郭瑀传》载，瑀隐居卒于酒泉南山赤崖阁。《高僧传·竺佛念传》载其徒法乘卒于酒泉西山，疑即酒泉西南肃南之文殊山石窟一带。

③ 传河北石家庄出土，藏美国哈佛大学福格美术馆，高32.9厘米。见林保尧《佛像大观》，第75页，艺术家出版社，台北，1997年。

④ 陕西三原县出土，藏日本藤井有邻馆，高33.3厘米。同前注书，第71页。

武四年（336）、[1] 大夏胜光二年（429）、[2] 刘宋元嘉十四年（437）[3] 等金铜像，及炳灵169第6龛（420）、酒泉北凉承玄元年（428）诸石塔等，不再被动地模仿，而是融梵、汉于一体，开启“中国化”的汲取、融汇改造、创新的历程。这一步历时一个半世纪。其最初的尝试还是那么稚拙怪异。[4] 晚期则相当的成熟、自如。

4. 前凉、前秦时期甘肃较统一，统治者是否参与开窟造像，不得而知。前秦亡，后秦、西秦，后凉、南凉、北凉、西凉割据出现，前述石窟艺术区系形成。敦煌系模仿新疆的痕迹很重，完全可能创于前凉、前秦，也可能在西凉，不必拘泥于北凉统治时期。北凉的沮渠氏世居并发迹黑河，后徙姑臧（412），张掖、武威诸窟年代也不必限于东迁以后。其金塔寺系，充满犍陀罗浓郁风貌，与龟兹、于阗佛教艺术如出一辙。炳灵寺系，169—6龛建弘元年（420）不是该窟最早的作品，早于它或同时代的壁画至少还有三种。[5] 此系特点是以典型中印度秣菟罗艺术，和笈多朝鹿野苑造像为主的姿态呈现，与金塔寺系截然不同。麦积系74、78洞窟的造像，兼有犍陀罗、秣菟罗二者意蕴，但很含蓄和谐，可以说做到了天衣无缝化无痕迹的地步。

5. 因后秦灭亡（417），关陇战乱，佛教中心、僧释力量等有一次向西的大迁移。由《高僧传·释玄高》可知，先自长安、关中奔陇西，再西诣西秦河湟，最后远赴凉州。佛教文化艺术由此而得到了更进一步传播，新的集结和重组，促使其不断统一，提高水平。研究者已经注意到后秦、西秦、北凉石窟之间的渊源、影响等亲疏关系。其中除宗教、艺术的原因，还要考虑政治因素和时代风尚的总趋势。

三、十六国阶段的终结——“云冈一期”

北魏本为五胡十六国之一，历经百年崛起拼杀，终于结束十六国的分裂、混乱，成为北方的唯一霸主。北魏的统一，也标示着佛教艺术十六国阶段的终了和又一次大集结，新的佛教艺术中心的即将形成。这就是平城灵岩寺“昙曜五窟”的开凿，即云冈一期。

正确看待云冈一期的产生及地位作用，是石窟寺艺术史、特别是佛教艺术中国化问题的关键之一，本文所涉分歧，即与此问题有直接关系。

按《魏书·释老传》叙北魏及北方佛教曰：“魏先建国于玄朔，风俗淳一，无为以自守，与西域殊绝，莫能往来，故浮图之教，未之得闻，或闻而未信。”“凉州自张轨后，世信佛教。敦煌地接西域，道俗交得，其旧式村坞相属，多有塔寺，太延中，凉州平，徙其国人于京邑，沙门佛事皆俱东，像教弥增矣！”此处我们应特别注意的，一是北魏之信奉佛教晚起，其基础底蕴极薄；二是其佛教之所以急剧兴盛膨胀，乃是用军事手段“拿来主义”，对各国尤其凉州佛教人、财、物、知识的迅速全面的掠夺、占有。所以，北魏佛教是在统一前夕据有各国佛教资源的基础上发展起来的。

《释老志》云北魏佛教之初不无掩饰自诩。道武帝天兴元年（398）始诏平京修筑僧舍、禅堂、佛

---

① 藏美国旧金山亚洲艺术馆，高39.7厘米。见林保尧《佛像大观》，第79页，艺术家出版社，台北，1997年。

② 日本芦屋某氏藏。见前注书，第83页。

③ 日本永青文库藏，高29.2厘米。见前注书，第87页。

④ 这是印度佛像中国化过程的早期极自然出现的事，见石赵建武四年等佛像。

⑤ 与炳灵寺169窟第6龛建弘元年（420）壁画同时和早于的壁画，至少有三种画风：甲，169-12号北壁一佛二菩萨和婆罗门供养，风格同印度阿旃陀2号窟莲花手菩萨，轻度晕染，墨线勾描；乙，汉式画风，169-10、11等号壁画；丙，南壁上部169-24号说法与千佛图，色彩赭红浓重，以渲染画法为主。旁有僧众题记，如道融，又见169-6龛；法维，与北凉昙无谶同时，见慧皎《高僧传》。169-6号龛之画为丁种，似为甲、乙之结合。

塔。此属政府行为，与关、洛、秦、凉各国佛教的普及相比，不可同日而语。明元帝好黄老、佛法，“京邑四方建立图像”，时当5世纪初，民间开始造像奉佛。帝所崇道人统法果，宣言拜天子即礼佛。又果死赠号“老寿将军”，子袭父爵等，知其佛法旨趣并非正轨，尚比较原始。至太武帝时，国家已呈规模，帝驰战南北，亲睹各国佛释之功效，因文治武功之急需，于是崇信佛教并欲亲自操控而加以利用。太武初平赫连夏（427），得沙门慧始（即白脚禅师），曾在长安随鸠摩罗什观习禅典。同时（430），命沮渠蒙逊送昙无谶诣京师，“备言它国安危”。太武之重用佛僧，拜玄高为太子师最为典型，等于委以国权。后又走向另一极端。杀玄高，接着灭佛，盖因高与太子陷入宫廷政治斗争，以及发现长安僧众参与造反，佛、道之争只是表象。玄高先在关中向佛驮跋陀罗问禅，后赴西秦隐于麦积“禀其禅道”，再任为西秦国师，与另一外国禅师昙摩毘参证禅法，疑即道安译经长安时之昙摩蜱。① 后不知其行迹，盖“西返舍夷（卫）”时约途径炳灵寺。与其同壁供养还有道融，即鸠摩罗什译经弘法的主要助手。② 约西秦末，高又西进北凉，受沮渠蒙逊敬事。太延五年（439），与凉州名僧慧崇、昙曜、罽宾僧贤、弟子玄畅等，连同吏民僧俗、匠伎“三万余家”，全盘劫徙平城。北魏用这种办法快速集聚佛教力量不在少数，③ 其中不乏中外佛释人才。虽遭灭法，但在朝野庇护藏匿之下，以凉州为主的精英终于成为后来复法和创建云冈的策划、领导者，也可以说是北朝新佛统的奠基人。

文成复法（452），师贤、昙曜复出，先后任沙门统。师贤为罽宾僧客籍凉州，先凿石佛像仿文成帝，面部、足下有黑痣如其人。兴光元年（454）又作太祖以下五帝的金铜释迦立像，各高丈六尺。请注意，造大像模仿帝王，或许是凉州或十六国的佛教风俗。昙曜最为太子晃（恭宗）所敬重知遇，亦可推知其与玄高必有深厚关系。曜于和平初（460）开凿灵岩五大像龛，震撼中外，惊世骇俗的云冈石窟终于问世。此五大像是否仿太祖以下五帝，议者莫衷一是。但凉州时善为此壮观华丽之宏伟巨构，或曰凉州僧人艺匠乃设计施工之主力，殆无任何疑义。

至此，可顺理成章的结论，云冈一期是凉州为代表的佛教艺术的继续和发展，也是十六国阶段各国佛教艺术成就之集大成与结晶升华。它通过移植、汲取“凉州模式”而继承发扬十六国时期之传统，创造出更辉煌的成就。但此处“凉州模式”不应只看成北凉一朝，④ 还应包含十六国晚期后秦关陇的麦积山、西秦河南的炳灵寺，和河西北凉以及西域龟兹、于阗等国的其他佛教艺术营养。此点亦毫无疑义。麦积崖北魏创建说只承认北凉对云冈一期的影响，却忽略后秦麦积崖等早期石窟的客观存在和重要作用，也就割断了前秦、后秦、西秦等自关中—秦州—河州—凉州—平城的传播脉络，使云冈一期源流的某些问题变得模糊不清。

把云冈一期看作是十六国时期的终了和总结（也是南北朝开始），是因为其性质、任务依然是印度佛教艺术中国化的初期，与十六国时期别无二致。所差只是它的孕育和诞生晚了一些。为此，当然不能同意关于“中国化进程”主要在第二次变革（即太和改制与汉化）的观点。⑤ 关于“中国化”此处不能备述。仅就佛陀形象而言，十六国阶段和云冈一期都面临把“印度样”（或准印度样）向“神人化”、

---

① 昙摩毗或为昙摩蜱，请参见梅林《昙摩毗与昙摩蜱名实辩》，《敦煌研究》2005年第3期。该文又主张昙摩毗为敦煌开窟之法良，尚待进一步证实。

② 慧皎《高僧传·释道融》。

③ 参见宿白《平城实力的集聚和“云冈模式”的形成与发展》，《中国石窟·云冈石窟》一，文物出版社，1991年。

④ 宿白《凉州石窟遗迹与“凉州模式”》，《考古学报》1986年第4期。该文主张“凉州模式”以天梯山石窟1、4窟，酒泉、敦煌所出北凉铭记石塔和肃南金塔寺东窟、西窟、酒泉文殊山石窟千佛洞为代表，以炳灵寺1、169窟分期断代为参照系数。

⑤ 见国家文物局教育处编《佛教石窟考古概要》，第119页，文物出版社，1993年。

“帝王化”、“民族化”……多种方向改造的课题。经中国化的改造，与原印度样式就有同有异了。当然也有不成功的。所谓民族化，是把印度式样“化”为中国的羌、氐、鲜卑族。这里几乎没有汉族。日本学者认为昙曜五大像模仿了拓跋氏鲜卑的面容体魄，似不如说是神人化、帝王化更妥。神人化，是变为本民族的神灵英雄，如休屠祭天金人乃部落之神。帝王化，如前述文成帝石佛、五帝样立佛即是。以上还不包括佛的“相好”、“轨仪”之类。太和改制，实际上是向“中原人”、“南人”的模样改造，并逐渐抽象成“秀骨清像”的符号。直到第三次变化，自北朝末回复“人性化”和“写实”，到唐代才形成已经中国化了的“世俗样”。从以上的简单经过也可以看出十六国阶段和云冈一期的“中国化历程”同样是艰巨而复杂的。

四、对云冈一期某些特征的看法

1. 关于风格艺术的多样化。有关权威论述指出：“昙曜五窟时期的造像风格，是一种纷然杂陈、百花齐放的风格，融汇了各种样式并加以创造。这是云冈第一期造像的显著特色。”① 按此概括颇精辟，道出了云冈一期包含或曰传承以“凉州模式”为主的多样性佛教艺术成分的秘密，这也是多样性的根本原因。

所谓“纷然杂陈”和“多种模式”，一般指20窟大佛雄健威武的犍陀罗风度，与18窟笈多朝秣菟罗情调的并存。这非常典型。然而已如前述，三秦五凉诸小国早已出现过犍陀罗式如金塔寺系，秣菟罗式如炳灵寺系，也有两种式样结合的麦积崖早期。当然，它们也不乏开窟造像的中外艺师巧匠和图样粉本。关于造大像或凿礼拜甬道，一般认为受西域龟兹影响。但三秦五凉也颇流行大像。如沮渠为母造丈六像；炳灵寺1号和169号—18号龛的石胎佛像高4米余，16号窟涅槃像长近9米；麦积74、78窟坐佛均高3米左右。虽然在体量、空间和气势上都略逊一筹，但昙曜大像的出现分明有一过程，不是突然的。至于造像内容题材的三世佛、十方佛、千佛、弥勒兜率天宫、阿弥陀、西方净土等大乘《法华》信仰、禅观方法，从前秦、后秦的长安译经中心的传播以来，在麦积崖早期、炳灵169、金塔寺、千佛洞、文殊山和敦煌早期最为流行。所以，这也不能算是云冈一期的首创。

2. 关于突出的外来因素。昙曜大窟，草庐式形制，空间狭促难识佛陀全貌。大像“梵相”，非同凡响，神情坦荡直露，体躯雄健粗犷，衣饰华贵奇异等，造成一种属于“天方异域”的神秘感和震撼力，这给人感觉具有更多的外来因素，故认为年代更早。但史岩指出“外来因素类型”晚期的“云冈一期”，比早期如麦积崖更容易获得外国佛像和样本。诚然《释老志》已记载：凿五大窟前夕，锡兰、疏勒沙门来献佛像，而此二国造像分属秣菟罗和犍陀罗。或曰五大窟是灭佛前北魏固有造像之继续，如传世太平真君四年（443）金铜立佛等。但是，小像难以为论。其实，秦、凉诸石窟早期作品的外来因素不可谓不重。但相对而言，限于规模、技艺、地位、财力等，制约了外来因素的充分表现，如麦积74、78窟佛的头部、衣纹比较到位，其他方面均较粗疏简单，它与云冈国家级寺院间的差距，当然毋需赘述。所以，说昙曜五窟外来因素突出，不如说它的巨大、雄厚、严谨和精致更彰显了自身特色。其次，羌、氐、河西匈奴诸族，秦汉以来逐渐汉化，与新兴的拓跋鲜卑在文化传统、民族习惯上差异很大。麦积、炳灵、凉州石窟总的比较朴实、肃穆、内敛，而云冈一期则显得雍容华贵、充沛饱满和积极外向，显示了那个时代所尊崇的风尚。

3. 关于云冈模式对秦凉石窟的作用。十六国政治、文化、宗教的多中心最终统一于平城，云冈由此

① 见国家文物局教育处编《佛教石窟考古概要》，第105页，文物出版社，1993年。

成为北中国佛教与石窟艺术的中心，直到迁都洛阳（494）左右，近四十年。这种地位和作用是不可否认的。有一种观点认为平城的这种权威对北中国有中心辐射的影响，包括秦凉诸石窟。我则以为当限于云冈二期后半和龙门初期（古阳洞诸大龛）比较符合历史，而不包括云冈一期时。昙曜五窟作为拓跋魏代京的神人或五帝像，其地位神圣，似乎没有哪个地方曾予效仿，于是终成绝版。还须强调，同期金铜石刻造像，无一例具备昙曜大像的风范素质，只有秦凉石窟例外。炳灵169西秦题记证明它早于昙曜五窟。同理公认最接近昙曜五窟的麦积74、78（又90、165）窟，也不可能是受昙曜窟影响的作品。

其次，秦凉诸石窟以黄河为界，河西诸窟仅张掖千佛洞第8窟经北魏宣武初之修妆。① 莫高窟例外。其一期北凉3窟颇有争议。二期（465~495）诸窟多有中心柱，只能说是受云冈二期的影响。有学者更指出二期中包含有北凉窟龛，② 似不无道理。河东炳灵169及172窟等，有太和中晚期造像壁画。麦积崖从74、78直到宣武初的115号，三世、十方、千佛、弥勒信仰，和三佛、兜率天宫的洞窟空间与布局，有着牢固、连续的传承体系。有学者认为此种连续性表明它们均为太武灭法以后之作，否则其间将会出现缺环断层。③ 但我们也注意到，上述麦积诸窟在题材、风格上前后还是不同的。另一方面，这恰又反映麦积崖作为秦陇名刹禅林，在佛教与文化艺术上，是自有雄厚的基础和传统的。此外，前文所述之陇东区系，合水张家沟门、保全寺石窟出现太和十五年（491）、廿年（496）的石刻小龛。泾川王母宫和庆阳北石窟的北1号窟，时代同前略晚，是仅有的受云冈二期影响颇具规模的中心柱窟。以上显示秦凉各石窟在云冈一期和二期前半，基本处于停滞的沉寂、凋零状态，很少有开窟造像之举。杜斗城氏对此有颇具说服力的深刻论述。④ 可资参考。假如把麦积74、78窟看做文成复法以后受云冈一期或二期影响而造凿的窟像，不仅在甘肃，在全国，就是在云冈、龙门的体系内部，都是找不出第二例的。

五、对两个具体考古迹象的分析

1. 麦积崖早期洞窟是否被地震崩塌?

麦积崖是地震崖塌频发之地。人们在认识后秦佛迹尚存疑问的情况下，采信后秦窟已崩塌无存来解释此暂时之悬案。其实这是很勉强的。

我们曾指出，⑤ 麦积崖的砂岩块体，因沉积过程而成长的不同构造层次，在内外因素作用下，山体中部以下剥切出裸露的笔立崖面，形成上大下小的麦垛状。其东、南、西三面，西崖体势、岩质较好，有一定前倾度，崖面开阔平整，岩石破损裂隙较稳定，并与中部连成一片。崖下是两翼山麓的中间，向南平缓开阔，故为早期窟龛和寺址的首选地带。崖根的51窟，形制同其上方57、74、78、90、165窟等相同，学者公认此为现存最早的一组洞窟。51窟位置最低，当属早期中最早开凿者。由此可知，早期开凿区集中于西崖东侧与南崖交接处，显然对崖面进行了优选，并充分考虑了寺院活动。北魏说的学者指出，梁《高僧传》虽云麦积山时有禅僧昙弘、玄高等百余僧众活动，但未云是否开窟凿像。造窟和禅修一般是一致的，二者应相辅相成。作为关陇三秦的著名禅林，北魏以下历代皆兴修窟像，唯独初始时（也是历史上禅修的鼎盛时期）竟然寂寥无为，也不可思议。

① 甘肃省文物考古研究所编《河西石窟》，文物出版社，1989年，图版105-107。

② 杜斗城《北凉译经论》，甘肃文化出版社，1996年，第151页。同作者《关于河西早期石窟的年代问题》。

③ 魏文斌《麦积山石窟几个问题的思考和认识》，《敦煌研究》2003年第6期。

④ 同本页注2书所载论文第二、三、四、五节。

⑤ 参见初世宾《石窟外貌与石窟研究之关系——以麦积山石窟为例略谈石窟寺艺术断代的一种辅助方法》，《西北师范学院学报》（社科版）1983年第3期。原稿作于1963~1964年间。

关于崖塌，西崖仅个别小局部有所发生，如74窟以西下层52—56窟附近及其上部，破坏甚微。严重崩塌在东崖和中部。庞大的崖体冠部下压产生的切力和应力，又上部大型开凿（如4、5窟）改变了结构和平衡，由地震引发了大面积崩塌。中部应发生在第5窟牛儿堂造成后不久。第4—5窟间及以下，山崖的折角突起以西，从东上斜向西下，崩塌面呈平行四边形，约横26、竖27米。据其两侧波及洞窟之受损程度推测，东侧自上而下，如14、15、16、17、19、20、22、23、24、26、27、36、37、39、40、43、49等窟，塌落崖面厚度约1~1.5米至0.6~0.8米不等，总体是上部崖体厚而下部薄。西侧由上而下如143、144、148、165、74、78、80号窟，所塌岩厚约1.8~1.5米至1.2~0.8米，也是上厚下薄。由此推断，其中心部位塌落崖体约厚1~2米间，所塌窟龛多属小型者。无74、78一类深3米左右的大龛。此类方圆敞口大龛，正是学界公认麦积崖的最早窟型。所以，在初期崖面尚且充裕时，最早开凿的佛龛不会选择那种危险地带。退一步说，即使该区域曾开凿最早的窟像，也不大可能全部都在这里而崩塌无存吧？因此，我冒昧建议放弃麦积崖创建洞窟已崩塌不存的观念。这其实是一个“莫须有”的理由，又等于是个“死结”。它似乎延迟了对云冈、麦积之间异同及其原因的认真思考。

2. 麦积78窟火烧迹象的解释

该窟佛座的坛基叠涩上，包砌掩盖一些木框被火焚烧，其制作相当规整。这是佛坛外表镶嵌的边棱，还是坛内木骨架？应藉适当时机分析或解剖清楚。张学荣先生曾指点我目睹过，印象属于前者，坛基的叠涩似以木框成型。原制作或裸露，表面髹漆，比草泥、土坯砌筑的边缘更美观实用。它可能是麦积崖造塑窟像的传统工艺。此木边框被焚当是洞窟失火所致，如木栈道、窟檐、门窗之类燃烧必将殃及窟内。据张学荣氏及夏朗云的披露，除78窟，其他74、57、90、165及80、100、128、14、148等窟，也有被火焚烧和重修的同样情形，[①] 而在它们周围的其他窟龛中却不曾发生。这足以断定它们曾共同遭遇过一次焚烧的破坏——即北魏太武帝灭法行动。而坛基上的修复痕迹，包括用墁泥遮盖这些火焚木件，特别是仇池镇供养人画像、榜题无烟熏火烧迹，佐证供养画像为重修重妆，在火焚之后，晚于开窟造像。所以，步连生、张学荣二家关于窟像、供养人画像二者关系的解释判断无隙可击，是正确的。[②]

又74、78窟现佛像为“文成复法”后新作之说，亦需审视推敲。一是此说全凭推理，并无实据，据张学荣氏介绍，麦积崖太武灭佛的破坏实际上不甚严重。[③] 而距离再远一点的河州炳灵寺，据169、1、16号窟的观察，看不出太武灭佛时有何破坏。建弘元年（420）所作无量寿一舖像，包括彩绘等依然完好。其次，灭佛时即使“焚烧击破”，按佛家仪轨习惯，也是原物装藏，原胎重妆，一般并无弃旧造新之理。上述74、78诸窟，造像皆系原作，像窟一体。如属重修而改变原貌，还是容易分辨识别的。也一定会留下痕迹，如165窟即是。

比较与分析

按麦积早期、云冈一期之孰早孰晚，分歧起于对二者和早期石窟作品之关系未作深入研究，而关键

---

① 麦积山石窟早期洞窟栈道火焚情形，见注12张学荣论文第二篇。又夏朗云《麦积山早期大龛下层焚烧痕迹的考察——麦积山后秦开窟新证》，《敦煌研究》2004年第6期。

② 见步连生《麦积山石窟塑像源流辨析》。见张学荣、何静珍《麦积山石窟创凿年代考》，《文物》，1983年第6期。

③ 据注2张学荣论文介绍，麦积崖一、二期洞窟57、74、78、80、100、128、148窟等，都曾被火焚烧，塑像、壁画皆经重修，方式方法相同，重修程度轻微，都仍保留原作风格。从而判断太武帝灭法时曾有轻度破坏，文成帝复法后加妆重修。

又在于如何认识，今试作对比剖析。

一、造窟之题材和形制

云冈一期即昙曜五窟的16—20号窟。关于麦积崖，我曾指出其最早的“（一）类”即一期佛龛包括：51、74、78、90、165、70、71、73、68号，看来还需要增补57号即“湫洞”。[①]“（二）类”窟龛，有80、100、128、144、148、149、176等，开凿年代在74、78等窟之后，第（三）类即太和初、中年之前。二类或二期所指实际为北魏早期。年代在文成帝复法之前后。在我看来，二期的北魏早期与十六国晚期的后秦、西秦、北凉之间是难以截断的，已如前述。

关于麦积一期、云冈一期造像，是在《法华经》、《坐禅三昧经》等大乘三世、十方、弥勒的信仰、禅观指导下设计开凿的，学界已形成较一致的看法。邓健吾、久野美树先生已从佛经义理、禅观方法、布局型式的渊源上找到证据，甚具说服力。[②] 同时，三世佛也是贯穿麦积一期、云冈一期各自后续时代的主题。但北魏创建说由此推论麦积一期及以下的三世佛信仰皆承之于云冈一期，却缺乏任何具体的理由。

先看基本特征。

麦积一期的设计：

1. 方圆敞口大龛，无前室（按龛口稍有崩塌）。三壁前连续高坛基，三壁三坐佛（过去、现在、将来）等大。正壁释迦牟尼与愿印、胁侍二菩萨，两侧佛禅定印。背景上方左右二圆拱小龛代表兜率天宫的思惟、弥勒菩萨。（51、57、74、78、90窟）；

2. 同前形制无坛基，正壁单独的交脚弥勒主尊、二胁侍（？），无背景小龛（165）；

3. 敞口小窟龛，一释迦牟尼禅定印、高座，二胁侍菩萨（70、71、73、68）。

云冈一期的设计：

1. 形制为草庐、穹庐式，设明窗、窟门的大窟；

2. 三世佛皆一大（正壁主尊）二小，共三种布局：

三立佛，主尊有二胁侍菩萨，壁凿千佛及释迦多宝并坐龛（18）；

主窟一大坐佛，二耳窟倚坐二小佛，壁凿千佛（19）；

主尊禅定印坐佛，背后凿隧道，二小佛立两侧壁（20）。

以上三窟为一组，19窟最大居中，同时开凿。

3. 主尊释迦立像与二胁侍菩萨一窟（16）；

4. 主尊交脚弥勒菩萨与二立佛一窟（17）。

以上二窟一组，同时建凿，完成于二期。

从形制观察，云冈窟形更像穹庐（帐幕），椭圆形平面，方门，天窗可采光通气。或像天穹，无台坛，席地而坐。总之，颇似鲜卑习俗，不可能是模仿印度草庐，造意也与龟兹前堂后室中塔柱大像之窟相去径庭。

麦积崖大龛，窟形方正，三壁、壁角、龛口皆向上作圆弧形，收拢为小穹庐顶（78窟最为明显），法“天圆地方”，似宇宙空间，与窟内圆拱小龛象征天上宫阙一致。这种形制，在国内再无同例。正如

---

① 见初世宾《石窟外貌与石窟研究之关系——以麦积山石窟为例略谈石窟寺艺术断代的一种辅助方法》。麦积崖57窟是自然渗水溶洞，洞内按74、78窟形制予以修凿改造。笔者调查时，该窟尚不能通达。

② 见邓健吾《麦积山石窟的研究及早期石窟的两三个问题》，久野美树《中国初期石窟及观佛三昧——以麦积山石窟为中心》。

久野美树所指出，居高临下，一览无遗的群佛和视野，是“须弥山”下禅修观佛三昧的绝妙境地。① 应该说，这是一种很有中国传统特色的布置手法。其中，165 窟又是 74 窟等窟内小龛的单独放大，造像内容全同。该窟位于 78 窟正上方距离甚近，或怀疑他与 78 窟为“双窟”关系。“双窟”一般处在同一水平，并列开凿，上下布置者则罕见。又 78 窟中已凿兜率天宫交脚弥勒及胁侍圆拱龛，无需再造同样大龛作“双窟”。又据早期崖面洞窟布局的分析，51 窟等早于 74、78 窟，90、165 窟等晚于 74、78 窟。指出此点，提请注意交脚弥勒菩萨脱离附属三世佛大龛而独立成龛，是晚一些时候的事。

三世信仰，是佛教宇宙观和人生观的最根本观念之一。《魏书·释老志》开宗明义即曰：“凡其经旨，大抵言生生之类，皆因行业而起。由过去、当今、未来，历三世识神不灭。”“所谓佛者，本号释迦文……前有六佛，释迦继六佛而成道，处今贤劫。文言：将来有弥勒佛，方继释迦而降世。”佛教是用三世来表示世界时空万物的无限循环，人间三生轮回的无穷因果、行业的。问题是，三世信仰在佛教早期即与其创世学说结合，非常古老。而小乘佛教教派也有简略而有限度的三世信仰。所以，判断三世佛造像究竟受何时何经典指导，或根据经义分析其时代早晚，是比较困难和需要审慎对待的。这里仅据三世佛的表现形式，做些客观分析。

麦积一期三佛等大，坐三壁正中，仅手印、位置有别。由于三佛形体较大又相距很近，身临其境会有佛如群山之感。又中尊释迦二胁侍亦可看作是外侧佛的胁侍。正壁上角二龛正是贤劫菩萨智慧思惟、祈上生兜率天宫为弥勒菩萨的演示，实际上是从释迦到弥勒的说明。以上构思，给予一方形圆角弧壁穹顶的空间布局，释迦位于大千诸佛中并不突出，在于强调三世与十方诸佛的哲学与宗教主题。这种平等、均衡的布置，大乘《法华经》的思想特点很显著。是对三世信仰非常平和、朴实而中允的表述。当然，从西晋竺法护译出《正法华》（286），到姚秦罗什再传《妙法莲华经》（406），大乘法华经义在中原、秦凉已成主流。又罗什同时译《禅密要法经》（407）等禅观重要经典，包含风行一时之弥勒禅观秘要。故麦积一期的法华三世佛、弥勒信仰，当属五世纪初鸠摩罗什弘扬《妙法华》信仰时之“功德”遗迹。其时，姚秦以佛儒治国，在诸国中最著。姚兴本人奉大乘三世说，著《通三世论》，所谓“破斥小乘阿毗昙之说，谓三世一统，循环为用，过去虽灭，其理常在。”② 鸠摩罗什《妙法华》的实质是倡导平和、兼容、方便，对佛教内部、社会派别，及至胡汉各民族间的对立、冲突能起到调和缓解作用。这与姚兴的政治宽松、民族和揖等主张吻合。麦积崖之初，文献曰姚兴创建，六国共修，这个六国云云是以姚秦为盟主的秦凉诸小国共襄的功德佛事，不是没有可能的。

云冈一期则比较特异。一是三佛形式勉强维持但特别抬高释迦，强调今世，过去、未来世变成了次要的附属。二是政权、神权加于佛陀，使皇帝、神灵、教主三位一体化。三是题材、设计和造凿上的别出心裁、标新立异。昙曜五窟在有些方面是异乎寻常的。例如一坐佛二立佛（20）、一坐佛二坐佛（19）、一弥勒菩萨二立佛（17）、一主窟二耳窟（19）、三佛形体大小相差悬殊（19—20）等，均属罕见。尽管佛光、佛身与窟壁满镌三世千佛，但就极端突显现在世释迦一佛而言，甚至带有小乘有部的浓厚色彩。所以，云冈一期的大乘三世恐非《妙法华》一系。自罗什重译《法华》至凉州昙曜再凿五大窟已六十年，其中的传承与变化尚待研究。此处还可指出如下几点：

1. 甘肃早期三世佛造像较普遍，如炳灵 169—9、22、23 号皆三佛；又南壁遗存木桩可断定为三佛

① 见久野美树《中国初期石窟及观佛三昧——以麦积山石窟为中心》。

② 汤用彤《汉魏两晋南北朝佛教史》，中华书局，1983 年，第 207 页。

者5铺，169—6、11、13、14号壁画中多有表现燃灯（定光佛）、释迦、弥勒（佛、菩萨）关系的内容、榜题。凉州张掖金塔寺，东窟塔柱中层三面三佛，一面有弥勒佛及苦修、禅定像；上层皆十方佛。西窟塔中层四面为二佛加弥勒、思惟菩萨。千佛洞2窟塔柱二、三、四层共12铺三佛。8窟同上三佛皆被元代改为五方佛。武威天梯山17窟塔柱一层各为三佛。三佛型式，或并坐，或并立，一龛三佛一铺，或三龛三尊一铺，形体大小全同并均衡布局，无一例外。麦积三佛因属窟像主尊，稍异作“品”字形，但与云冈却有质的不同。秦凉诸早期石窟时代皆在北魏统一之前。云冈三世佛的形式只能考虑它是特殊情况下的突变，在后来的窟像主尊中也大多没有传承下去。按逻辑推理，麦积一期模式可以变做云冈一期，而已定型为“皇家样式”的云冈三佛，绝不可以变为麦积一期的三佛并坐。有学者说后者是受前者影响而产生的，恐于理不合。

2. 麦积一期独立的弥勒主尊龛（165）较其他的三世佛龛窟（74、78等）稍晚出，但在云冈一期，交脚弥勒主尊窟（17）与三世佛龛（18—20）同时开凿。其次，麦积一期无释迦、多宝二佛并坐之题材造像，至二期始逐渐出现；而云冈一期18窟主尊立佛头部两侧与两侧立佛上部浮雕千佛之中，凿释迦、多宝佛至少有8龛。此二例间接表明云冈一期的绝对年代晚于麦积一期，约相当于麦积二期。

3. 关于麦积、云冈一期三世佛样式外部的渊源探讨。邓健吾、久野二先生研究所据资料，及笔者所知，犍陀罗、阿富汗及印度三、四、五世纪的三世佛造像，有如下的样式：

（1）三立佛一大二小（肖托拉克出土）；

（2）三佛一坐二立（坦叉始罗博物馆藏）；

（3）三佛一立二坐（吉美博物馆藏，白沙瓦出土）；

（4）三坐佛一大二小，即中佛左、右上方各一小龛坐佛，立面呈倒“品”形（白沙瓦博物馆藏，犍陀罗出土）；

（5）佛传故事每节左、右配一佛（加尔各答博物馆藏，萨尔纳特出土）；又“降生”、“降魔”、“说法”、“涅槃”四节共配二佛及千佛（同上，鹿野苑出土）。

其特点，一是三佛多为中佛大、两侧佛小，即突出三世之现世佛释迦牟尼。而过去佛、未来佛处于从属地位。其中，阿富汗地区的，主尊比两侧佛略大些，如（1）、（2）式。犍陀罗地区的，主、侧尊之比很悬殊，如（4）式。但（5）式即印度笈多式佛传雕刻，主尊（或故事主人）与侧尊等大，或其差别可以忽略。二是造像多为碑、版，三佛布局在一个立面上，但有例外，如（2）式三佛之中佛表现为正面像，二侧佛则相对而立，即作“品”字布局，与麦积一期大龛全同。（4）式三佛位置、平面呈弧线布局。三是此种三佛造像皆为三世佛，有确证。如（1）式之坛座中心，又有一铺三坐佛二胁侍浮雕，其中佛说法印，两侧禅定印。又（4）式中，有穆哈默德·那利出土、拉合尔博物馆藏三世佛雕刻，佛座上又浮雕八立像一排。据约翰·马歇尔研究，中立者为释尊，其余为过去六佛和未来弥勒佛。又主尊多作施无畏印、说法印、如愿印，而侧尊基本上皆禅定印。但三尊佛像不一定全是三世佛，尚需审慎而定。如喀布尔博物馆所藏白沙瓦的“火焰肩立佛”，与（3）式极相似，其双肘部小佛龛，右为“苦修”、左为“降魔”相，就不属于三世佛。四、（4）式数量最多。三佛的立面布局，主尊释迦坐中间略下，左、右上方为过去、未来佛，从时空概念上说，已经逝去和尚未下凡，故布置作倒“品”形是恰当的。其中，有一部分在上方或左右再增加思惟、交脚菩萨天宫小龛，其设计造意与麦积一期大龛如出一辙。又（4）式白沙瓦博物馆所藏一件佛说法碑，将过去、未来佛龛干脆变成两铺三世佛，中佛说法，两侧佛禅定，三佛位置平面呈扇弧形，麦积一期的“品”形接近于此。① 可以肯定，麦积一期大龛约是（4）式即犍陀罗式三世佛的“简明版”和中国化的改造。五、云冈一期直袭（4）式犍陀罗三世佛的一大二小模式而更予以张扬，显露出一种大胆突破。例如用耳窟倚坐佛代表过去、未来二世；用过去、现在世二立佛来胁侍主尊未来世的交脚弥勒菩萨，等等，皆属“惊人之笔”。所以，麦积、云冈一期都受到西北印度犍陀罗三世佛模式的影响。三、四、五世纪的犍陀罗（罽宾）是小乘佛教和禅学的大本营，同时大乘教派也在该地区迅速发展。麦积、云冈接受犍陀罗佛教的影响，因其内在因素不同及时间有早晚，故效果不一。前文已叙，昙曜造窟前，狮子国（南传大乘佛教）、疏勒（属罽宾小乘佛教）来献佛像、图样。北魏皇室可能更看重犍陀罗的艺术形式。其主要特色是，围绕释迦牟尼佛为中心，周围布置密集繁缛的各式宫殿廊阁建筑，在其中很多的龛阙里，守侍护卫着姿态各异的佛众、天人、伎乐、供养，是一番梵界天宫的景象。昙曜五窟因工程浩大，似未能全面实施这一样式，到了云冈二期在一些著名的双窟才得以实现这种富丽堂皇的皇家超豪华风范。凉州样式的多层多龛塔柱窟，例如张掖的金塔寺、千佛洞等，与造大像的设计相冲突，故塔柱窟迟至云冈二期开始流行，麦积一期主要接受大乘的教义、禅观，窟内造凿尽量简约，除主尊以外的装饰烘托等依靠壁画。到麦积二期，主题小龛增多，题材更复杂多样起来。麦积二期除传承麦积一期以外，大约还受到云冈一期的影响，但以前者为主。

二、造像式样与风格

佛教艺术从印度、中亚到中国新疆、内地的具体演变，及中国西部石窟的分期断代，② 是早期石窟考古的薄弱环节。现在由此切入，作一点尝试性分析。

（一）面相特征

佛陀面相是判断不同时期、地域风格佛教艺术的集中体现。炳灵西秦造像当五世纪初前后殆无异议。据其面相，再参考其他因素，基本可以分为甲、乙二型。甲型代表作，169－6号龛和169－23号东侧三世佛，其他还有169－2、14、16第三组、17、21、22。乙型代表作为169－23号西侧二佛，其他有169－3、7、9、18号，又炳灵1号窟立佛。

以上分型只是相对的，目的为了辨清造像某特征的渊源、流变，而且仅就总体、综合而言，也存在既似甲、又似乙，难以截然割断的例外。尤其分型的代表作169－23号一排五坐佛，时代、形体、风格基本一致，大同小异，③ 但面相各异。甲型三佛颇似秣菟罗风格，细部与169－6号建弘元年龛相同；乙型二佛却甚具犍陀罗因素。此种现象并非偶然巧合。我们据此只能推测，炳灵西秦时期造塑曾同时流行过印度秣菟罗、犍陀罗两种样式粉本，实施过程中，两种样式曾有相互渗透、结合过。

以下分别按照秣菟罗、犍陀罗的基本特征，概括剖析炳灵西秦甲、乙型的细部，并以之为标准，比较衡量一些早期作品如麦积、云冈、凉州等。

发髻：甲型磨光，髻稍小，多前倾或前移，发浅薄均匀，无鬓角。乙型虽磨光，但发厚颇蓬松，髻

---

① 参见栗田功编著《ガンダーラ美術》，东京，二玄社，1988年，图版396，白沙瓦博物馆藏，佛说法图雕刻碑，长方形，下为释迦坐莲台转法轮印，二菩萨胁侍；柱廊以上为诸天人伎乐和左右各一铺坐三世佛，背屏弧形，中佛说法，两侧佛斜前，禅定印，右侧三世佛稍毁；再上，平棋一排七龛，中三坐佛似三世佛，两侧各一交脚佛，再两侧各一半跏趺思惟菩萨；最上层为交脚弥勒菩萨二龛和舍利宝塔。

② 参见金维诺《炳灵寺与佛教艺术交流》，《中国石窟·永靖炳灵寺》，文物出版社、平凡社，1989年。

③ 炳灵169－23号五佛之东三佛早于西二佛，最初由金维诺先生指出，见注62文。此类佛龛背屏的相互接触关系的“叠压”，即使是同时施工也可能分作几步，并无“时代层位”的意义。关于该五佛的面相区别和意义，少有做细致分析者。

较高大，或作石鼓、柱础型，耳前鬓发颇浓。极少数如炳灵1号窟立佛发作古拙的涡旋纹，表示发的卷曲。按，印度秣菟罗和笈多朝佛像（下简称秣式、笈式），肉髻皆低小，多螺发，少数和笈式有磨光发，发浅薄，属热带型。犍陀罗（下称犍式）不论早晚，结高大肉髻，水波纹浓密长发上拢，束一细箍成髻，肉髻形状或高或扁不一，外裹水波纹发，晚期变成图案式变形分垄的水波发。

水波纹、螺发、光发在新疆西域皆有发现，约因雕塑前二式样较困难，属泥塑者多为模制，故磨光发髻多见，如日本大谷探险队1902～1904年在和阗所获镀金铜佛头，高髻浓发包括面型五官皆属犍式炳灵乙型。做出水波纹发的，多属晚期变型式的，如现藏柏林的焉耆县七格星佛寺出土的彩塑坐佛，亦属犍式。螺发的有巴楚县吐木休克遗址所出贴金木佛头，面型属犍式而发型为秣式，证明在西域也有这种融汇结合的现象。

内地早期佛像相当长时期未见犍式水波纹和秣式螺发，后者最早的实例是太安元年（455）张永造石佛，① 主要原因是雕塑困难费功和尚未普及模制的技艺。出于河北省的金铜释迦禅定像和石赵建武四年金铜佛像，前者如绚发加箍束成圆础状肉髻不裹发，后者直发缕上拢扭成线球状髻，十分拙稚，都是中国艺匠带有想象力的创作。但在四世纪初开始流行变型或简易型水波纹发，此即炳灵1号窟、麦积74、78窟佛像，以及夏胜光二年（429）、宋元嘉十四年（437）诸佛。胜光佛髻中分向两侧，肉髻有圆涡纹。元嘉佛像髻已分垄但无水纹。炳灵1窟佛额塑出三组涡旋纹，似泥条盘筑，余发耳上后拢，模仿意味极强。唯有麦积74、78窟用“V”型篦板压抹出弯型浅水波纹发髻，仿犍式发型最为成功。该像衣纹也是用同样的手法制出，请注意该佛留有大而浓的鬓角，发际厚重。因头近窟顶，佛身较高，所以肉髻前移。故就发式而言，麦积74、78为典型犍式，与炳灵乙型一致并同时代。凉州石窟如金塔寺东、西窟佛、菩萨皆着犍式服饰，发式（虽经重妆）却同炳灵乙型的大多数，一律不作水波发。云冈一期20窟大佛高大肉髻厚发，鬓角长而窄，同麦积亦属犍式。四世纪后半五世纪初，犍陀罗故地及中亚西域和内地，已经流行变形、简易水波纹发式。我们不应以云冈一期光髻为由，限制麦积一期浅水波纹发式的出现时间。实际上与云冈一期同时之作品，如河北蔚县博物馆藏太平真君五年（444）坐像、美国藏太平真君四年（443）立像，和陕西历史博物馆藏西安西关出土之释迦坐像，发髻已作水波和涡旋纹。后者旧说有北魏永平二年（509）造像铭，误，当释“和平二年”（461）。正面身光之莲花、千佛、天人、忍冬、火焰纹全同云冈20窟大佛身光，背面阴刻佛传人物仍着胡装，必在太和之前，皆可为证。故麦积74、78佛发水波纹的做法，完全有可能追溯至五世纪初。水波纹、螺髻和磨光发的早晚应酌情而定，不可机械套用。

面型、五官：甲型方圆略短，宽圆额，眉弓平缓施阴刻线，再用墨笔画眉，上距发际近。眉心起于印堂处，毫光为较大圆圈，169－6号阿弥陀佛双圆圈内外画均匀小点。秀目圆睁，无尾线，眼球用减地法刻出，下眼缘稍突，上眼睑饱满，与眉弓无交角和刻线，鼻两侧笔墨钩出眼泡轮廓，眼白、瞳仁用白、黑色填画。鼻脊高窄等宽抹圆棱，鼻端尖峭，鼻翼半球状，下端较齐平，大像有圆鼻孔。嘴上下塑唇沟，嘴角小圆涡，划出髭须，颌上下双弧线勾勒。颈圆粗短，与胸际无分界，颌、额间或钩一、二道墨线。耳较宽大及领，画出大穿孔，耳垂外撇。乙型方圆略长，额平窄，健实清癯。眉弓高弯，棱角分明，个别加阴刻线。眉连鼻脊眼角，眼泡突起，上下与眉、颊、颐相交，形成深眼窝，或斜削出与眉弓平行的眼睑线。大眼微眯，阴刻瞳孔，静穆沉思状。鼻平直，鼻脊由宽而窄及鼻端。个别如169－7号立

① 蔚县像见《河北蔚县出土太平真君五年朱业微造像》，《文物》1989年第9期。和平二年像，图版、铭刻均见奈良国立博物馆《丝绸之路大文明展·佛教艺术传播之道》，1988年，94、95、204、205页。图版72说明作“北魏永平二年（509）铭”，附注又一说“和平二年（461）”。视图版，“永”字当释“和”字。

佛像较大，做出窄平棱，麦积崖74、78佛同之。颌下勾双弧线。颈高，与胸交接有界限，由颌至胸四道阴刻弧线。双耳简略，个别如169－18号的立佛、坐佛耳轮较大，其余同甲型。

众所周知，印度秣式面型多敦圆饱满，目圆睁正视，炯炯有神，眉弓眼角多加阴刻，流露强烈的世俗情感。后来，笈式受犍式影响，目半闭下视，变得宁静而内省，秣式从早期就夸大耳部，这与印度特别是中南部重视耳饰有密切关系，而后期如笈式鹿野苑立佛的耳部之大几近畸形。① 白毫均比犍式大些。犍式面型本源于希腊式欧罗巴上圆下狭的脸形，面颊五官尤其眉弓等，均以正确的解剖关系和娴熟的圆雕技法雕出，绝少赘加阴刻线。早期多凿刻瞳孔，目光常常微垂，神情神圣、肃穆、慈蔼、虔诚。毫光小如痣。耳部正常无夸张。总之，甲、乙型的特点与印度秣式、犍式是相当吻合的。但也有一些小小的阴差阳错。如犍式颈、胸自然连接，秣式往往有一折角并加刻线。炳灵甲、乙型却正相反。类似的情形不一而足。大凡雕塑佛像各部位皆有特定的粉本样式和仪轨师承，但这不能阻止艺匠们的自由运用和创新。

新疆早期佛像面型，主要是犍式、笈式，不见秣式踪影。和阗、巴楚、库车、吐鲁番寺庙、石窟的泥木像，特别接受了阿富汗、中亚的犍式风格再予以改造，形成一种“面如满月，额颐浑圆，细眉长目”的西域样。千人一面无个性，甚至萎靡不振，应是犍式的蜕化。当然不排除也有犍式杰作。此样东渐敦煌、张掖而止。莫高275窟主尊仿此样不算成功。金塔寺东窟1963年8月曾对一菩萨臃肿面部稍剥离，露出眉目鼻脊纯属此样，或曰龟兹样、西域样。

炳灵甲、乙型与西域样、凉州样无密切关系。如金塔东窟苦修像与炳灵169－20苦修像即无关，后者显然直接渊源如巴基斯坦国家博物馆藏杰马·卡西出土的苦修像一类犍式作品。② 炳灵、麦积均佛教中心，由一方国主扶持，拥有海外艺匠、图样不足为奇。像169－6、7、18、22、23等佛及麦积74、78诸佛，均出自当时一流高手，其中也有外国艺师指导合作。直接汲取某些犍式、秣式因素。经比较，炳灵、麦积、云冈三者之间有同有异。炳灵169－23右二佛，麦积74、78佛和云冈20窟大佛头型面相最似犍式。麦积、云冈发髻全同，云冈也有鬓角，麦积多出水波纹，同期炳灵乙型1号窟立佛也出现了水涡纹发。三者眉、额处理很成功，可谓得犍式真传，显得非常英俊、睿智，一反龟兹样的雍容富贵气息。眉脊的做法，炳灵是沿脊棱斜削阴线，云冈在眉脊刻出小阶，麦积眉棱不加任何修饰，都是常见的犍式典型技法。目眸大而秀，近乎正视，属早期秣式、犍式特征。炳灵眼睑丰俊适度；云冈眼泡略小并微突，所嵌黑瞳或非原作。鼻脊麦积同炳灵乙型、犍式，脊棱稍平；云冈略似炳灵甲，宽平如砥。嘴型，炳灵、云冈同，云冈浮雕出小胡髭；麦积较特殊，上唇如燕翼上翘，下唇薄小，嘴窝较大呈另样。炳灵用墨线勾颌下，云冈刻阴弧线，麦积塑出颌沟。耳部，麦积略同炳灵较正常，但耳垂窄，颈、胸交接，亦典型犍式；云冈比炳灵更宽大，下垂及肩，颈胸间有折角、阴刻线，均秣式做法。其长耳轮较晚，属笈式晚期。

（二）形体特征

躯体、印相：炳灵甲、乙型之代表169－6、23号皆全跏坐、禅定印，但细部不一。炳甲拇指相抵，余指右托左；炳乙拇指交叉，其余右抱左。两种均较写实。麦积属炳甲，但双手前后抱叠，塑作僵直，约重修所致，同期70、71窟就自然些。云冈属炳甲型，从残迹看也比较生硬。后赵建武四年（336）、甘肃泾川十六国、夏胜光二年（429）、宋元嘉十四年（437）诸金铜佛像的手指也有同病，在早期雕塑中是难做的部位。总之，早期多禅定印，除前述秣式多拇指相抵、犍式多相错，也有例外。金塔寺、千

① 见奈良国立博物馆《丝绸之路大文明展·佛教艺术传播之道》，1988年。图版15、16，五～六世纪鹿野苑出土石立佛，藏新德里国家博物馆、鹿野苑考古博物馆。

② 同前注图版41。

佛洞两种兼有。但不论秣、犍式或是西域样，多是双手上下叠，或不抵不交，也有左手托右手的。凉州样除上述诸式，多出了前后相抱的。但凉州以东此种手印较多，且一律作右抱左。

坐式：西秦坐佛不论泥塑、石胎，皆同169－23五坐佛，肩膀宽圆，壮悍异常。双臂肘外曳，上身略短，挺胸细腰，包括立佛皆昂首伟岸如王者。印度笈式多呈此坐姿，但全跏坐双腿甚粗壮而平铺，双胫足上翻略显别扭。云冈20窟大佛同此。但有一例即169－6阿弥陀佛颇特别，面相基本属甲型，但耳小，双肩斜下复肩头微耸，身躯比例高大。双腿坐式紧凑内收，故膝盖上翘，平面呈"八"字，与秣式之梯形有别，这是典型犍式坐姿，麦积74、78即此坐式。

立式：西秦立佛多单尊释迦行道像，其二尊并立一大一小者，或即"燃灯受记"与"接引罗睺罗"。169－9号不是同时作，恐非三世题材。二、三世纪，秣式少立佛而犍式盛行。四世纪中，摩揭陀的笈多朝秣式艺术，广泛模仿汲取犍式立佛之精髓。其头部微俯，目光低视，精神状态与犍式惊人的相似，衣饰褶襞、纹路也遗露明显犍式痕迹。而面相、躯体、雕技仍保持秣式特色。故笈式可认为是秣、犍式两大艺术的结合。笈式一如秣菟罗，依然强调肢体的裸露感，着意表现肉体的丰腴、质感和轮廓曲线，衣着如丝绢湿水，以"若有似无"的特殊手法处理。169－7号立佛应属仿笈式早期作品，约当四、五世纪之交。邓健吾先生以为麦积74、78坐佛最似此像，[①] 甚确。但要补充说明，此像兼有犍、秣二式之长，颇具阳刚之气，与晚期笈式的阴柔、妩媚绝然不同。169－6号壁画、题记、三排供养人的右侧边缘恰到7号左侧残佛背光边缘为止，可证7号略早于6号，同理9号也略早于6号。[②] 9号特征同7号，云冈一期18－20窟诸立佛皆属此风格之流播。这也间接证明云冈一期晚于麦积74、78。

至于典型的犍式立姿比较舒展自然，但缺乏岸然而立的精神，一律作虔诚、慈蔼、沉寂的"忘我无我"状。身体在厚重毛褐的包裹披挂下，隐显出健美起伏。双股间衣着悬垂形成的连续仰月纹，是犍式特有的，如169－7号、9号及炳灵1号窟立佛即是。[③] 169－18号立佛可能也是同样。又西域立佛、云冈18和19窟立佛、太平真君四年（443）金铜立像及著名的阿富汗巴米扬（梵衍那）大佛也无不如此。实际上，犍式躯体也比秣式更符合人体解剖，但缛密奇特的衣饰往往夺走注意力，反而不如秣式予人们强烈感染。但犍式的神态、衣着似更加符合世俗的宗教情结。外国造像在"中国化"的过程中，往往是按照中国国情而被选择、撷取的。

卧式：炳灵16窟卧佛经探测、解剖，证明其内层为西秦原作。[④] 该窟为自然崖穴，位置适中，有大型木构建筑和唐以前活动地层。经剥去唐、宋、明、清的装修，西秦涅槃像（面部毁），身型长而窄直，

---

① 见邓健吾《麦积山石窟的研究及早期石窟的两三个问题》。

② 炳灵169－9号早于169－6号、7号，首先由金维诺先生提出，见金维诺《炳灵寺与佛教艺术交流》，《中国石窟·永清炳灵寺》，文物出版社、平凡社，1989年。

③ 炳灵1号窟立佛，见张宝玺《昔日炳灵寺》，科学出版社，2004年，图版六～七。原系明代重妆一佛二菩萨。1967年4～8月间，因刘家峡水库蓄水淹没炳灵1、16、90、133诸窟，由笔者主持，率甘肃省博物馆、文化局文物队、敦煌文物研究所、麦积山文物保管所部分人员进行窟前文物遗迹清理搬迁保护。此像由甘肃省博物馆自然部标本模型专家杨永清解剖剥离出西秦原作石胎泥塑立佛，遂决定用石膏翻模保存其原貌。但因该像高大，当时设备简陋，又系高架空作业，打模浇注石膏粉50袋（50斤/袋），终因无力摘揭模壳，再三努力无效而放弃。蓄水后，泥像及石膏模一齐沉埋于库水淤泥之中。倘原地再做发掘，或有希望重获该像之石膏翻模。

④ 同张宝玺《昔日炳灵寺》。该窟1967年5月，由笔者与敦煌文物研究所霍熙亮先生作垂直佛坛的探沟探测，逐层解剖剥离涅槃像，除去唐宋、明清后敷妆修，显露出西秦原作，内胎空，颈肩以下仅余身前侧片状泥壳。头部改塑严重，层次难分，发现早期迹即止。当即决定：由省博修复保护专家薛俊彦按1米1段锯断并装箱保存，留待将来复原。当年参加清理保护主要人员：初世宾、吴怡如、任步云、赵之祥、张宝玺、薛俊彦、杨永清（以上省博）、张学荣、何静珍（麦积山文管所）、霍熙亮、孙儒僩（敦煌研究所）。

以上16窟涅槃像及工作照，亦见张宝玺《昔日炳寺寺》，图版二八～五一。

2001年7月～2002年5月，该涅槃像复原于唐摩崖大佛对岸台地。但有不足处，主要是右胸衣纹、髋部形体等处皆改动失真；身姿为西秦原作，而头部又按唐样加工，不伦不类；原作头身比为1∶5.7，复原像1∶6.5。因此像极重要，特加说明。

双股间仰月型阶梯衣纹，均同塔吉克南部阿兹纳寺院遗址出土之涅槃像（12 米）相似。该像北距阿富汗梵衍那大像甚近，风格亦同之。炳灵涅槃像袖口、裙缘的对称水波纹褶襞，又见于 169 窟等，仰月纹已如前述。又双足着“X”形绅带之皮履，为云冈期以后所不见。绅带贴金甚厚，同炳灵 169－9 号、10 号像、画贴金之作法。炳灵 132 窟有北魏石雕涅槃，身形、衣纹、褶襞、双足做法与此迥异，二者无渊源关系。故，此像必西秦作无疑。是内地十六国时期唯一的也是最早的涅槃像，它与西域、中亚和犍陀罗、印度涅槃像的关系，是很值得研究的。

三、衣饰的演变

佛像在印度、犍陀罗和中亚定型后，衣饰亦随之变为固定和特有的装束。早期佛装样式，特别是袈裟，不论秣式、笈式和犍式，不外乎 1. 全袒上身；2. 袒右肩臂；3. 通肩裹覆等三种形式。

所谓全袒，有以绅巾（天衣）、僧衣缠绕上身某一部位的，常见如犍式苦修像（见前文）即是，如克孜尔 76 窟降魔壁画，炳灵 169－20 苦修像，皆仅披绅巾。同期金塔寺东窟柱西二层苦修像著通肩大衣，不袒露瘦骨嶙峋的躯体。秣式阿旃陀第一、二窟有仅穿薄僧祇支之像。笈式有些佛像看似全袒，实则著衣。右袒，是袈裟自右身后腋下或腰绕出而斜搭于左肩，右肩臂手等袒露在外。通肩，袈裟全包裹右肩臂横过颌下绕搭左肩后。从所知资料综合，犍式著通肩衣者较多，出现也较早，较晚至 3－4 世纪流行右袒者。秣式开始多袒右式，笈式则多通肩大衣。由以上可知反映在佛像衣饰上，印度西北和中部的衣饰装束，约分别以通肩和袒露式为主，后来有所变化交叉。其次，就右袒而言，不论犍式、秣式，右肩、臂、手全露袈裟以外，不著一点衣饰；通肩衣一般是紧裹颌下，犍式的领部自然堆拥状，由于先自左向右拉紧，再从下向上撩搭，故衣纹并非对称的 U 字形。秣式像刻有衣纹的，大半是模仿此种形式。特别是笈式衣领，仿犍式而做成规矩的圆形等宽领缘。领口较低，露出胸的一部分。领缘下方，有的做出翻折，有的将衣边搭于左肩做成近似的三角形。这些均为后来西域或者十六国所继承。但是，十六国时期普遍呈现的袈裟衣角垂于左肩臂侧的做法，不见于一切印度的犍式、秣式造像，连西域新疆也极少见。

新疆所见早期佛像衣饰，同前述三种，右袒和通肩衣领边缘皆不见褶襞纹样，也无衣角披搭左肩臂侧之做法。但也有变化，如通肩衣领变大变低，衣角搭左肩处的三角形也相应变大。以下现象颇需注意：瑞典国立民族学博物馆藏七佛背光禅定印铜佛，出土于和阗约特干，时代 4～5 世纪，通肩佛衣左肩外垂衣角至肘股，这是所见有袈裟披角唯一的一例。[①] 但此像也有内地西流的可能性。另一是克孜尔 198－199 窟（即恶魔窟）壁画黄道十二宫图，佛像已著半袒右臂袈裟，时代 6 世纪，[②] 如果断代不误，这是在新疆出现著半右袒法衣最早的，5 世纪及以前在新疆大约没有半右袒式著袈裟之法。

此所谓半右袒，从前皆称作袒右臂，不准确，建议改为今名。它不同于前述裸露右肩臂之右袒，而是被袈裟遮盖了一部分肢体，故称半右袒。两关以东秦凉关陇早期石窟普遍发现这种衣著，炳灵 169－6 号建弘元年的无量寿佛表明，其兴起流行至迟在 5 世纪初，即云冈一期之前。

以下先简述内地这一时期衣着的分布情形。

炳灵寺除 169－20 一例苦修全袒上身以外，无右袒，坐、立、卧姿著通肩大衣者甚多。其特点是：圆领口一般较低，露胸，衣角搭左肩形成一越来越大的三角形翻折，再披垂左臂侧。此披垂衣角，有的

① 参见日本《世界考古学事典》（二册），平凡社，东京，1979 年，上册第 12 页阿兹希那寺院（Adzhina－tepe）条；下册第 1341 页中亚Ⅱ佛教遗迹等部分。

② 见东京国立博物馆《丝绸之路佛教艺术大展》，读卖新闻社，1996 年，图版 53“铜如来坐像”。

塑出柔和的水波纹边缘褶襞，有的直垂无饰，也有仅下端塑出折叠边缘。领口右肩有的也有翻折的三角形，如169－23的右二佛、169－20右第二佛，肩臂两侧皆披垂衣角。较特殊的是炳灵寺1号窟立佛，通肩大衣而领口低垂至乳部近似“V”形，领缘从残痕看，似有水波纹形边缘。通肩衣低领是袈裟演变的趋势之一。从小领搭肩到低领或开领搭肘，领口渐大。金塔寺东窟即有通肩V字领，千佛洞第二窟通肩衣领均作水波纹边缘。可见这也是当时通行做法之一。

半右袒，基本包括以下几种样式：

A式 袈裟遮裹右肩，包肘，由腹部斜上披搭左肩后，并露出衣角，其装饰同通肩大衣。袈裟所遮肩臂的多少不甚一律。有的仅遮肩头一点，臂部全裸，如169－22；有的遮肩及上臂，露肘以下；有的自肩至肱，只竖遮半臂。这些显然都是右袒式的进一步发展。

B式 双直襟式，如169－6号，袈裟右襟直垂，裹压于右腕下，横腹部搭在左臂部，故右臂隐于衣襟后，由侧面可见。左襟似由上直垂至腹股。而不是由下方向上方撩搭者。需注意的是，此式左肩臂侧不披垂衣角。又衣襟上有自然写实的三角边缘褶，左襟一个，右襟从破损痕迹看，从肩至腕皆是。又同窟169－20号之最右侧一坐佛袈裟衣饰全同此像，右襟已毁，左襟腋部有极写实的边缘褶叠，并披垂衣角。[①]

酒泉文殊山千佛洞壁画佛装仅通肩、半右袒二种。该窟佛像肉髻束联珠纹箍，同和阗所出3～4世纪鎏金铜佛首。该佛白毫作花钿形，同炳灵169－6龛佛，都属早期特有。其窟西壁说法图、南壁诸立佛图，[②] 坐佛属半袒A式，露臂肘，左、右领仅画出一衣褶，衣角搭左肩臂旁。另二立佛半袒，衣领不见褶襞。通肩衣式全同炳灵寺。

张掖马蹄石窟群的金塔寺，早期佛教衣饰最为丰富。这里仅就佛衣袈裟例举一二。

右袒式仅一例，即东窟塔柱西面下层龛右侧思惟坐之佛，袈裟斜领竖起，塑水波纹边缘褶襞，左肩外垂水波纹衣角。[③]

通肩大衣领口比犍式、秣式低，左肩外多垂衣角。衣角两肩处反折成三角形同炳灵寺；有的衣领翻折呈V形，如东窟塔柱东面下层千佛、中层右龛佛；[④] 也有包裹不露双手的禅定印者。

金塔寺盛行和重视半右袒。东窟塔柱四面下层主尊和东、北面中层三世佛中尊，皆属前述炳灵A式，但各不雷同。如柱西下层佛衣搭左肩后复撩垂于肩前，呈优美的燕尾状水波纹；东下层佛衣悬覆于左肩头，肘以下似不著衣，均比较特别。又此式袈裟右肩一般作水波纹缘褶，左肩领缘往往无纹饰，同炳灵169－6和麦积74、78佛。也有例外，柱东中层交脚佛衣左右领缘却都做出规矩的水波或三角形褶襞，类似云冈20窟大佛。又柱北中层中佛衣左领塑水波纹褶，右领则紧贴肩、臂、肘侧，右肩臂等于全裸，全同炳灵169－22立佛，可以看出其间十分密切的亲缘关系。

C式 该窟另有一种衣式，与前述B式近似而有不同，可称C式，最清晰莫过于柱西二层左龛之佛，其右领垂直，内隐肩、臂、肘，露出腕、手，作禅定印。左领斜，乃右领裹右腕后上搭左肩，与B式有区别。[⑤] 柱北下层主尊也是这种右直左斜领的衣着，[⑥] 同前双领皆塑出水波状三角褶叠边。该窟十方佛、千佛中，有的右袈裟在手部裹绕上搭左肩，故形成正V字领，内露斜襟僧祇支，与前述皆属C式。

① 《中国石窟·永靖炳灵寺》，文物出版社、平凡社，1989年12月，图版53右侧佛，图版55。

② 甘肃省文物考古研究所编《河西石窟》，文物出版社，1987年，图版一二五说法图。

③ 同前注，图版一二七立佛图。

④ 同前注，图版五七。

⑤ 甘肃省文物考古研究所编《河西石窟》，图版四〇、四四，文物出版社，1987年。

⑥ 同前书图版八、七〇。

马蹄寺千佛洞的佛衣式样仅通肩、半右袒两种，后者属A式。其最大特点是所有衣领袖口的边缘皆塑成竖起状的水波纹花边。[①] 类似的做法亦见于金塔寺、炳灵寺169、1号等窟。至此我们似应认清，中国化佛像衣领边缘上婉转缛密的花纹褶襞实渊源于此。这是中国艺匠对外来的佛教衣饰模仿、想象和创新的结果。

麦积山一期佛衣也仅只A式半右袒一种。74、78窟主尊右手施无畏印，袈裟披右肩包臂肘，然后绕腹上搭左肩，衣角垂左臂侧同A式。两侧佛禅定相，佛衣包右肩、肘，露小臂和手，再上搭左肩，垂左肩旁，略同A式。还需指出，此早期衣领，皆右领饰水波纹边褶而左领无，甚至晚于74、78的128、148窟等，仍然保持相同的传统，又左臂旁衣角皆束帛状，无水波褶。这与炳灵169－6、169－9和金塔东窟诸主尊作法完全一致，显然不是偶合。又其僧衣、袈裟之间的腰部又斜裹一层衣物，是右襟内里，还是左衣襟内的另层？需进一步弄清。按理说雕塑家是熟悉袈裟构造、著法的。这里的表现方式大约没有错误。

现在来探讨一些个体作品和云冈一期。本文前述诸早期金铜造像，多著通肩大衣，哈佛的福格美术馆藏3世纪末坐佛为中土仿犍式，衣领处理生疏，做成了V字形。石赵建武四年（429）、宋元嘉十四年（437）、北魏太平真君四年（443）诸佛像的通肩衣领，均相当笨拙、复杂。甘肃泾川十六国佛像，通肩衣领宽大露肩，但又很像袈裟上专门缝缀的领口，还镌刻细密水波纹，与同期壁画袈裟很相似。总之，早期造像的不规范，不平衡是自然而然的。

D式 袈裟半右袒之像，所知如河北蔚县太平真君五年（444）、日本藤井有邻馆藏太安元年（455）、白川一郎藏太安三年（457）、大阪美术馆藏天安元年（666）诸石佛像或皆属A式。云冈18窟主尊立佛属A式。云冈20窟坐佛，粗看亦属A式，其实不然。其衣著特点在于左、右肩袈裟皆自上而下垂，只有下垂的衣襟才可能出现如斯状之水波纹衣缘褶襞（又称三角折带纹）。其右肩袈裟包臂肘，自小臂下横腹部，搭在左肱肘之上，而不是撩搭左肩，与麦积74、78佛A式不同，又类似169－6的B式，却不尽同，差别是B式右肩臂全隐蔽、左领直垂，此式则袒露部分肩臂而左领斜曳向右，故另定为D式。唯不知其左肩臂外侧披垂之衣角从何而来？当属疑问。

总之，上述半右袒袈裟的A、B、C、D四式，为印度、西域全右袒式衣著的进一步发展，属于袈裟的新著法。从表象上看，A与D、B与C两两相似；就构造、著法而言，A与C、B与D两两相近；从其分布看，A式以麦积为主，金塔、炳灵有之；B式见于炳灵、金塔寺；C式仅见于金塔东窟；D式仅见于云冈。如下表：

A式　半遮右肩臂　麦积74、78，炳灵、金塔寺 C式　全遮右肩臂　金塔东窟	B式　全遮右肩臂　炳灵169－6、金塔寺 D式　半遮右肩臂　云冈20
右袈裟搭左肩	右袈裟搭左小臂

因此，云冈D式，与麦积A式虽形似而实异。从相互的影响继承关系看，麦积、炳灵、金塔寺、千佛洞之间具有共同点，云冈D式单独成系列，尤其影响比它晚的作品十分明显。由此似可推断四式之中，D或是最晚出的，并与B、C关系密切。

关于早期佛像衣著具体特征与渊源演变的研究比较泛泛，云冈、麦积一期佛像衣著之关系亦存在

① 同前书图版二八。

误区。

其一，八木春生称麦积74、78佛所著“偏袒右肩”袈裟为“凉州式”，与云冈一期无直接关系。[①] 此论乃针对说麦积74、78之衣饰直接承受云冈一期而言。八木氏的最终观点是云冈一期→凉州二期→麦积一期，即间接的影响。他更认为麦积A式在塑造上有误，是秦州工匠对“凉州式”和“一般偏袒”（按或指全右袒）二者差别的误解而偶然产生的。实际上，麦积A式无误，其他三式亦无误，都是十六国时期中国僧侣对印度右袒法衣著法的改造，即将右袒改为半右袒和隐藏式的半右袒。至于四式之间的微小差别，在僧律上是否有相应仪轨要求？以及如前述这一时期的众多小型金铜石刻造像衣著的认识分析，尚有待进一步研究探索。

其二，错把麦积A式和云冈D式混为一谈，对此，步连生氏最先发现麦积74、78佛衣左襟没有云冈20窟大佛之三角形折带纹，以证二者衣著不同，麦积另是一式，[②] 可谓卓识。正如前述，云冈20大佛左衣襟之水波纹形褶襞边缘，乃是左肩袈裟下垂的结果；而麦积74、78的佛衣包右臂肘自下而上斜搭左肩，故无褶襞。相同著法又见炳灵寺169－22和金塔寺东窟塔柱东、西、南三面主尊。东山健吾先生以为，云冈20窟佛衣之有褶与麦积78之无褶两种衣式在5世纪中叶并行。[③] 但经审视，东山氏所举凡云冈20窟大佛以前诸像如太安元年（455）、三年（457）像皆属左领襟无褶即麦积A式袈裟。又蔚县太平真君五年（444）坐佛衣著虽稍毁，仍可看清也属于A式袈裟的。因此，袈裟左领襟无褶襞，即A式袈裟，可以视为5世纪初至中叶十六国晚期秦、凉、河州地区流行的佛衣法式之一。而西安的和平二年像（461），与云冈20窟大佛全同，属典型D式袈裟。至于大阪美术馆藏天安元年（466）冯爱爱造佛像，正面像右袈裟襟角半包臂肘，自下而上绕搭左肩后，但左襟明显刻出云冈式三角折带纹，约属C、D式的混合，而背面阴线刻坐佛则著A式袈裟。可以看作是A式向C、D式的过渡，特别是受云冈D式影响的结果。

其三，以为云冈一期佛之衣饰，乃属国家级的仪轨范本而被传承流播。但我们注意到，金塔东窟个别A式袈裟左领亦有装饰水波纹褶襞的，如塔柱东西中层交脚佛像即是近似云冈D式，似为D式之滥觞。另有一点可以肯定，麦积、炳灵、凉州诸窟佛衣之水波纹缘褶，因属泥塑，可做出非常真实、立体的刻画。云冈大型石雕则难以达到同等的程度，只能用平面和阴刻等传统技艺做出图案化模拟。故云冈式三角折带纹衣缘，实为凉州水波纹的平面化或变型之一。因此，说云冈一期的衣式、衣褶、衣纹是在秦凉十六国佛教法衣A、B、C等式样基础上的进一步加工改造，则是十分恰当的。

作者简介

初世宾，又名仕宾、师宾，1937年生，山东大学历史系毕业，原甘肃省博物馆馆长，研究员，长期从事甘肃文物考古研究工作，于简牍、丝绸之路有一定研究。

初昉，1975年生，甘肃省博物馆馆员。

---

① 八木春生《关于麦积山石窟第74及第78窟的建造年代》（何洪岩、魏文斌译），载郑炳林、魏文斌主编《天水麦积山石窟研究文集》上册第471页，甘肃文化出版社，2008年。

② 步连生《麦积山石窟塑像的源流辨析》，载阎文儒主编《麦积山石窟》，甘肃人民出版社，1984年10月。

③ 邓健吾《麦积山石窟的研究及早期石窟的两三个问题》，载《中国石窟·天水麦积山》，文物出版社、平凡社，日文版1987年，中文版1998年。

麦积山石窟交脚与半跏思惟菩萨对称构图的研究

魏文斌

要　約

麦積山石窟では、北魏時代の早期から景明期に至るまで、交足菩薩像と半跏思惟菩薩像を対称に配する構図が流行した。調査を行ったところ、合わせて17の洞窟でこの組み合わせが見られ、それらは第51、74、78窟系、第100、128、144、148窟系、第86、93、114、156、170、155窟系、第19、159、163、218窟系に分けることができる。第57窟には造像が残されていないが、その窟形式は第51、74、78窟と完全に一致しており、正壁上部の左右に小龕が確認できることから、元々は対称の構図を持つ両像の組み合わせが配せられたと考えられる。また第93－3龕は正壁上部の左右に配せられる分けではないが、小さい龕の中に両像が主尊として並列されており、同種の組み合わせと見ることができる。つまり両像を対称に配する組み合わせは全部で19例現存することになる。麦積山石窟はその歴史の中で地震等により大きな被害を受けており、多くの洞窟が失われているため、この組み合わせはこれ以上あった可能性もある。このような両像を対称に組み合わせる形式は、その他の北朝石窟においてはあまり流行していない。

本研究では、以下の4点が明らかとなった。

1）麦積山石窟において交脚菩薩像と半跏思惟菩薩像を対称に配する構図の組み合わせは5世紀中期から6世紀初期にかけて流行した。

2）第74、78窟の正壁上部左右に両像を配する形式は、ガンダーラ彫刻にその祖形を求めることができ、ガンダーラの図像の影響を受けた可能性がある。中国の内地に伝播する過程で、敦煌莫高窟第275窟においては、南北壁にそれぞれ二体の交脚菩薩像と一体の半跏思惟菩薩像を配する構図に変化したが、麦積山石窟において両像を対称に配する構図として表現された。同じような構図は、河北の張家口下花園石窟にも見られる。

3）麦積山石窟に見られる両像を対称に配する形式は、雲岡石窟に多くみられる交脚菩薩像と二体の脇侍半跏思惟菩薩像の組み合わせと区別され、半跏思惟菩薩像の身分や地位も同一ではないと考えられる。麦積山石窟の場合は、完全に対等な関係にあり、主従関係は存在しないが、雲岡石窟のものには一方が主尊、もう一方が脇侍として表わされており、明らかな主従関係が存在する。

4）主尊を並列する形式のものとしては、釈迦仏と多宝仏を並列させるものが多く確認されるが、北涼石塔などの例が示すように、麦積山石窟における交脚菩薩像と半跏思惟菩薩像は共に、異なる形で表された弥勒菩薩である可能性が高い。つまり北朝期には、半跏思惟の形式で表された弥勒菩薩が確実に存在していたことを示している。

麦积山石窟从北魏早期直到景明稍后的洞窟流行一种交脚菩萨和思惟菩萨对称构图的组合，有这种组合关系的洞窟根据调查现存有 17 个，它们分别是第 51、74、78；第 100、128、144、148 窟；第 86、93、114、156、170、155 窟；第 19、159、163、218 窟。第 57 窟虽然造像全毁，但其洞窟形制与第 51、74、78 窟完全相同，正壁上部左右可见两小龛的残迹，因此实际上也是这种对称构图的形式。第 93—3 龛虽然不是位于正壁左右上方，但龛很小，将交脚菩萨和半跏思惟菩萨并置于龛内正壁，作为龛的主尊，也是属于这种情况。因此，有这种组合的窟龛现存应该是 19 个。由于麦积山石窟在历史上曾遭到过严重的地震等破坏，许多洞窟已不存，因此这种组合的洞窟可能不止以上的这些。

这种完全对称且对等的组合关系在其他北朝石窟中并不是很流行，下面将就这种特殊的题材结合其他材料谈一些自己的认识，望与大家一起讨论。

本文示意图图例：

一、麦积山交脚与思惟菩萨对称布局的洞窟调查及其年代、发展变化

麦积山石窟北朝前期有交脚与半跏思惟菩萨的组合根据调查将近 20 个洞窟，其中有些洞窟内虽然残毁，但从其所处的位置以及残痕可确知是两者对称的布局形式，因此即使残损不存，也是没有什么疑问。下面列表说明。

麦积山石窟交脚与半跏思惟菩萨对称洞窟一览表

窟号	位置	洞窟形制及主要造像	相关图像	组合形式	备注
74	正壁主像左右上方尖楣圆拱龛内	略成穹隆顶敞口大龛，三面高坛基，三壁三佛		交脚、半跏思惟菩萨对称	保存较好
78	同上	同上		同上	保存较好
51	同上	同上		同上	已不存，现存造像均经后代重修
57	正壁左右上方	同上		同上	造像全部不存
100	正壁主像左右侧上方龛内	同上，平面方形平顶，三壁两龛，三佛	下方各有两个二佛并坐龛，四壁上部及两侧大龛内开千佛龛或二佛并坐龛	交脚、半跏思惟菩萨对称 + 二佛并坐 + 千佛	思惟龛内仅存思惟菩萨，交脚龛内一身胁侍菩萨不存
128	同上	同上	同上，四壁上部及两策大龛内开千佛龛或二佛并坐龛	同上	仅存左侧上龛内的思惟菩萨
144	同上	同上，仅存正壁	同上，四壁上部龛不存	交脚、半跏思惟菩萨对称 + 二佛并坐	仅存右侧上龛内的交脚菩萨及其胁侍菩萨

续表

窟号	位置	洞窟形制及主要造像	相关图像	组合形式	备注
148	同上	同上，仅存正壁及右壁龛局部	同上，四壁上部及大龛内开二佛并坐龛	交脚、半跏思惟菩萨对称＋二佛并坐	
114	正壁佛左右上部做泥塑小台，台上左右分别影塑思惟菩萨胁侍二菩萨和交脚菩萨胁侍二菩萨	平面方形平顶，三壁两龛，三佛	正壁及左右壁上部泥塑台上影塑千佛	交脚、半跏思惟菩萨对称＋二佛并坐＋千佛	保存较好
86	正壁佛上下各二小龛，下两小龛为交脚和思惟，俱影塑	平面方形平顶窟，正壁一佛，两侧壁胁侍二菩萨	现存正左右三壁开圆拱形小龛内或小泥台上影塑坐佛	交脚、半跏思惟菩萨对称＋千佛	右下龛内思惟及其胁侍菩萨保存，左下龛内交脚菩萨不存，仅存二胁侍菩萨
156	正壁佛两侧泥塑小平台，台上左右影塑半跏思惟菩萨和交脚菩萨及胁侍菩萨	平面方形平顶窟，正壁一佛，两侧胁侍二菩萨。仅存主佛	正壁下层及左右壁泥塑小台上影塑小坐佛	交脚、半跏思惟菩萨对称＋千佛	正壁左侧影塑不存
170	正壁左右上方贴影塑半跏思惟菩萨和交脚菩萨	原窟形可能为平面方形平顶窟，仅存正壁。主要造像全毁	正壁佛背光左右影塑飞天尚存左侧的	交脚、半跏思惟菩萨对称＋？	仅存半跏思惟菩萨
93	正壁主尊左右泥塑第二层小平台上贴影塑半跏思惟和交脚菩萨	平面方形平顶窟，正壁一佛，两侧胁侍二菩萨，均宋代重修	正壁及左右壁分五层作泥塑小台，影塑千佛及供养人	交脚、半跏思惟菩萨对称＋千佛	正壁右侧交脚菩萨及其胁侍菩萨不存
93－3	龛内小台上并列塑交脚和半跏思惟菩萨，两侧各一胁侍菩萨	平面方形斜平顶小龛	下方第93－4龛内塑一佛胁侍二菩萨	交脚、半跏思惟菩萨对称＋二佛并坐	保存较好
155	正壁两侧上层对称二龛内影塑半跏思惟和交脚菩萨，各有二胁侍菩萨	平面方形平顶窟，三壁三龛，三佛。正壁龛外两侧胁侍二菩萨，左右壁后部对称二弟子	正壁中下层各两龛，左右及前壁上部一列千佛龛，龛内均影塑坐佛	交脚、半跏思惟菩萨对称＋千佛	右侧的交脚菩萨龛内造像不存
159	正壁主尊左右第二层泥塑台上影塑半跏思惟和交脚菩萨及其胁侍菩萨	平面方形平顶窟，正壁主尊坐佛，两侧壁各一胁侍菩萨	正壁及左右壁泥塑小台上影塑一佛二菩萨、一坐佛以及供养天，下层供养人	同上	保存较好
163	正壁主佛两侧上下三层龛，上两小龛左龛内影塑半跏思惟并二胁侍菩萨二供养菩萨，右小龛内影塑交脚菩萨	三面低坛基方形平顶窟，正壁一佛并二胁侍菩萨，左壁交脚菩萨，右壁一佛，为三世佛	中、下两小龛内均影塑释迦多宝并胁侍二菩萨，各小龛周围贴影塑交脚菩萨或胡跪供养菩萨或站立菩萨	交脚、半跏思惟菩萨对称＋千佛＋二佛并坐	小龛内影塑多掉落不存，但痕迹明显，极易判断

续表

窟号	位置	洞窟形制及主要造像	相关图像	组合形式	备注
218①	上下二小龛。上龛影塑思惟菩萨、供养菩萨、胁侍菩萨各一身	此二小龛为窟正壁左侧的残留，原窟形及主尊造像不明	下龛仅存一胁侍菩萨	交脚、半跏思惟菩萨对称+？	组合残存不全，但其对称的右面推测为交脚菩萨龛，当不误
19	主尊两侧上下各开三个圆拱小龛，中层对称两龛，右龛塑一交脚二胁侍菩萨，二胁侍菩萨	仅存窟正壁，窟形及主尊造像不明	对称的两上龛内分别塑一佛二弟子二菩萨。两下龛，右龛二佛并坐并四胁侍，左龛二佛并坐	一佛+交脚、半跏思惟菩萨对称+二佛并坐	交脚左胁侍不存，均头失。左上龛造像全失，原应为一半跏思惟菩萨二胁侍菩萨。右下龛右胁侍不存，头均失，左下龛二胁侍均不存

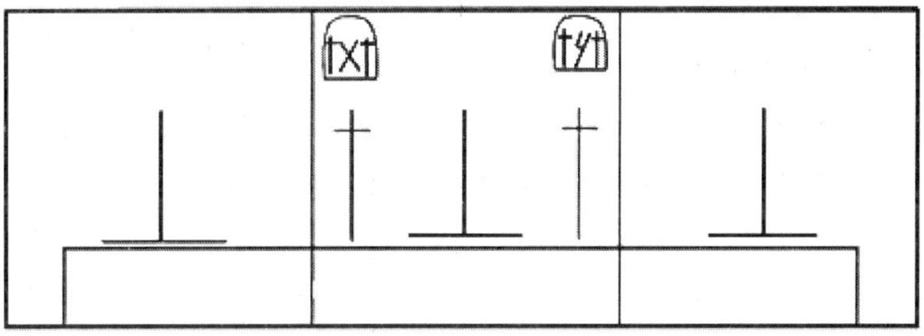

图1 第74、第78窟壁面布局示意图

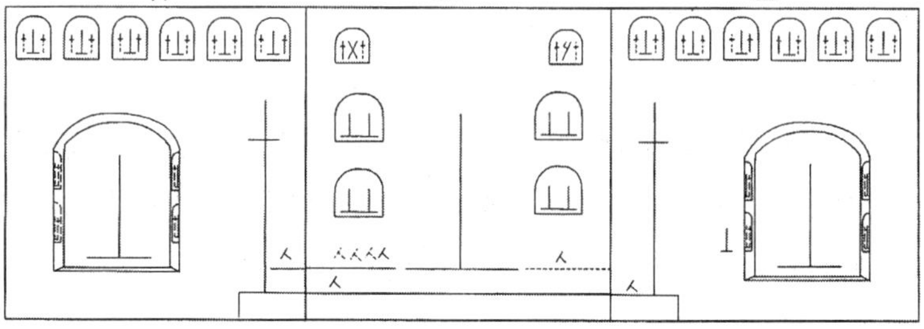

图2 第100窟壁面布局示意图

根据以上表中对塑有交脚与思惟菩萨组合的洞窟的描述，我们将其分为以下几个阶段：

第一阶段：交脚和半跏思惟菩萨均有二胁侍菩萨。交脚和思惟菩萨均对称地造于正壁上方两侧近顶部的圆拱形龛内，高高在上，都是交脚在右，思惟在左。而且交脚菩萨都是正面直身而坐，双手于胸前作转法轮印，半跏思惟菩萨则是上身略右倾，头略向右斜，右脚搭于左腿上，右手两指支颐，左手置于搭于左腿上的左脚腕，右腿下垂。这一类型的洞窟有第74（图1）、78窟，第51和57窟虽然龛内的塑像已不存，但按照前二窟的情况，也是相同的。第74、78窟的交脚和思惟分别基本等高，两侧胁侍的菩萨也是分别对称相同的形象，加上此两窟被认为是北魏时期流行的双窟的形式，可能出于同一批工匠所为。

第二阶段：开始出现了交脚（或思惟）菩萨在上释迦多宝并坐或一佛在下的组合，如第128、100、148、144等窟。并且多出现了与千佛相组合的布局，即在洞窟四壁的上方出现一列小龛，小龛内各塑一佛（如第100窟，图2）或二佛并坐（如第148窟，图3）。形成交脚或半跏思惟菩萨与二佛并坐、一

① 此二小龛原编号时归于第16窟，但观察其思惟菩萨的位置，应是另外一窟正壁左侧的一部分，其右侧部分因地震塌毁，仍应是交脚与思惟对称的布局。现补充编号为第218窟。见魏文斌、白凡《麦积山石窟历次编号及新编窟龛说明》，《敦煌研究》2008年第5期。

佛、千佛组合的形式。这一阶段，交脚菩萨仍作转法轮印。

到了第三阶段的洞窟中，交脚和思惟虽仍为对称的形式，但有些已不在壁面的最上部，而是降到了第二层造像（第93窟、86窟，图4），而且很多以影塑的形式贴附于小平台上（第93、114、155、156、170窟等，图5），也有一些仍布置在小龛内（第19、86、155、163、218窟等，图6），第93龛的附3龛出现了交脚和思惟菩萨同塑于一龛内正壁并排作为主尊的形式（图7）。这一阶段的交脚菩萨不再作转法轮印，而是右手上举于右胸部，拇指与食指捏莲花，左手则于腹部握尖桃形饰物（第93、114、156等），或者右手于右胸部抚胸或手指弯曲，左手置于腹部（第19、159窟）。而且第114、93、86、156、170窟现存的交脚与半跏思惟菩萨完全相同出现于数个洞窟内，这种影塑是模制的，据此也可以断定这些洞窟的年代。

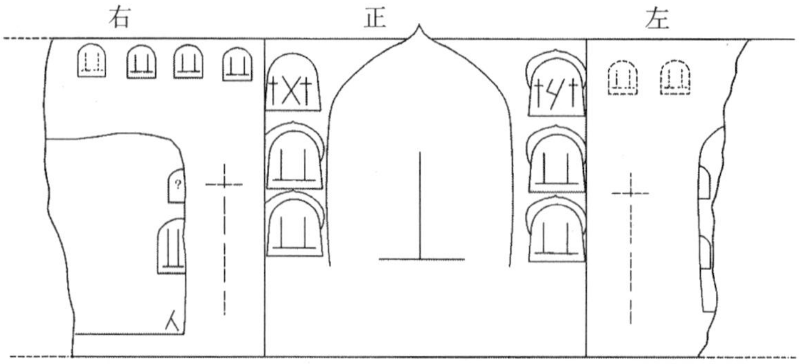

图3 第148窟壁面布局示意图

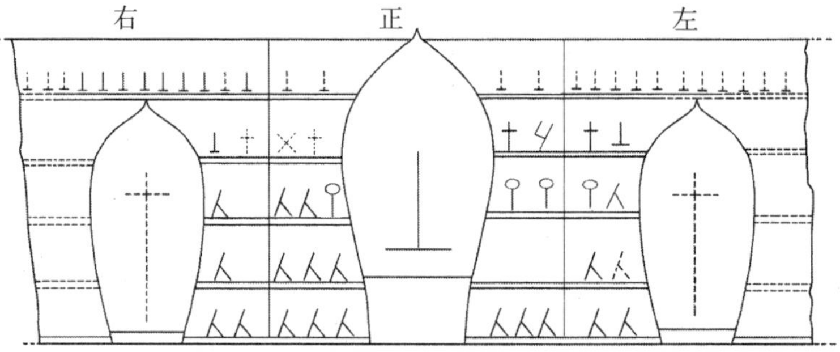

图4 第93窟壁面布局示意图（重修前）

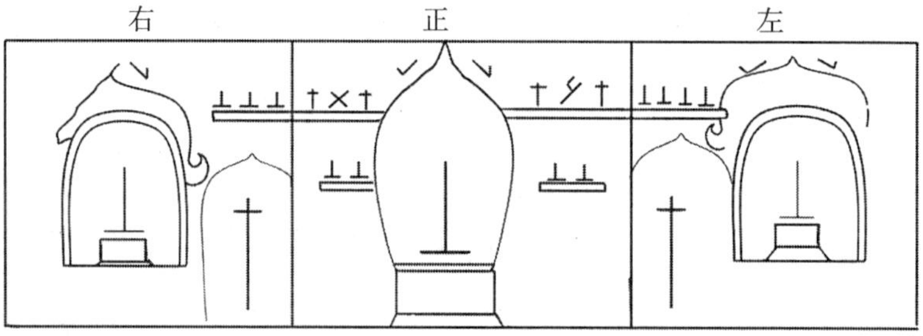

图5 第114窟三壁布局示意图

这三个阶段凡是交脚与半跏思惟菩萨的组合都有以下共同的特点：

①均是作为洞窟内的附属造像出现的，说明是主要造像的补充；

②对称出现，平行分布，没有上下组合的形式；

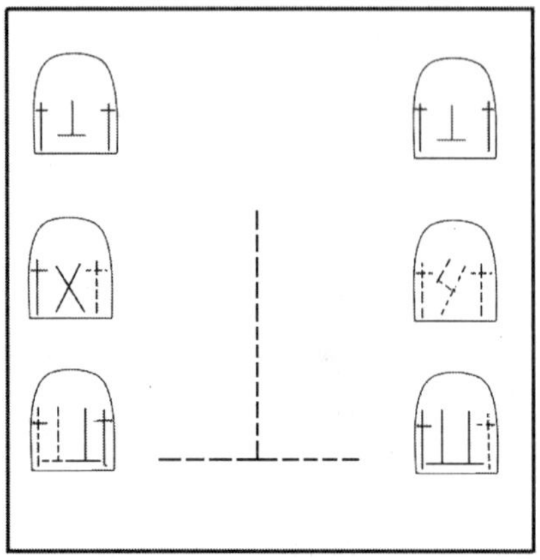
图6 第19窟正壁布局示意图

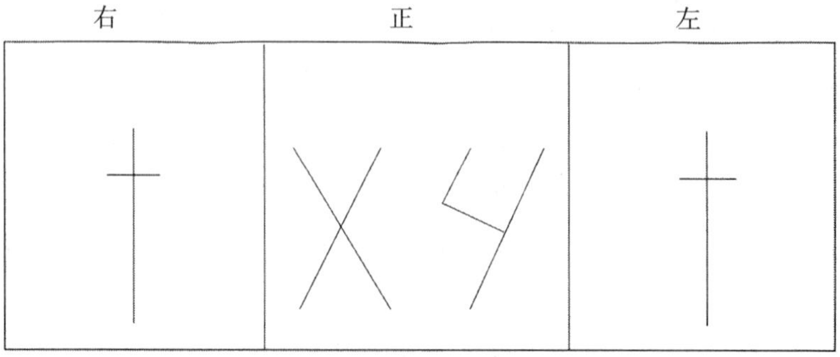

图7 第93-3龛造像布局示意图

③都位于各窟正壁主尊两侧的上方小龛或泥塑小平台上；

④分别均有二胁侍菩萨，无一例外；

⑤在同一个阶段内，除坐姿不同外，装饰包括所坐的束帛座完全一样，它们的胁侍菩萨也均两两相同，显然属于同一个工匠所为。

⑥交脚和半跏思惟菩萨的姿态方面，第一、二阶段交脚菩萨都是坐于高束帛座上，戴三珠宝冠（第148窟的交脚菩萨三珠冠上装饰有仰月），颈戴尖桃形项圈，发辫分三绺披于肩头。上身袒露，臂戴钏，腕戴镯，保存较好的第148窟的交脚菩萨还可看到身上绘出的于胸前交叉的短璎珞。披帛从脑后前绕两肘部从座两侧下垂。双手于胸前相交作转法轮印。下身穿短裙，裙腰外翻，裙裾仅及脚腕，双脚相交于束帛座前，右脚在外，左脚在内，足尖外撇。半跏思惟菩萨都是右腿搭于下垂的左腿上，脚尖直向外。左手抚于右脚腕上，右肘支在右腿上竖起，右手食指触脸颊，头微右倾，眼睛微闭做思惟状。搭起的右腿下面露出成弧形的裙裾。第三期的交脚和半跏思惟菩萨则是头梳高发髻，短宝缯斜飘于头两侧，肩头有圆形的装饰，饰带长垂，身上斜披络腋，披帛于交叉于两腿间，变成了汉民族的装饰。交脚菩萨不再是转法轮印，而是右手上举于胸前捏莲蕾，左手于腹部握如意，脚尖则略向内（图8、9）。

从上面的变化中，可以看出这种组合形式是逐渐变化发展的，三个阶段具有较紧密的年代顺序。而且从现存麦积山石窟的最早洞窟开始就有了。这种对称布局的形式主要流行于北魏初期洞窟，北魏晚期较少，之后即消失，即流行于5世纪中期至6世纪初期。

二、其它地区交脚与思惟菩萨组合的例子

麦积山石窟的这种造像组合，应该有其来源，不应该是麦积山的首创，应该是在接受了其他地方影响后的改造形式。为了探讨其具体的内涵，有必要对其来源以及与其他地域的图像进行对比研究。

1. 克孜尔石窟

克孜尔石窟第38窟主室前壁门上方半圆券形端面内绘一说法的交脚菩萨像，两侧各绘两排听法的圣众，每排三身（左侧上排的三身被揭取已不存）。交脚菩萨坐于高座上，菩萨头光两侧绘出象征天宫的伎乐栏杆。应该是弥勒菩萨在兜率天宫说法的情景。① 引人注意的是，在交脚菩萨下部，门上方两侧左右各残存一半跏思惟菩萨像，二半跏思惟菩萨均坐于束帛座上，其中左侧的右手支颐，右腿搭于左腿上，左手叉于胯际，右侧的正好相反。左侧半跏思惟菩萨的身后有一树干，由圆形似花朵组成的树冠弯曲于菩萨头两侧，右侧的则仅见圆形花朵似的树冠，这种情况即表示树下思惟。② 该窟的年代为4世纪后期至5世纪初。③

关于该窟交脚与半跏思惟菩萨的关系，东山健吾认为有可能是大众在兜率大听法。④ 浅井和春指出

---

① 宿白《新疆拜城克孜尔石窟部份洞窟的类型与年代》，载《中国石窟寺研究》，文物出版社，1996年8月第一版，第23页；贾应逸、祁小山《印度到中国新疆的佛教艺术》，甘肃教育出版社，2002年9月第1版，第261～262页；新疆龟兹石窟研究所编著《克孜尔石窟内容总录》，新疆美术摄影出版社，2000年6月第1版，第48页。

② 北京大学考古系、克孜尔石窟研究所《中国石窟·克孜尔石窟》（一），文物出版社，1990年，图版84～88。

③ 宿白《新疆拜城克孜尔石窟部份洞窟的类型与年代》，载《中国石窟寺研究》，文物出版社，1996年8月第一版，第23页。

④ 东山健吾《敦煌莫高窟北朝期尊像图像的考察》附表一《关于敦煌莫高窟北朝期洞窟本尊和其它的造像形式》，《东洋学术研究》第24号，1985年。

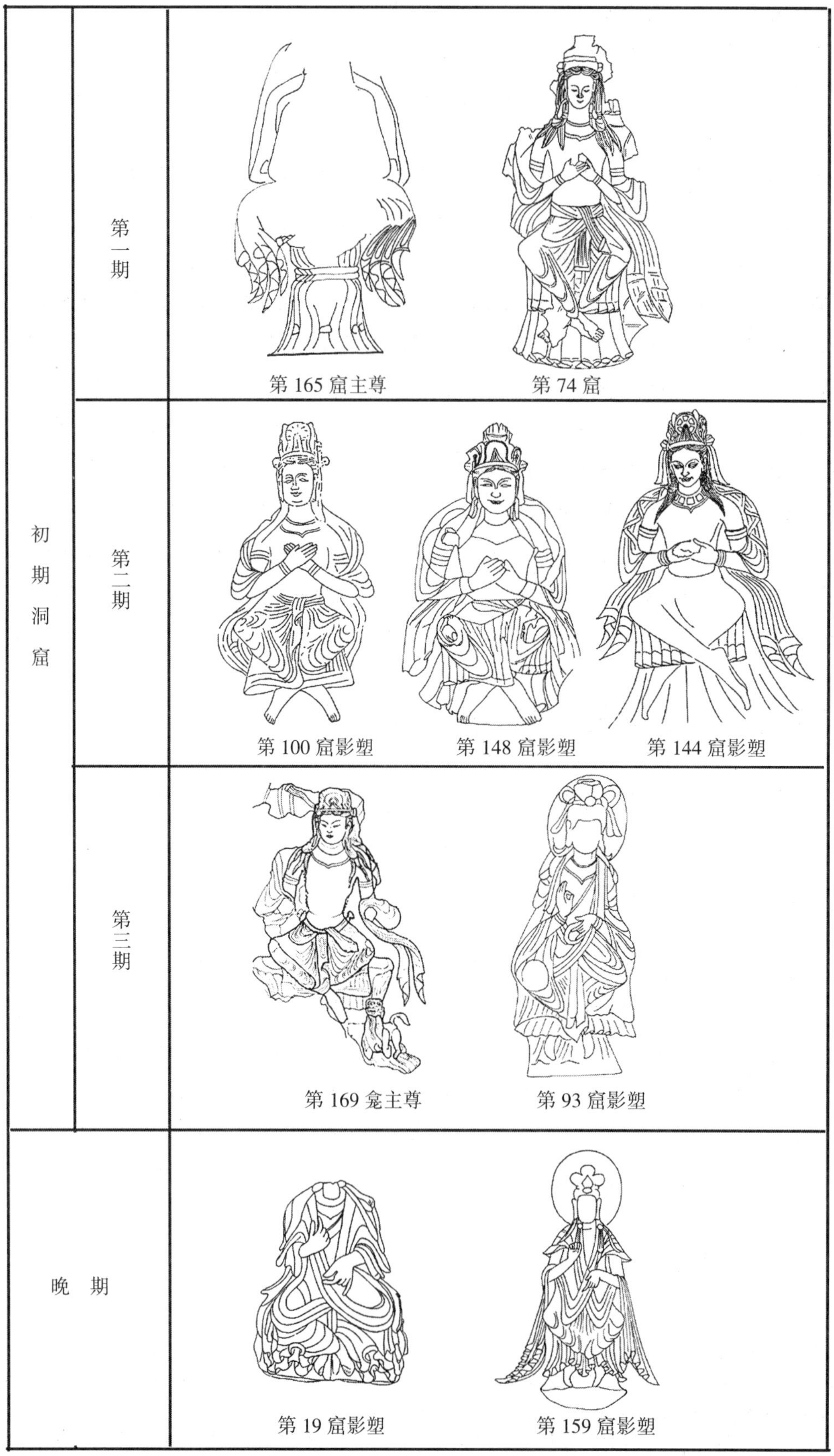

图8 麦积山石窟北魏时期交脚菩萨演变图

图9　麦积山北魏时期半跏思惟菩萨演变图

克孜尔石窟第38窟的半跏思惟菩萨像坐在树下这点和敦煌莫高窟第275窟相同，应考虑克孜尔石窟和敦煌莫高窟有着重要的联系。① 但克孜尔第38窟的交脚弥勒菩萨位于上部的半圆形部分，而二身半跏思惟菩萨则位于下部的两侧，而且半跏思惟菩萨处于两端，在其内侧的画面已经毁损，无法确知其内容，推测应该是与半跏思惟菩萨处于同等地位的尊像。与半跏思惟菩萨处于同一高度的两侧壁画面是连续的半身伎乐，属于下部壁面上方的一部分，因此半跏思惟菩萨也应该是前壁门两侧内容上方的一部分，而与上部半圆形画面内的交脚弥勒菩萨兜率天宫说法图关系不是很密切。

2. 莫高窟

莫高窟十六国至北朝早期石窟中现存阙形龛25个，除2龛内尊像欠失外，23个龛中有20龛内塑交脚菩萨，其余的3龛塑半跏思惟菩萨（第259、257、437窟），都位于窟内中心柱的上层或两壁的上层。② 其中半跏思惟菩萨与交脚菩萨组合的例子见于第275（图10）、257、259、260四个洞窟。③ 可分两种情况：第一种是第275、259窟分布于窟内南北两壁上部阙形或树形龛内。第二种是第257和第260窟，分布于窟内中心柱南北向面的上层，均居于阙形龛内，南北对称。以上四窟的年代除第275窟被认为是北凉外，余三窟的年代都是北魏太和时期营造，即5世纪后期。这与麦积山石窟半跏思惟菩萨与交脚菩萨对称组合开始并流行的时期是一致的。莫高窟居于窟内上方阙形龛或树形龛内的交脚和半跏思惟菩萨基本都被认定为弥勒在兜率天宫说法或修行的姿态。④ 需要注意的是，莫高窟的交脚菩萨和半跏思惟菩萨分别居于各自的龛内，处于对等的地位。

图10　莫高窟第275窟纵剖面图

（采自《中国石窟·敦煌莫高窟》一）

3. 云冈石窟

云冈的情况一般是交脚菩萨的两侧对称各一半跏思惟菩萨，而且非常多，三期洞窟里都有，有些还是作为一个窟或龛内的主要造像或主尊，而且大部分都与二佛并坐龛相组合。如第18窟南壁下层西侧帷幕形龛、第12窟前室东壁、第11窟西壁第一层中部佛龛、第9窟前室东壁上层、第10窟前室西壁第三层佛龛、第17窟东壁上层、第19窟南壁拱门东壁、第40窟东壁帷幕形佛龛、第26窟西壁上层佛龛、

① 浅井和春《菩萨半跏像》，《国华》第1116号，24、30页，朝日新闻社，1988年。

② 统计数字承蒙王惠民先生告知。

③ 以上四窟的内容见敦煌研究院编《敦煌石窟内容总录》，文物出版社，1996年12月第一版，第102～106、111页。

④ 《中国石窟·敦煌莫高窟》（一），第207、208页图版说明，文物出版社，1982年12月第一版；殷光明《从北凉石塔看莫高窟早期三窟的建造年代》，载《2000年敦煌学国际学术讨论会文集·石窟考古卷》，甘肃民族出版社，2003年9月第1版，第263页；樊锦诗、马世长、关友惠《敦煌莫高窟北朝洞窟的分期》，《中国石窟·敦煌莫高窟》（一），第189页；李玉珉《半跏思惟像再探》，台北《故宫学术季刊》第三卷第三期，1986年春；刘永增《莫高窟北朝期的石窟造像与外来影响——以第275窟为中心》（上），（《敦煌研究》2004年第3期；贺世哲著《敦煌图像研究——十六国北朝卷》，甘肃教育出版社，2006年6月第1版，第24页等。

第32附9窟北壁上层、第35窟东壁、第38窟东壁、[①] 第5窟南壁下层西侧、[②] 第16窟南壁三龛中的两侧龛（图11）[③] 等等。除了这种情况，还有一倚坐佛两侧各一交脚菩萨，交脚菩萨在外侧各一半跏思惟菩萨的组合，如第8窟后室北壁上层主龛。[④]

图11　云冈第16窟南壁三龛（采自《云冈石窟》第四十四图）

关于云冈半跏思惟菩萨与交脚菩萨的组合，日本学者内藤藤一郎早就指出中尊的交脚菩萨为弥勒，两侧的胁侍半跏思惟菩萨不是弥勒，但不能够认定其具体的尊格。[⑤] 塚本善隆则认为胁侍的半跏思惟菩萨也是弥勒。[⑥] 田村圆澄却认为中间的主尊为现在佛，左右的半跏思惟菩萨一代表过去佛释迦太子，一代表未来佛弥勒，即是三世佛的形式。[⑦] 李玉珉援引大量资料认为都是弥勒菩萨。[⑧] 还有学者认为这种情况下的半跏思惟菩萨既不是弥勒也不是释迦太子，不是佛教里的任何神祇，是供养人，半跏思惟像是用来协助禅观的，观想自己在弥勒兜率天宫的姿态。[⑨]

云冈的半跏思惟菩萨和交脚菩萨的组合，与敦煌莫高窟和麦积山石窟的均不同，是作为交脚菩萨的胁侍出现的，显然和莫高窟、麦积山等的形式是有区别的，作为胁侍其地位肯定要低于主尊的交脚菩萨。

北朝受云冈影响的造像上，也可看到许多例子，如1983年在西安西郊通信学校出土的北魏造像

① 以上分别见云冈文物研究所编《中国石窟・云冈石窟》（二），图版174、101、89、19、54、149、179、218、193、200、210、214，文物出版社、平凡社，1994年10月第 版。

② 《中国石窟・云冈石窟》（一）图版43，文物出版社、平凡社，1991年9月第一版。

③ 水野清一、长广敏雄《云冈石窟》第十一卷，第十六洞，第四十四图，京都大学人文科学研究所，1954年。

④ 《中国石窟・云冈石窟》（一），图版174。

⑤ 内藤藤一郎《夢殿秘仏と中宫寺本尊》，《東洋美術》四、五、六、八号，1930、1931年。

⑥ 塚本善隆《支那仏教史研究・北魏篇》，弘文堂書房，1942年，第232页。

⑦ 田村圆澄《半跏思惟像の諸問題》，田村圆澄、黄寿永编著《半跏思惟像の諸問題》，吉川弘文馆，昭和六十年，第25页。

⑧ 李玉珉《半跏思惟像再探》，台北《故宫学术季刊》第三卷第三期，1986年春；《金塔寺石窟考》，《故宫学术季刊》第二十二卷第二期，第45～57页，2004年冬。

⑨ Hsu, Eileen Hsiang - ling. "Visualization Meditation and the Siwei Icon in Chinese Buddhist Sculpture." Artibus Asiae 62. 1 (2002): 5 - 32.

碑、[1] 根津美术馆藏北魏四面佛碑像、[2] 西魏大统四年（538 年）石造像[3]等等。可见云冈样式的影响是非常深远的。

4. 龙门石窟

龙门石窟交脚与半跏思惟菩萨组合的例子，主要在古阳洞。

古阳洞南壁上层第 1（比丘惠珍造像龛）、2 龛间上下雕两小龛，上龛（108 龛）内雕一半跏思惟菩萨并二胁侍菩萨，下龛（109 龛）内雕一交脚菩萨并二胁侍菩萨，上龛上部又一小龛内雕一交脚菩萨并二胁侍。[4] 这种上下组合的形式与甘肃泾川石造像碑[5]的相同，而交脚和思惟均有胁侍的情况则与麦积山的相同。

古阳洞北壁 N121 龛和 N156 龛，均为盝形帷幕龛，中间主尊交脚菩萨，两侧思惟菩萨各一身；N178 龛龛楣东侧有三小龛，东起 N177 龛主尊禅定佛，N176 龛主尊交脚菩萨，胁侍二菩萨，N176 龛西侧长方形小龛，内一半跏思惟菩萨；N228 龛，龛顶东侧 5 小列龛，中间三龛中，中龛为说法印的坐佛，西侧为立佛，旁有三小儿，应该是阿育王施土，东侧为一立佛，这三佛的组合，由于有阿育王施土，所以可看作是三世佛的组合。最西侧为右手支颐的半跏思惟菩萨，座下有二狮子，最东侧为倚坐佛，座下亦雕二狮子。[6]

以上所举龙门石窟的北魏造像的例子，N121、N156 显然是延续云冈的做法，半跏思惟菩萨作为交脚菩萨两侧的胁侍，身量较小。S108 和 S109 为上下组合的形式，分别为两龛的主尊。N228 的 5 个小龛中的半跏思惟菩萨和交脚菩萨则是与三世佛组合，也是对称的形式出现。因此在考虑其尊格时应分别对待。

前面已经谈到，克孜尔第 38 窟的例子、云冈大量的龛像、龙门个别龛像以及北朝其他受云冈影响的像例，交脚与半跏思惟菩萨的组合中，交脚菩萨是作为主尊出现的，而两侧的半跏思惟菩萨显然属于从属地位，是作为胁侍的身份出现的，与交脚菩萨不是同一尊格，如果将其都作为弥勒菩萨或释迦太子，显然理由不充分。也不是供养人，因为这些半跏思惟菩萨都是有头光的，其身份显然不是一般供养人。因此，只能将云冈样式的半跏思惟菩萨理解为想做弥勒弟子而修十善法，观想弥勒，思惟兜率天上种种上妙快乐并受弥勒摄受者。

刘宋沮渠京声译《佛说观弥勒菩萨上生兜率天经》云：

> 欲为弥勒作弟子者，当作是观。作是观者，应持五戒八斋具足戒，身心精进，不求断结，修十善法，一一思惟兜率陀天上上妙快乐。……是弥勒菩萨于未来世当为众生作大归依处，若有归依弥勒菩萨者，当知是人于无上道得不退转。……佛告优波离，佛灭度后四部弟子天龙鬼神，若有欲生兜率陀天者，当作是观系念思惟。……今于佛前发诚实誓愿，于未来世值遇弥勒，舍此身已皆得上生兜率陀天。世尊记曰：汝等及未来世修福持戒，皆当往生弥勒菩萨前为

① 李域铮《陕西古代石刻艺术》，三秦出版社，1995 年 12 月第 1 版，第 37 页。
② 松原三郎《中国佛教雕刻史论》图版 115b，吉川弘文馆，1995 年。
③ 松原三郎《中国佛教雕刻史论》图版 298b，吉川弘文馆，1995 年。
④ 龙门文物研究所编《中国石窟·龙门石窟》（一）图版 143，文物出版社，1991 年 3 月第一版。
⑤ 甘肃省博物馆编《丝绸之路——甘肃文物精华》图版 99，1994 年 8 月。
⑥ 分别见刘景龙编著《古阳洞——龙门石窟第 1443 窟》图版 70、118、123、56，科学出版社，2001 年 10 月第一版。

弥勒菩萨之所摄受。[1]

这段经文告诉我们，弥勒菩萨处为众生未来的归依之处，如果有归依弥勒菩萨者想将来生于兜率天，应该做观想思惟，必会得以往生弥勒菩萨前，受弥勒菩萨摄受。云冈交脚菩萨两侧的胁侍半跏思惟菩萨，应该就是在弥勒菩萨前做思惟并往生的得到无上道并受弥勒菩萨统摄者。

而莫高窟和麦积山的情况则不同，这两处的交脚菩萨和半跏思惟菩萨都是位于洞窟内壁面的高处，或居于阙形龛内，或居于树形龛内，或贴塑于圆拱形龛内，两两对称出现，没有从属关系，地位对等，并且麦积山的交脚与半跏思惟菩萨各有胁侍菩萨。因此，在考虑以上所见交脚与半跏思惟菩萨的身份时应该分别对待，不能一概而论。

与麦积山石窟正壁两个小龛对称布局的形式完全相同的例子在其他石窟中尚不多见，仅见于河北张家口下花园石窟，该石窟正壁开一帷幕龛，龛内造一佛胁侍二菩萨，四壁雕千佛、释迦多宝二佛并坐。正壁大龛上部两侧各凿一圆拱形龛，龛内造像风化不清。其年代为太和十年（486 年）前后，上限可能在太和五年（481 年）前后。[2] 与前述麦积山石窟的第一、二两个阶段的洞窟年代相近。报告中虽称两龛中的造像为“佛像”，但因风化不清，未敢确定。笔者认为两侧龛内造像的姿态尤其是右侧龛，很像一交脚的坐势，因此推测，该两小龛内的造像很有可能是半跏思惟菩萨和交脚菩萨，如果是这样的话，那么它与麦积山石窟的情况相同，即是交脚与半跏思惟菩萨对称的构图形式。

三、犍陀罗的图像

中国早期的佛教尊像、风格、构图形式等，受到犍陀罗雕刻图像规范的影响。所以很多佛教图像的形式及其组合，都应该有其粉本来源，中国早期佛教艺术，在尚未形成中国民族特点的时期，应该从佛教艺术的诞生地去寻找其来源。

关于麦积山第 74、78 窟正壁上方两侧小龛的对称布局的形式，东山健吾、久野美树先生早就指出可能受到犍陀罗的影响。[3] 但却没有进一步研究龛中两造像对称组合形式的具体来源。

犍陀罗美术中，有以下数件作品值得引人注意，都是公元 2、3 至 4、5 世纪的作品。

第一件出土于默罕默德·拉利（现藏拉合尔博物馆）。正中间较大的呈梯形框内雕刻转法轮印的坐佛。其两边有五层对称的雕刻。最上层靠近佛华盖的部位两侧对称各一圆券形龛，内各雕一半跏思惟菩萨像，第三层对称也有圆券形龛，内各雕一交脚菩萨菩萨。这种对称的布局在犍陀罗美术中非常多。虽然我们对这里的交脚菩萨和半跏思惟菩萨不能完全肯定其尊名，但这种对称布局的形式或许对麦积山石窟的初期洞窟有一定的影响。这件作品中的交脚菩萨和半跏思惟菩萨也是对称出现，没有从属关系，地位相等。宫治昭认为这件作品反映的是大神变图，而且主佛周围的造像都是围绕佛的天人，上部对称的两身半跏思惟像是菩萨像，也是天人。[4]

第二件出土于塔克西拉，现藏卡拉奇博物馆，中心为转法轮印坐于莲花上的佛像，其上方左右各一

---

① 《大正藏》第 14 册，第 0419b ~ 0420c 页。

② 刘建华《河北张家口下花园石窟》，《文物》1998 年第 7 期，第 60、64 页。

③ 东山健吾《麦积山石窟的研究及早期石窟的两三个问题》，《中国石窟·天水麦积山》，文物出版社、平凡社，1998 年；久野美树《中国初期石窟と观佛三昧——麦积山石窟を中心として》，《佛教艺术》176 号，1988 年 1 月，P69 – 91。

④ 宫治昭《ガンダーラにおける半跏思惟の図像》，载田村圆澄、黄寿永编著《半跏思惟像の研究》，吉川弘文馆，1985 年。

盝形龛，内各雕一坐佛，两侧各有胁侍（或供养者）。主佛两胁侍菩萨的外侧，上层对称各一菩萨装像，其中左侧的类似于游戏坐，右手上举，左手似置于腿部，右侧的交脚，作转法轮印。这两身像被认为是礼拜赞叹的天人。

第三件现藏卡尔库特博物馆，与第二件有些类似，中间主佛转法轮印，在其上方两侧宫阙形的建筑内各雕一禅定印坐佛，而主佛所在建筑的两根柱子外面，左侧是一思惟装的菩萨，游戏坐，右侧则是一身交脚菩萨。

第四件出土于穆罕默德·那利，现藏拉合尔博物馆。主尊为转法轮印的坐佛，其上方两侧宫阙形建筑内，左侧为半跏思惟菩萨，右侧为交脚菩萨，两者都有胁侍（图 12）。

最后一件现藏白沙瓦博物馆。中心仍然是一转法轮印的坐佛，其上方有两层雕刻，上层两侧各一宫阙形的龛，内各雕一转法轮印的交脚菩萨，下层共七个拱形龛，中间三个为等大的坐佛，可以考虑是三佛的形式，两侧龛内各一交脚菩萨，最外两侧内各雕一半跏思惟菩萨，这种布局显然也是三佛与半跏思惟菩萨、交脚菩萨的组合（图 13）。[①]

图 12 佛说法图 拉合尔博物馆

图 13 佛说法图 白沙瓦博物馆

半跏思惟菩萨像在 3 世纪的犍陀罗美术中即已出现，且有已很成熟并定型的姿势，即一腿搭于另一下垂的腿上，一手抚所搭的腿，另一手上抬用手指支颐，作思惟状。这种造型是中国半跏思惟菩萨像的来源。高田修认为犍陀罗的半跏思惟菩萨像并没有特指的尊名，只是一般菩萨的像容。[②] 宫治昭注意到了犍陀罗这几件作品中交脚与半跏思惟菩萨总是并列出现的，成为一种固定的组合。[③]

① 以上作品均见栗田功编著《ガンダーラ美术 I 佛传》，东京，二玄社，1988 年。

② 高田修《ガンダーラの菩薩思惟像》，《美術研究》二三五号，1964 年。

③ 宫治昭《ガンダーラにおける半跏思惟の図像》，载田村圆澄、黄寿永编著《半跏思惟像の研究》，吉川弘文馆，1985 年，第 89 页。

对于犍陀罗半跏思惟菩萨和交脚菩萨的组合，关于其尊格学者意见都不一致，笔者在这里也不能做出这种组合所表现的确切内涵的判断，但我们可以注意到，上述作品：①交脚菩萨与半跏思惟菩萨均是主尊造像周围的附属造像；②二者都互相没有从属关系，各自对称出现；③白沙瓦博物馆所藏的作品交脚菩萨和半跏思惟菩萨是与三佛组合在一起的，这与麦积山石窟第74、78等窟的情况显然是有共同点的；拉合尔博物馆所藏的作品，交脚菩萨与半跏思惟菩萨对称居于最上面的象征天宫的盝形龛内，与麦积山的情况是非常相似的；④上举五例中的交脚菩萨和半跏思惟菩萨多数是居于象征天宫的圆拱形龛内的。

因此，至少可以判断，麦积山石窟的半跏思惟菩萨与交脚菩萨这种对称布局的形式其最初的祖型应该是犍陀罗，尤其是上述白沙瓦和拉合尔博物馆所藏的作品，能够看到麦积山的来源。到了麦积山石窟，这种组合形式成为5世纪中期开始直到6世纪初期一种十分流行的题材。因此，可以判断麦积山最初洞窟的开凿者，可能对犍陀罗的这种雕刻非常熟悉，或许有来自那里的高僧进行指导吧。

四、麦积山交脚与思惟菩萨组合的图像与宗教学含义

1. 研究情况

最早注意到麦积山石窟交脚菩萨与半跏思惟菩萨组合的特殊形式并给以初步研究的是张宝玺先生，他认为半跏思惟菩萨为未成佛前的太子形象，而交脚菩萨则是还未成佛前的弥勒菩萨。① 八木春生也持此说。② 东山健吾认为菩萨思惟像是弥勒菩萨外，也可能是在兜率天等待时机的菩萨形的释尊。③ 蒋毅明等认为“交脚像表现菩萨下生前在兜率天宫修行时的情景，思惟像是表现佛作菩萨时，在树下修行的情景”。④

张学荣就这一组合发表了专门的论文，并与敦煌莫高窟的交脚菩萨和半跏思惟菩萨作对比研究，认为麦积山洞窟中上部的交脚和思惟都是一生补处菩萨的形象。⑤ 近年出版的《佛国麦积山》一书中关于麦积山的这组半跏思惟菩萨和交脚菩萨肯定地认为都是弥勒菩萨。⑥ 日本的上原和很明确地肯定第78窟两个小龛里的半跏思惟菩萨和交脚菩萨都是弥勒菩萨，可惜的是未能展开论述，也没有提出具体的证据。⑦

总之，关于麦积山石窟初期石窟中的半跏思惟菩萨与交脚菩萨对称的组合，有四种意见：①张宝玺、八木春生等认为是释迦太子和弥勒菩萨；②东山健吾认为交脚菩萨为弥勒菩萨，半跏思惟菩萨有可能是弥勒外，还可能是在兜率天等待时机的菩萨形释尊；③张学荣认为都是一生补处菩萨的形象；④上原和等认为都是弥勒菩萨。

---

① 张宝玺《麦积山石窟开凿年代及现存最早洞窟造像壁画》，《中国考古学会第一次年会论文集》，文物出版社，1979年。

② 八木春生《麦積山第七四および七八号窟に関する一考察》，《雲岡石窟文様論》，法藏馆，2000年，第77－78页。

③ 东山健吾《麦积山石窟的研究及早期石窟的两三个问题》，麦积山石窟艺术研究所编《中国石窟·天水麦积山》，文物出版社、平凡社，1998年，第229页。

④ 麦积山石窟艺术研究所编《中国石窟·天水麦积山》，文物出版社、平凡社，1998年，《图版说明》第230页。

⑤ 张学荣《论莫高窟和麦积山早期洞窟中的交脚菩萨》，《1987年敦煌石窟研究国际讨论会文集·石窟考古编》，辽宁美术出版社，1990年。

⑥ 中国佛教文化研究所、麦积山石窟艺术研究所编《佛国麦积山》，上海辞书出版社，2003年12月第1版。

⑦ 上原和《龙门石窟古阳洞开凿的年代（上）》，《敦煌研究》2006年第6期，第22~23页。

2. 交脚与半跏思惟菩萨的尊名判断

（1）交脚菩萨的尊名

我们注意到，麦积山初期洞窟的第一、二阶段的交脚菩萨作转法轮印，到了第三阶段以后变为一手持物一手上举的姿态。学者的研究指出，北魏时期，双手结转法轮印、交脚而坐的菩萨像常称弥勒。①这种结转法轮印的交脚弥勒菩萨，是表示弥勒上生的形象，《佛说观弥勒菩萨上生兜率天经》：

> （前略）上至兜率陀天……时兜率陀天七宝台内摩尼殿上师子床座忽然化生。……三十二相八十种好皆悉具足。……诸化菩萨以为侍者。……弥勒眉间有白毫相光，流出众光作百宝色，三十二相……与诸天子各坐花座，昼夜六时常说不退转地法轮之行。经一时中成就五百亿天子，令不退转于阿耨多罗三藐三菩提。如是处兜率陀天昼夜恒说此法，度诸天子。②

转法轮印的交脚弥勒菩萨正是表现弥勒在兜率天宫昼夜为众天子说不退转法轮法的弥勒。有身光、天宝冠装饰等三十二相，坐狮子座，还有菩萨为侍，他与释迦牟尼佛一般无二，可是说是释迦第二。交脚弥勒菩萨两侧的胁侍菩萨，在《妙法莲华经·普贤菩萨劝发品》中讲到：

> 若有人受持、读诵、解其义趣，是人命终为千佛授手，令不怖，不堕恶趣，即往兜率天上弥勒菩萨所。弥勒菩萨有三十二相，大菩萨众所共围绕，有百千万天女眷属，而于中生。③

象麦积山第165窟壁面上方象征天宫之栏杆里面的伎乐天，应该是《佛说观弥勒菩萨上生兜率天经》所描述的手执乐器演奏妙乐的天女：

> 一一华上有二十四天女，身色微妙如诸菩萨庄严身相。手中自然化五百亿宝器，一一器中天诸甘露自然盈满。左肩荷佩无量璎珞，右肩复负无量乐器。如云住空从水而出，赞叹菩萨六波罗蜜。若有往生兜率天上，自然得此天女侍御。……时诸阁间有百千天女，色妙无比，手执乐器，其乐音中演说苦空无常无我诸波罗蜜。④

因此，麦积山初期洞窟的交脚菩萨认定为弥勒菩萨是毫无疑问的。

（2）半跏思惟菩萨的尊名

半跏在造像上的姿态是左腿下垂，以右腿搭于左腿上，左手抚于右腿腕上，坐于较高的束帛座上。思惟的姿态是右肘支于右腿上，右手上举，以一指支颐，头略斜，做思惟状。犍陀罗的半跏思惟像基本都是这种姿态，麦积山初期洞窟所见的半跏思惟菩萨正是这种姿态。

将半跏和思惟这两种姿态结合起来进行造像创作，是从犍陀罗雕刻艺术开始的。犍陀罗雕刻中有许

---

① 见李玉珉《隋唐之弥勒信仰与图像》，《艺术学》第1期，1987年3月，第103～104页；宫治昭《涅槃と弥勒图の图像学——インドから中央アジアへ——》，东京，吉川弘文馆1992年，第308～315页；肥塚隆《莫高窟275窟交脚菩萨像与犍陀罗先例》，《敦煌研究》1990年第1期，第16～24页；石松日奈子《中国交脚菩萨像考》，收入《北魏佛教造像史的研究》，星云社，2005年1月20日，第219～240页。

② 《大正藏》第14册，第0419c页。

③ 《大正藏》第9册，第0061c页。

④ 《大正藏》第14册，第0418c页。

多半跏思惟菩萨像，有些是单体的，有些是附属于其他造像中的，有些是在佛传中的，或在佛三尊像中的。①

中国的半跏思惟像，从3、4世纪的克孜尔石窟开始，到北凉石塔，再到北朝时期大量流行，其基本姿态与犍陀罗造像无异，受到了已经成熟的犍陀罗造像的影响，可以说是犍陀罗半跏思惟菩萨的继续。

关于中国的半跏思惟像的研究成果颇丰。各家的研究表明，半跏思惟菩萨像既有太子像，也有弥勒像，半跏思惟菩萨像在北魏的佛教美术里也往往被视作弥勒。②

饶有兴味的是，可以在单体的佛教造像中见到交脚的思惟状的菩萨像，如美国旧金山亚洲艺术馆、西雅图艺术馆各藏有一件，属于北魏晚期，这两件造像完全可以被认为是弥勒菩萨，是将交脚与思惟相组合的像例（图14）。③

河北沧州博物馆藏有一件北齐天保八年（557年）的半跏思惟菩萨像，下有长方形台座，台座右侧面阴刻造像发愿文：

> 大齐天保八年岁次丁亥/五月己丑朔十五日比丘/僧庆敬造弥勒一区为/皇帝陛下太皇太后/州郡令长师僧父母僧。④（图15）

图14 交脚思惟菩萨像 北魏 美国旧金山亚洲艺术馆、西雅图艺术馆藏

图15 河北沧州博物馆藏天保八年比丘僧庆造弥勒像

① 高田修《ガンダーラの菩薩思惟像》,《美术研究》第235期，日本东京国立文化财研究所美术部，1964年；宫治昭《ガンダーラにおける半跏思惟の図像》，载田村圆澄、黄寿永编著《半跏思惟像の研究》，吉川弘文馆，1985年。

② 水野清一《中国の佛教美术》，平凡社，1968年，248页；Rei Sasaguchi，The Image of Contemplating Bodhisattva in Chinese Buddhist Sculpture（Diss. Harvard University，1975），pp. 25，33，107—108；东山健吾《敦煌莫高窟北朝期尊像图像的考察》，《东洋学术研究》第24卷第1号，第84—86页；沖本克己《弥勒菩薩像——ヨ－ガと禅の一接点》，今西順吉教授還曆記年論集刊行会《今西順吉教授還曆記年論集——インド思想と仏教文化》，春秋社，1996年12月20日。

③ 《海外遗珍·佛像》(一)，国立故宫博物院印行，1990年6月，图版26、27。

④ 赵沧来、卢瑞芳编著《沧州春秋 沧州文物选粹》，中国国际广播出版社，2005年。图片承蒙伦敦大学亚非学院简鹂妫博士提供。

大村西崖《支那美术史雕塑篇》附图502、588均为半跏思惟菩萨像，被定为“弥勒白玉石像”。①

虽然以上几件作品较麦积山初期洞窟的半跏思惟菩萨时代要晚，但大可表明北朝时期也流行一种半跏思惟状的弥勒菩萨造像。

前面已经谈到，多数学者也认定莫高窟的北朝时期居于阙形龛或双树形龛内的半跏思惟菩萨都是弥勒菩萨。而且我在前面也谈到莫高窟的半跏思惟菩萨与交脚菩萨对称出现时处于对等的地位，是与麦积山的情况是相同的。因此，麦积山初期洞窟的半跏思惟菩萨也可以比定为弥勒菩萨。

图16　武威北凉石塔展开（转引自殷光明《北凉石塔研究》图4）

北凉石塔对解决麦积山半跏思惟菩萨的定名可能有重要的价值。现存北凉石塔中最晚的一件即武威塔分三层开龛造像，每层各开8个小龛，上层均为8身坐佛，第二层前7龛为坐佛，最后一龛为交脚菩萨像，下层前7龛亦为坐佛，最后一龛内为半跏思惟菩萨（图16）。根据现在对北凉石塔研究的所有成果，基本都认定北凉石塔塔肩一周的造像为七佛与一弥勒的组合，而且这种组合源于犍陀罗。② 殷光明、李玉珉认为武威石塔上的半跏思惟像应该是弥勒。③ 武威石塔是酒泉、敦煌等地石塔的发展，由塔肩一周一层八龛演变为三层龛，但每层的造像内容仍为七佛一弥勒的形式，主题没有变。在这件塔上我们可以看到，三层的弥勒表现是不一样的，由下层的半跏思惟菩萨形变为第二层的交脚菩萨形，最后变为第三层的佛形。但它们都是弥勒，是弥勒的不同变化形式，表现弥勒由上生的补处菩萨变为下生的弥勒佛。

再来看麦积山的情况。麦积山的半跏思惟菩萨都位于洞窟的上部，与交脚弥勒菩萨对称且对等，地位是一样的，都有胁侍菩萨。与云冈交脚弥勒两侧胁侍的欲上升兜率天而观想思惟弥勒净土者的身份不同。却与敦煌莫高窟第275窟等的半跏思惟菩萨有着同样的身份，因此，也是弥勒菩萨。

需要注意的是，麦积山初期洞窟的交脚弥勒和半跏思惟菩萨往往与释迦多宝二佛并坐和千佛相组合。第100、128等窟交脚菩萨的下方有二佛并坐龛，是上下的组合关系，这种情况是北魏时期在云冈等地非常流行的三世佛的一种组合形式之一，将未来弥勒佛（菩萨形）放在过去多宝佛和现在释迦牟尼佛

① 大村西崖《支那美术史·雕塑篇》，佛书刊行会，1915年，附图502、588。

② 殷光明《北凉石塔研究》，台湾觉风佛教艺术文化基金会，2000年6月1日初版；魏文斌《关于十六国北朝七佛造像诸问题》，《北朝研究》1993年第4期。

③ 殷光明前揭书第260页；李玉珉《金塔寺石窟考》，《故宫学术季刊》第二十二卷第二期（2004年冬），第47页。

的上方，表示弥勒菩萨在兜率天等待成佛。与交脚弥勒对称的半跏思惟菩萨也和释迦多宝上下组合，也是这种思想的反映，半跏思惟菩萨也代表了未来佛弥勒，只是其姿态不同而已。至于与千佛的组合，正如《妙法莲华经·普贤菩萨劝发品》所描述的：

若有人受持、读诵、解其义趣，是人命终为千佛授手，令不怖，不堕恶趣，即往兜率天上弥勒菩萨所。弥勒菩萨有三十二相，大菩萨众所共围绕，有百千万天女眷属，而于中生。①

千佛为欲往天上弥勒菩萨所者授手援助，因此，壁面上还造出了众多的千佛，正是这一经典的反映。该经典也解释了麦积山石窟交脚与半跏思惟菩萨各有二胁侍菩萨的情形，正如经文中所说“大菩萨众所共围绕”。那么这里的弥勒菩萨的塑造，当与法华思想密切相关。依此经文，凡受持与读诵《法华经》和了解法华要旨者，皆可往生兜率，面谒弥勒。可见，往生兜率乃是修习法华的福报之一。

五、几点结论

通过以上的考察，可以得出如下结论：

第一，麦积山石窟像 74、78 窟等正壁左右上方的小龛对称布局的形式其原型可能是犍陀罗的雕刻。经过向中国内地传播的过程中，出现了敦煌莫高窟第 275 窟南北两壁各两个交脚菩萨龛和一个半跏思惟菩萨龛对称布局的变化，再到麦积山石窟交脚和半跏思惟菩萨同等对称布局的形式的演变。

第二，麦积山这种对称组合的形式与云冈石窟大量存在的交脚菩萨胁侍二半跏思惟菩萨的形式是有区别的，其表现的情形说明两处石窟的半跏思惟菩萨的身份不同，地位不相等。麦积山石窟是完全对等的，没有主从关系。而云冈石窟则是一个是主，另一个是附，是有主从关系的。

第三，从麦积山石窟交脚菩萨与半跏思惟菩萨对称出现的情况分析，是与主尊造像（以三世佛居多）相配合的，是主像的进一步补充，而且很多是与释迦多宝并坐相组合的，另依据北凉石塔等其他的辅助材料可以证明，麦积山的这种组合都是弥勒，是弥勒菩萨的不同表现形式。

特别说明：在本文调查写作的过程中，台南艺术大学潘亮文教授也十分关注这一问题，同时完成了关于这一问题的考证和研究，从不同的角度、以不同的方法进行论证，与本文的观点不谋而合，两文并收于此文集，供学者参考。

作者简介

魏文斌，1965 年生，北京大学考古系毕业，兰州大学敦煌学博士。先后在甘肃省文物考古研究所、麦积山石窟艺术研究所工作，现为麦积山石窟艺术研究所副所长、研究员。从事佛教石窟考古与研究。

本文为国家社科基金项目《天水麦积山石窟北朝佛教艺术研究》的成果之一，项目代号：07XKG002

① 《大正藏》第 9 册，第 0061 c 页。

麦積山石窟における影塑使用の開始時期についての一考察

熊坂聡美

内容提要：

甘肃省天水麦积山石窟北魏窟内塑有多数小型成型塑像，即“影塑”。本论文于前言中已经提及麦积山部分石窟中，同一模型的影塑分布于不同窟内。这一研究为考察石窟的营造年代、工匠的派属以及石窟间的相互关系提供了不可多得的资料。本论文主要以北魏前期窟为考察对象，对第100、128、148、144、80号窟的影塑进行抽样调查，重点论述其分类状况。

麦积山石窟北魏前期窟中，塑有影塑的石窟有三个，为第100、128、148号窟。如来坐像影塑的形式分六类：通肩a、b、c与偏袒右肩a、b、c，其多数在两个窟甚至三个窟内同时出现，说明营造上述三窟的工匠之间有着密切的联系。

从影塑样式的特征来看，上述六个类型又可大致分为Ⅰ、Ⅱ、Ⅲ三组。Ⅰ组影塑出现于第100、128号窟中；Ⅱ组影塑出现于第100、128、148号窟中；Ⅲ组影塑出现于第128、148号窟中，而各组影塑出现的范围、窟内影塑分布的比例以及配置等各有所异。

第144、80号窟由于壁面破损以及造像风化等原因，于现有状态无法判断影塑是否存在，但塑像与第148号窟的造像、影塑以及二佛并坐像之间存在共同的样式。另外，第148号窟造像的样式与第100、128号窟中Ⅱ组影塑的样式有着密切的联系。由此可见，上述五窟之间存在一个相通的要素。

综合上述影塑模型的共有关系、影塑配置上的规律，并结合两体影塑组合的二佛并坐像的表现形式及其数量与配置，这组石窟的营造年代顺序应为第100与128、148、144、80号窟。由此可见，麦积山石窟影塑出现的时期，二佛并坐像也同时出现，三个派属的工匠同时参与了影塑的制作（第100、128、148号窟）。而制作Ⅱ组影塑的工匠参与了上述五窟的营造，可见这一时期麦积山石窟工匠在石窟营造工作中保持着一定的连贯性，这一情况与中后期复杂的工匠系统形成对照。

はじめに

麦積山石窟は甘粛省天水市に位置する。中国四大石窟の一つとして知られ、五胡十六国時代より禅の修行場として栄えていたといわれる。麦藁を積み重ねたような形の山の東西崖面に開かれた窟龕は194を数えるが、その大部分は北魏時代から隋に至る5－6世紀に開鑿されたものであり、「初期の優れた尊像を数多く残し」ている①。

① 東山健吾「麦積山石窟の研究と初期石窟に関する二，三の問題」256頁（麦積山石窟芸術研究所編『中国石窟 麦積山石窟』平凡社 1987年）

麦積山石窟の仏像は塑像が主流だが、北魏時代の石窟では壁面に漆喰が塗られ、壁画や「影塑」によって彩られている窟も多い。「影塑」というのは、「影」に模写や模刻という意味があるように、型によって成型された小型の塑像である。

麦積山石窟における影塑に関する先行研究には、蒲小珊氏や鄭国穆氏の論考があり①、それぞれ第93および76号窟を中心とし、北魏中期の複数の石窟間で同様の影塑型を用いて成型された影塑（同范影塑）が用いられていたことを明らかにされている。また八木春生氏も、同范影塑が複数の石窟間で用いられている点に早くから注目されている②。しかしながら、そもそも麦積山石窟において影塑の使用がいつ頃開始されたのか、影塑が大量に用いられる以前の、北魏前期における影塑使用の状況については触れられておらず、検討の余地がある。本稿の目的はこの点を明らかにし、前期窟のいくつかについてその前後関係を考察することにある。

そこで改めて先行研究を見てみると、小型の像を便宜上ひと括りに影塑と呼んでいる場合も見られる。確かに、小龕の中に収められたり、壁面に貼り付けられたりした小型の影塑は、大型造像よりも欠失や破損が激しいため、必ずしも現状から全ての「影塑」を知ることはできないが、本稿においては現状に対してできるだけ厳密に、型で複製が製作されたことが明らかである「影塑」とそれ以外とを区別して論を進めていきたいと思う③。

一、影塑の用いられている北魏前期窟

麦積山石窟における現存最早期の石窟は第74、78号窟であることはほぼ定説化している。両窟には正壁上部左右に穿たれた小龕があり、内部にはそれぞれ交脚および半跏思惟菩薩と小型の両脇侍菩薩像が納められている。それらの像はいずれも形式が酷似し、影塑であるかのようにも思われるが、実際には面貌および体躯などにおいて様式的な相違が看取され、第74、78号窟が開削された時点では、まだ造像制作に型が用いられていなかったことが理解される④。

ほぼ同時期に開鑿されたと考えられる第68、70、71、73号窟などは⑤小型の窟龕であり、内部壁面にさらに小龕を穿つ空間的余裕がない。しかしその後造営された第128号窟など比較的大型の北魏前期窟の壁面には、複数の小龕が穿たれ数多くの小像が見られる。以下にその概況を述べていきながら、各窟において影塑が使用されているのか、使用されているとするならばその状況に窟ごとの特色はあるのかどうか見ていく。仏龕の編号は麦積山石窟芸術研究所提供資料に基づいて述べるが、各窟の記述の順番は西から、第100、128、148、144、80号窟の順で進めていくこととする。

---

① 蒲小珊「麦積山第93窟考察」（鄭炳林 魏文斌主編『天水麦積山石窟研究文集（上册）』甘粛文化出版社2008年：522－529頁）、鄭国穆「麦積山第76窟考察」（同書：585－593頁）

② 八木春生「麦積山石窟における北魏後期諸窟の研究」（『芸術研究報』19 筑波大学芸術系1999年）氏はここで、第114号窟と第86号窟の飛天に同じ型が用いられている点を指摘されている。

③ 型を用いて成型されたと考える基準として、外形の特徴、衣文線の形と本数、法量の一致などを具体的な根拠としている。

④ 八木春生「麦積山石窟第七四および七八号窟に関する一考察」73－74頁（『雲岡石窟文様論』法藏館2000年）。また例えば第74号窟正壁上層左右龕内に配された4体の小型菩薩立像を比較すると、絡腋の有無と胸前に挙げた手の左右の組み合わせが一致するものがないことが分かる。

⑤ 基本的な編年に関しては八木春生「天水麦積山石窟編年論」（『泉屋博古館 紀要』第25巻所収2009年）を参照している

二、第100号窟

西崖西上部に開かれた馬蹄形窟で、左右壁に大龕を開く。本尊は重修を受けているため、大型塑像として現存するのは正壁の両脇侍菩薩立像のみである。その他壁面には35の小龕が穿たれていたことが知られるが、その内28の龕に33体の如来坐像（二仏並坐像を5組含む）が現存する（図1）。なお壁面下層には、尊像の隙間を縫うようにして1段のせり出し状の部分（以下、段と呼ぶ）が設けられているが、上部に据えられている影塑はいずれも後補であると考えられる①。小龕内に収められた造像の中には影塑とそうでないものとが混在するが、本窟に見られる型造りの影塑を抽出すると以下のようになる。

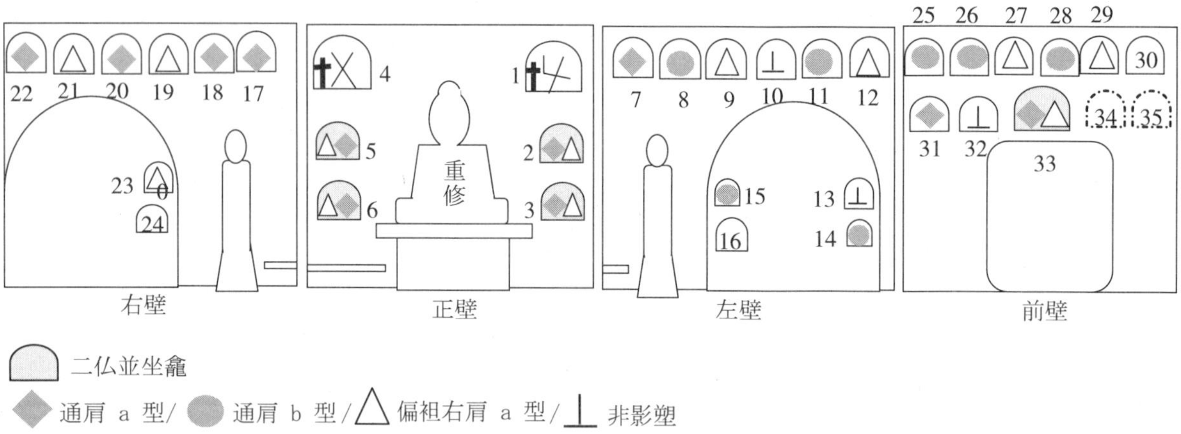

図1　麦積山石窟 第100号窟 立面示意図

A. 通肩像

本窟には合計20体の通肩像が現存するが、影塑型は以下の2種類が用いられていたと考えられる。

通肩a型　（仏龕番号：2、3、5、6、7、17、18、20、22、31、33）：頭部を比較すると、何点かの作例では共通点として厚い瞼と目尻の下がる目が確認できるが、顎が角張るものや輪郭が卵型に近いものなどがあり、特徴が必ずしも細部までは一致しない（図2）。しかしながら身体部分を比較すると、いずれも一つの型で成型されたものであることが分かる②。以下にその特徴を述べる。

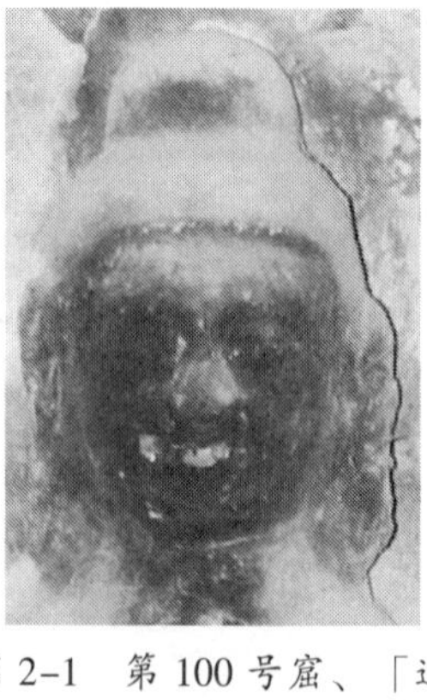

図2-1　第100号窟、「通肩a型」頭部（100-5）像

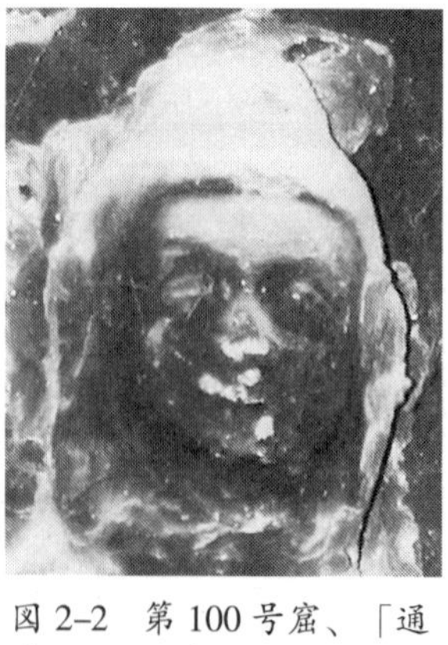

図2-2　第100号窟、「通肩a型」頭部（100-18）像

肩は角張り肘を外側に張り出し、双手は腹前

① 他にも本窟内の左右壁上層に穿たれた一部の小龕側壁にも、段上の影塑と同時期であると見られる影塑が貼り付けられている。

② 膝張：約17cm/ 手：約6.5cm（腹前で禅定印を結ぶ手の袈裟から出ている部分の長さ、以下同様）。

で禅定印を結び、脚部は見えないが上面が平らに表され、膝頭が外側をむいており結跏趺坐しているらしい。両肩を廻る袈裟は、体の中央で大きく捻じれ左肩にかかる。体幹部には弧状の衣文線が7本刻まれている（図3）。また膝の間に垂れる衣端には3、4本の右上がりの斜線で表わされた衣文と、裾の部分に太く残された弧状の部分とが表わされている。

図3–1　第100号窟、「通肩a型」身体部分（100–2）像

図3–2　第100号窟、「通肩a型」身体部分（100–5）像

ここから「通肩a型」を規定する特徴として以下の点が挙げられる。まず頭部と身体とは別作りだが、目の形状などに見られたようにグループ内の頭部は表現の一部が共通する。また、型で成型されたとみられる身体部分においては「首下中央で大きく捻じれる袈裟」や「両肘を外側に張り出す点」、膝部に垂れる衣端上に刻まれた「斜線の衣文」が挙げられる。以下、同様の形式を具え法量の等しい影塑を「通肩a型」と呼ぶ。

通肩b型（仏龕番号：8、11、14、15、25、26、28）：面長で高い肉髻を具える点はどの像にも共通するが（図4）、肉髻の高さや頸部の様子、長さなど細部に違いがあるため、本影塑についても頭部と身体部分とは別作りであったと考えられる。身体部分の特徴は以下の通りである①。

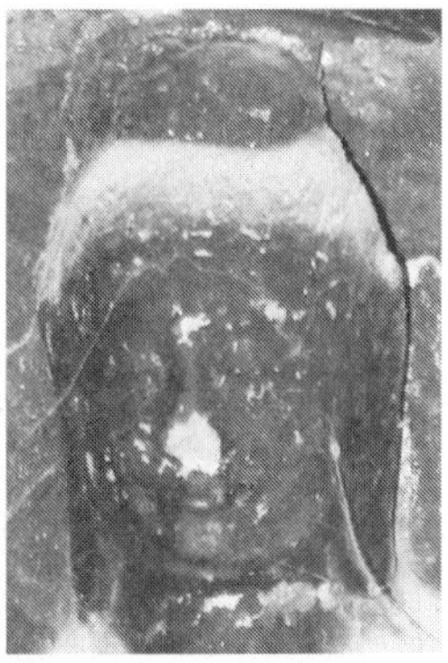
図4–1　第100号窟、「通肩b型」頭部（100–25）像

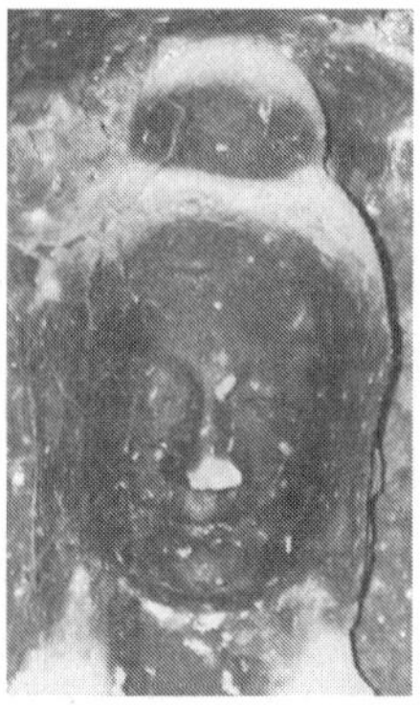
図4–2　第100号窟、「通肩b型」頭部（100–26）像

肩から腕にかけて緩やかな曲線を描き、腕も「通肩a型」のように肘を左右に張り出すことなく軽く曲げられ、腹前で禅定印を結ぶ。膝部は膝頭を斜め前方に向け、袈裟に包まれた筒状の脚部を表す。両肩を廻る袈裟は「通肩a型」のように体の前で捻じれることなく、3本の平行線の衣文が弧を描いて左肩に掛かる。体幹部は平板で、袈裟には6本の弧状線が刻まれている。また両膝を覆う袈裟にはおよそ脚部と平行な衣文線が刻まれるほか、両膝の間に垂れる衣端には弧状線が平行に刻

図5–1　第100号窟、「通肩b型」身体部分　（100–11）像

図5–2　第100号窟、「通肩b型」身体部分（100–26）像

① 膝張：約17cm/手：約6.5cm

まれている。「通肩 a 型」と比較して、この一群の影塑は外形の起伏が少ないほか、衣文線も基本的には平行であり、意匠化されているような印象を受ける①（図5）。

B. 偏袒右肩像

本窟には合計 13 体の偏袒右肩像が現存するが、影塑型は次の1 種類が用いられていたと考えられる。

偏袒右肩 a 型（仏龕番号：100－2、3、5、6、9、12、19、21、23、27、29、33）：頭部を比較すると、頂部の丸く若干右側に傾いた肉髻を具える点や、耳朶が軽く反りながら顎の下まで垂れる点などは複数の像に共通するが（図6）、摩滅の激しい造像も多いため、必ずしも頭部の細部形式まで一致するとは限らない。ただし一部の像（100－19、21、33）には瞼が厚く目尻の下がるという、「通肩 a 型」でも確認された特徴が見られる点に注意したい。身体部分の特徴は以下のとおりである。

肩は肉付きが良く丸みが強く表され、胸部にも若干の厚みが看取される。肘を左右に軽く張り、双手は腹前で禅定印を結ぶ（図7）。脚部は結跏趺坐しているらしく、膝頭を斜め前方に向けているが、膝部全体が上から押しつぶされたように丸く平たく表されている。胸前や右腕、膝部を廻る袈裟の端には細かな折畳文が刻まれる。また、左上膊には肩から曲げられた肘の内側に集束する3 本の衣文が刻まれるほか②、膝部には放射状の衣文が見られる。

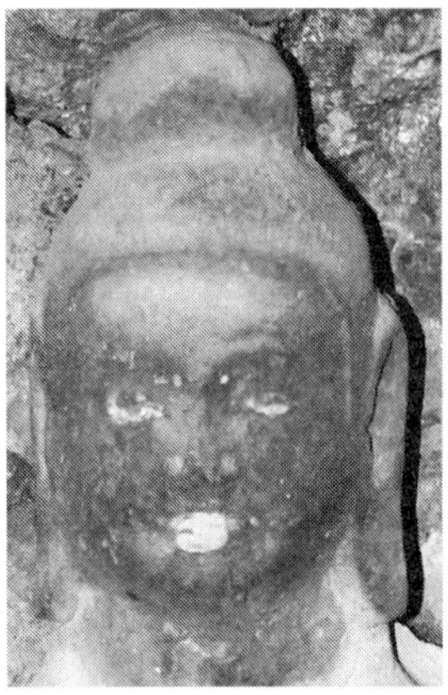
図 6－1　第 100 号窟、「偏袒右肩 a 型」頭部（100–23）像

図 6–2　第 100 号窟、「偏袒右肩 a 型」頭部（100–33）像

図 7–1　第 100 号窟、「偏袒右肩 a 型」身体部分（100–23）像

図 7–2　第 100 号窟、「偏袒右肩 a 型」身体部分（100–33）像

C. その他の造像

その他、本窟に現存する造営当初からの造像には小型塑像として正壁上層左右に穿たれた小龕内の交脚および半跏思惟菩薩像と、それぞれの右脇侍菩薩、加えて、窟本尊の脇侍であるほぼ等身大の菩薩立像 2 体がある。

---

①　なお本グループと基本的な特徴を同じくする小型造像として（100－10、13）がある。しかしこれらは、影塑と比較すると肩幅の様子や広さに相違が見られる。

②　3 本の衣文線の間に浅い衣文がさらに1 本ずつ刻まれるものもある。しかし基本となる三本線の衣文の間隔や角度などが一致するため、その他の浅い衣文線の有無は型の状態や風化の度合いによる相違と考える。

まず注目すべきは、正壁上層左右龕内の小菩薩立像である。両像とも右手を垂下し左手を胸前に当てる姿勢をとっているが、胸に当てた手や胸飾、裳など本来は塑土の盛り上がりで表現されるような部分についてもほとんど厚みが表わされず、むしろ陰刻線に頼って質感などが表わされている。また細部の諸特徴も一致するため、両像は頭部まで型で造られたものである可能性が非常に高い（小菩薩立像ｉ型、図8）。

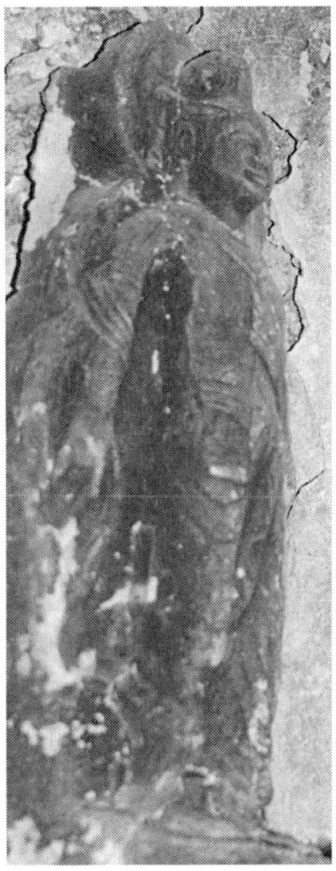

図8–1　第100号窟、「小菩薩立像ｉ型」（100–1）龕右脇侍菩薩像

図8–2　第100号窟、「小菩薩立像ｉ型」（100–4）龕右脇侍菩薩像

正壁上層龕内の半跏思惟菩薩像と交脚菩薩像或はその他大型の左右壁菩薩立像は影塑ではないが、角張った顎の様子、宝冠形式などに共通点があり、頭髪や衣文表現などには陰刻線が多用されており①、表現の傾向が正壁上層小龕内の菩薩立像とも一致していることが分かる。加えて、瞼の厚く目尻を下げた目、角張る顎などに共通点も見られ、いずれの像とも少なくとも同系統の工人による作であることが推察される。

ここで如来坐像の影塑を想起すると、「通肩ａ型」および「偏袒右肩ａ型」（図2、6）にもまた酷似する面部を組み合わせた像がある。それ故本窟の主要な塑像と一部の影塑との間にも密接な関係が想定できる。

D. 第100号窟における影塑の特徴

以上より、本窟においては合計4種類の影塑型が用いられていた可能性が非常に高いことが明らかとなった（通肩ａ、ｂ型/ 偏袒右肩ａ型/ 小菩薩立像ｉ型）。

a. 影塑について

観察の結果、本窟の影塑そのものについて理解された点をいくつか挙げていく。第一に型によって成型されたのは身体部分に限られているようだが、身体部分（型）による分類は、頭部様式の分類に矛盾しない。つまり同一の型で成型された身体部分を有する影塑群は、頭部様式においても共通する傾向がある。逆に言うと、個別に制作された頭部に組み合わされるべき身体部分は、基本的に決まっていたということである。

第二に、複製を大量生産することができるという「型」の本質的な性格に反して、本窟における全ての小型造像が影塑であったわけではなく、一部には個別に制作された小像が混在するほか②、同

① 中国佛教協会佛教文化研究所、麦積山石窟芸術研究所編『佛国麦積山』：87－89頁（上海辞書出版社2003年）

② 影塑でないことが明らかに分かるのは、（100－10、13、32）の三体である。これらの小像は、体幹部分の長さや袈裟の表現などに他像との違いが生じている。

じ着衣形式の影塑であっても異なる型で製作されたものが併存する。ここから少なくとも当時影塑を使用した工人にとって、型で成型した寸法の等しい胴体を利用することの意義は、同一の造像を窟内に多数配置することによって得られる空間としての統一感を期待していたというよりも、大きさの揃った小龕に収める像を製作する際の便利な手段としての意味合いの方がより強かったことが想像できる。また壁面全体における小型造像の配置を見ても、単独の通肩像と偏袒右肩像とはほとんど無計画に配置されているように見える。それゆえ本窟の造営に当たって、装飾的な方面についての意識はそれほど高くは無かったものと推察される。

b. 配置と構成について

壁面全体の企画性に注意する。影塑の配置を計画することについて、本窟はそれほど意識されているとは思われないが、「二仏並坐像」に注意すると若干の規則性が看取されることに気付く。

重要な点は2 点ある。まず本窟に現存する二仏並坐像は全て「通肩 a 型」および「偏袒右肩 a 型」の影塑の組み合わせにより構成されている点である（図 1）。第 2にここで選択されている二形式の影塑には、通肩と偏袒右肩という袈裟の着用形式には相違があるものの、両影塑には特徴ある衣文線を施す点や肘を左右に張り出す様子などに共通点を見ることができ、同一の工人あるいはその集団によって製作された可能性が高いと考えられる。

一見して規則性の無いかのように見えるその他の窟内単独坐仏像の配置に対して、正壁本尊左右の上下、それから前壁門口上部の計5カ所に二仏並坐像が配されるこの状況からは、型や配置に明確な選択の意思を読み取ることができるのであり、本窟の小型造像を担当した工人にとって「二仏並坐像」が重要なテーマであったこと、また、このテーマと「通肩 a 型」および「偏袒右肩 a 型」影塑を製作した工人集団とが密接な関係を有していたことが想定される。

c. 影塑の系統

では二仏並坐像を構成し、様式および形式上の共通点を具える「通肩 a 型」と「偏袒右肩 a 型」とを合わせて仮に「Ⅰグループ」とするなら、その他の影塑はどのような関係に置くことができるだろうか。型によらない頭部の様式も、着衣形式の相違する影塑間で共通の特徴を示しうるのでここで参考にすることができる。

「通肩 b 型」は基本的に「面長」の頭部と組み合わされ、外形に凹凸が少なくシンプルな形状にまとめられていた。よって「通肩 a 型」（基本的に丸味の強い頭部と組み合わされ、肘を張るなど外形に明快な凹凸が表されたうえ、特徴ある衣文線を刻んでいた）とは明らかに異なる工人によって製作されていた可能性が非常に高い。したがって、「通肩 b 型」を仮に「Ⅱグループ」として様式上区別しておく。

もう1 点、正壁上層龕内の「小菩薩立像 i 型」がある。顎の張る様や瞼の厚く目尻が下がる点などは、「Ⅰグループ」に見られる特徴でもあった。それゆえ本窟における4 種の影塑は2 系統に大別することが可能であり、「Ⅰグループ」影塑の方が種類と全体的な数量の上で「Ⅱグループ」を上回ることになる。

d. 工人について

「Ⅰグループ」と大型の菩薩立像など主要造像との間にも類似点や共通点が認められたことや、この影塑の組み合わせが二仏並坐像を成していたことなどは、「Ⅰグループ」影塑型の製作者（以下

「工人Ⅰ」とする）が本窟の造像や全体的な企画に対して、一定の影響力を有していたことを示唆する。

対する「Ⅱグループ」の製作者（以下「工人Ⅱ」とする）は、本窟では「工人Ⅰ」の補助的な役割を果たしていたようである。「工人Ⅰ」もしくは「工人Ⅱ」が個人であるのか集団であるのかは、本窟の状況だけからは断定することができない。しかしこのように一つの窟に二系統の型が併存することは、誰でも自由に影塑型を使用することができたわけではなく、個人あるいは何らかの集団内にのみ許されていたことを示唆する。加えて、第100号窟においてはその工人間に主導者と補助者の関係が想定された点が重要である。

三、第128号窟

西崖中部に開かれた方形窟で、正壁本尊如来坐像および左右脇侍菩薩のほか、左右壁に大龕を開き如来坐像を配する。その他壁面には37の小龕が穿たれ、その内20の龕に如来坐像が現存する（図9）。

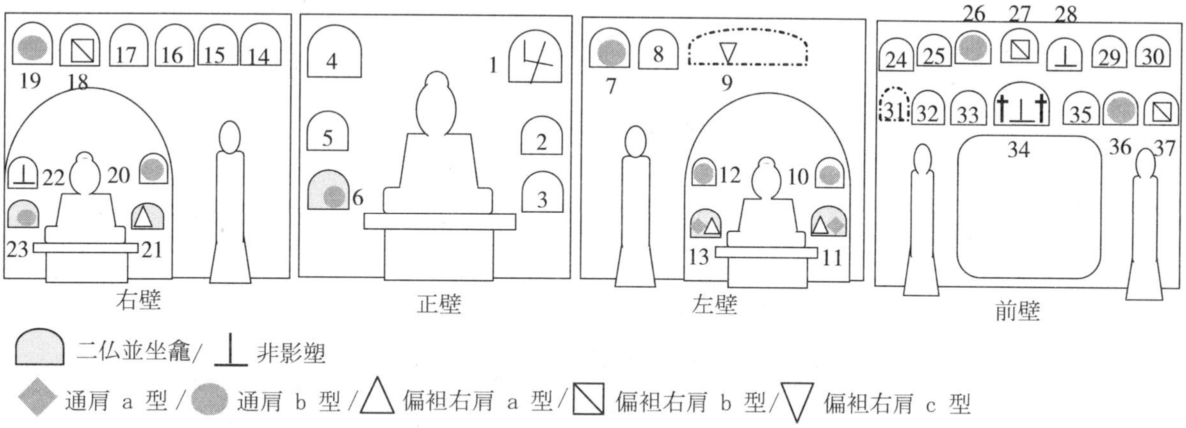

図9　麦積山石窟 第128号窟 立面示意図

A. 通肩像

本窟には合計11体の通肩像が現存するが、影塑型は以下の2種類が用いられていたと考えられる。

通肩a型（仏龕番号：128－11、13）：肉髻の大きさが異なるため、頭部は個別に作られたものだと思われる。しかし耳朶がやや反れる点や髪際線が直線的で、頭部全体に丸味を帯びる点が共通する（図10）。身体部分は肩が角張り肘を外側に張り出し、両肩を廻る袈裟は、体の中央で大きく捻じれ左肩にかかる（図11）。膝の間に垂れる衣端にやはり3、4本の右上がりの斜線で表わされた衣文と、裾の部分に太く残された弧状の部分とが表わされている。以上の特徴は全て第100号窟で見た「通肩a型」と同様である（図3）。それ故、第100号窟と本窟との間で影塑型が共有されていたことが分かる。

図 10–1 第 128 号窟、「通肩 a 型」頭部（128–11）像

図 10–2 第 128 号窟、「通肩 a 型」頭部（128–13）像

図 11 第 128 号窟、「通肩 a 型」身体部分（128–11）像

通肩 b 型（仏龕番号：128 –6、7、10、12、19、20、23、26、36）：頭部まで現存する像を比較すると、いずれの像も面長で、細い顎を具える傾向やそれに伴い耳朶が長く垂れる点などが共通する（図 12）。ただしさらに細かく観察していくと、肉髻頂部の丸味や頬の肉付きに違いがあることからこの影塑についても頭部と身体部分とは切り離して成型されたことが分かる。しかし身体部分の特徴としては、肩から腕にかけて緩やかな曲線を描き外形の凹凸が少ない点、両肩を廻る袈裟には3 本の平行線の衣文が弧を描いて左肩に掛かる点など上述した第 100 号窟の「通肩 b 型」との共通点が見られ、一群の造像が同范影塑であることが認められる①（図 5、13）。

図 12–1 第 128 号窟、「通肩 b 型」頭部（128–7）像

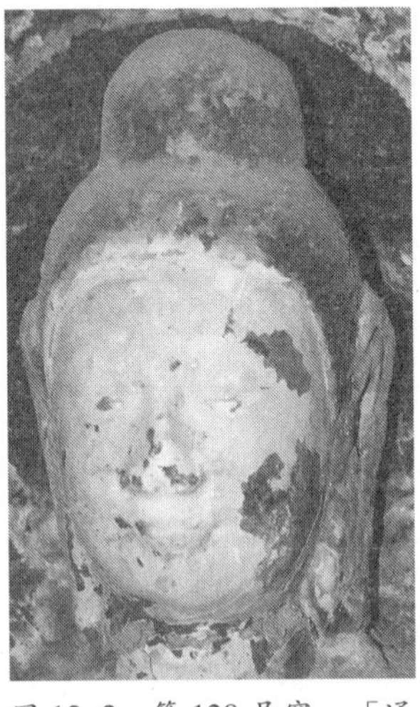
図 12–2 第 128 号窟、「通肩 b 型」頭部（128–20）像

図 13 第 128 号窟、「通肩 b 型」身体部分（128–7）像

B. 偏袒右肩像

本窟には合計 9 体の偏袒右肩像が現存するが、影塑型は次の3 種類が用いられていたと考えら

① なおこのグループの本窟造像の多くには低い台座が付属するが、第 100 号窟の同范造像中にはこのようなものは見られなかったため、型に含まれているわけではない。

れる。

偏袒右肩 a 型（仏龕番号：128－11、13、21）：頬から顎にかけての肉付きが豊かであり、肉髻が左右不均衡である点や、耳朶がやや反りながら顎のあたりまで垂れる点に特徴がある（図 14）。頭部まで型作りであった可能性も否定はできないが、彩色のために細部の比較が難しく、ここでの断定は避けたい。

身体部分は、肉付きの良いなで肩に、肘を左右に軽く張る角度、膝部全体が上から押しつぶされたように丸く平たく表されている点などは、正に第 100 号窟の「偏袒右肩 a 型」の特徴と一致する（図 7、15）。胸前や右腕、膝部を廻る袈裟の端には細かな折畳文や肩から曲げられた肘の内側に集束する3 本の衣文も一致するため、一群の造像が同范影塑であることが認められる。

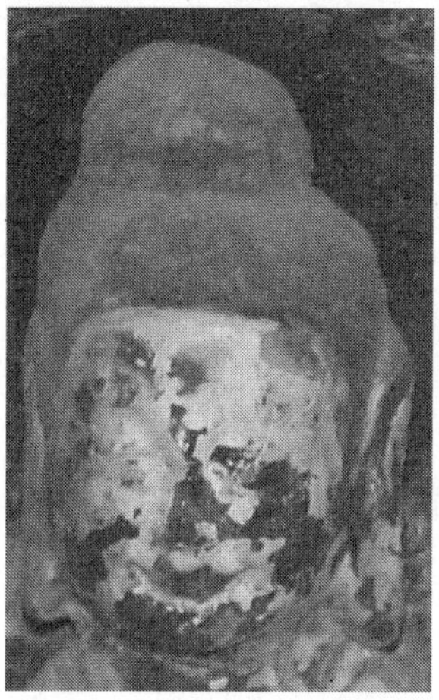
図 14–1　第 128 号窟、「偏袒右肩 a 型」頭部（128–11）像

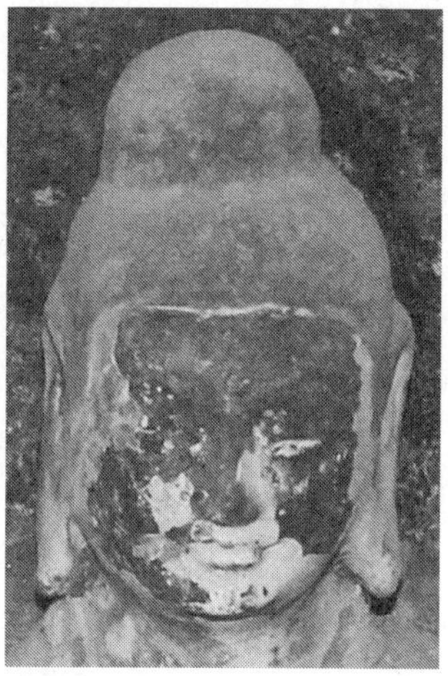
図 14–2　第 128 号窟、「偏袒右肩 a 型」頭部（128–13）像

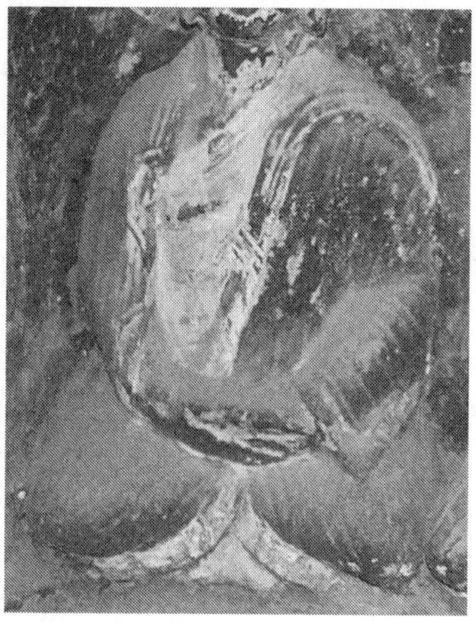
図 15　第 128 号窟、「偏袒右肩 a 型」身体部分（128–11）像

偏袒右肩 b 型（仏龕番号：128－18、27、37）：3 体の頭部の角度には違いがあるようであり、やはりこれらも頭部と身体部分とが別々に造られたものと見られる。ただし頂部の丸く高い肉髻を具える点や面長であること、耳朶が顎の下まで垂れさがる点、顎のラインにやや丸みの強く表される点は「通肩 b 型」とも酷似する（図 12、16）。

肘は強く張り出すことなく曲げられているため、肩、肘、膝を結ぶ輪郭線には凹凸が少なく緩やかに繋がっている。体幹部には幅があるが、厚みは少ない。結跏趺坐する膝部は斜め上から俯瞰したようにハの字型に開き、正面から見ると高さがある。なおこの3 体の影塑には、本窟「通肩 b 型」同様、低い台座が付属する（図 17）。

偏袒右肩 c 型（仏龕番号：128－9）：本窟においてこの型の影塑は1 体の断片（身体部分）が現存するばかりだが、後述する第 148 号窟にも同様の特徴を具える影塑が複数確認できるため影塑とみなす。本像の特徴は膝部に刻まれた衣文線である。右側膝部を覆う袈裟には膝部の輪郭線とほぼ平行な衣文が刻まれるのに対し、左側膝部には膝頭を中心にした弧状の衣文が半楕円形に幾重にも刻まれている。このような特徴は第 74・78 号窟に始まり、第 70、71、128 号窟など複数窟の本尊において見ら

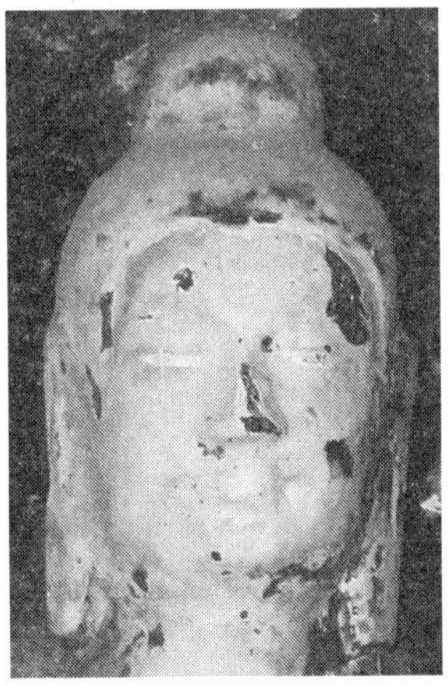

図 16－1 第 128 号窟、「偏袒右肩 b 型」頭部（128－18）像

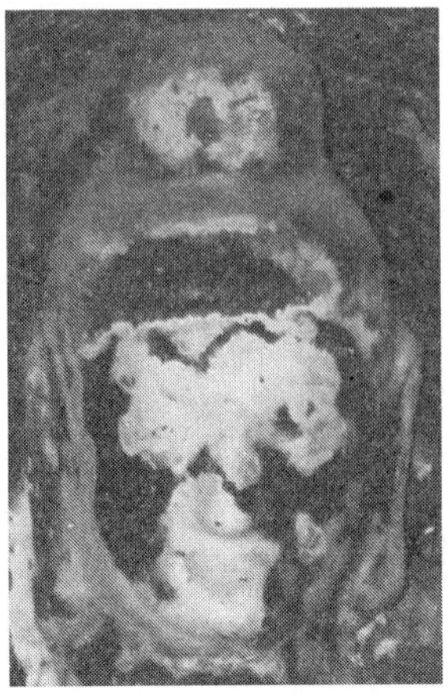

図 16－2 第 128 号窟、「偏袒右肩 b 型」頭部（128－27）像

図 17 第 128 号窟、「偏袒右肩 b 型」身体部分（128－37）像

れる他①、本窟の本尊についても共通するものである点に注意したい。また膝張が13cmであり、他の影塑よりもやや小ぶりである点も特徴の一つと言える②。

C. その他の造像

本窟にはこの他、造営当初からの造像として、本尊と左右壁大龕内の如来坐像、ほぼ等身大に造られた菩薩立像4体、そして正壁左上小龕内の半跏思惟菩薩像および前壁（128－34）内の小菩薩立像2体が見られる。

まず前壁中央の（128－34）内の小型両脇侍菩薩立像は、ふくよかな体つきをしており、右手を胸前に挙げ、左手を垂下し水瓶をとる様が一致するのを始め、その他の現存する部分を比較しても相違が見当たらないことから同范影塑であると判断する（小菩薩立像 ii 型、図18）。なお同じ小菩薩立像でも、第100号窟の像とは体つきの点で相違する。

次に塑像の様式的な傾向に注意してみる。本窟の本尊は、低いが底面の広い肉髻を備え、顔はやや下膨れ、耳朶は顎の下まで垂れ、外側に勢いよく反る点に特徴がある。瘦身で偏袒右肩に袈裟を纏うが、細い腕と体幹部との間に大きな隙間が表わされている。双手は腹前で禅定印を結ぶ。膝高は低いが左右に強く張り出され、上から見ると本像の前面に大きな台形状の面を作り出す。膝部が薄く広がるという点では、「偏袒右肩 a 型」とも共通し、左膝部の楕円状の衣文は

図 18 （128－34）龕 全体

① 天水麦積山石窟芸術研究所編『中国石窟 麦積山石窟』：図版4，5，19，24，30，31（平凡社 1987 年）

② ただし、本像が配されている状況には注意すべき点がある。左壁前部に穿たれた本龕は、横に同大の影塑を5から7 体並べることができる特殊な龕である。造窟の過程で何らかの事情があったものと思われ、例外的に龕に合わせてやや小ぶりの影塑型が選択されたようである。

「偏袒右肩 c 型」と一致する。

しかし頭部において、額から頬、顎や首にかけて造り込まれた曲面を見ると、第 100 号窟において「通肩 a 型」および「偏袒右肩 a 型」（Ⅰグループ）と密接な関係があるとした大型造像との量感の違いは明らかである。その点から言えば、むしろ「通肩 b 型」や「偏袒右肩 b 型」との関係の方が強いように思われる。

なおその他の菩薩立像についても、細長い手足や丸みを帯びた頬、眼窩の表し方などは本尊と共通しており、これら大型塑像は同系統の工人によって制作された可能性が強いだろう。

D. 第 128 号窟における影塑の特徴

以上より本窟においては合計 6 種類の影塑型（通肩 a、b 型/ 偏袒右肩 a、b、c 型/ 小菩薩立像 ii 型）が用いられていることが明らかとなった。それと同時に、本窟と第 100 号窟で用いられていた如来坐像の影塑型は全て本窟においても使用されていること、すなわち「通肩 a、b 型」および「偏袒右肩 a 型」の影塑型が共有されていることも理解された。影塑でなく、個別に制作されたことが明らかに分かる作例が若干確認できる点も第 100 号窟と同様である①。

a. 配置と構成について

正壁本尊左右の4つの小龕に二仏並坐像を配していたらしいことは第 100 号窟と同様である②。しかし本窟の場合はそれに加え、左右壁大龕内側壁下段にも二仏並坐像が置かれる。また前壁門口上部に穿たれたやや大きな龕には、二仏並坐像の代わりに偏袒右肩像と両脇侍菩薩立像を収めている（図 18）。全体的な小龕の配し方は第 100 号窟と酷似するが、若干多くの二仏並坐像を擁していることが本窟の特徴である。

それぞれの影塑の配置に注意してみる。本窟に現存する影塑の数量は少ないが、3つの龕に単独で配された「偏袒右肩 b 型」はいずれも「通肩 b 型」の龕の左隣に置かれるという一致がある。なお「通肩 b 型」は、他にも左右壁大龕内の単独坐像や正壁の二仏並坐像としても用いられている③。それに対して「通肩 a 型」および「偏袒右肩 a 型」は左右壁大龕内側壁下段に3 組の二仏並坐像を成しているに過ぎないほか、「偏袒右肩 c 型」に至っては1カ所に見られるだけである。そのような状況を見るに、本窟において最も主要な影塑は「通肩 b 型」であり、その他の影塑は数量や配置場所も限られており、型の系統ごとに配置上棲み分けのようなことが行われているようにも見えるのである。

b. 影塑の系統

本窟には第 100 号窟より多くの種類の影塑型が用いられているにも関わらず、窟内を見回すと統一感が感じられる。それは、様式を同じくする影塑が壁面の主要な部分を占めていることに起因すると思われる。

実際に影塑の様式に注意してみると、単独坐像の小龕内に現存する坐像のほとんどが面長の頭部

① （128 －22、28）である。前者は上半身と下半身とで袈裟の表現に矛盾が見られ（上半身は偏袒右肩式だが、膝部の表現は通肩式）、後者は極端に小さくいびつな形をしている。

② 正壁の影塑は本尊右下の小龕に通肩像の断片が残るばかりだが、小龕の穿たれた跡は明らかに単独像のための小龕ではなかったことを示す。

③ 正壁に残る影塑断片は1 点のみだが、本来は第 100 号窟のように同范および同グループの影塑が同壁小龕内に収められていたことが推測される。

と組み合わされ、身体部分は左右に肘を張り出さないシンプルな外形を持つ「通肩 b 型」と「偏袒右肩 b 型」であり、両者とも腹前で禅定印を結ぶ双手の角度や、肩の丸味なども酷似する。そこで第 100 号窟には見られなかった「偏袒右肩 b 型」も「Ⅱグループ」に含めて考えることとし、同一の製作者を想定する。

また、第 100 号窟で主要な影塑であることが認められた「Ⅰグループ」（基本的に丸顔の頭部と組み合わされ、膝部は平たく、特徴ある衣文線を刻んでいた。挿図 1 参照）は、本窟においては二仏並坐像として3 組が見られるばかりである。なお断片しか残っていなかった左壁の「偏袒右肩 c 型」は、衣文形式が明らかに他と異なっているため、「Ⅲグループ」として分けておく。

c. 工人について

以上より、第 128 号窟の影塑について重要なことは、まず小龕内に収められた影塑の数として「Ⅱグループ」が最も多いほか、各影塑の配置についてもいくらかの規則性が見え、第 100 号窟との相違があるという点である。また本尊など、影塑以外の造像を見てもこの「Ⅱグループ」と様式が共有されている部分が見られた点も注意される。ただしその際同時に、その他の系統との形式的な共通点も認められた。

総じて、本窟の造窟に際し主要な役割を担ったのは「工人Ⅱ」と推測され、「工人Ⅰ」や「工人Ⅲ」は窟内の一部の影塑製作を補助していた。第 100 号窟と第 128 号窟とは規模も窟形式もほとんど変わらず、影塑型についても3 点が共有されているということで、造像活動を行った工人や造窟状況の非常に密接な関係が知られるが、各工人間の関係は両窟で対照を成すことが理解された。

四、第 148 号窟

西崖東上部に開かれた方形窟だが、窟口、左壁とも大破する。現存する大型塑像は本尊如来坐像のみだが、右壁前部に大龕が開かれていることから、左右両壁にも如来坐像が納められていたとみられる。このほか壁面には痕跡も含めると16の小龕が穿たれていることがわかるが、その内 8 龕には如来坐像が現存する（図 19）。

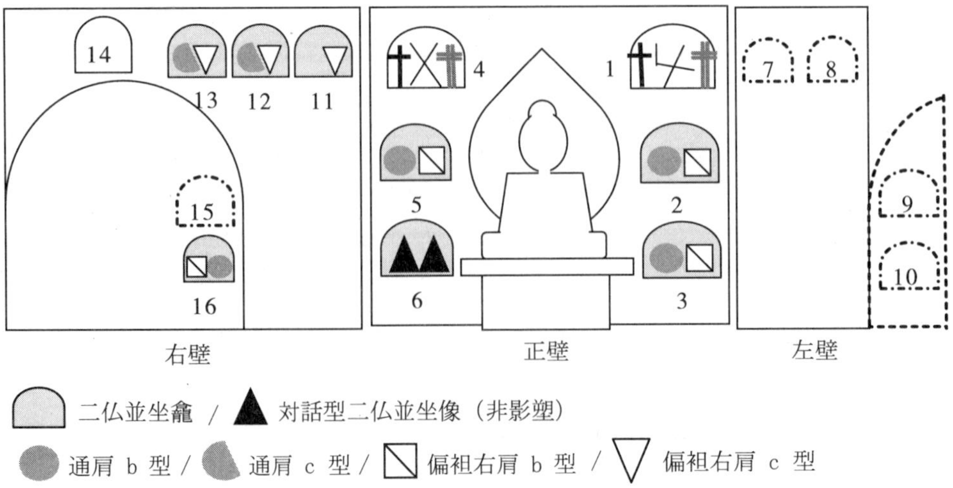

図 19　麦積山石窟 第 148 号窟 立面示意図

A. 通肩像

本窟には合計11体の通肩像が現存するが、影塑型は以下の2種類が用いられていたと考えられる。

通肩b型（仏龕番号：148－2、3、5、16）：頂部の丸い円筒形の高い肉髻を備え、耳朶は顎の下まで垂れている。面長であり、口元に柔和な微笑が表れる点や、浅く線刻された切れ長の眼が共通するが、細部を観察していくと、頭部の角度、目の表現、口元の曲げ具合などに微妙な違いが生じている（図20）。この影塑型についても頭部と胴体とは別々に制作されていたらしい。

図20−1　第148号窟、「通肩b型」頭部（148−2）像

図20−2　第148号窟、「通肩b型」頭部（148−3）像

肩から上膊にかけて緩やかな曲線を描く様子、首周りの袈裟に捩れがなく平行曲線の衣文が3本刻まれている点、また体の前部に刻まれたU字型の衣文の間隔、円筒形の膝部が斜め前方に突き出される点、或はなお両膝の間に垂れる衣端には弧状の衣文線が4本刻まれる点が共通する①。

通肩c型（仏龕番号：148－12、13）：第100、128号窟では見られなかった、新たな影塑型である②。高く底面の広い大きな肉髻を備え、耳朶は顎の下端まで垂れている。面部は全体に起伏が少なく細部が判然としないが、面長である。頸部を廻る袈裟は体の前部で大きく捩れる（図26）。また、痩身かつなで肩だが、体の中心軸に沿って体幹部が若干盛り上がっていることが看取される。体の前部を覆う袈裟には6本の弧状線が刻まれているが、上部の2本だけは二重線で表わされている点に特徴がある。双手は腹前で禅定印を結び、その下部に覗く衣端には3本の弧状線が刻まれるが、この場合も上部の2本だけは二重の刻線で表わされる。また、筒状の脚部は斜め前方に突き出されている③。なお以上の特徴は「通肩b型」とも近いが、本影塑は明らかに小型である。

B. 偏袒右肩像

本窟には合計7体の偏袒右肩像が現存するが、影塑型は次の2種類が用いられていたと考えられる。

偏袒右肩b型（仏龕番号：148－2、3、5、16）：4体いずれも高く大きな肉髻を備え、耳朶は若干外側に反りながら顎の下まで垂れる。口元に微笑を湛え、入念に造り出された微妙な曲面によって頬

① 『仏国麦積山』：32頁参照。膝部の下に（台座ではないと思われるが）型を用いて成型する際の便宜上生じたと見られる方形の部分が残っている点も興味深い。

② 膝張12.5cmで、他像よりも小型である（「通肩b型」：膝張17cm）。

③ なおこの（148－1，2）の2体の造像中、（148－1）は破損が激しいが、全体の輪郭線の様子や、胸部上の2重線の衣文が（148－2）と共通するため同范である可能性が非常に高いものと考える。

に柔和な表情が見られる点も共通してはいるが、細部まで注意深く観察すると、肉髻頂部の形、顎の幅や丸み、目の表情などに若干の相違が存在する（図21）。身体部分だけを型で成型したらしい。

図21–1　第148号窟、「偏袒右肩b型」頭部（148–2）像

図21–2　第148号窟、「偏袒右肩b型」頭部（148–16）像

肘は強く張り出すことなく曲げられているため、肩、肘、膝を結ぶ輪郭線には凹凸が少なく緩やかに繋がっている。体幹部には幅があるが、厚みは少ない①。結跏趺坐する膝部は斜め上から俯瞰したようにハの字型に開き、正面から見ると高さがある。諸形式の一致により、第128号窟で見た「偏袒右肩b型」と同范であることが分かる。

偏袒右肩c型（仏龕番号：148－11、12、13）：全体が小型である②。3体の造像の内で頭部まで現存する像は（148－11）の1体のみである。円筒形の高い肉髻を備え、耳朶は顎の下まで垂れる。頬は丸い。肩部に厚みは無い。衣文が細かく刻まれており、上膊には間隔の狭い5本の衣文が見える。右側膝部を覆う袈裟には膝部の輪郭線とほぼ平行な衣文が刻まれるのに対し、左側膝部には膝頭を中心にした弧状の衣文が幾重にも刻まれている（図26）。第128号窟で見た断片は同様の特徴を具えており、一群の影塑が同范であることが知られる。

C. その他の造像

本窟にはその他、本尊、正壁上層左右の小龕内の交脚および半跏思惟菩薩像と、その両脇侍として小型の菩薩立像がある。それらはふくよかではないが、体躯全体に丸味があり、人体らしい柔らかさが看取される点、面貌についても筋の通った鼻、やや俯けられた眼、微笑を含んだ口元などに共通点が認められる③。ここで再び本窟内の影塑を想起するなら、「通肩b型」「偏袒右肩b型」および偏袒右肩（148－6）④ とも様式上密接な関係があることが知られる。

また、さらに正壁上層左右の交脚および半跏思惟菩薩像の龕内に配された右脇侍同士、左脇侍同士を比較してみると、いずれの小脇侍菩薩像も風化が激しい部分があるとは言え、姿勢、体幹部の厚み、宝冠の形式や胸に添えられた手の位置や、腰で折り返された裳の上端の膨らみ方など、全体および細部形式いずれについても相違点を見つけることが難しいことが分かる。それ故ここにおいても型が用いられていた可能性が高いと思われる（小菩薩立像iii、iv型）⑤。

---

① 『仏国麦積山』：32頁参照。

② 例えば「通肩b」の場合首より下端までの長さでも21cmあるのに対し、本像は頭部を入れても25cmに満たない。膝張も13cmである。

③ 『中国石窟 麦積山石窟』：図版32，33および『佛国麦積山』：106，107頁参照。

④ 『仏国麦積山』：34頁（図版下段）参照。

⑤ 『仏国麦積山』：106，107頁参照。

D. 第148号窟における影塑の特徴

以上から、本窟においては合計6種類（通肩b、c／偏袒右肩b、c／小菩薩立像iii、iv）の影塑型が使用されていることが明らかになった。同時に第100、128号窟との間にも一部共通して用いられている影塑型が存在することも認められた。

a. 影塑の系統

本窟の如来坐像の現存数は少ないが、如来坐像の残る8龕が全て二仏並坐像である点は、特筆すべきであろう。それぞれの龕に収められた二仏間では、大きさや様式上の一致が見られることは他窟の例に違わない。ここから、窟内の影塑型を二様式に大別することが可能である。すなわち、面長で豊かな表情を具えた頭部と組み合わされ、外形がシンプルで正壁や右壁大龕内に配された「通肩b型」および「偏袒右肩b型」（「Ⅱグループ」）、そして右壁最上層の列龕に限定して見られたやや小型で、衣文表現に特色のあった「通肩c型」および「偏袒右肩c型」（「Ⅲグループ」）である。

b. 第100、128号窟影塑との関係

第100号窟で用いられていた如来坐像の影塑が「通肩a、b型」と「偏袒右肩a型」、第128号窟で用いられていたのが「通肩a、b型」と「偏袒右肩a、b、c型」であった。本窟において用いられていたのは「通肩b、c型」と「偏袒右肩b、c型」であったから、「通肩b型」が三窟全てで使用されていることが分かる（図1、9、19）。その他の型は、第100－128号窟間、あるいは第128－148号窟間で共有が認められることが多く、「通肩c型」のみが第148号窟に限定して見られる。そしてそれらの関係を総合すると、第100－128号窟間あるいは第128－148号窟間の関係が深いが、第100－148号窟間では影塑型の共有が盛んではなかったことが指摘できる。要するに影塑について言えば、第128号窟がこれら3窟の中で中間的な性格を有している。

c. 窟内の企画性

本窟は壁面に現存する全ての小龕に二仏並坐像を収め、側壁上層の列龕とそれ以外の仏龕とを区別して型の異なる影塑を配している。第100、128号窟と比較すれば、明らかに影塑の配置に対して規則性が見られると言っていい。また本窟の規模は第100、128号窟よりも若干小型であるが、本来左右壁前部に大龕を穿っていたこと、正壁上層左右に交脚および半跏思惟菩薩像を収める点、その下部に二仏並坐像を4つ配する点など基本的な構成自体は踏襲する。

第100、128号窟以上に本窟で重視されている「二仏並坐像」について、ここで触れておくべき点がある。本窟には、影塑ではないがこれまで見たものとは異なる新たな形式の「二仏並坐像」が確認される。それは正壁右下（148－6）の二仏並坐像で、それまでのような偏袒右肩と通肩像の組み合わせでなく、二仏ともに袈裟を偏袒右肩に纏う①。また、他像が悉く禅定印を結び結跏趺坐していたのに対し、この二仏だけは、上半身に別の動作が与えられている。すなわち右像の場合、右手の第1、2指を伸ばし第3から5指を折り曲げる形で胸前に挙げ、左手は掌を上にして第1、5指を伸ばし、第3、4指を折り曲げて（第2指欠損）左膝の上に置く。対する左像も左手は右像と同様の動作とみられるが（第1、2指欠損）、右手は掌を外側に向けて肩の高さに挙げ、第1、2指を伸ばし第3から5指を

① 『仏国麦積山』：34頁参照。

折り曲げている。つまり、左像が右像に話しかけているかのように見えるように表わされている①。面貌表現などから「通肩bおよび偏袒右肩b型」（図20、21）と同様の工人によって制作された可能性が高い。表情豊かな面貌に対して、動きが生硬な印象を与えるのは、作り手がまだこのように大きな動きのある像を作り慣れていなかったためと思われる。以下、このような二仏並坐像を他の形式と区別するため「対話型二仏並坐像」と呼ぶことにしたい。

総じて、本窟の基本的な構造は第100、128号窟の形式を踏襲するほか、窟内で多数を占める影塑も第128号窟で主導権を握っていたとみられる「工人Ⅱ」によるものである可能性が高い。主に2系統の工人集団が造像制作に携わるという造営活動のスタイルも変わらない。しかしながら全ての坐仏龕が二仏並坐像の形式を採用していること、二仏並坐像自体にも一部にではあるが新しい形式が採用されていることなど新しい試みが複数行われている点が本窟の特色である②。

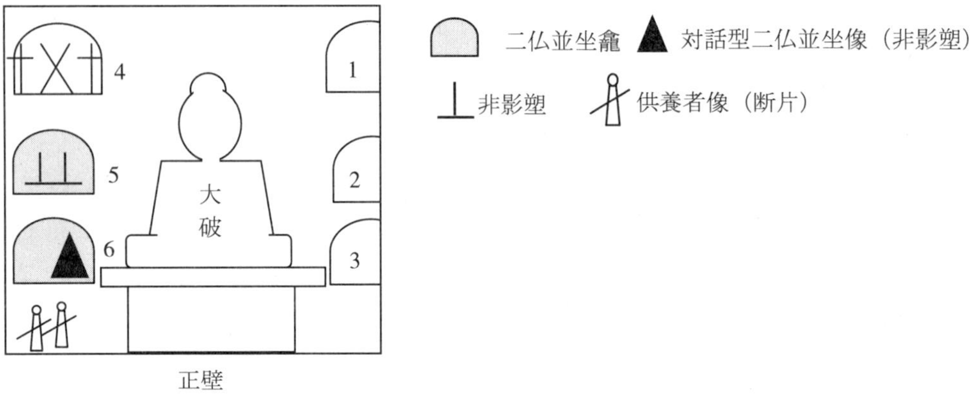

図22 麦積山石窟 第144号窟 立面示意図

五、第144号窟

西崖東上部に開かれた方形窟だが、石窟の大部分が崩壊しており大型の造像はほとんど残らない③。正壁には左右3つずつ合計6つの龕が開かれていた痕跡があるが、造像の現存が確認できるのは、右側に穿たれた上下の三龕のみである。そのほか、基壇右脇下に長い裳を着けた供養者像の残片が2点見られる。

結論から言うと、本窟に影塑型が用いられていたかどうか判断することは非常に難しい。影塑で

① 二仏並坐像というものは、本来過去仏である多宝仏から現在仏である釈迦が多宝塔内部で仏法を継承するという法華経見宝塔品の一場面に依拠する図像であることが知られているが、本龕内の造像の動作は多宝仏が釈迦を多宝塔内に招き入れるという経典の一場面をより具体的に表わそうという意図の下に制作されたものであるようにも見え、興味深い。

② 本窟においては、現在は剥落しているが俗形の供養者像が配されていたとされ、小型の塑像1体が麦積山石窟藝術研究所に保管されている。「供養者」とは石窟造営のために寄進をした人物（個人或は集団）であり、石窟だけでなく石像や金銅仏などの一部にも数多く表されてきた。供養者像を主題とする最近の論考には、石松日奈子氏の「中国仏教造像の供養者像 ―仏教美術史研究の新たな視点―」（『美術史』160 2006年）などがある。なお麦積山石窟においては第78号窟の壁画（如来坐像台座側面）が供養者像現存最古の例であることが知られているが、塑像としては本窟や後述の第80号窟の供養者像が最初期の作例に当たる。

③ 本尊は風化が激しいほか、1体だけ現存する菩薩立像も横に寝かせられている状態である。

ある可能性が最も高いのは供養者像だが①、ほとんど欠失するほか残存するものも破損が非常に激しいため、知る術がない。しかし断片や単体の造像から判断すると、これまで使用を想定したいずれの影塑型とも、同范である可能性のある造像は見られない。

本窟に現存する造像はいずれも同一様式によって制作された造像で、眉から続くのびやかな鼻梁、柔和な微笑を湛える口元、先の尖った顎に特徴がある（図23）。表情が柔和な印象を与える点は第148号窟の影塑「通肩bおよび偏袒右肩b型」とも共通するが、顎の尖った様子は本窟に特有である。

図23　第144号窟、如来坐像(144–5) 右像

石窟構造は現状から知られる限り、これまで見てきた前期窟と変わらず、規模も第148号窟と比べて著しい差はないようである。ただし正壁右下の龕内には、偏袒右肩に袈裟を纏い、隣に坐す仏に向かって話しかけるように右手を挙げ、結跏趺坐する如来坐像が見える。上層龕内の二仏並坐像は偏袒右肩と通肩像とで構成され、両像とも腹前で禅定印を結ぶことから、本窟と第148号窟同様、対話型の二仏並坐像を正壁の一部に採用していたことになる。

六、第80号窟

西崖東下部に開かれた小型の方形窟で、窟前部が崩壊するほか本尊も度重なる重修を受けており、原形を留める大型塑像としては左右壁の菩薩立像を残すのみである。その他には、右壁に残存する小型の如来坐像3体と②、正壁左右に開かれた4小龕内の如来坐像6体、この他本尊左右下部に配された合計6体の供養者像が認められる。

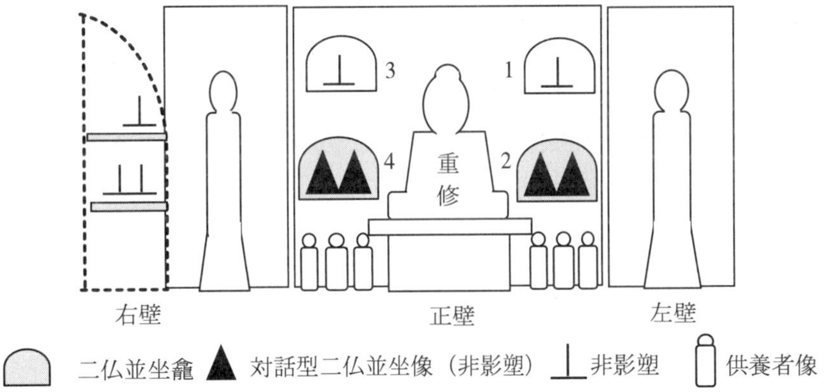

図24　麦積山石窟 第80号窟 立面示意図

① 正壁右側の最下層に貼り付けられた反立体立像の断片2点のことである。それらは供養者像と見られ、一方は前で打ち合わせる丈の長い衣を纏っているようだが、詳細は不明である。また本窟とほぼ同時に造営された可能性のある第77号窟にも供養者像の影塑の断片が残っている（正壁基壇の左脇下部）。その像は頭部を失うほか風化が激しく細部を確認することができない状態だが、寛袖で丈の短い着物と、裾の広い褲褶を履いた人物である。なおこの供養者と酷似する影塑が第76、86、93号窟にもある。第76、86、93号窟の影塑については蒲小珊氏、鄭国穆氏による前掲の二論考を参照されたい。実際に本窟に残存する供養者像と第76号窟等の影塑が同范であるならば、本像は本来髪の一部を頭頂部でまとめる男性の供養人であった。

② 左右壁前部には大龕が開かれていたとみられるが、石窟前部が崩壊しているために今は右壁大龕の側壁一部を残すばかりとなっている。

A. 造像様式の特徴

本窟の造像は、奥行きのある頭部、眉から続く鼻梁、杏仁型の目の上に刻まれた眼窩を表わす筋、切れ長の目、柔らかな起伏の表された頬、口の両端を引き上げ微笑する口元、厚みがあり先の尖った顎、頭部に比して平板な胴体などの特徴がいずれも共通しており、少なくとも現存造像については同一系統の工人の手によるものと考えられる。いずれも整った作行きで、人形的な冷たさがある①。また以上の様式的特徴は、第148号窟の本尊②、第144号窟正壁造像（図23）など「Ⅱグループ」造像あるいはそれと様式上密接な関わりがあると考えてきた複数の作例とも共有されるものである（図25）。明らかに体のバランスや頭部の表情などについて「Ⅰグループ」「Ⅲグループ」といったその他の系統とは明らかに違いがある。3系統の内で最も高い技術を示すのが本グループの造像の特徴であると考える。

図25–1　第80号窟供養者像

図25–2　「偏袒右肩b型」造像頭部（148–3）像

B. 影塑の有無

様式上の一致に拘らず、本窟に現存する小型造像の内、影塑であることが確認できる造像は現存しない。正壁の通肩坐像（80－1、3）、下段で二仏並坐を成す偏袒右肩像（80－2、4）、或は最下層に配された供養者の立像6体について、同形式の造像を比較していくとそれぞれ違いが見られる③。

ただし右壁大龕側壁の上下段上に配され二仏並坐像を成す小型の通肩像については、身体部分だけは型作りであった可能性もあるが、風化が激しく細部の比較ができないため判断ができない。

C. 配置と特色

これまで見てきた各窟との関係を知る上で、二仏並坐像は重要である。本窟右壁段上の二仏像は多くの作例と同様に、通肩像と偏袒右肩像とを組み合わせる。それに対し正壁の二仏並坐像は2組とも対話型の二仏像である。少なくとも第148号窟ではこの形式の二仏像は正壁に1組しか表されなか

---

① 『中国石窟 麦積山石窟』：図版25。

② 『中国石窟 麦積山石窟』：図版32，33。

③ 通肩像（80－1、3）では（80－1）の方が頬や顎にたっぷりとした厚みが与えられているほか、目の形にもやや違いがあることに気づく。また体躯についても膝頭の幅などに微妙な違いが見られる。偏袒右肩（80－2、4）は目頭の形状や鼻筋の太さに相違がある。また4像とも足の裏を上に向け袈裟の外に露わにするが、その両足と左手、膝部の関係に差異が認められる。供養者像は、頭部の大きさや各々幘の高さ、口の引き締め具合などに若干の相違が認められる。

った。しかし本窟では一対を成すように本尊の両側に配されている。

正壁二仏像の上部にはさらに2つの小龕が開かれ、禅定する通肩像が置かれる。これまで見てきた四窟は、いずれもこの位置に交脚および半跏思惟菩薩像が認められた。したがって本窟において、第74・78号窟から踏襲されてきた構成にひとつの変化が与えられたことになる①。これらの造像配置の結果、正壁に左右対称性が与えられることになった。

その他、それまで小龕の穿たれてきた右壁大龕側壁に段を設ける点②など、本窟には新しい試みが複数見られる。一方右壁に大龕を開くこと、正壁に複数の龕を穿つ点など最も基本的な構造については、第100、128号窟などの窟形式の踏襲である。また造像には単一の様式が認められたことから、本窟の造営活動を主導した工人が石窟空間の構成に関して、独自の理想を持ち実行することのできた集団であったことが推察される。

七、影塑の使用と北魏前期諸窟

ここまで見てきたように、麦積山石窟北魏前期諸窟における如来坐像の影塑は第100、128、148号窟に合計6種類（通肩a、b、c型/偏袒右肩a、b、c型）認められ、小型菩薩立像の影塑は合計4種（i、ii、iii、iv型）見られた。そしてそれらの影塑は様式に基づき3つのグループに分けることができ、一つの窟内でも必ず様式の異なる影塑が用いられていることが明らかになった（図26）。また、影塑の使用を現状からは確認することができなかった第144、80号窟に関しても、様式や「対話型二仏並坐像」の存在によって、影塑の見られた第148号窟などとの関連が知られた。そのような状況を踏まえ、ここに挙げた五窟の関係を総括したい。

通肩a型
（100–33）如来坐像

通肩b型
（100–25）如来坐像

通肩c型
（148–12）如来坐像

① 東山健吾氏は前掲論考「麦積山石窟の研究と初期石窟に関する二，三の問題」（『中国石窟 麦積山石窟』平凡社1987年：269頁）において、一対として表された交脚菩薩像と半跏菩薩像が、兜率天上の弥勒菩薩あるいは兜率天に待機する菩薩形の釈尊である可能性を指摘されている。

② 八木春生「麦積山石窟北魏後期諸窟考」（『中国仏教美術と漢民族化—北魏時代後期を中心として』法藏館2004年）202頁および脚注4参照。また氏は第80号窟が麦積山石窟中最初に段の設けられた窟の一つである点を指摘されている（204頁）。

偏袒右肩 a 型（100–33）如来坐像　　偏袒右肩 b 型（148–3）如来坐像　　偏袒右肩 c 型（148–12）如来坐像

図 26　麦積山石窟北魏前期窟 影塑分類図

A. 影塑使用の開始期

まず「通肩 a、b 型」および「偏袒右肩 a 型」が共有されていることや、窟形式や規模、石窟の開かれている位置の近さから、第 100、128 号窟の関係の深さが知られる。ちなみに第 148 号窟では、現存する小像全てに影塑を用いるほか、様式の異なる影塑を明確に区別して配置していたが、この第 100、128 号窟では影塑と影塑ではない小像、あるいは様式の異なる影塑をほぼ不規則的に配置していた。ここから、影塑を使用した三窟の中でも第 100、128 号窟は若干早期に完成したことが推測される。また両窟の間では活動した工人系統はほぼ一致するが、主導した工人は異なっていると考えられた。このような相違はむしろ、二窟の造営が同時並行的に行われていたために、造像を主に担当する工人を振り分けた可能性を想像させる。

もちろん第 100 号窟に見られない「偏袒右肩 c 型」が確認されることによって、第 128 号窟の完成を若干遅らせて考えることも不可能ではないが、上述したようにその配置の仕方には不自然な部分もあるため、手順上の若干の前後関係がある可能性を排除はしないが、基本的には同時期として問題ないと思われる。

B. 第 148 号窟以降

影塑の見られたもう一つの石窟、第 148 号窟は、第 100 号窟と1 種類、第 128 号窟とはさらに他 2 種類の影塑型を共有する。ここでは「通肩 b 型」および「偏袒右肩 b 型」といった「Ⅱグループ」造像を主にしており、その点第 128 号窟とより近い関係にある。

続く第 144、80 号窟は様式上本窟の主要造像と近似し、対話型の二仏像を表す点でも共通する。しかし第 144 号窟は正壁上層に交脚菩薩像の龕が残っているが、第 80 号窟は同じ位置に通肩坐仏像を配するなど、それまで見られなかった要素を多分に含んでいた。それ故、第 148、144、80 号窟の順で完成された可能性が高く①、本稿で取り上げた5 窟はほぼ西から順番に開窟されたと考えることがで

① 3 窟の規模は以下のようである。第 148 号窟（高さ/幅/奥行き =2. 40/2. 45/2. 15）、第 144 号窟（2. 00/2. 61/1. 03）、第 80 号窟（2. 48/2. 98/1. 35）。（単位はm）

きる。

C. 工人の関係

ここまで見てきたように、様式に基づくと北魏前期窟において影塑を扱った工人の集団には3系統が想定された。ここで上述した5つの石窟の前後関係を踏まえた上で、北魏前期窟の造営に携わった工人集団の関係についてまとめておきたい。

想定したⅠ、Ⅱ、Ⅲの3系統の工人は、同じ着衣形式の影塑如来坐像を製作するにしても、各々衣文表現や量感表現などに個性が見られ、あるいは意識的に独自性を明示しようとしていたかのようにも見える。そして影塑が明らかに使用されている第100、128、148号窟においては必ず、一つの窟内に2系統以上の影塑が用いられていることが各グループの影塑の様式的特徴によって知られた。

また第100号窟においては「工人Ⅰ」が、第128、148号窟においては「工人Ⅱ」が造像活動を主導していた可能性が高いことが知られた。なお「工人Ⅲ」は第128及び148号窟において補助的な役割を果たす小型の影塑を製作していた。これら3系統の工人の中で、最も多くの窟の造像活動に携わっていた可能性が高いのは「工人Ⅱ」である。影塑以外も含めればこの集団による造像は第100、128号窟から第80号窟にかけて一貫して見られる。しかも第144、80号窟においては、少なくとも現存する造像からは「工人Ⅱ」以外の系統が認められない状況である。それ故、第100、128、148、144、80号窟の造営が進むにつれて生じた影塑周辺の様々な変化は、補助的な立場から壁面の構成を主導する立場へと変化した「工人Ⅱ」の造像意識と決して無関係ではないと考える。

具体的に言うと、第148号窟において型の異なる影塑の配置が明確に区別されるようになったこと、二仏並坐像が増加し壁面の小龕全てを埋めるようになったこと、影塑ではない対話型の二仏並坐像が出現したこと、或は第144、80号窟において影塑が用いられなくなった可能性があり、少なくとも影塑製作に対して消極的になった可能性があること、第80号窟において壁面の左右対称性が重視され、第74・78号窟からそれまで踏襲されてきた正壁の交脚・半跏思惟菩薩像を排除したことなど、そうした選択の多くに「工人Ⅱ」が関わった可能性がある。そこからは、小龕内を「何らかの造像で」埋める段階から、空間全体を構成する段階へ変化し、必ずしも前例の踏襲を最良とせず、絶えず何かしら新しい要素を石窟に与えていこうとする工人の造像意欲が読み取れる。

D. 第80号窟とその後の石窟について

本稿で取り上げた5窟全てが「工人Ⅱ」に関連していたが、この工人は必ずしも影塑製作に常に積極的であったとは言えなかったことが第80号窟の状況からうかがい知れた。他方それとは対照的に、北魏中期以降石窟の造営に携わった工人には複数の系統が想定されているほか、その時期の工人は中小の石窟の急増と共に、影塑を多用したことが知られている①。そうした結果から考えるならば北魏前期窟における影塑に対する使用頻度の相違は、石窟造営が中期以降ほど盛んではなく、窟内に小龕を穿ちそこに収めるための一定数の造像を製作する段階では、まだ大量の影塑を複製し省力化を

---

① 八木氏は、前掲論考「麦積山石窟における北魏後期諸窟の研究」(『芸術研究報』19 筑波大学芸術系 1999年)において、北魏後期諸窟では時間の経過とともに段が増加する傾向にあり、それに伴い影塑も増加する傾向があることを明らかにされている。また、この時期には供養者像を模った影塑も多数見られる点を付記しておく。

図る必要が無かったことと大きく関係しているように思われる。

また第80号窟がその後に造営された石窟に与えた影響を鑑みるに、段を設けることや、供養者像を窟内に表す行為自体は踏襲されていくが、供養者像が立体ないし反立体として表される場合でもさらに小さな型が用いられることが多くなり、石窟内での存在感は必ずしも第80号窟ほどは強くないことに気付かされる。また本窟では採用されなかった正壁の交脚菩薩像や半跏思惟菩薩像については、第114、93号窟などにおいて再び用いられている①。それ故、第80号窟は他の石窟で生じた変化の延長線上に位置しているとは言っても、その後の石窟との関係から見れば、その後も踏襲され得る新たな形式を創出したというわけではなかった。石窟空間の内容や観る者の印象を大きく左右するような、特に独自性の強い要素は、同時期あるいはそれ以降の他工人には模倣、踏襲されにくかったようである。

総じて、北魏前期の麦積山石窟における影塑使用の開始時期についての状況をまとめると次のことが言える。すなわちまず影塑製作の技術が採り入れられ、造像の一部から徐々に使用が始まり計3系統の工人が採用したが、一端その製作が停滞し、中期以降の流行を俟つという流れがあり、その過程で影塑の用いられ方には段階的な変化が生じていた。また北魏前期では最後に第80号窟が造営されたが、そこに盛り込まれた独自性の強い要素については、続く中期以降の石窟においてそのままに踏襲されることが無かった。以上のような変遷からは、急激な変化は好まないが、基本的な構造を前代から踏襲しながら細部について絶えず取捨選択を行い、部分的に変化を加えていく、工人の堅実な姿勢が想像される。

結びにかえて

本稿では北魏前窟の中でも影塑の用いられている窟あるいはそれらと密接な関わりを持つ合計5つの窟における影塑の使用状況と、影塑やその他の特徴から造営の前後関係を考察するにとどまっているが、中小の石窟の多い麦積山石窟において、その造営に携わった工人の系譜を明らかにしていくためにも、今後は影塑同士の比較だけでなく、影塑を用いない石窟の造像についても比較分析していく必要があると心得る。

また、影塑の使用開始と同時に、二仏並坐像が麦積山石窟に出現したことも興味深い。最も初期の段階では窟内の一部に限り見られる、通肩像と偏袒右肩像との組み合わせに過ぎなかったものが、次なる段階とも言える第148号窟では窟内の小龕全てに配されるようになり、これ以降の窟で影塑としてではないが新たな形式の二仏並坐像が採用されたことから、北魏前期窟の開窟期に二仏並坐像という法華経のテーマが重要視されていたことが看取される。

二仏並坐像と言うと雲岡石窟では開鑿最初期の第20窟からの流行を確認することができ②、敦煌石窟第259号窟でも初期の作例が知られる。しかしながら、近似する外形をとりながらも、麦積山石窟第148、144、80号窟の「対話型」の手指の表現と完全に一致するような作例は、今のところ雲岡

---

①　八木春生先生よりご教示を受けた。

②　李静傑氏は、「北朝後期法華経図像的演変」（『藝術學』No. 21 藝術家出版社 2004年）等の論考において、当時の法華経図像の流行について論じられている。

や敦煌には見られないものである。その祖形を求めること、麦積山石窟とその他の石窟との関係について考察を深めていくとは、筆者の今後の課題としたい。

使用図版

図版：麦積山石窟藝術研究所 提供

本稿を執筆するにあたり、麦積山石窟藝術研究所 魏文斌先生に多大なるご厚意を賜りました。また、調査の際にお世話になった 同研究所 董広強先生、そして今回貴重な機会を下さいました 東山健吾先生に厚く、御礼申し上げます。

作者简介

熊坂聡美，1986 年出生。毕业于日本筑波大学艺术专门学群 艺术学专业，清华大学美术学院研究生。从事中国佛教美术研究。

有关麦积山石窟交脚菩萨像与半跏思惟菩萨像尊格问题的再思考

潘亮文

要　約

麦積山石窟の交脚と半跏思惟菩薩の尊格には釈迦と弥勒の2種類の考え方がある。本論文では麦積山以外の地域における交脚と半跏思惟菩薩像の作例の観察を基礎とし、麦積山石窟内の尊像の配置を考察することで、筆者が弥勒菩薩だと理解した理由を提示するものである。

現在のところ、麦積山石窟では78・74・100・148・128・156・86・93・218・159等の窟で交脚と半跏思惟菩薩が共伴する形式が現れている。その中では78・74窟の年代が最も早く、その年代は460年前後かやや遅れるものである。

麦積山石窟以西の地域の作品には、キジル石窟38窟主室前壁、敦煌莫高窟第275窟、酒泉地区の縁禾三（424）年の白双且塔、武威地区出土の方座塔基壇の石塔と敦煌出土の□吉徳塔などがある。麦積山石窟以東では、主に雲岡石窟で交脚菩薩像が見られる。単独像では、北魏太平真君三（442）年に彫られた石像、東京国立博物館蔵太平真君四（443）年銘金銅仏立像、西安碑林博物館に所蔵される五世紀後半の交脚菩薩像、大阪市立美術館蔵の500年以前の北魏時代と考えられる交脚弥勒菩薩像などが挙げられる。

最後に歴史文献資料の『高僧伝』玄高伝の記載に拠れば、当時の麦積山石窟には禅観修行に適した窟が存在したはずであることが推測される。現存する麦積山石窟でもっとも早い第74・78窟は、一人での禅観に使うための窟でもあるし、数人で共に禅観を修めるのに用いるのにも適している。仏教徒の右繞礼拝と、当時の禅観修行で求められるものと信仰の現実的な目的を考慮するならば、修行者は窟に入った後、まず窟の右壁に位置する過去仏を表す座仏で観想し、次いで正面で現在を象徴する釈迦仏と正壁主尊上方両側に位置していずれも弥勒を表す交脚菩薩一体と半跏思惟菩薩一体に対面し、さらに観想者は左壁に位置して未来を表す弥勒座像での観想に導かれる。観想者の眼に入るのは、まず最もよく弥勒の図像を表す交脚菩薩像であり、次いで現在はまだ仏とならず、修行の過程であることを象徴する弥勒菩薩であり、最後にようやく過去仏、現在仏と大きさが同じである未来の弥勒仏となる。このような三世仏の配置に、弥勒菩薩を象徴的に表すと認められる交脚菩薩と半跏思惟菩薩を加えると、観想を含んだ禅観修行で求められるものに適していると同時に、発願文にみられた、最後には弥勒浄土世界に託生したいという内容にもよく合致している。

前 言

有关麦积山石窟交脚菩萨像与半跏思惟菩萨像尊格的问题，在邓健吾的《麦积山石窟的研究及早期石窟的两三个问题》文中已经注意到，并提出“菩萨交脚像是弥勒菩萨，小龛又位于高处，很可能是表现兜率天。菩萨思惟像除可能为弥勒菩萨外，还有可能是在兜率天等待时机的菩萨形释尊”① 的见解。而在张学荣、何静珍的《论莫高窟和麦积山等处早期洞窟中的交脚菩萨》一文中，对于在主尊释迦的右侧作交脚菩萨，左边塑思惟菩萨提出“鉴于在窟内既以非常显著的位置塑作了未来佛弥勒，那么，被安置在主尊释迦两侧上部小龛内的交脚菩萨和思惟菩萨，显然是说：释迦经过无量世的累世修行，在他功成德就的时候，不光像过去诸佛那样，作为一生补处菩萨，曾在兜率天为诸天人眷属说法，同时，经过相地、选亲、适时降生人间，并在菩提树下思惟悟道成佛，现在，他为了普度众生在阎浮提为众生演说正法。所有这一切，既已被奉为大乘菩萨行的典范，那么继释迦之后，作为未来佛，不光弥勒菩萨是这样，其余所有众生，若欲成佛亦当如是。因此，它不仅巧妙地体现了姚兴所谓的三世实有的教义思想，而且作为大乘菩萨行的范例，体现了释迦绍圣成佛的三个最重要的阶段”②。另外，八木春生在《有关麦积山石窟第七四及七八号窟的营造年代》文中，认为出现在第 74、78 窟的交脚菩萨和半跏思惟菩萨与弥勒菩萨有关③。有感于北魏时期的交脚菩萨像多被视为弥勒造像，同时半跏思惟菩萨像除了被指称为太子思惟像之外，亦有被认为是弥勒思惟像的时候，另外，由于现今有关半跏思惟菩萨像的研究成果④相当丰硕，在前辈学者长期关注的基础下，对于同时出现在麦积山石窟中的交脚菩萨像与半跏思惟菩萨像的尊格，笔者认为解释成弥勒菩萨的可能性较大于代表释迦牟尼佛的涵意。因此，希望以透过对麦积山石窟以外地区的交脚菩萨像与半跏思惟菩萨像等作品发展的观察为基础，再重新检视麦积山洞窟内尊像的配置，说明其之所以为象征弥勒菩萨像的理由，是本文论述的目的。

一、有关思惟、半跏与交脚之词

提到思惟一词，虽往往浮现于我们脑海中的是一手支颐或以一指或以数指略触面颊作思惟状之姿。

① 邓健吾《麦积山石窟的研究及早期石窟的两三个问题》，天水麦积山石窟艺术研究所编《中国石窟 天水麦积山》，文物出版社、平凡社，1998 年，页 229。

② 张学荣、何静珍《论莫高窟和麦积山等处早期洞窟中的交脚菩萨》，段文杰主编《1987 敦煌石窟研究国际讨论会石窟考古编文集》，辽宁美术出版社，1990 年，页 285。

③ 八木春生《麦積山石窟第七四及び七八号窟の造営年代について》，《芸術研究報》第 18 号，筑波大学艺术学系，1997 年，页 49 - 50。

④ 水野清一《半跏思惟像について》，《東洋史研究》第 5 卷第 4 期，1940 年。

松原三郎《北魏末、東魏の半跏思惟像について》，《美術史》第 17 号，1955 年。

Alexander Soper, Literary Evidence for Early Buddhist Art in China (Artibus Asiae Supplementum XIX), pp. 225 - 226.

S. F. Moran, “Statue of Miroku Bosatsu of Chūgūji,” Artibus Asiae, vol. 21 (1589), p. 179 - 203.

E. Dale Saunders, Mudrā (New York, 1960), pp. 130 - 131.

田村圆澄《半跏像の道》，学生社，1983 年。

田村圆澄、黄寿永编《半跏思惟像の研究》，吉川弘文馆，1985 年。

东山健吾《敦煌莫高窟北朝期尊像の図像的考察》，《东洋学术研究》第 24 号，1985 年。

李玉珉《半跏思惟像再探》，《故宫学术季刊》第 3 卷第 3 期，1986 年。

张总《北朝半跏思惟像的形式及题材演变》，《美术史论》1995 年第 2 期。

然而在早期汉译的经典中，并未具体描述其状态为何种样貌，反而多指为思考之意，如在吴黄武二年至建兴二年（223～253）[①] 支谦翻译的《太子瑞应本起经》中有“佛告龙王：汝当复自归于佛，自归于法，自归于比丘僧，即受三自归。诸畜生中，是龙为先见佛。佛以神足，移坐石室，自念本愿，欲度众生。思惟生死本，从十二因缘法起”[②]。或见于西晋永嘉二年（308）[③] 竺法护译出的《佛说普曜经》，如《四出观品第十一》中提到“尔时菩萨出东城门，菩萨威圣之所建立，于时诸天化作老人……。菩萨即曰：是则世法而有此难，一切众生皆有斯患，人命速驶犹山水流宿夜逝疾难可再还。老亦然矣，不亦苦哉，一心专精思惟正义。……还入宫中思惟经典愍念十方”或见于同经的《异学三部品第十四》中有“于是菩萨，游在山间，往至尼连水边，乐于闲居心意寂然，慈念十方欲益天人。……。吾往其所，问其所行能知殊胜。尔乃降伏讲有无法，一心脱门三昧正定超其所学，以权方便观其本末。自覩此等所当行者，世俗定意，然后为说深奥之定，无为三昧乃归大道。于时菩萨思惟是已”[④]。另外，又如刘宋元嘉二十一年至三十年（444～453）[⑤] 由求那跋陀罗译出的《过去现在因果经》卷二，其中亦有提及“尔时太子，启王出游，王即听许。时王即与太子并诸群臣，前后导从，按行国界，次复前行，到王田所，即便止息。阎浮树下，看诸耕人。尔时净居天，化作壤虫，乌随啄之。太子见已，起慈悲心。众生可愍，互相吞食。即便思惟，离欲界爱，如是乃至得四禅地……。太子今在阎浮树下，时王即便与诸群臣，往彼树所。未至之间，遥见太子端坐思惟”，又可见于同经卷二，另有“太子前已出三城门，今者唯有北门未出，其必不久更求出游。当复庄严彼外园林，倍令光丽，勿使有诸不可意事，如所思惟。……。出城北门，到彼园所。太子下马，止息于树，除去侍卫，端坐思惟，念于世间老病死苦”[⑥] 等之内容。

事实上，有关太子思惟的情景虽多见于与释迦牟尼有关的佛传经典中，但对其姿态或形象却无具体的直接描述，如后汉建安二年（197）[⑦] 竺大力共康孟译的《修行本起经》卷下《游观品第三》，有“太子坐阎浮树下，见耕者垦壤出虫。天复化令牛领兴坏，虫下淋落，乌随啄吞。又作虾蟇，追食曲蟺。蛇从穴出，吞食虾蟇。孔雀飞下啄吞其蛇。有鹰飞来，搏取孔雀。鵰鹫复来，搏撮食之。菩萨见此众生品类展转相吞，慈心愍伤，即于树下得第一禅。日光赫奕，树为曲枝，随荫其躯。王念太子，常在宫中。未曾执苦。即问其仆，太子何如。对言：今在阎浮树下，一心禅定”[⑧]。又如在西晋永嘉二年（308）竺法护译的《佛说普曜经》的《坐树下观犁品第八》有“尔时太子年遂长大，启其父王，与群臣俱行至村落。观耕犁者，见地新摘虫随土出，乌鸟寻啄。菩萨知之故复发问。……时菩萨游独行无侣，经行其地，见阎浮树荫好茂盛，则在彼树荫凉下坐，一心禅思三昧正定，以为第一。……时王群臣及大众人，各各驰走欲见太子今为所在。遥见诸臣逐之随后，见阎浮树下禅思定意”[⑨] 之描述内容。

在半跏一词方面，现在的我们多会联想到的是一足下垂、另一足横放在垂足之大腿上，呈现闲适之样貌的坐姿造像。但是相关这样的内容，在早期的经典中也无详细的记载，在隋代的智顗（531～597）所记述的《修习止观坐禅法要·调和第四》中提到“若半跏坐以左脚置右脚上，牵来近身。令左脚指与

---

① 《佛书解说大辞典》第7卷，页165。
② 《大正新修大藏经》第3册，页479c。以下简称《大正藏》。
③ 《佛书解说大辞典》第9卷，页237。
④ 《大正藏》第3册，页502c、503a、510a、b。
⑤ 《佛书解说大辞典》第2卷，页18。
⑥ 《大正藏》第3册，页629a、b、631c。
⑦ 《佛书解说大辞典》第5卷，页70。
⑧ 《大正藏》第3册，页467b。
⑨ 《大正藏》第3册，页499a、b、c。

右髀齐，右脚指与左髀齐”①。或又如可见于唐代释不可思议撰的《大毗卢遮那经供养次第法疏》卷上《持诵法则品第四》中，记载着“吉祥坐者，右脚着左髀上，亦言半跏坐是也”②。或许这样的坐姿形象较结跏趺坐的端坐之姿容易让人觉得闲适、舒服，基本上是比较符合人之形象。所以尽管在佛传的相关经典中并无翔实地记述相关图像的内容，然人们容易将其姿势与尚未成佛的太子在树下沉思之思惟状相联系，因而形成所谓的太子思惟像。另外，在有关弥勒菩萨的交脚坐姿的形象方面，至少在目前容易入手的汉译经典中，并没有找到可以视其为图像来源的文字依据。

二、麦积山石窟交脚菩萨像与半跏思惟菩萨像的现况

根据《麦积山石窟内容总录》③，将北朝的洞窟中现存有交脚菩萨、半跏思惟菩萨造像者，依洞窟编号顺序列举如下：第16窟右侧外壁上层龛内主尊半跏思惟菩萨，其左为一供养菩萨与一胁侍菩萨④；另外相对位置的左侧外壁布局不同于右侧之表现，无龛，现仅存上二坐佛，下一交脚像（无头）、一交脚佛。第74窟正壁上部左侧一半跏思惟菩萨二胁侍菩萨小龛（图1）、右侧一交脚菩萨二胁侍菩萨小龛（图2）。第78窟正壁上部左侧一半跏思惟菩萨二胁侍菩萨小龛（图3）、右侧一交脚菩萨二胁侍菩萨小龛（图4）。第86窟正壁左侧下层小龛主尊像不存、仅存二胁侍菩萨，右侧下层一交脚菩萨二胁侍菩萨小龛。第93窟正壁从上而下的第二层左侧一立菩萨、一半跏思惟菩萨，相对位置的右侧现已毁，又在窟前壁右侧第一小龛内自右侧起为一胁侍菩萨一交脚菩萨一半跏思惟菩萨与一胁侍菩萨。第100窟正壁上部左侧小龛内一胁侍一半跏思惟菩萨（左侧胁侍菩萨已毁）、右侧小龛内一胁侍菩萨一交脚菩萨（左侧胁侍菩萨已毁）。第101窟左壁主像交脚菩萨。第114窟正壁上部左侧半跏思惟菩萨二胁侍菩萨造像、右侧为交脚菩萨二胁侍菩萨造像。第128窟正壁上部左侧龛内仅存一半跏思惟菩萨、右侧龛已毁。第133窟第8号龛内一交脚菩萨；第134窟主尊一交脚菩萨残像。第142窟右壁主像一交脚菩萨。第144窟正壁右侧上部一交脚菩萨二胁侍菩萨小龛、相对位置处已毁。第148窟正壁上部左侧小龛是一半跏思惟

图1　麦积山石窟第74窟正壁上部左侧半跏思惟菩萨三尊像

图2　麦积山石窟第74窟正壁上部右侧交脚菩萨三尊像

① 《大正藏》第46册，页465c。

② 《大正藏》第39册，页806a。

③ 麦积山石窟艺术研究所《麦积山石窟内容总录》，见天水麦积山石窟艺术研究所编《中国石窟·天水麦积山》。另外，依据本人至麦积山石窟的考察记录。第135窟正壁右侧龛内有一石雕交脚菩萨残像、一坐佛与一胁侍菩萨，由于该交脚菩萨残像材质与其他交脚菩萨或半跏思惟菩萨不同，故不列入本文的讨论范围内。

④ 依现场观察，由于考虑现有作品的尺寸与龛大小关系，在主尊的右侧已经没有再安置一供养菩萨与胁侍菩萨的空间。现编第218窟，是麦积山石窟艺术研究所调查后增补编号，见魏文斌、白凡《麦积山石窟历次编号及新编窟号说明》，《敦煌研究》2008年第5期。

图3 麦积山石窟第78龛正壁上部左侧半跏思惟菩萨三尊像

图4 麦积山石窟第78龛正壁上部右侧交脚菩萨三尊像

菩萨二胁侍菩萨、右侧小龛为一交脚菩萨二胁侍菩萨。第155窟正壁上部左侧一半跏思惟菩萨二胁侍菩萨小龛、右侧相对位置现为空龛。第156窟正壁与右壁间上部一交脚菩萨二胁侍菩萨造像、正壁与左壁间的相对位置现已毁。第159窟正壁左侧上部是一半跏思惟菩萨二胁侍菩萨造像（今主尊不存）、中层为一半跏思惟菩萨二胁侍菩萨造像，正壁右侧上部是一立佛二胁侍菩萨造像、中层则为一交脚菩萨二胁侍菩萨造像。第163窟正壁左侧上层小龛外之上部左、右与下方各一小交脚菩萨，正壁右侧上层小龛外之上部左、右各一小交脚菩萨，另外左壁右侧上部有二小交脚菩萨像。第169窟内一交脚菩萨为主尊。第191窟龛外两侧各一交脚菩萨（宋重修）。

从上述诸窟的内容中，我们可以看到交脚菩萨像分别出现在不同的壁面上，其情形可以分为以下几种。第一种是作为洞窟内主像的交脚菩萨像，有北魏的第169窟与北周重修的第134窟。第二种是属于洞窟内一壁主像的交脚菩萨像，分别见于第101窟左壁与第142窟右壁，基于造像风格的表现，分析此二窟的造像晚于第169窟。另外，第三种属于配置上比较例外的作品，包括第133窟第8号龛主尊的交脚菩萨像、出现在第163窟的小交脚菩萨像，以及属于西魏造像以佛为主尊两侧胁侍皆为交脚菩萨的第191窟作品。在第101、133、134、142、163与169窟中，以有景明三年（502）题记的第115窟造像表现为基准，除第169窟外，其余分析皆为500年以后的北魏作品。除前述的这些洞窟之外，其他如第78、74、100、148、144、128、156、114、155、86、93、16与159窟，则为交脚菩萨像与半跏思惟菩萨像共出的形式，是属于第四种类型，其位置是出现在正壁的左、右两侧，且多是置于上部。在这些洞窟中，除第144、148与156窟或因洞窟前有坍塌或因毁损，导致现今无法确定左、右两壁原来是否有坐佛；又第16窟洞窟前有塌损，现只见左、右各一立菩萨；另外第159窟左、右壁各一立菩萨造像外，其余诸窟的左、右壁皆是各以一坐佛为主。虽说各洞窟内部的造像布局略有些许的差异，但大抵而言，可以说是三壁造三坐佛的形式，应是表现所谓现在、过去与未来三世佛的信仰概念。就中，以第78与74窟的造像作品年代最早（图5、图6）。

有关麦积山石窟的始建时间，主要是根据南朝梁僧慧皎撰《高僧传》卷十一《玄高传》中的说法，即其中提到有“闻关中有浮驮跋陀禅师在石羊寺弘法，高往师之，旬日之中妙通禅法。跋陀叹曰：善哉佛子，乃能深悟如此。于是卑颜推逊不受师礼。高乃杖策西秦隐居麦积山，山学百余人，崇其义训禀其禅道。时有长安沙门释昙弘，秦地高僧隐在此山，与高相会，以同业友善”①。然时至今日，玄高在世时

① 《高僧传》卷十一《玄高传》，《大正新修大藏经》第50册，页397a。

图 5　麦积山石窟第 78 窟正壁、右壁坐佛

图 6　麦积山石窟第 74 窟正壁

的麦积山洞窟为何者已不可考。目前学者对营建时间相近的第 78 与 74 窟作品年代虽有不同的论述①，但此二窟为现存麦积山石窟最早者之观点是一致的。笔者基于：一、依据第 78 窟佛坛右面供养人题名墨书有“仇池镇……□（经）生王□□供养十方诸佛时”②，此仇池镇当在 446 年以后才出现的历史事实，故认为第 74 与 78 窟应为 446 年以后的作品；二、下诏灭佛的太武帝于 452 年去世后，佛教得以再度复兴的契机下，麦积山石窟方能增加大兴工程机会的历史背景；三、第 74 与 78 窟如来坐像的立体表现，包括面形丰腴、宽眉高鼻、形体壮硕、着偏袒右肩衣边外翻的袈裟等造像形态，与云冈昙曜五窟中的第 20 窟主尊坐佛相近的风格观察③；从而，推测现存第 74 与 78 窟的作品为 460 年左右或稍后的作品。以下出现在第 78 与 74 窟正壁上部左侧一半跏思惟菩萨二胁侍菩萨与右侧一交脚菩萨二胁侍菩萨的主尊菩萨的尊格应是表现为弥勒菩萨造像之理由，将先观察麦积山石窟以西和以东两大地域的作品表现，参酌其观察结果，再作论述。

三、麦积山石窟以西地区的作品

在一件作品上同时表现出有交脚菩萨像与半跏思惟像，诚如东山健吾所指出的，可见于克孜尔石窟第 38 窟主室前壁④，即描绘有交脚菩萨兜率天宫说法及其下方左、右各有一尊半跏思惟菩萨像。有关第

---

① 阎文儒《麦积山石窟的历史、分期及其题材》，阎文儒主编《麦积山石窟》，甘肃人民出版社，1984 年，页 26、27。张宝玺《麦积山石窟开凿年代及现存最早洞窟造像壁画》，中国考古学会编辑《中国考古学会第一次年会论文集》，文物出版社，1980 年，页 339－343。董玉祥《麦积山石窟的分期》，《文物》1983 年第 6 期，页 19、20。黄文昆《麦积山的历史与石窟》，《文物》1989 年第 3 期，页 85、86。张学荣、何静珍《再论麦积山石窟的创建时代及最初开凿的洞窟——兼与张宝玺先生商榷》，《敦煌研究》，1997 年第 4 期，页 104、105。八木春生《麥積山石窟第七四及び七八号窟の造営年代について》，页 51。邓健吾《麦积山石窟的研究及早期石窟的两三个问题》，天水麦积山石窟艺术研究所编《中国石窟·天水麦积山》，页 224－227。金维诺《麦积山石窟的兴建及其艺术成就》，同上书，页 166－167。孙纪元《麦积山雕塑艺术的成就》，同上书，页 182。张宝玺《再议麦积山石窟石岩寺年代及第 78 窟创建年代—兼答张学荣何静珍先生》，《敦煌研究》1999 年第 1 期，页 27。魏文斌《麦积山石窟几个问题的思考与认识》，《敦煌研究》2003 年第 6 期，页 18。

② 麦积山石窟艺术研究所《麦积山石窟内容总录》，天水麦积山石窟艺术研究所编《中国石窟·天水麦积山》，页 281。张宝玺据《魏书》卷四《世祖记》及卷一百六《地形志》记载认为，北魏太平真君七年（446）太武帝下诏灭佛法之际，“金城边固、天水梁会反，聚众万余户于上邽东城，氐、羌、屠各皆起兵应之。五月，秦、益二州刺史封敕文讨平之。是年，分天水置汉阳郡，置仇池镇”。（见张宝玺《麦积山石窟开凿年代及现存最早洞窟造像壁画》，页 340）。又相关文献资料可见于张学荣、何静珍《再论麦积山石窟的创建时代及最初开凿的洞窟——兼与张宝玺先生商榷》，页 105。

③ 但由于麦积山石窟的第 78 与 74 窟与云冈第 20 窟的规模大小相距甚远，导致两者之间的体态量感有些许的不同。

④ 东山健吾《敦煌莫高窟北朝期尊像の図像的考察》，页 79。

38窟内所表现的题材，据《克孜尔石窟总叙》一文所记，窟顶中脊绘天象图，两侧绘本生和因缘故事；东、西两壁上部横列七组天宫伎乐，下部绘因缘佛传，每壁一栏三铺；门上圆拱壁面绘兜率天宫说法；前壁左、右各开一龛，龛上方近东、西壁处各绘一半跏思惟菩萨像（图7）；甬道内外侧壁下绘覆钵舍利塔；后室横券顶绘菱格图案，前壁开二龛，龛下绘覆钵舍利塔，后壁绘涅槃①。根据浅井和春的《菩萨半跏像 观松院》一文，指出弥勒与半跏思惟像关系密切，可由刘宋孝建二年（455）沮渠京声译《观弥勒菩萨上生兜率天经》的经文得知：

图7 克孜尔石窟第38窟主室前壁全景

佛告优波离：汝今谛听，是弥勒菩萨于未来世当为众生，作大归依处。若有归依弥勒菩萨者，当知是人于无上道得不退转，弥勒菩萨成多陀阿伽度阿罗诃三藐三佛陀时，如此行人见佛光明即得授记。佛告优波离：佛灭度后四部弟子天龙鬼神，若有欲生兜率陀天者，当作是观系念思惟。念兜率陀天持佛禁戒，一日至七日，思念十善行十善道，以此功德回向愿生弥勒前者，当作是观。（中略）。若有敬礼弥勒者，除却百亿劫生死之罪，设不生天未来世中龙华菩提树下亦得值遇，发无上心。（中略）今于佛前发诚实誓愿，于未来世值遇弥勒，舍此身已皆得上生兜率陀天。世尊记曰：汝等及未来世修福持戒，皆当往生弥勒菩萨前为弥勒菩萨之所摄受。佛告优波离，作是观者名为正观，若他观者名为邪观②。

因此，该作者认为第38窟的半跏思惟像是象征性地把已到兜率天为前提的修行者的思惟图像化③，由此可见交脚菩萨与半跏思惟菩萨两者图像的密切关系。然依据宫治昭的研究成果，认为克孜尔石窟的弥勒菩萨信仰多和涅槃思想结合，即“这涅槃与弥勒菩萨的组合，是所谓的希望在释迦入灭后的现在，愿往生兜率天，再生于弥勒菩萨前，充分表现出救济色彩浓厚的中亚佛教美术的特征”或“涅槃与弥勒菩萨的组合，形成释迦入灭后，愿往生有释迦遗法和佛舍利的兜率天，求救于弥勒菩萨的救济论图像”④。这与麦积山石窟所呈现的过去、现在与未来的三世佛思想并不相同。虽说出现在克孜尔石窟的交脚菩萨与半跏思惟像可以成为麦积山石窟图像发展的可能来源之一，且两地区皆有弥勒信仰，但基本的信仰精神却不尽相同。

① 刘松柏、周基隆《克孜尔石窟总叙》，新疆维吾尔自治区文物管理委员会、拜城县克孜尔千佛洞文物保管所、北京大学考古系编《中国石窟·克孜尔石窟》三，文物出版社、平凡社，1997年，页248、249。

② 浅井和春《菩萨半跏像 観松院》，《国华》第1116号，1988年，页24。《观弥勒菩萨上生兜率天经 》《大正藏》第14册，页420b、c。

③ 浅井和春《菩萨半跏像 観松院》，页24。

④ 宮治昭《涅槃と弥勒の図像学—インドから中央アジアへ—》，吉川弘文馆，1992年，页517与页520。

地处克孜尔石窟与麦积山石窟之间的敦煌莫高窟第275窟①也可见到交脚菩萨与半跏思惟菩萨像共出的设计②，窟内布局是以西壁的交脚菩萨像为主尊，南、北两壁上层由外而内分别是一浮塑双树龛楣的圆券龛内塑半跏思惟菩萨与二阙形龛内各塑一身交脚菩萨，南、北两壁的下层是以壁画为主，南侧是佛传题材、北侧为本生故事。就全窟整体的题材而言，该窟所见似乎与克孜尔石窟第38窟的表现较为接近。

然而地缘关系近于麦积山石窟③，且制作年代确定的作品，应首推北凉石塔。出土于酒泉地区的缘禾三年（434）白双且塔，塔基以上分两层，自上而下第一层七禅定坐佛一交脚菩萨，第二层六禅定坐佛一半跏思惟菩萨一交脚菩萨（图8）。另一件作品为武威地区出土的一座方形塔基的石塔，塔身分三层，上层为八禅定坐佛，中层为七结跏趺坐佛一坐高座交脚菩萨，下层七禅定坐佛一坐高座半跏思惟菩萨（图9）。在谈论这两件作品图像的发展之前，必须先行检视目前所存北凉石塔的现况。现今已知北凉时期的石塔，分别是在武威地区发现一座、酒泉地区出土六座、敦煌地区发掘五座与吐鲁番地区有二座，合计共有十四座④。为方便观察石塔中交脚菩萨像与半跏思惟像图像的历史发展，首先依纪年顺序将作品概况列出，再将无纪年之作品罗列于后。

图8 北凉缘禾三年（434）白双且塔（局部）

图9 武威出土北凉石塔

目前，有纪年的作品共计七件，其中以出土于酒泉地区的承阳二年（426）马德惠塔为最早，塔腹经文内容与《增一阿含经》第四十二卷《结禁品》第四十六的第三段前半部分基本相同，即自“闻如是”至“是名得道”止⑤；图像表现为塔肩一层开八龛，分别是七尊结跏趺坐佛与一尊交脚菩萨。同为426年的□吉德（干支丙寅）塔⑥是出土于敦煌，塔面残损严重，塔腹见有“闻如”开首，最后有“是名得道”，亦为《增一阿含经》《结禁品》第三段的前半段，同时还线刻有一佛像，其旁残留有“第一

① 有关敦煌莫高窟早期洞窟（第268、272、275窟）营建时间的意见可以分为两种，一是属于北凉时期，有Alexander C. Soper（“Northern Liang and Northern Wei in Kansu,” Artibus Asiae, vol. 21（1958）, p. 160）或樊锦诗、马世长、关友惠（见于《敦煌莫高窟北朝洞窟的分期》，敦煌文物研究所编著《中国石窟·敦煌莫高窟》一，文物出版社、平凡社，1982年，页188）；一是晚于云冈昙曜五窟的时间，是以宿白为代表（见于《莫高窟现存早期洞窟的年代问题》，宿白著《中国石窟寺研究》，文物出版社，1996年，页277，原载于香港中文大学《中国文化研究所学报》第20卷，1989年。）、石松日奈子著《北魏仏教造像史の研究》，ブリュッケ，2005年，頁67。

② 东山健吾《敦煌莫高窟北朝期尊像の図像的考察》，页80；李玉珉《“半跏思惟像”再探》，页46；八木春生《麦积山石窟第七四及び七八号窟の造営年代について》，页48。

③ 张掖裕固族自治县马蹄寺石窟群中的金塔寺，在西窟中心柱中层西面龛内主尊半跏思惟菩萨像，左右两侧各二排二坐菩萨像。但由于该窟内还有多尊其他尊像，图像组合复杂，故在此不列入本文讨论范围。

④ 殷光明《北凉石塔研究》，财团法人觉风佛教艺术文化基金会，2000年，页23。

⑤ 殷光明《北凉石塔研究》，页27。以下有关北凉石塔的经文文字数据是据殷光明该书而来，依顺序分别见于页40、34、29、31、49、37、43、46、52、56、57。

⑥ 殷光明《北凉石塔研究》，页39。

维”的字样；塔肩仅以阴线刻出七尊像，六结跏趺坐佛一立菩萨，尊像与尊像间或无文字或因残而无法辨识，或刻有“第二式佛”、“第三随叶佛”、“第四句〔留〕秦佛”与“第七释迦牟□□”等，其中包括菩萨装立像之旁刻有“弥勒佛”三字，再加上见于下层塔腹上的一佛，故仍属于表现七佛一菩萨的造像内容。

酒泉承玄元年（428）高善穆塔，塔腹有《增一阿含经》《结禁品》段落中前半部分，即自“闻如是”至“是名得道”止；塔肩一层开八龛，为七结跏趺坐佛一坐有椅背之座的交脚菩萨。同为出土于酒泉的承玄二年（429）田弘塔，残损严重，塔腹经文为《增一阿含经》的内容，段落自“闻如是”至“是名得道”止，中间一段佚失；现塔肩仅存三残佛龛，但估计原完整时仍应为八龛。同样是来自酒泉的缘禾三年（434）白双且塔，塔基上经文首行为“闻如是一时……”，与马德惠塔、田弘塔上经文同；塔基以上有两层，每层有八龛，自上而下是第一层七禅定坐佛一交脚菩萨，第二层为六禅定坐佛一半跏思惟菩萨一交脚菩萨，交脚与思惟皆坐有椅背的高座。

敦煌缘禾四年（435）索阿后塔，塔腹有经文内容为《增一阿含经》《结禁品》中一段的中间部分，即从“照有此色”至“不舍精进之行”；塔肩开八龛，有七结跏趺坐佛一坐无靠背之高座的交脚菩萨。制作年代晚出一年的酒泉太缘二年（436）程段儿塔，塔腹仍有“闻如是”至“是名得道”之经文；塔肩一层开八龛，内七禅定结跏趺坐佛一坐有椅背之高座的交脚菩萨。

无纪年者亦共有七件，分别为敦煌沙山塔，塔腹有经文，其内容首行为“闻如是”，末行“是名得道”止，塔肩刻八龛，是七结跏趺坐佛与一结跏趺坐菩萨。同为敦煌地区出土的王翼坚塔，塔腹亦刻有经文，开头为“闻”字，同沙山塔经文，塔肩开八龛，残存七龛，原应为七禅定结跏趺坐佛一坐高座之交脚菩萨。另一件出自敦煌的岷州庙塔，为现今已知北凉石塔中最大者，塔腹有汉文经文首行起“习法”，末行为“终不舍”与婆罗谜字经文；塔肩残存五龛，分别是四禅定结跏趺坐佛一交脚菩萨坐高座。出土于酒泉地区的一件残塔，塔肩八龛，三龛残五龛基本完好，可见七坐佛一坐有椅背的低平座之交脚菩萨。

形制和其他北凉石塔多有不同的，是来自武威地区的一座石塔，该塔为方形塔基。塔基以上为圆锥形塔身，逐层向上内收，塔顶部是圆形平面；塔身分三层，每层有八龛，上层为八禅定坐佛，中层为七结跏趺坐佛一坐高座交脚菩萨，下层七禅定坐佛一坐高座半跏思惟菩萨。

新疆吐鲁番宋庆塔，塔腹有经文，经文前题有经名为《佛说十二因缘经》，内容为从“闻如是”至“是名得道”；塔肩开八龛，七尊禅定结跏趺坐佛一交脚菩萨像。同为发掘于吐鲁番的小石塔，塔腹亦刻有《佛说十二因缘经》，内容为“闻如是”至“是名得道”；塔肩开八龛，虽有残损，但应为七禅定结跏趺坐佛一交脚菩萨像。

上述十四件作品，有明确时间最早者为426年的马德惠塔，最晚者为436年的程段儿塔。由于北凉政权亡于约460年左右[①]，所以北凉石塔作品时间的下限约可视为460年前后。考虑造型与其他十三座北凉石塔不同的武威石塔的制作年代，考虑其方形塔基与逐层向上内收的形制，可知其与楼阁式佛塔的发展关系密切，现存有纪年较早者为台北历史博物馆藏天安元年（466）曹天度造石塔（图10），原存于山西朔县崇福寺弥陀殿[②]；其后多可见楼阁式塔，如1964年出土于酒泉市的北魏499年曹天护塔[③]

① “世祖大明三年（459），安周奉献方物”，见梁·沈约撰《宋书》卷九八《列传》第五八，中华书局，页2418。

② 史树青《北魏曹天度造千佛石塔》，《文物》1980年第1期，页68。

③ 陈炳应《北魏曹天护造方石塔》，《文物》1988年第3期。

（图11）。故推测武威石塔的年代下限或可为460年前后。除却残损严重的429年田弘塔，其余十三件作品皆是七佛一菩萨的造像；在这十三件作品中，除426年的□吉德塔表现立像菩萨与无纪年的敦煌沙山石塔为结跏趺坐的菩萨像外，共有十一件出现有交脚菩萨像，若考虑七佛一菩萨组合的造像题材之菩萨多意指为弥勒或在经典中屡见七佛与弥勒共出的话①，这里所见的交脚菩萨者当可认为是弥勒菩萨。

图10 北魏天安元年（466）曹天度造九层石塔

图11 北魏太和二十三年（499）曹天护塔

就七佛一菩萨的图像表现而言，酒泉出土的六座石塔可分两种，一是七坐佛一交脚菩萨，另一种是交脚像与半跏思惟像共出者，前者分别有承阳二年（426）马德惠塔、承玄元年（428）的高善穆塔、缘禾三年（434）白双且塔、太缘二年（436）程段儿塔与无纪年的残塔；后者则是缘禾三年（434）白双且塔；另有一座因毁损而无法辨识，即是承玄二年（429）的田弘塔。敦煌五座石塔可分三种，一是七坐佛一交脚菩萨，包括缘禾四年（435）索阿后塔、无纪年的王翼坚石塔与无纪年的岷州庙塔，共三座；一是七坐佛一立菩萨像，即是426年的□吉德（干支丙寅）塔，由于是较早的作品，配置布局不完整，才将第一佛刻在塔腹上；一是七坐佛一坐菩萨，即为沙山石塔。吐鲁番所出的两座石塔图像表现是一致的，皆为七坐佛一交脚菩萨的造像。整体而言，这些北凉石塔的尊像图像表现相当一致。

另外，在这十四件作品中，除出土于酒泉地区的残塔与武威石塔外，有十件作品刻有《增一阿含经》的部分内容，两件作品则刻有《佛说十二因缘经》的内容，但从现存经文所见约略相同于前十件的作品，由此可见十二件北凉石塔作品皆与《增一阿含经》的内容关系密切。

此外，同时可见有半跏思惟像与交脚像者为出土于酒泉地区的缘禾三年（434）白双且塔与武威地区出土的一座方形塔基的石塔。在434年的白双且塔中的交脚菩萨像是象征弥勒菩萨之理由如前所述，而半跏思惟像是代表释迦牟尼佛，则如前面所提太子思惟的图像多见于与释迦牟尼有关的佛传经典中。然在武威石塔中所见的交脚菩萨像，明显是延续北凉石塔的图像传统，而出现在此的七佛一半跏思惟菩萨像亦将其视之为弥勒菩萨者，或许我们可以从北凉石塔上的刻经，即《增一阿含经》的内容找到些许的线索。该经卷四十四《十不善品第四十八》："弥勒菩萨于兜率天，观察父母不老不少，便降神下应从右胁生，如我今日右胁生无异，弥勒菩萨亦复如是。兜率诸天各各唱令，弥勒菩萨已降神下。是时，修梵摩即与子立字，名曰弥勒，有三十二相八十种好，庄严其身，身黄金色。（略）。尔时，弥勒在家未经几时，便当出家学道。尔时，去鸡头城不远，有道树名曰龙华，高一由旬，广五百步。时弥勒菩萨坐彼

① 以至6世纪译出的经典为例，有晋代译失三藏名今附东晋录（317～420）《七佛八菩萨所说大陀罗尼神咒经》，《大正藏》第21册，536b～538a、东晋佛陀跋陀罗译（368～421）《佛说观佛三昧海经》，《大正藏》第15册，660b、c、677c、693a、b、c、后秦弘始年（402～412）鸠摩罗什等译《禅秘要法经》，《大正藏》第15册，254 a、b、c、姚秦鸠摩罗什（344～413）译《十住毘婆沙论》，《大正藏》第26册，43a、43c、44a、刘宋沮渠京声（445～?）译《治禅病秘要法》，《大正藏》第15册，341c、东晋瞿昙僧伽提婆译（建元十九年383以后）《增一阿含经》《大正藏》第2册，786c－787c、790a－791b、元魏昙曜《大吉义神咒经》《大正藏》第21册，568a等。

树下，成无上道果。当其夜半，弥勒出家，即其夜成无上道。时，三千大千刹土，六变震动。地神各各相告曰：今弥勒已成佛。”① 这样的记述内容很容易让我们联想到的是佛传的相关经典，例如后汉建安二年（179）竺大力、康孟详共译的《修行本起经》、吴黄武二年至建兴二年（223～253）支谦译《佛说太子瑞应本起经》与西晋永嘉二年（308）竺法护译《佛说普曜经》的相关记载②。事实上，《增一阿含经》中的弥勒菩萨相关记述，在宣扬弥勒信仰的弥勒经典亦可见之，如西晋太安二年（303）③ 竺法护译《佛说弥勒下生经》中提到：“尔时弥勒菩萨，于兜率天观察父母不老不少，便降神下应从右胁生，如我今日右胁生无异，弥勒菩萨亦复如是。兜率诸天各各唱令，弥勒菩萨已降生。是时修梵摩即与子立字，名曰弥勒。弥勒菩有三十二相八十种好，庄严其身身黄金色。（略）尔时弥勒在家未经几时，便当出家学道。尔时去翅头城不远有道树，名曰龙花，高一由旬广五百步。时弥勒菩萨坐彼树下成无上道果。当其夜半弥勒出家，即于其夜成无上道。”④ 由于弥勒菩萨的传记发展似乎与佛传情节相近，所以出现在武威石塔上菩萨像，可能是将原是代表释迦牟尼佛的半跏思惟像转成视之为弥勒菩萨的象征。

在此还有一点值得我们注意的是出土于敦煌的□吉德（干支丙寅426）塔的七佛一菩萨图像，即是在塔腹上除见有刻经的内容外，还有线刻一佛像，其旁残留有“第一维”的字样，而在塔肩阴线刻有六结跏趺坐佛一立菩萨的七尊像，在坐佛像间现残留有“第二式佛”、“第三随叶佛”、“第四句〔留〕秦佛”与“第七释迦牟□□”，在菩萨装立像之旁刻有“弥勒佛”三字。依据菩萨立像的弥勒佛的称名，推测应是属于未来佛的弥勒信仰，残存的“第七释迦牟□□”，应是指称第七佛释迦牟尼佛，释迦牟尼佛为现在佛，则释迦牟尼佛以前的一至六佛，应是代表着过去佛的意涵。所以，或许在此所见的七佛一菩萨的图像，亦是一种三世佛思想的另一种展现。

四、麦积山石窟以东地区的作品

制作年代在6世纪以前，且制作地点在麦积山石窟以东地区的交脚菩萨像，出现最集中且数量也是最多者，当首推以山西大同的云冈石窟为例。宿白的研究指出，除有政治原因外，同时也有意针对废佛事件作修补，进而大力宣传佛教历史悠久，如《魏书·释老志》记载有“所谓佛者，本号释迦文者，译言能仁。谓德充道备，堪济万物也。释迦前有六佛，释迦继六佛而成道，处今贤劫。文言将来有弥勒佛，方继释迦而降世”⑤。因此，在云冈石窟中多见有表现过去、现在与未来的三世佛的题材，同时亦多有代表未来佛的弥勒造像。

属于第一期工程的昙曜五窟中的第17窟，就是以交脚菩萨像为主尊的洞窟（图12）。尽管目前并没有直接的文字依足以说明云冈石窟中的交脚菩萨像就是弥勒菩萨像，然考虑《高僧传》卷十一《玄高传》中有说到主持云冈石窟开凿的昙曜便是“以禅业见称”⑥。另同上述资料中有提到玄高“乃杖策西秦隐居麦积山。山学百余人，崇其义训禀其禅道，”其后又说“时魏虏拓跋焘僭据平城，军侵凉境。焘

① 《大正藏》第2册，页788a、b。
② 《大正藏》第3册，页461a－472b、472c－483a、483a－538a。
③ 《佛书解说大辞典》第10卷，页320。
④ 《大正藏》第14册，421c。
⑤ 宿白《云冈石窟分期试论》，《考古学报》1978年第1期。北齐·魏收撰《魏书》卷一一四《释老志》，中华书局，页3027。
⑥ 《大正藏》第50册，398b。

舅阳平王社请高同还伪都。既达平城，大流禅化。伪太子拓跋晃，事高为师”①。故而推测云冈石窟中的尊像图像，应是属于进行禅观修行时必要之观想尊者。另外，在第一期的洞窟中多见有交脚菩萨像与释迦多宝图像并出，这样共出的图像在第二期工程的洞窟中所见更多，甚至有以其为主尊者，如在第7窟②主室北壁下层龛是释迦多宝二佛坐像，上层龛是以交脚菩萨像为主尊，左、右两侧各一倚坐佛与一半跏思惟像（图13、14）。这种二佛并坐与交脚菩萨像同时出现的经典，除可见于鸠摩罗什（344～413）于弘始八年（406）译出的《妙法莲华经》之外，属于禅观经系的经典则可于同译者的《思惟略要法》中找到其出典，即是所谓的“法华三昧观法”，其内容为“三七日一心精进如说修行。正忆念法华经者，当念释迦牟尼佛于耆阇崛山与多宝佛在七宝塔共坐，十方分身化佛遍满所移众生国土之中。一切诸佛各有一生补处菩萨一人为侍，如释迦牟尼佛以弥勒为侍。一切诸佛现神通力，光明遍照无量国土。（下略）”③。因此，在此所见之交脚菩萨像者，应是所谓的弥勒菩萨。除上述所举二窟之外，在其他洞窟仍多处可见此造像作品④。由于云冈石窟营建的主要支持者是皇室贵族，且是由当时的高僧大德主持规划，所以应对当时的社会与一般信众产生一定程度的影响力，连带着对弥勒造像的发展也应有正面的鼓吹作用。如此一来，必然容易强化当时人们将这种交脚姿势的菩萨就认为是弥勒菩萨的图像概念。

图12 云冈石窟第17窟正壁主尊交脚菩萨像

图13 云冈石窟第7窟主室正壁下层龛二佛并坐像

图14 云冈石窟第7窟主室正壁上层龛交脚五尊像

① 《大正藏》第50册，397a、397c。

② 有关第7窟的营建时间，长广敏雄认为是献文帝时期（465～471），宿白认为是孝文帝初期（471～?）。文见宿白《〈大金西京武州山重修大石窟寺碑〉的发现与研究——与日本长广敏雄教授讨论有关云冈石窟的某些问题》，《北京大学学报·哲学社会科学版》1982年第2期。

③ 《大正藏》第15册，页300b、c。

④ 参见水野清一、长广敏雄著《云冈石窟——西历五世纪における中国北部佛教窟院の考古学的调查报告》，京都大学人文科学研究所，第19窟（第13卷图版2、3、70）、第18窟（第12卷图版77、78、81、91、92）、第16窟（第11卷图版49）、第9窟（第6卷图版11、12）、第5窟（第2卷图版23、39、41）、第11窟（第8卷图版8、16、44）、第12窟（第9卷图版6）、第13窟（第10卷图版8、9、11、17、39）等等。

在单尊造像方面，以交脚弥勒菩萨为主尊的造像作品，则可举于1983年西安市西郊通讯学校出土[①]、现收藏于西安碑林博物馆的5世纪后半交脚菩萨龛像（图15）为例，该作品正面分三层；第一层开三小龛，中龛一佛二菩萨，左右龛各一坐佛；第二层龛较大，以交脚菩萨为主尊，两侧各一半跏思惟菩萨、一立菩萨；第三层开五龛，正中龛内二佛并坐，其余各置一坐佛。背面分有四层浮雕，第一层为佛传故事，第二层以下为睒子本生故事。另外，大阪市立美术馆藏北魏500年以前的作品交脚弥勒菩萨像龛（图16－1），主尊两侧各有三排菩萨，自上而下一、二、二跪姿供养菩萨；背面正中一树，树下左右各一半跏思惟像，其尊像前各有二供养人（图16－2）。基于正面主尊像的尊格为弥勒，背面所见半跏思惟像应视之为弥勒思惟像。

图15 西安出土交脚菩萨龛像

图16-1 交脚菩萨龛像

图16-2 背面

事实上，在中原地区的弥勒信仰发展由来已久，依据诸文献资料与前人研究成果可知，竺法护自泰始二年（266）至永嘉二年（308）于敦煌、长安、洛阳一路传译《弥勒成佛经》、《弥勒本愿经》等；同时亦有指出依《高僧传》卷五《道安传》说“苻坚遣使送外国金箔倚像高七尺。又金坐像、结珠弥勒像、金缕绣像、织成像各一张。每讲会法聚，辄罗列尊像，布置幢幡”，又提到“安每与弟子法遇等。于弥勒前，立誓愿生兜率。后至秦建元二十一年正月二十七日，忽有异僧形甚庸陋，来寺寄宿。寺房既窄，处之讲堂。时维那直殿，夜见此僧从窗隙出入，遽以白安。安惊起礼讯问其来意。（略）。安请问来生所往处，彼乃以手虚拨天之西北，即见云开，备睹兜率妙胜之报。尔夕大众数十人悉皆同见”；又例如弘始三年（401）鸠摩罗什至长安后新译出《弥勒成佛经》、《弥勒下生经》等[②]。在在皆可说明5世纪初时，中原地区的弥勒信仰已有一定程度的发展。然而，现今我们所能见到的作品并不多，据大村西崖的《支那美术史雕塑篇》有“登国五年（390）三月三日。佛弟子徐常乐。为合门大小。敬造弥勒像一区供养”[③] 之记载，但该作品今已不复可见。又如东京国立博物馆藏金铜佛立像（图17），其铭文记载为“太平真君四年（443），高阳蠡吾任丘村人菀申发愿为东宫太子造□玉菩萨，下为父母一切知识弥勒下生龙华三会听受法言一时得道申，弟菀霸菀景（以上背面）菀恩菀亮侍佛时，所求如意常见诸佛，

① 李域铮编著《陕西古代石刻艺术》，三秦出版社，1995年，页37。裴建平《西安碑林藏北魏佛龛像考释》，《碑林集刊》7，2001年。

② 《大正藏》第50册，352b、353b、c；宿白《南朝龛像遗迹初探》，《考古学报》1989年第4期。

③ 大村西崖《支那美术史雕塑篇》，佛书刊行会图像部，1915年，页173。

清信士女刘文美菀景妻侍佛时（以上左侧）”①。虽然铭文上记为“□玉菩萨”，但实为佛立像一尊，或许我们可以认为这是当时人们对于尊像的图像概念尚未有固定的认识所导致的一种结果。同时，由此尊像也让我们了解到，当时人们企望能生逢“弥勒下生龙华三会听受法言”的一种弥勒信仰。

此外，在单尊造像且有造像铭文的半跏思惟像方面，诚如东山健吾和李玉珉所指出的，是以北魏太平真君三年（442）刻造的石像为最早的作品（图 18－1），其背面刻有坐于龛内的比丘僧像（图 18－2），座下有火焰，其下刻有重迭的山峰②。该造像记内容为“太平真/君三年（442）/五月三日。/为亡母/王。造尊/像一躯”。虽然在造像记上并无明确标示尊像名称为何，但是从作品背面的图像表现判断，正面所见的半跏思惟像，或许是禅观修习时的一种重要观想图像③。

图 17　北魏太平真君四年（443）佛立像

图 18－1　北魏太平真君三年（442）半跏思惟菩萨像

图 18－2　背面

除此之外，有关半跏思惟像的图像作例，还可见于藤井齐成会有邻馆藏北魏太安元年（455）佛三尊坐像（图 19）中，主尊两侧胁侍为姿势相对称的半跏思惟像，佛下方正中一小龛内有二佛并坐像，其左右两侧由内而外，分别是一小龛内一坐佛与二供养人。背面为分五层，分别为佛传、睒子本生、萨埵太子本生与供养人。从整体的图像内容与构图形式判断，出现在此的半跏思惟像应与主尊的坐佛比较有关。同样以观照整体作品的标准来思考的话，又可举 1974 年出土于西安市西关王家巷（现藏西安碑林博物馆）和平二年（461）佛三尊造像（图 20），背面自上而下，分别为菩萨说法图，中间为交脚菩萨，左右各一立胁侍菩萨与跪姿之供养菩萨，下方有众听法天人与供养菩萨。画面中部左侧、下部三层线刻

---

① 高阳蠡吾在今河北省博野县西南，见松原三郎《中国仏教雕刻史论 本文编》，吉川弘文馆，1995 年，页 245。铭文内容依和泉市久保惣记念美术馆编集《中国古式金铜仏と中央・东南アジアの金铜仏》，和泉市久保惣记念美术馆，1988 年，页 62。

② 水野清一《中国の佛教美术》，平凡社，1966 年，页 70－72，图 28。东山健吾《敦煌莫高窟北朝期尊像の図像的考察》，页 84。李玉珉《“半跏思惟像”再探》，页 45。

③ 另外，书道博物馆藏鲍綦造石刻基座（图见松原三郎著《中国仏教雕刻史论 图版编》一之图 25）上有：大魏太平真君三年（442）/岁次壬午。正月戊寅/朔十有八日乙未。永/昌王常侍定州常山/鲍綦。单宦在□。减割/身口之储。为父前邢/□令。亡母王。造兹石/浮啚。大涅盘经一部。愿/皇帝陛下。享祚无穷/父身延年益寿。父母/将来生弥勒佛前。合/家眷属。普家十一余/福。子"孙"。咸受/福庆。铭文内容依台东区立书道博物馆编集之《台东区立书道博物馆図録》图 67（2000 年版）与参考该馆陈列图说内容判读所得。该作品笔者曾于 2007 年 9 月 6 日前赴该馆目睹，其铭文线刻现存状况与作品上方所见莲座线条现状有些不同，或可再做进一步研究，故其历史的意义价值暂做保留。

图 19 北魏太安元年（455）佛三尊像

图 20 北魏和平二年（461）佛三尊像

佛传诞生、九龙浴太子、阿私陀占相等内容①。若依据《太子瑞应本起经》卷上提到“菩萨于九十一劫，修道德，学佛意，通十地行。在一生补处，后生第四兜术天上，为诸天师。功成志就，神智无量，期运之至，当下作佛”② 的内容，考虑正面为结跏趺坐的佛像，背面的佛传故事情节画面完整，推测在此所见之交脚菩萨是弥勒像，这个场景出现的目的不是为强调弥勒信仰，而是表现兜率天宫的场面，是为了配合佛传的内容，表现经典上所说等待时机降生净饭王家的释迦牟尼所在世界。

根据上述所观察的作品，我们可以将弥勒信仰分为弥勒佛与弥勒菩萨两种，前者如太平真君四年（443）的东京国立博物馆藏金铜佛立像，后者如云冈石窟第 17 窟交脚菩萨像或如第 7 窟主室北壁上层龛者与西安碑林博物馆藏作品和大阪市立美术馆藏的作品等。同时，后者之弥勒菩萨造像，若有以半跏思惟像为其胁侍而出现的话，基本上是以成双方式出现。这种以半跏思惟像为胁侍的图像，即便是在以佛像为主尊的情形下，仍是以相对称的方式出现，这符合了一般佛教造像左右对称的概念。

小结 麦积山石窟中的交脚菩萨像与半跏思惟像

有关交脚菩萨的形象问题，虽然在汉译的佛教经典中没有确切的出典根据，但是依据上文分别对麦积山石窟以西和以东区域作品的观察，同时参考石松日奈子在《中国交脚菩萨像考》③ 一文的研究成果，

① 松原三郎著《中国仏教雕刻史论 本文编》，页 245。李域铮编著《陕西古代石刻艺术》，三秦出版社，1995 年，页 38。李凇著《陕西佛教艺术》，艺术家出版社，1999 年，页 44 – 47。

② 《大正藏》第 3 册，页 473b。又如《修行本起经》卷上“能仁菩萨，于九十一劫，修道德，学佛意，行六度无极，布施持戒，忍辱精进，一心智慧，善权方便，慈悲喜护，育养众生，如视赤子。承事诸佛，积德无限，累劫勤苦，通十地行。在一生补处，功成志就，神智无量，期运之至，当下作佛。于兜术天上，兴四种观，观视土地，观视父母”。见《大正藏》第 3 册，页 463a。又见于《佛说普曜经》卷二：“佛语诸比丘：于时菩萨过冬盛寒，至始春之初，修合星宿。春末夏初树木雕落，初始花茂不寒不暑。时三界尊观察十方，适在时宜沸星应下。菩萨便从兜术天上，垂降威灵化作白象，口有六牙诸根寂定。颈首奋耀光色魏魏，眼鼻晃昱现从日光。降神于胎趣于右胁。菩萨所以处于右者，所行不左。王后洁妙，时晏然寐忽然即觉，见白象王光色如此，来处于胎，其身安和。”见《大正藏》第 3 册，页 491a、b。

③ 石松日奈子《中国交脚菩萨像考》，《佛教艺术》178 号，1988 年。

我们可以确知中国在6世纪以前交脚坐姿的菩萨像，即所谓的交脚菩萨像已经被视为弥勒菩萨像，且推测这样的概念似乎流传在相当广泛的地区。换言之，对当时的人们而言，这种图像概念应该是已经有了一定程度的普遍认识。另外，依据麦积山石窟以东地区作品的题记资料，如东京国立博物馆藏金铜佛立像（443年）铭文，可以知道当时人们期待生生值遇弥勒佛国净土的愿望。这与从麦积山石窟以西地区的北凉石塔上所观察的题记内容相似，如见于酒泉出土的434年铭的白双且塔之发愿文为“凉故大沮渠缘禾三年岁次甲戌七月上旬清/信士白双且自惟薄福生值末法波流苦深（?）/与圣录旷正自惟慨寤寐永叹即于山岩/步负斯石起灵塔一尊一窟形容瑞严（?）/愿此福报使国主兄弟善心纯熟兴隆（?）/三宝见在师僧证菩提果七世父母兄/弟宗亲舍身受身值遇弥勒心门（开?）/意解获其果愿”。

这些记述正是反映当时人信仰弥勒的宗教需求，亦符合在佛教经典中宣扬弥勒信仰功德的内容。例如在沮渠京声于刘宋孝建二年（455）翻译的《佛说观弥勒菩萨上生兜率天经》中记载“佛告优波离：是名弥勒菩萨于阎浮提没生兜率陀天因缘。佛灭度后我诸弟子。（略）。应当系念念佛形像称弥勒名。如是等辈若一念顷受八戒斋，修诸净业发弘誓愿，命终之后譬如壮士屈申臂顷，即得往生兜率陀天，于莲华上结加趺坐。（略）。善哉善哉善男子，汝于阎浮提广修福业来生此处。此处名兜率陀天，今此天主名曰弥勒。（略）。如是等众生若净诸业行六事法，必定无疑当得生于兜率天上值遇弥勒，亦随弥勒下阎浮提第一闻法于未来世值遇贤劫一切诸佛，于星宿劫亦得值遇诸佛世尊于诸佛前受菩提记”① 之内容。

同时，发愿文中所见的弥勒信仰内容，也合乎那时人们禅观修行的目的。如见于佛陀跋陀罗（368~421）汉译的《佛说观佛三昧海经》卷二《观相品第三之二》记载：“入塔观时，亦当作此诸光明想。至心合掌胡跪谛观，一日至三日心不错乱，命终之后生兜率天，面见弥勒菩萨色身端严，应感化导。”同经卷七的《观四威仪品第六之余》中有提到“当入塔观一切坐像，见坐像已忏悔障罪，此人观像因缘功德。弥勒出世。见弥勒佛初始坐于龙华树下结加趺坐，见已欢喜，三种菩提随愿觉了。”② 此外，鸠摩罗什在弘始四年至十四年间（402~412）译出的《禅秘要法经》卷上亦有提到：“佛告阿难：若比丘比丘尼、优婆塞优婆夷得此观者名得地大观当勤系念。慎莫放逸若修不放逸，行疾于流水，当得顶法。虽复懒惰已舍三涂恶道之处，舍身他世，生兜率天，值遇弥勒，为说苦空无常等法，豁然意解，成阿那含果。（略）。闻佛所说，欢喜奉行，得此观者，名第十四地大观竟。”又同经卷中有“若复有人，系念谛观，见举身白骨。此人命终，生兜率陀天，值遇一生补处菩萨，号曰弥勒。见彼天已，随从受乐，弥勒成佛，最初闻法，得阿罗汉果，三明六通，具八解脱”，或该经的卷下亦有“当知此人，世世所生不离见佛，于未来世，值遇弥勒龙华初会，必先闻法，得证解脱”或“佛告阿难：若比丘比丘尼、优婆塞优婆夷，系念住意，心不散乱，端坐正受，住意一处，闭塞诸根，此人安心念定力故，虽无境界，舍身他世，生兜率天，值遇弥勒，与弥勒俱，下生阎浮提，龙华初会，最先闻法，悟解脱道”③ 等之相关记述。

由于如前述《高僧传》卷十一《玄高传》记载，专业禅法的玄高隐居麦积山时，有百余人者崇其义训禀其禅道，可推测当时的麦积山石窟应曾经有过适合禅观修行的洞窟。尽管目前无法考证玄高所在之时进行禅观习法的洞窟为何者，但就现存洞窟的作品而言，如在正壁与左、右壁各配置一坐佛，且在正壁上部遗存有交脚菩萨像与半跏思惟像二小龛的第78窟，就是表现三世佛概念的洞窟，是符合当时思惟

① 《大正藏》第14册，页420a。
② 《大正藏》第15册，页656b、681c。
③ 《大正藏》第15册，页250c、254c、268a、268c。

修法所需的观想题材[1]，或许该窟原是一个可以作为禅观修行的道场。现存麦积山石窟最早、尊像布局相似的洞窟第74与78窟的大小，前者之高度、宽度、进深、佛像高度与坛基高度分别为457、457、266、286、86厘米，后者是450、460、280、300、95厘米[2]。就洞窟的规模而言，既可作为一人禅观之用，亦可符合数人共修之用。考虑佛教信徒礼拜通规的"右绕[3]"观念的话，修行者进入洞窟之后，面对正壁的左侧，即位于洞窟右壁的坐佛代表着过去佛，正壁的坐佛象征是现在的释迦佛，左壁的坐佛应是代表未来的弥勒佛。在张学荣与何静珍的研究成果中，认为是出现在正壁主尊上部左侧一半跏思惟菩萨与右侧的交脚菩萨与释迦有关。当然，若是以释迦尊像为中心来思考的话，半跏思惟的图像的确与释迦牟尼有关的佛传经典关系密切。然透过全面性地对交脚菩萨像的观察，可以确定在5世纪前半时，交脚菩萨像被视之为弥勒菩萨的认识已有一定程度的发展，故在此所见的交脚菩萨像，恐怕只是表现象征释迦尚未成佛仍为众多菩萨之一身处于兜率天宫的场面。然而假使这样的推测合理的话，与在相对位置所出现可视半跏思惟形态作为象征释迦的半跏思惟菩萨像造型不同，形成比较不符合一般佛教造像的对称原则，同时又与前述从作品考察交脚菩萨像被认为是弥勒菩萨的结果不尽相符。此外，用不同的形象意涵同一图像的概念，即一个半跏思惟的图像是具体地代表尚未成佛的释迦的身份，另一个交脚菩萨的图像却只能抽象地象征尚未成佛的释迦所在世界，似乎比较不容易让人理解。

然而，由于根据前述对十四件北凉石塔作品的观察，亦可以推测半跏思惟像者与弥勒图像的发展有关。同时考虑佛教信徒右绕的礼拜通规、当时禅观修行的需求与信仰的现实目的的话，修行者进入洞窟之后，首先面对观想位于洞窟右壁代表着过去佛的坐佛，再面对正壁象征是现在的释迦佛，藉由位于正壁主尊上方两侧小龛的一交脚菩萨像与一半跏思惟像同时象征弥勒，导引观者再观位于左壁代表未来的弥勒坐佛。映入观者眼帘的首先是最能代表弥勒图像的交脚菩萨像，再而是象征尚未成佛的修行过程的弥勒菩萨，最后才是与过去佛、现在佛同大小的未来世弥勒佛。这样的三世佛布局加上搭配可认为代表是弥勒菩萨的交脚菩萨与半跏思惟菩萨，比较符合观想过程的禅观修行需求，亦较能与发愿文中所见最后愿托生弥勒净土世界的内容相吻合。

在麦积山石窟考察期间，承蒙花平宁所长等多次特别关照，在此特表感谢之意。

图版出处：

图1：天水麦积山石窟艺术研究所编《中国石窟·天水麦积山》，文物出版社、平凡社，1998年，图18

图2：同上，图17

图3：同上，图8

图4：同上，图7

---

① 刘慧达《北魏石窟与禅》，《考古学报》1978年第3期。

② 该数据由麦积山石窟艺术研究所副所长魏文斌提供。

③ 右绕一词常见于佛教经典中，如昙果共康孟详译于建安十二年（207）的《中本起经》卷上《度瓶沙王品第四》中说到"于时世尊，欲诣罗阅祇，度于君民。（略）。王遥见如来相好光光，即便下车，却从解剑。佛知瓶沙性素憍豪刚强贡高，欲令速解化王从者仪式。若王瓶沙，顾视从者，似己无异。惧佛不识，头面礼足，右绕三匝，礼毕自陈"，见《大正藏》第4册，页152a、b。或又如见于竺法护在永嘉二年（308）译出的《佛说普曜经》《试艺品第十》中有"时诸释族种姓悉共集会，欲试手搏。调达在世常自贡高，自谓为可不肯折伏，常与菩萨共诤威力。一切来者覩之超异，右绕稽首归礼大圣。调达及难陀故欲手搏。于时菩萨安隐详序，愍念之故举调达身"，见《大正藏》第3册，页501c。

图5：同上，图3

图6：同上，图16

图7：新疆维吾尔自治区文物管理委员会、拜城县克孜尔千佛洞文物保管所、北京大学考古系编《中国石窟·克孜尔石窟》一，文物出版社、平凡社，1989年，图83

图8：殷光明著《北凉石塔研究》，财团法人觉风佛教文化艺术基金会，2000年，图版99

图9：魏文斌提供

图10：台湾历史博物馆编辑委员会编《历代佛雕艺术之美》，台湾历史博物馆，2006年，图4

图11：东京国立博物馆、朝日新闻社编《中国国宝展》，朝日新闻社，2004年，图81

图12：水野清一、长广敏雄著《云冈石窟——西历五世纪における中国北部佛教窟院の考古学的调查报告》第十二卷，京都大学人文科学研究所，1954年，图版65

图13：水野清一、长广敏雄著《云冈石窟——西历五世纪における中国北部佛教窟院の考古学的调查报告》第四卷，京都大学人文科学研究所，1952年，图版30b

图14：水野清一、长广敏雄著《云冈石窟——西历五世纪における中国北部佛教窟院の考古学的调查报告》第四卷，京都大学人文科学研究所，1952年，图版32

图15：李域铮编著《陕西古代石刻艺术》，三秦出版社，1995年，页37

图16：大阪市立美术馆编《中国の石仏—荘厳なる祈り》，大阪市立美术馆，1995年，图79

图17：松原三郎著《中国仏教雕刻史论 图版编》一，吉川弘文馆，1995年，图23

图18：水野清一著《中国の佛教美术》，平凡社，1966年，图28上、下

图19：大阪市立美术馆编《中国の石仏—荘厳なる祈り》，大阪市立美术馆，1995年，图74

图20：李凇著《陕西佛教艺术》，艺术家出版社，1999年，页45、47

作者简介

潘亮文，1964年生，1996年取得日本神户大学文学博士，专长佛教艺术、日本美术，现职台南艺术大学艺术史与艺术评论研究所副教授。发表《不空三藏与文殊菩萨信仰》、《法华经相关之美术作品研究——以敦煌地区初期至盛唐的发展为中心》、《渡唐天神像作品出现的意义》、《白衣观音像についての一考察》等论文。

麦积山北魏晚期洞窟分期研究

——兼论与洛阳石窟造像的关系

李裕群

要　約

麦積山石窟北魏晩期（494～534年）に開かれた石窟の数は30窟余を数える。これは、麦積山石窟の各時期に開かれた石窟の中で最多である。本文では、窟形式や塑像のモチーフ及び様式の違いによって、北魏晩期の石窟を三つに分期した。第1期（494～511年）には、第89、76、114、115、155、163号窟が含まれる。第2期（512～524年）は、第159、142、131、133窟、そして第3期（525～534年）には、第122、121、126、85、101号窟などが含まれる。

上記の分期を根拠として、本論では麦積山石窟晩期の石窟の形式、モチーフおよびその変遷の法則について指摘する。例えば窟形式では、方形窟がもっとも流行した。壁面に開かれた龕は、第1期の三壁二龕から、第3期の三壁三龕へと移行し、また壁面には第1期に小龕が開かれるか、あるいは距離を隔てて稜を作り出しその上に影塑を載せていたのが、第2期は徐々に壁面に台を造り、その上に影塑を貼付けるようになった。さらに第3期では台を作らず、壁面に直接影塑を貼付けられるか、影塑自体を用いなくなる。

モチーフとして、もっとも流行したのは三仏であり、第1期は一仏二菩薩像が多い。第2期では、新しく一仏二弟子二菩薩像が出現し、この組み合わせは、第3期でも比較的流行した。また弟子像の中には、往々にして螺髻の弟子像が含まれるようになる。造像の様式面では、第1期の塑像の多くは、身体が壮健である点に特徴がある。第2、3期にはそれがいわゆる秀骨清像に変化する。第1期の塑像如来像はほとんどが偏袒右肩や通肩という西方から伝えられた形式に纏うが、漢民族式という新しい形式の像も出現した。そしてそれは第2、3期において流行形式となった。菩薩は、第1期では絡腋を着けていたが、第2、3期には、徐々に腹前でX字状に天衣を交叉させるようになり、第3期ではまた世俗の服装を採用した菩薩や武士の装束を着けた力士像が現れた。

麦積山石窟北魏晩期窟の状況は複雑で、その起源はひとつではない。麦積山石窟はすでに独自の伝統を持ち、また雲岡石窟や南朝仏教造像の影響が認められる。本文では、洛陽地区の石窟造像との関係について言及することで、北魏晩期には、政治文化、仏教の中心が洛陽にあり、麦積山石窟にその地区の石窟寺院造像芸術が強い影響を与えたことを明らかにする。そして時代が下るとその影響力はさらに増し、その両者の様式がかなり近いものとなっていく、麦積山石窟は、成都地区の南朝造像芸術の影響を受けているけれども、その影響力は、洛陽地区からの強烈な影響力には、遠く及ばない。

一、绪言

本文所称北魏晚期，系指北魏建都洛阳时期（494～534年），前后经历了40余年。随着孝文帝由平城（今山西大同市）迁都洛阳，皇室臣僚陆续在洛阳城南开凿了龙门石窟，由此带动了洛阳地区石窟寺的开凿，诸如巩县石窟、渑池鸿庆寺石窟、洛阳吉利区万佛山石窟等。这一时期，在都城地区影响下，中原北方地区石窟寺的开凿活动达到了颠峰，石窟寺遍及中原北方各地。天水麦积山就是其中一个典型例子。麦积山共有编号窟龛194个（洞窟81个，龛103个）①，北魏晚期洞窟数量多达30余个②，是麦积山各时期开凿洞窟数量最多的。

关于麦积山石窟的开凿年代、分期与渊源的探讨，已有许多学者进行了有益的尝试③。事实上，麦积山石窟远比我们想象得要复杂得多。就北魏晚期而言，洞窟形制和塑像多种多样，变化十分显著，且来源并非是单一的。那么我们就需要弄清楚哪些是外来的因素，哪些是具有本地特色的。当然，首要的问题是北魏洞窟的年代，只有解决了洞窟年代问题，才能进行横向的比较研究，得出比较合理的结论。因此，本文从北魏晚期洞窟的分期入手，来探讨北魏晚期洞窟构造、题材及其演变的规律。在此基础上，分析与洛阳地区石窟造像的关系，麦积山所具有的其他因素，不在本文讨论范围之内。

需要说明的是，20世纪90年代初，笔者曾经对麦积山石窟进行过全面的分期研究，在出版的《北朝晚期石窟寺研究》一书中，只是将北朝晚期（即西魏、北周和隋）洞窟单独提出来作为专章进行论述④。本文中所确定的北魏晚期洞窟也同样如此。为了避免过多的重复，笔者并不是对北魏晚期所有洞窟进行分析排比，而是直接阐述分期的结论，并且选择保存情况较好的、具有典型意义的洞窟作为个案进行分析，以点带面，来概括各个时期的特点。

二、北魏晚期洞窟的分期与年代

麦积山北魏晚期洞窟主要集中在西崖，东崖面只有少数几个。洞窟内塑像比较复杂，后代改塑的情况也较多见，这是我们在分期时必须注意的现象。北魏晚期洞窟仅西崖第115窟有北魏宣武帝景明三年（502年）纪年铭记。我们以此标尺⑤，试将北魏晚期洞窟分为三期。

---

① 据张锦秀编撰：《麦积山石窟志》（甘肃人民出版社2002年，15页）统计：麦积山东崖窟龛54个，西崖窟龛140个，另外在王子洞附近还有15个，合计209个。其中北魏窟龛多达92个。

② 董玉祥：《麦积山石窟的分期》（《文物》1983年第6期，18－30页）一文，将麦积山石窟分为后秦至西秦、北魏、西魏、北周、隋。其中后秦至西秦（384～431年）洞窟包括：第74、78、70、71、165窟。北魏时期又分为三期。第1期（431～499年）洞窟包括：第128、148、110、90、80、100窟；第2期（500～515年）洞窟包括第115、114、76、69、169、155、86、89、91、93、103、156、22、19、21、23窟；第3期（516～534年）洞窟包括：第85、101、120、163、140、154、139、142、110、117、122、159、126、64、16、17、102、83、121、81、108、112、158、84、164、149、132、133、135、127、48、30、161窟。

③ 如张宝玺：《麦积山石窟开凿年代及现存最早洞窟造像壁画》，《中国考古学会第一次年会论文集》，338－346页，文物出版社1980年；张学荣、何静珍《麦积山石窟的创建年代》，《文物》1983年第6期，14－17页；黄文昆：《麦积山的历史与石窟》，《文物》1989年第3期，83－89页；史岩：《麦积山石窟北朝雕塑的两大风格体系及其分布情况》，《麦积山石窟资料汇编》，109－128页，天水麦积山文物保管所，麦积山艺术研究会，1980年编印；步连生：《麦积山石窟塑像的源流辨析》，阎文儒主编《麦积山石窟》，78－93页，甘肃人民出版社1984年；董玉祥：《麦积山石窟的分期》，《文物》1983年第6期，18－30页。

④ 参见李裕群：《北朝晚期石窟寺研究》，北京，文物出版社2003年。

⑤ 蒋毅明、李西民、张宝玺、黄文昆在天水麦积山石窟艺术研究所编的《中国石窟·天水麦积山》（北京，文物出版社1998年）图版58的说明中认为："研究者一般都以此窟作为麦积山北魏石窟分期的标准。但是，此窟造像、布局均有较早的因素，窟内亦不乏重修的痕迹，所以石窟的分期断代问题仍很复杂。"此说有一定道理。从现场调查看，壁画与塑像存在很大差异，壁画中的人物形象具有秀骨清像的特点，尤其是窟顶不能排除重绘的可能。无论怎样，第115窟应是北魏晚期分期研究的重要标尺。

第一期

典型洞窟主要有第89、76、114、115、155、163窟等①。

第115窟仅是一个1米见方的小型洞窟（图1）②，西侧窟口稍残。正壁塑主尊佛像，佛像面相浑圆，

北魏第115窟平面　第115窟正壁　第115窟左壁

图1　第115窟平、立面图

五官集中，身着袒右式袈裟，右肩有偏衫，袈裟衣边雕刻折带纹，衣纹厚重（图2）。佛座前正面墨书北魏景明三年（502年）上邽镇司□张元伯开窟发愿文③。两侧菩萨像形体相似，头部比例较大，似重妆过，发辫垂于肩上，颈下戴桃尖形项圈，披巾在肩上并不竖起，而是敷搭在双肩上，披巾绕双臂，呈S形下垂。上身斜披络腋，下身着裙。裙摆紧裹双腿。左手下垂提净瓶，右手上举持莲花（图3）。菩萨内侧有隔棱，上塑影塑佛像。

图2　第115窟正壁佛像

图3　第115窟菩萨像

第114窟位居第115窟西侧，平面方

① 属于本期的洞窟还有第23、16、86、88、156窟。第22窟残存后半部分，正壁佛像补塑，为第三期秀骨清像样式。右壁保存的菩萨像旧样式，年代早于第115窟。第86窟为方形平顶窟，正壁佛身着袒右式袈裟，年代约与第115窟相当，但三壁小龛内影塑年代稍晚。第88窟为方形三壁二龛式。但窟内情况比较复杂，两侧壁上部凿一列小龛，重修时用拟将龛覆盖。侧壁二龛与第114窟相比明显偏小，塑像为北魏晚期和北周时期所塑造。第16窟与第88窟形制相同，也为三壁二龛形制。洞窟残存后半部，开凿年代约与第114窟相当，但现存塑像已经接近于北魏末至西魏初，早期的塑像样式仅在左壁上方小龛佛像看到，佛身着通肩袈裟或袒右式袈裟。第156窟是一个残窟，原应为方形平顶窟，现存正壁和右壁，窟内正壁塑佛像，右壁塑胁侍菩萨像，壁面有影塑。佛像与第115窟较为相似。但影塑表现出稍晚的特点。年代上应略晚于第115窟。

② 洞窟的尺寸参见张锦绣编撰：《麦积山石窟志》，附表：麦积山石窟洞窟形制一览表，35~41页，兰州，甘肃人民出版社2002年。

③ 铭文为："唯大代景明三年九月十五日台遣上邽镇司□张元伯稽首白常住三宝今在此麦积□□□□□□为菩萨造石室一区……。"金维诺认为："此铭记书于表层白色灰浆之上，实为重修之题铭，因此，窟中造像与壁画形制均较古，不类景明年间雕造。"（金维诺：《麦积山石窟的兴建及其艺术成就》，《中国石窟·天水麦积山》，170页，北京，文物出版社1998年）显然，金先生试图将第115窟的年代提得更早些。

形，平顶，前壁已崩塌（图4）。正壁中央依靠壁塑主尊佛像，左右壁各开一龛，构成三壁二龛形制。主尊为一佛二菩萨像。正壁佛像面相清癯，身体略瘦，身着褒衣博带大衣，内着交领衫，但衣纹表现了早期佛像那种厚重感，在腹部衣纹分叉，而且裙摆短，裙摆有宽衣边，雕刻出“Z”形折带纹（图5）。二菩萨像塑于左右壁后侧，为身披络腋的旧样式，络腋衣边刻出折带纹（图6）。披巾在双肩上竖起，上身袒露，下身着紧贴双腿的裙子。正壁佛像两侧上方壁面分上下二段塑造影塑，上段左侧塑半跏菩萨，右侧塑交脚弥勒菩萨，身披X形披巾的新样式。左右壁龛内各塑一坐佛，面相丰圆，身着袒右式袈裟或通肩袈裟。从菩萨形象看，应略早于第115窟，开凿年代约在北魏太和末期至景明初。

图4 第114窟平、立面示意图

第89窟为方形平顶窟（图7），正壁塑主尊佛像，侧壁原塑胁侍菩萨像，菩萨已不存，只留下圆形像座。正壁背光左右各凿二龛，左右壁背光两侧各凿五个龛，前壁塑七佛。主尊佛像身着袒右式袈裟，右肩有偏衫衣角，双肘外撑，双手施禅定印。具有北魏太和改制前佛像旧样式的特点。年代上也应早于第115窟。

图5 第114窟正壁佛像

图6 第114窟左壁胁侍菩萨像

第76窟为方形平顶窟（图8），正壁塑主尊佛像，侧壁为二胁侍菩萨像。正壁背光左右各凿二龛，左右壁上部各凿四个龛，背面前侧还有二个小龛。龛内均塑坐佛。壁面下部塑供养人。主尊佛像身着通肩袈裟，菩萨斜披络腋式，均旧样式，从佛和菩萨形象看，已较清秀，略早于第115窟，约在北魏太和末期。

第155窟为三壁三龛式（图9）。左右壁龛的位置稍靠前。正壁龛外原来上下凿龛。洞窟重修时将正壁两侧小龛封住。左侧龛前尚存重塑菩萨像，左右壁则增加了二弟子，佛像、菩萨和弟子像均属旧样式，均十分清瘦修长。因此，塑像重塑应该晚于第115窟。

图7 第89窟平、立面示意图

图 8　第 76 窟平、立面示意图

图 9　第 155 窟平、剖面和立面示意图

第 163 窟为方形平顶窟，前壁已残，壁面前设低坛（图 10）。正壁塑坐佛，左右壁分别塑交脚弥勒菩萨和倚坐佛。左右壁后部各塑一胁侍菩萨像。正壁左右各凿上下三龛，右上龛内塑交脚弥勒，左壁龛半跏菩萨仅存残迹。下面龛内塑释迦多宝。左右壁上部凿列龛，下部塑四排影塑，上面三排为坐佛和立佛，佛两侧为二半跪供养菩萨。下排为世俗供养人。正壁佛像高肉髻，漩涡纹发式，面相长方形，略显丰满。身着褒衣博带式袈裟，腹部系长带，双带垂于脚面上。裙摆宽博，覆于须弥座前，呈四瓣式。中间二瓣略小，其中右侧一瓣从右脚脖处垂搭下来，左侧一瓣从右脚下垂搭下来（图 11）。右壁倚坐佛身着袒右式袈裟，有偏衫，袈裟衣边无折带纹（图 12）。左壁弥勒菩萨头束高发髻，披巾在腹部交叉后下垂于腿部，并呈锐角状反折再向上搭。左壁胁侍菩萨体现了不同样式的特点，上身斜披络腋式，但双肩上又敷搭披巾，披巾直接绕手臂，沿身侧下垂。上身袒露，下身着裙。右侧菩萨两股发辫垂于肩上，发辫尾端翻卷。双肩搭披巾，披巾垂于腹部并不交叉，而是衣边相连，再绕手臂下垂（图 13）。壁面影塑仍为旧样式，佛像着通肩或袒右式袈裟，菩萨身着通肩袈裟，或袒上身，下着裙。与第 115 窟相比，新样式的因素更多些，年代上应略晚于第 115 窟。

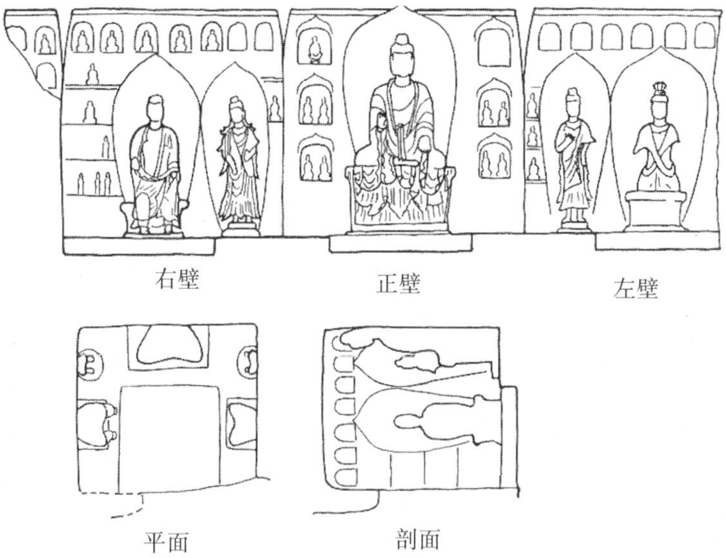

图 10 第 163 窟平、剖面和立面示意图

图 11 第 163 窟正壁佛像

图 12 第 163 窟右壁倚坐佛

图 13 第 163 窟左壁交脚弥勒菩萨像

本期属于过渡期，新旧样式交替并存。洞窟形制主要沿袭了麦积山北魏早期洞窟，如方形、平顶无龛式的形制（第 115 窟）延续了早期北魏早期第 74、78 窟。三壁二龛洞窟形制（第 114 窟）则明显承袭了第 128、148、100 窟的形制。三壁三龛窟（第 155 窟）是本期新出现的形制，但左右壁二龛的位置明显靠前，与三壁二龛窟一致，表现出从三壁二龛演变为三壁三龛的过渡形制。除了主尊造像之外，有些洞窟的正壁佛像两侧上下凿龛，侧壁上部凿一列小龛，这种做法也保留了北魏早期洞窟的特征。本期新出现了壁面用木条塑出隔棱，其上贴影塑的做法。造像题材多为一释迦佛二胁侍菩萨像，胁侍中出现唯一的二弟子组合实例（第 155 窟）年代可能稍晚。其次为三佛题材，正壁佛像形体较大，两侧佛像形体稍小，表现了突出主尊释迦的特点。正壁两侧上部所贴影塑，还流行交脚弥勒和半跏菩萨像相对应的做法，下部塑释迦多宝。造像样式既有早期佛像身着袒右式或者通肩袈裟的旧样式，又有新型的汉式服饰的佛像，还有新旧两种服饰融合的样式，这些都体现了过渡时期新旧样式交替的过程。

根据与第 115 窟纪年窟的比较，本期部分洞窟所显示的特征明显早于第 115 窟，开凿年代可以上推至北魏太和晚期。又部分洞窟显示出晚于第 115 窟的因素，如褒衣博带式袈裟的出现，这种源自中原的佛像样式，至迟在宣武帝永平年间已由中原传播到甘肃东部，如甘肃庆阳北石窟寺第 165 窟、泾川南石窟寺第 1 窟均为北魏泾州刺史奚康生分别开凿于北魏永平二年和三年（509～510 年），窟内佛像均身着褒衣博带式袈裟①。因此，本期的下限年代大致在永平年间。这样，本期的年代可以大致推定在北魏孝文帝太和十八年以后至宣武帝永平年间（约494~511年）。

第二期

典型洞窟有第159、142、131、133窟等②。

第159窟为方形平顶窟，窟内无低坛。正壁塑坐佛，侧壁各塑一菩萨立像。组成一佛二菩萨像。壁面凿上下三层窄台，上贴影塑，正壁上起第一层为一佛二菩萨像，第二层左侧半跏菩萨像，右侧交脚弥勒菩萨，各有二胁侍菩萨像。第三层为世俗供养人。左右壁第一层塑二坐佛，第二层二交脚佛，下层同正壁，为世俗供养人。正壁佛像面相长圆，身着褒衣博带式袈裟，腹部系双带。双手将袈裟下摆前襟撩起，露出后襟及双带（图14）。这种做法不见于其他石窟造像。二菩萨像头戴冠，冠两侧残存宝缯，从右壁菩萨右侧残存的宝缯看，宝缯样式是先上翘，打折后垂于肩上。发式为多瓣形，发辫垂于肩上，但发辫尾端不翻卷。面相长圆，略显丰满。双肩上贴圆饼装饰，下垂长带。披巾于腹下交叉，呈锐角状打折后，绕手臂下垂。上身袒露，下身着裙。影塑佛、菩萨像均面相长圆丰满，身体健壮（图15）。这些特点与庆阳北石窟寺第165窟北魏奚康生于永平二年（509年）开凿第165窟正壁主尊佛像和两侧菩萨立像十分相似③。壁面影塑的题材还保留了第一期流行的半跏菩萨和交脚弥勒菩萨的组合形式。但主尊佛像和菩萨又面相偏清秀，因此，本窟的开凿年代应晚于北石窟寺第165窟。

图14 第159窟正壁佛像

图15 第159窟菩萨像

第131窟为方形平顶窟（图16），正壁塑坐佛，左右壁分别为倚坐佛（50年代调查时，靠在左壁④）和坐佛（图17），构成三世佛题材。左右壁后部尚存舟形背光，可以推测原来塑胁侍菩萨像。左壁前部凿出上下五层的窄台，上贴影塑千佛和供养人。前壁窟门两侧各有一舟形背光，塑像不存，可能原来塑二力士像。佛像素面高肉髻，面相长圆，双肩宽，身体略显粗壮。身着褒衣博带式袈裟，但着衣方式略有差异。正壁佛像除僧祇支外可以看到二层袈裟，在胸腹间的内衣边缀以系带，将内衣紧紧系在一起，右手从二层

① 参见甘肃省文物工作队、庆阳北石窟寺文管所：《庆阳北石窟寺》，图五，165窟东壁立面图，北京，文物出版社，1985年。甘肃省博物馆：《甘肃泾川南石窟寺调查报告》，《考古》1983年第10期，图版伍，1、2。

② 属于本期的洞窟还有：第19、21、93、91、17、158窟。第19、21窟均残存正壁。第19窟塑像已毁，正壁两侧上下开小龛，具有第一期的特征。第21窟佛像身着褒衣博带式袈裟，衣领在腹部作"V"形，与第一期第163窟正壁佛像相似。第93窟为方形平顶式，正壁为坐佛，侧壁各一菩萨像，均为宋代重塑。壁面用木条塑出多层隔棱，其上贴影塑的做法。与本期相同。正壁上层隔棱还残留有半跏菩萨影塑，下部有供养人，头戴垂裙帽，与第80窟相同，保留了早期的样式。影塑佛像中有早期袒右式袈裟、也有袒右式袈裟的裙摆覆于佛座的新旧混合样式，菩萨像则多披肩交叉于腹部的新样式。第91窟一佛二菩萨为宋代重塑，壁面影塑与第93窟相同。第17窟残存后半部分，正壁龛内侧壁有影塑，与133~11龛相似。第158窟三壁三龛窟，佛像样式与第131窟、133~11龛相同。

③ 参见甘肃省文物工作队、庆阳北石窟文物保管所：《陇东石窟》，图版五，北京，文物出版社1987年。

④ 文化部社会文化事业管理局编印：《麦积山石窟》，图版一一三，北京1954年。

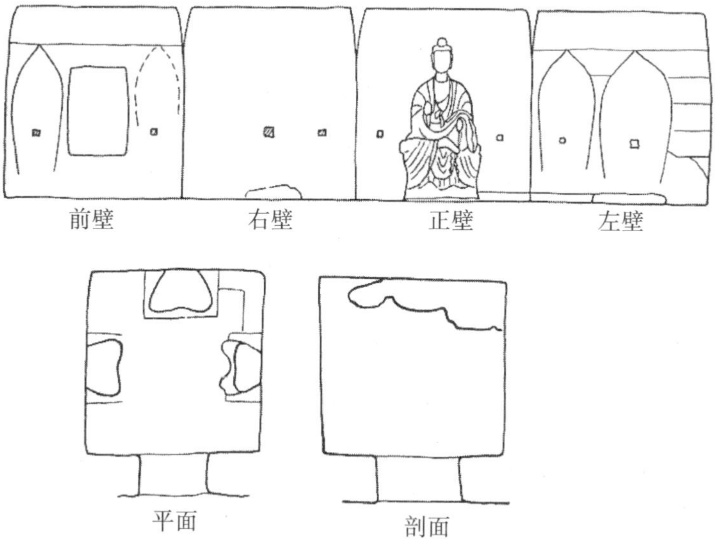

图16 第131窟平、立面示意图

图17 第131窟佛像

里伸出，这样右衣领从右臂外侧绕腹前，再搭在左臂上。袈裟下摆为三瓣式。倚坐佛也有二层袈裟，以带系内衣。右衣领下垂于腹部，再搭在左臂上。右壁佛像同倚坐佛，只是没有将内衣系带，下摆残。

第133窟为特大形窟（图18），结构复杂，窟内各龛的塑像年代也有早晚差别，年代稍早的塑像可以东壁第11龛为例。龛内塑一佛二胁侍像，胁侍像已不存。壁面贴影塑，窟顶绘有四身翼兽。佛像素面高肉髻，面相长圆，双肩宽，身体略显粗壮。身着褒衣博带式袈裟，下摆三瓣式（图19）。该面相，身

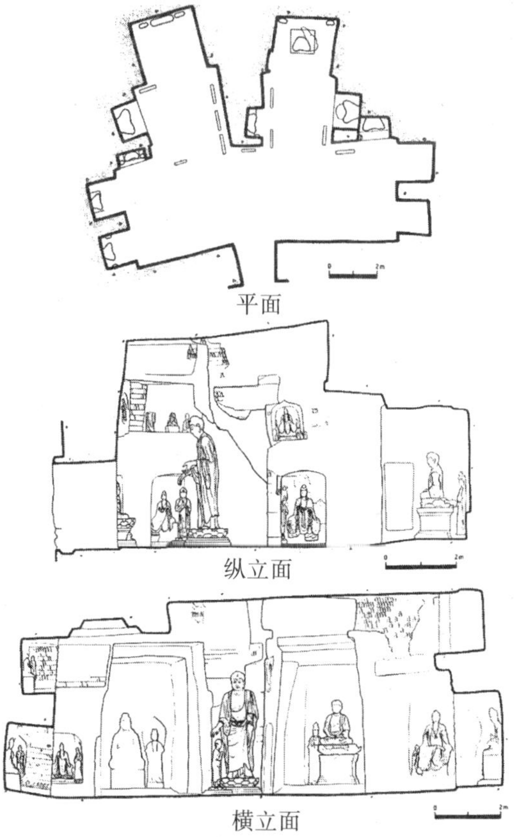

图18 第133窟实测图（《中国石窟·天水麦积山》第249页）

图19 第133窟第11龛

体都与第131窟正壁佛像十分相似，似出自同一工匠之手。只是佛像袈裟内衣上所系双带并没有压在衣领里，而是垂于裙摆上。

第142窟为方形平顶窟（图20），正壁和左壁塑佛像，右壁塑交脚弥勒，构成三世佛组合。正壁佛两侧各一胁侍菩萨像，左壁佛像右侧为一弟子，相对应的右壁佛像左侧则为一菩萨。作为佛的胁侍，可以视为一弟子一菩萨的组合[①]。前壁左侧有一身力士像，右壁毁，像不存。壁面不凿龛，而是凿出上下五层的窄台，上贴影塑。正壁佛像面相长方形，颈部略长，身着褒衣博带式袈裟，腹部系双带，双带垂于袈裟之内，裙摆宽博，呈四瓣式覆于座前（图21），与第一期第165窟佛像相似。左壁佛像褒衣博带袈裟与正壁有差异，袈裟有三层（三衣），内衣束双带。裙摆左半侧分为二瓣，是由左手撩起袈裟下摆形成的。右半侧为一大圆弧形，由右脚撩起裙摆形成的（图22）。具有四瓣式向三瓣式过渡的特点（133第11龛佛像相同）。胁侍菩萨身披璎珞和披巾，均在腹部交叉，并且斜向一侧，作随风飘动状。身体微微弯曲，表现出动感，这与139窟菩萨像相似。

图20　第142窟平、立面图示意图

本期洞窟流行方形平顶窟。壁面凿小龛的做法逐渐消失，采用起台贴影塑的做法。造像题材流行释迦和三世佛题材，其中包括有交脚弥勒菩萨组成的三世佛和倚坐弥勒佛组成的三世佛。单铺组合流行一佛二菩萨像，新出现二弟子像及一佛二弟子二菩萨像的组合，但比较少见。造像样式呈现比较一致的风貌，如佛像多身着褒衣博带式袈裟，下摆大多为三瓣式，双肩宽平，身体略显健壮。菩萨头戴冠，宝缯出现先上翘打折后下垂的新样式，披巾和璎珞大多于腹部交叉，稍早的披巾在腿部呈锐角状转折。新出现菩萨身体明显弯曲的姿态，披巾呈随风摆动状的样式。这种披巾表现方式也见于炳灵寺北魏延昌二年（513年）开凿的第126窟菩萨像[②]。

图21　第142窟正壁佛像

图22　第142窟左壁佛像

上述特点表明，第二期与第一期已有明显的差别，如第二期佛像流行褒衣博带式袈裟，不见第一期流行的早期佛像通肩、袒右式袈裟样式，塑像身体也不如第一期健壮，而略偏清秀。显然其开凿年代要

① 本窟的影塑中可以看到这样的组合，如左壁佛与弟子的影塑就有一坐佛左侧一弟子右侧一菩萨的组合形式。
② 参见甘肃省文物工作队、炳灵寺文物保管所：《中国石窟·永靖炳灵寺》，图版87，第126窟北壁，北京，文物出版社1989年。

晚于第一期。第二期洞窟又明显表现出与第一期的传承关系，如壁面塑影塑的做法，包括正壁所塑半跏菩萨像和交脚弥勒菩萨像，明显承袭了第一期的特点。这表明二者年代上比较接近。因此，我们将本期年代大致推定为宣武帝延昌年间至孝明帝正光年间（约512~524年）。

第三期

典型洞窟有第122、121、126、85、101窟等①。

第122窟方形平顶，壁面前设低坛。坛上依壁塑像，壁面分层贴影塑（图23）。题材布局与第二期第101窟十分相似。主尊塑像为三坐佛，正壁佛像两侧各有一弟子像（图24），左侧弟子头顶束锥形螺

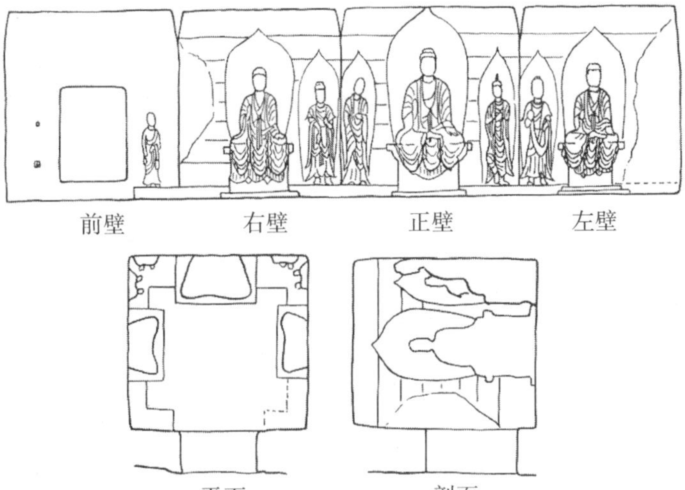

图23 第122窟平、剖面和立面示意图

图24 第122窟正壁佛和弟子像

图25 第122窟正壁主尊

髻，身披袈裟，右腿微微抬起，足尖着地（该形象或被认为是大梵天王，或是缘觉像②。因其多着弟子装，故暂称为螺髻弟子）。右侧弟子光头，身着袈裟，侧身向佛。左右壁内侧各塑一菩萨像。组成一佛二弟子二菩萨像。前壁窟门左侧现存一弟子像，但形体较小，不是本窟原塑。右侧残存二孔，原窟门两侧应为二力士像。壁面上部及左右壁外侧起台贴千佛影塑。正壁佛像头部宋代塑，身体原作，双肩略宽，身着褒衣博带式袈裟，袈裟有二层，用双带将内衣系在一起，双带垂于腿上，裙摆三瓣式，裙摆的下缘边呈圆弧状（图25）。右壁佛像形象同正壁，头宋塑，内着交领衫，外披褒衣博带式袈裟，三瓣式。菩萨发髻残，上身着僧祇支，下着裙，披巾和璎珞于腹下部交叉。

第121窟方形平顶，三壁三龛式，壁面前设低坛，窟顶中心内凹，呈重层井心（图26）。龛内塑主尊佛像，正壁龛佛像上身宋代

① 属于本期的洞窟还有第139、140、154、112、172、64窟，部分洞窟已接近于西魏。

② 金理那认为是梵王像，参见金理那著、洪起龙译：《关于6世纪中国七尊像中的螺髻像之研究》，《敦煌研究》1998年第2期，72~79页。水野清一，长广敏雄根据北响堂山南洞、南响堂第6窟出现的螺髻像，认为是缘觉像，参见水野清一，长广敏雄：《响堂山石窟》，60页、94页，京都，东方文化学院京都研究所1937年。

重塑，裙摆原作，为三瓣式。佛像两侧塑小型二弟子像，龛内两侧壁塑十大弟子像。左右壁龛内与正壁佛像相同，上身宋代重塑，裙摆原作，均为三瓣式。正壁左侧角塑一螺髻弟子，右侧一弟子，左右壁后侧塑菩萨像，前侧塑像毁，前壁窟门两侧塑二力士像。弟子像均身着袈裟，立式。菩萨像与第122窟菩萨像相同，头束扇面发髻，世俗装束，上身着交领衫，下着长裙，双肩搭披巾于腿部交叉（图27）。力士像一为菩萨装，双肩敷搭披巾；一为武士装束，身着裲裆甲（图28）。

第85窟方形平顶，三壁前设低坛。正壁左右壁各塑一坐佛，构成三佛组合（图29）。正壁佛像两侧各塑一菩萨像，左壁内侧塑弟子阿难像，外侧塑一身塑像，形象特殊，发髻上部残，张嘴，双手合十，身着褒衣博带袈裟，右腿微微抬起的，从形象和右腿抬起的姿态看与第122窟正壁左侧螺髻弟子相似，可能也属于螺髻弟子（图30）。右壁内侧塑迦叶像，外侧已毁。正壁佛像面相长圆，较为丰满。身体稍显宽厚，内着交领衫，外披二层褒衣博带式袈裟，袈裟披法与第131窟正壁佛像相同内层以带系在一起，

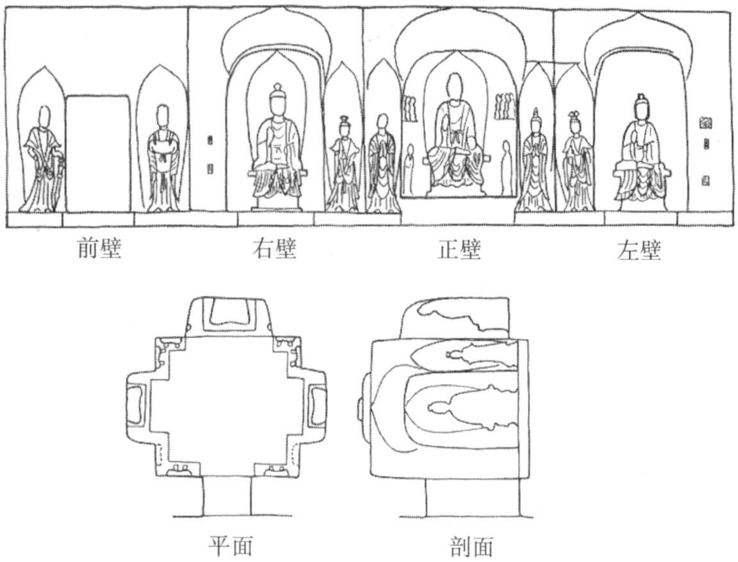

图26 第121窟平、剖面和立面示意图

图27 第121窟菩萨与螺髻像

图28 第121窟力士像

图29 第85窟平、剖面和立面示意图

右手从二层里伸出，这样右衣领从右臂外侧绕腹前，再搭在左臂上。袈裟下摆为三瓣式（图31）。左右壁佛像身体清瘦，细颈，身着褒衣博带式袈裟，三瓣式裙摆。正壁菩萨像脸型细长，身体纤细，双肩敷搭披巾和璎珞，于腹部交叉，并随着身体弯曲，而斜向一边，披巾下段呈随风飘动状。上身斜披僧祇支，下身着裙。裙摆呈锐角状展开（图32）。二弟子明显呈现一老（迦叶）一少（阿难）的特征。

图30 第85窟（螺髻）弟子像

图31 第85窟正壁佛像

图32 第85窟正壁左菩萨（左壁弟子）

第126窟方形平顶，正壁塑一坐佛，左侧为一菩萨像，右侧为一弟子像。左右壁塑二力士像。壁面不起台，影塑直接贴于壁面。佛像面相清瘦，细颈，身着褒衣博带式袈裟，右肩有偏衫衣角，袈裟内衣也以带束在一起。裙摆三瓣式。弟子身体修长，着袈裟。菩萨束扇面髻，身披袈裟。左壁力士身着广袖上衣，外披裲裆甲。右壁力士菩萨装，披巾于腹下部交叉。

第101窟方形平顶，壁面前设低坛，坛上依壁塑像，壁面有影塑，从残迹看，均为一佛二菩萨像组合（图33）。主尊为三世佛，正壁和右壁为结跏趺坐佛，左壁为交脚弥勒菩萨。正壁佛像两侧各有一弟子像，左侧弟子头顶束锥形螺髻，身披袈裟，直立式。右侧弟子光头，身着袈裟。右壁内侧各塑一菩萨像，左壁残存背光。这样实际上正壁主尊的胁侍像为二弟子二菩萨像。前壁窟门两侧残存背光，可能为二力士像。壁面上部及左右壁外侧起台贴影塑，影塑不存，从痕迹看为一铺三身。正壁佛像高肉髻，漩涡纹发式，面相长圆而丰满。双肩稍宽，身体略健壮，身着褒衣博带式袈裟，腹部系带，打结，结头垂于右衣领上，裙摆三瓣式（图34）。这与第133窟佛像十分相似。右壁佛像形象同正壁，袈裟下摆处理不同，下摆在右腿处先压住，然后下垂覆座，裙摆呈八字形展开。两侧弟子像身披袈裟，身材修长。菩萨头束扇面发髻，世俗装束，上身着交领衫，下着长裙，双肩搭披巾于腿部交叉。

本期洞窟仍以方形平顶窟为主，新出现三壁三龛窟[①]，个别洞窟窟顶中心内凹，雕成重层井心，这种形制是西魏时期流行的窟型，如第87窟[②]。壁面贴影塑的做法已极罕见，多数洞窟壁面无影塑。造像题材流行三佛组合，有三坐佛的形式，也有二坐佛与交脚弥勒菩萨组成的三世佛形式。一佛二弟子二菩

① 这种形制在麦积山可以上溯到北魏迁洛前开凿的第155窟，但该窟左右壁龛位置明显靠近前壁，与三壁二龛形制相似，可以视为三壁二龛向三龛的过渡形制。

② 参见李裕群：《北朝晚期石窟寺研究》，115页，图四一，5，北京，文物出版社2003年。西魏时期在这种窟顶形制的基础上，又演变出覆斗顶，顶心内凹，呈重层藻井。

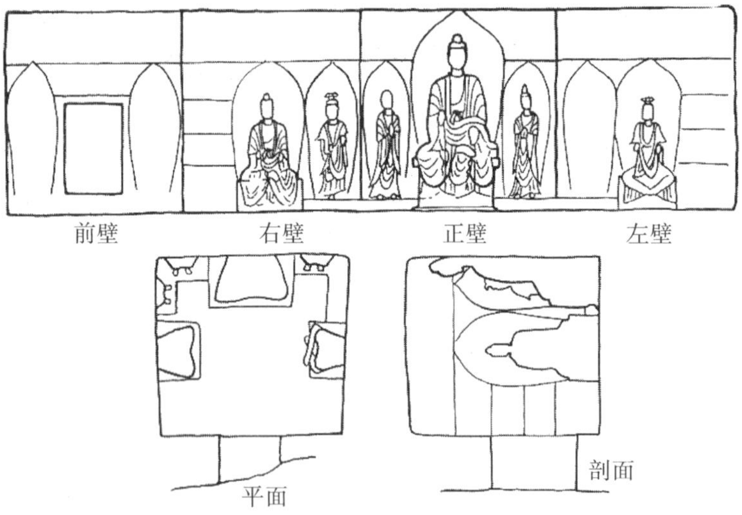

图 33 第 101 窟平、剖面和立面示意图

图 34 第 101 窟正壁佛像

萨像比较常见，特别是弟子像组合中往往有一身螺髻弟子。塑像均为典型的秀骨清像样式，塑造精细，形体修长。佛像身着三衣，内为僧祇支，中衣于胸部系带，外披褒衣博带式袈裟，有的右肩覆有偏衫。裙摆主要流行三瓣式，有的裙摆的下缘边呈圆弧状，如第 122 窟正壁、左壁佛像，与西魏洞窟佛像裙摆下缘的处理方式大体一致。但也有裙摆在右腿处压住，再下垂覆座，呈八字形展开的样式。新出现并流行世俗装束的菩萨以及武士装束的力士像。

上述特点表明，第三期与第二期已有明显的差别，其开凿年代自然晚于第二期。而本期具有与西魏洞窟相似的特点，则表明其年代已经接近于西魏。因此，我们将本期的年代定为孝明帝孝昌年间至北魏末（525 ~ 534 年）。

根据上述分期，我们可以大致揭示麦积山北魏晚期洞窟构造、题材及其演变的规律。

在洞窟形制方面，北魏晚期主要流行方形窟。壁面开龛的洞窟则由第一期的三壁二龛洞窟形制演变第三期典型的三壁三龛窟制。窟顶形制均为平顶，但到第三期个别洞窟在平顶的中心部位出现内凹呈重层藻井井心。壁面由第一期开小龛（正壁开上下数龛，左右壁开列龛），或者起隔棱，上塑影塑的做法，逐步演变为第二期壁面起台，台上贴影塑，再演变为第三期壁面不起台，直接贴影塑或者不贴影塑的做法。

在造像题材方面，北魏晚期主要流行三佛题材，一般为三坐佛，也有以菩萨装弥勒和佛装弥勒组成的三世佛。第一期多为一佛二菩萨像，胁侍中不见二弟子组合。第二期新出现一佛二弟子二菩萨像，这种组合到第三期较为流行。而且弟子像组合中往往有一身螺髻弟子，有的二弟子像表现为老者迦叶、少者阿难的形象。

在造像样式方面，第一期塑像大都以形体健壮为特点，到第二、三期演变为秀骨清像样式。第一期佛像大都为身着袒右式或通肩袈裟的旧样式，也出现了褒衣博带式新样式，并成为第二、三期的流行样式。但佛像裙摆大都为三瓣式。菩萨样式从第一期上身斜披络腋式，逐步演变为第二、三期身披交叉于腹部的样式，第三期流行世俗装束的菩萨和武士装束的力士像。

三、与洛阳地区石窟造像的关系

麦积山北魏晚期洞窟均为泥塑，具有塑造灵活、易于表现的特点。这与龙门、巩县石窟等石刻造像存在质地上的差别。在比较研究上，难免会存在一些偏差。因此，除了石窟造像外，我们应当关注北魏洛阳永宁寺出土的塑像，永宁寺代表了新的时代风尚，而这些塑像与麦积山的关系十分密切。

第一期

与麦积山第一期洞窟开凿年代相当的仅有龙门古阳洞。另外始凿于景明元年的宾阳中洞开凿工程正在进行中。在洞窟形制方面，两地缺少相比较的基础。这一时期麦积山流行的是方形平顶窟，同时还有三壁二龛窟的形制。后者在麦积山可以追溯到北魏孝文帝迁洛前开凿的第128、148、100诸窟，窟内正壁设坛，左右壁各开一龛，构成一坛二龛的形制，可知这是传统的洞窟形制。从建筑空间布局来说，与早于第128等窟的第74、78诸窟不同，后者窟内三世佛在一个共同的空间内，缺少时间和空间的区别，而二龛形制将另二尊佛像置于龛内，表现了佛法三世不同的时间和空间的观念，同时也增加了洞窟内的礼拜空间。在麦积山以外，开凿这种洞窟形制的观念，似可追溯到北魏云冈最早开凿的昙曜五窟第19窟，该窟内正壁雕主尊佛像，窟门外两侧各凿一胁洞，内雕倚坐佛。在云冈第二期大型洞窟中不见同类窟型，只是在第11、5窟崖面上方，如约开凿于孝文帝后期的第11～7①，以及云冈第三期的第5～10，5～11窟，平面一般呈横长方形，平顶，正壁设坛，侧壁开龛的形制，与第128诸窟相同。这种形制在洛阳北魏中型洞窟中成为流行的主要窟型。如魏字洞、皇甫公、普泰洞诸窟（以前称为三壁三龛，不是很确切）。可以明确的是，这种洞窟形制的转播途经，是从平城到洛阳的。由于洛阳龙门这种形制出现较晚，无法说明与麦积山之间的关系。因此，麦积山这种形制的出现也可能受到云冈影响。另外还应当说明的是，麦积山二龛制洞窟与早期第74、78诸窟也有密切的关系，如正壁上方凿小龛，内塑交脚弥勒、半跏菩萨的具有明显的继承性，表现了麦积山固有的传统。

在造像题材方面，麦积山与古阳洞均为一佛二菩萨像三尊组合，这些都表现了早期造像题材，弟子还没有作为佛的胁侍出现的情况一致，尚不能说明二者之间的关系。不过两地都流行反映法华思想的释迦多宝。麦积山第163窟新出现特殊的三佛组合，正壁坐佛，左壁交脚弥勒菩萨，右壁倚坐佛，这种组合可以理解为一佛二弥勒，菩萨装弥勒表现的是弥勒在兜率天宫敷释众疑的形象，而佛装弥勒则表现的是弥勒下生，三会众生的形象。这样上下生的弥勒与释迦组成了新的三佛组合形式。弥勒下生的信仰在麦积山石窟藏有法生造像残碑铭文中可以得到验证："大魏……又沙弥法生俗姓刘，洛阳人也。自慨进不值释迦初晖，退□蒙慈氏三会……故肆力加工于麦积崖造龛一所。"② 虽然该题记表现出末法思想的影响，但可以明显看到身处末法时期的法生祈求弥勒下生的强烈愿望。这种组合形式在龙门、巩县并无实

---

① 该窟位居第11窟窟门与明窗之间一定显要位置，窟型较大。主尊造像为一佛二交脚弥勒菩萨。佛像身着褒衣博带式袈裟，但身体还比较丰满健壮，疑是太和十八年迁洛前开凿的。

② 法生造像碑是1953年中央勘察团在第127窟发现的，据当时瑞应寺的僧人讲非本窟之物，是从邻窟移来的，但出自哪一窟已不清楚。金维诺：《麦积山石窟的兴建及其艺术成就》一文中，推定为第109窟的发愿文，认为是西魏时期镌刻的（《中国石窟·麦积山石窟》，北京，文物出版社1991年）。麦积山石窟艺术研究所董广强：《麦积山"法生碑"及相关问题的初步探索》一文（未刊）认为是北魏晚期开凿的第158窟。这种可能性较大，从造像碑上部小龛内佛像看应是北魏晚期雕刻的，而不是西魏样式。

例，只是在造像发愿文中较多地体现了上下生的共同愿望①。在洛阳吉利区万佛山石窟北魏晚期开凿的第6窟就有相似的例证，正壁一坐佛、左壁一倚坐佛、右壁一倚坐菩萨的组合，倚坐佛和菩萨都是弥勒的坐姿，故应是一佛二弥勒组合②。如果再往前追溯，则可以在云冈石窟中见到许多相同的例子。如第35、32～12、40窟，正壁坐佛，东壁交脚弥勒菩萨，西壁为倚坐姿佛像。第33窟正壁释迦多宝，东壁交脚弥勒菩萨，西壁交脚弥勒佛。第31窟东西壁上下龛，下龛坐佛，上层二龛，分别雕交脚弥勒菩萨和倚坐弥勒佛。这种上下生的信仰在云冈石窟第二期就已经出现，如第7、8窟上层分别雕一交脚弥勒二倚坐佛、一倚坐佛二交脚弥勒。第9、10窟的主尊则分别为交脚弥勒菩萨和倚坐佛。因此，这种组合形式传播路线有可能是平城经由洛阳再到秦州的，但也能排除直接来源于平城的可能性。

在造像样式方面，由于这一时期龙门和麦积山同样处于新旧样式的交替阶段，麦积山旧的样式是否受龙门影响很难判断。因此，我们要关注的是麦积山出现的新样式。在麦积山，新型的褒衣博带式袈裟始见于第114窟正壁佛像和第163窟正壁佛像，另外还有影塑佛像。第114窟袈裟较为特殊，即褒衣博带袈裟保留了裙摆短的旧样式特点，属于混合式的服饰，在龙门并没有见到。年代稍晚的第163窟正壁佛像则与古阳洞佛像有较多相似之处，如正始四年（507年）安定王元燮龛内佛像，袈裟均宽松，腹部系带长垂于腿上③。但第163窟佛像的裙摆为四瓣式，不见龙门诸石窟，其来源似乎并不清楚，如果考虑南朝因素，如成都地区出土的南齐永明元年（483年）比丘玄嵩造像④，永明八年（490年）比丘法海造像均为三瓣式的裙摆⑤，与麦积山四瓣式的着衣方式并不相同。而成都南齐三瓣式裙摆对麦积山第二期影响很大。如果我们仔细观察，四瓣式裙摆的中间两瓣较小，而且呈舌形状，这与古阳洞南壁中层第2龛释迦多宝龛内佛像裙摆中间垂搭两瓣的做法十分相似，只是两侧裙摆呈八字形展开，并没有上搭佛座而形成四瓣式⑥，这种裙摆样式广泛流行于龙门北魏小型洞窟中⑦。因此，我们似可推测，麦积山这种裙摆样式是在融合了龙门的因素而有所创新，但流行时间很短，随后为三瓣式裙摆所取代。再从麦积山影塑佛像看，无论面相、服饰都与龙门古阳洞佛像新样式十分相似，如宽大的裙摆呈八字形展开，二者都一样，这与成都出土的南齐佛像差异很大。在中原北方地区，褒衣博带式袈裟最早出现在云冈，但龙门佛像宽博的裙摆已经区别于云冈第6窟褒衣博带式袈裟的佛像。这说明麦积山的新样式应来源于龙门。值得注意的是，第163窟佛像新出现漩涡纹的发式，并不见于麦积山早期佛像中，这种发式与古阳洞北魏景明三年（502年）高树龛、太和末至景明初开凿的魏灵藏龛佛像一致⑧。宾阳中洞佛像也同样

① 如古阳洞北壁北魏永平四年（511年）比丘法兴造弥勒像记："永平四年岁次辛卯九月一日甲午朔比丘释法兴敬造弥勒像一躯，上为皇家师僧父母有识含生，普乘微善，龙华三会，俱望齐上。又愿皇祚永隆，三宝晕延，法轮长唱，所生父母托生紫神。莲昇兜率，面奉慈氏，足步虚空，悟发大解，所愿如是。"（刘景龙：《古阳洞：龙门石窟第1443窟》附册58页，北京，科学出版社2001年。

② 吉利区万佛山石窟在洛阳市东北吉利区西北15华里紫河村旁万佛山，其地正南方向10公里即为汉魏洛阳故城。共有洞窟6个。第1～3、6窟为平面为马蹄形穹隆顶窟，三壁三佛。第4窟大型摩崖造像龛，龛内雕一立佛二弟子二菩萨像。第5窟为中心柱窟，20世纪80年代因修焦枝铁路，开山取石而遭破坏，现残存中心柱部分。过去有过简单的报道，参见陈平：《河南中小型石窟调查的主要收获》，文刊巫鸿主编：《汉唐之间的宗教艺术与考古》，3～23页，北京，文物出版社2000年，本文据笔者1997和2007年二次调查笔记。

③ 刘景龙：《古阳洞：龙门石窟第1443窟》第一册，图版19，北京，科学出版社2001年。

④ 刘志远、刘廷壁：《成都万佛寺石刻艺术》附图，1、2，北京，中国古典艺术出版社1958年。

⑤ 参见成都市文物考古工作队、成都市文物考古研究所：《成都市西安路南朝石刻造像清理简报》，《文物》1998年第11期，图六。

⑥ 龙门文物保管所、北京大学考古系：《中国石窟·龙门石窟》（一），图版147，北京，文物出版社1991年。

⑦ 这种裙摆处理方式是云冈第三期佛像所特有的，并为龙门所继承。

⑧ 参见龙门石窟研究所编：《龙门流散雕像集》图版1，上海，上海人民美术出版社1993年。

采用之。在石窟中，这种发式大量流行于云冈第5、6窟新型佛像样式中。在单体造像中年代更早些，如陕西碑林博物馆所藏西安西关王家巷出土的和平元年（460年）坐佛三尊像[①]，陕西兴平出土的皇兴五年（471年）交脚弥勒佛像[②]；美国大都会博物馆藏传出自山西五台山的北魏太和十年（486年）金铜大立佛均是这种发式[③]。佛像均为袒右或通肩的旧样式，说明云冈采用新服饰的同时，在发式上承袭了旧有的样式。这种发式的出现是否与长安地区有关，我们没有足够的证据。就现有造像看，由云冈到龙门，再影响到麦积山应该没有太大问题。麦积山新型菩萨样式，身披X形披巾，发辫分成多股垂搭肩上，有的发辫尾端翻卷，这些特点在古阳洞菩萨像中十分流行，最早使用X形披巾的是北魏景明二年（501年）郑长猷为亡父开凿的小龛。发辫垂于肩上，尾端翻卷的做法始见于古阳洞正壁两侧菩萨像，据温玉成的考察，古阳洞一佛二菩萨像完工或基本完工于景明元年（500年）[④]。值得注意的是，这两尊菩萨头扎宝缯，宝缯先上翘，打折后下垂；身披璎珞和披巾，于腹部交叉穿环的样式[⑤]，在麦积山还没有出现，但古阳洞菩萨披巾在双肩外侧形成三个尖角的做法和肩上的圆饼装饰与麦积山第163窟交脚弥勒菩萨还有同时期的影塑菩萨完全一样[⑥]。由此看来，龙门对于麦积山的影响还是比较显著的。

根据上述比较，我们可以得出这样的结论：北魏迁都洛阳以后的太和末至正始间，龙门石窟在延续平城旧样式的基础上，有了新的变化和发展，并由此影响到麦积山石窟造像的塑造。

第二期

这一时期洛阳地区石窟寺开凿进入了高潮，龙门、巩县开凿的大型洞窟有宾阳洞、火烧洞、莲花洞、魏字洞、普泰洞、巩县第1、4窟等。

在洞窟形制方面，本期流行方形平顶窟，是麦积山第一期洞窟形制的延续。这与洛阳地区流行马蹄形穹隆顶、一坛二龛制和方形平顶中心柱窟是不同的，难于反映两地洞窟形制的联系。

在造像题材上，流行释迦和三世佛题材，其中包括有交脚弥勒菩萨组成的三世佛和倚坐弥勒佛组成的三世佛。新出现二弟子像及一佛二弟子二菩萨像的组合。三佛或三世佛均为北魏时期所流行的主要题材。在龙门除了宾阳中洞为一坐佛和二立佛组成的三佛外，魏字洞、普泰洞、皇甫公窟、巩县第5窟都是三世佛，但弥勒菩萨为结跏趺坐式，右足下垂。这是洛阳地区新出现的弥勒菩萨坐姿，并不见于洛阳以外的其他地区。虽然洛阳地区也有以交脚弥勒菩萨像组成的三世佛，如洛阳吉利区万佛山第1、2窟，

---

① 曾布川宽、冈田健：《世界美术大全集·东洋编3·三国·南北朝》图版236，日本东京，小学馆2000年。

② 中国美术全集编辑委员会编：《中国美术全集·魏晋南北朝雕塑篇3》图六九，74页为造像正面，75页为造像背面，北京，人民美术出版社1988年。

③ 长广敏雄编著：《中国美术》第二卷，图版9，日本，讲谈社1972年。现根据发表的铭文照片："太和十年（486年）/正月廿四日/为太皇太后，/下为边/地众生，/造弥勒/像一躯"。可知为北魏太和十年作品，参见Denise Patry Leidy, "Notes on a Buddha Maitreya sculpure dated 486 in the Metropolitan Museum of Art, New York", Oriental Art, Vol. LV. No. 3, 2005/6.

④ 参见温玉成：《龙门北朝小龛的类型、分期与洞窟排年》，211～212页，插图九四、九五，文刊《中国石窟·龙门石窟》（一），北京，文物出版社1991年。

⑤ 参见《中国石窟·龙门石窟（一）》图版134、135，文物出版社1991年。由于古阳洞正壁两侧菩萨像的宝缯用线刻的手法刻于头光上，故前引温玉成文章插图九五：1中并没有表现出来。这种宝缯的样式在云冈没有见到，是龙门和云冈的差别所在，其来源南朝菩萨像，如浙江新昌大佛的千佛院南朝齐菩萨装护法像。参见中国石窟雕塑编辑委员会：《中国石窟雕塑全集10·南方八省》图版146，新昌千佛岩大岩洞千佛右侧护法像，重庆，重庆出版社2000年

⑥ 这种样式不见于云冈，但在洛阳还见于北魏世俗石棺上作菩萨装束的力士像。如洛阳古墓博物馆所藏北魏石棺就有实例可证。可见，这种样式应是洛阳地区菩萨披巾的特点。

但很难说明两地之间的联系。不过作为胁侍身份出现的二弟子像和一铺五身组合，在中原北方的地区率先出现于龙门宾阳中洞①，并成为洛阳地区单铺造像所效仿的组合形式。由此看来，麦积山新出现的这种组合应来源于洛阳地区②。

又麦积山第133窟东壁第11龛顶部所绘四身翼兽，这种题材在麦积山仅此一例，但在北魏晚期洛阳地区十分流行。如巩县石窟第1窟北壁壁脚和窟内前壁明窗上可以看到相同的翼兽，是最为护法的形象出现的③。洛阳出土的北魏石棺床上也雕刻这样的图像④。但其来源与洛阳地区有关。

在造像样式方面，麦积山塑像基本上具有秀骨清像的特点，而略显丰满，这与洛阳地区造像是一致的。佛像身着褒衣博带式袈裟，三瓣式裙摆，胸腹部以系带将内衣紧紧系在一起，与成都商业街出土的南齐永明八年（490年）比丘法海造像一致⑤。在龙门、巩县佛像袈裟虽然打结系带，但并没有将两个衣边紧紧系在一起，也不见三瓣式裙摆⑥，显示了两地佛像服饰上的差异。本期佛像流行的三瓣式裙摆，前面已经提到，在南朝仅仅流行于南齐，到梁代已经不见。这种裙摆样式对中原北方西部地区产生一定的影响，如现存有明确纪年的最早实例是西安查家寨子出土的北魏景明二年（501年）四面造像龛。其中一面为袒右式袈裟，其他三面均为褒衣博带式，裙摆三瓣式，与成都地区南齐佛像一致⑦，而佛像形象基本上是面相丰满的北魏早期特点⑧。这与云冈第5、6窟一样，虽然在服饰上采用了新的褒衣博带样式，但造像仍然魁梧的形体而并没有变化，体现了转变时期佛像的特点。从年代上看，查家寨子造像明显早于麦积山同类佛像，因此，麦积山佛像所具有的南朝因素可能经长安传播而来，这样可以大致勾画出成都—长安—秦州这一佛教文化艺术的传播路线。所以在研究麦积山石窟多样性时，应该关注长安地区的佛教造像。

又本期出现的菩萨宝缯上翘，再打折下垂的样式，双肩上贴圆饼装饰，身披“X”形璎珞的样式，始见于龙门古阳洞正壁胁侍菩萨像，并且成为龙门新型菩萨样式而广泛流行。这种宝缯的样式虽然来源于南朝萧齐造像样式，如浙江新昌宝相寺千佛岩大岩洞之菩萨装护法像⑨，但复杂的璎珞装饰则是龙门造像的特点。因此，本期菩萨像样式受到洛阳地区的影响。

综合上述，本期洞窟塑像虽然受到成都地区南朝造像的影响，但总体上来说，洛阳地区石窟造像的影响更大些。

---

① 云冈一铺五身组合出现于第三期，但弟子的位置并不固定，往往居于菩萨像外侧。

② 南朝出现二胁侍弟子也较晚，南京栖霞山南齐时期开凿的洞窟不见弟子像，成都地区南齐造像也同样如此，在万佛寺出土造像中明确有纪年的是梁普通四年（522年）康胜造像，为一佛二菩萨二弟子二菩萨二力士。南朝弟子像的出现与洛阳龙门的关系还有待于新资料的发现。

③ 参见河南省文物研究所：《中国石窟·巩县石窟》，图版72，242页实测图8，第1窟南壁图，北京，文物出版社1989年。

④ 参见黄明兰编著：《洛阳北魏世俗石刻线画》图版75，北京，人民美术出版社1987年。墓葬中的翼兽大概起到避邪作用。在南朝陵墓石刻中可以见到相同的翼兽。洛阳地区出现这种题材应当来源于南朝，并对中原东部地区北齐墓葬产生影响，如邺城湾漳文宣帝高洋墓，太原徐显秀墓，墓室上方的都有二翼兽的形象。

⑤ 成都市文物考古工作队、成都市文物考古研究所：《成都市西安路南朝石刻造像清理简报》，《文物》1998年第11期，图六。笔者曾在《试论成都地区出土的南朝佛教石造像》（《文物》2000年第2期）一文就成都造像与北朝石窟造像的关系作了简单的论述，提到成都造像对麦积山北魏晚期至西魏北周时期的影响，可参阅。

⑥ 在云冈第三期第30窟西壁上层中龛、南龛内佛像和第31窟后室南壁窟门东侧上方龛内佛像则可以见到将袈裟内衣系在一起的作法，其来源应与南朝有关。

⑦ 这种袈裟下摆的处理方式，在南朝佛教中心建康（南京）栖霞山石窟南齐造像中，并没有见到。因此，我们推测应该是成都南齐造像的特点。

⑧ 中国美术全集编辑委员会编：《中国美术全集·魏晋南北朝雕塑篇3》图七〇，北京，人民美术出版社1988年。

⑨ 参见中国石窟雕塑全集编辑委员会：《中国石窟雕塑全集·10·南方八省》，图版一四六、一四七，重庆，重庆出版社2000年。

第三期

这一时期随着洛阳龙门、巩县等大型洞窟开凿完成，龙门样式的确立，由此对中原北方地区石窟造像产生巨大影响。尤其是胡太后于熙平元年（516 年）开始修建的永宁寺塔，其精美的塑像艺术对这一时期石窟造像产生巨大的影响①。

本期洞窟形制除了承袭前期的方形平顶窟外，流行方形平顶三壁三龛窟。这种窟型是中原地区所流行的。如云冈第三期洞窟（494～524 年）中的第 25 窟（旧号 24 窟，下同），28 窟（27 窟）、37 窟、5－38 窟（5D 窟）等，是云冈三期基本窟形之一，但其平面均为横长方形②。洛阳地区出现稍晚，最为典型的是北魏孝明帝时期开凿的巩县石窟第 5 窟③，渑池鸿庆寺第 2、4 窟④，平面均为方形，与麦积山同类窟型一致。有的学者认为中原地区此类窟型是在云冈影响下而发展的⑤。三壁三龛式窟在秦州以西早期洞窟中并不见。因此，我们不难看到三壁三龛式窟是从云冈到洛阳，再到麦积山这一传播的途径。

造像题材流行三佛组合，有三坐佛的形式，也有二坐佛与交脚弥勒菩萨组成的三世佛形式，一佛二弟子二菩萨像比较常见。这些题材与洛阳地区石窟寺是一致的。本期二弟子像明显呈现一老（迦叶）一少（阿难）的特征，率先出现于宾阳中洞正壁一铺五身造像中，在洛阳地区北魏晚期石窟寺中广泛流行。而交脚弥勒菩萨组成的三世佛题材并不见于成都南朝造像中。因此，麦积山这种题材的来源当与洛阳地区石窟造像有关。特别是有的二弟子像组合中有一身螺髻弟子。在龙门最早见于宾阳中洞甬道北壁上方，内侧为身着通肩袈裟的螺髻弟子，双手捧博山炉，外侧为菩萨像。与之相对的甬道南壁上方则为二身菩萨像，其内侧菩萨也双手捧博山炉。北魏孝昌三年（527 年）开凿的皇甫公窟北壁释迦多宝龛右侧为身披袈裟的螺髻弟子，左侧为菩萨像⑥。与之相对的南壁弥勒龛外右侧也有一身着袈裟的弟子像，头也残，也应是螺髻弟子像。另外在路洞窟门处⑦。巩县石窟则没有实例。在洛阳周边的中型石窟寺中有较多的实例，如渑池（今属义马市）鸿庆寺第 2 窟正壁龛外两侧各有一尊螺髻弟子。前述吉利区万佛山石窟第 3 窟正壁佛两侧浮雕螺髻弟子，第 5 窟中心柱正壁龛外两侧螺髻弟子⑧，其形象、服饰与麦积

① 《洛阳伽蓝记》卷 1 永宁寺条：“永宁寺，熙平元年（516 年）灵太后胡氏所立也……中有九层浮图一所，架木为之，举高九十丈，有刹复高十丈，合去地一千尺，去京师百里已遥见之……刹上有金宝瓶，容二十五石。宝瓶下有承露金盘三十重，周匝皆垂金铎。复有铁锁四道，引刹向浮图……浮图有四面。面有三户六窗，户皆朱漆，扉上有五行金钉，（其十二门二十四扇）合有五千四百枚，复有金镮铺首。殚土木之功，穷造形之巧”。北魏永熙三年（534 年）永宁寺塔为雷火所烧。1979 年中国社会科学院考古研究所对永宁寺塔基进行了发掘，出土了 1560 余件精美的彩塑品。发掘者认为：永宁寺的雕塑完成于神龟二年（519 年）至正光元年间（520 年，胡太后被幽前），中国社会科学院考古研究所：《北魏洛阳永宁寺》，北京，科学出版社 1996 年。

② 参见宿白：《平城实力的聚集和“云冈模式”的形成和发展》，《中国石窟・云冈石窟》一，北京，文物出版社 1991 年。

③ 河南省文物研究所：《中国石窟・巩县石窟寺》第 239 页实测图 6，第 5 窟断面及平面图；第 270 页实测图 35，第 5 窟四壁图，北京，文物出版社 1989 年。

④ 李文生：《渑池鸿庆寺石窟》，《中国石窟・龙门石窟》一，第 254～264 页，图一一，第 2 窟；图二二，第 4 窟，北京，文物出版社 1991 年。

⑤ 参见吕采芷：《北魏后期的三壁三龛式窟》，文载《中国石窟・云冈石窟》二，北京，文物出版社 1994 年。

⑥ 参见《中国石窟・龙门石窟》一，图版 28，宾阳中洞窟口通道北侧；图版 193、194，皇甫公窟北壁，北京，文物出版社 1991 年。螺髻头像在 20 世纪 30 年代以后被盗，完整的图片可参见水野清一，长广敏雄：《龙门石窟の研究》，图版 106，东京，座右宝刊行会 1941 年。该窟南壁龛可参见马世长：《龙门皇甫公窟》，图八，文刊《中国石窟・龙门石窟》一。图中没有将袈裟表现出来，现存造像可以清晰地看出袈裟样式。

⑦ 参见《中国石窟・龙门石窟》一，图版 225，北京，文物出版社 1991 年。

⑧ 洛阳吉利区万佛山第 5 窟中心柱正壁龛外两侧各有一身浅浮雕螺髻弟子像。鸿庆寺第 2 窟正壁龛外两侧各有一浅浮雕螺髻弟子像。均据笔者 2007 年 10 月调查资料。

山一致。这种题材应当来源于洛阳地区石窟寺①。

在造像样式方面，流行秀骨清像样式，无论是佛，还是菩萨像、弟子和力士像都与永宁寺出土的同类塑像相同，其对麦积山本期塑像的影响是显而易见的。本期佛像袈裟下摆承袭第二期的做法，大都为三瓣式，但也出现裙摆在右腿处先压住，然后下垂覆座，裙摆呈八字形展开的新样式，在麦积山西魏佛像中成为流行样式。这种裙摆样式率先出现于龙门宾阳中洞正壁主尊坐佛，这种新型佛像裙摆样式，在洛阳地区十分流行，龙门、巩县北魏诸窟坐佛均是如此。

图 35 洛阳永宁寺出土菩萨头像（《北魏洛阳永宁寺》彩版一二）

图 36 洛阳吉利区万佛山第 3 窟浮雕弟子和菩萨像

图 37 洛阳永宁寺出土力士头像（《北魏洛阳永宁寺》彩版一五）

图 38 洛阳永宁寺出土身着裲裆甲立像《北魏洛阳永宁寺》彩版三〇）

尤其值得关注的是，本期新出现并流行世俗装束的菩萨以及武士装束的力士像。如菩萨头束扇面发髻，上身着交领衫，下着长裙。这种具有世俗装束特点的菩萨像，在龙门并没有见到，但在洛阳永宁寺出土的塑像中极为常见，如中型塑像残块中有许多扇面发髻，同出土的中型塑像发髻已失，但该造像头顶中心保留了一个圆形断茬，参考同类保存完整的影塑像，可以推知这种塑像应为扇面发髻（图 35）②。从出土的大型佛头看，这类中型头部塑像，应该作为佛的胁侍菩萨身份出现的，可以定名为菩萨像③。洛阳吉利区万佛山石窟北魏晚期开凿的第 3 窟可以作为这种推断的例证。该窟平面马蹄形，穹隆顶，三壁各雕一主尊佛像。正壁主尊佛像两侧弟子像身后均有一身浮雕螺髻弟子像和扇面发髻的菩萨像，头后均有圆形头光，表现了其神祇的身份（图 36）。因此，具有世俗装束的菩萨像应来源于洛阳地区。又如身着铠甲的世俗武士装束的力士，除面相之外，其形象与宾阳中洞的帝后礼佛图中的武士一样，但作为力士面貌出现的实例，在龙门莲花洞有一例子，该窟内南壁外侧下部佛龛二力士，其中左侧

① 洛阳地区这种题材还影响到山西北魏晚期石窟，如山西高平石堂会第 1 窟，有成对的二螺髻弟子和迦叶、阿难像（详细资料待刊）；左权石佛寺石窟第 1 窟也有相同的例子（参见李裕群：《左权石佛寺石窟与“高欢云洞石窟”》，《文物》1995 年第 9 期）。

② 参见中国社会科学院考古研究所《北魏洛阳永宁寺》，彩版五，2，中型菩萨头像；彩版十二，影塑菩萨像头像，北京，科学出版社 1996 年。

③ 《北魏洛阳永宁寺》一书的编者出于谨慎考虑，并没有给予定名。近来永宁寺的发掘者之一钱国祥对出土塑像进行了分类研究，已将这类塑像定为菩萨像，参见钱国祥：《北魏洛阳永宁寺塑像的初步研究》，原刊《中原文物》2005 年第 1 期。后收入杜金鹏、钱国祥主编《汉魏洛阳城遗址研究》，北京，科学出版社 2007 年。

力士像身着鱼鳞甲，左手持剑①。在永宁寺影塑中也有许多力士头部塑像（图37），如其面相五官，甚至神态表情与麦积山力士完全一致，同时也有身着裲裆甲的躯体（图38）②。如果说龙门、巩县的菩萨像还有宗教的神秘色彩的话，从永宁寺塑像开始，佛教造像中的菩萨、弟子、力士等，体现了现实生活中的人物形象。尤其是菩萨像作扇面发髻，属于典型的女性装束，这样赋予了菩萨像女性温柔恬静的特征。同样，佛像身着褒衣博带式袈裟，是汉化的表现，但也是世俗化的一种体现。因此，麦积山这种世俗化的表现手法，明显仿照了洛阳永宁寺的做法。

综合上述，本期洞窟题材和塑像明显地受到来自洛阳地区石窟造像的很大影响，尤其是体现新的时代风尚的永宁寺塑像对麦积山影响更大。

四、结语

上面我们对麦积山北魏晚期洞窟进行了分期和年代的推断，并对麦积山与洛阳地区石窟造像进行了细致的比较。我们认为，北魏晚期作为政治、文化、佛教中心的洛阳地区，其石窟寺造像艺术对麦积山石窟产生过较大的影响，年代越晚，影响愈大，并且呈现出较为一致的艺术风貌。尽管麦积山也受到来自成都地区南朝造像艺术的影响，但其影响力远不如洛阳地区那样强烈。

麦积山所在的秦州是长安以西丝绸之路东段南道上的重镇，由洛阳、长安前往河西走廊和西域，秦州是必经之路。洛阳佛教造像样式自然会通过丝绸之路传播到秦州，影响到麦积山石窟造像的塑造。虽然我们没有直接的文献依据说明来自洛阳的僧人和世俗信徒在麦积山参与石窟的开凿，但文献中还是可以找到一些相关的佐证，比如《魏书》卷六十四《张彝传》记载：“（宣武帝）世宗初，除正尚书、兼侍中，寻正侍中。世宗亲政……寻除安西将军、秦州刺史。彝务尚典式，考访故事。及临陇右，弥加讨习，于是出入直卫，方伯威仪，赫然可观。羌夏畏伏，惮其威整，一方肃静，号为良牧……彝敷政陇右，多所制立，宣布新风，革其旧俗，民庶爱仰之。为国造佛寺，名曰：‘兴皇’。”按《魏书》卷八《世宗纪》记载：“景明二年春正月……庚午，帝始亲政。”可知张彝任秦州刺史应在景明二年（501年），所造兴皇寺，当在秦州治所（今天水市）。这是北魏时期首位在秦州营造佛寺的秦州刺史③。张彝之后，出任秦州刺史的有邢峦，《魏书》卷六十五《邢峦传》记载：“萧衍梁秦二州行事夏侯道迁以汉中内附，诏加峦使持节、都督征梁汉诸军事、假镇西将军，进退徵摄，得以便宜从事……拜峦使持节、安西将军、梁、秦二州刺史。”按《魏书》卷八《世宗纪》，夏侯道迁以汉中内附为正始元年（504年）十有二月闰月癸卯朔。《世宗纪》又记，正始三年（506年）春正月壬申，梁、秦二州刺史邢峦连破氐贼，克武兴一事。可推知，邢峦出任秦州刺史在正始二年至三年间。唐·法琳《辩正论》卷四《十代奉佛篇下》记载：“魏吏部尚书邢峦造普济寺……敬重大乘，造像立寺。”可知邢峦信奉佛法，并有立寺造像之举。又《魏书》卷十九《汝阴王天赐传》记载：“天赐第五子修义，字寿安。涉猎书传，颇有文

---

① 参见《中国石窟·龙门石窟》（一），图版53，北京，文物出版社1991年。

② 《北魏洛阳永宁寺》，彩版十五，1，报告中将这类头像称为梳髻头像；彩版三〇，1，着裲裆甲立像，北京，科学出版社1996年。

③ 按《魏书》卷七十《刘藻传》记载：“太和中，改镇为岐州，以藻为岐州刺史。转秦州刺史。秦人恃险，率多粗暴，或拒课输，或害长吏，自前守宰，率皆依州遥领，不入郡县。藻开示恩信，诛戮豪横，羌氐惮之，守宰于是始得居其旧所。遇车驾南伐，以藻为东道都督。秦人纷扰，诏藻还州，人情乃定。仍与安南将军元英征汉中，频破贼军，长驱至南郑，垂平梁州，奉诏还军，乃不果克。”据《魏书》卷七《高祖纪下》记载：平南将军刘藻出南郑为太和十八年（494年）十二月事。由此可知，在刘藻之前出任秦州刺史者，只是遥领而已，并不到任。

才，为高祖所知。自元士稍迁左将军、齐州刺史……修义为政，宽和爱，人在州四岁，不杀一人，百姓以是追思之。迁秦州刺史。肃宗初，表陈庶人禧、庶人愉等，请宥前愆，赐葬陵域……在州多受纳。"《魏书》卷三十一《于忠传》记载，于忠死于神龟元年（518 年），太常卿元修义参与谥号的论争。据此元修义任秦州刺史当在宣武帝后期至孝明帝初。元修义是否信佛不得而知。按龙门古阳洞有北魏太和二十二年（498 年）比丘慧成为亡父始平公造像。《隋书》卷五十《元孝矩传》记载："元孝矩，河南洛阳人也。祖修义，父子均，并为魏尚书仆射。孝矩西魏时袭爵始平县公，拜南丰州刺史。"《北史》卷五十《汝阴王天赐传》记载，元孝矩"西魏时袭祖爵始平县公。"按宫大中和阎文儒的考证，始平公与元修义家族有关[①]。若如此，则元修义也可能是佛教的信徒。这样，就有可能通过上述这些出任秦州刺史的佛教信徒，带来洛阳造像的新样式。

石窟寺的开凿即要有广大的信徒，也要有足够的财力作为依托。北魏晚期，作为西部重镇的秦州繁荣富足。故《魏书》卷五十二《赵逸附叔隆传》记载他"为秦州（阙）西府长史，加镇远将军。秦州殷富，去京悬远。叔隆与敕使（刺史）元修义同心聚敛，纳货巨万。"这为麦积山石窟的开凿奠定了财力基础。

插图部分图片由魏文斌提供。

作者简介

李裕群，1956 年生，北京大学考古系博士、博士后，中国社会科学院考古研究所边疆史地研究室副主任、研究员，从事佛教考古与研究，主要著作有《天龙山石窟》、《北朝晚期石窟寺研究》、《古代石窟》等。

① 宫大中：《龙门石窟艺术》，164 页，北京，人民美术出版社 2002 年；阎文儒：《龙门石窟研究》，北京，书目文献出版社 1995 年。

麦積山石窟における北魏後期・西魏における石窟の変遷とその背景

小泽正人

内容提要：

本论文以麦积山石窟北魏后期・西魏窟为考察对象，把握各个时期洞窟的特征及演变，同时阐述其背景。洞窟分期断代方面，主要采取的方法为分析各个洞窟的如来像、菩萨像、洞窟形制等的时代变迁，融合这些要素并进行比较。

经过以上方法分析得出，麦积山石窟北魏后期至西魏的洞窟大致可分为三个时期，即第一期、第二期与第三期。第一期为佛像汉化的成熟期，如来像着汉族形式的衣饰，菩萨像着 X 状天衣。另外，如八木春生氏指出，随着营造数量的增多，洞窟结构也逐步趋向简略。第二期造像持续汉化倾向，但着衣方式有所变化，同时窟内出现浅龛。第三期造像依然延续汉化倾向，洞窟结构也基本继承第二期的特征。第三期造像头部与衣饰方面有所变化，洞窟结构开始出现仿木结构的方形四角攒尖顶窟。

总体说来，麦积山石窟北魏后期・西魏窟以中小型窟为主，由众多供养人共同开凿，其中经过几个较大的转换时期，逐渐演变而来。这一时期麦积山作为一所名家寺院，集中了众多信者的信仰，为这一演变奠定了基础。

はじめに

麦積山石窟で現存する最古の窟は 5 世紀後期とされ、制作された如来像や菩薩像などの造像は西方的な様式によるものであった。その後 6 世紀に入ると造像は中国化が進み、如来像は肉体を隠す厚い着衣を纏い、その衣端は台座を厚く覆うようになる。菩薩像はX 字状天衣を着け、なかには僧祇支を着るものもあらわれ、さらには漢民族の着衣である交領大袖を纏うものが出現する。このような中国式の造像は 6 世紀後半に入ると再び西方的なものへと変化する①。

以上のような麦積山石窟における造像様式の変遷は中国全体で起こった変化と歩みを同じくするものであり、麦積山石窟のみが孤立した存在ではない。ただし具体的な変遷過程にはその地域の伝統要素、地域外からの外来要素、その地域で新たに創造された新要素が複雑に絡み合うため地域差が生

① 仏教造像における「中国化」については石松日奈子氏、岡田健氏、八木春生氏が論じている。
石松日奈子『北魏仏教造像史の研究』（2005 年 ブリュッケ）
石松日奈子・岡田健「中国南北朝時代の如来像着衣の研究」（『美術研究』第 356・357 号，1993 年）
八木春生『雲岡石窟文様論』（2000 年 法蔵館）
八木春生『中国仏教美術と漢民族化』（2004 年 法蔵館）

じることになる。このため近年の中国仏教美術考古研究においては、石窟や造像における地域性の検討が重要なテーマとなっている。そのなかで現在求められているのは、地域ごとに各時代の特徴と変化の過程を把握し、その上でその特徴や変化をもたらした背景について考察を行うことである。

本稿は以上のような問題意識に基づき、麦積山石窟における北魏後期・西魏とされる窟を取り上げ、時期ごとの特徴と変化のあり方を把握するとともに、その背景を明らかにすることを目的とするものである。

北魏後期・西魏窟の編年についてはこれまで複数の編年が発表されている（第1表）[①]。このうち本稿で北魏後期・西魏窟として検討の対象とするのは八木春生氏による編年のうち、主に北魏後期、西魏前期・後期とされるもので、これに八木氏が北魏中期とした23・16窟を加えるものである。

表1　諸説の比較

番号	董玉祥（1983）	中国石窟（1987）	麦積山誌（2002）	李裕群（2003）	八木（2009）
16	北魏3期	北魏	北魏		北魏中期
21		北魏	北魏		北魏中期
23		北魏	北魏		北魏中期
17	北魏3期	北魏	北魏		北魏後期
85	北魏3期	北魏	北魏		北魏後期
93		北魏	北魏		北魏後期
101	北魏3期	北魏	北魏		北魏後期
103		北魏	北魏	第1期	北魏後期
121	北魏3期	北魏	北魏		北魏後期
122	北魏3期	北魏	北魏		北魏後期
126	北魏3期	北魏	北魏		北魏後期
131		北魏	北魏		北魏後期
133	北魏3期	北魏	北魏		北魏後期
139	北魏3期	北魏	北魏		北魏後期
140	北魏3期	北魏	北魏		北魏後期
142	北魏3期	北魏	北魏		北魏後期
154	北魏3期	北魏	北魏		北魏後期
159	北魏3期	北魏	北魏		北魏後期
163	北魏3期	北魏	北魏		北魏後期
64	北魏3期	北魏	北魏		西魏前期

① 編年については以下のものを参考とした。

董玉祥「麦積山石窟分期」（『文物』1893年第3期）

天水麦積山石窟芸術研究所「麦積山石窟内容総録」（李西民・蒋毅明整理，天水麦積山石窟芸術研究所編『麦積山石窟』，平凡社・文物出版社，1987年）

麦積山石窟誌編纂委員会編（張錦秀編撰）『麦積山石窟誌』（甘粛人民出版社，2002年）

李裕群『北朝晚期石窟寺研究』（文物出版社，2003年）

八木春生「天水麦積山石窟編年論」（『泉屋博古館紀要』第25巻，2009年）

续表

番号	董玉祥（1983）	中国石窟（1987）	麦積山誌（2002）	李裕群（2003）	八木（2009）
72		北魏	北魏		西魏前期
83	北魏 3 期	北魏	北魏	第 1 期	西魏前期
87		西魏	北魏	第 1 期	西魏前期
92		北魏	北魏		西魏前期
102	北魏 3 期	西魏	西魏	第 1 期	西魏前期
127	北魏 3 期	西魏	北魏	第 1 期	西魏前期
132	北魏 3 期	西魏	北魏		西魏前期
135	北魏 3 期	西魏	北魏	第 1 期	西魏前期
146		北魏	北魏		西魏前期
147		北魏	北魏		西魏前期
162		北魏	北魏		西魏前期
172		西魏	西魏		西魏前期
44	西魏	西魏	西魏	第 1 期	西魏後期
20	西魏	西魏	西魏	第 1 期	西魏後期
102		西魏	西魏	第 1 期	西魏後期
105		西魏	西魏		西魏後期
120	西魏	北魏	西魏		西魏後期
123	西魏	西魏	西魏	第 1 期	西魏後期

注：李裕群氏は第 1 期の年代を535 ~ 551 年としており、ほぼ西魏に重なる。

一般に石窟の前後関係や時期区分は、如来像や菩薩像といった造像の様式、窟の構造、窟に表現されたテーマなど石窟を構成する諸要素を比較することで決定される。この点で李裕群氏は、造像や窟形といった石窟の構成要素ごとに変遷を考え、さらにそれを組み合わせ、比較するとった明確な方法を採っており、本稿でもこの方法を採用する①。取り上げる要素は、如来像、菩薩像、窟形式である。以下まず各要素の変遷を明らかにしたい。

1　如来像の変遷

まず麦積山石窟における如来像の大まかな変遷を確認しておきたい（図 1）。

麦積山石窟で最も時代がさかのぼる窟は 5 世紀後期とされるものである。この時期の如来像は丸く張りのある頭部にやや幅広の肉髻をつけ、薄く身体に密着した袈裟を偏袒右肩に纏っている（図 1：1）。このタイプの如来像は 6 世紀初頭まで続くと考えられる。

① 李裕群『北朝晚期石窟寺研究』（文物出版社，2003 年）

図1：1　78窟奥壁如来像

図1：2　133窟第3龕如来像

図1：3　142号窟左壁如来像

図1：4　20窟奥壁如来像

図1：5　141窟奥壁如来像

図1：6　24号窟如来像

麦積山石窟の編年では北魏後期とされる6世紀前期前半の如来像は大きく変化し、方形の頭部に高い肉髻をつけ、厚い着衣で肉体表現を抑制し、胸元を大きく開き、像によっては結紐を垂らし、さらに着衣を台座前面に厚く垂らす（以下この部分を「裳懸」と呼ぶ）、中国化が定着した姿をするようになる（図1：2～4）。このうち図1：2～3は長方形で直線的なラインで表現される頭部に裳懸の端部を3または4条に分けて垂下させるのが特徴で、図1：2のように袈裟の下に足を隠すタイプと図1：3のように袈裟の上に足を出すタイプがある。次いで西魏とされる6世紀前期後半になると図1：4に代表されるように顔つきは丸みを帯びるようになり、裳懸はより厚みを帯び、中央で二つに分かれるようになる。

北周とされる6世紀後半になると図1：5のように頭部はさらに丸みを帯びて、肉髻が低くなり、全体には楕円形になる。図1：5は依然として中国式の服制であるが、台座前面に垂下する着衣は形式化して縮小し、量感を失い薄くなり、着衣下の足のラインなどが伺えるようになっている。ここで提示はしていないがこの時期には通肩に衣を纏った像や、着衣が体に密着し肉体表現を志向する像も現れ、中国式の造像から変化している。さらに隋とされる6世紀後半後葉から7世紀初頭になると頭部・体部共に肉体表現への志向がはっきりと現れ、また着衣にも動的な表現が採られるようになる（図1：6）。

以上が麦積山石窟における如来像のおおまかな変遷だが、このうち本稿と関連するのは6世紀前半の北魏後期・西魏に編年される中国化した如来像である。そこで次にこの如来像の変遷を詳しく見てみたい。分析の視点としては、まず制作者の全体のイメージが最もよく反映する着衣形式に注目する。そのうえで細部の表現、特に頭部の表現に注目してみたい。

まず着衣形式の分類だが、ここでは裳懸の表現に注目する。先に述べたように裳懸端部の表現は当初3または4条に分けて垂下させるものであったが、やがて中央で2分して左右に分かれるものへと変化している。そこで本稿では前者のような裳懸表現をもつ如来像を多垂式如来像（図1：2～3、図2）、後者を二分式如来像（図1：4、図3）と呼ぶこととする。以下それぞれの内容を説明する。

多垂式如来像は裳懸の端部を3ないしは4条に分けて垂下させる。この形式は足を露出させるか、させないかでさらに細分され、前者を多垂式露足形如来像（図1：3～4、図2：1～5）、後者を多垂式覆足形如来像とする（図1：2、図2：6）。露足形如来像では裳懸端部がやや細く全ての端部がそのまま垂下するものから（図2：1～2）、幅が広く、左右の衣端部のラインが斜めになる（図2：3～5）ものへと変化したと考えられる。

図2：1　17窟奥壁龕如来像

図2：2　133窟4龕如来像

図2：3　133窟9龕如来像

図2：4　121窟奥壁龕如来像

図2：5　101窟奥壁如来像

図2：6　17窟左壁龕如来像

二分式如来像は裳懸を中央で二分されたように表現する如来像で、やはり足を露出させるか、させないかで細分され、前者を二分式露足形如来像（図1：4、図3：1 ~5)、後者を二分式覆足形如来像（図3：6）と呼ぶ。

図3：1　121窟右壁龕如来像

図 3：2　101 窟右壁如来像

図 3：3　139 窟奥壁如来像

図 3：4　135 窟左壁龕如来像

図 3：5　44 号窟如来像

図 3：6　135 窟奥壁龕如来像

ここで二分式露足形如来像と呼んだ形式の如来像について、八木春生氏は杉山未菜子氏の成果をもとに A・B の 2 形式に細分し、A 形式が先行するとの指摘をおこなっている①。八木氏の分類で A・B 各形式の基準は以下の通りである。

① 八木春生「麦積山石窟西魏窟に関する一考察」(『芸叢』23 号，2003 年)

A 形式：賓陽中洞如来座像の着衣形式に近いが、最も外側の袈裟を偏袒右肩ではなく通肩に近いので、厳密には賓陽中洞形式のバリエーションになる。右手にかかった袈裟がすぐ右脚の下へと潜り込むため、足首を覆う布の弛みができない。袈裟が右脚の下へと潜り込む部分は表現上不明確。作例として 147 窟本尊・127 号窟像・135 号窟像・83 窟像・87 窟像・92 窟像・132 窟像①。

B 形式：袈裟は右腕によって持ち上げられた後、垂下する袈裟の一部が右足首を覆う。A 形式よりも現実に即しており、表現としては自然。作例としては 44 窟主尊・20 号窟像・102 号窟像、120 窟像。この像は A 形式のバリエーションとして捉えられる。

ただし本稿で二分式とした如来像と八木氏が扱った如来像は一致していない。そこで本稿では八木氏が示した分類基準のうち、右腕から垂下した袈裟の表現に注目し、袈裟が右脚の下へと潜り込むものを A 型、自然に垂下して足首を隠す表現をとる造像を B 型と呼ぶこととする。図 3 のなかでは、2 ~4 が A 型、5 が B 型である。なおなお図 3：1 の 121 窟奥壁龕如来像は上半身は後補だが裳懸部は本来のものが残っていると考えられことからここに提示したが、現状では A・B 型の判断はできない。

次にそれぞれの形式の如来像の頭部を取り上げてみたい。

図 4 は多垂式如来像の頭部をまとめたものである。このうちほとんどの如来像は全体に長方形で角張ったいわゆる秀骨清像になっているが、85 窟奥壁如来像（図 4：5）、201 窟奥壁如来像（図 4：6）、さらに 154 窟左壁如来像などもやや丸みを帯びた像も少数だが見られ、これらの如来像はやや年代が下がると考えられる。次に図 5 の二分式如来像の頭部だが、全体にとしては頬から顎にかけて丸みを帯びたものとなっており、先の多垂式如来像では少数であったものに近い。従って如来像では多垂式如来像に見られる長方形で角張った顔つきから、一部の多垂式如来像や二分式如来像に見られる長方形ではあるが頬から顎にかけて丸みを帯びた顔つきへと変化したと考えられるのである。

図 4：1　23 窟奥壁如来像

図 4：2　133 窟 9 龕如来像

図 4：3　142 奥壁如来像

① 以下の作例の比定には上記八木論文を参考とした。

図 4：4　17 窟奥壁如来像

図 4：5　85 窟奥壁如来像

図 4：6　101 窟奥壁如来像

図 5：1　101 窟右壁如来像

図 5：2　139 窟奥壁如来像

図 5：3　135 窟左壁如来像

図 5：4　147 窟奥壁如来像

図 5：5　64 窟奥壁如来像

図 5：6　44 窟如来像

以上の検討から、北魏後期から西魏時期の如来像は、おおまかには裳懸端部を3ないしは4条垂下させ角張った顔つきをした多垂式如来像から、二分式の裳懸で丸みを帯びる顔つきをした二分式如来像へと変化していったことが明らかになった。

2 菩薩像の検討

菩薩像についてもやはり制作者のイメージが端的に反映される着衣形式に注目して形式分類をおこなう。以下、形式ごとに特徴を見てみたい。

(1) 絡腋式菩薩

絡腋を纏う菩薩像は23窟、163窟で確認できる（図6）。このうち23窟右壁の菩薩像は丸顔・長身で、宝冠を被り、やや後ろにそった姿勢をとる。裙は身体に密着し、天衣は大きく翻っている。その姿は先行する北魏中期①の菩薩像と同じ特徴をもつ。

図6：1 23窟右壁

図6：2 163窟左壁

(2) X字状天衣式菩薩

X字状天衣を纏う菩薩像は16・44・102・105・127・133・159・163窟などで確認でき、全体の像容も変化が見られる。以下それぞれの菩薩像の特徴を検討しながら、変化の方向を考えてみたい。

---

① 「北魏中期」は八木氏の分期による。八木論文参照。

本稿で扱う石窟に安置されているX字状天衣式菩薩のうち、年代が最も遡るのは16窟右壁菩薩像と考えられる。面長の顔つきで、細身の身体を反らせる姿は北魏中期の菩薩像と共通性が高い（図7：1）①。これとほぼ同時期と考えられるのが159窟右壁菩薩像あり、面長の顔つきをして、細身の身体をもち直立気味に立つ。天衣は細身で、膝上で交差した後鋭角に折れ曲がり腕に懸かる。裙は身体に密着し裾は広がりを見せる（図7：2）。

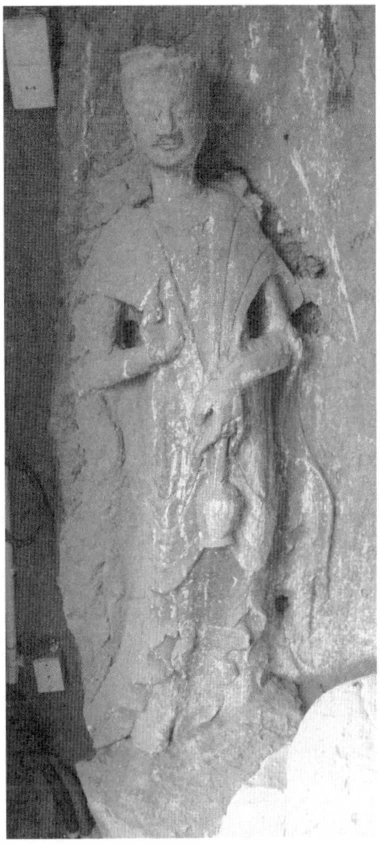

図7：1　16窟右壁

図7：2　159窟右壁

159窟より下る作例として133窟1龕右脇侍菩薩像が挙げられる。顔つきは面長だがやや角張るようになり、天衣も細身だがその表現はかなり柔らかになる、といった変化が認められる。（図7：3）。

これに続く作例として127窟右壁龕右脇侍菩薩像が挙げられる。直立気味に立ち、下腹がやや出ており、顔は面長でやや丸みを帯びている。上半身には何も着けず、裙は紐で結ばれ上端が出ており、天衣は膝上で交差し、右は手でつままれた後、くねりながら垂下するといった動的な表現が取られている（図7：4）。

127窟より時代が下がる作例としては、44窟左脇侍菩薩像・105窟左壁左脇侍菩薩像が考えられる。いずれも顔立ちが丸くなり、天衣は環を通しながら交差させている（図7：5）。

① 八木氏は「天水麦積山石窟編年論」中で16窟を北魏中期に編年している。

図7：3　133窟1龕右脇侍

図7：4　127窟右壁龕右脇侍

図7：5　44窟左脇侍

（3）X字状天衣瓔珞式菩薩像

X字状天衣に瓔珞を重ねる菩薩像は85・122・127・139・140・142窟などで確認できる。このうち85・122・139・140・142窟菩薩像はほぼ同じ様式である（図8：1～3）。いずれも胸をやや引き気味として腹部を前に出し、顔つきは面長で、髻を布でくるんでいる。天衣と瓔珞は膝よりもやや高いところで交差している。

これに対して127窟中央龕菩薩は石彫であり、他の菩薩よりも全体に表現に硬さが見られる（図8：4）。顔つきは長方形で、天衣と瓔珞は腰で交差し、瓔珞の交差部分にはボタン状の飾りが付いている。この菩薩は長方形の顔つき、抑制した肉体表現などは139窟などの菩薩と共通するが。瓔珞や天衣の型式や表現などは違いが見られる。

（4）交領大袖式菩薩

交領大袖を纏う菩薩は20・81・87・92・101・102・120・121・123・132・135・146・162窟などで確認できる。その表現の違いから3つの型式に分けられる。

一般に交領大袖式の菩薩像は僧祇支ないしは丸首の内衣を着け、その上に交領大袖を着ている。このような通常型の菩薩像は133窟3龕（図9：1）、121窟（図9：2）、101窟（図9：3）、127窟、135窟（図9：4）などで確認できる。いずれも交領大袖をゆったりと着ており、襟元は深く、裙に挟み込まれる部分はたるみが見られる。また交領大袖上に膝上で交差するX字状天衣を着ける例が多い。

図8：1　142 窟奥壁右脇侍

図8：2　122 窟奥壁右脇侍

図8：3　139 窟右壁 b

図8：4　127 窟奥壁龕右脇侍 b

図9：1　133 窟 3 龕右脇侍

図9：2　121 窟

図9：3　101 窟右壁龕左脇侍

図9：4　135 左壁龕左脇侍

この通常型の他に、襟元が浅く、内衣が突出している表現を取る内衣突出型の交領大袖式菩薩像が 92 窟、132 窟、135 窟奥壁龕（図9：5）、81 窟で確認できる。内衣突出型の菩薩像では天衣は垂下式になっている。

図 9：5　135 奥壁龕左脇侍

図 9：6　123 窟奥壁龕右脇侍

さらに 20 窟、105 窟、120 窟像、123 窟（図 9：6）では裙を胸元まで上げて紐で結び、交領大袖は胸元大きく開いて肩を出す、肩脱型の菩薩像が見られる。この菩薩でも天衣は垂下している。

（5）垂下天衣式菩薩像

上半身を裸体あるいは僧祇支のみとして、天衣を垂下させる菩薩像は 44 窟（図 10：1）、81 窟、83 窟（図 10：2）、87 窟（図 10：3）などで確認できる。このうち 44 窟菩薩像以外はいずれも頭部は丸みを帯びた面長で、高髻を結い、髪は二つに分けている。それに対して 44 窟菩薩像は宝冠を付け、腹部の膨らみを表現して肉体表現を強く志向し、さらに天衣も動的な表現が取られるなど他の菩薩との間の違いが大きい。

図 10：1　44 窟右脇侍菩薩

図 10：2　83 窟奥壁右脇侍菩薩

図 10：3　87 奥壁左脇侍菩薩

3　窟形式の検討

ここではまず窟形式の大まかな変化の方向から確認しておきたい。窟の分類は造像を安置する施設の違いと天井の構造に注目した。以下図11・12に沿って見てみたい。

麦積山石窟の初期窟では平頂で奥壁に「冂」字状に台を巡らせる三壁連台窟（図11：1）が採用されている。次の段階では平頂で、奥壁部分を一段高くし、そこに台座を設け、左右壁には台座から造像までが入る龕を掘る一台二深龕窟（図11：2）となる。また一台二深龕窟と基本は同じだが、左右壁に如来像を置かず代わりに菩薩像を置く窟もあり、その場合は奥壁の台座に如来を置き、左右壁は龕を掘らず円座に菩薩立像を置く一台二円座窟（図11：3）となる。さらに平頂で奥壁にも龕を開き造像を安置する平頂三壁深龕窟（図11：4）も見られる。

6世紀前半になると平頂で三壁にそれぞれ台座を置く三台窟（図11：5）が現れる。小型の窟では左右の台を省略する場合もあり、三台窟のバリエーションと考えられる。また三壁深龕窟には天井を伏斗形にする伏斗形三壁深龕窟（図11：6）が造られている。133窟は不定形の形状を示すが、龕はいずれも深龕で、天井は平頂と伏斗形が繋がったようになっており、三壁深龕窟のバリエーションとして捉えられる（図11：7）。また三台窟に遅れて三壁に浅く龕を掘り台座を省略する三壁浅龕窟が現れる。この窟の天井には平頂と伏斗形があり、前者を平頂三壁浅龕窟（図12：1）、後者を伏斗形三壁浅龕窟（図12：2）と呼ぶ。

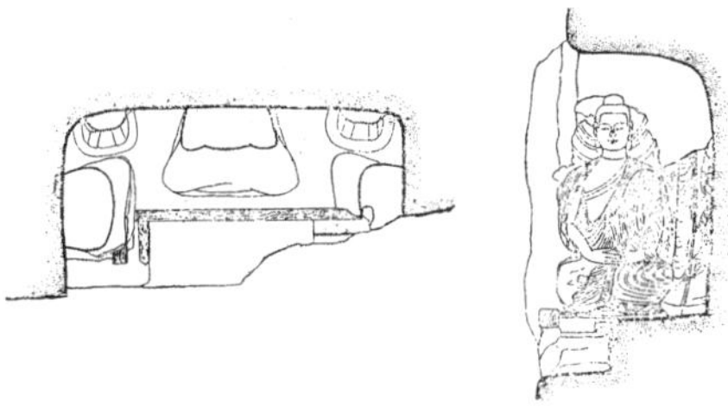

図11：1　三壁連台窟（64窟）

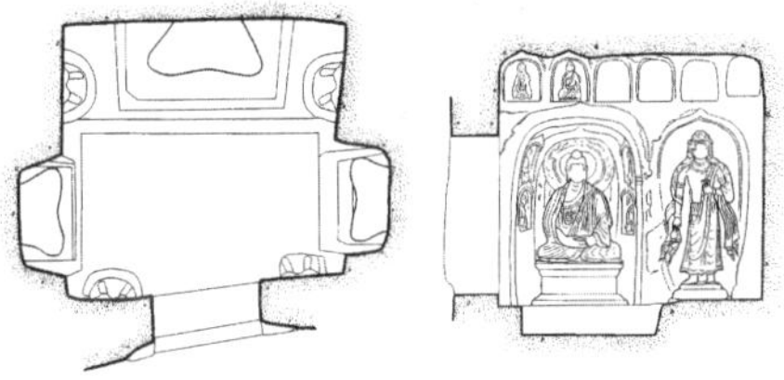

図11：2　一台二深龕窟（128窟）

図11：3　一台二円座窟（115窟）

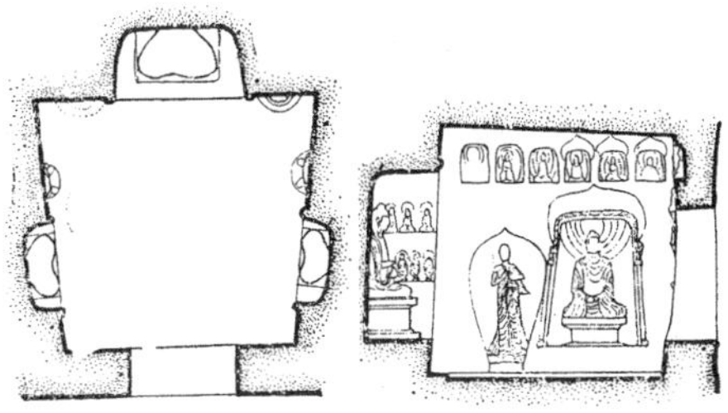

図11：4　平頂三壁深龕窟（155窟）

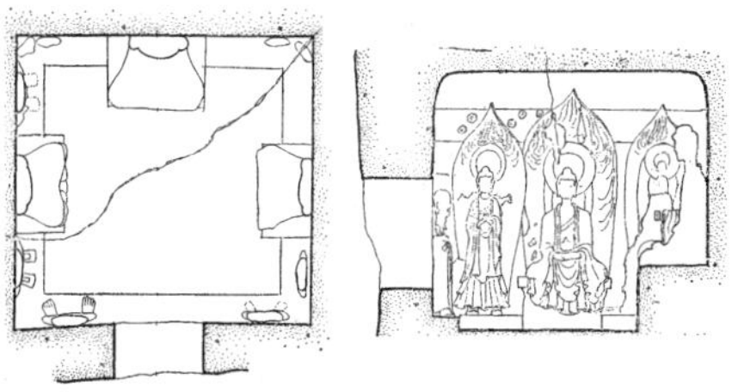

図11：5　三壁三台窟（154窟）

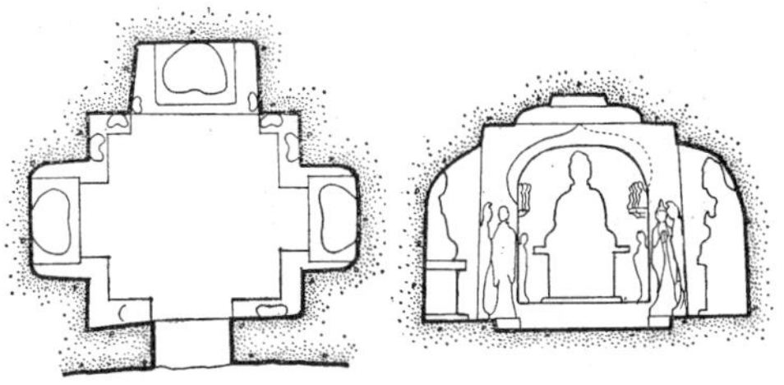

図11：6　伏斗形三壁深龕窟（121窟）

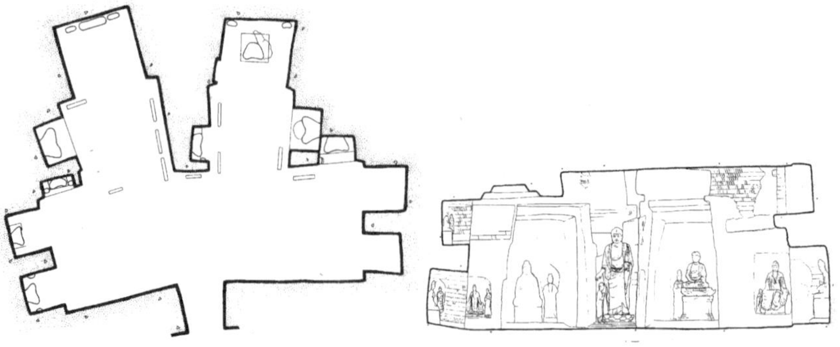

図 11：7　133 窟（三壁深龕窟のバリエーション）

図 11　窟形の分類と変化

6 世紀後半になると天井を方錐にする窟が現れ、上記三壁浅龕窟の中にはこのような天井を採用するものがあり方錐形三壁浅龕窟（図 12：3）となる。この時期には七仏を安置する窟もあり、その場合は側壁の浅龕は 3 カ所となり、方錐形三壁三浅龕窟となる（図 12：4）。さらにやはり七仏のために奥壁には浅龕を、側壁は台座を造る場合もあり、方錐形浅龕台座窟となる（図 12：5）。さらに時期的には降るが、馬蹄形の形状をする馬蹄形窟（図 12：6）がみられるようになる。

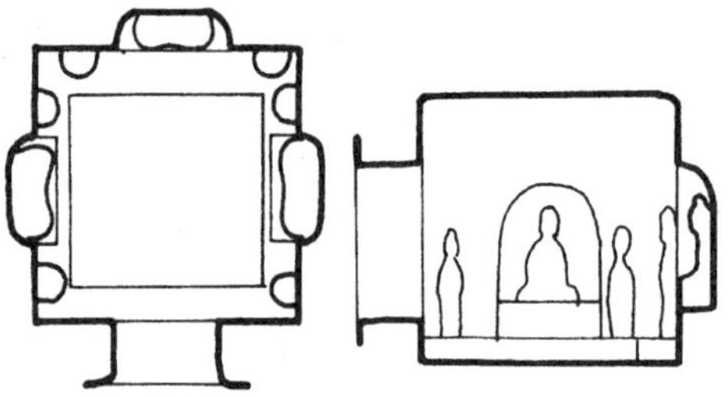

図 12：1　平頂三壁浅龕窟（123 窟）

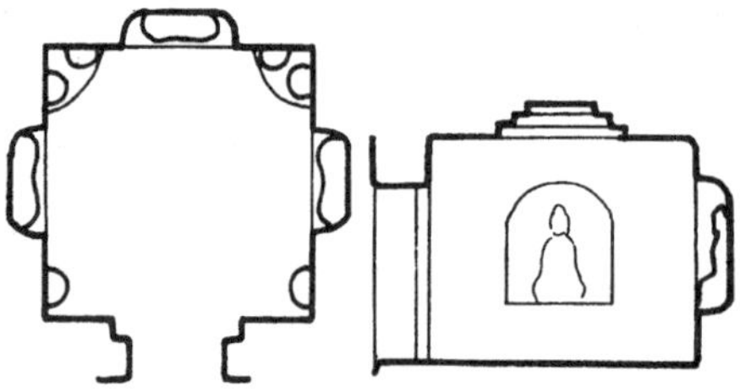

図 12：2　伏斗形三壁浅龕窟（87 窟）

図 12：3　方錐形三壁浅龕窟（62 窟）

図 12：4　方錐形三浅龕窟（141 窟）

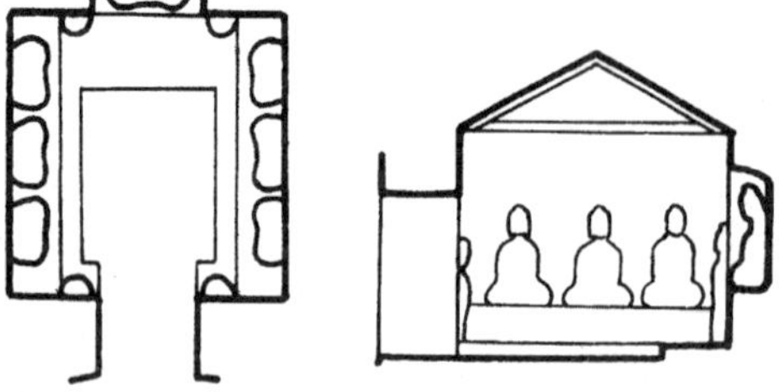

図 12：5　方錐形一台二浅龕窟（12 窟）

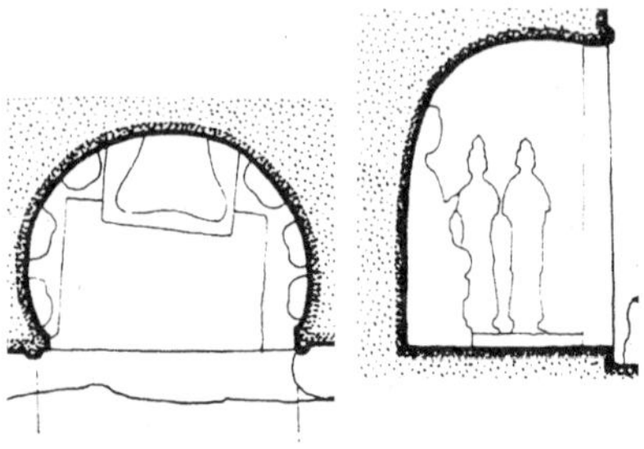

図 12：6　馬蹄形窟（5 窟）

図 12　窟形の分類と変化

以上の窟のうち、本稿で関係するのは一台二深龕窟、一台二円座窟、三深龕窟（平頂・伏斗形）、三台窟、三浅龕窟（平頂・伏斗形・方錐形）である。

4　各時期の特徴

以上、如来像、菩薩像、窟形式について検討を加えてきたが、この相互の関係を一覧表にしたのが、第2表である。この表では石窟において最も重要である如来像の変化を基本に据え、それに菩薩像・窟形式の変化を併せて作成している。これに従来の編年研究の成果を加えて、北魏後期・西魏を3期に分けた。以下それぞれの時期の特徴についてみてゆく。

（1）第1期

北魏後期・西魏第1期窟はその内容から前段と後段に分けられ、前段には16・23・159・163窟が、後段には17・85・101・121・122・126・131・133・140・142・154窟が該当する。以下それぞれの内容を見てみたい。

前段の如来像は多垂式露足形で裳懸端部を3条垂下させるのが基本だが、4条の端部を垂下させる例も見られる。菩薩像は瓔珞式・X字状天衣式がある。窟形式は多様で、一台二深龕窟・一台二円座窟・三台窟が見られる。一般に壁面や龕内に段が設けられ、影塑が貼り付けられ、また小龕が掘られる例もある。

後段の如来像は多垂式が主で、なかでも露足形が多く、覆足形は少ない。これに二分式露足形A型が加わる場合がある。頭部の輪郭は直線で、杏仁形の目をする。

菩薩像はX字状天衣式・X字状天衣瓔珞式が主だが、交領大袖式となる場合もある。特殊例として天衣を前から回す17窟の菩薩像を挙げることができる。同じように天衣をまわす菩薩像は133窟3龕でも見られるが、この菩薩像は交領大袖を纏っており、17窟菩薩像とは異なっている。

窟形式では三台窟が一般的で、小型の窟には奥壁にのみ台座が置かれる窟もある。ほとんどの窟には壁面に段が造られ、影塑が乗せられている。この他の窟形式として三壁深龕窟があり、17・121・133窟がそれに当たる。このうち17窟の天井は平頂、121窟は覆斗形、大型窟の133窟は平頂と伏斗形が組み合わさったものになっており、バリエーションが見られる。

このように第1期は中国式の造像、すなわち着衣を厚くし、衣端を台座前面に垂らす裳懸式の如来像とX字状天衣式・X字状天衣瓔珞式・交領大袖式の菩薩像、そして窟形式としては三台窟を基本的な組み合わせする。ただしその定着までに中期からの過渡的な状況があるため、前後に区分されたのである。

すなわち前段は中国式の如来像は共通するものの、菩薩像には絡腋式菩薩像があり、窟形式にも一台二深龕窟や一台二円座窟、さらに壁面に小龕を掘るなど北魏中期から連続する要素も見られる時期であり、中期からの過渡的な状況を表すと考えられる。これが後段になると菩薩像はX字状天衣式・X字状天衣瓔珞式・交領大袖式にほぼ固定し、窟形式もほぼ三台窟になっており、過渡的な状況を脱して定型化した窟様式が成立したと考えられる。

表 2　北魏後期、西魏窟の編年

時期区分		番号	如来像				菩薩像					窟形式					窟内施設		
			多垂式		二分式		絡掖式	X字状天衣式	X字状天衣・瓔珞式	交領大袖式	垂下天衣式	一台二深龕	一台二円座	三壁深龕	三台	三壁浅龕	小龕	段	影塑
			覆足形	露足形	覆足形	露足形													
第1期	前段	23		④			○					○							
		16		○				○				○					○	龕内	○
		163		④			○	○							○		○	壁面	○
		159		○				○					○					壁面	○
	後段	133	○	○④				○		○				平頂・伏斗				龕内・壁面	○
		142		○④					○						○			壁面	○
		17	○	○				○						平頂				龕内	○
		131		○											○			壁面	○
		126		○											①				○
		140		○					○						○				
		85	○	○					○						○			壁面	○
		122	○	○					○						○			壁面	○
		121		○		○				○				伏斗				龕内	○
		101		○		A				○					○			壁面	○
		139				A			○						①			?	?
		154	○			A									○			壁面	○
第2期		127	○			A		○	○	○						○			
		135			○	A				○・突						平頂			
		147				A										平頂		?	?
		146				A				○						平頂		?	?
		172				A				○						平頂		?	?
		103				A										伏斗		?	?

续表

時期区分	番号	如来像				菩薩像					窟形式					窟内施設		
		多垂式		二分式		絡掖式	X字状天衣式	X字状天衣・瓔珞式	交領大袖式	垂下天衣式	一台二深龕	一台二円座	三壁深龕	三台	三壁浅龕	小龕	段	影塑
		覆足形	露足形	覆足形	露足形													
第2期	64				A										伏斗		?	?
	87				A				○	○					伏斗		○	○
	81			○	A				突	○					伏斗		?	?
	83				A					○					伏斗		○	○
	92				A				突					○			壁面	○
	162			○	A									○				○
	132				A				突					①			○	○
第3期	44				B		○			○					方錐			
	102				B		○		突						方錐		?	?
	20				B				肩					○				
	120				B				肩					○				
	123				B				肩						平頂			
	105						○		肩						平頂			

表についての説明

○:該当するものが存在していることを示す

如来像多垂式露足型

○:衣端を3つに分けていることを示す

④:衣端を4つに分けていることを示す

二分式露足型

A:A形式　B:B形式　○:その他

交領大袖式

○:通常型　突:内衣突出型　肩:肩脱型

窟形式

平頂:天井が平頂

伏斗:天井が伏斗形

方錐:天井が方錐形

①:小型窟で台座が奥壁1カ所の窟。三台窟の省略形

窟内施設

?:窟内の破損が激しく、本来存在したかどうかが確認できない

ただし後段に見られる造像のうち二分式如来像、交領大袖式菩薩像などは次の第 3 期で主となる組み合わせであり、これら新しい造像が見られる 101・121・139・154 窟は第 1 期後段の中でも時期的にやや下ると考えられる。

この点と関連して第 1 期の中で例外的な大型窟である 133 窟については、その位置づけに若干の考察が必要である。

第 1 期で 133 窟と関連が深い窟として 17・121 窟を挙げることができる①。このうち 17 窟は 133 窟と同じ三深龕窟で、さらに造像の顔つきも両者とも長方形で角張り、さらに 17 窟奥壁如来像のように細めの衣端が垂下する裳懸は 133 窟 4 龕でも確認できる。

121 窟も三深龕窟であり、特に天井は 133 窟西側と同じ伏斗形となっている。造像でも交領大袖式菩薩像が 121 窟と 133 窟 3 龕で共通している。さらに 121 窟奥壁如来像の裳懸は幅広く左右が斜めに垂下しているが（第 2 図 5)、このような裳懸は 133 窟 8・9（第 2 図 4)・10 龕の如来像でも確認できる②。

このように 17・121 窟はそれぞれ 133 窟と関連が見られるわけだが、ただし 17 窟と 121 窟如来像の裳懸の形状には共通点はなく、また 121・133 窟にあり第 2 期以後に流行する交領大袖式菩薩像は、17 窟にはない。以上の点と、133 窟が大型の窟である点をふまえると、開鑿時点において 17 窟と 133 窟はほぼ同時期であったが、133 窟は大型のために開鑿が長期化し、天井の形状や菩薩像に新しい型式が加わったと考えるべきであろう。そしてこの 133 窟の新しい要素が 121 窟と共通すると考えられる。

なお付け加えるならば、133 窟では天井部は西部と東部で異なる、奥室の中軸線にズレが生じている、壁面上段の龕についても左右は非対称になっているといった状況があり、統一的な設計思想が欠如していることが認められる。この点と 133 窟には多数の龕が掘られていることを考え合わせるならば、133 窟は龕を開くことが主たる目的の窟であり、龕が集積した窟として捉えるべきだと考えられる。133 窟には造像碑も多数運び込まれているわけだが、これも 133 窟に龕を開くことと同じ脈略で捉えられる。このような 133 窟の性格は、その造営が長期間にわたったとした先の推測とは矛盾しない。

（2） 第 2 期

第 2 期の造像の特徴は、如来像では二分式、菩薩像では交領大袖式が定着することである。如来像の裳懸は二分式で、全体に厚みを増し、量感に満ちた表現を取るようになる。如来像は覆足形は少数で、ほとんど露足形、しかも A 型である。交領大袖式に移行した菩薩像では、通常型と内衣突出型が見られる。以上のような造像の変化は第 1 期には始まっており、第 2 期はその定着期として捉えることができる。

ただし第 2 期窟のうち、127 窟には多垂式如来像、X 字状天衣式・X 字状天衣瓔珞式の菩薩像が見られ、他の窟とは傾向が異なっている。127 窟では石彫の一光三尊像があり、これが多垂式如来像覆足形如来像と X 字状天衣瓔珞式の組み合わせになっている。さらに塑像にも X 字状天衣式菩薩像が確認できるが、その様式は菩薩の項で述べたように非常に特異なものである。従って 127 窟の造像は

---

① この点はすでに八木氏が指摘している。八木春生「天水麦積山石窟編年論」参照。

② この点については魏文斌氏からご教示を受けた。

この時期としてはかなり特殊なものと考えられるが、この点については後ほど検討したい。

この他、造像では菩薩像で垂下天衣式菩薩像が出現する。2 期で中心となった交領大袖式菩薩が肉体表現を抑制したのに対して、垂下天衣式菩薩像では裸体あるいは僧祇支のみの上半身を強調して肉体表現への志向が現れている。同様な肉体への志向は先の 127 窟の X 字状天衣をまとった塑像菩薩像にも見られており、6 世紀後半に顕著となる肉体表現への志向の端緒が見られる。ただし垂下天衣式菩薩の出現により双領大袖式菩薩像が消えるのではなく、なお両者は共存してゆくことになる。

窟形式では三台窟は残るものの、中心は壁面にすり鉢状の浅い龕を掘り、そこに造像を安置する三浅龕窟に移っている。

(3) 第 3 期

第 3 期は基本的には第 2 期を引き継いでいるが、いくつか変化が見られる。如来像は3 期までと同じ二分式だが B 形式に変化している。裳懸はさらに厚くなるとともに、顔つきはより丸みを帯びるようになり、表現上にも変化が生じている。菩薩像は交領大袖式が中心だが、X 字状天衣式・垂下天衣式菩薩像も見られる。双領大袖式菩薩像では通常型が見られず、肩脱型が中心になっており、ここでも表現に変化が見られる。また X 字状天衣型菩薩像は既に述べたように 1 期のものとは大きく変わっており、直接の系譜を追うことはできない。窟形式では三浅龕窟が多く、新たに天井を方錘にする窟が現れる。この他平頂三壁三台窟が数例見られる。

第 3 期は第 2 期以来の二分式如来像・交領大袖式菩薩・三壁浅龕窟といった基本的な枠組みは変わらない。しかし如来像と菩薩像には服飾表現に、窟形式には天井の形状に変化が現れており、また菩薩像では X 字状天衣式が制作されるようなるなど、麦積山石窟に新たな動きがあったことが認められるのである。

以上が各時期の特徴である。なお大まかな実年代として第 1 期が北魏後期、第 2 期が西魏前期、第 3 期が西魏後期に比定できる。

3　変化の背景

最後に北魏後期・西魏窟に変化をもたらした背景について考えみたい。

第 1 期は中国化した仏像の定着期にあたる。八木氏が指摘しているように麦積山石窟では北魏中期に影塑などに中国化した如来像や菩薩像があり、造像にも 144 窟では如来像の服制の一部に中国化の影響が見られ、菩薩像には X 字状天衣式が現れなるなど、中国化の波は及んできている①。しかし北魏中期の中国化はあくまで限定的であり、何よりも石窟において中心となる如来像では明確に中国化した造像は見られない。

それが北魏後期・西魏第 1 期になると如来像が胸元を大きく開き厚い着衣を纏い、着衣を台座前面に厚く垂らす裳懸とする像容となり、明らかに中国化したものへと変化している。このような中国化した如来像のうち多垂式如来像のように台座前面に垂下する裳懸端部が 3 または 4 条になる形式に

① 八木春生「天水麦積山石窟編年論」(『泉屋博古館紀要』第 25 巻，2009 年)

ついて石松日奈子・岡田健氏が「長安を中心とした西の伝統形式」とされており、陝西省西部から甘粛省東部で起こった如来像の中国化が麦積山石窟に及んだ結果と考えられる[①]。この如来像の中国化への移行と同じ時期に、菩薩像でも絡腋式からX字状天衣式やX字状天衣瓔珞式といった中国化がおこっている。このことは麦積山において中国化が如来像・菩薩像といった個別の尊像ごとに起こったのではなく、造像全体の変化としてもたらされたことを意味している。

ただし先に述べたように北魏中期の144窟では中国化した菩薩像が見られ、第1期でも23窟などでは瓔珞式の菩薩像が置かれており、造像の中国化は漸移的に進んでいることがわかる。つまり「どのような姿の如来像や菩薩像を作るのか」といった造像へのイメージが、それまでの西方様式から中国様式へと置き換わるには、第1期前段のような両者が併存する過渡的な過程が存在したのである。このことは個々の石窟の造営にあたり各造像のイメージを指示した工人にとっては、西方様式の造像と中国様式の造像は排他的な関係にあるものではなく、多数存在した像容のなかでの選択肢として併存していたことを意味している。

さらにここで注目されるのは窟形式の変化である。第1期になると中期までのように側壁に深龕を掘り、影塑のために小龕を設ける窟形式から、深龕をやめ三面とも台座とし、影塑のためには段を設けるといったものへと変化する。影塑を置く施設が小龕から段へと変わる原因として、八木氏は開窟数の増加による工程の簡略化を指摘している[②]。この八木氏の解釈を認めるならば、深龕から三台への変化も、壁面に深龕を穿つことを省略化した結果として考えられる。

北魏中期の事例ではあるが、115窟には外部の供養者名が書かれており、麦積山石窟の各窟はこのような供養者により開窟されたと考えられる。従って開窟数の増加は麦積山石窟で開窟する供養者が増えたことを意味する。このことと北魏中期には磨崖大仏が造営されたことを考え合わせるならば[③]、仏教寺院としての麦積山は6世紀代には活況を呈していたと考えられる。そのため僧侶や供養者などの往来も盛んになり、その結果新しい像容の如来像や菩薩像についての知識がもたらされたことが推測される[④]。第1期はそのようにして受容された中国様式の造像が、前半の過渡期を経て、後半には定着した時期として考えることができる。その後更に二分式如来像や交領大袖式菩薩像も伝わり、同一窟内で両者が併存する、過渡的な様相が現れることになる。

第2期は造像では二分式如来像と交領大袖式菩薩像が中心となり、窟形式も三浅龕窟が主たる形式になる。

造像の変化は第1期に始まったものであり、第2期はそれが定着した段階と位置づけられる。この変化は第1期に見られた西方式造像から中国式造像への変化と共通点が多く、具体的には如来像と菩薩像が同時に変化すること、多垂式如来像とX字状天衣式・X字状天衣瓔珞式菩薩像から二分式如来像と交領大袖式菩薩像への変化に両者が併存する過渡的な段階があること、などが挙げられる。従ってここでの変化も、二分式如来像と交領大袖式菩薩像についての知識がもたらされ、その後徐々に

---

① 石松日奈子・岡田健「中国南北朝時代の如来像着衣の研究」（『美術研究』第356・357号，1993年）

② 八木春生「麦積山石窟北魏後期諸窟考」（同氏著『中国仏教美術と漢民族化』法蔵館，2004年所収）

③ 八木春生「天水麦積山石窟編年論」（『泉屋博古館紀要』第25巻，2009年）

④ 具体的には特定できないが、新たな造像についての知識を持った僧侶や工人などの人の移動、小型の造像や絵画などのモデルとなるものの伝播などが想定できる

二分式如来像と交領大袖式菩薩像が多垂式如来像とX字状天衣式・X字状天衣瓔珞式菩薩像から交代していった結果と考えられる。

窟形式の変化で注目したいのが127窟である。この窟は大型の長方形窟であり、精美な壁画が全面に描かれている。奥壁龕には石彫の一光三尊像が置かれているが、この像は多垂式覆足形如来像にX字状天衣瓔珞式菩薩像を配するもので、顔つきは方形に近いなど時代的に遡る要素が認められる。左右壁龕に残された塑像菩薩像はこの時期には珍しくX字状天衣式であり、いずれも繊細な作りとなっており、その水準は高い。127窟については全体的な水準の高さから、最も近接する政治・文化の中心地である長安の工人が関わったとの見解が示されている。そしてこの窟は三壁に浅龕を開く三壁浅龕窟に分類される窟なのである。

八木氏は127窟について、宋代の『秦州雄武軍隴城県第六保瑞応寺再葬仏舎利記』の

昔西魏大統元年、再修崖閣、重興寺宇、至我宋乾徳二年、計四百年

といった記述と関連づけて、この麦積山の再興事業の中で開鑿されたとしている①。この八木氏の見解は蓋然性が高いと考えられ、これに従うならば西魏初年に麦積山の再興事業が行われことで、127窟のように石窟に浅龕を掘るという設計構想が導入され、それが定着した結果、窟形式の変化に繋がったと考えられる。なお127窟の天井部は木造建築を模倣したもので、柱などが塑土で造られている。従ってこのような浅龕を造る仏殿の存在が想定できることから、復興事業のなかで麦積山にこのような仏殿が建設され、それが127窟のような大型窟の原型となった可能性も指摘できる。

第3期は基本的な枠組みは第2期と同じだが、細部に変化が現れている。如来像は二分式ではあるが、B型となっている。菩薩像は双領大袖式が中心ではあるが、肩脱型が中心になり、同時にX字状天衣式の菩薩も作られる。窟形式では三壁三浅龕窟が中心だが、天井部を方錐形として、内部は塑土で木造建築を模倣する窟が現れる。

この時期の変化について八木氏は44窟の影響を指摘している。すなわち44窟が西魏文帝の廃皇后であった乙弗氏の寂陵とされる43窟に近接していること、またその作品としての水準が高いことから、44窟造営が他の窟へと影響を与えたとされたのである②。さらに八木氏は同時に44窟の造営以後の麦積山石窟について以下のように規定している。

「第44窟が「寂陵」と同じ高さに3mしか離れず開かれたことは、その工人たちが、乙弗のために西安から派遣された可能性の高いことを示している。寂陵以降、造像が明らかに洗練されたものとなった以上、この時期に麦積山石窟が単なる地方の仏教石窟寺院ではなくなり、その性格が個人的なものから国家（西魏）と関係する、ある種の公的なものへと変化したことが理解される。」③

つまり八木氏の理解によれば43窟寂陵造営以後の麦積山石窟は国家と関連したものへと転化したのであり。その前提には44窟は43窟と関連して造営され、それは国家の手によるものである、といったことがあるようである。しかしこの点については若干の疑問を感じる。

乙弗氏の伝は『北史』巻13にあり、関連する事項は『北史』巻5等に見られる。これをまとめると以下のようになる。

---

① 八木春生「麦積山石窟西魏窟に関する一考察」(『芸叢』23号，2003年)
② 八木春生「天水麦積山石窟編年論」(『泉屋博古館紀要』第25巻，2009年)
③ 八木春生「天水麦積山石窟編年論」(『泉屋博古館紀要』第25巻，44页，2009年)

大統元（535）年正月，西魏文帝の即位により皇后となる（『北史』巻5，巻13）

大統4（538）年2月，皇后を廃す（『北史』巻5，巻13）。出家して尼となる。秦州に移り、子の武都王戊に依る（『北史』巻13）①

大統6（540）年，勅命により自殺させられる。麦積崖に龕を穿って葬る。後、寂陵と号する（『北史』巻13）。

西魏廃帝1～3（552～554）年，文帝陵永陵に葬る（『北史』巻13）。

つまり乙弗が麦積山に葬られたのは皇后を廃された後であり、従って西魏が国家として43窟寂陵を造営したことは考えられない。「寂陵」と号したのも『北史』巻13の乙弗の伝に依れば後のこととされており、廃帝時期に乙弗が永陵に陪葬された以後と考えるのが妥当であろう。従って44窟についても国家による造営を認めることはできず、さらに麦積山についても「国家と関係する、ある種の公的なもの」になったとも考えられず、仏教寺院としての麦積山の性格に大きな変化は無かったと考えられる。

ただし44窟の造像が他の窟に比べ精巧であることは八木氏の指摘の通りであり、位置関係から44窟と43窟寂陵が関連することを認めるならば、国家のよる造営とはいえないまでも、かなり有力な供養人によるものであるとすることは可能である。その場合は子である秦王戊とすることが最も適切と考えられる②。

以上の前提に立ち第3期の変化について考えてみたい。第2期から第3期への変化は、如来像・菩薩像では着衣の部分的な形状、窟形式では三壁浅龕窟の天井の形状といった、いずれも細部の変化に留まっている。このうち造像については如来像と菩薩像に同時に変化が現れており、セットとしてもたらされた可能性が高い。ここで考慮しなければならないのが44窟と他の窟の関係である。造像についてみると如来像は44窟と他の窟はほぼ共通するが、菩薩像については隔たりが大きい。すなわち44窟奥壁の菩薩像はX字状天衣式と垂下天衣式であり、他の窟のような交領大袖式肩脱型は見られない。無論44窟は奥壁が残るのみであり、他の壁面に肩脱式菩薩があったことも否定はできない。しかし、逆に44窟奥壁に造られた菩薩像が他の窟に見られないことは、44窟と他の窟との間の関係が希薄であったと考える根拠となる。

つまり44窟造像はその作りの精巧さ、菩薩像に見られる肉体表現への強い志向や動的な表現など他の窟の造像との隔たりは大きく、孤立例としてみるべきであろう。それに対して他の窟の造像は44窟造像とは異なった系譜と考えるべきである。つまり第3期には二分式B型如来像と交領大袖式肩脱型菩薩像に代表される新しい像容の造像が麦積山にもたらされたのであろう。その受容過程で102窟のように二分式B型如来像と交領大袖式内衣突出型菩薩像いった過渡的な組み合わせの造像をもつ窟が現れたと考えられる。

なお第3期に現れる三壁浅龕方錐形窟は北周以後に流行を見せる窟形式であり、内部に柱や梁などの木造建築の構築材を造るようになる。このような造窟法はすでに第2期の大型の127窟で見られ

---

① 李裕群氏は武都王戊の秦州刺史の在任期間を大統4年8月から、5年に次の秦州刺史念賢が着任するまでとしている。李裕群『北朝晚期石窟寺研究』，133頁，（文物出版社，2003年）。

② 李裕群氏は大統4年時点での武都王戊の年齢を12歳前後と考えておられる。その場合大統6年乙弗逝去時の戊の年齢は14歳前後であり、石窟造営を発願し、工人を手配するには年少であるが、文帝から戊のことを託された蘇亮が補佐としたと考えれば可能である。

武都王戊の年齢および蘇亮については　李裕群書133～134頁参照

るが中小窟に広がりは見せておらず、この第3期の方錐形窟についても127窟からの系譜を認めることはできない。ただし第3期の三壁浅龕方錐形窟についてもこれが麦積山での創造なのか、それとも外来的なものなのかは現状では判断できず、今後の資料の増加を待たざるを得ない。

ここまでの検討をまとめるならば、第2期から第3期の変化の背景には麦積山に二分式B型如来像と交領大袖式肩脱型菩薩像に代表される新しい像容の造像がもたらされたことがあり、同時に中小窟にも木造建築を模倣するような変化が見られる。ただしその変化は漸移的であり、麦積山石窟の基本的な性格に変化は無かったと考えられる。

おわりに

以上、北魏後期・西魏時期の麦積山石窟の変遷とその背景を検討してきた。全体的に見て北魏後期・西魏の麦積山石窟は多くの供養人により造営された中小型窟を中心とした石窟のあり方を示し、そのなかでいくつかの画期を経ながらも漸移的な変遷を行っていった。その背景には寺院としての麦積山がこの時代を通して信仰を集め、人々を引きつけていたことが関連すると考えられる。このような基礎の下に、次の6世紀後半からの北周・隋時代になると石窟東部を中心とした大規模な窟の造営が始まり、造像の変化とも相まって麦積山石窟は変化の時代を迎えることになるのだが、この点については稿を改めて考えてみたい。

図版出典目録

図1：1　図3：5　図5：6　図8：5　図9：1・2　図11：7　図12：6，天水麦積山石窟芸術研究所『麦積山石窟』（1987年，平凡社・文物出版社）

図3：4，『世界美術大全集・東洋編』（2000年，小学館）

図1：2・4　図3：6　図7：2・4・5　図9：3・5　図10：4，中国佛教協会佛教文化研究所，麦積山石窟芸術研究所『佛国麦積山』（2003年，上海辞書出版社）

図11・1・6　図12：3・4，董玉祥「麦積山石窟分期」（『文物』1893年第3期）

図12：1・5，李裕群『北朝晩期石窟寺研究』（文物出版社，2003年）

上記以外は麦積山石窟芸術研究所から提供を受けた。記して感謝します。

作者简介

小泽正人，1963年生，早稻田大学第一文学部东洋史学专修卒业，早稻田大学大学院文学研究科史学（考古学）文学修士。现为成城大学文艺学部教授。主要研究方向为中国考古学（先秦・南北朝）。主要成果有《中国の考古学》、《雲岡石窟第6窟上層龕如来立像の製作について》、《山東省青州龍興寺窖蔵出土北斉如来立像考》等。

麦积山石窟北朝供养人调查

孙晓峰

要　約

五胡十六国後秦時期に開鑿された麦積山石窟は、隴東地区の最も重要な仏教芸術の中心であり、その内 30 を超える窟龕には南北朝時代の供養者図像が現存する。主要な表現としては彩色壁画、影塑、塑像の 3 種類がある。

その内壁画による供養者像は最も重要な表現形式の一つであり、現状から見るに、北魏中期以外、北朝時代を通じて広く用いられており、技法上中国伝統の線描画法を主にする。塑像は麦積山石窟造像の重要な特色を形成しており、窟龕の供養者という題材に対しても大きな影響を与え、ここに特色ある影塑の供養者造像が出現し、北魏晩期には最高潮を迎えた。この種の芸術表現形式が出現したのには主に 2 つの理由が考えられる。第一に、麦積山石窟のきめの粗い砂礫の組成は、石彫によるこの種の表現形式には不向きであること、第二に麦積山石窟の所在する秦州は中国古代文明の重要な発祥地の一つであり、新石器時代以来の大量の出土遺物が証明するように、天水古代の住民は既に塑像技法に熟達していたことが挙げられる。そしてこの地域の人々が、麦積山石窟北朝塑像芸術の繁栄に対して重要な貢献を果たしたと考えられる。

北魏早期の男性の服飾は主に胡服が中心であり、この時期の北方地区の表現との一致が非常に多く見られる。女性の服飾の材料は未だ発見されていないが、同時期の北方地域女性の装束との差異は決して大きくないであろう。北魏中期供養者の服飾は北方各地と同様であり、「褒衣博帯」式の影響を受け変化が始まってはいるものの、総合的に見れば多かれ少なかれ胡服の要素を具えている。北魏晩期から西魏の段階では、「褒衣博帯」は時代の主流となり、この時期の供養者服飾は基本的に北方以外の地域との一致をみる。北周時代には当時の漢民族化からの脱却、つまり鮮卑の旧制への復古という思想の影響を受け、多くの男性は胡服を纏うが、北周宣帝の治世に至ると状況は改善される。なお女性の服飾は基本的に西魏の旧制を踏襲しており、明らかな変化は見られない。

関係文献と現存する供養題記の分析と整理によって、秦州地域に居住していたのは氐、羌、漢、屠族などが中心であったことが知られた。麦積山の多くの窟龕の開鑿は彼らと密接な関係がある。また、基本的に崖面の平面方形の中小窟の多くは供養窟の性質を具え、非常に数の多い小龕の構造は多く礼拝的な性質を具えていると言える。崖面の大型窟の役割はやや複雑であり、伝統的な礼拝機能以外にも、一部供養の性質を有する。その他、北朝の異なる時期の供養者像は窟龕内の分布位置にも違いが見られ、北魏早期では主に窟内台座側面上に置かれているが、中期には窟内正壁および左右壁の主尊両側の地面に近い基壇上に配されている。北魏晩期から西魏にかけては、窟内各壁面に規則正しく配列され始め、北周時期には供養者像は重修された北魏の窟龕中に見られるのみであり、厳密な意味では北周期に石窟造営を発願した功徳主の姿は未だ明らかでなく、今後の研究の課題である。

开凿于十六国后秦时期的麦积山石窟，断续历经北魏、西魏、北周、隋、唐、宋、元、明、清等朝代的开凿和修缮，现存大小窟龛221个，各种造像3938件10632身，壁画近1000平方米①，是陇右地区最重要的佛教艺术中心。据统计，其中大部分窟龛完成于北朝时期，现存雕塑80%以上系北朝造像。同时，天水所处的古秦州既是连接长安、巴蜀与陇右地区的咽喉要道，又是魏晋以来西北少数民族内附的重要居住地之一。本文仅结合有关材料，对麦积山石窟现存北朝时期②供养人进行初步调查和分析，以期抛砖引玉，更好地推动和促进这一领域研究工作的开展。

一、麦积山石窟现存的主要北朝供养人形象资料

由于麦积山地处阴湿多雨的林区，加之历史上自然及人为损毁，其北朝的窟龛、造像、壁画等残损严重。据统计，现仅34个窟龛中保存有供养人形象资料（详见附表1），其时代延续基本完整，是了解和研究麦积山石窟北朝时期供养人情况的重要材料，其中相对保存完整、比较重要的窟龛有：

1. 第78窟，北魏早期，供养人位于窟内右壁坐佛坛台的正面及右侧面。彩绘，分上下两排，现存14身，均为男性。现多已风化剥落，模糊不清，大致可辨头戴鲜卑帽，上穿左衽窄袖袍，下穿束口裤，脚蹬短靴，有的双手笼于胸前，持一莲花。有的双手分开，各持一莲蕾。有的双手平举至胸前，托博山炉（图1）。其中：

上排内至外：

第1身供养人榜题框内墨书："仇池镇……经生王……供养十方诸佛时。"

图1　仇池镇供养人（摹本）

① 经过麦积山石窟艺术研究所工作人员1999至2004年五年多的努力，得出此统计数据。

② 本文所指的麦积山石窟北朝阶段，是指从443年北魏帮助杨难当收复仇池并正式占据秦州始，到杨坚替代北周建立隋朝近150年的时间。

下排内至外：

第3身供养人榜题框内墨书："清信士……"

第4身供养人榜题框内墨书："仇池镇杨……见养方……"

第5身供养人榜题框内墨书："清信士……"

第6身供养人榜题框内墨书："清信士……杨……诸……"①

2. 第80窟，北魏中期，供养人位于窟内正壁佛座两侧的近地坛基上。其中左侧3身，右侧3身，保存相对较好。左壁内侧残存1身，残损风化严重，现置于地面。均为泥塑，除正壁右侧内至外第3身头戴合欢帽外，均头戴笼冠。身穿右衽中袖齐膝袍，下着裙。双手合握于腹前，手持莲蕾或供品，虔恭而立（图2）。

图2　80窟正壁右侧供养人像

图3　120窟正壁右侧墨书榜题

图4　第76窟供养人像

3. 第76窟，北魏中期，供养人位于窟内正、左、右三壁下方，其中正壁佛座左侧下方1身男供养人，右侧下方1身女供养人。左壁胁侍菩萨两侧下方各1身男供养人，其中外侧1身残损严重。右壁胁侍菩萨内侧下方1身女供养人，外侧下方2身女供养人，均有不同程度的残损现象。

上述供养人均为影塑，男性头戴小冠或巾帻，内穿圆领衫，外穿对襟式宽袖长袍（图3）；女性束高发髻，内穿圆领衫，外穿交领宽袖短衫。肩着帔，并于胸前系打结。下穿长裙，双手抚于胸前或自然下垂（图4）；在每身供养人前面均有北周时期重绘的供养比丘像，此外，在窟内左、右壁面也有北周重绘的2~3排供养比丘像，并有墨书榜题，其中地位较高者如窟内左壁外侧中部的比丘法彤像，身后还绘有一戴

① 现窟中榜书题记已基本风化剥落而无法释读，本文中系采用了张宝玺先生20世纪70年代的录文，详见张宝玺《麦积山石窟开凿年代及现存最早洞窟造像壁画》，《中国考古学会第一次年会论文集》，文物出版社，1979年6月。

小冠、撑华盖的男子。

4. 第159窟，北魏晚期，供养人位于窟内正、左、右三壁下层坛台上，均为影塑，保存相对较好。其中正壁佛座左侧下层坛台上贴5身女性供养人，内至外：

第1身供养人榜题框内墨书："比丘……"

第2身供养人榜题框内墨书："亡母龙欢□供养……"

第3身供养人榜题框内墨书："亡媳三双……"

第4身供养人榜题框内墨书："……供养"

第5身供养人榜题框内墨书内容已模糊不清。

正壁佛座右侧下层坛台上贴4身男供养人，内至外：

第1身供养人榜题框内墨书："比丘僧果供养佛。"

第2身供养人榜题框内墨书："亡父李道生供养。"

第3身供养人榜题框内墨书："亡兄阿舍供养佛。"

第4身供养人榜题框内墨书："亡兄阿□供养。"

左壁胁侍菩萨内侧近地坛台上贴3身女供养人，内至外：

第1身供养人榜题框内墨书："亡姪……"

第2~3身供养人榜题框内墨书已模糊不清。

外侧近地坛台上贴3身女供养人，均已无头，彩绘剥落较严重，供养人榜题框内墨书已模糊不清。

右壁胁侍菩萨内侧近地坛台上贴4身男供养人，内至外：

第1身供养人榜题框内墨书："亡姪孟虎供养。"

第2身供养人榜题框内墨书："亡姪阿也供养。"

第3身供养人榜题框内墨书："亡姪阿和供养佛。"

第4身供养人榜题框内墨书："……女供养。"

外侧近地坛台上原贴3身供养人，其中内至外第1、2身为女性，第3身为男性，现仅存1身男性供养人，榜题框内墨书内容如下：

第1身供养人榜题框内墨书："亡息阿奴供养佛。"

第2身供养人榜题框内墨书："亡息……"

第3身供养人榜题内容无存。

该窟系家族供养窟，男性头戴小冠，上身内穿短衫，外穿交领宽袖袍，下著裙，袍服腰部系带，并于腹前打结后分两缕下垂；女性束高发髻，上穿交领宽袖短衫，肩着帔，下穿长裙，双手合握于腹前，捧供品（图5）；每列供养人最前面均有供养比丘引导。

图5　第159窟供养人像

5. 第142窟，北魏晚期，供养人位于窟内正壁和右壁。其中正壁主尊右侧上至下第二层坛台和右壁主尊外侧上至下第四层坛台上均为影塑女性供养人，头戴笼冠，外穿交领大袖衫，长裙穿于衫下，腰部系带，裙带分两缕垂至膝下。正壁坛台上的女性供

图6 142窟女性供养人像

养人还携带一名儿童，束发，身着袴褶，外穿裲裆衫（图6）。

6. 第92窟，北魏晚期，供养人位于窟内正、左、右及前壁，全部为彩绘。其中正壁左侧下排绘4身女性供养人，其前方绘1身比丘。右侧下方隐约可辨绘3身男性供养人；左壁绘有上、中、下三排男性供养人，其中上排现存3身，中排现存2身，下排已漫漶不清，但榜题框尚存，字迹已全部剥落；右壁泥皮大部分残毁，仅中部残存4身男供养人像；前壁左侧绘1身男供养人，其前方绘1身比丘。

女性供养人装束基本一致，束发高髻，穿交领长袖衫；下系长裙，裙带打结后呈两缕下垂，脚穿尖头履或云头履，双手笼于袖中，置于胸前；男性供养人门壁左侧1身着胡装，圆领窄袖，束腰带，脚穿尖头履。其余装束基本相同，头戴小冠，身穿交领长袖衫，下着裙，脚穿尖头履（图7）。

7. 第93窟，北魏中期，供养人位于窟内正、左、右三壁，均为影塑。其中正壁左侧底层坛台上现存3身男供养人，风化较为严重，头已无存，其中最外侧1身仅存下半部分。依稀可辨身穿右衽中袖齐膝袍，下著裙，双手笼于胸前；右侧上、中、下三层坛台上均有，其中上层2身，内侧1身为女性，束发高髻，内穿圆领襦，外穿交领大袖长袍，下着曳地裙。外侧1身为男性，头戴巾帻，上身内穿短襦，外穿右衽宽袖齐膝衫，下着裙，脚穿圆头履，双手交握于腹前。中层3身，内侧1身为男性，头戴合欢帽，身穿交领中袖齐膝袍，下着裙，双手握于胸前持一莲蕾。其余2身无头，为女性，装束大致同前，但最外侧1身肩着帔；下层3身均为男性，头戴合欢帽或束巾帻，服饰基本同前（图8）；左壁内侧中层现存1身，为男性，无头，身穿右衽中袖齐膝袍，下着裙，左手持一莲蕾。下层现存2身，风化较严重；右壁内侧上层现存1身，男性。中层现存1身，女性。下层现存2身，女性，服饰与正壁供养人基本相同。

8. 第110窟，北魏晚期，供养人现存于窟内的左、右两壁，全部为彩绘。其中左壁外侧下角纵向绘上、中、下三排男供养人像，上排仅存衣裙一角。中排现存1身，胸部以下保存较好，身穿交领宽袖衫，下著长裙，脚穿圆头履（图9），其前后各残存1条墨书榜题，内容如下：

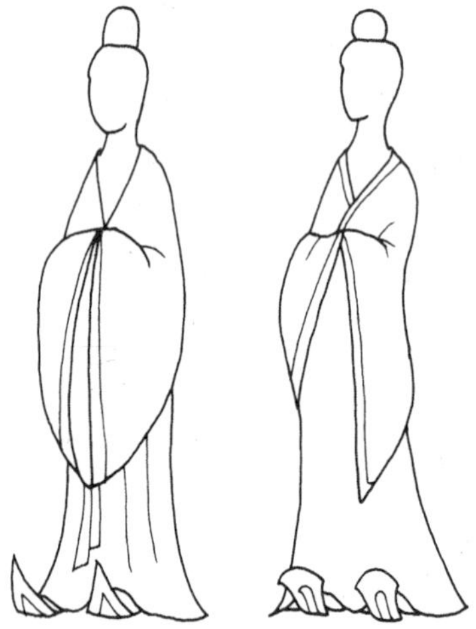

男供养人 女供养人

图7 第92窟供养人像

图8 93窟女供养人像

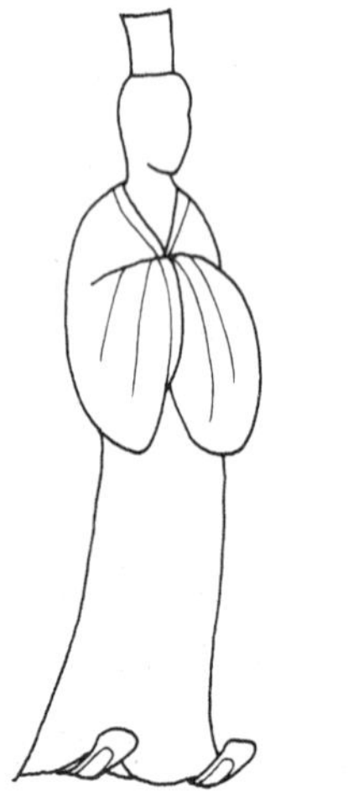

图9 110窟男供养人像

"□□女□供养佛时。"
"……养佛时。"

下排现存2身，形象基本同上，已模糊不清，残存2条墨书榜题，内容如下：

"□余姉阿□……"
"……男光供养佛。"

右壁中部残存一坛台，其上原贴有一排影塑供养菩萨，现仅存最外侧1身。坛台下方横向彩绘一排女供养人，形象已基本无存，仅可辨识部分墨书榜题，从内至外识读内容如下：

"□□□……"
"玄宝妻……"
"益生妻……"①
"□□妻……"
"伏生妻郑旬女供养佛时。"②
"□□□春花供养佛时。"
"夏候妻皇□□……"
"乔妻远……养佛时。"
"谈妻王胜供养佛时。"
"比丘尼……"

前壁右侧竖向彩2排男供养人，其中上排人物形像已模糊不清，残存3条墨书榜题，内容如下：

"……养佛时。"
"仵玄宝亡父供养佛时。"
"……宗兄敬供养佛时。"

下排外侧2身形象尚可辨识，为主仆式站立，均头戴方形冠，身穿交领宽袖束腰长袍，脚穿圆头履，服饰细部已模糊。残存3条墨书榜题，内容如下：

"陈益生亡父供养佛时。"
"……供养佛时。"
"贾伏生亡父供养佛时。"

9. 第120窟，北魏晚期至西魏，供养人位于窟内正壁佛座两侧下方，均为彩绘，系家族供养窟。其中正壁左侧下方竖向绘三排人物，风化剥落现象非常严重，上排绘数身比丘，身旁残存4条墨书榜题内容如下：

---

① 《麦积山石窟内容总录》中未做释读，见麦积山石窟艺术研究所编《中国石窟·天水麦积山》，文物出版社，1998年6月。

② 《麦积山石窟内容总录》中未做释读，见麦积山石窟艺术研究所编《中国石窟·天水麦积山》，文物出版社，1998年6月。误释读为"□□画工郑□女供养佛时"。

“比丘……供养佛。”

“比丘□□庆供养佛时。”

“比丘牛嶷供养佛时。”

“比丘智集供养佛时。”

中排最前1身为比丘，其后绘数身男供养人，残存3条墨书榜题（图10），内容如下：

“比丘僧……”

“武兴镇守王胜……时。”

“弟龙穰将军天水太守王宗供养佛时/……”

图10　127窟出土的北魏供养人头像

下排仅可见残存4条墨书榜题，内容如下：

“□□伏波将军□石□□□□供养佛。”

“弟……”

“弟□□□□□……”

“三弟天水郡□□□真供养佛。”

正壁右侧下方竖向绘3排人物，多数已风化剥落，其中上排绘数身比丘尼，残存2条墨书榜题，内容如下：

“比丘尼法静供……时。”

“比丘尼道□供养佛时。”

中排女供养人头部形象不清，可辨内穿交领衫，外穿垂领宽袖长衫，下着长裙，脚穿笏头履。残存2条墨书榜题，内容如下：

"□□□□□供养佛时。"

"……养佛时。"

"祖母[权供]养佛时。"

下排仅存部分彩绘痕迹和1条墨书榜题，内容如下：

"□□□供养佛时。"

10. 第160窟，西魏，供养人位于窟内右壁，彩绘，均为女性，系家族供养窟。窟内壁画有重绘现象，其中表层壁画已基本脱落，现存部分为西魏原作，供养人分上下两排，呈主仆式一前一后站立，上排现可辨识7身，内至外第1身为女主人，仅存衣裙和双履，身后一婢女，梳双髻，手持女主人衣裙一角。第2身为女主人，仅存部分衣裙，第3~4身绘一主一婢，女主人长袖下垂，下着长裙，脚穿云头高履。婢女可辨身穿束腰长裙，脚穿尖头履。第5~6身绘一主一婢，女主人身穿交袖束大袖衫，下着长裙，脚穿云头高履。婢女肩以下部分尚可辨识，装束同前，手持女主人衣裙一角。在供养人上方有墨书榜题，由内至外内容如下：

"母田持花供[养]……"

"□母丁持花供养佛/时。"

"魏□洪晖持花/供养佛时。"

下排供养人现存4身，内至外第1身头戴方形高冠，穿交领宽袖束腰衫，下着长裙，脚穿云头履，手持莲蕾而立。身后婢女梳双髻，衣着同前，左手下垂，右手持女主人衣裙一角（图11）。第3身模糊不清，隐约可辨穿交领宽袖束腰衫。第4身为一女孩，梳双髻，身穿交领束腰宽袖衫，下著齐腰长裙，手持莲蕾而立。在供养人上方有墨书榜题，由内至外内容如下：

"姜氏妹小晖[持花]/供养佛时。"

"妹小[吹]持花……"

"妹僧晖持花供养/佛时。"

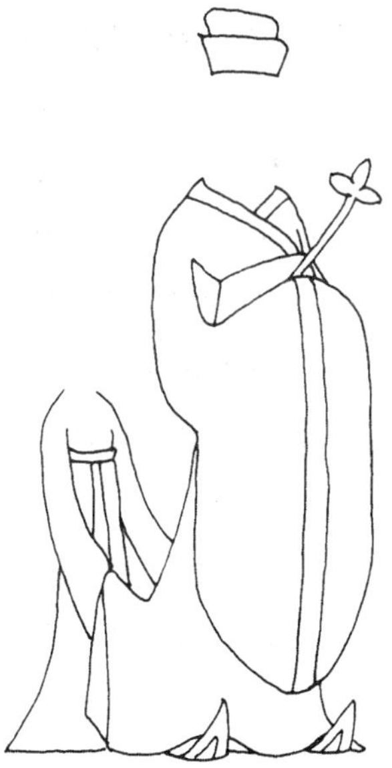

图11　160窟女供养人像

11. 第123窟，西魏，在窟内左壁外侧塑一童男、右壁外侧塑一童女。男童头发垂额覆耳，在脑后挽一发辫，垂至后颈，身穿曲领窄袖长袍，腰部系带，下穿长裙，脚蹬圆头履。女童梳双丫髻，上穿中袖曲领袍，下穿高腰齐胸长裙，裙带打结下垂，脚穿圆头履（图12）。[1]

① 这两身塑像在窟内分别以维摩诘和文殊菩萨侍者的身份出现，但因其身穿俗装，故文中将其作为俗家供养人形象加以考察。

12. 第90窟，该窟系北魏早期开凿，北周及宋代重修，现存供养人系北周重绘，位于窟内正、左、右三壁主尊两侧的背光及胁侍弟子的头光周围，均为男性，头戴介帻，上穿交领窄袖袍，下穿缚口裤，腰系带，脚穿短靿靴，双手笼于胸前，持一莲蕾（图13）。供养人头部原均有题记，现已基本无存，仅正壁右侧几身供养人的墨书榜题框内可辨识个别字迹，内有“中散大夫、渭州、略阳”等内容。

童男　　童女

图12　第123窟童男童女像

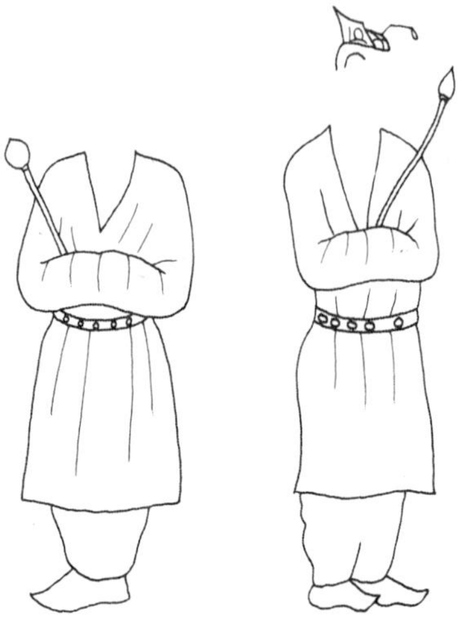

图13　90窟北周重绘男供养人像

二、北朝时期供养人的艺术表现形式

与同时期中国北方石窟寺中的供养人相比，麦积山石窟的北朝供养人艺术表现手法更加丰富，主要有三种样式：彩绘、影塑和泥塑，而且上述艺术表现手法还呈现出强烈的时代特征。

1. 彩绘是中国传统绘画艺术的重要组成部分，到汉代已非常成熟，被广泛地运用于建筑装饰、生活用具、墓葬壁画等方方面面。魏晋以来，随着外来佛教影响的日益扩大，也被大量运用于寺庙和石窟壁画中，如东晋建康瓦官寺内的维摩诘像,① 甘肃永靖炳灵寺西秦建弘元年（420年）169窟6号龛以及11号龛内的彩绘供养人等。

麦积山石窟的彩绘供养人见于整个北朝阶段。从现存情况看，尽管北魏早期供养人形象仅见于78窟，但该窟无论从规模、形制、造像组合等方面而言，都是麦积山北魏早期的代表性窟龛，因此可以推测出，这一时期窟龛内的供养人主要是以彩绘的形式加以表现的；到北魏中期，情况则发生明显变化，彩绘供养人锐减，代之以影塑供养人，如76、93、156、163等窟。北魏晚期时彩绘供养人又开始流行，呈现出与影塑供养人并行的局面，如142、110、92、161等窟；西魏、北周时期，彩绘供养人则全面取代影塑供养人，再度成为主流，其表现技法和艺术水平也更加成熟，代表性的窟龛有160、20、90等窟。

2. 泥塑是麦积山石窟造像最鲜明的特征，也是它与敦煌、龙门、云冈、大足等中国著名石窟寺最重要的区别之一，被刘开渠先生称之为“历代大雕塑馆”②。对于形成麦积山石窟造像中这一独特艺术表现形式的原因，笔者认为主要有两点：

① （唐）张彦远：《历代名画记》卷五，人民美术出版社，2004年4月，113~114页。
② 刘开渠：《中国古代雕塑的杰出作品——麦积山雕塑艺术》，《文物参考资料》，1955年第1期。

（1）从地质构造上看，麦积山系典型的因冰川侵蚀而形成的丹霞地貌，属第三纪砂砾岩，裸露的基岩中夹有薄层砂岩和含泥砾岩，因而岩体表面粗糙、松散，不利于雕凿造像。同时，麦积山所属的西秦岭山系是中国南北方的分界线，在地貌上则表现为突出的由林地山区向黄土农耕区过渡的特点，上述地质特征为麦积山石窟泥塑造像的出现提供了客观条件。

（2）麦积山所属的古秦州，是中国古代文明的重要发源地之一，迄今为止，在天水境内已发现了大地湾①、师赵村②、西山坪③、毛家坪④、石岭下⑤等近百处新石器文化遗址。上古中的伏羲、女娲等氏族部落即生活在这一带，传说中的女娲“抟土造人”以及大地湾遗址出土的人头型器口彩陶瓶⑥、柴家坪出土的红陶人面像等用具⑦，都表明早在远古时期，天水古代居民已经非常熟练地掌握了泥塑艺术技法，正是这些生于斯、长于斯的民间艺术家们，为麦积山石窟北朝泥塑艺术的繁荣做出了重要贡献。

与数量众多、内容丰富的各种佛教泥塑造像相比，麦积山的泥塑供养人并不多，仅见有北魏中期的80、144窟和西魏的123窟中。前者像高约0.60米，后者像高1.20米。特别是西魏的童男、童女，造像比例协调准确，表情稚嫩而虔诚，发式、衣纹等局部处理极为细腻，是一组杰出的艺术作品。

3. 影塑是一种模制泥塑造像，大小一般不超过30厘米，其躯体部分为模制，头部则为泥塑，两者结合经修理后再敷彩上色贴于窟龛内相应位置上。在麦积山北魏中期至晚期窟龛内，随着泥塑技艺的日臻成熟，供养人大量采用这种形式。其技法娴熟、制作精良，与彩绘供养人相比，具有更强的立体感和艺术表现力（图14），对于突出窟龛功德主的社会地位起到了很好效果，其中代表性窟龛有76、159、100⑧、142等窟。

图14　第4窟顶部《出行图》

① 甘肃省博物馆文物工作队：《甘肃秦安大地湾遗址1978年至1982年发掘的主要收获》，《文物》，1983年第11期。
② 中国社会科学院考古研究所甘肃考古队：《甘肃天水师赵村史前文化遗址发掘》，《考古》，1990年第7期。
③ 中国社会科学院考古研究所甘肃考古队：《甘肃省天水市西山坪早期新石器时代遗址发掘简报》，《考古》，1988年第5期。
④ 甘肃省文物工作队、北京大学考古学系：《甘肃甘谷毛家坪遗址发掘报告》，《考古学报》，1987年第3期。
⑤ 谢端琚：《论石岭下类型的文化性质》，《文物》，1981年第4期。
⑥ 见俄军主编《甘肃省博物馆文物精品图集》，三秦出版社，2006年5月，32～33页。
⑦ 见俄军主编《甘肃省博物馆文物精品图集》，三秦出版社，2006年5月，36页。
⑧ 该窟为北魏中期开凿，但位于窟内正壁佛座两侧坛台上的影塑女供养人为典型的北魏晚期“褒衣博带”装束，与该窟内造像的整体风格存在着显著差异，故影塑供养人像应是后来补上去的。

三、北朝时期供养人服饰的种类及演变

魏晋以来，原居住于北方各地的少数民族大量内迁，各民族之间的融合不断加快，这一点在服饰方面表现的尤其突出，中原地区宽畅舒适的汉装与北方游牧民族短窄紧凑的胡服相互吸收和融合，在日常的生产和生活中不断改进和完善，最终形成了一种全新样式的汉化服饰，麦积山石窟北朝时期的供养人形象也间接地提供了很多这方面的资料，现略述如下：

1. 男子服饰：北魏早期为典型胡服，头戴颈后垂有披幅的帽子，上穿齐膝的交领窄袖束腰袍，下穿缚口长裤，脚穿靴。北魏中期前后的首服以笼冠、小冠、合欢帽和巾帻为主，有的上身内穿夹襦，外穿交领宽袖短袍，下著裙，脚穿尖头履；有的上身内穿短衫，外穿对襟宽袖长袍，下着长裙，腰束帛带，打结后分两缕下垂至膝（76、93、16 窟）。北魏晚期至西魏阶段，首服以笼冠、纱帽、小冠或远游冠为主，身穿交领宽袖长袍，腰束带，脚蹬圆头履。有的内着圆领窄袖袍，外穿裲裆衫；有的扎头巾，上穿交领中袖束腰袄，下穿缚口长裤，脚穿尖头履；有的则身穿胡服，索头辫发，外穿裘领窄袖长袍，颈下方及左腹部分别嵌有衣带用以扎束袍服，下穿宽口裤，脚穿尖头履（123 窟）；有的身穿圆领窄袖袍，腰束革带（140 窟）。北周时期首服以纱帽、介帻或幞头为主，上穿圆领窄袖、翻领窄袖或交领宽袖长袍，下着缚口裤或长裙，腰部多束革带，脚穿高靿靴或高履（26、4、90 窟）（图 15）。

图 15　78 窟供养人　　93 窟供养人　　127 窟《睒子本生》中侍者　　90 窟供养人

2. 女子服饰：北魏早期情况不详，北魏中期装束有的大致同男子，头戴笼冠或合欢帽，上身内穿圆领夹襦，外穿右衽长袍，袖口较宽，下着长裙（80、76、93 窟）；有的束发高髻，上身内穿夹襦，外穿右衽齐膝中袖长袍，下着曳地长裙（76、163、21 窟）；有的束发高髻或带小冠，上身内穿圆领襦，外穿右衽中袖齐膝袍或对襟中袖长袍，下着长裙（93 窟）（图 16）。北魏晚期的女性少数戴笼冠（142 窟），多数则束各种发髻，类型丰富，如侧髻、螺髻和丫髻等（131、126、161 窟）。上身内穿夹襦，外穿对襟中袖齐膝长袍，帔帛交于胸前，下着曳地长裙（图 17）。西魏阶段女性形象更为清秀苗条，有的头戴方冠或高冠（127、160 窟）；有的束侧髻、双丫髻、单鬟髻等（127、123 窟），上穿交领长袖衫，下穿齐

胸曳地长裙，脚蹬鞋履，样式呈多样化，有方头、圆头、尖头、笏头、云头等（160、140、127 窟）（图 18）。北周时期的女性束发高髻、丫髻或戴纱帽，身穿交领宽袖长袍，下着曳地长裙，裙带于腰间打结分两股下垂，脚蹬高头履（26、4 窟）（图 19）。

图 16　80 窟女供养人

163 窟女供养人

图 17　131 窟女供养人

161 窟女供养人

126 窟女供养人

图 18　127 窟《西方净土变》中女供养人

160 窟女供养人

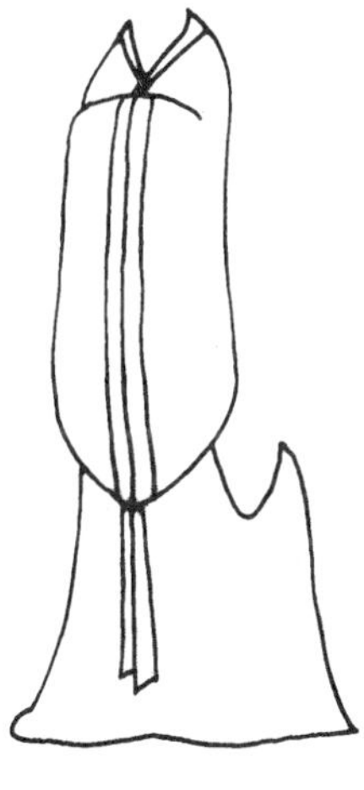

140 窟女供养人

图 19　26 窟《涅槃变》中女供养人

综合麦积山北朝供养人服饰材料，可以看出男子服饰方面，北魏早期主要以胡服为主，其显著特征之一就是短小紧窄，实用性强，非常适合于游牧、狩猎等日常活动，这与中原地区长期以来按礼法和等级秩序而建立起来的服饰制度大相径庭。但与当时北方地区居民着装表现出高度的一致性，如北魏太和年间（477～499）的庆阳合水马勺场 2 号龛外侧坐于胡床上的男供养人，洛阳龙门石窟古阳洞太和十九年（495）丘穆陵亮夫人尉迟龛男供养人，敦煌莫高窟 275 窟壁面的男供养人等（图 20），在形象上基本上都表现为头戴幞头或裹巾帻，上穿交领窄袖束腰袍，下穿宽腿裤，脚蹬靴。这种在日常生产生活非常实用化的装束更容易为普通劳者所吸纳和接受。但其材质则由原来传统的毛、皮等扩展到棉、麻、丝、绢等纤维织物，这一点从 78 窟右壁坛基的仇池镇供养人形象可以得到印证，其帽、履、短袍、裤等在色彩搭配上各不相同，应该是棉麻织物。实际上，氐、羌等少数民族在魏晋南北朝时期已经熟练地掌握了种桑、养蚕、制作绢帛等技术[①]。这一阶段麦积山石窟尽管未保留下女性供养人服饰材料，但从同时期男子服饰的相似性来看，并结合大同智家堡北魏墓女供养人、合水张家沟门6号龛女供养人、敦煌莫高窟268窟女供养人、陕西皇兴五年（471）弥勒造像碑上的女供养人等形象可以推测出大致为束发髻，身穿交领或右衽中袖齐膝长衫，下着裙（图21）。需要指出的是，这其中也包含了大量中原服饰因素。

图20

图21　大同智家堡北魏墓女供养人　采自《大同智家堡北魏墓石椁壁画》　合水张家沟门6号龛外侧浮雕女供养人　敦煌莫高窟268窟女供养人　采自《中国石窟·敦煌莫高窟》　陕西皇兴五年(471)弥勒造像碑浮雕女供养人

到北魏中期，受"褒衣博带"风格影响，胡服本身也开始发生变化，头戴笼冠成为一种时尚，右衽袍服明显增多，衣服袖口开始加宽、加大，裤管变得更加宽松。有的甚至加穿曳地长裙，在整体上已颇似中原地区的"上衣下裳"衣冠服制，正如吕思勉先生所言："（裤褶）盖胡人之服，疑'褶'之名实袭诸胡，中国易其左衽为右衽，又改其制为中国之袍，而特袭其短身。胡人之褶盖小袖，中国易为广袖

① 见朱大渭等《魏晋南北朝社会生活史》，中国社会科学出版社，1998年8月，489～490页。

也。必广袖者，古以侈袂为贵，且中国不如胡中之寒，无取乎小袖也。”① 但胡服的这种变化是个渐进过程，甚至当时北魏都城洛阳也是如此：“魏主（孝文帝）谓任城王澄曰：‘朕离京以来，旧俗少变不?’对曰：‘圣化日深。’帝曰：‘朕入城见车上妇人犹戴帽，著小袄，何谓曰新！’对曰：‘著者少，不著者多。’帝曰：‘任城此何言也！必欲使满城尽著邪！’澄与留守官皆免冠谢。”② 对于地隅西北，且胡族占主体的秦州，其服饰改制的变化似乎更为缓慢。

随着孝文帝汉化政策的深入，以胡服为基础的，类似中原的“上衣下裳”式的着装模式基本确立下来。男子首服多为小冠和笼冠，如龙门石窟的浮雕《皇帝礼佛图》中孝文帝周围的侍臣既多戴笼冠（图22）。男子着装方面，随着“上衣下裳”制度的确立，男子身穿交领大袖长袍开始流行，如前面提到的《皇帝礼佛图》中孝文帝的侍臣、敦煌莫高窟257窟的男供养人、西安碑林博物馆藏的北魏景明年间刘保生造像碑浮雕男供养人（图23）等，而在秦州一带，从麦积山现存的材料看，类似马甲的裲裆衫似乎更为盛行，成为其中最常见的搭配服饰之一，这表明除民族习惯外，当地气候寒冷、温差较大可能也是一个的重要因素；女子首服除少数戴帽外，多数已改为梳妆成各种样式的发髻。着装方面，整个北方地区的变化非常明显，除少量胡服因素外，多数身穿交领大袖衫，下著长裙，脚穿高履，已成为当时女性常见的装束之一。如龙门石窟古阳洞安定王元燮龛内女供养人、敦煌莫高窟249窟女供养人等（图24）。而在秦州一带，这种变化显然不及其它地区迅捷，这点在当地女性首服变化上更加明显，如发饰上既有戴帽的，又有束各式发髻的。而且着装上更只是形似，仍然保留着诸多早期胡服特征（见图16）。

图22　洛阳龙门石窟宾阳中洞浮雕《皇帝礼佛图》
采自孙机《中国古舆服论丛》

北魏晚期至西魏阶段，“褒衣博带”成为主流，这一时期供养人装束基本与北方其它地区达到一致。男性服饰方面，目前能看到的实物材料也证实了这点，如洛阳永宁寺影塑侍从像、巩县第1窟皇帝礼佛图中浮雕侍者像、敦煌莫高窟288窟男供养人等，多数均头戴笼冠或小冠，身穿交领大袖衫，

① 见吕思勉：《两晋南北朝史》，上海古籍出版社，1983年，149页。

② 见宋·司马光：《资治通鉴》卷142，齐纪八 永元元年条，中华书局，2008年6月，1710页。

图23 莫高窟257窟男供养人
采自《中国石窟·敦煌莫高窟》(一)

北魏刘保生造像碑浮雕男供养人
采自李凇《长安艺术与宗教文明》

图24 敦煌249窟女供养人
采自《中国石窟·敦煌莫高窟》

龙门石窟古阳洞安定王元燮龛内浮雕女供养人
采自《中国石窟·龙门石窟》

下系宽褶长裙，脚蹬高头履（图25）；女性服饰方面，统治阶层中各种冠饰非常盛行，比较常见的有漆纱笼冠、方形冠等，而社会各阶层中各种发髻比较流行，根据有关学者的研究①，其中梳偏髻较为复杂发式的女性社会地位相对高些，梳双髻者次之，梳丫髻者地位更低。女性着装上，多数身穿交领宽袖大衫，下着束腰曳地长裙，脚穿各种花式的高头履，如龙门石窟宾阳中洞浮雕皇后礼佛图中的女性、

图25 洛阳永宁寺影塑侍者像
采自《北魏洛阳永宁寺塑像的初步研究》

巩县第1窟皇帝礼佛图中侍者像
采自《中国美术全集·雕塑编13》

敦煌莫高窟288窟男供养人
采自《中国石窟·敦煌莫高窟》(一)

① 钱国祥《北魏洛阳永宁寺塑像的初步研究》，《中原文物》，2005年第1期，81~82页。

北魏宁懋石棺线刻侍女、敦煌285窟女供养人、河北磁县东魏女陶俑等（图26）。当时人们这种装束使传统汉式服装中“上俭下丰”的特点得到完美体现，充分反映出当时人们对中原正统文化的推崇和模拟。对此，宿白先生在他的《北朝造型艺术中人物形象的变化》一文中明确指出：“北朝人物形象的变化与中原北方统治集团锐意汉化，摹拟南朝制度有直接关系。”① 北方地区这种大规模摹拟以南朝服饰为代表的中原传统文化的做法，在中央集权强力推行下迅速传播并普及，陇右一带也是如此，但是胡服由于其实用性在当时日常生活中仍然占有一定地位，如123窟中身穿窄袖曲领袍服的童男、童女（见图12）。

图26　龙门石窟宾阳中洞皇后礼佛图中女供养人像 采自《中国石窟·龙门石窟》(一)　北魏宁懋石棺线刻侍女 采自沈从文《中国古代服饰研究》　河北磁县东魏女陶俑 采自《河北磁县东魏茹茹公主墓发掘简报》　莫高窟285窟女供养人 采自《中国石窟·敦煌莫高窟》(一)

北周时期，服饰又发生了明显变化。首服方面，男子多戴纱帽、幞头和风帽。纱帽在麦积山石窟西魏阶段中已经出现，如102窟中的维摩诘所戴的卷荷状冠巾就是纱帽的一种，北周时期这种纱帽明显增多，如26窟和78窟壁画中的供养人很多就戴这种冠（图27、28）。幞头则是当时盛行的另一种首服，这与北周政权大力恢复鲜卑旧制以及宇文泰本人的喜好有一定关系，② 在4窟顶部平棋壁画《出行图》中就绘有多个戴幞头的仆从形象（见图14）。风帽和圆帽也是当时常见的首服，27窟顶部的《法华变》中也绘有多身头戴风帽的胡人，在宁夏固原李贤夫妇墓也出土有诸多风帽俑，③ 毗邻的秦安县权道奴造像碑背面也阴刻有头戴风帽的供养人形象（图29）。此外，在90窟的壁画中还发现有带介帻的男性供养人，这与武山水帘洞石窟壁画中的供养人、敦煌莫高窟428窟中的供养人以及陕西荔非明达造像碑的供养人所戴的折檐或卷檐式介帻有诸多相似性（图30），它表明北魏以来盛行的介帻也是北周时期男性重要的首服之一。着装方面，圆领窄袖的裤褶服再度流行，这种简洁流畅的胡服体现出很强的实用特点，类似着装在武山水帘洞、固原须弥山45窟、46窟半跪状的持花供养人身上普遍出现，它与北周政权大力推行以“恢复鲜卑旧制”为核心的政策有很大关系，呈现出很强的时代共性，到宣帝

① 宿白《北朝造型艺术中人物形象的变化》，《中国石窟寺研究》，北京，文物出版社，1996年，349～354页。
② 朱大渭等《魏晋南北朝社会生活史》，中国社会科学出版社，1998年8月，75页。
③ 宁夏回族自治区博物馆/宁夏固原博物馆《宁夏固原北周李贤夫妇墓发掘简报》，《文物》，1985年第11期，6～7页。

时，又再度恢复汉魏服饰体系；① 女子服饰与当时北方其它地区一样，基本承袭西魏旧制，没有明显变化，故不再叙述。

图 27 26 窟《涅槃经变》中戴纱帽的供养人

图 28 78 窟北周男供养人头像

图 29 27 窟顶部《法华变》中的胡人

秦安县权道奴造像碑供养人

① 唐·令狐德棻《周书》（一）卷七，帝纪七“大象元年春正月癸巳，受朝于露门，帝服通天冠、绛纱袍，群臣皆服汉魏衣冠。”中华书局，1971 年 11 月，117 页。

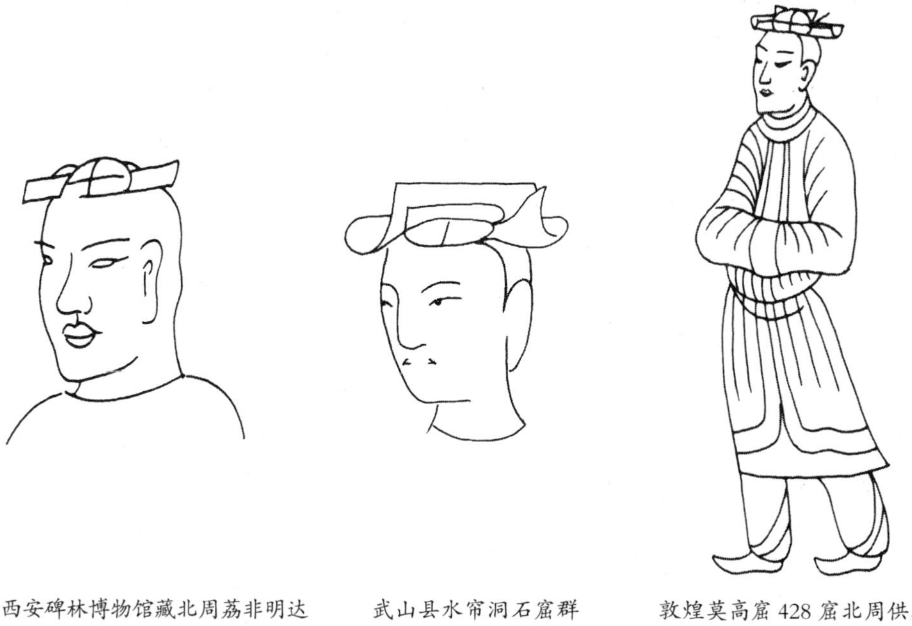

图 30 西安碑林博物馆藏北周荔非明达造像碑浮雕供养人头像 采自李凇《长安艺术与宗教文明》 武山县水帘洞石窟群北周供养人头像 敦煌莫高窟428窟北周供养人 采自《中国石窟·敦煌莫高窟》(一)

四、北朝供养人题记所反映出的相关问题

1. 窟龛中供养人姓氏题铭对于确定北朝时期秦州地区居民族属具有重要参考价值

秦州最初置于曹魏黄初元年（220年），治上邽，辖天水、广魏、南安、陇西、武都五郡，不久既废，所属各郡并入雍州。西晋时重置秦州，治冀县（今甘谷县），辖陇西、天水、南安、略阳、武都、阴平等六郡。北魏时秦州治上封（为避道武帝拓拨珪名，改上邽为上封），辖天水、略阳、汉阳三郡。北周时秦州辖天水、略阳、汉阳、清水四郡。其前后管辖的地域包括今天甘肃天水、陇南、定西、平凉一带。

如前所述，在魏晋南北朝时期，秦州由于特殊的地理位置成为各个割据政权争夺的战略要地，因而这一区域内居民构成也比较复杂。东汉以来，大量羌人被迁入陇右及关中，与本地汉民杂居。同时，原居于川北、陇南的氐人也被大量迁徙至陇右及关中一带。此外，尚有相当数量的屠各、卢水胡等也被迁入渭水流域。① 因此可知，这一时期居住在包括秦州在内的陇右地区的居民主要以氐、羌、汉和屠各等族为主。

从现存情况看，北魏早期供养人姓氏发现有杨和王姓，北魏中期时仅在115窟发现有上邽镇张元伯造像题记（但未见供养人像），北魏晚期至西魏阶段发现有王、权、姜、陈、贾、夏侯、乔、郑、田、丁、李、龙、谈、仵等姓。

杨姓为氐族第一大姓，在整个北朝时期人才辈出，如杨茂搜、杨定先后建立过前、后仇池国，杨文弘建立武兴国。其中仇池国曾与前秦、后秦、西秦、大夏、东晋、刘宋等政权多次发生过战争，对陇南

① 周伟洲《中国中世西北民族关系研究》，广西师范大学出版社，2007年1月，15~20页。

历史的发展产生过重要影响。[①] 曾在龙门石窟古阳洞为北魏皇太后和孝文帝开龛祈福的名将杨大眼也出身氐族。因此，可以推定78窟的仇池镇杨姓供养人应该为氐族。

秦州地区的王姓情况较为复杂一些，当中既有汉族，也有屠各（亦称休屠）和休官。如后秦政权中就吸收有诸多汉族人士，《晋书》卷116《姚苌载记》中载“西州豪族尹详、赵曜、王钦卢、牛双、狄广、张乾等率五万余家，咸推为苌盟主”。同当时的关中大族一样，陇右豪族也拥有大量部曲家丁、庄园田宅，为维护自身既得的政治、经济利益，亦积极参与当时各个割据政权之间的分争[②]，毫无疑问，支持姚苌的王钦卢系世代居住在秦州的汉族豪强地主。此外，《晋书·姚苌载记》提到的参军王据、酋帅王破虏以及《晋书》卷118《姚兴载记》中提到的姚兴左司徒长史王弼、姚嵩大将王松忿、姚泓时的略阳太守王焕等人可能都是就职于后秦政权的汉族高官；同样，在许多文献中，屠各王姓的记载也非常多。如秦州的王羌、王擢就是休屠大姓[③]。后秦初年，已在关中立足的姚苌向晋末以来占据秦州的屠各王统发起进攻，得到天水屠各、略阳羌胡众两万多人起来响应[④]。太平真君十一年（450年），秦州上邽休官吕丰、屠各王飞廉等八千户起兵反魏，后被吕罗汉镇压[⑤]。正始三年（506年），秦州屠各王法智等推秦州主簿吕苟儿为主，起兵反魏[⑥]。可见整个北朝阶段，秦州屠各王姓在当地拥有巨大的影响和号召力。而同样与屠各一起活跃于陇右历史舞台的还有休官，据唐长孺先生考证，休官就是氐族，也有王姓，太平真君六年（445年），盖吴在杏城起义，关中、陇右一带的汉、氐、羌、屠各、卢水诸胡皆响应，其中就有略阳王元达引休官、屠各攻城，以休官王官兴为秦地王，后被封敕文镇压[⑦]。综合以上材料，并结合麦积山石窟中供养人的服饰特点，可以推定，78窟中仇池镇经生王□□应为休官，即氐人。110窟中的谈妻王胜应为汉族。而120窟做为王氏家族窟，从榜题名中可知，王家具有一定社会地位，是当地一个有影响的家族，根据有关学者的研究成果，[⑧] 该窟的家族成员中，有二位曾在仇池地区任职，与仇池氐杨政权有密切的关系。而窟中墨书榜题明确记载其祖母为权姓，根据魏文斌先生的研究[⑨]，权姓是北朝至隋唐时期世居秦州一带的氐族大姓，由此可以确认，120窟中的王姓应是氐族无疑。

关于姜姓在《三国·魏志》中载“天水旧有姜、阎、任、赵四姓，常推于郡中”[⑩]。《晋书》卷116《姚苌载记》中称苌称万年秦王时“以天水尹详、南安庞演为左右长史，南安姚晃、尹纬为左右司马，天水狄伯支、焦虔、梁希、庞魏、任谦为从事中郎，姜训、阎遵为掾属，王据、焦世、蒋秀、尹延年、牛双、张乾为参军，王钦卢、姚方成、王破虏、杨难、尹嵩、裴骑、赵曜、狄广、党删等为帅”，这一名单也明确提到姜是天水大姓。同书中亦载，姚兴在攻灭前秦苻登后，秦陇豪强如南安羌酋强熙、窦冲，仇池氐酋杨盛、略阳休官豪族权干城、上邽姜乳、武都氐屠飞等相继归附，以姚硕德为秦州牧，领护东羌校尉，镇上邽。由此可知，姜姓是魏晋以来世居天水的大姓之一。关于天水姜姓的族属，尽管没有直接的佐证，但同处陇右的武兴、仇池（今甘肃陇南）却保留了很多记载有关姜姓属于氐族的记载，

---

① 陈启生编著《陇南地方史概论》，兰州大学出版社，1992年5月，18～21页。

② 唐长孺《魏晋南北朝史论丛》，河北教育出版社，2000年12月，122～184页。

③ 唐长孺《魏晋南北朝史论丛》，河北教育出版社，2000年12月，376页。

④ 见唐·房玄龄《晋书》卷116《姚苌载记》，中华书局，2008年。

⑤ 见北齐·魏收《魏书》卷51《吕罗汉传》，中华书局，2003年10月。

⑥ 见北齐·魏收《魏书》卷19《元丽传》，中华书局，2003年10月。

⑦ 见北齐·魏收《魏书》卷51《封敕文传》，中华书局，2003年10月。

⑧ 郑怡楠《天水麦积山第120窟开凿时代考》，《天水师范学院学报》，2009年第1期。

⑨ 魏文斌《水帘洞石窟群在学术研究上的地位与价值》，《水帘洞石窟群》，科学出版社，2009年3月。

⑩ 见陈寿《三国志·魏志》卷13《王朗附子肃传》，中华书局，2005年2月。

“南齐永明五年，除（杨）集始母姜氏为太夫人，假银印”①。《梁书》中称武兴国大姓有符氏、姜氏②。西魏大统十五年，姜樊哙乱武（兴）阶（州），氐酋姜多叛乱，赵昶平之③。这些材料表明，姜姓是氐族的一个大姓，而天水姜姓则可能是汉魏之际迁入天水的，同氐族符氏和羌族姚氏一样，汉化程度是很高的。因此，可以推定160窟是氐族人姜氏开凿的家族供养窟。

李是汉族大姓，其地望在今甘肃陇西至秦安一带。同样，在窟内发现的陈、贾、夏侯、乔、郑、田、龙、谈、仵等多为汉族姓氏，由于其在窟龛内的重要性不是特别突出，故本文不再赘述。

通过以上分析，基本可以确认，北朝时期麦积山石窟的功德主多是世代居住于天水、陇南一带的氐、羌、汉等居民，其中很多是当地名门大族和地方官吏。

2. 现存供养人题记对确定麦积山的窟龛开凿属性具有重要意义

由于缺乏明确、直接的证据，麦积山石窟的开凿时代迄今仍是颇具争议的学术问题之一。并且不同于敦煌、云冈和龙门石窟，麦积山主要以中小型窟龛为主，其所蕴含的内在意义非常值得关注。尽管残存的供养人题记的不足5%，但却散见于北朝各个阶段，对于探讨和分析麦积山北朝时期的窟龛属性具有重要参考价值。

（1）78窟与仇池镇供养人　78窟是麦积山开凿较早的大型窟龛，一直有后秦说和北魏说两种意见④，而其中很关键的一个实物证据就是现存于78窟右壁坛基上的仇池镇供养人是该窟原作还是重绘的问题。由于这方壁画是20世纪70年代初剥离出来的，可能限于当时条件，除了当事者的陈述外，⑤ 没能保留下来更多详细的相关资料，这也是导致学界多年来在此问题上认识存在着较大偏差的原因之一。笔者认为，确定78窟的开凿时代是一个综合性课题，应充分考虑各种因素，如文献、实物资料、图像学研究、时代背景、同时期的石窟寺比较分析等等，若究其一点，恐怕很难得出客观准确的结论。从残存的供养人题记分析，至少有一点可以确定，既世居仇池镇的杨、王等姓家族共同出资开凿或对当时已遭严重损毁的78窟进行了修缮，功毕之后留下供养题记以彰显后世。无论如何，其对于确定78窟的绝对年代的重要性是毋庸置疑的。另外，78窟也是麦积山诸多窟龛中唯一保存有头戴鲜卑帽，身穿左衽衣供养人形象的窟龛，其墨书题记中所反映出供养人系氐族这一事实，对于最终确定78窟的民族属性具有重要参考价值。

（2）北朝中小型窟龛的属性　麦积山石窟的中小型窟龛以平面方形为主，兼有平面横长方形圆拱顶浅龛和少量的平面马蹄形穹隆顶小龛，但其在具体形制上仍有很多细节上的差别，因不属于本文讨论范

---

① 见南朝梁·萧子显《南齐书》卷59，列传49《芮芮虏、河南氐羌》，中华书局，1972年1月。

② 见唐·姚察、姚思廉《梁书》卷54，列传48《诸夷》，武兴国条，中华书局，1973年5月。

③ 见唐·令狐德棻等《周书》卷49，列传41《异域上》，中华书局，1997年3月。

④ 持后秦说观点的学者主要有：阎文儒《麦积山石窟的历史、分期及题材》，阎文儒主编《麦积山石窟》，甘肃人民出版社，1984年；董玉祥《麦积山石窟的分期》，《文物》，1983年第3期；张学荣、何静珍《麦积山石窟创凿年代考》，《天水师专学报》（混合版）1988年第1期；李西民《试论麦积山石窟艺术史上的六个高潮》，《石窟艺术》，第1期，陕西人民出版社，1990年11月；夏朗云《麦积山早期大龛下层焚烧痕迹的考察——麦积山后秦开窟新证》，《敦煌研究》2004年第6期；

持北魏说观点的学者主要有：张宝玺《麦积山石窟开凿年代及现存最早洞窟造像壁画》，《中国考古学会第一次年会论文集》，文物出版社，1979年；（日）邓建吾《麦积山石窟的研究及早期石窟的两三个问题》，《中国石窟·天水麦积山》，文物出版社，1998年6月；（日）八木春生著，何洪岩、魏文斌译《关于麦积山石窟第74及第78窟的建造年代》，《艺术研究报18》，日本筑波大学艺术学系研究报告第31辑，1997年；译文发表于《敦煌研究》2003年第6期。

⑤ 张学荣、何静珍《再论麦积山石窟的创建时代及最初开凿的洞窟——兼与张宝玺先生商榷》，《敦煌研究》，1997年第4期。

围，故不再叙述。[1] 这些窟龛中绝大多数都有塑像和壁画，在北朝龛形窟中，目前尚未发现有明确的供养人形象，仅132窟内主尊两侧壁面下方隐约可辨保存有数条供养人榜题痕迹，因基本风化剥落，已无法确定是原绘还是重绘。而且供养比丘的数量也极少，目前仅见于北周重绘的70、71窟中。因此，大致可以确定其属于礼拜窟。相反，在同时期不同阶段的中小型窟中，均发现有影塑或彩绘供养人或供养比丘，表明这一时期中小型方形窟主要是出于供养目的而凿建的。从现存供养人题记可知，这种窟主要由两类社会群体所开凿，一类是世居秦州的豪门大族开凿的家族窟，如李氏开凿的159窟、王氏开凿的120窟、姜氏开凿的160窟等，其一般形制规整，体量较小，除上述有明确姓氏题名的窟外，76、92、86等窟从残存的供养从位置和组合情况来看，可能也属于这种性质；另一类则是由秦州普通民众集资开凿的供养窟，如110窟，仅残存供养人题名中就涉及八个姓氏，其中有三对可以确定为夫妇关系。显然是当时多个家庭共同出资开凿的供养窟，但从排列位置看，仍然遵循着男左女右的传统方式，但个别窟内也有例外，如93窟中就有同一坛台上男女并列的现象，这也是非常不多见的。至于供养人其是否属于佛教邑社组织尚有待进一步的研究工作。

此外，在麦积山大中型窟龛中除传统的礼拜功能外，也有一部分带有供养性质，如80窟尽管残损严重，也没有发现明确的供养题记，但窟内头戴笼冠、位置突出、整齐排列的供养人表明该窟应是当时极具社会地位的家族或权贵所开凿。属于这种情况的还有121窟，窟内左壁龛内残存的彩绘供养人身后依稀可辨绘有华盖，表明功德主也是具有一定社会地位的。而北周时期由秦州大都督李充信主持开凿的4窟（散花楼）则是这类窟龛中最典型的代表。在麦积山西崖的127、135、133等三大窟中，从窟内的造像、布局等情况看，127、135窟的礼拜功能比较突出。133窟的情况则复杂一些，该窟的开凿最初是有统一考虑的，后来却由于某种原因未能继续下去，所以出现了在窟内各个壁面大量开凿一些彼此独立，或者说是不相关联的造像龛的现象，133窟11号龛外残存的影塑供养人就是最好的例证，它表明133窟内的18个造像龛应该是北朝晚期秦州一带的世家大族或者民众集资开凿的。

（3）北朝窟龛中供养人形象及位置的变化　北朝不同时期的供养人在窟龛内位置上变化也是一个值得注意的有趣现象。北魏早期的大形窟龛内，供养人被放在佛座的壁面上。这种安排在礼拜空间非常狭小的窟龛内，使得功德主能够被更多地注意到，相应地其所追求的祈福心愿也就获得了更大满足，如78窟的仇池镇供养人；北魏中期时，供养人则变为以影塑为主，一般被贴在窟内正、左、右三壁主尊两侧的近地坛台上，而且功德主最前列一般为僧侣，有的窟内僧侣还被绘在壁面上，这些现象表明当时僧侣具有很高的社会地位，在窟龛开凿中发挥着重要作用，如21、156、143、86等窟；北魏晚期，影塑与彩绘两种形式并存，但前者所占比例略高一些。这一时期最显著的变化不仅是表现形式，而且供养人在窟龛中的位置也发生了重要变化，他们不再仅仅被贴或者绘在窟内壁面的近地位置，而是整排整列地出现在窟内各个壁面上，如92、93、161、110、121等窟。个体形象上也开始变大，如161窟左壁的女主人及婢女；西魏时期，供养人开始被整排整列地绘在窟内正、左、右壁面的中下部，如120、160窟。而123窟内前壁两侧泥塑的童男、童女与窟内胁侍造像的高度则基本一致，这种突出性的安排表明功德主的地位显著提升；北周时期，除绘制于经变画中的供养人外，目前所见到的供养人均不是绘在北周开凿的窟龛内，而是绘在北周时修缮的北魏窟龛中，如90窟内壁面上的彩绘供养人。因此，可以说还没有发现严格意义上北周开窟的功德主形象，但从90窟中的北周供养人基本可以肯定其表现方式

---

① 详见拙作《麦积山石窟北朝窟龛形制的演变》，《敦煌研究》，2003年第6期。

是与西魏时期一致的。而在距此不远的武山水帘洞石窟群，许多北周时期开凿的窟龛，则在龛沿或龛外两侧绘有供养人像①。这对拥有数量众多北周窟龛的麦积山而言，这是一个很特殊的现象，有待于进一步探讨和研究。

通过以上分析，可以看出，在麦积山北魏早期窟龛中，供养人主要是以彩绘的形式加以表现的。北魏中期，由于泥塑制作技艺的成熟，供养人的表现形式也日渐丰富起来。北魏晚期，窟龛内这种彩绘和影塑为主的供养人表现形式达到了鼎盛，而其在窟龛中供养位置的变化，可能是更合理地安排众多的功德主和信众的需要。而西魏时期的供养人，除了这种安排上的考虑外，其内在含意可能已远不止如此，如123窟中童男、童女像的出现，似乎已经有了更多世俗信众与宗教世界之间某种表达方式上的变化，有待于进一步探讨。

结　语

综上所述，麦积山石窟现存的北朝供养人形象资料数量不多，但基本涵盖了整个北朝阶段，并随时代的发展其艺术表现形式也日渐丰富。人物服饰以氐、羌等少数民族传统的胡服为主，在北魏孝文帝汉化政策的影响下，以“上衣下裳”为主体的汉装样式逐步确立起来，在整个服饰发展演变的过程中，与当时北方地区居民的着装存在着诸多时代共性，但由于族属及地域等因素，也呈现出具有地方特点的个性特征；通过对北朝中小型窟龛有关供养人题记的统计分析，可以确定这一时期的中小型方形窟主要是汉化程度较高的氐、屠各以及汉族等当地民众和世家大族开凿的供养窟，时间上主要集中在北魏中晚期和西魏阶段；北周时期开窟数量很多，却未发现有直接的供养人形象及题铭，这一现象与同处渭水上游的武山水帘洞石窟群相比差异很大，很有可能是当时窟龛功德主在表现方式发生了某种变化，对此尚需进一步的研究和分析。

附表：麦积山石窟现存北朝时期供养人情况一览表

窟龛号	具体分布位置、数量	表现形式	保存状况	时代	备　注
78	窟内右壁坐佛坛台正面及右侧面，分上下两排，合计19身，均为男性。	彩绘	多数已色彩剥落、模糊不清。	北魏	正壁坛台右侧尚残存少许彩绘比丘形象
80	窟内正壁左侧小龛下方4身，右侧小龛下方3身，均为女性。	泥塑	表面风化较较严重，细部多已模糊不清。	北魏	右侧1身已剥落，置于地面。
144	窟内正壁右侧小龛下方2身。	泥塑	仅下半部分裙裾部分尚可辨识，其余全部风化。	北魏	
76	窟内正壁左侧下方1身男供养人，右侧下方1身女供养人。左壁两侧各1身女供养人，右壁内侧1身，外侧2身，均为女性。以上合计7身。	影塑	大部分保存完好，个别残损严重，表面彩绘有风化脱落现象。	北魏	供养人前均绘有比丘或比丘尼

① 水帘洞石窟群中千佛洞11、15、31、38、42、44等龛外两侧或下沿，均彩绘有数量不一的男女供养人像。见甘肃省文物考古研究所、麦积山石窟艺术研究所编著《水帘洞石窟群》，科学出版社，2009年3月。

续表

窟龛号	具体分布位置、数量	表现形式	保存状况	时代	备　注
21	窟内正壁佛座右侧坛台上2身，右壁内侧坛台上2身，合计4身，均为女性。	影塑	表面色彩全部剥落，仅1身保存有头像。	北魏	正壁供养人前影塑1身比丘
156	窟内正壁右下角现存女供养人1身。	影塑	部分残损风化。	北魏	
143	窟内右壁内侧下角残存影塑1身男供养人。	影塑	已残成两截，身首分离。	北魏	
100	窟内正壁左侧坛台下方拐角处1身，右侧坛台上2身，坛台下方拐角处1身，均为女性。	影塑	均无头，保存状况较好。	北魏	非原作，重新粘贴。
140	窟内正、左、右壁壁面中上部绘有近20身供养人像。	彩绘	壁面严重烟熏，供养人仅可辨识大形，具体形象多已模糊不清。	北魏	
16	窟内正壁左下方竖向绘有上、下两排女供养人像，合计约10余身。	彩绘	壁面严重风化，色彩大部分脱落，仅隐约可辨人物大形。	北魏	每排供养人前方绘有比丘尼
142	窟内正壁右侧中部母子供养人，右壁外侧中部3身女供养人，合计5身。	影塑	影塑保存基本完好，个别头已残失。	北魏	正、左、右壁面均彩绘供养比丘
86	窟内正壁左侧耳龛下方坛台上残存3身男供养人。	影塑	均已无头，最外侧1身仅存下半部分，风化严重。	北魏	
92	正壁左侧下方4身女供养人，右侧下方3身男供养人。左壁绘上、中、下排男供养人，残存5身。右壁仅中部残存4身男性供养人。门壁左侧1身胡装男供养人。合计17身。	彩绘	多数已风化模糊，漫漶不清。	北魏	供养人像前方多绘有供养比丘或比丘尼
93	窟内正壁左侧底排3身，右侧上排2身，中排3身，下排3身。左壁内侧中排1身，下排2身。右壁内侧上排1身，中排1身，下排2身，合计18身。	影塑	保存相对较好，个别身躯及头部残失。	北魏	供养人像前方多有影塑比丘尼
131	窟内左壁外侧下方现存2身女供养人。	影塑	表面严重烟熏，均无头。	北魏	
163	窟内右壁外侧下方现存3身女供养人。	影塑	表面彩绘风化脱落严重，仅1身有头。	北魏	女供养人前方有影塑比丘1身

续表

窟龛号	具体分布位置、数量	表现形式	保存状况	时代	备　注
159	窟内正壁主尊左侧下方女供养人4身，右侧下方男供养人3身。左壁内侧女供养人3身，外侧男供养人3身。右壁内侧男供养人4身，外侧女供养人1身。合计18身。	影塑	大部分保存完好，色彩剥落较为严重。	北魏	正壁男、女供养人前各有影塑比丘、比丘尼1身
161	窟内左壁内侧壁面上绘2身女供养人。	彩绘	保存较好。	北魏	
126	窟内右壁外侧墙角现存女供养人1身。	影塑	无头，保存较好。	北魏	正壁坐佛两侧壁面各彩绘有2身比丘
121	窟内左壁龛内右侧壁面原绘有3排男供养人，仅可辨识1身。	彩绘	色彩脱落、风化严重，多已无法辨识。	北魏	正壁龛内两侧绘有多身供养比丘
110	窟内左壁外侧及门壁右侧残存的墙皮上可见竖向数排彩绘男供养人像，可辨者约7身。右壁中部绘一排女供养人像，多已残损，可辨者约10身。	彩绘	画面色彩脱落、风化严重。	北魏	右壁中部彩绘供养人前部绘有比丘尼
133	窟内11号龛外左侧坛台上残存3身女供养人。	影塑	均无头，严重烟熏。	北魏	
127	窟内顶部及四壁彩绘的经变及本生故事画中绘有大量世俗人物形象。	彩绘	多数画面色彩脱落、风化严重。	西魏	
135	窟内正壁彩绘的《涅槃变》中有众多世俗人物形象。	彩绘	色彩风化、脱落严重。	西魏	
120	窟内正壁两侧下方，每侧分上、中、下三排，左侧绘男性，右侧绘女性，为王氏家族供养窟，现存10余身。	彩绘	绝大多数供养人仅可辨识大形或部分痕迹，刻划残损严重。	西魏	每排供养人前均绘有比丘或比丘尼
20	窟内右壁中侧，现存2身。	彩绘	保存一般，色彩脱落较为严重。	西魏	
160	窟内右侧壁面，分上、下两排，现存12身。	彩绘	保存一般，色彩脱落较为严重。	西魏	
123	窟内门壁内左侧塑一童男，右侧塑一童女。	泥塑	保存较好，色彩略有脱落。	西魏	
27	窟内顶部正、左、右披内绘《法华变》，内有数量众多的世俗人物。	彩绘	色彩风化、剥落严重。	北周	经变画
26	窟内顶部正、左、右披内绘《涅槃变》，内有数量众多世俗人物。	彩绘	色彩风化、剥落严重。	北周	经变画

续表

窟龛号	具体分布位置、数量	表现形式	保存状况	时代	备　注
90	窟内正、左、右壁佛背光外缘两侧，呈竖向作3～4排，每排1～2身，现存合计21身。	彩绘	色彩保存较好，脱落、残损严重。	北周	
4	前廊右侧上方平棋内彩绘车马出行图等。	彩绘	色彩风化、剥落较严重。	北周	经变画
165	窟内左壁内侧下角残存1身泥塑供养人残块。	泥塑	仅存下半部分，风化剥落严重。	不详	
148	窟内正壁佛座两侧地表有剥落的供养人残块，数量不详。	影塑	已残为碎块，可辨有衣纹等痕迹。	不详	

作者简介

孙晓峰，1969年生，1992年吉林大学考古系毕业，获历史学学士学位。1992年至今在麦积山石窟艺术研究所工作，副研究员。主要从事佛教石窟考古研究工作，发表有《麦积山石窟的北周窟龛》、《陇南几处中小石窟调查简报》等文章。

麦积山“法生碑”及相关问题的初步探索

董广强

要 約

1953年に麦積山石窟第127窟で発見された「法生碑」は、「法生」によって制作されたものであり、ある僧によって“隣接する洞窟に移された（临窟移来）”とされる。

法生碑は高さ43cm、幅38cmで、碑の上部に1列に設けられた小龕5つが現存する。小龕の中に造られた像は、すべて双領下垂の袈裟を纏い、裾部分は2つ（3体）あるいは3つ（2体）に分かれる。

碑文中の「大魏」の文字を根拠に、その制作年代を北魏に比定する学者もいるが、東魏や西魏の時代に造られた像や碑にも「大魏」の年代を伴うものがあり、時代設定については、再検討しなければならない。

碑上部の縁の小龕内の小仏は、七仏を表現していたと思われる。第4体目の像の中心から右縁までは25 cmであることから、この碑の幅は50cmであったはずであり、そうするとこの碑は元々は高さ43cm、幅50cmであったと考えられる。

小龕内の仏の袈裟を前に垂らす形式は、麦積山石窟の主尊像としては北魏の晩期から登場することから、この碑の上限年代を516年以降に設定できる。そして袈裟を垂下させ、裾を二つあるいは三つに割る形式は、北魏晩期から西魏初期の窟に多くみられることから、この碑の制作年代は516～540年の間に置くのが妥当であろう。

日本の大谷大学が所蔵する北魏二年（533年）の『宝巻経』巻上の“前不及释迦九会，后不经弥勒三唱”の文字と、「法生碑」の“进不值释迦初晖退□蒙慈氏三会”は語句が類似すると共に、文意が一致しており、両者の間に密接な関係があったことが伺える。このことから、法生碑の上下限年代は533年を基準とした前後5年（528年～538年）であったと考える。

麦積山西崖上部の北魏早期、中期、北周の窟および供養人の題記が明確に記される窟に「法生碑」が置かれていた可能性はなく、また第127窟も、碑と窟の大きさが不釣り合いなこと、碑文に全く洞窟の内容に対応していないこと、法生は大きな洞窟を開鑿していないことからその可能性は低い。

碑文中に見られる「龕」と「所」という文字と、歴史資料を照らし合わせ、法生は小龕ではなくある程度の規模を持つ洞窟を開鑿したと考えられ、またそれは現存する洞窟のうち、第127窟に隣接した洞窟であつた可能性が高い。その中でも第158窟は、第127窟に最も近接しており、法生の開鑿した洞窟である蓋然性が高い。芸術の風格から判断するに、この洞窟の開鑿時期は535年あるいは536年と考えられる。534年に北魏が東西に分裂し、洛陽地区が混乱していた時期に、法生は麦積山を訪れ、洞窟を開鑿したと推測される。

第158窟の天井部は、1920年の海原大地震の際に壊れた可能性がある。法生碑はその地震の際に、ある僧によって隣接する第127窟に移動させられたのではないだろうか。

法生碑是麦积山石窟艺术研究所藏的一块佛教造像碑，由于造像碑主名为“法生”，和在龙门石窟开龛造像的“法生”同名，且又为洛阳人；所以引起了学术界的极大关注。

一、前人研究概况

法生造像碑是1953年中央勘察团在麦积山石窟西上区的127窟发现的①，据僧人讲非本窟之物，是从邻窟移来的，但邻窟是哪一个、何时移来等难以说清楚。

碑刻首先引起冯国瑞先生注意，冯先生认为“……首行‘大魏’以下数字模糊不清，不敢断定年代。考洛阳龙门石窟古阳洞有景明四年《比丘法生造像记》，系法生与孝文皇帝并北海王母子所造……此石‘沙弥法生俗姓刘，洛阳人也’正即其人。在祥被诛后，法生西来麦积造龛祈昌帝祚，实为避祸……，至造此窟时期，迟亦不能过正始、永平之间”②。此后，冯先生又请郭沫若、马衡、谢国祯、叶恭绰、丁希农、邓宝珊等先生对这个碑文进行考证，基本都同意冯国瑞先生的观点。

20世纪80年代以来，对法生碑明确发表观点首推金维诺先生，金先生根据镶嵌碑刻的位置来推断，“在（127）附近有镶砌石碑痕迹的只有108、109窟，这两窟的窟门上方各有一凿成长方形的凹入的平面……而108窟门上方凹入尺寸较大，与此碑不符，只有109窟方形凹入高51、宽43厘米，而石碑残高45、宽38厘米，每边加上残损和砌接的空隙，则应当相符合，所以此法生造像碑原来应是此窟的造像题记”。③

2001年，顾彦芳在《龙门石窟所见〈洛阳伽蓝记〉中人物造像述论》一文中涉及了麦积山的法生问题，认为“龙门之法生与麦积山刘法生实为一人，他从比丘到麦积山变成沙弥的原因，很可能与元祥被废为庶人后暴崩有关，因此西逃到麦积山避祸，等待时机成熟而又屈请良匠再次开龛造像”。④

2002年，项一峰提出127窟就是法生所开的洞窟，主要观点为：法生先是在平城遇见北海王，但在北魏迁都之时，由于“旧都一时混乱，众人思迁，新都一时还不能平静，他为学法西行，从平城至麦积山，……法生在麦积山时称‘沙弥’，去洛阳龙门时已经是‘比丘’……说明沙弥法生应该在503年之前在麦积山造像”，并根据法生碑在127窟内的情况，推断出127窟既是法生“屈请良匠”所开的窟，其年代在494～502年之间。⑤

另外，其他的论文也偶有提及到麦积山法生问题，但多为引用以上的几种观点，尚未有更新的研究结论。

二、对法生碑年代的推论

法生碑现在保存于麦积山石窟艺术研究所的文物库房，经过近期仔细的对证，法生碑的具体情况是：整体有部分的残缺，全碑的上、下、右侧完整，而左侧残缺，高43厘米，残宽38厘米，厚度为6

---

① 麦积山石窟艺术研究所编《麦积山石窟资料汇编》初编，1981年。

② 张锦绣编撰《麦积山石窟志》，甘肃人民出版社，2002年4月第一版，第221页。

③ 金维诺《麦积山石窟的兴建及其艺术成就》，见麦积山石窟艺术研究所编《中国石窟·麦积山石窟》，中国文物出版社、日本平凡社，1998年。

④ 顾彦芳《龙门所见〈洛阳伽蓝记〉中人物造像论述》，载《敦煌学辑刊》2001年第2期，第68页。

⑤ 项一峰《麦积山第127窟研究》，见郑炳林、花平宁主编《麦积山石窟艺术文化论文集》（上），兰州大学出版社，2004年。

厘米；在碑上部开凿有一列小龛，现存5个。小龛外为桃尖形龛楣，全高8.5厘米，内部高7厘米，内部宽5厘米（图1、2）。小龛内造像的基本形式为：

图1 麦积山藏法生造像碑

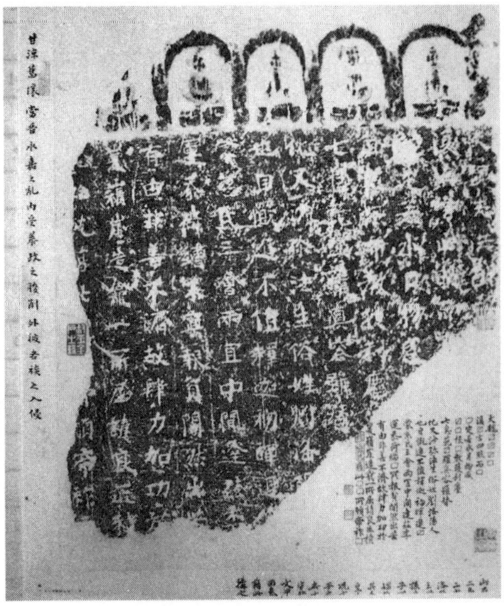

图2 法生造像碑拓片

第一身：身着双领下垂袈裟，下摆部分分为左右两片，双手结无畏印和与愿印。

第二身：身着双领下垂袈裟，下摆部分分为左右两片，双手结禅定印。

第三身：身着双领下垂袈裟，下摆部分分为三片，双手结无畏印和与愿印。

第四身：身着双领下垂袈裟，下摆部分分为左右两片，双手隐于袖内，但可以看出是结的禅定印。

第五身：身着双领下垂袈裟，下摆部分分为三片，双手结无畏印和与愿印。

造像碑的下部为长篇的发愿文，碑文十三行，满行十二字，现录如下：

大魏□□□□□□□□□□

复□□言四照而□□□□□

□定若水月物感□□□□□

□□□（根）□（而）教获利尘□□□□

七息范□罗真容虽替□□□

化又沙弥法生俗姓刘洛阳□（人）

也自概进不值释迦初晖退□

蒙慈氏三会两宜中间逢兹季

运添荷？□冥报贫？暗然出□（苦）

有由非善不济故肆力加功于

麦积崖造龛一所屈请良匠积

□（念）□（始）□（就）□（籍）□（此）

□□叩愿帝祚

一般学者都将法生碑的时代确定为北魏时期，基本依据就是碑文中的“大魏”，认为大魏必定就是北魏。我们查阅有纪年的造像碑，就可以查找出许多“大魏”的题记，如：

日本京都藤井有邻馆藏的张白奴造石弥勒立像的题记中有：“大魏天平二年（535年）……乙卯十月……高阳郡□县张白奴寺尼□钦造弥勒像一躯……。”

瑞士瑞特保格博物馆藏的残石佛造像碑题记中有：“大魏天平三年（536年）岁次丙辰正月……”。

日本东京大学文学部藏石佛立像发愿文：“……大魏天平四年（537年）正月敬造”。

日本个人收藏的铜观音立像发愿文：“维大魏兴和二年（540年）岁次甲□三日，清信弟子□□□为□□□子造观音像一躯……”

伊萨贝拉·斯切瓦特·嘎特那美术馆藏东魏石佛立像发愿文：“唯大魏武定元年（543年）岁次癸亥五月庚寅朔望日甲辰……”

日本藏东魏七佛碑造像发愿文：“……大魏龙飞恒代，创基帝业，王有九土，至高祖孝文……武定三年（545年）岁在乙丑四月丁丑朔十五日建。”

故宫博物院藏东魏造像发愿文：“大魏武定五年（547年）七月二日……”

美国波士顿美术馆藏薛氏造像碑发愿文：“唯大魏元年（恭帝拓拔廓元年，554年）岁次甲戌四月……”①

除了在造像碑上的这些大魏的题记，在各地石窟的供养题记中也可以寻找出有大魏和大代题记的洞窟，如在陕西省宜君县福地水库就有“大代大统元年（535年）岁次乙卯七月九日……”。②

在敦煌莫高窟的285窟供养人题记中有：“佛弟子比丘……大代大魏大统四年（538年）岁次戊午八月中旬造。”③

据此，我们可以明显地看出，有大魏题记的造像，在时代上并不限于北魏时期，而在西魏、东魏等时代开凿的碑刻和洞窟都有“大魏”的题记。

这个碑的上、下、右边缘是完整的，只有左边缘残缺，在碑刻的上边缘雕刻有小型的佛龛，现在保存有5个小龛和佛像。

在碑刻的上边缘雕刻几身小佛，应该是代表着某一种信仰思想，绝不会无目的而随意雕刻几身，而这种信仰也应该是当时有普遍代表性的信仰。显然不是6个小龛和佛像，因为不存在六佛信仰，那么在北朝时期的信仰体系中，就只有七佛信仰和十方佛信仰了，也就是说，在碑刻上有可能是7个或10个小佛龛。

在十六国北朝存在有十佛造像，如河西地区的金塔寺、天梯山、炳灵寺等石窟，④ 但是在北魏和西魏时期，我们在麦积山石窟和龙门石窟都没有发现十方佛造像或壁画的存在，所以在法生碑这个问题中十方佛不具备信仰的普遍性前提，所以也可以排除有10个小佛龛的可能，那么，就只有一种可能就是7个小龛和佛像，也就是七佛信仰。

七佛在麦积山石窟出现得比较晚，明确地出现是在北魏晚期的127窟。这种信仰也就必然对碑刻会有所影响。综合地看，法生碑的小龛和佛像就可能是七佛，体现出的是七佛信仰。

既然碑首是七佛造像，那么第四身的佛像便是这个造像碑的中间位置，从右边缘到第四身佛像中间

① 以上几则题记均见金申编《中国历代纪年佛像图典》，文物出版社，1994年，第484、485、489、492、495、497、503页。

② 李淞《陕西古代佛教美术》，陕西人民教育出版社，2000年1月第一版，第17页。

③ 敦煌研究院编《莫高窟供养人题记》，文物出版社，1986年第一版。

④ 董玉祥《炳灵寺石窟综述》，载甘肃省文物工作队、炳灵寺文物保管所编《中国石窟·永靖炳灵寺》，文物出版社，1989年。

位置的尺寸是25厘米，那碑刻从左边缘到右边缘的原始尺寸应该为50厘米，所以这个碑刻的整体数据是为43厘米(高)×50厘米（宽），是一个近于方形的小型碑刻。而从碑文中最后的文字“叩愿帝祚”来看，是为皇帝及有关的人群祈福，显然已经是碑文的后半部分。

佛教的发愿文一般是由造像时间、发愿人、造像缘起、发愿对象、对佛法的感悟等内容组成的，虽然在排列顺序上各不一致，但基本的体例结构是相似的。

我们看法生的发愿文，时间是大魏□□年，发愿人是法生，造像缘起是“进不值释迦初晖退□蒙慈氏三会两宜中间逢兹季运添荷？□冥报贫？暗然出□（苦）有由非善不济”，而开始的一段文字则是对佛法的感悟，发愿的对象是“叩愿帝祚……”，可以看出，这个发愿文在整体上基本完整，只是发愿对象由于碑刻的残缺而不完整。

发愿对象首先是从对皇帝的祈愿开始的，后面的内容我们参考下面几个发愿文的内容：

“太平真君三年岁次壬午四月寅朔十有八日乙未，永昌王常侍、定州常山鲍篡，单官在台，减割身口之储，为父前邢邢令、王母王、造兹石浮图、大涅槃经一部。愿皇帝陛下享祚无穷，父身延年益寿，父母将来生弥勒前。合门眷属，普门十一余福，子子孙孙咸受福庆。”（东京书道博物馆藏，大村西崖《支那美术史雕塑篇》著录)。[①]

“大代太和七年岁次癸亥，合追远寺众僧，颖川公孙小，劝所道俗，为皇帝陛下、太皇、太后、皇太子敬造千佛，原缘此庆福钟，皇家祚隆万代，普济众生。”[②]

“夫驰光□元因之仪……上为皇帝陛下，为合邑诸人、□□七世、乃至所生朋友眷属、含霜苍犁普恰，一时成佛，永安二年……。”(美国波士顿美术馆藏)[③]

“天平四年三月丙寅二十八日，朝阳村邑仪田子母三十人等，谨造释迦一躯，上为皇帝，祚隆无穷，下为无边众生，离若得济。后愿邑仪人等，生生世世，直闻佛法，道心日增，俱时成佛。”（后十七人名略，河北曲阳县出土，故宫博物院藏)[④]

可以看出，发愿的对象包括皇帝、父母、七世父母、眷属、邑人、无边众生等，法生是属于个人造像，不会有邑人、邑子等内容，也不会有眷属，从“俗姓刘”这一句看出，他有一定程度的世俗心态，所以在他的发愿文中就应该包括父母和七世父母，还会有尘世众生等，如果按照这些内容推算，发愿文剩下的文字有30~40个左右（包括尾文)，按照排列，应该有三行或四行。这样，就和我们前面推算的碑刻的宽度尺寸基本吻合。

法生碑上小龛内的佛像虽然形象很小，雕刻也很简单，但袈裟的基本方式确是很明确地表现出来了，其袈裟是双领下垂的褒衣博带式的袈裟，这是在魏孝文帝改革以后的袈裟方式。在麦积山石窟的洞窟塑像中，小型塑像（影塑）的褒衣博带式袈裟出现得比较早，西上区的114窟就是出现这种袈裟最早的一个洞窟，其年代略晚于502年的115窟，大约是在505年左右。从袈裟的方式就可以断定，505年是法生碑雕刻的上限。

小龛中佛像的袈裟下摆是悬垂在座前的，这种袈裟的摆布方式在麦积山石窟主尊造像中出现的时间

① 金申编《中国历代纪年佛像图典》，文物出版社，1994年，第436页。
② 金申编《中国历代纪年佛像图典》，文物出版社，1994年，第446页。
③ 金申编《中国历代纪年佛像图典》，文物出版社，1994年，第479页。
④ 金申编《中国历代纪年佛像图典》，文物出版社，1994年，第486页。

是在北魏晚期。因为在北魏早期，麦积山石窟中造像的袈裟均是紧裹着身体的，没有衣摆；如74、78、100、128等窟的造像形式都是这样的。而在北魏中期，佛像产生了衣摆，但衣摆是呈扇形平铺在台座上的，没有悬垂在台座前。如这一时期的115窟、76窟、114窟等。而到了北魏晚期，袈裟的下摆开始呈大块面状覆盖在佛座前，如126、23、146、147、127、158等，所以从这一点讲，我们就将法生碑的年代的上限确定在了麦积山石窟北魏晚期以后、也就是在516年以后。

北魏中期在影塑造像中出现的褒衣博带式袈裟（如114窟）没有对同时期的主尊造像产生影响，到了晚期才在主尊造像中普遍出现悬垂于座前的袈裟样式。但具体的形式却有很大的不同。影塑造像的袈裟摆布方式虽然是从中间向左右两边分，但是却是从台座的上边缘向下，呈上、中、下三层摆布，而且袈裟边缘都是锯齿状的圆弧折叠纹，不是一个齐整的边缘，显得比较细碎、繁缛。而在北魏晚期窟内主尊出现的悬垂于座前的袈裟样式，摆布方式上和影塑造像有比较大的差异，这种摆布无论是分为左右两片或是三片、四片，首先从台座的上边沿到下有一个直接了当的边缘线，很明确地区分为数片，所以，法生碑小龛中的佛像形式只有可能是受到洞窟中主尊塑像的影响，从而形成两片或三片的摆布方式，而不会是受到影塑造像的影响。

从法生碑中看到，小佛像的下摆部分有三个是分为两片，有两个是分为三片，这就说明，雕刻时期是一个佛装下摆分为两片和三片共存的时期。而在洞窟调查中，袈裟下摆为两片的方式一直贯穿着北朝时期，属于最基本的袈裟样式，但是，袈裟下摆分为三片的时期却比较短，仅是在北魏晚期这一阶段，如126、158、122、121、101、81、85、129、131、140、142窟等，而在西魏以后，这种袈裟样式就再没有出现过，一直流行分为两片的样式。这样，就可以将法生碑的年代限定在北魏晚期，考虑到目前的分期断代在这一时期存在争议这一现象，可以将这个碑刻的下限延续到西魏初期，这样它的时限也就是在516~540之间。

另外，碑文中流露出的信息也可以帮助我们对其年代进行一个大致的界定，碑文总的来说是表现出一种比较愁苦的心态："沙弥法生俗姓刘洛阳□（人）也自概进不值释迦初晖退□蒙慈氏三会两宜中间逢兹季运"，在这里，法生首先对自己的俗姓和地望进行了交代，然后又自我感慨"进不值释迦初晖退□蒙慈氏三会"，认为自己进一步不能遇到释迦牟尼初转法轮时的光辉，退一步也难以感受到弥勒在龙华树下三会的恩泽，这是一种进退两难的感受，认为自己生不逢时（逢兹季运），很显然，这是一种末法思想的反映。

北魏分裂为东西魏以后，皇室帝胄都甚至商贾富户都纷纷迁出洛阳，跟随皇帝迁往长安或是邺城，洛阳地区的政治经济是受到了很大的破坏，杨衒之在稍晚一些时候来到洛阳时，已经是满目疮痍了，"至武定五年，岁在丁卯，余因行在，重览洛阳，城郭崩毁，宫室倾覆，寺观灰烬，塔庙丘墟，墙被蒿艾，巷罗荆棘，兽穴于荒阶，山鸟巢于庭树……"。[①] 法生面对这种境况，便产生了"进不值释迦初晖退□蒙慈氏三会两宜中间逢兹季运"的愁苦感慨。

末法思想在北朝晚期阶段是最为流行的，部分信徒容易将社会环境动乱和末法思想结合在一起，认为动乱环境是末法思想的反映，在这种情况下，佛教信徒的思想便会通过各种途径表现出来。如程段儿塔（436年）的铭文中有："……程段儿自惟薄福，生值末世……"；[②] 云冈石窟11窟太和七年（483年）

① 北魏·杨衒之撰《洛阳伽蓝记》，范祥雍校注，上海古籍出版社，1978年。

② 转引自李裕群《北朝晚期石窟寺研究》，文物出版社，2003年5月第一版，第240页。

造像铭文也有类似的现象："……邑义信士女等五十四人，自惟性因不积，生在末代，甘寝昏境……"①而敦煌藏经洞东阳王元荣写于北魏永安三年（530 年）的《佛说仁王般若经》的上卷尾题也有这样的记载："……东阳王元荣，生在末劫，无常难保，百年之期，一报极果……"②

日本大谷大学所藏北魏永熙二年（533 年）《宝卷经》卷上有比丘惠恺题记："比丘惠恺，自惟薄福，生罹运末，前不及释迦九会，后不经弥勒三唱，于中苦切，何时当往。"③ 我们仔细地分析，就会发现这一段题记和法生造像碑中的部分题记很相似，特别是"前不及释迦九会，后不经弥勒三唱"和法生造像碑中的"进不值释迦初晖退□蒙慈氏三会"在语句和文意上表述的是同一种意思，只是法生造像碑中的一句是经过文学修饰的，而"前不及释迦九会，后不经弥勒三唱"就显得更为直白一些，但可以肯定两者之间存在着一种紧密的联系。原因是：在前面的推论中，我们已经依据七佛和袈裟的摆置方式将法生碑的年代推定在北魏晚期到西魏初期这一个时间段内（516～540 年）。在这一段比较短的时间内，我们发现了这两个在重要字句上完全一致的发愿文，绝对不是一个偶然的现象，在两者之间应该存在着相互影响的关系，因为在众多的反映末法思想的发愿文中，除了所表现的中心思想是末法思想以外，我们很难发现在思想甚至文字表现上完全一致的发愿文，所以，两者的关系是不言而喻的。

惠恺书写的时间为北魏永熙二年（533 年），这样我们在前面推论的基础上，就将法生碑的时间推定在一个更为具体的时间段内。我们以北魏永熙二年（533 年）为标尺，向前和向后分别延伸五年作为法生碑的上限和下限，那么，法生开凿洞窟的时间就应该为 528 年～538 年。

三、对洞窟的排查

127 窟是麦积山石窟西上区最大的一个洞窟，由于 98 窟（西崖大佛）将这一区域和其他区域分隔开来，这个区域相对独立（图 3）。既然法生碑是在最上层的 127 窟发现的，那么，法生所开凿的洞窟就一定是在西上区，即使在历史时期经过多次的搬运也不会是从其他区域搬到西上区最上层，它应该就在西上区的二十余个洞窟之中。

依据法生碑的时间，我们可以将北魏早期的 100 窟排除，其次，115 窟是上邽镇司马张元伯于景明三年（502 年）开凿的洞窟，而 120 窟也有众多比丘、比丘尼以及供养人的题记，如"比丘进度供养佛时"、"督龙骧将军天水太守王宗供养佛时"、"督假伏波将军□石□□□供养佛时"、"比丘尼洪静供养佛时"等共十八条，④ 所以这两个洞窟我们也可以排除。除此之外，我们还可以将北周时期的 113 窟、109 窟、104 窟、117 窟等洞窟排除。

除了上述的洞窟中，我们还可以将 123 和 102 窟进行排除，因为虽然在时间段和这两个洞窟的时代和前面我们推定的时间是一致的，但其塑造的内容却是值得推敲的。这两个洞窟的主尊是佛，而两侧壁的内容是文殊和维摩对坐说法。我们综合地分析，法生在碑文中表现出一种比较愁苦的心态，而 123 和 102 窟的文殊和维摩表现出的是一种北朝时期文人士大夫讲经论易时一种脱俗、挥洒自如、无拘无束的

① 云冈石窟文物保管所编《中国石窟·云冈石窟》（一），文物出版社·平凡社，1991 年。
② 转引自李裕群《北朝晚期石窟寺研究》，文物出版社，2003 年 5 月第一版，第 242 页。
③ 转引自李裕群《北朝晚期石窟寺研究》，文物出版社，2003 年 5 月第一版，第 243 页。
④ 张锦绣编撰《麦积山石窟志》，甘肃人民出版社，2002 年，第 139 页。

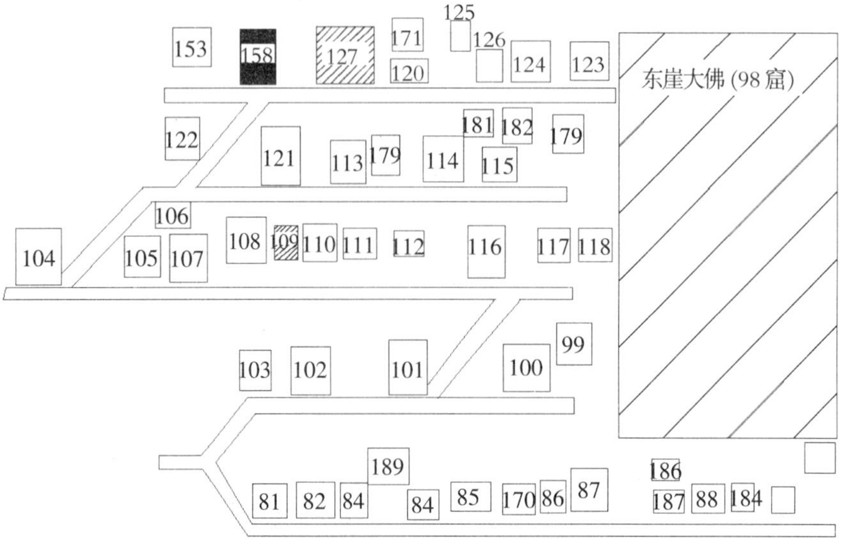

图3 麦积山石窟西上区洞窟分布示意图

精神风貌，造窟主应该是对当时士大夫谈玄论辩有一定理解和感受，所以才造了这个题材的造像，我们很难想象，法生会在比较愁苦的心态下选择这样一个题材作为其抒发心理感受的对象，从这个角度理解，可以将这两个洞窟排除。

127窟是一个比较重要的洞窟，法生碑首先发现在这个洞窟，也有学者认为它就是法生所开凿的洞窟，但从以下几点分析，也应该在排除之列：第一，127窟是一个大型洞窟，窟内横长8.60米，深5.00米，高4.50米，但法生碑的规格从前面的推断中我们知道是43×50厘米，是一个很小的碑刻，显然，不论镶嵌在什么地方都从体量上是很不对称的。第二，127窟内的造像、壁画题材很丰富，包含的内容很多，但在法生的碑文中却是丝毫未提，碑文很是简略。第三，透过碑文我们可以感受到法生当时的境况是很落魄的，从“屈请良匠”中的“屈”字的使用中我们可以感受到法生资财方面是很窘迫的，或者是有初到麦积山时人际关系的陌生感，所以才用“屈请”一词，我们很难想象法生会在这样一种情况下开凿一个规模宏大的洞窟，因为开凿像127窟那样的洞窟，是需要大量的资金、人力以及物力，而如果是法生作为窟主，有许多跟随供养人的话，那在碑文中应该有反映，但却丝毫没有。所以讲，法生是不具备开凿127窟这样大规模洞窟的条件的。

现在，就剩下北魏晚期和西魏时期的洞窟了，这些洞窟是153、158、171、124、125、126、121、122、179、181、182、183、104、105、106、107、108、110、111、112、116、117、119、118、103、101等26个洞窟，其中个别的小龛已经在加固工程中被封闭。现存各个洞窟的大致情况为122、108、105、158、126、121、110、112、103、101等10个洞窟是平面方形、平顶或攒尖顶的洞窟，而另外的16个洞窟是小型的龛窟。这些洞窟从时代和艺术风格看，都是和法生碑相符合的。

法生在碑文中称“造龛一所”，其中使用了两个量词，首先是一个“龛”，但在古代的文字记载中，龛和窟在词义上没有明显的区别，如西魏皇后乙弗氏墓窟（43窟）是一个殿堂式的洞窟，而在对这个洞窟的记述中却明确地指出“凿龛而葬”。① 所以，仅凭“龛”一词难以判断出法生造的是一个洞窟还是

① 唐·李延寿撰《北史》卷十三《后妃列传》，中华书局，1974年。

一个崖面小龛。而“所”字在古汉语中除作为助词使用外，还有居所、处所的含义，在佛教建筑中也比较广泛的使用，如“长秋寺……中有三层浮图一所。……瑶光寺……中有五层浮图一所。……景乐寺……有佛殿一所”。① 在洞窟中也使用这个词，如“景明初，世宗诏大长秋卿白整准代京灵岩寺石窟，于洛南伊阙山，为高祖、文昭皇太后营石窟二所”。② 从这几个例句可以看出，“所”的使用都是对一个完整的、比较大的建筑或洞窟形式，所以说，法生如果是开凿一个崖面上的小龛，不太可能会使用“一所”这样一个数量词，因为这一类的小龛最大的124窟高1.37米，宽1.05米；而最小的181窟高0.68米，宽0.58米。如果法生开凿的是一个小龛，在前面列举的例句中“所”指的是比较大的建筑或洞窟，如一座佛塔、一个殿堂、一个大型洞窟等，在这种文字背景下，法生不太可能会使用“所”字来描述一个小型的崖面龛。其次，法生碑的尺寸为43×50厘米，这样一个尺寸对一米左右的小龛来讲应该是属于偏大的。

现在，就剩下10个平面方形的洞窟，这10个洞窟中，158、126窟在这一区域洞窟的最上层，121、122窟在第二层，108、110、112、105窟在第三层，101、103在第四层。而发现碑刻的127窟在第一层。即距127窟最近的洞窟便具备这种最大的可能性。在最初调查时，僧人也讲是“从临窟移来”，最上层的126和158窟和127窟最为接近，这两个洞窟的基本情况是：

第126窟为方形平顶窟，宽1.89米，高1.72米，深1.75米。正壁一佛坐于方形台基上，袈裟下摆垂于佛座前，并分为三片，佛两侧侍一菩萨一弟子，左右壁前各有一金刚力士。第158窟宽1.38米，深1.32米，窟顶以及前壁部分破坏，现为混凝土修补，现高1.48米。窟内三壁开三浅龛，并各塑一佛（图4）。左右两壁佛由于失稳目前暂时放置在地上，袈裟下摆部分都有不同程度的残破，但从残存部分以及佛座前的泥皮痕迹可以明显地看出其原来的做法。正壁佛为直柱状磨光肉髻，顶部较平，头部大，但五官集中（开面小）。内穿僧祇支，中间为对襟衫，并在胸间结带，外着袈裟，下摆部分为三片。左右两侧佛风格、衣着基本与正壁佛相同，唯左侧佛的下摆是分为两片。

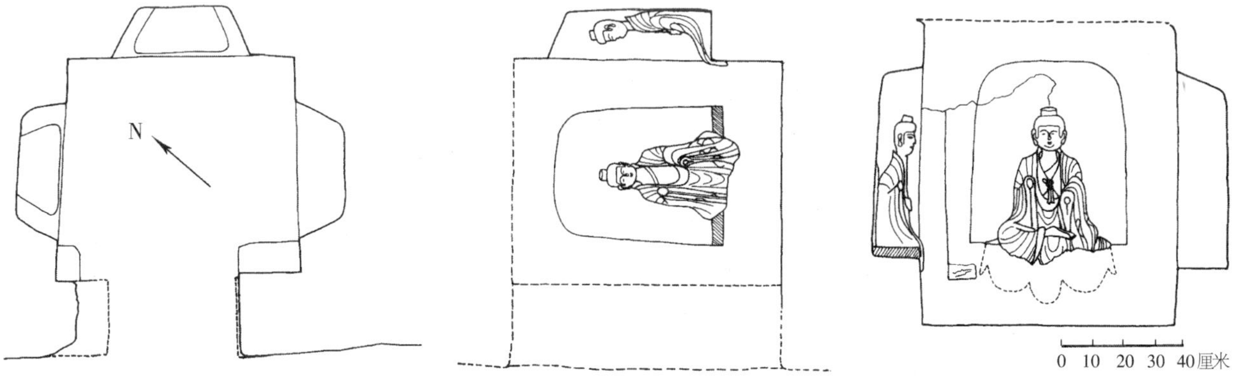

图4 麦积山第158窟实测图

126和158都是北魏晚期洞窟，但相互对比就发现，126窟主尊造像面相略为方正，身体扁平，表现出的肌肉感弱，带有北魏中期洞窟所传承的风格，而158窟佛像面相圆润，身体的肌肉感强，和西魏艺术风格接近。两者相比，126窟比158窟要早一些时期。所以，就只有158窟符合我们前面所限定的时

① 北魏·杨衒之撰《洛阳伽蓝记》，范祥雍校注，上海古籍出版社，1978年。

② 北齐·魏收撰《魏书》卷一百三十《释老志》，中华书局，1974年。

间段，即528～538年。而158窟在距离上也是最接近127窟的一个洞窟。所以，158窟应该是法生所开凿的洞窟。

四、对法生开窟、碑刻的移动时间、原因等进一步的推论

158窟是法生所开凿的洞窟，我们从窟内造像的艺术风格分析，其面向趋于饱满，和北魏晚期的127、133、135、146、147、86、87、23等窟内面像比较消瘦、身体单薄的造像有区别，却和西魏时期的造像接近，如44、102、20等，但相比较而言，又偏于消瘦，所以这个洞窟应该是在127等北魏晚期洞窟之后，而在44等窟之前。而44窟是西魏大统六年（540年）文帝皇后乙弗氏的事件之后而开凿的一批洞窟，所以综合考虑，158窟的开凿时间应该是在西魏初期的一、二年间，也就是在535或536年。

这样，就可以对法生这一事件作进一步的推论。北魏后期，政局动荡，534年，北魏王朝分裂为东、西魏。在这种情况下，洛阳地区是很混乱，而法生也就是在这种情况下产生了“进不值释迦初晖退□蒙慈氏三会”的思想，也就进而来到相对比较安定的麦积山石窟，在很复杂的思想下开凿了一个洞窟来排解内心的苦闷。

在当时的时代背景下，法生从洛阳来到秦州，并不是一个偶然和个别的现象，因为北魏分裂之后，魏孝武帝西迁来到长安，之后，西魏文帝又即位，这样就有许多的政府官员、民众等从洛阳来到长安，这应该是一次大规模的人口流动，如：

“念贤字盖卢。普泰初，除使持节、瀛州诸军事、骠骑将军、瀛州刺史。永熙中，入为殿中尚书，加仪同三司。大统初，拜太尉，出为秦州刺史，加太傅。”①

“善，魏孝昌中，从尔朱荣入洛，……魏孝武西迁，授武卫将军，进爵武始县伯，增邑二百户。大统初，加平东将军，进爵为侯。擒窦泰，复弘农，破沙苑，累有战功。除使持节、卫将军，假骠骑大将军、秦州刺史。”②

“苏亮字景顺，武功人也。……初举秀才，至洛阳，遇河内常景。……魏孝武西迁，除吏部郎中，加卫将军、右光禄大夫。大统二年，拜给事黄门侍郎，领中书舍人。魏文帝子宜都王式为秦州刺史，以亮为司马。”③

“独孤信，云中人也，……及孝武西迁，事起仓卒，信单骑及之于瀍涧。孝武叹曰：‘武卫遂能辞父母，捐妻子，远来从我。世乱识贞良，岂虚言哉。’即赐信御马一疋，进爵浮阳郡公，邑一千户。……拜车骑大将军、仪同三司……。寻除陇右十州大都督、秦州刺史。”④

“（宇文）导字菩萨。……及太祖随贺拔岳入关，导从而西，常从征伐。……乃征为陇右大都督、秦南等十五州诸军事、秦州刺史。”⑤

“子直性节俭，有干能……魏孝武西迁，封山北县男，邑二百户。……（大统）四年，从太祖解洛

① 唐·令狐德棻撰《周书》卷十四《念贤传》，中华书局，1971年。
② 《周书》卷二十七《常善传》，中华书局，1971年。
③ 《周书》卷三十八《苏亮传》，中华书局，1971年。
④ 《周书》卷三十九《王子直传》中华书局，1971年。
⑤ 《周书》卷十《宇文导传》，中华书局，1971年。

阳国，经河桥战，兼尚书左丞，出为秦州总管府司马。”①

“孙俊……（大统）五年，将家及亲属四百口入关，拜秘书监。”②

由此可以看出，这一次全国性的人口流动规模是很大的，而秦州的官员也多是北魏的官员，而法生就应该是在这一次人口流动中来到秦州的。念贤、苏亮、独孤信、宇文导、王子直等在秦州任职，无疑会带来中原的潮流。

158窟紧挨127窟，而我们现在已经确定158窟是法生开凿的洞窟。据阎文儒先生1945年考察时说该寺“虽有主持一人，但世俗气颇重，毫无僧人气度”，③ 这应该代表寺院僧人在民国晚期和解放初期普遍的佛教修养水平，这一时期的僧人在很大程度上是没有多深佛教信仰的出家俗众。从“临窟移来”这样的信息内容简单、含糊又不确定，很容易在时间推移中淡忘，所以讲，这个信息的起始时间不会太久远，法生碑移动的时间很大可能是在这时僧人的上一辈僧人所为，如果我们上推30年，那么这块碑的移动时间大约是在1920年前后。

158窟曾遭地震，整个窟顶和窟前壁被完全破坏，如果是早期的地震影响，那么洞窟内的造像在各种环境因素的作用下会很快地毁坏，至少有被风吹雨淋的痕迹，而我们现在看到的窟内造像基本保存完好。所以，洞窟被地震破坏的时间不会太久。而历史资料记录中，1920年发生的海原大地震波及天水，对部分塑像产生了破坏作用。④ 158窟的窟顶以及前壁部分便有可能是在这次地震中破坏的，由于在158窟的上方有一道凸出的山体崖面，形成了一个天然的护檐，遮挡了部分风雨，故窟内的造像不致于产生大的损坏。

法生碑原先放置在这个洞窟，随时有被各种小动物抓爬等原因而跌落山崖的危险，或是被其他意外因素破坏的危险，僧人就将法生碑放置在临近的127窟，这应该就是碑刻放置在127窟中的原因。因为两个洞窟相距不远，仅两米左右，而且158窟的窟顶和127窟的窟口部分都被破坏了，这就造成了两个窟口基本齐平的现状，所以很容易就将碑刻移动到127窟中。

作者简介

董广强，1969年生，西北师范大学文博班毕业，麦积山石窟艺术研究所馆员，主要从事石窟保护与研究工作，著有《绝壁上的佛国》、发表有《宋代麦积山石窟发展的社会背景》、《麦积山石窟崖阁建筑初探》等论著。

---

① 《周书》卷十六《独孤信传》，中华书局，1971年。

② 唐·李延寿撰《北史》卷二十七《孙俊传》，中华书局，1974年。

③ 阎文儒主编《麦积山石窟》，甘肃人民出版社，1984年。

④ 张锦绣编撰《麦积山石窟志》之《麦积山石窟大事年表》，甘肃人民出版社，2002年，第271页。

麦積山石窟における北魏中期、後期窟の研究

-影塑を中心として-

村井　恵

内容提要：

本论文主要考察甘肃省天水麦积山石窟小龛内以及壁面“段”上贴付的小型塑像，即“影塑”。影塑自北魏时期494年迁都洛阳以前就已出现，至北魏中期第115号窟（502年）以后得到进一步发展。本论文以北魏中期以及后期诸窟中的影塑为中心，论述其中各个时期影塑的特征。

北魏中期诸窟中塑有影塑的石窟为第16、76、86、89、91、93、114、115、155、156、163号窟。这个时期，于壁面“段”上贴付影塑而取代开凿小龛。随着影塑数量及种类的增加，同一模型的影塑不仅出现于同一窟内，而且分布于其他窟中。按照同一模型影塑的出现状况，可大致将其分为三类。一类以第115号窟为中心（第76、89、115号窟）；一类以第114号窟为中心（第86、89、91、93、114、156号窟）；第三类以第155号窟为中心（第16、155、163号窟）。各个类型的影塑主要分布于这三类石窟中。另外，影塑的配置方式及“段”的设置方式，在这三类石窟中具有各自独特的形式。

北魏后期诸窟中塑有影塑的石窟为第17、121、126、131、133、142、159号窟。后期窟影塑主要有三类，为“偏袒右肩a”、“偏袒右肩c”、“偏袒右肩d”。与北魏中期相比，影塑种类减少了，但同一窟中出现的数量却增多了，并且出现了有光背的如来坐像影塑。这些特征，总体始于第121号窟。后期诸窟按照影塑的种类、分布与配置方式，营造年代顺序应当为第121、101、126、131、122号窟。第17、142、159号窟的影塑区别于其他石窟，具有其独自的模型，与第121、101、126、131、122号窟派属相异。

在此过程中，影塑的重要性由无光背“偏袒右肩d”型转移到有光背“偏袒右肩c”型。而且可以发现，有光背影塑与装饰于壁面及造像碑上的“千佛”关系密切。北魏后期代表性窟第133号窟现存壁面上满饰有光背如来坐像影塑，表现千佛题材。受此千佛表现影响的石窟为第122号窟与第131号窟。

如上所述，北魏中期于壁面“段”上贴付影塑而取代开凿小龛，至北魏后期特别是第133号窟以后，影塑成为千佛题材表现的一个部分，而逐渐失去其重要性。

はじめに

麦積山石窟は中国甘粛省南部天水市に位置し、主に北魏から隋時代に開かれた、221の窟が現存している。北魏窟（470年代~530年代中頃）はそのうち、100窟近くを占め①、それらは先行研究に

① 『麦積山石窟誌』（麦積山石窟誌編纂委員会，甘粛人民出版社，2002年）では、北魏窟を92窟としている。しかし八木春生氏は「天水麦積山石窟編年論」（『泉屋博古館紀要』25，2009年）の中で、『麦積山石窟誌』において後秦時代とされている6窟を、北魏窟に含める見解を示している。

より、前期、中期、後期諸窟に分けられている①。中期は、景明2年銘を持つ第115号窟をもって始まるが、中期と後期諸窟を分けるとされる第121号窟の年代がはっきりせず、この時期の編年は研究者の間で必ずしも一致していない。

これまでは主に窟形式や塑像及び壁画の形式分類などからの考察が行われてきたが、これら中期および後期の編年の問題を考察するには、それ以外の観点からの考察が必要であると考える。本論において取り上げるのは、型造りの小さな塑像（影塑）② で、小龕内や段上に貼り付けられている。影塑は北魏時代前期に出現し③、中期、後期での大流行を経て、西魏前期④において衰退し、その後まったく見られなくなる。この間、同じ型（同范）で造られた影塑が、一つの窟内だけでなく、幾つかの窟で共有される状況が頻繁に認められる。そこで以下においては、同范影塑の種類、一窟内での配置や他窟との共有の状況などに着目し、中期、後期、また西魏時代でどのような違いが存在するのかを明らかにする。また影塑が各時期に窟内でいかなる役割を果たし、使用方法などがどう変化をしたのかに注目することで、中期と後期の違いが明らかになり、編年作業の一助となると考える。またこの作業が中期、後期、西魏前期の造窟計画の一端を明らかにし、結果として洛陽遷都以降の麦積山石窟北魏窟の理解を深めることが期待される。

1　中期諸窟の影塑（第115号窟）

中期諸窟中、影塑の確認出来る窟は、第16、76、86、89、91、93、114、115、155、156、163号窟である。またこの時期になると、影塑の使用とその種類が増加し、また同范の影塑がひとつの窟内のみならず、窟をまたがって頻繁に使用されるようになる。それら同范の影塑を使用している窟を概観すると、いくつかのまとまりを形成していることが分かる。それは第76、89、115号窟の3窟、第86、89、91、93、114、156号窟の6窟、第16、155、163号窟の3窟、という3つのまとまりである。これらの中で第115、114、155号窟は、中期最初期に造られ、それまでの麦積山石窟には見られなかった洛陽などの新形式を採用し、それ以降の中期諸窟に少なからず影響を与えたとされている。つまり上記の同范影塑のまとまりは、多少の重なりはあるものの、それぞれ第115、114、155号窟中心として（以下、第115号窟グループ、第114号窟グループ、第155号窟グループ）、影塑の使い回しの範囲が、ある程度固まっていたとすることが出来る。

---

① 洛陽遷都以前と以後の、前期、後期に分けるのが一般的であるが、八木春生氏は「天水麦積山石窟編年論」（『泉屋博古館紀要』25，2009年）の中で、後期を更に2つに分け、中期、後期としている。影塑に注目した時、一般的な後期において、2度の大きな変化が起こることが分かり、それが八木氏の中期、後期の分期と一致していることから、本論ではこの分期を採用することとする。

② 影塑を扱った論文としては、八木春生「麦積山石窟北魏後期諸窟考」（「中国仏教美術と漢民族化—北魏時代後期を中心として」法蔵館，2004年）、蒲小珊「麦积山第93窟考察」（『敦煌学辑刊』2003年第2期）、郑国穆「麦积山第76窟考察」（『敦煌学辑刊』2005年第3期）などが挙げられる。

③ 本書掲載、熊坂聡美「麦積山石窟における影塑使用開始時期についての一考察」参照。

④ 西魏時代後期は麦積山石窟初の準国家的事業である第43、44号窟の造営からとされる。

A 第115号窟概要

西崖西側上部に開かれた小型の方形窟で、平天井と方形のプランを持つ。景明3年（502）の銘文が残っており、壁画にごく僅かだが漢民族化の影響が認められることから、中期最初期の窟であるとされている①。左右壁上部には（右壁右側部分は欠損してしまっているが）、段が1段設けられ、その上には影塑如来坐像が載せられている。

第115号窟に見られる影塑は偏袒右肩に袈裟を着けた如来坐像（「偏袒右肩X1」② 図1）と通肩に袈裟を纏い、襟もとから右手先を出す形式の如来坐像（「変形通肩a」図2）の2種類で、それぞれ3体ずつの合計6体である③。「偏袒右肩X1」は、内衣の上に、右肩のみを覆う、いわゆる涼州式偏袒右肩に袈裟を纏い、右肩と上腕を覆う袈裟は、右腕の下を通して左腕に掛かっているが、右腕と腹の間に布をはさみこんでいるかのような線が刻まれている。膝を左右に張り出さず肩幅とほぼ同様の幅を保つ。第115号窟に存在する3体の「偏袒右肩X1」はどれも、これと大きさ、細部形式が一致しており、すべて同范であると認めることが出来る。

図1 「偏袒右肩X1」(第115号窟左壁)

図2 「変形通肩a」(第115号窟左壁)

① 『麦積山石窟誌』（麦積山石窟誌編纂委員会，甘粛人民出版社，2002年）では、北魏窟を92窟としている。しかし八木春生氏は「天水麦積山石窟編年論」（『泉屋博古館紀要』25，2009年）の中で、『麦積山石窟誌』において後秦時代とされている6窟を、北魏窟に含める見解を示している。

② 正壁右側2段目本尊側に1体、右壁段中央に1体、左壁段正壁側から2番目に1体の合計3体である。また、「偏袒右肩X1」のXとは、他窟と同范を共有しない影塑の名称に使用するものである。

③ 右壁正壁側上部に2体、左壁菩薩立像左右上部にそれぞれ2体が配されている。

「変形通肩 a」は、頭髪に渦を巻くような毛筋が刻まれ、撫肩で右衽の内衣の上に袈裟を通肩に纏い、襟もとから右手を出している。右半身を肩から膝まで覆っている袈裟の衣文線は、覗かせた右手先から発し、緩やかなカーブを描いている。袈裟の下から覗く裳は正面で打ちあわされ、裾部分に大きめの襞を畳むのが特徴的である。この「変形通肩 a」も、「偏袒右肩 X1」と同様に、現存する 3 体すべての大きさ及び細部形式が共通しており、同范であると判断出来る。

B　第 115 号窟影塑と同范の影塑が見られる窟

「偏袒右肩 X1」と「変形通肩 a」の 2 種類の如来坐像影塑の中、「偏袒右肩 X1」は第 115 号窟以外に同范のものが見つけられない。これに対して「変形通肩 a」は第 76 号窟と第 89 号窟に見ることができる。

第 76 号窟①において、「変形通肩 a」は左右壁菩薩像上部小龕に 1 体ずつ配されており、右壁のものは、菩薩像の光背によって下部が覆い隠されてしまっている。これら影塑は、大きさや、頭髪が渦を巻き、右半身の衣文が覗かせた右手先から発するなどの特徴が、第 115 号窟のものと一致し、第 115 号窟「変形通肩 a」と同范であると認められる②。また第 76 号窟内の2 体の「変形通肩 a」に関しても、同范とすることが可能である。

第 89 号窟には、合計 11 体の影塑が現存し③、その中で第 115 号窟の「変形通肩 a」と同范のものは、前壁段上最も左壁側に配置されている影塑の僅か 1 体である。この窟の「変形通肩 a」は頭髪部分がやや破損してしまっている。しかし第 76 号窟で見たように、覗かせた右手の先から衣文が発し、正面で打ちあわされた裳裾が大きめの襞を畳んでおり、また大きさも同じであることから、第 115 号窟のものと同范であると出来る。

C　影塑配列

第 115 号窟の 2 種類の如来坐像影塑は、右壁では、正壁側から「変形通肩 a」「偏袒右肩 X1」の順で 2 体並んでおり、左壁は正壁側から「偏袒右肩 X1」、「変形通肩 a」の順で交互に4 体並んでいる。左壁の並び方から想像するに、右壁の欠落している部分も交互になっていたと思われる。

第 76 号窟正壁左右上部の小龕内にそれぞれ 1 体ずつ「偏袒右肩 X2」が置かれる。右壁上部 4 龕には「通肩 X1」と「変形通肩 a」があり、それぞれを便宜的に◆・△とすると、「◆△◆△」となり、交互に並ぶことが分かる④。左壁上部 3 龕には「変形通肩 a」と「通肩 X1」が納められ、正壁側から「◆△◆」となっている。つまり欠落した左壁右側部分には△（「変形通肩 a」）があったと推測できる。また左右壁とも正壁側から「◆△…」の順にならんでおり、第 115 号窟の「交互」の意識が

---

① 小龕は、正壁上部の 2 龕、右壁上部の 4 龕、同じく右壁入口側それぞれに 2 龕、左壁上部に 3 龕であり、その中に影塑が納められている。

② 筆者は、麦積山石窟研究所の協力を得て、各窟の影塑の計測を行った。本論では幾度か、同一の大きさであることを、同范であることの一要因としているが、それは全て、この計測結果に基づいている。

③ 正左右壁に 4 龕ずつ小龕が穿たれ、そのうち 5 龕中に影塑が現存する。前壁上部には段が 1 段設けられ、その上に 6 体の影塑が残存している。

④ 右壁入口側壁面に上下に並んだ 2 龕には、「通肩 X1」が納められているが、左壁のそれと対応するはずの壁面は、欠損している。

存在し、さらに残存部分は左右対称となっており、本尊を中心とした「左右対応関係」の意識も持ち合わせていたと考えられる。

2 中期諸窟の影塑（第114号窟）

A 第114号窟概要

第114号窟は西崖西側上部に存在し、第115号窟に隣接している。左右壁に龕のあるプランで、それぞれに如来坐像を配している。本尊のみに漢民族化の影響が見られ、右足先が袈裟から出ている点に、第115号窟からの影響が看取される。第114号窟は、正壁上部に2段、左右壁上部に1段が設けられており、その上に影塑如来坐像が11体、菩薩像6体が載せられ、さらに本尊上部には飛天が2体、左右壁には飛翔する弟子像が2体ずつ貼り付けられている。

B 第114号窟の影塑

a 如来

第114号窟の影塑如来坐像は、偏袒右肩、通肩、漢民族式2種類の合計4種類が存在する。偏袒右肩像（「偏袒右肩a」図3）① は撫肩で、腹前で定印を結び、右手は前腕部分を袈裟から出している。また右肩と上腕を覆う袈裟は、右腕の下を通して左腕に掛かっているが、第115号窟「偏袒右肩X1」同様に右腕と腹の間に布をはさみこんでいるかのような線が刻まれている。この線が刻まれる形式は、第156号窟本尊に見ることができる。膝は左右に大きく張り出さず、やや前方に向いている。膝にかかる袈裟の間から、下に纏っている裳の裾が覗き、折りたたんだような襞が刻まれている。この第114号窟に見られる「偏袒右肩a」3体は、いずれも大きさ、特徴が共通しており、すべて同范であると出来る。

通肩像（「通肩a」図4）② は、合計3体存在し、いずれも大きさや特徴が一致しており、同范と認められる。袈裟の襟元が、左よりの位置でねじれ、胴体部分の袈裟の衣文は右側に寄っている。その一方で両膝の間に垂れる袈裟のU字衣文線は左側に寄る。丸みを帯びた膝はやや外側へ向き、腕に掛る袈裟には、襞が畳まれる。

漢民族式③に袈裟を纏う影塑像は2種類である。1つ（「漢民族X1」図5）は、内衣の上に、袈裟を胸元が大きく開いた通肩に着けている。またもう1枚の袈裟を涼州式偏袒右肩に纏うが、本来はあるはずのない、袈裟の先端が左腕にのみ掛かるように表現がなされるなど、混乱が見られる。これら3体の「漢民族X1」は、いずれも大きさや形式が一致しており、同范と確認できる。2種類目（「漢民族X2」図6）④ は、右衽に打ち合わせた内衣を着用し、もう一枚を胸が大きく開いた形式に纏い、その上に漢民族式に袈裟を着けている。3体の「漢民族X2」は、いずれも大きさ、特徴が同じであり、

---

① 正壁2段目両端と左壁段上最も入口側に1体の、合計3体が配されている。

② 右壁段上入口側に1体、左壁段上入口側から2番目に1体の計2体が配置されている。

③ 漢民族式とは、あたかも着物を着ているかのように、袈裟や天衣を纏う着衣形式のことである。影塑ではないため割愛したが第115号窟の飛天壁画がその最初である。影塑及び塑像にも及んだ例は、この第114号窟が初めてである。

④ 正壁左側2、段目本尊側に1体、左右壁段正壁側に1体ずつの合計3体が存在する。

図 3 「偏袒右肩 a」(第 114 号窟正壁)

図 4 「通肩 a」(第 114 号窟右壁)

図 5 「漢民族 X1」(第 114 号窟左壁)

図 6 「漢民族 X2」(第 114 号窟左壁)

「漢民族 X1」と同様に全て同范の影塑であると認められる。またこの 2 種類には、台座に袈裟や裳を懸ける「裳懸座」という形式が看取でき、これは麦積山石窟における裳懸座の初出である。

b 菩薩

菩薩像の影塑は、正壁最上段に見られる。正壁右側には交脚菩薩像と脇侍菩薩像、左側には半跏思惟菩薩像と脇侍菩薩像が貼り付けられる。交脚菩薩像（「交脚 a」図7）は、大きめの髻を結い、頭髪飾りを結んだ布が襞を畳みながら頭部の左右に広がる。右手は胸前で蓮蕾を摘み、左手は腹前で桃型装飾を持つ。肩には、天衣が細かい衣文を刻みながら掛かり、下腹部でX 字状に交叉する。交叉点の下からは裳を結んだ紐が垂れていて裳は細かく襞を畳んでいる。半跏思惟像（「半跏 a」図8）は、交脚菩薩像同様大きく髻を結い、頭髪飾りを結んだ布を頭部左右に広げる。肩に掛った天衣は、折り重なるように襞を畳んでいるように見え、さらに左右に張り出している。腹前でX 字状に交叉し、腕に掛った天衣は、左右へ広がる。菩薩が坐る籐座を覆う布の裾は、細かく襞を畳んでいる。

図 7 「交脚 a」(第 114 号窟)

図 8 「半跏 a」(第 114 号窟)

脇侍菩薩立像は、交脚像、半跏思惟像ともに同じ組み合わせで、また大きさや形式が一致しており、同范となっている。つまり交脚像の右脇侍菩薩像は半跏思惟像の右脇侍菩薩像と同范で、交脚菩薩像の左脇侍菩薩像は半跏思惟像の左脇侍菩薩像と同范なのである。右脇侍菩薩像（「脇侍 a」図9）は、髻を結い、頭髪が肩に垂れる。肩に掛った天衣は、段状に折り重なるように襞を畳んで左右へ広がり、X 字状に交叉したのち、襞を畳みながら体側に垂下する。右手は胸前で蓮蕾を、左手は腹前で水瓶を持つ。裳を 2 枚重ねて着け、細かく襞を畳む裳裾の下からもう一枚の布の裾が覗いている。左脇侍菩薩像（「脇侍 b」図 10）は、右脇侍菩薩像とほぼ同様の形式を備えるが、手の形式が右脇侍菩薩像と異なっている。右手は、腹前で桃型装飾を持ち、左手は何を持っていたのかは、破損してしまっていて不明であるが、胸前に置かれている。

図9 「脇侍a」(第114号窟)

図10 「脇侍b」(第114号窟)

c 飛天

飛天は正壁上部、本尊光背左右に向かい合うように1体ずつ見られ、左右壁龕上部にはそれぞれ向かい合わせに飛翔する弟子像が貼り付けられている（右壁入口側の影塑は欠損）。正壁上部の飛天（「飛天a」図11）は、手足が長く全体的にすらっとした体型で、胸前で合掌し、上体を起こし膝はほぼ直角に曲げ飛翔し、天衣を真横になびかせる。足先は長い裳の中に隠れ、その裳は襞を畳みながら天衣同様に棚引いている。右壁正壁側の飛翔する弟子像（「飛翔弟子a」図12）は、袈裟を纏うので、飛天ではなく弟子像であると判断できる。片膝を曲げ、体全体を緩やかに反らせて飛翔する。腹前でU字に垂れた袈裟は、体の動きに合わせてカーブする。右壁に現存するこの飛翔する影塑弟子像と、左壁入口側の飛翔する弟子像は、大きさや、袈裟の腹前に垂れた部分にやや先端の尖ったU字の衣文が細かく刻まれる点や、体の反り具合などの特徴が一致することから、同范と出来る。

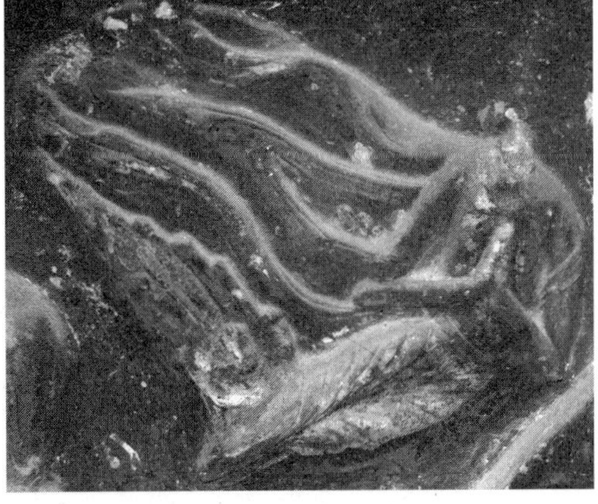

図11 「飛天a」(第114号窟)

図12 「飛翔弟子a」(第114号窟)

C　他窟に見られる第114号窟影塑と同范の影塑

a 如来

第89号窟の影塑は合計11体が現存し①、偏袒右肩に袈裟を纏う影塑は、左壁に1体と前壁に2体現存する。大きさや、前腕が袈裟から出る点、右腕の内側には腕に沿って線が刻まれている点、両膝間で裳が襞を畳んでいる点などの細部形式が、第114号窟「偏袒右肩 a」と一致する。「通肩 a」と同范と認められる影塑があるのも、第89号窟である。それは袈裟の襟元が左よりの位置でねじれ、胴体部分の袈裟の衣文は右半身に寄り、両膝間の袈裟の衣文が左に寄る点、また腕に掛る袈裟に襞が畳まれている点、大きさなど、第114号窟「通肩 a」と一致する。

b 菩薩

「交脚 a」の同范影塑が確認できるのは、第86、156号窟である②。大きさ、頭頂部の大きな髻や、頭髪飾りを結んだ布の襞、肩に掛る天衣、天衣交叉点下から見える腰紐、細かい襞を畳む裳裾など、細かい特徴が第114号窟と同様である。また、第156号窟は壁面が破損するが、第86号窟正壁左側下龕内には、半跏思惟像が貼り付けられた痕跡が残っている。正壁右側の交脚や脇侍が第114号窟のものと同范であることから、この第86号窟半跏思惟像も「半跏 a」と同范であったと考えられる。よって第156号窟の「交脚 a」と本尊を挟んだ反対側には、「半跏 a」が貼り付けられていたと推測できる。同様に、「半跏 a」の同范影塑が確認できる第93号窟には、「交脚 a」の同范影塑が存在していたと思われる。なおこれら「交脚 a」と「半跏 a」は、第86号窟は正壁下段龕内に、第93号窟は上から2段目に置かれ、第74、78号窟以来正壁上部に位置していた交脚菩薩像と半跏思惟像の重要性に、変化が生じていることが見て取れる。第89号窟正壁左右上部小龕には、なにも現存しておらず、痕跡も見られないが、ここに交脚菩薩像と半跏思惟像が納められていた可能性は否定できない。

「脇侍 a」と「脇侍 b」と同范の影塑が確認できる窟は、第86、93、156号窟である③。右側に「脇侍 a」、左側に「脇侍 b」という第114号窟の配置の仕方は必ずしも継承されてはいないが、使用される影塑は、大きさや、肩に掛り段状に折り重なって左右に広がる天衣、持物を持つ手の位置、裳とその下に纏う衣の裾が細かく襞を畳む様子など、細かい特徴が一致しており、同范影塑と断定できる。

c 飛天

「飛天 a」と同范の影塑が確認できる窟は、第86、155号窟であり、「飛翔弟子 a」が見られるのは第155号窟である④。この2窟の「飛天 a」はいずれも、上体を起こし膝はほぼ直角に曲げ飛翔し、

---

①　正壁、左右壁には、上下2段ずつの合計4龕ずつの小龕が穿たれ、前壁上部には段が1段設けられている。正壁と左壁は下段の2龕にのみ影塑が現存しており、右壁は入口側上部の1龕のみに影塑が現存している。前壁の段上にはもともと7体の影塑が載せられていたと思われるが、現存するのは6体だけである。

②　第86号窟の「交脚 a」は、正壁右側下龕内、第93号窟は、正壁左側段上から2段目、第156号窟は、正壁右側上段に見られる。

③　3窟とも、「交脚 a」の両側に配置されている。第86号窟については、「半跏 a」の痕跡の両側にも存在する。

④　第86号窟では、正壁中央上部に向かい合うように2体の「飛天 a」が貼り付けられている。第155号窟においては、第114号窟で正壁に配されていた「飛天 a」と左右壁に配されていた「飛翔弟子 a」が、正壁中央上部の同区画内に配置されている。

足先は長い裳の中に隠れているなど、第114号窟のそれと同范であると確認できる。第155号窟の「飛翔弟子a」は、本尊右側の1体と左側の2体が向かい合う。第114号窟のものと異なり、頭部が現存するが、全体的に摩耗している。片膝の曲げ方や、体全体のカーブの仕方などが近似し、「飛天a」とともに配置されることから、第114号窟と同范であると認められる。

D　第114号窟にはない影塑

第114号窟と同范影塑を持つ窟の全ての影塑の中で、第114号窟にはない影塑は、第86号窟、第89号窟、第91号窟、第156号窟に以下3種類が存在する。

《第114号窟以外の窟間で同范の共有が見られる影塑》

影塑名称	窟番号	図版番号
「変形偏袒a」	第86・89・91・93・156号窟	図13
「変形偏袒b」	第89・93・156号窟	図14
「通肩b」	第86・89号窟	図15

図13　「変形偏袒a」(第156号窟)

図14　「変形偏袒b」(第156号窟右壁)

図15　「通肩b」(第89号窟前壁)

E　影塑配列

第114号窟正壁上段は本尊の左右に「交脚a」と「半跏a」をそれぞれ配し、下段は本尊左右に如来坐像影塑が2体ずつ配置され、右側が本尊側から「漢民族a」「偏袒右肩a」、左側が「漢民族b」「偏袒右肩a」となり、本尊を中心として左右に対応関係が認められる。さらに左右壁段上にはそれぞれ4種類の如来坐像影塑が1体ずつ並べられ、右壁が正壁側から「漢民族b」「漢民族a」「通肩a」「偏袒右肩a」と並んでおり、それらを便宜的に○◎▼□とすると、左壁も正壁側から○◎▼□となり、左右対称であることが分かる。つまり第114号窟は、窟全体で本尊を中心とした、「左右対応関係」を意識していることが窺える。

第91号窟は正壁左右と左右壁の正壁側に段が残っている。正壁右側は「変形偏袒 a」が「通肩 X4」を挟んで並び、それに続く右壁は「通肩 X4」が3体並んでいる。正壁左側の中心にあった影塑は残っていないが、その両側に「通肩 X4」が残存していることから、欠損部分は「変形偏袒 a」であったと推測出来る。それに続く左壁の段上には、最も正壁側に「通肩 X4」が残るだけであるが、右壁に「通肩 X4」が3体連続していることから、左壁も同様に「通肩 X4」が3体連続していたと考えられる。つまり第91号窟も「左右対応関係」であったとできる。

第89号窟は、前壁に並ぶ6体（本来7体であったらしいが1体欠損している）の影塑の配置順に一定の規則が見いだせる。「変形偏袒 a」を▲、「偏袒右肩 a」を□、「変形偏袒 b」を●、「変形通肩 a」を△、「通肩 b」を▽、と記号化すると、「△●□▲□？▽」（？は欠損、●であった可能性がある）という順で並んでいる。▲「変形偏袒 a」を中心にその左右に完全ではないが対応関係が見いだせる。また正壁下段小龕には、左右どちらにも「変形偏袒 b」が配され、本尊を挟んだ左右対応となっている。左右壁小龕内の影塑が欠損しているため、明言は出来ないが、第114号窟同様に窟全体として本尊を中心に「左右対応関係」の意識が存在した可能性がある。

第93号窟に関しても、影塑配置には厳密ではないが規則があり、右壁最上段に並ぶ「通肩 X3」「変形偏袒 X1」の影塑を★・☆とすると「☆☆★☆★☆★☆」とほぼ交互に並んでいる。欠損する左壁最上段も、同様に交互に並んでいた可能性は否定できない。正壁上から2段目段本尊左側に「交脚 a」が見られることから、先に述べたように本尊右側には「半跏 a」が存在していたと思われる。「交脚 a」の左脇侍菩薩像が左壁に貼付けられたが、その隣には「変形偏袒 a」が配され、反対の右壁の右脇侍菩薩像があったであろう位置の隣には、「変形偏袒 b」が置かれた。このことから正壁・左右壁を通して上から2段目には左右対応関係の意識が存在したことが窺える。ただしそれ以下の3段には、これまで最下部に配置されていた供養者が見られ、またその数が異なり、厳密な対応関係は認められず、「供養者を並べる」程度の規定のみであったことが推測される。つまり第89・93号窟では、第114号窟の「左右対応関係」の意識が薄れ、第115、155号窟グループから直接伝わったとは断定できないが、「交互」の意識が存在していることが窺える。

第86・156号窟は欠損が多く、配列の仕方が不明であるが、少なくとも正壁には「左右対応関係」が確認できる。

3　中期諸窟の影塑（第155号窟）

A　第155号窟概要

西崖東側中腹に位置し、3壁3龕形式という、それまで見られなかった窟形式が採用され、本尊に第115号窟塑像との密接な繋がりが認められる。また左脇侍菩薩像の光背付近が崩れ、そこから小龕の一部が覗いていることから、第2次工事が行われたことが知られる①。

---

① 金維諾「麦積山石窟の創建とその芸術上の成果」（天水麦積山石窟芸術研究所編『中国石窟・麦積山石窟』平凡社，1987年）、八木氏前掲論文に指摘がある。

第155号窟には多数の影塑が現存している。まず正壁龕内左右には2段設けられ、その上に影塑が貼り付けられ、正壁龕上部には如来坐像と脇侍菩薩、飛天、飛翔弟子、片膝を立てている弟子、正壁左側上部龕内には半跏思惟像と脇侍菩薩像が配される。左右壁上部には小龕が合計14龕開かれ、幾つかの龕には影塑が残っている。前壁は上部に小龕が9龕穿たれ、その下に3段が設けられている。小龕内の影塑はすべて現存しており、段上にも比較的多くの影塑が残存している。

B　第155号窟の影塑

a 如来

第155号窟の如来坐像影塑は、通肩像（「通肩c」図16）と偏袒右肩像（「偏袒右肩b」図17）の2種類が存在する。

図16　「通肩c」(第155号窟)

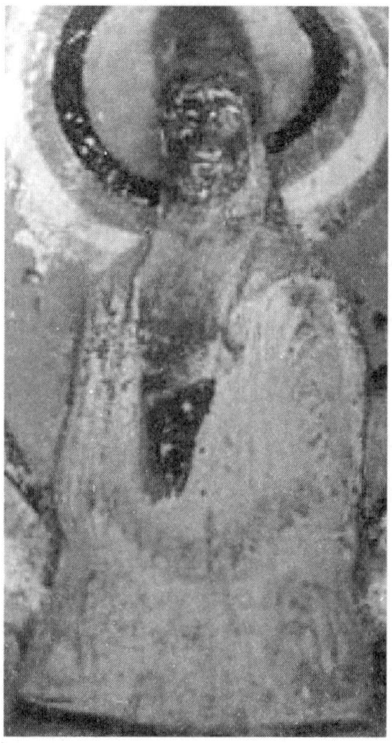

図17　「偏袒右肩b」(第155号窟)

「通肩c」は、首が太く肩が張り、全体的に角ばった印象を受ける。さほど左右に開かない膝の先端も尖る。袈裟の襟元は、ほぼ中央部分でねじれ、胴部に掛かった袈裟のU字衣文線と、両膝の間からのぞく袈裟の衣文線は、いずれも5本となっている。合計18体の「通肩c」が存在するが、いずれも大きさ共に特徴が一致し、同范と認められる①。「偏袒右肩b」も、「通肩c」同様に角ばっている。右肩に袈裟が掛り、右肘までを覆っている。肩が張り、膝はやや尖る。左手に掛る袈裟に襞が刻まれており、両膝の間に覗く袈裟の裾は押しつぶしたような襞を畳んでいる。第155号窟の「偏袒右肩b」は、合計19体が現存し、いずれも大きさで共に特徴が一致し、同范とすることが出来る。

① 当然のことながら、摩耗により衣文線を数えることが不可能なものもあるが、頭部と胴体の割合や、体格などから判断して、すべて同范であると考える。

b 菩薩

第155号窟の影塑菩薩像は、正壁左側上部龕内の半跏思惟像（「半跏b」図18）とその左右脇侍菩薩像、正壁龕上部通肩如来像影塑の左右脇侍菩薩像（右脇侍菩薩を「脇侍c」、左脇侍菩薩を「脇侍d」とする）の5体である。「半跏b」は、全体的にほっそりとしており、肩幅は非常に狭く、手足が長い。頭頂部には大きめの宝冠あるいは髻があり、天衣が腕の横に大きく広がり、腕に掛った後に、左右に広がって下がる。右足脛部分に掛る裳には4本の衣文線が刻まれ、籐座部分に掛る裳には、U字の衣文線が4本刻まれ、裾は襞を畳んでいる。

「脇侍c」（図19）は、第114号窟「脇侍a」「脇侍b」とは異なり、漢民族化の影響はみられない。右手を腰下部にあて、左手を胸前に置いている。裳は足に貼り付くように表現され、足の形がはっきりと見える。天衣は腕に掛った後にやや左右に広がって弧を描きながら下がる。「脇侍d」（図20）は、手の形が左右逆である他は、基本的には「脇侍c」と同様の形式を採っている。

図18　「半跏b」(第155号窟)

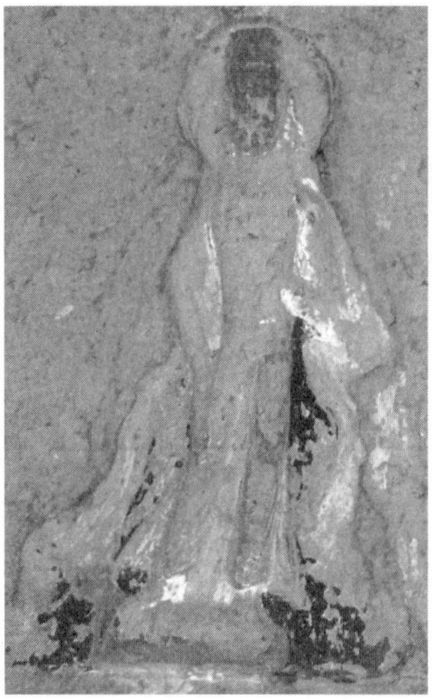
図19　「脇侍c」(第155号窟)

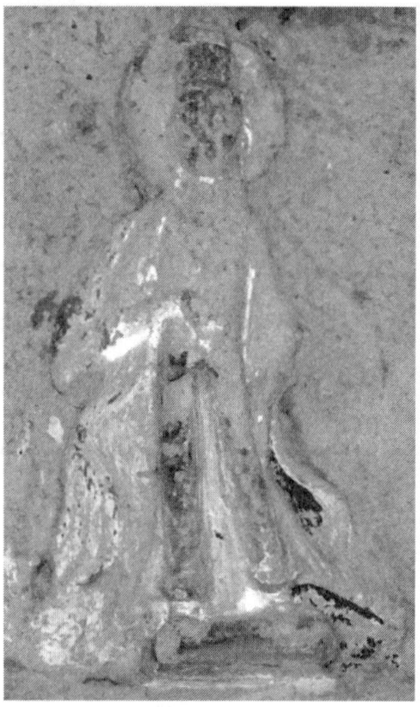
図20　「脇侍d」(第155号窟)

c 飛天

第114号窟や第86号窟で確認できた「飛天a」と「飛翔弟子a」が見られる。また第114号窟正壁上部に見られた「飛天a」と左右壁上部に見られた「飛翔弟子a」の2種類の影塑が、この第155号窟においては、ともに正壁に出現している。

d その他

第155号窟には、如来でも菩薩でも飛天でもない影塑が造られた。「遊戯坐弟子a」「遊戯坐弟子b」（図21）① と、ここでは「片膝供養天」（図22）と呼ぶ珍しい形式の影塑②である。「遊戯坐弟子a」は、袈裟を右肩にのみ掛ける涼州式偏袒右肩に着用し、右手を胸前、左手を左足付け根に置いている。遊戯座に組んだ足は、右足を前にし、その右足に掛る裳には5本のU字衣文線が刻まれる。

① 正壁龕内下段上に左右それぞれ4体ずつ（右側は1体欠損）貼り付けられている。

② 正壁龕と正壁左側上部小龕との間に2体貼り付けられている。

「遊戯座弟子 b」は、偏袒右肩に袈裟を着け、右手を右太腿上に、左手を胸前に置いている。遊戯座を組む脚部は、「遊戯坐弟子 a」とは逆に左足を前にして組み、胴部に掛る袈裟や脚部を覆う裳には、細かくU字形衣文線が刻まれる。第155号窟内に存在する全ての「遊戯坐弟子」は、大きさやこれらの特徴が一致しており、どれも上記の a または b と同范であると認められる。

図 21　「遊戯坐弟子 a, b」(第 155 号窟)

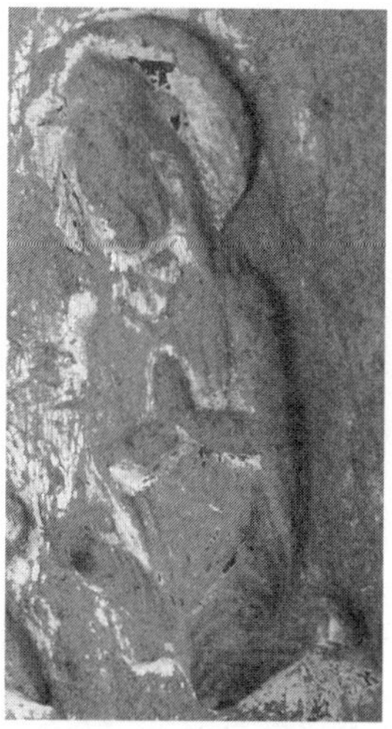

図 22　「片膝供養天」(第 155 号窟)

「片膝供養天」は、頭部に5角形を呈す髻を形成し、通肩に袈裟を纏っている。両手は胸前で合掌し、右膝を立てる。腹前の袈裟は両足の間に滑り込むような形でU字を形成し、左足を覆う裳は、足に巻き付くような衣文線を形成している。この2体の「片膝供養天」は、同じ大きさ、形式を備え、同范である。

C　他窟に見られる第155号窟影塑と同范の影塑

a 如来

「通肩 c」と同范の影塑が確認できる窟は、第16・163号窟である①。第16号窟の1体、第163号窟の7体はどれも、首が太く肩が張ばり、膝の先端も尖る。袈裟の襟元は、ほぼ中央部分で捩れ、胴部の袈裟のU字衣文線などはいずれも5本であり、これら全て第155号窟「通肩 c」の同范と認められる。「偏袒右肩 b」と同范の影塑が確認できるのも、「通肩 c」と同様第16・163号窟である②。第16号窟の2体、第163号窟の4体はどれも、「偏袒右肩 b」と同様に、右肩に掛った袈裟が右肘まで覆い、肩が張って、膝はやや尖り、左手に掛る袈裟には襞が刻まれる。よって、これらの6体は、第155号窟の「偏袒右肩 b」と同范であると確認できる。

b 菩薩

「半跏 b」と同范の影塑が確認できるのは、第16号窟外壁である③。この像の特徴はいずれも第

---

① 第16号窟は左壁上部小龕内に1体のみ現存している。第163号窟は右壁上部小龕内に2体、右壁最上段に1体、2段目に1体、左壁最下段に1体、上から2段目に1体、前壁上部右壁寄り小龕内に1体の合計7体の現存である。

② 第16号窟は、左右壁上部小龕内にそれぞれ1体の現存である。第163号窟は、右壁上部小龕内に3体、左壁下から2段目に1体の現存である。

③ 第16号窟外壁とは、第16号窟の右側外壁に穿たれた小龕のことである。

155号窟の「半跏b」と同様であり、同范と認められる。また「脇侍c・d」と同范の影塑は、第163号窟と第16号窟外壁（「脇侍d」のみ）に確認できる。

c 飛天

「飛天a」と「飛翔弟子a」は第114号窟や第86号窟に確認できる。（上述参照）

d その他

「遊戯坐弟子a」「遊戯坐弟子b」は第16号窟に見ることが出来る。どちらも第155号窟と大きさ及び形式が同じであり、同范であることが認められる。また後期窟である第159号窟にも確認できる。「片膝供養天」は、第16号窟のみならず第163号窟にも見ることが出来る①。この2窟に見られる「片膝供養天」はいずれも、右膝は立て左膝をついた格好をしており、左足を覆う裳は、足に巻き付くような衣文線を形成するなど、第155号窟「片膝供養天」の細部まで一致し、また大きさも一致することから、同范であると出来る。

D　第155号窟にはない影塑

第155号窟と同范影塑の共有が見られないものは、以下の5種類である。この内、第155号窟以外の窟との同范が確認できるのは、第16号窟の「立像a」「脇侍e・f」「弟子a」である。これらはそれぞれ、第162号窟、第126号窟と同范影塑を確認することが出来る。

第155号窟以外の窟間で同范の共有が見られる影塑

影塑名称	窟番号	図番号
「立像a」	第16、162号窟	図23
「脇侍e・f」	第16、133号窟	図24、25
「弟子a」	第16、126号窟	図26

図23　「立像a」(第16号窟)

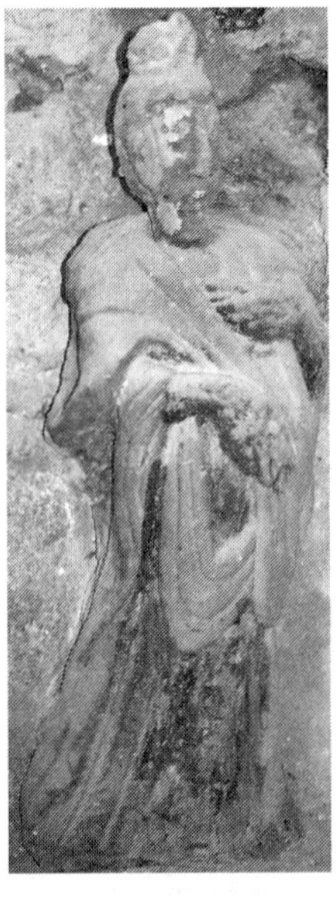
図24　「脇侍e」(第16号窟)

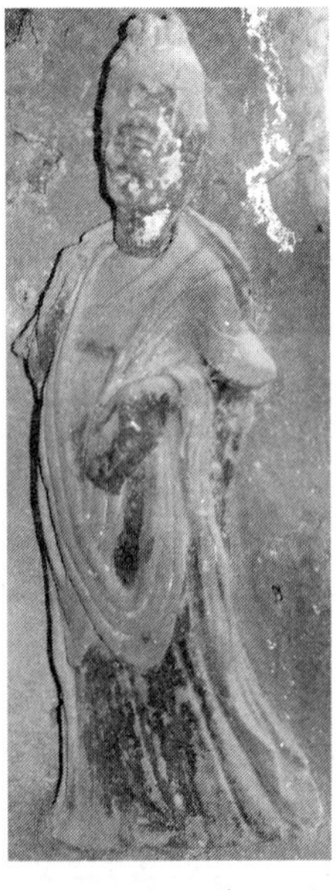
図25　「脇侍f」(第16号窟)

① 第16号窟は外壁上部龕内に1体の現存、第163号窟は正壁壁面に無秩序に貼り付けられている。

図 26−1　第 126 号窟右壁

図 26−2　「弟子 a」(第 16 号窟)

E　影塑配列

第 155 号窟の影塑の配置には、第 115 号窟同様に「交互」の意識が存在する。まず正壁龕内上段の「通肩 c」(⊿)と「偏袒右肩 b」(∩)は、本尊右側が「⊿∩⊿」本尊左側が「∩⊿∩」と並んでおり、下段の「遊戯坐弟子 a(∀)・b(◇)」も、右側が「∀◇∀◇」、左側が「◇∀◇∀」となっている。また左右壁上部の小龕内の影塑は、欠損部分が多いが、現存部分が「交互」であり①、それをもとに推測すると、右壁が正壁側から「⊿∩⊿∩…」、左壁が「∩⊿∩⊿…」となる。このように第 155 号窟には、第 114 号窟グループのような「左右対応関係」が成立していない。前壁は、上部小龕が「⊿∩⊿∩…」、最上段が「∩⊿∩⊿…」、2 段目が「⊿∩⊿∩…」と並んでおり、前壁も「交互」意識の存在が窺える。なおこの場合、同時に上下(縦方向)にも「交互」の意識があったことが理解される。

第 16・163 号窟の影塑の配列方法にも、「交互」の意識が存在している。第 16 号窟正壁 4 龕中にはどれも「立像 a」が納められ、下段の 2 龕には脇侍菩薩も配されている。右壁には 2 龕あるが、前壁側の龕は破損してしまっているため、正壁側龕の「偏袒右肩 b」のみ残存している。左壁の 2 龕内にはどちらにも影塑が残っており、正壁側に「通肩 c」、前壁側に「偏袒右肩 b」が納められている。つまり「通肩 c」を⊿、「偏袒右肩 b」を∩とすると、左壁は正壁側から「⊿∩」となり、右壁は「∩?」となる。これから、右壁欠損影塑は⊿、すなわち「通肩 c」であり、「∩⊿」という並びになっていたと推測することが出来きる。

第 163 号窟正壁には 6 龕開かれるが、脇侍菩薩像のみ残存している。右壁には 7 龕あり、前壁側

①　右壁上部には 8 龕残っているが、影塑の残存は、3 体のみである。正壁側 4 龕には何も残っておらず、5 龕目に「通肩 c」6 龕目に「偏袒右肩 b」が納められている。(最も前壁寄りの小龕は、かなり天井寄りに小さめに造られており、変則的につけ足されたものと思わるため、ここでは扱わない)左壁上部には 6 龕残り、影塑は 5 体残存しているが、最も正壁側龕内の影塑は破損し、その着衣形式を確認することはできない。その隣の影塑は「通肩 c」「偏袒右肩 b」「通肩 c」「偏袒右肩 b」と並んでいる。

5龕内に「偏袒右肩b」と「通肩c」影塑が見られる。その並び方は、正壁側から「∩⊿∩⊿∩??」と「交互」となる。左壁上部龕には何も残らないため、龕内の影塑から左右壁に「左右対応関係」があったか否かは不明である。左壁上部龕下には3段存在するが、各段最も正壁側に1体ずつしか残らない。しかし上段に「通肩c」、中段に「偏袒右肩b」、下段に「通肩c」が残っていて、第155号窟前壁段のように横のみならず縦にも「交互」関係があったことが窺える。一方で上段「通肩c」と対応する位置である右壁上から2段目最も正壁側にも「通肩c」が配されており、「左右対応関係」の可能性も示している。

4 中期諸窟影塑の特徴

中期になると影塑の使用が増加し、その配列の仕方に規則性が出現した。また一窟内において見られる、同じ着衣形式の影塑はすべて同范と認められるようになる。複数の窟間での使い回しが頻繁になり、種類も豊富になる。

A 段の製作方法

中期窟の中で同范影塑を共有している窟として挙げられるのは、第115号窟グループ（第115、76、89号窟）、第114号窟グループ（第114、86、89、91、93、156号窟）、第155号窟グループ（第16、163号窟）である（第89号窟は2つのグループに含まれているが、詳しくは後述とする）。

この時期多くの影塑がその上に載せられるようになった、いわゆる「段」の製作方法に注目すると、側面観が逆三角形を呈する第115号窟グループと第155号窟グループ、側面観が四角の第114号窟グループの2種類に分けることが可能であり、前者は段が造り始められた前期（第80号窟）以来の形式を備えている。すると、中期諸窟は第115号窟、第155号窟、そして第114号窟の順で開削が進んだことがわかる。また第114号窟以降、その新しい段製作方法が採用されるグループが形成された。すると、第114号窟と同様の段形式を持つ第89号窟は、何らかの要因で第115号窟グループの影塑を使用したのであり、基本的に第114号窟のグループに含まれると考えられる。第89号窟に存在する、第115号窟と同范である「変形通肩a」は1体のみで、しかも他の影塑よりも一回り小さい。第115号窟グループ内では大きさの違いは見られないことから、第115号窟グループで使用されていた影塑は、第114号窟グループで使用されていたものよりも小さかったことが分かる。つまり第89号窟での使用は例外的であったとみられる。

B 同范影塑の共有

第114号窟グループでは、第114号窟以外の窟（第86、89、91、93、156号窟）全てに、「変形偏袒a」が存在する。第114号窟以降にこの影塑が造られ、それ以後この影塑が第114号窟グループで流行したことが分かる。第156号窟は、正壁に配される影塑が全て第86号窟正壁のものと同范であり、両者は近い関係にあると考えられる。第156号窟は小龕が消失している点において、影塑が主に小龕に入れられ、段が補助的に用いられる第86号窟より遅れる可能性を指摘できる。しかし反対に、第86号窟においては、北魏前期以来の形式であった正壁の交脚菩薩像の位置が下方に移動していた。

それゆえ両者の開鑿順は明確にできず、ほぼ同じ時期としてよいと思われる。第89号窟は、第114号窟グループ中で、最も多くの7種類の影塑を有していた。第114号窟とは「偏袒右肩a」と「通肩a」を、第93・156号窟とは「変形偏袒a」と「変形偏袒b」を、第86号窟とは「変形偏袒a」と「通肩b」、第91号窟とは「変形偏袒a」を共有している。このようにいずれの窟とも関係を有する第89号窟は、第86・156号窟より遅れると考えられる。さらに第114号窟と如来像影塑の同范を共有しているのも、この第89号窟だけであり、第114号窟グループ中最も第114号窟の影響が強いと言える。また一方で、他窟に同范が見られない影塑は採用せず、大きさが合わないにも関わらず第115号窟グループの影塑も使用し、前壁の影塑配置は、第114号窟グループの「左右対応関係」である。つまり第89号窟は、第114号窟グループの中で特殊な存在であり、第114号窟の影響を強く受けながらも同時に、第114号窟グループの配列規則の緩みが看取出来る。

第93号窟の3種類の如来像影塑（「偏袒右肩X3」「変形偏袒X1」「立像X1」）は、第114号窟グループ内に同范の影塑を見つけられないため、第93号窟は第86、89、156号窟とは性質が異なり、第114号窟グループではあるものの、密接な関係にはない。如来立像影塑が出現する窟は、第16、162、142号窟など中期末または北魏後期、あるいは西魏時代初期であり、「交脚a」が下段に下がっている位置からも、この第93号窟も中期最末期または後期であろうと考えられる。第91号窟では、第114号窟グループと同范の影塑を認められるのは、「変形偏袒a」だけであり、第114号窟との繋がりはあまり強くはない。また第114号窟と同范の菩薩像が見られないのもこの窟のみである。左右壁面に残されたわずかな天衣の残存は、第93号窟左右壁に同じように残された天衣断片と近似していることから、第91号窟と第93号窟は比較的近い時期に造営されたと推測される。

C　配列方法

小龕に納められた影塑や段に載せられた影塑の並び方には、規則性がある。ほとんどの窟の正壁には、本尊を挟んだ「左右対応関係」が見いだせる。これは前期以来の伝統であった、交脚菩薩像と半跏思惟像の影塑を本尊左右に配する形式を継承しているためである。しかし左右壁や前壁には2つの傾向が見られた。第115号窟グループと第155号窟グループには主に「交互」の配列が採用され、第114号窟グループでは主に「左右対応関係」が採用された。「交互」に並べるには、例えば入口左側を起点とする場合、前壁左側→左壁→右壁→前壁右側と一方向に並べていく。故に左右壁の最も正壁側の影塑は、それぞれ異なる像が配されることになる。一方「左右対応関係」は、例えば左右壁とも正壁側から入口方向に向かって配列する場合、同じ影塑から並べ始めるため、左右壁が左右対称となる。前壁は、おそらく入り口中央上部を中心として、左右が対応するように配置される。つまり「交互」と「左右対応関係」というのは、明らかに異なる概念のもとに並べられているのである①。

中期窟は第115号窟、第155号窟と開削が続くが、この系統の開鑿は、第76号窟以後は中期末の第16、163号窟まで見られない。代わりに中期において主流となったのは第114号窟グループである。第76号窟にも「左右対応関係」の意識が見られ、この時期第114号窟の影響が強かったことが窺われ

① 例えば、ある窟の右壁が「○×○×○」という「交互」なっていたとすると、この部分だけを見れば「左右対応関係」となる。しかし、ここで言う「交互」「左右対応」とは、各壁ではなく、4壁合わせた窟全体で考えるため、たとえ1つの壁の「交互」に「左右対応」が見出せたとしても、それはここで言う「左右対応関係」ではない。

る。第86、156は破損部分が多いものの、第114号窟の配列概念を受け継いでいたと考えられる。しかし第89号窟の配列は「左右対応関係」であるが、第115号窟と同范の影塑1体が確認でき、そのため第114号窟の影響力が弱まり始めていることが看取出来る。だがこの窟にはオリジナルの影塑がなく、すべて他のいずれかの窟に共范のものを見つけられることから、第89号窟の工人が、余った影塑を有効利用した可能性も考慮する必要があるだろう。

第89号窟に遅れ、第155号窟の影響が強く見られる第16、163号窟が開鑿された。第155号窟前壁には3段が設けられ、1段1段が「交互」であるだけではなく、上下にも「交互」の関係が看取され、かなり計画的に並べられていた。これが第16、163号窟に見られるのである。特に第163号窟は、第155号窟の影塑配置だけではなく、龕の開き方までが類似しており、第155号窟を意識的に模倣したものと考えられる。これら2窟に現れた「交互」の影響は、第114号窟グループの第93号窟にも及んだ。このことは、第93号窟と第163号窟で、供養者影塑が床すれすれの位置ではなく、最下段ではあるものの比較的高い位置に設置された段に載せられているなど、両窟に繋がりが見られることからも確認できる。

つまり中期末に至り、中期を通して比較的大きかった第114号窟の影響力が弱まり、グループ間の垣根が低くなったことが理解される。第163号窟が第155号窟を意識的に模倣したのも、第114号窟グループの第93号窟に「交互」が見られるのも、この現れであると考えられる。

5　後期諸窟

後期諸窟中、影塑の確認できる窟は、第17、121、122、126、131、133、142、159号窟である。後期になると、中期とは異なりグループは構成せず、またその種類は減少する一方、1窟内で使用される量は増加する。これら後期諸窟の造営順に関する説は幾つか存在する。本論では、第121号窟が最も早い開鑿であるとする八木春生氏の説に従い、第121号窟において新たな影塑形式が始まったとして論を進めるが、最後に影塑の観点からこの問題について考察する。

A　第121号窟

a 第121号窟概要と影塑

第121号窟は西崖西部上部に位置し、第155号窟同様の3壁3龕形式を採用し、折り上げ天井を備え、左右龕内において段が下方まで設けられる点が新しい。また壁面には小龕が全く穿たれず、壁面上部に一部、段の残存が確認できる。恐らく上部に窟を1周するように、段が1段のみ設けられていたと思われる。窟内の塑像は、これまでの麦積山石窟で造られてきたものと全く異なり、中原（麦積山石窟以外の地域）からやってきた工人または、その影響を強く受けた者の手によるとされている①。正壁龕内左右にも段が設けられており、右側に若年の弟子像、左側に老年の弟子像を配していることから、510年代ごろの造営であると考えられる。

① 菩薩像が着物の上にX字状天衣を纏う形式は、龍門石窟など北朝の幾つかの地域で見ることが出来るとされる。しかし弟子像と羅形髻像が正壁左右に配される組み合せは、今のところどこの地域にも見ることは出来ないようである。（前掲八木氏論文）

第121号窟の影塑は如来坐像一体しか残っておらず、それは右壁龕内に設けられた5段の中、最上段最奥に1体のみ残存する。正壁龕内左右壁にそれぞれ配された老年と若年の弟子像は、一見影塑のように見える。正壁龕内右側段上には若年（阿難）像が3体現存しており、最も奥のもののみ合掌している。他2体はいずれも非常によく似た特徴を備えているが、襞や衣文の数や向きが異なり、同范ではないことが分かる。左側段上には老年（迦葉）像が5体残存し、最も奥の像のみ阿難像と同様に合掌をしている。残り4体は一見同范のようであるが、袈裟の丈や襞の向きなどが異なり、同范ではないと確認できる（図27）。つまり、これら弟子像は、型造りの影塑ではなく手造りの小像であると理解される。また迦葉像の配置から、阿難像の欠けた2体についても、合掌をしていなかったであろうと推測できる。

図27　第121号窟正壁龕内弟子像

右壁龕内に唯一残る如来坐像影塑（「漢民族a」図28）は、漢民族式に袈裟を着け、右手を施無畏印、左手を与願印に結んでいる。袈裟の襟元はやや大きくめくれており、袈裟は両手に掛ることによって裾が3つに分かれ、膝はやや左右に開く。また、中期諸窟には見ることの出来なかった、船形光背が出現し、それと一体になった影塑が段上に載せられる。剥がれ落ちた影塑の痕跡を観察すると、両端のみが長細いことが分かる。恐らく、両端にのみ菩薩像あるいは弟子像を配していたものと考えられる。

段は第115、155号窟の三角形型に似ているが、造り方が異なる。第115、155号窟のものは、三角形の棒状の木を壁に貼り付けて造られているが、第121号窟のものは木などを打ち付け段とするのではなく、壁面に漆喰を塗る際に、漆喰によって段を形成している。

図28　「漢民族a」(第121号窟)

b 他窟に見られる第121号窟影塑と同范の影塑

第121号窟に唯一残る影塑である「漢民族a」は、第122・126・131・142号窟にも確認できる①。これらの窟に存在する「漢民族a」は合計27体存在する。いずれも、袈裟の襟元は大きくめくれており、手に掛る袈裟は3つに分かれ、裳懸坐はないが、膝はやや左右に開く等の特徴、光背の寸法も同じであり、同范と認められる。

B　第121号窟と同范影塑を共有する窟の影塑

a 第122号窟

第122号窟には第121号窟と同范の「漢民族a」以外に「偏袒右肩c」（図29）、「偏袒右肩d」（図30）が確認できる②。「偏袒右肩c」は右手を施無畏印、左手を与願印に結ぶ。右肩に掛る袈裟は右腕も覆い、肘の下を通して左腕へ掛かる。左腕に掛った袈裟の下からもう一枚の布が覗いている。膝はあまり左右へ張り出さず、丸みがある。「偏袒右肩d」は、非常に「偏袒右肩c」と似ているが、右手の角度が異なり、やや外側に腕を開いている。

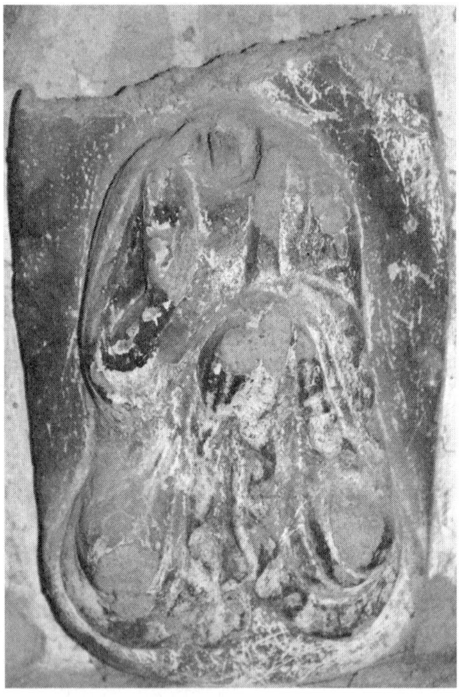

図29 「偏袒右肩c」(第122号窟)

図30 「偏袒右肩d」(第122号窟)

正壁と右壁には5段が、左壁には4段が現存する。正壁最上段本尊右側は、本尊側から「漢民族a」「偏袒右肩c」の順で合計7体が交互に並ぶ。一方左側は「漢民族a」が2体存在するのみである

① 第122号窟の壁面には5段設けられており、「漢民族a」は主にその最上段に載せられている。最上段に14体、正壁上から3段目に1体の合計15体が存在する。第126号窟には段が設けられておらず、ある程度の秩序を保ち多くの影塑が貼り付けられるが、「漢民族a」は前壁上部に1体残るのみである。第131号窟には、右壁に4段、前壁に1段が残存している。最上段に5体、前壁段下に1体の、合計6体が残存している。第142号窟の壁面には5段設けられており、右壁上から2段目に2体、3段目に1体、左壁3段目に1体、正壁右脇侍菩薩像が左手に載せている1体の、合計5体である。

② 正壁最上部最も左側に、一見すると「漢民族a」であるが、横幅がことなる影塑が存在するが、これと同じものを見つけることができない。

が、影塑が剥がれた痕跡と右側の配置から推測すると、本尊側から「偏袒右肩 c」「漢民族 a」の順に7 体並んでいたことが分かる。左右壁最上段も欠損部分はあるものの、残存部分から「交互」であることが分かり、それをもとに再現すると、右壁が正壁側から「偏袒右肩 c」、左壁は「漢民族 a」から交互に並べられていたことが理解され、右壁（または左壁）から正壁、正壁から左壁（あるいは右壁）と続いて交互になっている。つまりここにおいて、正壁が特別なものではなくなっていることが理解される。上から 2 段目には、「偏袒右肩 d」が正壁に 1 体、右壁に 2 体、左壁に 3 体しか現存しないが、左壁の「偏袒右肩 d」は 3 体連続していることから、2 段目は全て「偏袒右肩 d」であった可能性が高い。3 段目・4 段目の影塑は、正壁にのみにしか現存しない。3 段目には本尊を挟んで右側に「偏袒右肩 c」、左側に「漢民族 a」、4 段目も本尊右側に「偏袒右肩 c」が載せられている。4 段目本尊左側は欠損するが、3 段目に倣えば、そこに「漢民族 a」が載せられていた可能性がある。また、「偏袒右肩 d」のみ光背が付属しない。

b 第 126 号窟

第 126 号窟には段が存在しないが、あたかも段が存在するかのように影塑が列になって並べられる。第 121 号窟と同范の「漢民族 a」は前壁に 1 体のみ残存し、影塑 22 体中、「偏袒右肩 c」が 11 体、「偏袒右肩 d」が 10 体を占めている。その並び方は、正壁では痕跡と残存影塑から、弟子像（或いは菩薩像）と「偏袒右肩 d」が交互に並べられたことが知られる。この弟子像あるいは菩薩像と如来坐像影塑が交互に並ぶ配置は、塑像が第 121 号窟の強い影響下にあることが指摘される第 101 号窟にも見ることが出来る[①]。左右壁は最上段（段があると仮定すると）に「偏袒右肩 d」、上から2 段目に「偏袒右肩 c」が並び、3，4 段目は左右壁それぞれ塑像力士像よりも正壁側に「偏袒右肩 d」、前壁側に「偏袒右肩 c」を配置する。前壁には全てに光背が付けられ、基本的に「偏袒右肩 c」であるが、右側上部に 1 体の「漢民族 a」が貼り付けられている。弟子像影塑は左右壁に 3 体、前壁に 2 体の合計 8 体が現存するが、前壁の合掌する 1 体と右壁左側下部の胸前で何かを抱える格好の 1 体のみ種類が異なる。他 6 体の弟子像は、中期窟第 16 号窟の「弟子 a」と細部形式が一致しており、同范であると認められる。その他、「飛翔弟子 b」（図 31）が確認できる。「飛翔弟子 b」の右手は胸前に置かれ、左手は腹前で供養物らしきものを持ち、下になっている足の膝を大きく前に出すように曲げ、体全体を緩やかに反らせている。この「飛翔弟子 b」は正壁本尊左側に 1 体、左壁上部に 1 体確認でき、いずれも、同様の形式を備え同范と認められる。またこの「飛翔弟子 b」は北魏前期窟である第 100 号窟左龕内上部にもみられ、この時期に付け加えられたものであることが分かる[②]。また、天井にも飛天弟子が

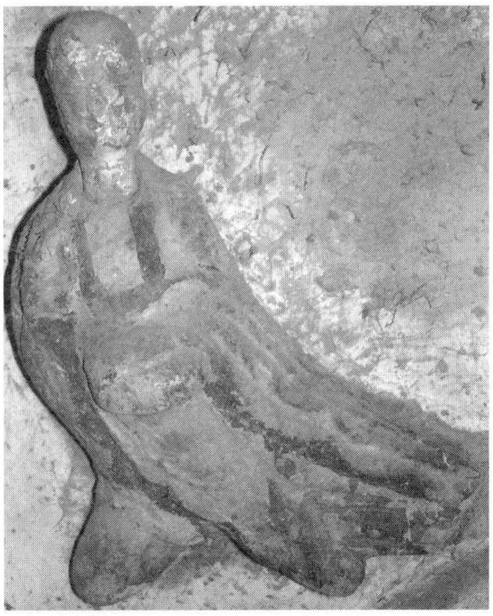

図 31 「飛翔弟子 b」(第 126 号窟)

① 八木氏前掲論文において、第 101 号窟はその造像内容や配置が第 121 号窟と近似しており、第 121 号窟の影響を強く受けた窟であるとされている。影塑が全く残っていないため、本論では割愛している。

② 第 100 号窟の左壁下方には「偏袒右肩 c」も存在しており、この時期に影塑の付けたしが行われたこと分かる。また左壁龕の幾つかにも、この時期につけ足されたと考えられる脇侍菩薩像が存在する。

見られるが、これは細部形式が「飛翔弟子 b」とは異なっており、同范でないことが分かる。

c 第 131 号窟

第 131 号窟には右壁と前壁のみに、段と影塑が残る。「漢民族 a」以外の影塑は、「偏袒右肩 c」と「偏袒右肩 d」である。右壁に 4 段と前壁に 1 段が現存し、「漢民族 a」が 6 体、「偏袒右肩 c」が8体、「偏袒右肩 d」が11 体、合計 25 体の如来坐像影塑が載せられる。右壁最上段には「漢民族 a」3体、「偏袒右肩 c」4 体が確認でき、それらが一部交互に並べられており、正壁側から「偏袒右肩 c」を先頭に「交互」となっていたことが推測される。またこれら影塑の更に上方には、段に載らない「偏袒右肩 d」が 3 体貼り付けられ、現存部分が一部で連続して並んでいることから、この部分は「交互」の配置ではなかったことが理解される。上から 2 段目には 7 体の「偏袒右肩 d」が載せられ、右壁塑像如来坐像の左右に 3 体ずつ連続で並べられた。さらにその上部、段と離れた場所にも 1 体が貼り付けられている。前壁段上には「漢民族 a」と「偏袒右肩 c」が 2 体ずつ存在し、この 2 種類が連続して並べられている部分があり、「交互」であった可能性がある。またそのさらに上方、段と離れた場所に「偏袒右肩 d」が貼り付けられ、段の下には 1 体の「漢民族 a」と 2 体の「偏袒右肩 a」がばらばらに貼り付けられた。このように、少なくとも最上段には「交互」の意識があったことが窺えるが、それ以外はその意識は確認できず、全て「偏袒右肩 c」であった可能性があり、さらに段と離れた場所に影塑が貼り付けられることから、段の形骸化を示唆できる。なお、段に載らない影塑は、全て「偏袒右肩 d」である。光背は、右壁最上段と前壁に付けられている。

d 第 142 号窟

第 142 号窟の如来坐像影塑は、第 121 号窟と同范の「漢民族 a」の他に「偏袒右肩 d」とその他「偏袒右肩 X5」「偏袒右肩 X6」「偏袒右肩 X7」「漢民族 X3」「漢民族 X4」の 7 種類がある。「漢民族 a」は、右脇侍菩薩像の左手上に載っており、「偏袒右肩 d」は、正壁左最上部にある「牛頭瑞像図」上部に貼り付けられている。他窟と同范の共有をするものは、この 2 体しか存在しない。第 142 号窟にはその他にも、かなり多くの種類の影塑が存在するものの、上で記した「漢民族 a」と「偏袒右肩 c」以外に他窟との同范を見出すことは出来ない。興味深いことに、「漢民族 X3」と「偏袒右肩 X5」は、「漢民族 a」と「偏袒右肩 c」を模倣して造られており、一見すると同范のようにも見える。しかし実際は「漢民族 X3」と「偏袒右肩 X5」が「漢民族 a」と「偏袒右肩 c」よりも一回り小さく、同范ではないことが確認できる。

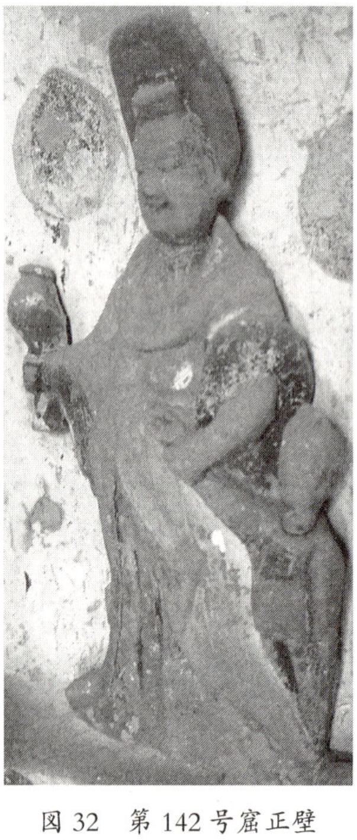
図 32 第 142 号窟正壁

配置を見てみると、左右壁上から 3 段目、塑像の弟子像と如来坐像（右壁は交脚菩薩像）との間に貼り付けられているのは、左右壁とも「漢民族 X3」と「偏袒右肩 X5」であり、正壁側に「漢民族 X3」が配されている。正壁下から 2 段目左右両端にはいずれも「偏袒右肩 X6」が載せられるが、最下段は、右側に「漢民族 X3」、左側に供養者が配されている。また子供の手を引く女性像や側面観の如来立像など、今まで目にすることのなかった珍しい独特の形式のものも存在する。それらは、第 142 号窟内にも同范を見つけることが出来ないため、影塑ではなく、手造りの小像であると考えられる（図 32）。

このことから、左右の対応関係を取り入れていたことは窺えるが、徹底されてはいなかったことが分かる。手作りの小像についても、正壁左右上部辺りに多く見られるようであるが、窟全体で計画的な配置のルールが設けられることはなかった。またこの小像群は正壁左右上部に存在する、「象頭瑞像図」や「牛頭瑞像図」を構成していた①。第142号窟において、小型塑像を用いて特定の情景を表現し、それを以て壁面装飾としている点が新しい。このような小像はそれぞれ1体で十分であるため、型の使用を必要としなかったようである②。

C　第121号窟と同范影塑を共有しない窟の影塑

a 第159号窟

この窟には、他窟と同范を共有する影塑は存在しない。如来坐像影塑は「変形偏袒 X2」の1種類のみしか見られない。それは内衣を紐で縛り、上に袈裟を偏袒右肩に纏う。腹前で両手を組み脚部で左右に分かれる袈裟の間からは裳が扇状に広がる。窟内で使用されている菩薩立像影塑も全て同范であるが、全てこの窟にしか見られないものであり、独自の窟空間を創り上げていることが窺える。

この窟の配置には、左右対応関係が見て取れる。各壁3段ずつ設けられるが、正壁上段右側には「変形偏袒 X2」と「脇侍 X4」、左側には「脇侍 X4」が2体残存しており、現存状況や痕跡から、左右どちらにも「変形偏袒 X2」と左右に「脇侍 X4」があったと推測できる。中段には右側に「交脚 X1」と左右「脇侍 X4」、左側に「半跏 X1」と「脇侍 X4」、下段には右側に4体、左側に5体、供養者像が並ぶ。左右壁はほぼ同じ構成となっており、上段に「変形偏袒 X2」が4体（右壁左側2体欠損）、中段正壁側に「遊戯坐 a・b」（左右壁並び順は逆）、前壁側に「偏袒右肩 X2」2体（右壁菩薩側の1体は欠損）が配置されている。下段には供養者が配されるが、右壁正壁側には4体並んでいるのに対し、左壁は3体が配置されている。供養者の数は左右壁で異なるものの、本尊を中心とした「左右対応関係」が看取でき、まだ中期の影響が強いことが分かる。しかし中期特有の「変形偏袒 a」などが確認できず、段の造り方も異なることから、後期窟であると認められる。

b 第133号窟

第133号窟には合計11の大龕が開かれ、上層部にはさらに4龕が開かれている。その内影塑の残存が確認できるのは、第1、6、11、15龕である。第1号龕には3壁に10段設けられており、半分以上が欠損するものの、痕跡から推測すると、1段に16体の如来坐像影塑が並べられていたと思われる。通肩（「通肩 X4」）、偏袒右肩（「偏袒右肩 X7」）、漢民族式（「漢民族 X4」）の3種類で、便宜的にそれらを○▲■とすると、「○▲○▲○■○■○▲○▲○■○■」というような並びになっている。第6号龕には、上部に1段のみ設けられ、右壁段上に1体の「漢民族 X5」が、正壁段下に1体の「偏袒右肩 X8」が現存する。第11号龕内には7段設けられるが、影塑は現存せず、左外壁に同范の7体の供養者像を確認できるのみである。この龕の上方には、山岳の情景が見られ、中心に漢民族式に袈裟を纏う如来坐像影塑（「漢民族 X6」）と、第16号窟と同范の菩薩像（「脇侍 e・f」図33）が配される。山岳中に貼り付けられている如来坐像影塑や、山岳上部の3体の飛天、さらに「脇侍 e」の足

---

① 天水麦積山石窟芸術研究所編『中国石窟・麦積山石窟』平凡社，1987年。

② 第121号窟正壁龕の老若弟子像も小像であり、その影響と考えられなくはない。

元に見られる片膝をつく供養者、山岳左側には3体の供養者は、いずれも他窟に同范を見つけられない（図34）。第15龕は、第6龕上部に開かれており、他の龕に比べて小さい。漢民族に袈裟を纏う如来坐像を中心に脇侍菩薩像などを配すが、いずれも他に同范を見つけることは出来ない。

図33 「漢民族X6」「脇侍e・f」(第133号窟)

図34 第133号窟第11龕上部

第133号窟前壁には、小さめの「偏袒右肩X9」と「通肩X5」が所狭しと並べられているが、他窟に同范は確認できない。また段に載せられた如来坐像影塑の全てに光背が付けられており、第4龕では光背のみが残存して並んでいる様子が看取出来る。

D その他の窟（第17号窟）

第17号窟に見られる如来坐像影塑は偏袒右肩に纏う1種類のみで（「偏袒右肩X10」図35）、正壁龕左右に設けられている各2段上に合計4体が残存し①、他窟に同范の共有は認められない。本尊右側下段に1体、左側上段に1体、下段に2体残り、左側上段左端には弟子像影塑も載せられている（「弟子X2」）。痕跡から、各段最も外側は弟子像であったことが窺える。また左側下段が2体並んで配置されていることから、弟子像以外は「偏袒右肩X10」であった可能性も考えられる。弟子像は偏袒右肩に袈裟を纏い、合掌をしている。本尊の左右下部にも弟子像が置かれているが、これら3体はどれとも同范ではなく、他窟にも見つけることはできない。つまり第17号窟に見られる影塑中、型を使用して造られたと確認できるのは「偏袒右肩X10」のみである。

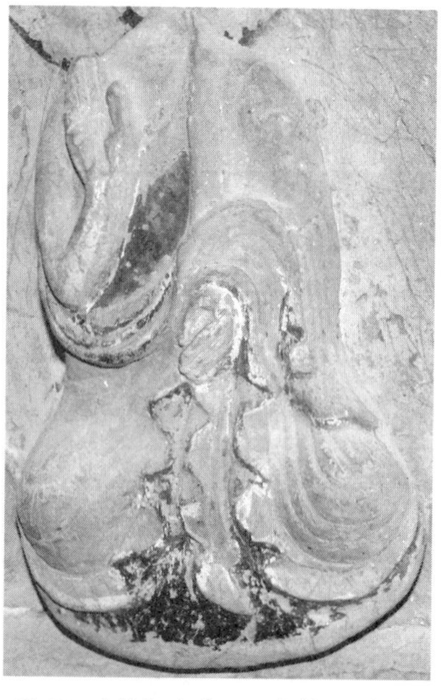

図35 「偏袒右肩X10」(第17号窟)

① 左壁龕にも段が残存しているが、痕跡のみで影塑は残っていない。また塑像左右脇侍菩薩像上部に、それぞれ2龕が非常に浅く穿たれている。中には影塑が1体貼りつけられていた痕跡と、左右に菩薩像が貼り付けられた痕跡が見られる。

6　後期諸窟の段と影塑

後期は、第121号窟に始まるとされる。窟形式や塑像に変革がもたらされたことが知られ、段や影塑に関する部分においても大きな変化が起きた。

A　中期諸窟の龕と後期諸窟の段

中期諸窟では、壁面を平らにした後に段を貼り付けていたが、第121号窟以降は、壁面に漆喰を塗る段階で段を形成する。その段は中期諸窟において、龕の代替であると意識されていた。これは、中期諸窟で本尊上部左右の段上に、しばしば交脚菩薩像影塑と半跏思惟像影塑が置かれたことから確かめられる。そして数種類の影塑を使用し左右対応関係となるように並べ、1体1体の影塑を壁面の重要要素と捉えていた。ところが後期では、龕の代替という意識がなくなり、段を下方まで設置し、影塑で壁面を埋めるという意識、影塑多用の概念がもたらされ、壁面における影塑の重要さが薄れた。そしてその契機は、第121号窟の造営にあった。

もちろん後期初期において、龕が完全になくなったわけではなく、第159号窟にはその名残が認められた。正壁に交脚菩薩像影塑や半跏思惟像影塑が見られ、第121号窟とは同范を共有しないため、第121号窟とは異なる系統として造営されたと考えられる。しかし第159号窟の段の造り方は、第121号窟によってもたらされた形式であるため、第159号窟も第121号窟の影響も受け得た時期、つまり第121号窟よりやや遅い時期に造営されたと見られる。

B　後期諸窟の影塑

a 種類

光背付きの影塑も、中期諸窟に例がなく、第121号窟で初めて採用されたと考えられ、以降の諸窟にもこの光背が付けられた影塑を確認できる。第121号窟以外で光背付きの影塑を持つ窟は、第122、126、131、133、142号窟で、第133、142号窟を除く第122、126、131号窟では、光背付きの影塑はいずれも「漢民族a」と「偏袒右肩c」である。第142号窟では、「漢民族a」「偏袒右肩c」と非常に似ているものの、同じ型ではない第142号窟オリジナルの影塑が用いられていた。また後期諸窟内では、これら2種類以外にも光背を持たない「偏袒右肩d」において同范の共有が行われていた。つまり、後期諸窟においては、「漢民族a」「偏袒右肩c」「偏袒右肩d」の3種類が、主に用いられたことが分かる。なお、第133号窟壁面および各龕内に貼り付けてある影塑は、上記3種の影塑よりも一回り小さく、同范でないだけでなく、それらとの間に直接的な関係が見つけられない。現在は一部のみしか残っていないが、痕跡から壁面に隙間なく光背付きの如来坐像影塑が貼り付けられていたことが分かる。

また第142、159号窟は、オリジナルの影塑がほとんどを占めており、他の後期窟とは異なる系統の開鑿であると考えられる。第93号窟や第163号窟などの中期末とした窟でも、その他の中期窟とはやや異なる、特徴的な影塑を造り出していたが、その既存の枠を超えた比較的自由な雰囲気は、第142、159号窟に通じるものがある。恐らくこの両窟は、後期でも早い時期の開鑿ではないかと推測される。

b 分布

第126号窟に見られる影塑のほとんどは、「偏袒右肩c」と、光背を持たない「偏袒右肩d」であった。正壁は「偏袒右肩d」、前壁は「偏袒右肩c」のみが貼られ、また左右壁では最上段が「偏袒右肩d」で、2段目が「偏袒右肩c」である。ただし、それ以下では、塑像の力士像を境として、正壁側に「偏袒右肩d」、前壁側に「偏袒右肩c」というように、窟の前後で影塑を使い分けており、正壁側に「偏袒右肩d」があることから、この影塑を重視していたことが窺える。

第122号窟および第131号窟は、正壁、左右壁の最上段は、光背を伴う「漢民族a」と「偏袒右肩c」の交互、2段目に光背を持たない「偏袒右肩d」が配されている。また第131号窟前壁、段の上下に存在する影塑は「漢民族a」と「偏袒右肩c」だが、右上部に一体のみ「偏袒右肩d」が見られる。右壁2段目と段外の影塑は、光背を持たない「偏袒右肩d」であった。つまりこの2窟は、第126号窟とは異なり、光背付き影塑の「漢民族a」「偏袒右肩c」を比較的重視している。

c 配列

第121号窟では、右壁龕内最上段の痕跡から、両端が菩薩像あるいは弟子像、その他が如来坐像であったことが推測可能である。第121号窟の影響を最も強く受けている窟として知られている第101号窟には、残念ながら現存する影塑はない。だが、壁面に頭光が描かれており、弟子あるいは菩薩像と光背を持たない「偏袒右肩d」とが交互に並べられていたと考えられる。

第126号窟は、如来坐像影塑のほとんどが「偏袒右肩c」と「偏袒右肩d」であり、壁面全てにおいて、それら如来坐像影塑の間に弟子（或いは菩薩像）が配された。第131号窟は、最上段に「漢民族a」と「偏袒右肩c」が交互に配され、ここでもその間に菩薩像あるいは弟子像が置かれていた。第122号窟の場合は、「漢民族a」と「偏袒右肩c」が交互であるのは同じだが、弟子像あるいは菩薩像は用いられない。そして他窟と共有する同范影塑が見付られない第17号窟は、正壁龕左側最上段最も左側のみに弟子像が現存し、それ以外が如来坐像影塑であった。これは第121号窟と類似していて興味深い。

C　後期諸窟の流れ

後期諸窟は、影塑の種類、分布、そして配置から、第121、101、126、131、122号窟という流れが推測できる。この流れの中で、弟子像或いは菩薩像と如来坐像影塑が交互に並ぶ配列の消失と、光背を伴わない「偏袒右肩d」の重視から、光背を伴う「偏袒右肩c」重視への変化が起こった。第101号窟に影塑は残らないが、痕跡から光背を伴わない「偏袒右肩d」が、弟子像或いは菩薩像の影塑と交互に並べられていたことが看取できた。この弟子像あるいは菩薩像が使用される配置は、交互とはなっていないものの第121号窟にも見られ、それを第101号窟が継承、発展させたと考えられる。第101号窟の「偏袒右肩d」重視と弟子像或いは菩薩像と交互に並べるというという2つの特徴は、第126、131号窟に継承されている。しかし第126号窟では窟後部に、第131号窟では、壁面一部に、光背を伴う「偏袒右肩c」が配置され、第121号窟で光背付き影塑が採用されて以降、第101号窟では採用されなかった光背付き影塑が、徐々に使われ始めていることが確認できる。また弟子像或いは菩薩像と如来坐像影塑が交互に並ぶ配列の消失は第122号窟からである。

第131号窟と第122号窟の最上段は、光背を伴う「漢民族a」と「偏袒右肩c」が交互に並べられていた。しかし122号窟には、弟子像及び菩薩像の影塑が見られない。そしてこの変化の原因として、第 133 号窟の存在を無視できない。

第 133 号窟の壁面には、一部の残存であるにも関わらず、夥しい数の影塑が隙間なく並べられ、千仏を構成している。またその影塑は、全て光背を伴い他窟と比べ一回り小さく、他窟との同范の共有はない。この千仏の影響が、第 131、122 号窟に及び、両窟において、光背を伴う影塑が、光背を伴わない影塑よりも多く使用されるようになったと考えられる。特に第 122 号窟は、正壁最上段にも左右壁と同じように交互に並ぶ配置を採るなど、正壁があまり特別視されておらず、壁面利用の概念に千仏が大きく関わっていることが窺える。しかし第 131 号窟には、最上段のみに弟子像あるいは菩薩像と交互に並べる配置が見られ、依然第 121、101 号窟の影響が及んでいた。恐らく第 131 号窟には、第 121、101 号窟の影響から第 133 号窟の影響へ移る過渡的状況が現れているものと考えられる。

第 17 号窟にも他窟と同范を共有する影塑はない。しかしこの窟の場合は、やはり他窟と同范のない第 142 号窟のような強い個性はなく、「偏袒右肩 X10」がいくつも使用されており、省略、形骸化しているような印象を受ける。しかし第 17 号窟は、3 壁 3 龕の窟形式を採用し、小龕を穿ち、両端に弟子像或いは菩薩像を配する形式も採用されている点に、中期または第 121 号窟への回帰傾向が感じられる。

D　第 121 号窟

ここまで第 121 号窟を後期の始めとして論を進めてきたが、以下では後期諸窟の影塑の種類や分布、配置などを踏まえ、改めて第 121 号窟の開鑿時期を考察していく。

この問題を考える糸口となるのが、第 142 号窟である。第 142 号窟では、菩薩の手上などの特殊な位置に「漢民族 a」と「偏袒右肩 d」が存在し、また「漢民族 X3」と「偏袒右肩 X5」は、「漢民族 a」と「偏袒右肩 d」を模倣して造られている。つまり、第 142 号窟以前には既に「漢民族 a」と「偏袒右肩 d」が存在していた蓋然性が高い。そして第 142 号窟以外の後期諸窟（第 17、121、122、126、131、133、159 号窟）が、第 142 号窟以前に存在した窟の候補として挙げられる。まず第 17、159 号窟には、「漢民族 a」と「偏袒右肩 d」が存在しないため、候補から外すことが出来る。特に第 17 号窟は先に見たように後期末であると考えられる。第 126 号窟には段が存在せず、第 131 号窟には段の形骸化が見られることから、第 142 号窟より遅れると判断できる。また第 133 号窟の千仏的な配置は、第 126 号窟に及んでいなかったことから、第 133 号窟は第 126 号窟よりも後であると考えられ、第 142 号窟よりもあとであるとできる。第 133 号窟には「漢民族 a」と「偏袒右肩 d」が存在せず、第 142 号窟が第 133 号窟から影塑の形式を学ぶことは出来ないということからも、確かめられる。そして影塑配列に関して第 133 号窟の影響を受けた第 122 号窟も、第 142 号窟より遅れるということになる。

つまり、第 122、126、131、133 号窟は第 142 号窟よりも遅れると判断することで可能であり、残る第 121 号窟が第 142 号窟よりも前、後期諸窟の中で早い開鑿であった可能性が極めて高いと考えることが出来る。

結びにかえて　- 西魏窟に見られる影塑 -

北魏後期諸窟は千仏を大規模に採用した第 133 号窟の影響を受けたか受けていないかによって 2 つに分かれることが分かった。そしてそれとは異なる流れが西魏へと続いていくこととなる。

西魏窟において影塑の残存が確認できる窟は、第87、92、112、162号窟で、痕跡のみ残るのは第83、132号窟がある。しかし、他窟と同范影塑を共有しているのは、第162号窟の「立像a」のみであり、しかもそれは中期窟第16号窟と同范で、西魏窟同士での同范の共有ではない。段の数は北魏後期窟より減っており、第87、112号窟は上方に1段設けるのみである。影塑配列は、現存している影塑が非常に少ないが、その痕跡から、第83・87号窟は、段より上に隙間なく貼り付けられていた状況が看取出来る。また第162号窟には段は設けられず、各壁4体ずつ、しかも全く同じ配列で貼り付けられているのみである（一部欠損しているが、各壁の状況から、このように判断できる）。第92号窟は、「漢民族X6」が3体現存しているが、その状況から詳しい配列を知ることは出来ない。また本来ならば供養者影塑が貼り付けられていたであろう場所正壁下部に、供養者の壁画が描かれている。つまり、北魏後期末、第17号窟において影塑や段の形骸化がみられたが、この傾向が西魏に入ってからも続いていることが理解される①。

以上ここまで北魏時代中期から後期までの影塑について考察を行ってきた。北魏前期において使用が開始された影塑は、中期、後期においてその配置方法や種類などに変化が起こる。中期と後期の重要な違いは、段が龕の代替であるかどうかであり、窟内における影塑1体1体の重要性が異なるのである。またこの変化の契機となった窟は第121号窟で、この窟を持って北魏中期と後期を分かつ窟とするのは妥当であると考える。その後麦積山石窟初の国家的造営である、第43、44号窟の造営が始まる540年代以降は、影塑が見られなくなる。

本論では、供養者のことに触れることが出来なかったが、さらに調査を進め、供養者も含めたこの時代の影塑を、総合的にとらえていくつもりである。また本論は、影塑のみに焦点を当てたものであるので、これまでの塑像や窟形式を中心とした先行研究と合わせ、いくつか異論のある麦積山石窟北魏窟の編年上の問題など、総合的な考察を行う必要がある。しかし影塑に注目することで得られる新しい知見が、今後の麦積山石窟研究に新しい観点を提供することとなれば幸いである。

末筆ではありますが、本論文を執筆する機会を与えてくださった東山健吾先生、また調査において様々な便宜をはかって下さり、多くの助言をしていただいた麦積山石窟研究所魏文斌副所長、そして長時間の調査にご同行いただき、多くのことを教えてくださった董広強先生に、こころから感謝の意を表します。

（本論で使用している写真は、全て麦積山石窟研究所の提供である。）

作者简介

村井恵，1983年生，日本筑波大学艺术学系世界遗产专业博士生，清华大学美术学院研修生。从事中国佛教美术研究。

① 第92号窟正壁は第17号窟正壁と同様の影塑の並び方をしており、全てが残っているわけではないが、第92号窟も1種類の如来坐像影塑が2段にわたって並べられていた可能性が高いと考える。また第92号窟では、供養者に壁画が用いられており、ここから段と影塑の形骸化が看取出来る。影塑の種類も少なく、その配置にもこだわりを持たない傾向は第162号窟にも表れている。「立像a」と菩薩像影塑のみしか見られず、現存部分と痕跡から、正壁と左右壁の3壁とも同じ配置をしていた可能性が高く、その重要性がかなり薄れている。

麦積山石窟北周窟についての一考察

八木春生

内容提要：

麦积山石窟北周时期（557～581年）开凿的大部分石窟，基本位于麦积山东崖，窟形佛帐式四角攒尖顶，塑像以七佛题材为主。造像的样式、形式也是区别于其他时期的一个重要因素。佛像肉髻低平，菩萨像采用三曲法，注重现实写实性。

麦积山石窟以570年左右大都督李充信营造“七佛阁”，亦称“散花楼”而闻名。秦州刺史宇文广家族为当时最大功德主，574年武帝废佛北周区域寺院佛像遭受毁坏之际，在宇文广家族的庇护下，麦积山石窟幸免于难。至579年宣帝即位下诏三宝重兴之前，麦积山的石窟营造也停滞了一段时间。

关于这一时期石窟的营造年代，专家之间意见分歧，部分石窟的营造年代为北周还是隋代尚未定论。北周窟与隋初窟之间没有明显的区分，亦没有题记可作为石窟分期的标准，这一点不同于西魏向北周的过渡阶段。武帝废佛结束以后，至北周灭亡仅有两年时间，如果佛教正式复兴是在隋朝建立以后，北周～隋初的大部分石窟可以判定为隋窟。另有学者认为，武帝病逝后，宣帝、静帝致力于佛教复兴，“修教法化”、“复佛像”诏令颁布不久，麦积山石窟的营造活动即已出现繁盛景象。由此而来，现阶段未有定论的几座石窟可判定为北周最末期石窟。

麦积山石窟中北周窟占总数的约四分之一，而关于北周窟的考察研究尚不完全，主要原因在于对北周～隋初营造的这一组石窟理解尚不透彻。概观这一组石窟，即“北周石窟群”，大致可分为两类，一类为受570年北齐及西安北周佛教美术影响大的窟，一类相反。麦积山石窟中显示其影响的窟，始于第141窟，开窟时期晚于北周初期窟第22窟。与第141窟同一系统的后期诸窟第7、12、26、32、36、39、65窟接受570年北齐佛教美术及西安北周佛教美术的影响更加明显。第141窟还确立了一窟七佛等麦积山石窟特有的形式，这种形式流行于上述第141窟同一系统的后期诸窟。无可非议，第141窟为麦积山石窟北周窟的代表窟。同一系统的后期诸窟，开窟时期实际进入隋代的可能性很高，但仍可以确定其为一组北周后期窟。

はじめに

甘粛省天水麦積山石窟において、北周時代（五五七～五八一年）に開かれたとされるいくつかの石窟を概観すると、多くが東崖に開かれ仏帳式四角攢尖頂窟（方錐形天井窟）という窟形式を採り、七仏を主たるモチーフとするなどの特徴を備えることが知られている。造像の様式、形式も北周窟を他の時代の石窟と区別する重要な要素となっていて、如来像は肉髻が低く、頭部の僅かな盛り上がりとして表現され、菩薩像の中には三曲法を採用するものが出現するなど、写実的表現が好まれた。また着衣形式にしても如来像は袈裟を通肩や偏袒右肩といった西方式に纏うことが多く、菩薩像は天衣をX字状に交叉させないものが造られるなど、ほぼすべての像にまるで漢民族の衣を纏っているように見せる工夫がなされた（像が漢民族化した）、北魏後期から西魏時代（四九四~五五七年）とは大きく異なっている。

西魏時代の麦積山石窟では、文帝の皇后で後に位を廃された乙弗の墓（寂陵、第四三号窟）が造営され、国家レベルとは言えないものの皇室と深い関係を持つと考えられる第四四号窟や、その影響下にある一〇二、二〇、一二〇号窟などが開かれた。それら造像には、五二〇年頃~五三〇年代半ばに洛陽付近で流行した形式がいくつか認められることから、北魏滅亡によって洛陽から西安へと流入してきた工人たちの影響が窺われる①。皇室との関係が密接になり、西安から情報が大量に流入したことで、北魏時代前期から形成されてきた麦積山石窟独自の伝統や工人系統は、ほぼ途絶えてしまった。それにも関わらず造像の形式上、西魏窟は未だ北魏後期窟の延長線上にあると見なすことができる。これに対して北周窟で造像の様相が一変したのは、この時期の麦積山石窟内部の問題ではなく、西安を中心とする北周の領域全体で、（北魏末から西魏時代にかけては見られなかった）造像様式、形式上の劇的な変化が起きたことに起因する②。

北周時代、麦積山石窟には皇帝が関与したとされる石窟は存在しないが、大都督である李充信が五七〇年頃に「七仏閣」あるいは「散華楼」と呼ばれる石窟（第四号窟?）③ を開いたことが知られている。さらに秦州刺使であった宇文広一族がこの時期最大の施主であったとされ、五七四年に武帝が仏道二教を禁止し北周の領域で多くの寺院や仏像が破壊された際も、この一族の庇護の下麦積山石窟は破壊を免れたという④。廃仏時に宇文広一族の果たした役割を具体的に示す資料はないものの、破壊や造営が放棄された痕跡はまったく見られない。それでも五七九年に宣帝が三宝尊重の詔を下すまでの期間、麦積山石窟での造窟活動は、事実上ストップしたと思われる⑤。

問題となるのは、造営年代が北周か隋か研究者によって意見の異なる窟が、かなりの数存在することである。西魏窟から北周窟への移行と違って、北周窟と隋初の窟との間には大きな変化が見られず、その時期の題記を持ち基準作となる窟が皆無であることが、この問題の解決を難しいものとしている。廃仏の時期が過ぎたとはいえ北周滅亡まで僅か二年しかなく、仏教復興は隋が建国（五八一年）されてからであったとする考えを採れば、それらは隋窟と見なせることになる。これに対して武帝の死後、宣帝や静帝が仏教復興に尽力し、一万余体の塑像を造り（『広弘明集』十五、『弁正論』

① 八木春生「麦積山石窟西魏窟に関する一考察」（筑波大学芸術学研究誌『芸叢』二〇号、筑波大学芸術学系芸術学研究室、二〇〇四年）

② 北周より早い時期に華北地方東部に建国した北斉の領域では、その初期（五五〇年頃）から、北響堂山石窟北洞などで、立体的かつ写実的な像が出現した。それゆえ北斉仏教美術からの影響が、北周および麦積山石窟の造像様式や形式変化のきっかけとなったことは十分に考えられる。しかしこの時期、インドや西域から大量の情報が流入したことや五五三年に西魏の支配下に置かれた一部の南朝領域（四川地方）からの情報が、北周仏教美術に強い影響を与えた可能性も無視できない。

③ しかし金維諾氏は、第四号窟が李充信の造営した七仏閣とは異なるものであるとする見解を発表している（金維諾「麦積山石窟の創建とその芸術上の成果」一九四頁〈天水麦積山石窟芸術研究所編『中国石窟 麦積山石窟』平凡社、一九八七年〉）

④ 麦積山石窟誌編纂委員会　張錦秀編撰『麦積山石窟誌』六頁（甘粛人民出版社、二〇〇二年）

⑤ 金維諾「麦積山石窟の創建とその芸術上の成果」一九六頁（天水麦積山石窟芸術研究所編『中国石窟 麦積山石窟』平凡社、一九八七年）

三、『法苑珠林』百)、「修教法化」や「復仏像」の詔が発せられるやいなや(『周書』八「静帝紀」)、麦積山石窟での造窟活動が活発化したとする説がある①。そうであれば、現在評価の一定していない石窟のいくつかは、北周最末期に開かれたことになるのである。麦積山石窟全体のおよそ四分の一を占めるとされるにもかかわらず、北周窟に関する研究があまり進展していないのは、北周末~隋初に造営されたとされる一群の石窟に対する理解の仕方が、研究者によって異なることに起因している。造営年代を正確に知ることができない以上、それらを簡単に北周末~隋初窟としてグルーピングしてしまうことは可能である。けれども、北周窟が持つ代表的な特徴を明らかにすることで麦積山石窟北周窟の定義付けをおこない、問題の一群の石窟に対する評価をおこなうことこそ、現在もっとも必要であると思われる。つまり北周窟としての特徴を濃厚に有するものを、造営時期が例え隋に入る可能性が高くとも北周窟と見なし、北周窟を特徴づける形式が見られてもそれがすでに形骸化し、同時に隋時代の特徴がすでに表れてきている場合それを隋初窟として区別するというのである。

そこでまず以下においては、これまでの研究から北周窟および北周、隋の両方の評価がある窟を便宜的に「北周窟群」としてひとつのグループに含め、議論を進めていくことにしたい。

一、「北周窟群」とその代表窟

現在麦積山石窟中、北周窟とされるものに、第二、三、四、六、七、九、一一、一二、一四、一八、二二、二六、二七、三一、三二、三五、三六、三九、四〇、四二、四五、四六、四七、四八、五二、五三、五五、六二、六三、六四、六五、六七、八二、八四、八八、九四、一〇四、一〇九、一一三、一一七、一二五、一三四、一三六、一三七、一四一、一五七、一六六、一六八、一七一、一九四号などがある②。これらの中には、隋窟のみならず、西魏窟あるいは研究者によっては北魏時代後期窟と比定されるものも含まれている。しかし第六四号窟は、北魏後期窟か西魏初期窟かという議論の対象となることは多いが、北周窟とされることは例外的であり、また開窟されたのは北魏時代だが、大規模な重修を受けたために北周窟と見なされた第五三、八四、八八号窟のような例もある③。西魏

---

① 李西民「麦積山石窟史略及其彫塑源流」三七~三九頁(孫紀元主編『中国美術全集 彫塑編八、麦積山石窟彫塑』人民美術出版社、一九八八年)

② 麦積山石窟の造営年代については、以下を参照した。董玉祥「麦積山石窟的分期」二六~二七頁(『文物』一九八三一六)、金維諾「麦積山石窟の創建とその芸術上の成果」一九二~一九七頁(天水麦積山石窟芸術研究所編『中国石窟 麦積山石窟』平凡社、一九八七年)、李西民、蒋毅明「麦積山石窟内容総録」三二九~三五三頁(天水麦積山石窟芸術研究所編『中国石窟 麦積山石窟』平凡社、一九八七年)、蒋毅明、李西民、張宝璽、黄文昆「図版解説」二九一~二九七頁(天水麦積山石窟芸術研究所編『中国石窟 麦積山石窟』平凡社、一九八七年)、李西民、毛律鴻、董晴野、劉俊、蒋毅明「図版説明 北周石窟彫塑」四一~四七頁(孫紀元主編『中国美術全集 彫塑編八、麦積山石窟彫塑』人民美術出版社、一九八八年)「附表 麦積山石窟洞窟形制一覧表」三五~四一頁(麦積山石窟誌編纂委員会　張錦秀編撰『麦積山石窟誌』甘粛人民出版社、二〇〇二年)

③ 第八八号窟は、北魏時代に壁面に穿たれた小龕を覆って新たな壁面が造られ、仏像の多くが北周形式のものと取り替えられたことから、その時代に大きな改修がなされたことが知られる。また北周窟の中には、肉髻が低い典型的な北周時代の頭部形式を備えているのに、まるで北魏時代、しかも前期に造られたかのような着衣形式の造像がいくつか存在する。第四〇、四二号窟などがその例で、袈裟を二枚重ねにはせず涼州式偏袒右肩に着け、しかも後者の場合、袈裟を内側に折り込むことで右脇腹部分を覆うという、麦積山石窟に現存する窟の中でもっとも古いとされる第七四、七八号窟造像と同様の形式を備えている。これら二窟が北魏窟とされることがあるのは、おそらくこの着衣形式によるものだと考えられる。なお、この他にも第一一七、一三四、一三七号窟が北周窟であるとされる以外に北魏窟とされることがある(李西民、蒋毅明「麦積山石窟内容総録」三三八、三四三、三四七頁〈天水麦積山石窟芸術研究所編『中国石窟 麦積山石窟』平凡社、一九八七年〉)。

窟か北周窟か意見が別れるのは、ほぼ第一〇九号窟のみであると言ってよい①。だがこれも、西魏時代に造営され北周時代に像が重修されたとする意見がある。一方隋窟とされることがあるのは第一二、一四、六七、八二、九四号窟で、北周時代に開窟されたが塑像はすべて隋代とされる第十四号窟以外は、評価が一定していない②。そして第一二号窟を隋窟であるとすれば、それと窟形式や造像の配置が類似している第七、二六、二七、三二、三六、三九、六五号窟なども簡単に北周窟としてしまうことはできないはずである。

このような状況下、ほとんどの研究者が北周窟であることを認め、かつ保存状態が良く後世の補修があまり施されていないものに、第二二、六二、一四一号窟の三窟がある。そこでこれら三窟を「北周窟群」の代表とみなし、主としてその造像の分析をおこなうことで、三窟それぞれの類似点や相違点を見ていくことにする。

A、第二二号窟

a. 如来坐像（図1）

東崖西部に開かれたこの窟は、平頂方形窟（高さ二．三四、幅二．四三、奥行き〇．八一メートル）で③、現在正壁に開かれた尖拱額龕内には如来坐像一体、菩薩像、弟子像各々一体が残っている。如来坐像は身高一．六二メートル。右手施無畏印、左手与願印に結び、胸前を大きくU字形に開ける漢民族式に袈裟を着け、台座に垂らした裳の中から右足を出している。肉髻は低く、面部は角が取れて卵形を呈する。身体は円筒形を思わせる形で厚みがあり、写実的とは言い難いが、薄い袈裟の下から下腹部の緩やかな膨らみが看取される。これら特徴の多くは、麦積山石窟北魏後期諸窟や西魏諸窟の如来坐像にほとんど見られないものであった。ただし裳懸座表現は、端の角ばりがなくなり丸みを帯びるが、北魏後期あるいは西魏時代のものとされる第一四七号窟如来坐像など④（図2）と、基本的に構成が同じである。

b. 菩薩像と弟子像（図3）

如来坐像左側に見られる菩薩像と弟子像の身高は、それぞれ一．一九、一．一一メートルである。菩薩像は前髪を中央で二つに分け、天衣をX字状に交叉させ交点に玉環を通し、身体を横にわずかに傾けている。このように身体を傾ける像は、北魏後期や西魏窟に見つけられる。しかし本像は頭部が

---

① 金維諾「麦積山石窟の創建とその芸術上の成果」一九三頁（天水麦積山石窟芸術研究所編『中国石窟 麦積山石窟』平凡社、一九八七年）、李西民、蒋毅明「麦積山石窟内容総録」三四一頁（天水麦積山石窟芸術研究所編『中国石窟 麦積山石窟』平凡社、一九八七年）、「附表 麦積山石窟洞窟形制一覧表」三八、一〇一頁（麦積山石窟誌編纂委員会　張錦秀編撰『麦積山石窟誌』甘粛人民出版社、二〇〇二年）

② 「附表 麦積山石窟洞窟形制一覧表」三五～三八頁（麦積山石窟誌編纂委員会　張錦秀編撰『麦積山石窟誌』甘粛人民出版社、二〇〇二年）では、第十四号窟も含めすべてを北周窟と比定している。だが李西民、蒋毅明「麦積山石窟内容総録」三三八頁（天水麦積山石窟芸術研究所編『中国石窟 麦積山石窟』平凡社、一九八七年）は、第八二号窟を隋窟としている。また同書の蒋毅明、李西民、張宝璽、黄文崑「図版解説」二九六頁（天水麦積山石窟芸術研究所編『中国石窟 麦積山石窟』平凡社、一九八七年）においては、第一二、一四、六七、九四号窟が隋時代の造営であるとする。

③ 以下、石窟の大きさや像高については、「附表 麦積山石窟洞窟形制一覧表」および「第二章 彫塑」の記載（麦積山石窟誌編纂委員会　張錦秀編撰『麦積山石窟誌』三五～四一頁、六九～七三頁〈甘粛人民出版社、二〇〇二年〉）と、蒋毅明、李西民、張宝璽、黄文崑「図版解説」二九一～二九七頁（天水麦積山石窟芸術研究所編『中国石窟 麦積山石窟』平凡社、1987年）を参照した。

④ 第一四七号窟の袈裟の着け方については、岡田健　石松日奈子「中国南北朝時代の如来像着衣の研究（下）」二三〇～二三一頁（『美術研究』第三五七号、東京国立文化財研究所、一九九三年）、岩井共二「中国南北朝時代における裳懸座の展開」（『佛教藝術』第二一二号、毎日新聞社、一九九四年）を参照した。

小さく卵形で、頸が細長く撫で肩であり、前に折り返した裳の上端が半円形を呈するといった、それまで見られなかった形式を兼ね備えている。弟子像は、涼州式偏袒右肩に着けた袈裟の下から裳の上端を覗かせ、右肩に跳ね上げた袈裟の一部であろうか、肩から垂れる布を握るが、どちらも新しく現れた形式である。

図1　第22窟如来坐像

図2　第147窟如来坐像

図3　第22窟菩薩像と弟子像

B、第六二号窟

a. 如来坐像

西崖西下部に開かれた石窟で、ほぼ完全な形で開窟当時の様子を今に伝える。方錐形天井窟でプランは方形（図4）。高さは一．八五メートル、幅一．七〇メートル、奥行き一．七四メートル。窟の四隅には塑土で柱が、天井には梁や辺框、軒桁が造られた。それぞれの交点には、蓮を象る円形の飾りがつけられている。この窟形式は第四四号窟や第一〇二号窟など西魏窟に出現したが、主として北周時代に流行したことが知られている。三壁にひとつずつ穿たれた大龕内に如来坐像を置き、それぞれ左右に菩薩立像を配している。

正壁如来坐像（像高〇．七〇メートル）は右手に施無畏印を結び、袖のある紐付きの衣を纏い、その上に袈裟をいわゆる涼州式偏袒右肩に着けている（図5）。アイロンをかけたように畳まれた裳懸座は北魏後期諸窟造像の通性である。しかし方円形をした顔の輪郭と、肉髻がほとんど表されないという特徴を持つため、頭部全体が球形を呈するのは新しい。額が狭く、吊り上がり気味で切れ長の眼を薄く開けている。

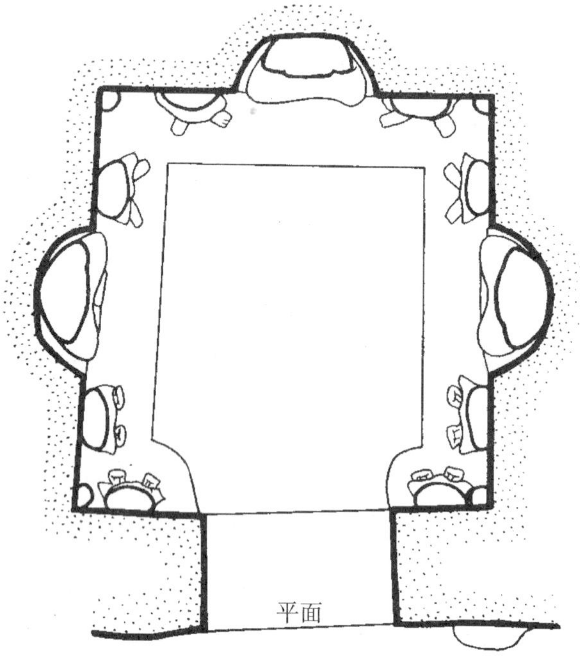

図4　第62窟プラン（『文物』1983.6）

図5　第62窟正壁如来坐像

左右大龕内部の如来坐像は、正壁像より若干小さく（像高〇．五九、〇．五六メートル）、袈裟を通肩に着け禅定印を結ぶ点が本尊と違っている（図6、7）。下腹部の膨らみが正壁本尊より目立つが、裳懸座襞表現に見られた装飾性は減じている。左壁像は若干であるが、肉髻部分と地髪の間に段差が認められるものの、右壁像は本尊同様頭部の盛り上がりがほとんどない。なおこの像は、前髪中央部が突起状になる珍しい形式を備えていることは注目に価する。

図6　第62左壁如来坐像

図7　第62窟右壁如来坐像

b. 菩薩像、弟子像

正壁大龕左右の菩薩像（左像高一．一七、右一．一四メートル）は、三面宝冠と組み合わせられた背の高い帽子状の冠を被り、頂部に開けられた穴から髻が覗いている（図8a，b）。本来髻は左右二つに分かれていたらしい。北魏後期の作品だが、荘浪県博物館所蔵の五層四面塔には、これと類似する帽子？を被る脇侍菩薩像が刻まれていた（図9）。肩にかかる頭髪は、先端がいくつにも分かれている。方円形の面部や狭い額、切れ長で細い眼は、これらと如来像を造った工人との密接な関係を示している。肩にかけた天衣を腹前でX字状に交叉させることなく左右互い違いとし、頸から長く垂らし

図8a　第62窟菩薩像

図8b　第62窟菩薩像

図9　荘浪県出土の四面塔（『甘粛佛教石刻造像』甘粛人民美術出版社）

た瓔珞の一部が下方の天衣上に載っている。現在失われるが、本来首飾りから三本の垂飾が伸びていたようである。軽く腰を捻り、片膝を曲げて遊足とするだけでなく、裳によって持ち上げられた腹の肉の盛り上がりが、下着（絡腋）の上から看取される。七頭身のプロポーションと細く長い腕は、この像を洗練したものとしている。

左右壁菩薩像（左壁左像高一．一一、右一．一二メートル、右壁左像高一．一二、右一．〇五メートル）は帽子状の冠や瓔珞を持たず、像の動き自体も少ない。正壁像との違いを明確にするため、このような対比がつけられたものと考えられる。正壁菩薩像の場合、前に折り返した裳の端が綺麗な弧を描くが、右壁左の像は中央に切れ目が入れられ、左右で折り返しの長さが異なっている。前壁拱門左右には、袈裟を漢民族式に纏い、やや俯き加減の弟子像が立っている。球形の頭部のみならず、表情や姿勢から菩薩像と同じ工人グループの作であるとしてよい。この位置に弟子像を配するのは、第八七号窟など北魏末～西魏時代の窟に既に前例が見られる。

C、第一四一号窟

a、如来坐像

第一四一号窟は西崖東上部に開かれた。伏斗藻井窟で、平面は方形（図10）。第六二号窟などの方錐形天井窟とは、天井中央に藻井を造り、塑土で造られた蓮華をそこに取り付ける点が違っている。しかし、藻井部分に向かって壁の四隅から半円筒形の辺框が伸び、窟全体で木造の仏帳を模す点は共通している。藻井の四隅と壁の四隅に、やはり蓮を象る飾りが配された。窟高二．六八メートル、窟幅三．〇八メートル、奥行き二．八〇メートル。正壁にひとつ、左右壁に三つずつ龕が開かれ、それぞれ如来坐像が置かれている。全体で七仏を表現すると考えられるこの像配置は、西魏窟以前の麦積山石窟のみならず、他の北周の領域にもほとんど見つけられない。正壁大龕は尖拱額で飾られ、左右龕柱上部には摩尼宝珠が載せられた。ここに入れられた本尊（像高一．四五メートル）は、第二二号窟で見たように胸前をU字形に大きく開き、漢民族式に袈裟を着けている（図11）。右足のみ袈裟から出す点や裳懸座の形式も同じで、卵形の面部、下腹の緩やかな膨らみなどからも、この二体の像が近い関係にあったと考えられる。眼の形も類似している。しかし本像は、肉髻を備えるが二二号窟像のものと違い頭部全体が盛り上がる形式で、地髪との段差も明確でない。

左右壁に開かれた大龕の多くは上部が壊れてしまい、本来そこにすべて尖拱額が造られたか否かは不明である。龕柱上部にはしかし、摩尼宝珠が残っている。如来坐像（左壁奥像高〇．六八、右壁奥〇．七九メートル）の肉髻は、形は一様でないが、基本的に僅かな盛り上がりとして表される。通肩と偏袒右肩のものが混在し、また通肩にしてはかなり胸元を開く像が造られたが、どれも衣文が刻まれた薄い袈裟を通して身体の起伏が看取される。右足の踵だけを袈裟から出す像など（図12）、一体ずつ微妙に着衣形式が異なるものの、正壁像と異なり裳懸座をほとんど備えない点で共通している。第六二号窟と同様、本尊とそれ以外の如来像を区別する意図があったものと思われ、像高だけでなく像の細部形式にまでそれが及んだことが理解される。どの像も顎を引き俯き加減で、とくに図12の像は、西域（ホッチョ）から出土した八世紀のものとされる像（図13）を想起させる。

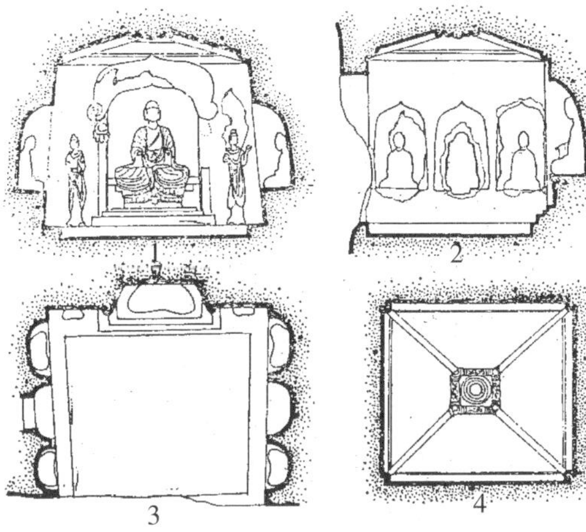

図10　第141窟プラン（『文物』1983.6）

図11　第141窟正壁如来坐像

図12　第141窟左壁如来坐像

図13　ホッチョ出土如来坐像（『シルクロード展』図録、読売新聞社）

b、菩薩像

正壁左右には、形式の異なる菩薩像が造られた。左側像の面部は卵形で、台座に載った、水晶形の摩尼宝珠らしきものを飾る三面宝冠を戴いている（図14）。前髪中央が僅かだが下方に尖り、頭髪を肩のあたりで幾筋かに振り分ける。腰を捻り三曲法を取り、また膨らんだ腹部を下着が包むのは、第六二号窟正壁菩薩像と類似する。しかし天衣を背中からかけるのでなく、胸を覆うようにして前から背面に向けて着け、背面でそれを交叉させる特異な形式を備えている（後述）。裳の上端を大きく前に折り返すことをせずに、小さく捻るようにして巻き込むのも新しい。一方右側像は、左側像と違いほぼ直立している。三面宝冠を戴いていたらしく、正面飾が一部残っている。前髪を中央で左右に分け、蕨手状の垂髪を肩に沿って垂らし、こちらは天衣をX字状に交叉させている（図15）。裳の上端を前に折り込まないで波打たせ、裳裾をアイロンでプレスしたように表現するなど、全体として北魏後期の形式を色濃く残しているのが特徴的である。

図14　第141窟左菩薩像

図15　第141窟右菩薩像

二、第二二、六二、一四一号窟と、他の「北周窟群」との関係

A、窟形式とモチーフ

第二二、六二、一四一号窟はすべて窟形式が異なっていたけれども、「北周窟群」の多くは、方錐形天井を採用している。これは三壁に三龕を開くもの（あるいは三壁に龕を穿たず、壁面に像を三体置くもの）と、正面に一龕、左右壁にそれぞれ三龕ずつを開くもの（あるいは左右壁に龕を穿たず、壁面に三体ずつ像を置くもの）の二種類に大きく分類される。前者の代表は第六二号窟で、他に羅災による破損がひどいものの、第五二号窟がこのグループに含まれるかも知れない。だが類例は多く見られない。これに対して窟全体で七仏を表現する後者（一窟七仏窟）には、第七、一二、二六、二七、三二、三六、三九、六五窟などが含まれる。興味深いのは、このグループに含まれるべき第一

四一号窟が覆斗藻井窟で、一窟七仏窟形式の窟ではこれと第一〇九号窟以外、この天井形式を備えるものがないことである。それゆえ窟形式を重視した場合、第一四一号窟は、第七、一二、二六、二七、三二、三六、三九、六五窟などと密接に関係するが、厳密には異なるグループに属したと考えられる。

B、如来坐像

第二二号窟と第一四一号窟本尊は、北魏後期~西魏時代とされる第一四七号窟如来像などの袈裟の着け方および裳懸座形式を継承していた。だがこの裳懸座形式は、「北周窟群」の造像に多くは採用されなかったようである。ただし第一四一号窟左右壁像のように裳懸座を持たない像は、極めて少ない。裳懸座は、第六二号窟左右壁像に代表される足先で割られた裳が左右対称に垂れる形式が流行したが、さらに簡略化した単純な二つの弧で表現された裳懸座も、第七、一二、二六、二七、三二、三六、三九、六五号窟左右壁像などに見つけられる。それらの像は、第一四一号窟左右壁如来坐像と同様、薄い袈裟を通して腕と身体との間の空間が表現され、下腹の膨らみなど肉体の写実的な表現がなされた。だがどれも上半身の衣文がかなり単純化されている（図16)。第一四一号窟と第七、一二、二六、二七、三二、三六、三九、六五号窟などの間には、影響関係とともに相違が認められることは、この点からも明らかである。

第六二号窟左壁の前髪中央を尖らせる如来坐像は、第四〇、九四号窟などに類例が存在する（図17)。隋時代とされることが多い後者の像は、肉髻が僅かな盛り上がりとして表され、面部が卵形であるのは第一四一号窟像と同様である。しかし、右脚を下に敷いて坐す形式は、第二二号窟とも第一四一号窟とも異なっている。

図16　第36窟如来坐像

図17　第94窟如来坐像

C、菩薩像と弟子像

a. 菩薩像

第一四一号窟正壁左菩薩像と同様、天衣で胸を覆う像は、他に第四五、六七号窟正壁左像や庫蔵第一号像①などで見つけられる。第四五号窟正壁左右の菩薩像は、第一四一号窟正壁左菩薩像と異なり保存状態が良く、この特殊な着衣法（胸を覆った天衣の左端を左肩から、左腕と身体の隙間を通して垂下させ、腹前でU字を描かせながら右腕にかける。天衣の右端は、背中を通して左腕と身体の隙間から出し身体に沿って垂らす）をよく理解することができる（図18）。庫蔵第一号像は三曲法を採るだけでなく、頭部正面に摩尼宝珠の蓮台らしきものが見られ、下腹部の膨らみを包み込む下着の表現など共通点を多数指摘できることから、これが第四五、六七号と同様、第一四一号窟と近い関係にある工人の手によるものであったと思われる（図19）。重要なのは庫蔵第一号像頭部が卵形を呈し、頭髪を中央で分けるだけでなく、手の形が第二二号窟菩薩像と類似することである。したがって第二二号窟像と第一四一号窟像との間には、本尊の裳懸座形式以外にも繋がりがあり、両窟の間に密接な交流があったと考えられる。

図18　第65窟菩薩像

図19　庫蔵第一号菩薩像（『中国麦積山石窟展』図録 日本経済新聞社）

① 『中国麦積山石窟展』図録（日本経済新聞社、一九九二年）の図版解説では、この像が第一六一号窟の像であるとされるが、第一六一号窟は北魏窟であり、そのため本像は別の窟のものであったと考えられる。

一方、これらの像ほど高い位置ではないが同じ方法で天衣を前から着け、また腹部の膨みが下着を通して表されるものに第二六号窟および第三六号窟の正壁右菩薩像がある（図20、21）。片手を挙げ、後方に反らせた掌上に何かを載せている点も第一四一号窟正壁左像と一致している。また隋時代とされることがある第一二号窟正壁左の像は、さらに低く腹のあたりを天衣が覆っている。正壁右像は天衣の着け方が異なっているけれども、掌を後方に反らす形式を備え、腹部の膨らみが表現されている（図22、23）。そしてこれらの像は、第一四一号窟正壁左菩薩像以上に前髪中央の突起が明確に表現される点でも共通していた。この前髪形式は、西安市北郊漢城郷西査村から出土した隋時代初頭と考えられる白玉菩薩像などに見いだせる（図24）①。しかし宝冠の金箔や唇の朱彩が残るこの白玉像は、右手に楊柳左手に浄瓶を持って直立し、体中を瓔珞で飾っていて、「北周窟群」菩薩像との間に密接な影響関係が認められない。なお第三六号窟正壁左菩薩像は、宝冠の痕と思われるものの上部に高髻が造られず、代わりに底の浅いボウルを伏せたような形の肉髻のようなものが彫り出されるが、これも類例を他の地域には見いだすことができないものである。

b. 弟子像

弟子像は、面部が卵形のもの（第二二号窟）と方円形のもの（第六二号窟）の二種類に分類される。面部の形のみならず、袈裟を涼州式偏袒右肩に着け、裳の一部を覗かせる点で第二二号窟像と共

図20　第26窟菩薩像

図21　第36窟左菩薩像

図22　第12窟左菩薩像

① この像にまた、裳の上端を（片側だけであるが）捻るようにして前に折り込む形式が認められる。なお菩薩像の前髪中央を尖らす表現は、西安市旧民航機場北側礼泉寺趾から出土した隋時代とされるいくつかの像にも認められる（王長啓「礼泉寺遺趾出土佛教造像」『考古與文物』二〇〇〇一二）。武帝による廃仏により造営が停止した寧夏回族自治区須弥山石窟第五一窟の菩薩像にもこの形式は見られるが、その尖り方は僅かである。

図 23　第 12 窟右菩薩像

図 24　西安市北郊漢城郷西查村出土白玉菩薩像（『中国国宝展』図録、朝日新聞社）

通する第一五七号窟正壁左側弟子像は（図 25）、露になった肩の部分から伸びた紐をその裳と結び付けている。これは、西魏窟である第一〇五号窟弟子像が備える形式であった[①]（図 26a，b）。

図 25　第 157 窟正壁左側弟子像

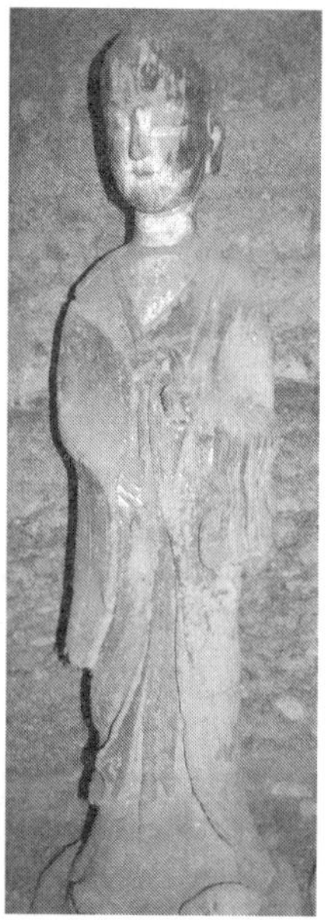
図 26a　第 105 窟弟子像

図 26b　第 105 窟弟子像局部

① 八木春生「麦積山石窟西魏窟に関する一考察」（筑波大学芸術学研究誌『芸叢』二〇号、筑波大学芸術学系芸術学研究室、二〇〇四年）

三、典型北周窟と関連諸窟の造営順序

A、第二二号

この窟本尊は、卵形の頭部や筒を思わせる立体的な身体、さらに下腹の膨らみなどが表現される点で、西魏窟の像とは違っている。だが第六二号窟や第一四一号窟と比べ、北魏後期および西魏諸窟の像の残存形式が多く見いだされる点に特徴がある。それゆえこの窟が、「北周窟群」の中で、早い時期の造営であったと考えられる。

弟子像がこの窟の像と関連を持つ第一五七号窟の本尊は（図27）、卵形の頭部や垂れ気味の目、口元など、第一〇九号窟右壁如来坐像と極めて類似している（図28）。そして第一〇九号窟は、覆斗藻井窟で正壁大龕に一体、左右壁に三体ずつ如来像を配し、通肩や偏袒右肩に袈裟を着け、しかも裳懸座を備えていないなど第一四一号窟との類似をいくつも指摘できる。

図27　第157窟正壁本尊如来坐像頭部

図28　第109窟右壁如来坐像

B、第一四一号窟

a. 第一四一号窟と関連のあるふたつのグループ

第一四一号窟との間に直接、間接的に関連が見られた第二二号窟だが、第一四一号窟の如来坐像は、頭頂全体が僅かに盛り上がる形式で表現された肉髻や、より明確に身体と腕の間の空間が表現されるなど自然な肉体表現が見られる点で、第二二号窟と異なっている。「北周窟群」中、もっとも早い時期のものとして第二二号窟および、それと密接に関係する窟に第一五七、一〇九号窟をあげるならば、第一四一号窟はそれに遅れて開かれたと考えられる。ただし、第一〇九号窟とさほど造営時期が離れていたとは考えにくい。一方第一四一号窟正壁左菩薩像は、庫蔵第一号像以外にも、第一二、二六、三六、四五、六五、六七号窟像と共通点を指摘できた。しかしそれら石窟中、庫蔵第一号像を介して第二二号窟と関連が認められる第四五、六七号窟以外（第一二、二六、三六、六五号窟）は、第二二号窟のみならず、それとの関連が認められた第一〇九、一五七号窟との間に多くの繋がりを見つけられない。それゆえ第一四一号窟と関連のある石窟の中には、庫蔵第一号菩薩立像と天衣の着け方一致する第四五、六七号窟と、第七、一二、二六、二七、三二、三六、三九、六五号窟のふたつのグループが存在したことが理解される。

b、第一二、二六、三六号窟

第一二、二六、三六、六五号窟と、第四五、六七号窟の間には、方錐形天井窟で七仏をモチーフとする窟とそうでない窟という相違点も存在した。ただし前者の中でも第六五号窟は、菩薩像が天衣を前から着ける形式を採っていない。それゆえ第一二、二六、三六、四五、六五、六七号窟中、第十二、二六、三六号窟が、このグループの核を形成していたと考えられる。三窟中もっとも小さい第一二号窟①の正壁本尊②は、両肩を覆うように羽織った衣を右腕にかけた後に漢民族式のように腹前に渡すことなくそのまま下方に垂らし、その上からさらに袈裟を涼州式偏袒右肩に着ける特殊な形式を採用していた（図29）。第二六号窟本尊も、ほぼこれと同じ形式だが、第三六号窟本尊は、一般的な漢民族式に袈裟を纏っている。一方、第二六号窟左右壁如来坐像が備える右脚を下に敷いて足を組む形式は、第一二号窟では採用されない。また第一二号窟菩薩像は、腰を緩やかに捻り片足を遊足とする点で、第二六、三六号窟像と違っていた。けれども第一二号窟左菩薩像と第三六号窟右菩薩像を比較すると、面部が方円形で、眉や目さらに鼻などの形が極めて近いことに気がつく（図30、31）。これらのことから、第一二、二六、三六号窟の三窟は、第一四一号窟より遅れて造営されたとして間違いないが、それぞれの造営順序は明確でなく、互いの造営時期にはさほど時間的開きがなかったと考えられる。

図29　第12窟如来坐像

図30　第12窟菩薩像頭部

図31　第36窟菩薩像頭部

① 第一二号窟は窟高二、一、窟幅一、八七、奥行き一、八六メートル、第二六号窟は窟高三、八六、窟幅三、八三、奥行き二、一五メートル、第三六号窟は窟高二、三六、窟幅二、一八、奥行き二、〇メートル。

② この窟の如来坐像は、袈裟表面に明時代の「瀝粉堆金」と呼ばれる塑土による装飾が施されているが、像自体の保存は完全であるとされている。

c. 第一四一号窟系統諸窟

現在菩薩像が失われるものの、やはり方錐形天井窟で七仏をモチーフとする第七、二七、三二、三九号窟も、この第一二、二六、三六号窟に代表されるグループ（以下第一四一号窟系統諸窟）に属すると考えられる。どの窟も左右壁に龕が穿たれず、像が台の上に載せられる形式が、第一二、二六、三六号窟と共通することからこのことは確かめられる。また第七、二七、三二、三九号窟は、左右壁如来坐像の中に右脚を下にして足を組むものが見られる点で、第二六号窟との結びつきが看取される。

第一四一号窟と近い形式の菩薩像が造られた第四五、六七号窟は、厳密には区別されるべきだが、ここでは第一四一号系統諸窟に含めて考えることにする。ただし第六七号窟本尊は顔が第一四一号窟本尊に近似するので（図32、33）、これら二窟は他の第一四一号系統諸窟より、造営が早かった可能性がある。そこで以後これらを第一四一号窟系統前期諸窟、方錐形天井窟で七仏をモチーフとする窟を第一四一号窟系統後期諸窟と呼ぶことにする。そして第一四一号窟系統（前期と後期）諸窟こそが、北周末～隋時代初頭に造営され、その帰属が問題となる石窟であった。

図32　第67窟如来像頭部

図33　第141窟如来像頭部

C、第六二号窟

方錐形天井窟だが三壁に三龕を開く第六二号窟の窟形式は、西魏窟である第四四号窟などに祖形が求められるものの、「北周窟群」の中では例外的な存在であった。右壁如来坐像のように、如来像で前髪中央が尖る形式は、第四〇、九四号窟本尊以外にも、隋窟とされる第八号窟本尊で採用されている。第六二号窟では、本尊はもとより左右壁如来坐像の裳懸座が長く垂れ、北魏後期以来の古い形式を残していた。しかし第二二号窟および第一四一号窟本尊とは形式が違い、さらに裳懸座表現がほとんどない第一四一号窟左右壁像をはじめ、小さな二つの弧として表現される第七、一二、二六、二七、三二、三六、三九号窟など第一四一号窟系統後期諸窟の左右壁如来坐像とも異なっている。菩薩像は面部が方円形で、天衣を肩にかけ、しかも交叉させず左右互い違いにさせている。この天衣の着け方は、西安付近から出土する北周～隋時代の石像によく見られるが、麦積山石窟であまり多く見つけられない[①]。片足を遊足とする姿勢は第一二号窟像と同じだが、それ以上に自然である。

方錐形天井窟で、像の面部が方円形、また菩薩像の下腹部の膨らみが認められる第三六号窟など、第一四一号窟系統後期諸窟となんらかの関係を持った可能性は考慮されるべきである。しかしそれらと直接的な結びつきを示す形式は、ほとんど見られない。他の石窟とグループを形成しない第六二号窟は、「北周窟群」の中で特殊な存在であったと考えられる。正壁菩薩像の帽子状の宝冠も、麦積山石窟に他に例を見ないものであった。したがってこの窟の造営時期を想定することは、困難である。ただし、麦積山石窟では菩薩像から始まった前髪中央が尖る形式を如来坐像が備えることを重視すれば、第一四一号窟系統後期諸窟と同じか、あるいは少し遅く開かれた可能性が高いと考えられる。

四、第一四一号窟系統後期諸窟に見られる他地域からの影響

A、北斉仏教美術からの影響（足の組み方）

第一四一号窟系統後期諸窟の菩薩像に見られる、前髪中央の尖る形式が、北周～隋時代の西安仏教美術との繋がりを示していることは既に述べた。しかしこれまでほとんど指摘されることはなかったが、北斉仏教美術との関係も重要であると思われる。如来坐像において、低い肉髻の出現や裳懸座の消失は、インドや東南アジア、西域、また南朝などから流入した情報がきっかけとなった可能性を比定できない。しかし右脚を下に敷いて坐す形式は、北斉仏教美術にその起源を求めることが可能である。麦積山石窟では第一四一号窟系統後期諸窟の第七、二六、三二、三九号窟左右壁像や、第八二、九四号窟本尊などが、この形式を備えていた（図34）。鄴付近の石窟では、北斉初頭に造営された北響堂山石窟北洞（五五〇年頃）をはじめ、五六八年以前に開かれたことが確実である南洞には認められない。だが五七〇年代初頭～半ば頃とされる南響堂山石窟第一～二窟および第五窟などで、この形式が採用されたことが知られている[②]。一般的に北周の造像は、北斉石窟造像以上に保守的傾向が強いので、伝統を破るこの脚の組み方が北周の領域でまず採用されたとは考えにくい。それゆえこの形式が麦積山石窟に流入したのは、早くても五七〇年以降であったと思われる。寧夏回族自治区固原の須弥山石窟では、第五一窟（北周窟）如来坐像が同様の形式を備えており、この窟が完成を見なかったのは、武帝の廃仏の影響であったとされることもこの考えを補強する。[③]

---

① ただし北斉の領域でも山東地方の青州や諸城の出土品の中には、北斉～隋時代とされる像の中に、天衣を左右互い違いにしている像が見られることを指摘しておく。

② 北斉の領域における、右脚を下に敷いて足を組む如来坐像については、岡田健「南北朝後期仏教美術の諸相」三〇四頁（曽布川寛　岡田健『世界美術大全集東洋編第三巻 三国　南北朝』小学館、二〇〇〇年）を参照した。

③ 須弥山石窟諸窟の造営年代については、寧夏回族自治区文物管理委員会　中央美術学院美術史系編『須弥山石窟』（文物出版社、一九八八年）および寧夏回族自治区文物管理委員会　北京大学考古系編著『須弥山石窟内容総録』（文物出版社、一九九七年）を参照した。なお須弥山石窟第五一窟に彫り出された如来坐像は、頭部を剃髪し胸前を大きくU字形に開けて袈裟を漢民族式に着けるものと、涼州式偏袒右肩に着けるものの二種類が存在するが、どちらもほとんどが右脚を下に敷いて坐しており、その下には小さな弧を描く裳懸座が覗いている。肉髻が低く面部は方円形で、頭部全体が球形を呈し、上半身は肩が張り胸の厚いブロック状だが、貼付いた袈裟から、下腹の膨らみが看取される。このように造像の形式面で「北周窟群」といくつも類似が認められる須弥山石窟第五一窟だが、中心塔柱を備える点で両者は大きく違っている。なお造営が中断されたことに関して、設計上の問題に起因するとの説もあることを指摘しておく（寧夏回族自治区文物管理委員会　中央美術学院美術史系編『須弥山石窟』二四頁〈文物出版社、一九八八年〉）。

B、北斉仏教美術からの影響（袈裟の着け方）

如来坐像に見られる、北斉仏教美術起原と考えられる形式には、また第一二、二六号窟本尊などに見られる袈裟の着け方がある。鄴付近では、南北響堂山石窟などに見られるように、両肩を覆う衣の上に袈裟を偏袒右肩に着けることがしばしばおこなわれた①。第一二、二六号窟本尊は、その中でも北響堂山石窟北洞中心塔柱左面倚坐像と同様の着衣形式を備えている②。一九七五年、西安北郊の北草灘李家村より北周時代のものとされる白玉の造像龕合計一七件出土したが、そこに刻まれた如来坐像のいくつかが、ほぼこれと同じ袈裟の着け方をしていた（図35）。おそらく麦積山石窟の工人たちは、西安からの情報を基にこの形式を受容したと考えられ、北斉仏教美術の情報は必ずしも北斉の領域から直接流入していたのでなかったことが理解される③。

図34　第7窟如来像

図35　西安北郊北草灘李家村出土白玉の造像龕（『中国石窟彫塑全集 第五巻 陝西・寧夏』重慶出版社）

① 北響堂山石窟南洞や南響堂山石窟第一、二、五、七窟、また水浴寺など以外にも曲陽出土の北斉時代の白玉像にも多くの類例を求めることが可能である。

② 八木春生「北響堂山石窟北洞に関する一考察」（筑波大学芸術学研究報告第四三輯『芸術研究報』二四、筑波大学芸術学系、二〇〇四年）。

③ 「北周窟群」の中には、如来坐像に北斉仏教美術起源と思われる形式を備えたものが多く見られたが、例えば第三六号窟左菩薩像のように、菩薩像にも北斉仏教美術からの影響と考えられる形式を持つ像が存在する。この像の底の浅いボウルを伏せたような形の頭部表現は、河北省霊寿県幽居寺磚塔内の如来坐像（五五六年）や、山西地方の東南部（太原から長治にかけての地域）から出土する北斉～隋代の如来像の特徴である、地髪の段差が認められない肉髻形式を思い起こさせる。

五、第一四一号窟系統後期諸窟の独自性およびその造営年代

A、七仏

中国で七仏が表現された歴史は古く、四二〇年代には甘粛地方で「北涼塔」と呼ばれるストゥーパを模した石塔にそれが刻まれたことが知られている。しかし七仏は弥勒菩薩と組み合わされており、それ以後も北魏時代を通じて七仏は弥勒と組み合わせられて表されることが多かった。これはガンダーラ以来の七仏表現の伝統を継承したものである。これに対して北魏前期雲岡石窟では、第一三窟主室南壁に七仏だけが彫り出されたことが知られている。また六体の如来坐像と二仏並坐像が並んで描かれ、第五番目と六番目にそれぞれ過去仏の名が記された敦煌莫高窟第二八五窟北壁（五三八~五三九年頃）は、七仏のみを表現する意図のあったことが明らかである。

麦積山石窟においても、西魏初頭の造営と考えられる第一二七号窟前壁上方には、七仏図だけが描かれている。一方北斉の領域で弥勒像と組み合わせられていない七仏を探すと、例えば河北省水浴寺西窟（五七四年頃）前壁に探すことができる①。ほぼ同時期とされる南響堂山石窟第一窟中心塔柱上部にも「過去七仏図」と思われるものが、「仏説法図」や「カンタカとの別離図」と比定される図像とともに刻み出され②、これらはどちらも、横一列に如来坐像が並ぶ形式で刻み出されていた。

B、第四号窟

地上八〇メートルの麦積山石窟でもっとも高い場所に開かれた第四号窟は、木造建築を模した「崖閣」形式であり、寄棟造りの屋根の下、八本の柱の間それぞれに帳形の龕が合計七つ開かれた。現在開窟時の造像はすべて失われるが、開かれた場所のみならず規模の大きさ、塑像と壁画を組み合わせる他に例を見ない飛天、龕と龕の間に彫り出された石胎の天龍八部衆像など、技法やモチーフの新しさ、そして芸術的水準の高さからこれらが「当時の地位の高い上流の人物によって建てられたものであろう」とする説は肯首される③。また一仏二弟子六菩薩あるいは一仏八菩薩像という、まったく新しい造像の組み合わせの出現からもこのことは補強される。一般的に、「散華楼」または「上七仏閣」と呼び習わされるこの窟は、大都督李充信により五七〇年頃に造営されたと考えられている。しかしこれほど豪華な窟を開くのは、「宇文広のもとの官吏にすぎない」李充信には不可能であり、秦州刺使で麦積山石窟の最大の施主であった宇文広一族による造営だとする説も提出されている④。金維諾氏の、李充信が開いたのは現在「中七仏閣」と呼ばれる第九号窟であるとする説も興味深い⑤。

---

① 邯鄲市文物保管所「邯鄲鼓山水浴寺石窟調査報告」『文物』一九八七ー四、図一六

② 顔娟英「北斉禅観窟的図像考」四二〇頁（『東方学報』第七〇冊、京都大学人文科学研究所、一九九八年）

③ 李西民、張宝璽、黄文崑「図版解説」二九三頁（天水麦積山石窟芸術研究所編『中国石窟 麦積山石窟』平凡社、一九八七年）

④ 李西民、張宝璽、黄文崑「図版解説」二九三頁（天水麦積山石窟芸術研究所編『中国石窟 麦積山石窟』平凡社、一九八七年）。また閻文儒氏も568~574年の間に第4号窟が造営されたとしている（「麦積山石窟的歴史、分期及其題材」『麦積山石窟』〈甘粛人民出版社、1984年〉。

⑤ 金維諾「麦積山石窟の創建とその芸術上の成果」一九五頁（天水麦積山石窟芸術研究所編『中国石窟 麦積山石窟』平凡社、一九八七年）

さらに現在壁面がコンクリートで修復されたことにより分からなくなっているが、かつて第四号窟の下には、七体の如来坐像が一列に並んで配されていたらしいことが、一九五〇年代に撮影された写真により確認できる。それゆえこの窟こそが李充信による「七仏閣」であったことも考慮する必要があるとの説も提出されている。第四号窟の場合、右脚を下に敷いて坐す如来坐像が見られることから、五七〇年以降の造営であったことが理解される。「七仏閣」であったか否かは簡単に結論を出せないものの、この窟が五七〇年頃の西安北周形式の反映しており、麦積山石窟に大きな影響を与えたとして間違いない。

C、第一四一号窟系統後期諸窟の造営年代

これに対して第一四一号窟およびその系統後期諸窟が備える、正壁に一体左右壁に三体ずつ如来坐像を配する一窟七仏形式は、他にほとんど例を見ない特殊なものであった①。この形式では、横に七体並べる以上に釈迦の重要性が増すことになるが、それは左右壁の如来坐像が正壁像より簡略化されていることから確かめられる。北魏時代を通じて、その領域各地で流行した石窟の重要なモチーフに、過去、現在、そして未来へと仏法が永続することを意味する三世仏があった。だが過去七仏、とりわけ釈迦を重視する姿勢は、この時期の麦積山石窟では、弥勒の下生ではなく釈迦それ自体に人々の関心が移ったことを示している。幸運にも天井壁画が残っている第二六号窟天井には、涅槃經変が描き出されていた。これも人々の興味が釈迦にあったことと関係し、歴史的な存在として実在した釈迦への思慕、釈迦に見えたいという当時の人々の欲求の現れであったかも知れない②。

しかし注目に値するのは、第一四一号系統後期諸窟では、左右壁の如来坐像が禅定印を結び、ほぼ同じ姿勢で造り出されたことである。第七号窟のように如来坐像の着衣形式と足の組み方の組み合わせに規則性が認められる窟もあるが、第一四一号窟に見られた着衣の細部形式などの違いは認められず、さらにこの傾向が顕著であった。これは、第一四一号窟系統後期諸窟が造営された時期、麦積山石窟において造営数が急激に増加したため、効率良く石窟内部に像を充填する必然性から一窟七仏という形式が好んで採用された可能性を示している③。また石窟の規模や装飾の少なさからも明らかなように、これらの石窟を造営した壇越は、第四、九号窟のそれとは違い潤沢な資金を持っていなかった。左右壁に龕を彫らず、如来坐像を煉瓦で造った台上に並べる窟が多いのはこのことと関係しよう。第四号窟（あるいは第九号窟）といった大型窟の開窟が、麦積山石窟における七仏流行と密接に関係する。だが麦積山石窟では、第一四一号窟の窟形式が踏襲されたのは、大壇越不在という状況が関係する。そして第一四一号窟系統後期諸窟の中でも、とくに右脚を下に敷く形式の如来坐像が見ら

---

①　ただし西安の寺院にこのような像配置をした堂が存在していた可能性は、否定できない。また現在第四号窟には、一仏二弟子六菩薩あるいは一仏八菩薩という変わった形式で並べられる後代の像が見られるが、造営時においても、現在と同様左右壁に三体ずつ立像が配されていたとして間違いない。しかしそれらが菩薩像ではなく如来像であったことも否定できず、そうであれば第四号窟も一窟七仏形式であったことになる。それゆえ、一窟七仏形式が麦積山石窟で造り出された窟形式ではなかった可能性についても考慮すべきであると思われる。

②　第二六号窟と同じ窟形式であり、それと双窟を形成しているとされる第二七号窟の天井には、『法華經変』が描き出されていた。

③　これら一窟七仏窟には、菩薩像が正壁本尊左右にしか配されず、三壁三龕窟の場合合計六体が造られるのと比べて、はるかに労力が軽減されることになると思われる。しかも菩薩像と異なり、如来坐像はほぼ同じ姿勢を採らせることが可能であることも、一窟に七仏を配する形式が好まれた要因となったと考えられる。

れる第七、二六、三二、三七号窟などの造営時期は、五七〇年より遅れる可能性が高い。第一四一号系統後期諸窟の造窟数が多いという状況を考慮すれば、建徳元年（五七三）に武帝により仏教が三教（儒教、仏教、道教）の中で最下位とされ、仏教に対する抑圧が増加し始めた廃仏直前の時期①ではなく、廃仏終了（五七九年）以後の造営であった蓋然性が高いと結論される。現在麦積山石窟芸術研究所に保管される「秦州雄武軍隴城県第六保瑞応寺再葬佛舍利記」には、「又至隋文皇仁寿元年再（開）龕窟敕葬舍利建此宝塔賜浄念寺」とある。隋文帝による造営が六〇一年におこなわれ、そこで様式、形式上に大きな変化が起きた可能性があると考えられるので②、北周窟の最末期を飾る第一四一号窟系統後期諸窟の造営は、六〇一年頃までの続いたことを否定できない。これを要するに、第一四一号窟系統後期諸窟造営の実年代は、そのほとんどが北周末～隋初（五七九～六〇一年頃）であったと考えられることになる。

おわりに

これまでの考察から、「北周窟群」の造像を概観すると、五七〇年代の北斉仏教美術や、西安北周仏教美術の影響が強い窟とあまり見られない窟に二分されることが理解された。麦積山石窟でそれらの影響が看取され始めるのは、北周初期窟である第二二号窟に遅れて開かれた第一四一号窟からであり、顕著になるのはさらに時代が下った第一四一号窟系統後期諸窟の第七、一二、二六、三二、三六、三九、六五号窟においてであった。一窟に七仏を配し、天衣を前から着けるといった麦積山石窟独自の形式が確立したのも第一四一号窟であると考えられ、また第一四一号窟系統後期諸窟においてそれが流行した。ここまで北周時代の造営とされることのある石窟を、便宜的に「北周窟群」として一括して論を進めてきたけれども、第一四一号窟こそ麦積山石窟北周窟を代表する石窟であるとして異論はないと思われる。そしてその系統後期諸窟も（多くは実年代的には隋時代に入ってからの開窟であった可能性が高いものの）、麦積山石窟北周窟であると見なすことが可能であると結論される。

最後に問題となるのは、隋窟とされることが多い第四〇③、八二、九四号窟と、如来の前髪中央が突起する形式と菩薩像の天衣の着け方において共通点が見いだせる第六二号窟である。勿論この窟は、繰り返し述べる通り方錐形天井窟で、三壁に三龕を開く形式である。菩薩像が七頭身のプロポーションを備える点から、穹窿窟（第四〇号窟）や円拱龕（第八二、九四号窟）で、頭部の大きな童子形の菩薩像が見られる第四〇、八二、九四号窟とは、大きく異なっている。それゆえ第六二号窟を隋窟とするのは難しいようにも思われる。しかし、麦積山石窟北周窟を特徴づける第一四一号窟との関係が薄いばかりか、隋時代に入ってからの造営である可能性を否定できない。また西安付近では、隋時代初頭の石造菩薩立像が童子形を脱却し成人男性を思わせるプロポーションを獲得していた。さらにこの窟に一体しか見られないものの、正壁左菩薩立像は、腹部に一本の細線が認められる。これが

① 塚本善隆『塚本善隆著作集 第二巻 北朝仏教史研究』六一五～六一六頁（大東出版社、一九七四年）。

② 『辨正論』巻三の記載によると、隋文帝の時期造られた大小の仏像が十万六千五百八十体であったのに対して、修理した像は百五十万八千九百四十体に及んだとされる（『大正大藏經』二一一〇、五〇九頁）。このことから隋時代、とくにその初期においては、廃仏により破壊された仏像の修復が主であったことが理解される。

③ 第四〇号窟は、北周末の第三九号窟の壁の一部を破壊していることから、隋時代の造営である可能性が非常に高い。

単に細い紐で結束したものでなく、「裳を二重に纏い、外側は下腹部分で外側に折り返すが内側は高い位置まで持ち上げ、その上端が肩から斜めに着けた下着によって隠される」という西安付近で六〇〇年頃流行した形式と関係するのであれば、これまで無条件に「北周窟群」の代表としてきたこの窟を、隋の最初期に西安付近から来た工人たちにより開かれたものとして位置づけることも可能であろう。

以上の考察から、第四、七、九、一二、二二、二六、二七、三二、三六、三九、四五、六五①、六七、一〇九、一四一、一五七号窟が北周窟として認められた。これをまとめると以下のようになる。

北周時代前期諸窟（五五七年頃～五七四年頃）

第四、九、二二、四五、六七、一〇九、一四一、一五七号窟

北周時代後期諸窟（五七九年頃～六〇一年頃）

第七、一二、二六、二七、三二、三五、三六、三九、六五号窟

何回かの重修を経て造像の一部が北周時代に造られたと思われる五三、八四、八八号窟などはもとより、第一八、四一、四二、一三四、一三七、一六六号などのように今回まったく触れることはできなかった窟がいくつか残っている。それらの中には第一三七号窟のように、麦積山石窟には非常に少ない唐時代のものとも考えられる菩薩像が見られる窟も存在する。麦積山石窟北周窟の研究は端緒についたばかりであり、さらに北周窟について調査をおこない考察を進めていくことで、その詳細が明らかとなっていくことが期待される。

作者简介：

八木春生，1961 年生，日本成城大学文学博士，日本筑波大学大学院世界遗产专业准教授，博士生导师。从事佛教美术研究，著有《雲岡石窟文様論》（法蔵館 2000）、《中国仏教美術と漢民族化》（法蔵館 2004）、《中国の石仏》（根津美術館 2008）等。

① 第六五号窟は方錐形天井窟および一窟七仏窟形式を備えるものの、菩薩像が天衣を前から着ける形式を採らないばかりか、頭部の大きい童子形として造られた。それゆえこの窟は第一四一号窟系統諸窟の中でも遅く隋時代に入ってからの造営であったと考えられ、第一四一号窟の影響力が低下する一方で、隋以降盛んになる形式を備えている。それゆえこの窟を無条件に北周窟とすることには問題がある。

麦积山石窟的七佛窟

张宝玺

要　約

麦積山石窟には七仏窟が14窟存在し、そのほとんどは北周窟である。木造建築を模した崖閣式、方錐形の天井を持つ中小方窟、そして七仏組成の千仏廊の3種類の窟形式が見られる。また明清時代以来、上中下七仏閣と称されている石窟が存在する。それら七仏窟は、東崖の大半の崖面を占め、全て木造建築を模した崖閣式である。とくに第4号窟は規模が非常に大きく、麦積山石窟盛期の造営で、一般に、北周大都督李允信が父のために造営したものとされている。中七仏閣とされる第9窟の真上にある第3窟千仏廊は、この第4窟と同時期のものであると考えられる。

第28，29，30窟の3窟を合わせて下七仏閣と呼ぶ。開鑿の期間が長く、容易に破壊の憂き目に遭う低い位置にあるため、全ての造像はこれまで何度も重修を受けている。そのため現状は複雑で、また恐らく完成をみなかったものと思われる。方錐形の天井を持つ七仏窟はいずれも中小窟に属し、11窟が存在する。窟内は中心に1仏、左右壁に3体ずつが配置され、その多くは完全に北周造像の様式を留めている。

ところで中国国内で最も早い七仏造像の例は5世紀初期の北涼石塔で、14基が現存し、いずれも七仏と1体の弥勒菩薩像を彫り出している。石窟において、七仏が看取できるのは雲岡石窟第13、11、10窟である。これらの七仏造像は、弥勒菩薩像を主尊とするか、或いは弥勒菩薩が存在する窟に見ることが出来る。七仏窟として完成した窟は、北魏中期に成立し、北魏泾川南北石窟寺が最も早い。それに続き、麦積山石窟北周時期に壮麗な七仏閣（窟）が開鑿された。武山拉梢寺千仏溝や、須弥山石窟の北周時期にも、大規模な七仏窟及び七仏造像を見ることが出来る。七仏窟は、北周時期に隴東地区において流行した形式である。また北涼石塔や北魏窟の七仏に弥勒菩薩が加えられていたのに対して、麦積山石窟北周時代の七仏閣（窟）では、弥勒菩薩像の配置されない点に特徴がある。

七仏造像はインドに由来し、まだ仏像彫刻が存在しない無仏像時代に、すでに出現していた。紀元前3世紀初めに建てられた阿育王時代のサンチー大塔に、並列した7本の菩提樹または7つの塔が、過去七仏を表わしたとされており、これが最も早い七仏的な彫刻であると見なせる。紀元2，3世紀になると、インドガンダーラ仏像彫刻中に完全な七仏及び弥勒菩薩造像の浮き彫りが出現する。もっとも主要なモチーフではないにもかかわらず、七仏と弥勒菩薩造像の配列はすでに完全であることが知られる。七仏の名は『長阿含・大本経』に記されている。すなわち、毘婆尸仏、尸棄仏、毘舎浮仏、拘留孫仏、倶那含牟尼仏、迦葉仏、釈迦牟尼仏である。『増一阿含経』には、「将来久遠、弥勒出現、至真、等正覚」、「弥勒出現、国土豊楽」と記され、弥勒は七仏の後に並べられる。

七佛窟，作为佛窟的一种形制，它的形成经历了一个过程，而麦积山石窟七佛窟又是这个过程中一个十分重要的环节。七佛造像从印度到我国早已有之，如北凉石塔上的七佛造像，云冈石窟第13、11、10窟的三铺大型七佛像。而七佛窟的形成则始于北魏泾州南北石窟寺，即今天的庆阳北石窟寺和泾川南石窟寺。继之有麦积山石窟北周时期崖阁形制的七佛窟。崖阁形制的七佛窟在空间视野上有了新的开拓，在艺术形式上提升到一个新的层次，与此相仿的尚有武山拉梢寺千佛沟，又称七佛沟的七佛摩崖悬塑。在十六国北魏的早期七佛研究中，我们重视的是它与犍陀罗艺术的关系。七佛窟形成以后，我们更重视窟形之演变及艺术上的成就。

麦积山七佛窟的统计

根据中央文化部麦积山勘察团《麦积山石窟内容总录》，张学荣《关于麦积山石窟中的北周洞窟、造像和壁画》，李西民、蒋毅明整理的《麦积山石窟内容总录》，麦积山石窟统计到的七佛窟14座。① 列表如下：

麦积山石窟七佛窟

窟号	时代	窟形	七佛造像	壁画	备注
3	北周	人字披千佛廊十四间	每间每层排列坐佛七身，上下六层		
4（上七佛阁）	北周	殿堂式崖阁，七间八柱庑殿	七阁之中，第1、2、4、6、7阁一坐佛二弟子六菩萨，第3、5阁一坐佛，八菩萨	廊顶平棋画佛传故事，廊正壁上方七铺伎乐天	造像历唐、宋明各代重修，明清以来称上七佛阁、
7	北周	方形四角攒尖顶窟	正壁龛一坐佛，左右壁各三坐佛		宋代重修
9（中七佛阁）	北周	崖阁七间	七阁之中，中阁一坐佛二弟子左右六阁各一坐佛二菩萨		宋明重修，明清以来称中七佛阁
12	北周	方楣方形四角攒尖顶窟	正壁龛一坐佛，左右壁各三坐佛		明代重修

① 中央文化部麦积山勘察团《麦积山石窟内容总录》，刊《文物参考资料》1954年第2～6期。张学荣《关于麦积山石窟中的北周洞窟、造像和壁画》，载阎文儒主编《麦积山石窟》，甘肃人民出版社，1984年。李西民、蒋毅明整理的《麦积山石窟内容总录》，刊《中国石窟·天水麦积山》，文物出版社，1998年。

续表

窟号	时代	窟形	七佛造像	壁画	备注
26	北周	方形四角攒尖顶窟	正壁龛一坐佛，左右壁各三坐佛	窟顶正披及左右披画涅槃变	宋重修，三身不存
27	北周	方形四角攒尖顶窟	正壁龛一坐佛，左右壁各三坐佛	窟顶正披及左右披画法华变	宋重修，三身不存
32	北周	方形四角攒尖顶窟	正壁龛一坐佛，左右壁各三坐佛		宋修
35	北周	方形四角攒尖顶窟	正壁龛一坐佛，左右壁各三坐佛		元重修，六身不存
36	北周	方形四角攒尖顶窟	正壁龛一坐佛，左右壁各三坐佛		宋重修，一身不存
39	北周	方形四角攒尖顶窟	正壁龛一坐佛，左右壁各三坐佛		右壁二身不存
65	北周	方形四角攒尖顶窟	正壁龛一坐佛，左右壁各三坐佛		
109	西魏	方形覆斗顶窟	正壁龛一坐佛，左右壁各三坐佛		明修，二身不存
141	北周	方形覆斗顶窟	正壁龛一坐佛，左右壁各三坐佛		二身不存

上表统计到的麦积山七佛窟共 14 窟，在时代的划分上，仅第 109 窟为西魏。余者第 3、4、7、9、12、26、27、32、35、36、39、65、141 窟都是北周洞窟。由此可以看出北周是麦积山石窟七佛窟的全盛期，其他时代则为显见。

其窟形有三式：

1. 仿木构崖阁式，仅有第 4、9 这两窟，数量不多，工程浩大。

2. 方形四角攒尖顶的中小型方窟，有 11 窟，数量占据多数，它们是第 7、12、26、27、32、35、36、39、65、109、141 窟，其平面多在 9 平方米左右的中型窟。

3. 七佛组成的千佛廊，即第 3 窟。

在佛像的排列上，崖阁窟为七佛并列，第 4、9 窟为七佛并列的大型窟。方形窟为一佛居中左右壁列六佛。

上中下七佛阁考述

明清以来有上、中、下七佛阁之称。它们占去东崖大半崖壁（图 1）。

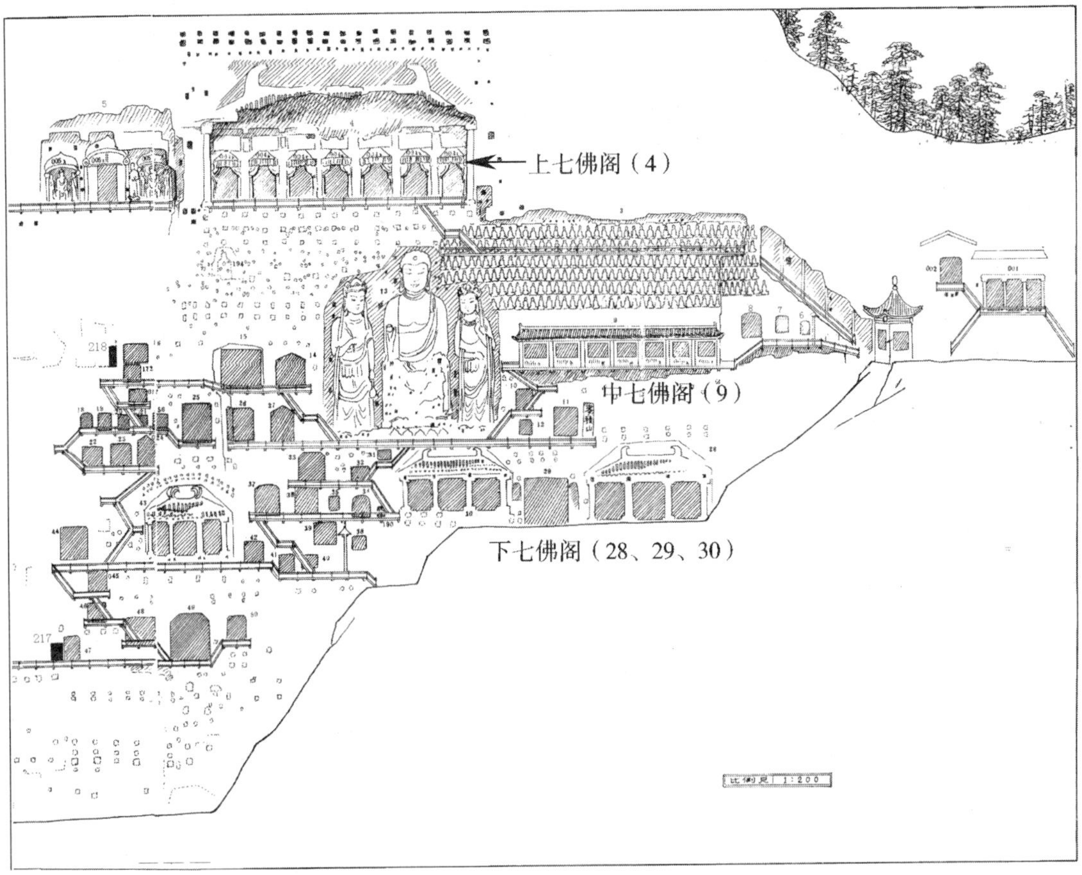

图1 麦积山上、中、下七佛阁在崖面上的位置

第4窟，称上七佛阁，又叫散花楼，位于东崖中部，首先表现为建筑的宏伟壮观；采取仿木构七间八柱殿堂式建筑形式，上凿单檐庑殿式殿顶，前开七间八柱廊檐，正壁并开七个佛帐式大阁（图2）。它和大佛窟一样，临崖壁造像开拓了视野，充分利用了空间效应，它不仅是麦积山最壮观的七佛窟，也是麦积山石窟群中最宏伟的一个洞窟，表现出融建筑、造像、壁画为一体的新形式。七阁安置七佛及其胁侍弟子菩萨像，每阁中造像布局基本一致，但略有变化。从左至右第1、2、4、6、7阁内泥塑一佛二弟子六菩萨，第1阁内还有二身接引佛，第3、5阁内泥塑一佛八菩萨；若以中阁（第4阁）为中心看其排列，中阁及左端二阁和右端二阁等五阁泥塑一佛二弟子六菩萨，中阁左右近邻的两阁内泥塑一佛八菩萨。佛阁之间浮塑八部护法。前廊左右壁上部各开一小龛，分别泥塑维摩诘和文殊菩萨。前廊左右壁下部各塑力士一身。这种崖阁式的洞窟由于体量大造就了辉煌，但它的致命弱点是容易坍塌，今殿顶已大部毁去，八廊柱已毁去六柱，仅余左右二壁柱。由于本窟是历代活动中心，其塑像经历代重修或重塑，可以确定的完整的北周造像一身也没有了，重塑的造像完全改变了原来的风格，仅在某些部位仍存北周原塑遗迹，被压在底层。可以肯定为北周时期的壁画，有檐廊顶部平棋的佛传故事，现在能看到的是六方，余者都毁掉了，完整的时候每阁前6方7阁总计在42方。另有廊正壁每阁上方的七铺伎乐天，采取薄肉塑加彩绘的手法，亦是北周艺术的巨作（图3）。

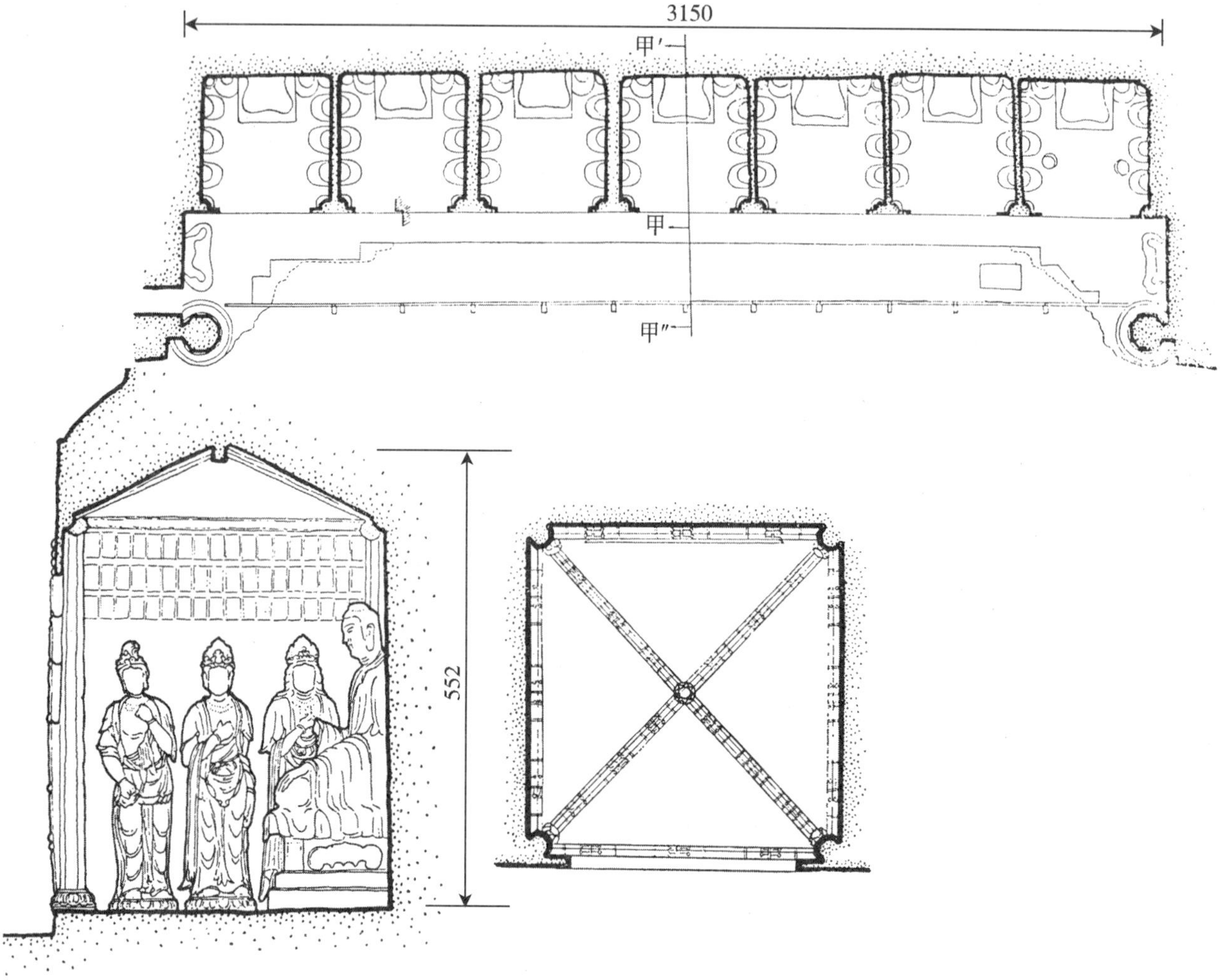

图2 麦积山上七佛阁平、剖面图

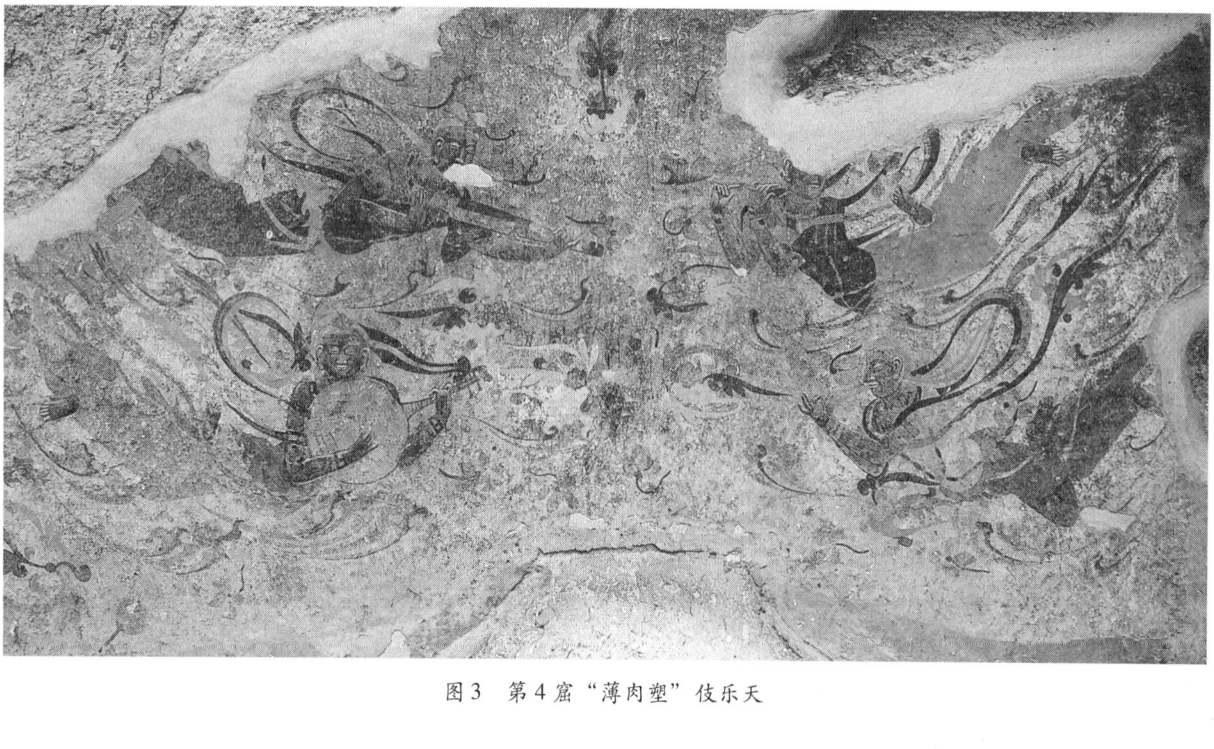

图3 第4窟“薄肉塑”伎乐天

第9窟，称中七佛阁，位于上七佛阁左下方。同样是前部为檐廊，正壁并列七阁的崖阁式窟龛，其规模较上七佛阁小很多，中阁泥塑一坐佛二弟子，左右六阁各为泥塑一坐佛二菩萨。崖阁原建于北周，历经宋、明、清重修重塑，北周造像被毁去或覆盖，亦是难得一见（图4、5）。中七佛阁正上方为第3窟千佛廊，也就是前面所说的有些记载所观察到的七佛所组成的千佛。上七佛阁、千佛廊和中七佛阁是

正立面

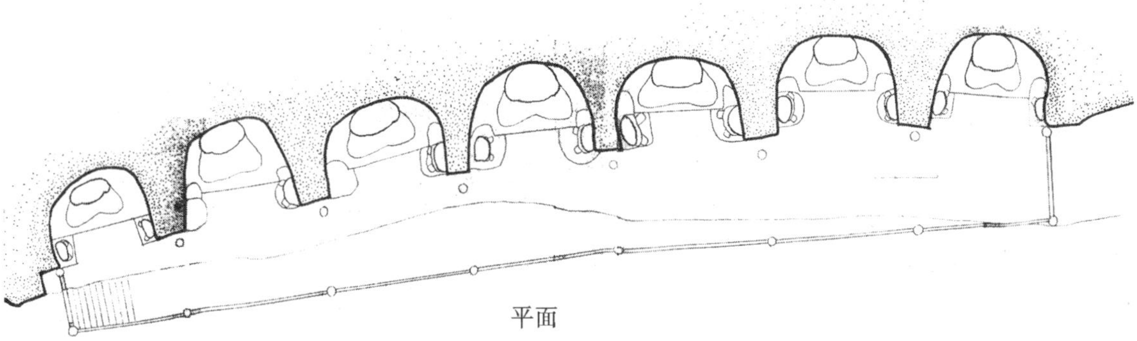

平面

图4　麦积山第9窟平、立面图

图5　麦积山第9窟（中七佛阁）

联接在一起的，它们的开凿年代相去不远，从上七佛阁的栈道穿越千佛廊来观察，先有中七佛阁千佛廊，后有上七佛阁比较符合工程程序。千佛廊第二、三层之间有60厘米的间隔，像是预留出来做栈道的。

明清以来将第28、29、30窟称下七佛阁。但中央文化部麦积山勘察团已经不把它们看作是一组洞窟，因此分别予以编号。多数学者认定第28、30窟是一组对应的三佛双窟，第29窟则为一个单窟。本人认为这三座洞窟处在底层地面同一水平线上，第29窟居中，第28，30窟左右对称，它们是一组七佛窟的可能性仍然存在（图6）。如果我们把它看成是七佛窟，中窟第29窟是一佛造像，左右第28和30窟皆三佛造像，也就是中一佛左右三佛的七佛造像布局。不过这几个洞窟处于底层地面容易遭到扰动，所有造像都遭到多次重修重塑，未能有一尊原像保存下来，各窟之间胁侍像已很不均衡。现存造像第29窟正壁是一坐佛左壁为骑狮文殊菩萨右壁为骑象普贤菩萨；左侧第28窟中龛是一佛二弟子二菩萨，左右龛是一佛二菩萨；右侧第30窟三龛都是一佛六菩萨。现在能够据以判断它们始建年代的是窟形。第29窟为敞口大龛，但原曾有木构窟檐。第28窟和第30窟皆为北朝流行的仿木构建筑庑殿顶四柱三开间崖阁，前部为廊，后部开三穹隆顶马蹄形龛。龛内正壁设方形佛座，周壁设台基。窟内的细部装饰有一定的差别。第28窟内有圆拱形龛口、圆拱龛尖拱形龛楣，以及北周时常见的宝镜柱头。第30窟圆拱龛无龛楣，在时代上成形于北魏晚期。也就是说从龛形装饰看第30窟要早于第28窟，有着较大差别，并不是同一期工程。但我们不能排除这几个洞窟的建造跨越了一定年代，或因重修才造成如此不统一。就其主体造像正中一佛左右各三佛的七佛造像组合，在麦积山石窟数量较多，上表列举的方形四角攒尖顶窟都是正壁一佛左右壁各三佛的七佛窟。如果这组七佛窟可以成立，它要早于上七佛阁和中七佛阁。它将是始建于北魏晚期麦积山石窟最早的七佛窟，也要早于四角攒尖顶七佛窟。它们之间有着一定的承继关系。

图6 麦积山第28、29、30窟外立面

这几个七佛阁的开凿年代，因有北朝著名文学家庾信撰写的《秦州天水郡麦积崖佛龛铭》存世，长期以来认为北周大都督李允信为亡父所造的七佛龛就是上七佛阁，文云“大都督李允信者，籍于宿值，深悟法门，乃于壁之南崖，梯云凿道，奉为亡父造七佛龛。”① 所说的“北周大都督李允信”，《周书》、《北史》则称作北周秦州刺史宇文广“其故吏仪同李充信”。② 文称李允信史称李充信有一字差不知何者为是，但可以肯定他们是同一人。根据官职考查，文称大都督史称仪同，他们都是秦州刺史的属吏。都督一职始于三国时期，南北朝末期渐冗滥，州郡属吏下常多人，故地位微卑，实已降到州佐之类，至北周明帝三年（559）改都督诸军为总管，则总管实为前代都督之任，有设大都督、都督、师都督以统军，俱辖于总管之下，文称李允信为大都督并不僭越。史称仪同，即仪同三司，东汉始置，晋南北朝仪同之号渐多，北周改为仪同大将军。史称仪同，是为了避免僭越和雷同，因为李充信其上司秦州刺史宇文广北周闵帝元年（557）就具有大都督头衔。北周贬值了的大都督和仪同都是地方军事长官，李允信皆有这两种头衔。在冗滥的北周官制中史称仪同严谨，文称大都督则是取悦功德主。

上中七佛阁开凿的具体年代。我们还可以从以下两方面考察：

其一，北周初年尉迟迥任秦州大都督都督秦凉等十四州诸军事、秦州刺史，选址在渭州仙崖即今天的武山拉梢寺石窟劈山浮雕通高36米的结跏趺坐释迦牟尼像。以尉迟迥的身世为什么不选址秦州就近的麦积山石窟，而是选址在距秦州较远的渭州仙崖。笔者认为除了宗教信仰重心不同外，另外一个重要原因就是此时的麦积山已无理想的崖面。西崖已布满洞窟，此际工程重点已向东崖转移，东崖上部就成了理想的崖面，据此推论占麦积山主要崖面的上中七佛阁千佛廊可能已经开始起建，或者某一部分正在起建。

其二，李允信为亡父所造的七佛龛的年代，若以北周天和五年（570）秦州刺史宇文广病逝及北周建德三年（574）武帝灭佛划线，李允信造七佛龛定在宇文广病逝前和病逝后均可成立，不能因为称李允信为大都督而定在宇文广病逝后。在武帝灭佛前这一点是可以肯定的，武帝灭佛后不久北周就告结束。由此可以推定上中七佛阁起建于北周初年，先有中七佛阁千佛廊，后有上七佛阁，工程浩大旷费时日，积年才能造就。第28、29、30窟称下七佛阁的起建年代就更早了，起建于北魏晚期。

过去很长一段时间多数学者一致确定上七佛阁就是《秦州天水郡麦积崖佛龛铭》中所说的李允信奉为亡父造七佛龛。近有学者提出新的看法，认为李允信是秦州刺史宇文广的属吏，就他的资历无力完成像上七佛阁这样浩大的工程，建造这样浩大的工程的应是地位更高的人物。李允信为亡父所造七佛龛应是规模较小的第9窟下七佛阁比较合理。上七佛阁的功德主应是另一高层人物，究属何人由于缺少直接证据，难以臆定，值得进一步研究。③

方形四角攒尖顶七佛窟

方形四角攒尖顶窟，此类洞窟平面是方形，窟顶为四面披，有的四角雕出石柱。这类洞窟内的七佛造像布局皆为正壁一佛左右壁各三佛。具体形制是正壁开一龛或筑佛台塑一坐佛，左右壁各开三龛或筑佛台塑六坐佛，这是唯一的造像布局，无一例外。其胁侍像现存多为正壁二菩萨，也有正壁二菩萨前壁

① 《庾子山集》卷十二，另外现存麦积山石窟《秦州天水郡麦积崖佛龛铭》刻石。

② 《周书》卷10、《北史》卷57。

③ 金维诺《麦积山石窟的兴建及其艺术成就》，刊《中国石窟·天水麦积山》，文物出版社，1998年。

二弟子、正壁二菩萨前壁二菩萨、正壁二弟子前壁二力士。相当一部分洞窟前壁造像缺失。以造像完整的第12窟为例，正壁二菩萨，前壁二弟子。第65窟正壁二菩萨，前壁二菩萨。第109窟正壁二弟子，前壁二力士（图7）。

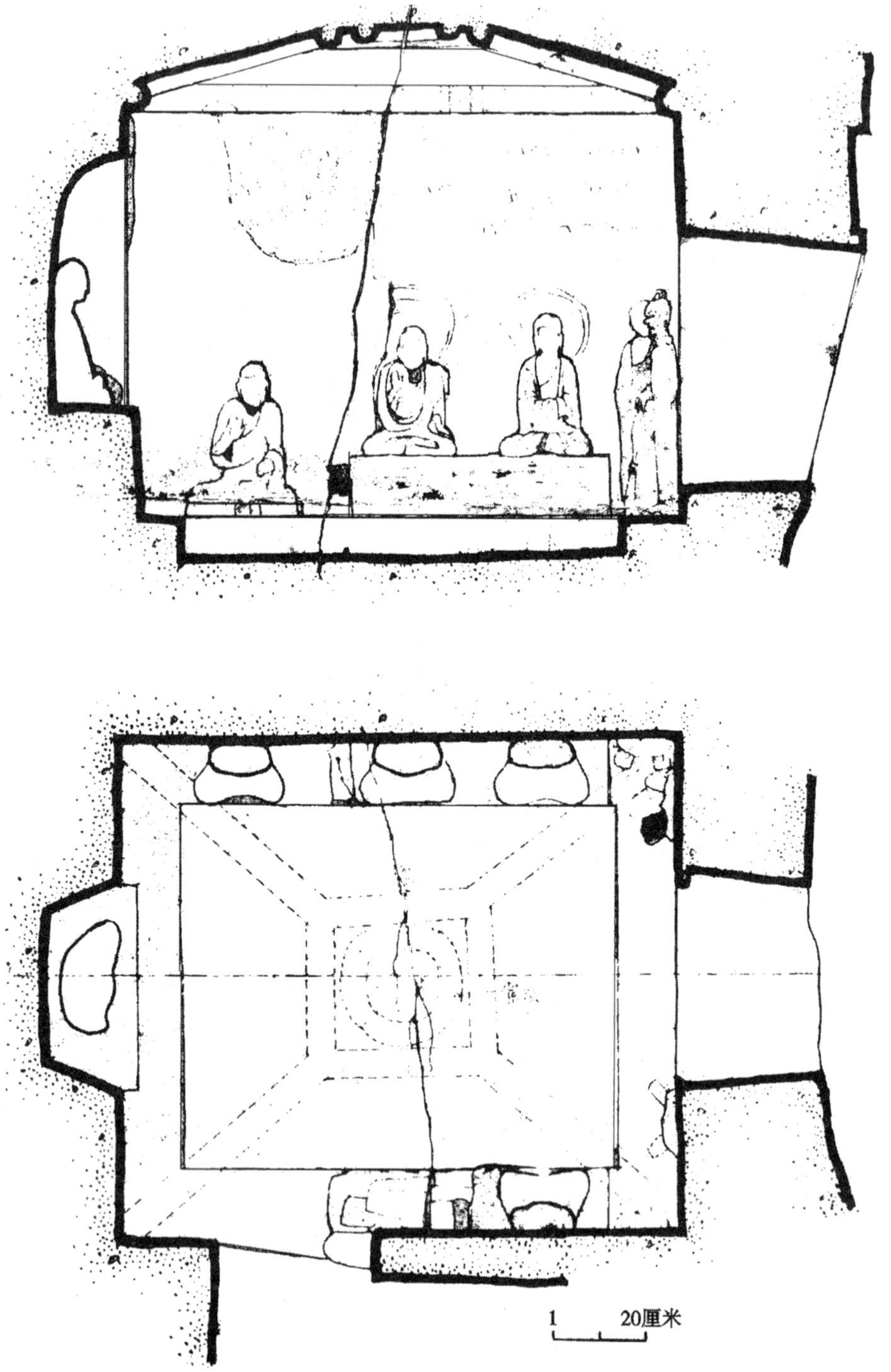

图7 麦积山第109窟平、剖面图

麦积山石窟北朝时期中小型方形窟占绝对多数，多为三佛窟。这类中小型方形窟有平顶、覆斗形顶、盝顶、四角攒尖顶等类。而北周兴起的中小七佛方窟则多选用四角攒尖顶，似为定型。它与上七佛阁四角攒尖顶是一致的。它们之间有着承继关系。

比起上中七佛阁北周造像无一存世的情况，这类中小型方形窟大部分北周造像存世。北周造像风格一改北魏晚期至西魏形成的秀骨清像而变得拙壮。佛像低平肉髻，面相方圆。菩萨体形丰满圆润。

七佛与千佛

第 9 窟中七佛阁正上方为第 3 窟千佛廊，它们之间存在着上下对应的共存关系。第 3 窟千佛均衡地布列在中七佛阁正上方，两端约宽出中七佛阁。从它们两者上下对应左右均衡的关系观察，它们应属同一期工程，是有着内在关系的统一设计。千佛廊之所以称“廊”是因为通往第 4 窟上七佛阁的栈道走廊由穿过千佛廊，将千佛廊分为上、下两个部分，实际上它是位于第9 窟上方的六层千佛造像。据李西民、蒋毅明整理的《麦积山石窟内容总录》，第 3 窟千佛廊“洞窟形制：十四间人字披千佛廊，前檐坍毁。内容：每间石胎泥塑坐佛七身，上下共六层（上数第一、二层明重修），现存二百九十七身。”也就是说由每七身坐佛为一组的七佛组成。为此本人曾赴现场作过调查，未发现这种关系，也许是站的位置不对，有些位置不能到达。该《麦积山石窟内容总录》是由对麦积山石窟深有研究的权威人士编写，对其内在关系有着更深入的观察，故此从其说。七佛与千佛的关系本来就十分密切，值得进一步探讨。

佛教思想认为，宇宙在时间上是无限的，但世界发展是有周期性的，每一周期要经历成、住、坏、空四个阶段，时间大约 128 亿年，称为大劫。七佛又称七世佛，它们的传承关系是过去“庄严劫”毗婆尸佛、尸弃佛 、毗舍浮佛三佛；现在“贤劫”拘留孙佛、俱那含牟尼佛、迦叶佛、释迦牟尼佛四佛；未来“星宿劫”将有弥勒成佛，掌管这个世界。大乘佛教认为，每一劫中，都有千人成佛，称三世三千佛，南朝时期翻译的“三劫三千佛缘起”等经中有明确记载。七佛与千佛都讲三世三劫有着同一性，而千佛廊存在着每七身坐佛为一组的千佛。石窟造像和壁画中一般多造贤劫千佛。千佛廊不足千佛，是它的约数。

七佛窟的演变

国内最早的七佛造像是北凉石塔，目前存世的十四座北凉石塔，其造像皆以七佛及一身弥勒菩萨为主尊，学术界多有研究，这里不再赘述。

石窟内造七佛像见于云冈石窟，云冈石窟第 13、11、10 窟皆有一铺七佛像，这三个洞窟属于云冈第二期（471 ~494）开凿。第 13 窟平面椭圆形、穹隆顶、主像为正壁弥勒菩萨，七立佛位于门壁，皆作施无畏与愿印，七佛与弥勒菩萨，这种对应关系很明显；第 11 窟中心柱窟，中心柱两层，下层四面龛为主体，似为本窟主尊，上层南面龛为弥勒菩萨，其他三面为倚坐佛像，右壁（西壁）中层屋形龛内雕七佛立像，皆作施无畏与愿印；第 10 窟为分前后室的中心柱窟，主像为弥勒菩萨，后室门壁门楣上雕七身坐佛，中佛为说法印，余六佛为禅定印。第 13、10 窟的七佛皆是位于弥勒菩萨为主尊的窟里，第 11 窟主像虽不是弥勒菩萨，七佛也位于侧壁，但中心柱正面（南面）上层仍为弥勒菩萨，七佛和弥勒之间的关系，可以看作是北凉石塔的延续。所不同的是弥勒菩萨的地位有所提升，在洞窟里处于主尊地位，而七佛是众多列龛中的一龛，并不是七佛窟，也就是说以弥勒菩萨为主尊的洞窟，雕有一铺七佛。

完整意义的七佛窟，形成于北魏中期，以北魏泾州南北石窟寺（即庆阳北石窟寺和泾川南石窟寺）最早。继有麦积山石窟北周时期壮丽七佛阁及相当数量中小型方形窟。尚有武山水帘洞石窟群千佛沟、须弥山石窟北周时期规模浩大的七佛窟及七佛造像。七佛窟北周时期在陇右地区颇为流行，现将七佛窟及龛像统计如下：

表二　七佛窟龛

窟名	时代	窟形	七佛造像	弥勒菩萨
庆阳北石窟第165窟	北魏永平二年（509）	横长方形佛殿窟，盝形顶	正壁佛台上三立佛左右壁佛台上各二立佛	前壁佛台上二身弥勒菩萨
泾川南石窟第1窟	北魏永平三年（501）	横长方形佛殿窟，盝形顶	正壁佛台上三立佛左右壁佛台上各二立佛	前壁佛台上二身弥勒菩萨
武山拉梢寺千佛沟（七佛沟）第16龛	北周	摩崖悬塑	七佛并立于崖壁	
须弥山石窟第51窟	北周	中心柱窟	正壁三坐佛，左右壁各二坐佛（未完工）	

综观七佛窟龛从它的形成到它的盛期，不仅时代有先后，而且窟形是在演化之中，由于自然条件各异和审美情趣的变化，窟形亦随之发生变化。其窟形可分下列数种：

北魏泾州南北石窟寺（即庆阳北石窟和泾川南石窟寺）佛殿式七佛窟；

麦积山石窟北周仿木构崖阁式七佛窟及方形四角攒尖顶窟；

武山拉梢寺千佛沟北周时期摩崖悬塑；

固原须弥山石窟中心柱窟七佛造像。

北魏泾州南北石窟寺为泾州刺史奚康生所建的一对双窟，始建于北魏永平二、三年（509、510），横长方形佛殿窟，盝形顶，方形门。北石窟高14、宽21.7、深15.7米，南石窟形同北石窟，略小一些，高11、宽18、深13.2米。均系沿窟壁佛台上雕七立佛，其中正壁三身，左右壁各二身，前壁两侧均雕二身交脚弥勒菩萨。北石窟佛高8米，南石窟佛高6米，佛像均作施无畏与愿印。如此以七佛及弥勒菩萨为主尊的洞窟可以称得上是完整意义上的七佛窟，也可以这样说，在我国最早的七佛窟形成于南北石窟寺，七佛加弥勒菩萨的造像组合依然是北凉石塔的延续。这种七佛窟在石窟营造史上应予以特别注意，它占有一定地位。①

拉梢寺石窟摩崖悬塑造七佛龛像。所谓摩崖悬塑就是用木栿将造像固定于高壁。这种摩崖悬塑的龛像形式不限于七佛，佛菩萨像都可以用摩崖悬塑来表现。七佛并列所占空间大，所以多选用此种形式。千佛沟为水帘洞石窟群的一个组成部分，又称七佛沟，原有用木栿固定于壁间的七佛。七佛沟的摩崖悬塑七佛为主尊，等距离地占据整个崖壁，但这种悬塑由于种种原因容易毁掉，现仅存一身，编号16。七佛身后壁面则布满小龛造像摩崖悬塑和壁画。拉梢寺有北周明帝三年（559）陇右大都督秦州刺史尉迟迥造释迦牟尼像的崖记，可知它兴盛于北周。七佛沟摩崖悬塑可以肯定为北周塑像。②

① 甘肃省文物工作队编《庆阳北石窟寺》，文物出版社，1985年12月；甘肃省文物工作队编《陇东石窟》，文物出版社，1987年11月

② 甘肃省文物考古研究所、麦积山石窟艺术研究所等编《水帘洞石窟群》，科学出版社，2009年3月。

须弥山石窟第51窟，为北周时凿的中心柱窟，中心柱上开龛造四面像，正壁（西面）开三龛雕三坐佛，从现在遗迹分析，当初的开龛计划应在左、右壁（南、北壁）各开两大龛雕佛像，这样正壁和左右壁整体上构成七佛题材，终因中途辍工，左、右壁的龛像未按原计划完成。可是，中心柱窟内安置七佛作为主尊的设计是存在的，佛像皆作禅定印。①

七佛在窟内的排列形式，因窟形之不同而有所不同，有以下组合：

（1）七佛一字形排列。麦积山石窟北周上中七佛阁一字形展开，每阁一佛。拉梢寺石窟摩崖悬七佛龛像亦作此安排。它是承传了犍陀罗艺术和北凉石塔的七佛排列形式，云冈石窟第13、11、10窟几铺七佛像大体也是“一”字形排列。这是最原始的排列形式，在麦积山石窟则进一步将它演变成七佛阁。

（2）正壁三佛，左右壁各二佛。仅见于北魏泾州南北石窟寺，固原须弥山石窟51窟中心柱窟七佛造像亦作此安排。前者为横长方大型佛殿窟，这种七佛排列形式没有流传下来，仅此孤例。

（3）正壁一佛，左右壁各三佛。麦积山石窟北周中小七佛窟皆作此排列形式。其它石窟很少见到这排列形式，具有浓厚的地方性。这种排列形式渊源于三佛窟，所不同的是三佛窟有弥勒佛，这里没有弥勒佛。

根据佛经：过去劫有毗婆尸、尸弃、毗舍浮等三佛，现在贤劫有拘留孙、俱那舍牟尼、迦叶、释迦牟尼等四佛。上列诸窟七佛均未发现题名，根据它们的位置可以判断居中者为释迦牟尼佛，左侧为过去劫三佛，右侧为现在贤劫另三佛。

七佛造像的历史渊源关系

七佛的造像源于印度，在无佛像雕刻的时代就已经出现，公元3世纪始建于阿育王时期的山奇大塔中，就有以并列的七棵菩提树（带空座）或者七座塔表示过去七佛，应是最早表现七佛的雕刻。

公元2～3世纪进入佛像雕刻的犍陀罗艺术中出现了完整的七佛及弥勒菩萨的造像浮雕，现统计到的共7例。据日本学者栗田功著《犍陀罗艺术》图录，收集到的七佛弥勒菩萨造像浮雕共5例。加上现藏白沙瓦博物馆，出土于巴基斯坦的一件，和现藏于拉合尔博物馆的帝释窟说法残片中七佛与弥勒一件，总计7件，我们还可以看到日本私人收载的一件七佛与弥勒造像浮雕。② 它们均属于供养小塔或造像基座的一部分，其位置在造像塔的下缘。一般雕刻七佛并列，取坐姿或立姿，其左端或右端有一身弥勒菩萨，形成八身并列的关系。例如，现藏拉合尔博物馆，出土于莫哈默德·那利《舍卫城现大神变》雕刻上下分三栏，上栏为婇女睡眠和逾城出家并二菩萨龛像，中栏为主尊所在的一佛二胁侍菩萨并两坐像龛，下栏为七佛和弥勒菩萨并立，两例各有供养人三四身。这里的七佛并弥勒菩萨位在下栏，虽不是主尊，但七佛与弥勒菩萨的造像序列已很完整。其它雕刻，大体同此模式。到了北凉石塔，七佛与弥勒已上升到主尊的地位。

北魏云冈石窟，七佛并不处在主尊地位，多在以弥勒菩萨为主尊的洞窟里，七佛与弥勒的关系变换了一个形式仍然存在，直到泾州南北石窟寺，其七佛与弥勒菩萨并列，其形式应是源于犍陀罗雕刻及北凉石窟，所不同的是，它是以七佛和弥勒为主尊的大型洞窟，显然七佛的地位有所升高，形成真正意义

① 宁夏回族自治区文物管理委员会、北京大学考古系编著《须弥山石窟内容总录》，文物出版社，1998年7月。

② 殷光明《北凉石塔研究》，台湾觉风佛教艺术文化基金会出版，2000年6月1日初版，第245页。〔日〕宫治昭著，李萍译《犍陀罗美术寻踪》，人民美术出版社，2006年。

上的七佛窟。

北周的诸多七佛窟中，则不见弥勒菩萨。麦积山第4窟（上七佛窟）的工程超越了前代，崖阁造像和摩崖悬塑成了新颖形式，但没有弥勒菩萨的位置。此间七佛窟类型增多，有一定数量中小窟造七佛，七佛为主尊的造像也进入了中心柱窟。

从七佛窟形的演变上看，泾州南北石窟寺和麦积山七佛阁是两个最主要的阶段，它是在北朝佛教极度兴盛的环境下演变出来的。

七佛，又称过去七佛，指释迦佛及其出世前所出现之佛，它们的名称据《长阿含·大本经》、《增壹阿含经·十不善品》，即毗婆尸佛、尸弃佛、毗舍浮佛、拘留孙佛、俱那含牟尼佛、迦叶佛、释迦牟尼佛。有关七佛的佛经很多，也存在着不同的序列，七佛的译名不尽相同。显然，是梵译汉过程中造成了不同差别。

佛教内部派别很多，从大的方面来说，分大乘佛教和小乘佛教，各自都有自己的经典。据学者研究，认为小乘佛经《阿含经》比较真实地反映了释迦创教时期的教义。到了部派佛教时期《阿含经》的思想内容，仍成为各种大小乘教派别教义的基础。东晋十六国及南北朝初期，在我国先后完成了四部《阿含经》的翻译，其中《长阿含经》和《增壹阿含经》都有七佛的品序。

后秦弘始十四至十五年（412～413）罽宾沙门佛陀耶舍与凉州沙门竺佛念译于长安的《长阿含经》卷一《大本经》：

佛告诸比丘，过去九十一劫时，世有佛名毗婆尸如来至真出现于世；复次比丘，过去三十一劫有佛名尸弃如来至真出现于世；复次比丘，即彼过去三十一劫中，有佛名毗舍婆如来至真出现于世；复次比丘，此贤劫中，有佛名拘楼孙；又名拘那舍；又名迦叶；我今亦于贤劫中，成最正觉。①

该经中还述及七佛出现的因缘，并列举与七佛有关的劫名、种姓、寿量、菩提树、说法、弟子、子名、父名等本生因缘。大约如下表：②

七佛	种族	俗姓	王城	菩提树	侍者	筹量
毗婆尸	刹帝利	拘邻	盘头波提	波罗利	尤忧	八万岁
尸弃	刹帝利	拘邻	光相	分陀利	忍行	七万岁
毗舍浮	刹帝利	拘邻	无喻	波罗	寂灭	六万岁
拘留孙	婆罗门	迦叶	安和	尸利沙	善觉	四万岁
拘那舍	婆罗门	迦叶	清净	优昙跋	安和	三万岁
迦叶	婆罗门	迦叶	波罗奈	尼拘律	善友	二万岁
释迦文	刹帝利	瞿昙	迦叶罗卫	毕钵罗	阿难	百岁

东晋隆安元年（397）罽宾沙门僧伽提婆译于建康《增壹阿含经》卷四十四《十不善品》云：

佛告阿难九十一劫有佛世，世名毗婆尸如来，至真，等正觉，出现世间。

①《大正藏》第1册，第1页。

② 参见蓝吉富主编《中华佛教百科全书》，中华佛教百科文献基金会，1994年。

复三十一劫中。有佛名试诘如来，至真，等正觉。出现于世。

复有佛出现世间，名曰毗舍罗婆。

于此贤劫中。有佛出世，名曰世楼孙如来。

于此贤劫中，有佛出世，名曰拘那舍尼如来，至真，等登正觉。

于此贤劫中，有佛名为迦叶，出现世间。

我今释迦牟尼如来出现于世。

将来久远，弥勒出现，至真，等正觉，弥勒出现，国土丰乐。①

上列经文所载，七佛之中，过去劫有毗婆尸、尸弃、毗舍浮等三佛，现在贤劫有拘留孙、俱那舍牟尼、迦叶、释迦牟尼等四佛。《增壹阿含经》又云“将来久远，弥勒出现，至真，等正觉”“弥勒出现，国土丰乐”将弥勒信仰寓意于七佛之中。在石窟石刻中为什么将弥勒列于七佛之后，在这里得到了解释。

弥勒信仰约于1、2世纪形成，弥勒造像最早出现于公元2～4世纪印度北部秣菟罗及西北部犍陀罗的艺术中，在犍陀罗雕刻中成为常见的题材。从西晋十六国到南北朝，我国完成了多种汉译本的弥勒经典，其中沮渠京声译《佛说观弥勒菩萨上生兜率陀天经》，后秦鸠摩罗什译《佛说弥勒下生经》和《佛说弥勒成佛经》，即所统称的“弥勒三部”，最为重要。加上西晋竺法护译《弥勒菩萨所问本愿经》，上述四部弥勒经典囊括了弥勒菩萨的主要事迹和教义。表现在佛教造像方面，就是弥勒菩萨地位一再被提升，它在七佛之后将要成佛，将它列在七佛之尾；并尊为三世佛（过去、现在、未来）中的未来佛；比较多见的是常常将它奉为主尊像。

南北朝时期的七佛信仰，《魏书·释老志》从社会信仰的角度概括为“释迦前有六佛，释迦继六佛而成道，今处贤劫，文言将来有弥勒佛，方继释迦而降世”。七佛信仰也是终北朝之世一直盛行的。②

北朝石窟七佛造像，存在两个序列，一种是七佛加弥勒菩萨，另一种是七佛不加弥勒菩萨，前者形成于北魏中期以前，以泾州南北石窟寺最为着称。后者主要是北周时期以麦积山第4窟最具规模，统计到的麦积山北周时期的七佛窟14个皆不加弥勒菩萨。这一转变即有佛教造像流传上的因素，也有信仰者观念的转变，还有建窟时艺术处理手法的种种考虑。唐代以后，由于《阿弥陀经》的广泛流行，七佛信仰就不如以前兴盛了。

麦积山石窟北周流行七佛窟有它的社会原因，更重要的是佛教艺术本身发展的需要。

作者简介

张宝玺，1935年生，西北师范大学美术系毕业，甘肃省文物考古研究所研究员，长期从事佛教石窟考古与艺术的调查和研究，主要著作有《陇东石窟》、《甘肃石窟艺术雕塑编》、《甘肃石窟艺术壁画编》等。

---

① 《大正藏》第2册，第786页。

② 魏文斌、唐晓军《关于十六国北朝七佛造像诸问题》，《北朝研究》1993年第3期。

试论北周时期麦积山石窟的经变图

——以26和27两座洞窟为题

郭祐孟

要　約

北周時代、私欲なく公平な武帝の統治によって国力を増した。関中では仏教が再び繁栄を見せ、各地に影響を与えた。北周の存続が25年しかないにもかかわらず、麦積山石窟では新しく開鑿した窟及び重修した窟の数を合わせれば、全体窟数の四分の一にも及ぶ。それらは保存状態がよく、当時の仏教の繁栄及びその保護状態が示された。麦積山石窟にある北周窟には、修禅といった雰囲気が漂う。北周仏教を理解するに、適切な場所であり、北朝の禅の発展及び成熟を物語っている。

麦積山石窟では、五世紀中葉三仏窟が現れ、中には二仏並坐の小龕が多数穿たれた。これら二仏並坐の小龕は、装飾効果を図るばかりではなく、教育または説明といった働きを持ち、意図的に設けられていたのである。一方、中国では、涅槃像の始まりを記載したのは、東晋の痍亮が最も早い。四、五世紀になると、南方では涅槃像が盛んに作られていて、特に仏伝の一節としての製作が多かった。

麦積山石窟では、北周時代の七仏窟の中、独立した法華経変及び涅槃経変図が現れた。隋、唐に先立ってそういった内容壁画の構図が成し遂げられ、その後の同じ題材の壁画の構図に影響を与えた。これら構図の起源及びその構造に更なる研究が必要である。筆者は、「涅槃経」は「金剛不壊」を以って仏身を解釈し、「法華経」は「本實常住不滅」を以って仏寿を解釈し、ともに仏身の内含を明らかにすると考える。こういった窟は六世紀中後期の仏教の理念が反映され、釈尊出世の本懐が示される。即ち、すべての衆生には仏性を備えており、最終的に仏道に至ることができるのである。法華経変及び涅槃経変図が同時に現れたことは、麦積山北周窟における図像の集大成といえ、歴史的な意義を持つ。これら図像の構図に含まれる理念は今後次第に明かされてくることだろう。

序　说

西魏建国之初，定都长安，诸事草创且贫困，僧人尽管集聚于此，但无特殊作为。而西魏文帝和宇文泰皆信奉佛教，他们在长安建造大中兴寺，尊道臻为僧统，请昙显布教。533 年，宇文泰趁梁朝内乱，出兵攻占巴蜀，次年兼并江陵，杀梁元帝萧绎，驱使江陵士庶数万人迁移到关中作奴隶。自此，江南僧人入关增多，刺激关中佛教的复兴。556 年，宇文泰病故，其侄宇文护掌握大权；次年，废去西魏恭帝，立宇文泰的儿子宇文觉为帝，建立北周政权。之后，北周诸帝相继兴建佛寺，如：明帝下诏建大陟岵、大陟屺两寺。逢年改号，大度僧尼。宇文护也赞助译经僧人。武成二年（560），宇文邕即位，是为北周武帝，由于国势渐强，政治堪称清明。关中的佛教再度兴盛起来，渐为各地仿效的对象。

尽管北周政权的统治时间只有二十五年，而期间重建与修补的洞窟却超过麦积山总洞窟数的百分之二十五，而且保存得还不错，反映当时天水境内的佛教应该是很兴盛的。① 加上当时秦州历任的刺史都是虔诚的佛教徒，如：刺史尉迟迥在武山拉梢寺造释迦佛三尊大摩崖②，都督李充（允）信为亡父于麦积山石窟造七佛龛③等。即使在后来武帝废佛期间，秦州石窟还是没有被波及，显然有受到保护，这或与宇文氏家族奉佛与经略秦州的历史有关。北方人那种质朴、雄浑、粗犷、尚武的精神，逐渐取代了西魏时期受南朝文化影响的柔美感，成为这个新时代的造像审美主流；在佛像的风格表现上，带有女性美的形象，逐渐被纯朴的北方青年形象所取代；菩萨的容貌也从少女形象过渡到秦地妇人，乃至于进一步朝向关陇士人的男性化发展。佛像的肉髻低平，双眉弯曲，鼻梁稍短却直挺，追求一种圆润的效果；一反西魏佛像褒衣博带的汉化装束，朝着后秦佛像风格去复古，衣纹的线条转为简练，更加突显了佛心的纯净和高尚。这些变化似乎与北周的鲜卑化政策在同步互动。而麦积山做为皇家京师附近主要的石窟营建地点，其造像风格水平相对高超，而且具有领导性的意义，并对周边区域的石窟美术形式产生着辐射式的影响④。

北周武帝本欲以儒术治国，起初也曾事佛做功德，但却深知当时僧侣对国家造成的种种负担，因此有革除弊端的想法。不过，他宠礼卫元嵩和张宾，却是导致之后毁法动作的主因，也因此佛、道两教之间的冲突愈演愈激烈。天和二年（567），卫元嵩上书请武帝省寺减僧，欲以“延平寺”的理想来推广佛教大慈利生的目的，这颇符合武帝的心意。另一方面，从北齐时代流传而来的“黑衣治国”谶记，让武帝十分担忧。天和四年（569），武帝召儒、道、佛等二千余人，对论三教优劣，月余便立决“尊儒道、抑佛徒”的立场，但还不至于毁佛。⑤ 次年，有司隶大夫甄鸾撰《笑道论》⑥ 嘲道徒，书为武帝所烧；又有僧道安撰《二教论》⑦，言佛、道优劣并护佛抗辩。虽然当时的武帝仍旧尊礼二教，并肯定并兴双美的价值⑧，但是佛、道互斥对立的暴增，终究酿成两败俱伤的局面。根据史书所载：建德元年（572），武帝弑去专横跋扈却虔诚护佛的宇文护，实际掌握了府兵大权。擅用与突厥和陈朝的外交策略，牵制北齐。于建德三年（574）五月，武帝决定存其本根、废其枝叶，特礼遇二教通道观学士一百二十八人⑨之外，尽断佛、道二教，毁经像，罢沙门道士并令还俗⑩。因此废佛之举，所没收的寺院造像资产皆充做军费，将近百万僧人、僧祇户、佛图户等编为均田户，成为生产在线的主力，又把适龄壮丁列编为新军

---

① 项一峰：《天水与麦积山佛教》，《伏羲文化》（中国社会，1994）。

② 根据甘肃省武山县拉梢寺摩崖大佛尉迟迥等造像铭文。甘肃省文物考古研究所、麦积山石窟艺术研究所等编《水帘洞石窟群》，北京：科学出版社，2009，页 43～44。

③ 庾信：《秦州天水郡麦积山崖佛龛铭并序》，《庾子山集》卷十二。

④ 傅小凡、杜明富：《东方微笑》（兰州：敦煌文艺，2003），页 146～155。

⑤ 以上参见汤用彤：《汉魏两晋南北朝佛教史》（台北：骆驼出版社，1987 年），页 538～540。

⑥ 甄鸾《笑道论》，《广弘明集》，《大正藏》52 册，页 143 下～152 下。

⑦ 道安《二教论》之事，散见于《广弘明集》多处，《大正藏》52 册。

⑧ 北周武帝《二教钟铭》，《广弘明集》，《大正藏》52 册，页 329 下～330 上。

⑨ 唐道宣法师认为北周武帝设通道观是为了复兴道教，见《周祖废二教立通道观诏》、《辩惑篇·列代王臣滞惑解·周祖武皇帝》，《广弘明集》，《大正藏》52 册。汤用彤则认为这是武帝想要谋大道之归一，息争端之迭起，见《汉魏两晋南北朝佛教史》（台北：骆驼出版社，1987 年），页 543。

⑩ 《周书·卷五·武帝纪》：“（建德）三年五月丙子，初断佛、道二教，经像悉毁，罢沙门、道士，并令还民。并禁诸淫祀，礼典所不载者，尽除之。”

队，取得富国强兵的资源。到建德六年（577）灭北齐，武帝入邺都，召僧入殿论废立之义，僧慧远力争未果[①]。同年下诏废二教，却寻复道教。由于废毁政令极为酷烈，关、陇佛法，诛除略尽，毁破数百年来公私所造塔寺，北齐八州寺庙四万余所，尽赐王公充为宅第，三百万僧侣皆复军民[②]。对佛教来说，是前所未有的浩劫。而这样的毁佛运动，虽然造就了北周统一中原的伟业，但却使僧徒颠沛流离，或以身殉法，或隐迹尘俗，或遁匿山林，或入通道观等。南来北往的佛徒，也带动了南、北佛教的沟通交流。次年（578），武帝驾崩，宣帝、静帝相继继位，采丞相杨坚之意，励行复佛之举，为之后隋代佛教的繁荣奠定基础。

麦积山现存北周石窟当中，充满了浓厚的禅修气氛，成为我们重新接触北周佛教的第一现场。可以说，北周武帝毁佛之前所开凿的北周石窟，或可视为北魏太武帝毁佛之后，整个北朝禅法发展并成熟之重要阶段与象征。然而，北周武帝的毁佛之举，似乎也远及河西地区。北周后期，关、陇佛法的诛除略尽，或许给予河西佛教不小的冲击，至少暂时无法直接促进开创新局面的条件。这要等到隋代一统中国，大力经营西域，方才提供另一个开展新时代的机运！

中国早期佛教的法华图像

尽管文献记载着西域只洹寺内有白银珍珠造的释迦多宝二佛并坐塔[③]，但在现今的考古资料中，还未能见到实物，反倒是中土留下了北燕太平二年（410）的李普造像[④]。究竟这种题材的造像是源自中亚，还是产生于中土，中、日学者还有不同的看法。

现存较早的二佛并坐图像，集中位于陇中和河西走廊交会的永靖炳灵寺石窟。河西当地以修持《法华经》见长的僧侣可能并不在少数，僧传中零星记载着弘充、超辩等僧人的事迹[⑤]。被誉称为“敦煌菩萨”的竺法护，最早翻译了《正法华经》，常来往于长安、河西之间，晚年很可能就是定居在凉州[⑥]，法华思想在三世纪末应该已经流布河西了；其弟子竺法乘还在敦煌立寺讲学[⑦]，想必对当地佛学贡献不少。姚秦弘始八年（406），鸠摩罗什在长安重译法华，名为《妙法莲华经》，其受业弟子屡次宣讲，或感得天雨宝花之瑞[⑧]，或应验异香熏室之征[⑨]。在罗什译经之后数年，西凉境内便有了此新译《法华经》的写本[⑩]，可见传播速度很快！另一方面，他还传出“法华三昧观法”[⑪]，以见多宝塔中的释迦、多宝二佛并坐像来作为禅观津梁。五世纪前期的高僧智严与昙摩蜜多[⑫]，在凉州和敦煌传法多年，他们的译业

① 周·慧远《周祖平齐召僧叙癈立抗拒事》，《广弘明集》，《大正藏》52册，页153上～154上。

② 隋·费长房《历代三宝记》，《大正藏》49册，页94中。

③ 唐·惠详《弘赞法华传》，《大正藏》51册，页12下。

④ ［日］大村西崖：《中国美术史雕塑篇》（东京，1980），页174。

⑤ 梁·慧皎《高僧传》，《大正藏》50册，页376上、408中。

⑥ 汤用彤：《汉魏两晋南北朝佛教史》（新店：弥勒，1982），页161～162。

⑦ 梁·慧皎《高僧传》，《大正藏》50册，页347下。

⑧ 僧详《法华传记·僧叡传》，《大正藏》51册，页56上。

⑨ 僧详《法华传记·道生传》，《大正藏》51册，页56上。

⑩ 建初七年（411）和十二年（416）的《妙法莲华经》写本。［日］池田温：《中国古代写本识语集录》（东京：东京大学东洋文化研究所，1990年），页81～82。

⑪ 姚秦·鸠摩罗什译《思惟略要法》，《大正藏》15册，页300中。

⑫ 梁·慧皎《高僧传》，《大正藏》50册，页342下。

透露出重视法华的精神！而河西道朗也曾撰作《法华统略》来提点其旨要，明“法身常住，理非存殁”[①] 的释迦多宝并坐义，从此可见河西的法华义学和禅法，明显地受到长安教团的指导。根据统计，敦煌写经中的《法华经》写本多达一千八百余件[②]，尤以罗什译本为尚。

炳灵寺石窟第169窟尚保存着许多西秦时代的造像与壁画，其中，释迦、多宝二佛并坐的题材出现了四个遗例，年代集中在420年前后[③]，也就是乞伏炽磐迁往枹罕，并改元永康（412）之后，当时西秦社会已经相对稳定。这些二佛并坐像，多是与其他诸种题材共陈，独立性和主体性还不算太明显。

华北地区的五世纪前期，鲜能见到二佛并坐造像（北燕太平二年的李普造像除外），这或许也是北魏太武帝毁佛的结果。五世纪中叶起，正值文成帝恢复佛法，佛事像教得以重建，而更胜于前。二佛并坐像有时作为一种附加图像，如藏于日本藤井有邻馆的北魏太安元年（455）铭张永石雕佛坐像，又如台北历史博物馆藏北魏天安元年（466）的曹天度塔[④]等。二佛并坐有时则成为造像的主题，如美国旧金山亚洲美术馆藏北魏延兴二年（472）的释迦多宝二佛并坐鎏金铜像，又如山东博兴地区出土北魏太和二年（478）的王上造释迦多宝二佛铜像等[⑤]。

甘肃天水麦积山石窟的早期三佛窟中，出现了许多二佛并坐小龛，例如第80、100、128、148窟等，它们作为延续第74、78窟[⑥]的石窟形制和造像配置来考虑，也可视为五世纪中叶的例子。第148窟除了沿用78窟正壁两侧上隅镌凿的“交脚菩萨龛”与“思惟菩萨龛”之外，还以大量的二佛并坐龛来充填壁面；从洞窟现况来看，二佛并坐龛被有计划地安排在壁面上，并非单纯为了装饰效果。主佛头光外缘还彩绘着树下禅修图，意味着这是一座凸显禅修气氛的小型洞窟。河西的涅槃学泰斗道朗法师曾著《法华统略》，明示佛说《法华经》有五项深意；其中第四意说到：“多宝品”是为了阐明法身的“真化不异，存没理一”而说的。[⑦] 看来，北朝的二佛并坐龛可以作为法身的象征图像了。慧观也藉由灭影息迹、澄神明本的说法，[⑧] 来显示迹无常而本真常的觉悟，这是点出“如来寿量品”的真意，也是将法华与涅槃的内涵做了联系，共成释迦教化的圆满极唱！由此看来，二佛并坐龛也可以视为涅槃境界的展现了。也就是说，涅槃的意义不一定要靠涅槃佛造像才能表现。

敦煌莫高窟第259窟是二佛并坐主题的代表性洞窟，对于此洞窟的开凿年代，学者看法分歧，或说是5世纪前期的西凉（400～421）、北凉（396～439）时期[⑨]，或说是5世纪中叶的北魏时期[⑩]，或说是

---

① 隋·吉藏《法华玄论》，《大正藏》34册，页453中。

② ［日］兜木正亨：《法华写经の研究》（东京：大东，1983），页371。

③ 张宝玺：《炳灵寺的西秦石窟》，《中国石窟·永靖炳灵寺》（北京：文物出版社，1989），页185。

④ 陈奕恺：《国立历史博物馆藏北魏天安元年（466）曹天度造塔塔座与塔身龛像重组之研究》，《佛雕之美：北朝佛教石雕艺术》（台北：历史博物馆，1997），页45～64。

⑤ 以上三例见于季崇建：《金铜佛像》（台北：渡假，1994），页55～58。

⑥ 麦积山石窟第74和78两窟，学界已经确定它们是最早的洞窟，但有认为可以上溯到后秦时代，也有主张是北魏文成帝下诏复兴佛教时期的产物。参见：张宝玺：《麦积山石窟开凿年代及现存最早洞窟造像壁画》，《中国考古学会第一次年会（1979）论文集》（北京：文物，1980）；邓建吾：《麦积山石窟的研究及早期石窟的两三个问题》，《中国石窟·天水麦积山石窟》（北京：文物，1998），页223～224。

⑦ 参见隋·吉藏《法华玄论》，《大正藏》册34，页377上。

⑧ “权应既彰，则扃心自废。宗致既显，则真悟自生。故能令万流合注，三乘同往。同往之三，会而为一，乘之始也；觉慧成满，乘之盛也；灭景（笔者按：影）澄神，乘之终也。虽以万法为乘，然统之有主，举其宗要，则慧收其名。故经以真慧为体，妙一为称。”慧观《法华宗要序》，《出三藏记集》，《大正藏》册55，页57中。

⑨ 福山敏男：《敦煌石窟编年试论》，《佛教艺术》第19号（1953/10），页29～30。王泷：《甘肃早期石窟的两个问题》，《1983年全国敦煌学术讨论会文集·石窟艺术编》（兰州：甘肃人民出版社，1985），页323。

⑩ 《中国石窟·敦煌莫高窟》一（北京：文物出版社，1982），页208。

5世纪60年代的北魏献文帝时期（465～471）[①]，也有认为是5世纪后段的北魏太和时期（477～499）[②]，拙见以为可以合理推测为5世纪的60到70年代[③]。此窟正龛还采用了极少见的新款式——半塔柱式龛[④]，与此龛型制相同的仅有炳灵寺的老君洞[⑤]。不管怎么说，第259窟总是莫高窟现存北魏时期唯一以二佛并坐为主尊的孤例![⑥] 以二佛并坐结合着千佛、补处菩萨龛、坐佛龛等复合题材，向来受到学者们的注意。李玉珉先生对此有专文讨论，她认为这是一个受长安教团思想影响的北魏前期洞窟，旨在体现《法华经》"三世无碍、法身常存"的精义[⑦]。赖文英先生更直接点出：从炳灵寺第169窟到莫高窟第259窟，由法身不迁→三世千佛不迁→千佛果位不迁→菩萨因地不迁的图像变化历程；藉此说明从法身不迁→三世不迁→因果不迁，将法华三昧禅法的精神整体展现出来[⑧]。

云冈石窟的第二期工程也广造释迦多宝龛：或承袭炳灵寺西秦规制，将之与千佛合镌，如云冈部分洞窟的明窗左右壁；或将之与交脚弥勒菩萨成组雕造，如云冈第17窟明窗东侧的太和十三年（489）龛[⑨]；或由民间邑义合资，杂糅多种题材于一铺者，如云冈第11窟东壁上层的太和七年（483）龛[⑩]；其他零星散布的个别龛室，数量也非常庞大。反映着5世纪后期，《法华经》信仰在中国北方的蓬勃发展！除了以上所讨论的几座石窟之外，陇东王母宫石窟、炳灵寺的数座二佛并坐窟，和张掖马蹄寺千佛洞第8窟，也是具规模的北魏中期和北魏晚期中心柱窟[⑪]，其中都有二佛并坐造像。其全窟图像结构尽管也具区域性特色，然与云冈石窟的关系还相当值得讨论。

除了上述布教路线可能带来凉州、关中等地的图像题材及内涵之外，当时经由海路到达交趾、广州、青州，或顺着长江口入境到达建康（南京）、江陵等地[⑫]的佛像式样，特别值得我们留意。以及东

---

① 李玉珉：《敦煌莫高窟二五九窟之研究》，《台湾大学美术史研究集刊》第二集（1995）。

② 宿白：《两汉魏晋南北朝时期的敦煌》，《丝路访古》（兰州：甘肃人民出版社，1982），页37。日人水野清一、久野美树等，也持相近的看法。

③ 公元439年，北魏消灭北凉，并积极地紧逼北凉残部，造成其政权的西移，443年由沮渠安周正式建立了北凉流亡政权，一直延续到460年。河西凉州一带的开窟造佛工程被迫暂停。太平真君五年（444），北魏正式接管敦煌，经营西域，在太平真君四到八年间（443～447），频频对吐谷浑和西域出兵；加上太平真君七年（446）3月，太武帝下诏毁佛之举，北魏境内遭逢破坏，佛事大受打击，在这个期间，河西地区恐怕是不会有良好的条件进行造窟活动吧！虽然文成帝复佛，佛事得以重建而更胜于前，但是又逢延兴年间的柔然犯境，看来河西只有在五世纪的60到70年代之间，比较适合稳定地营建石窟了，此刻的石窟开凿可能受到当时华北佛教，和西秦、北凉佛教遗韵的共同影响。

④ 或说是中心柱窟的前奏曲，参见樊锦诗、马世长、关友惠：《敦煌莫高窟北朝洞窟的分期》，《中国石窟·敦煌莫高窟（一）》（北京：文物出版社，1982），页188。或以为是中心柱的退化，见 Alexander Soper，"Northern Liang and Northern Wei in Kansu" Artibus Asiae，vol. 21（1958），p. 154.

⑤ 老君洞的正龛主尊是立佛，而非二佛并坐像，始凿时间也可能比259窟要早一些，有可能追溯到北魏以前。参见《炳灵寺石窟老君洞北魏壁画清理简报》，《考古》（1986年第8期）。

⑥ 第246窟中心塔柱正龛虽也是二佛并坐，但现今看来却是西夏风格，无法确定原来为何！而且此洞窟的始凿年代被认为是西魏（535—556），比第259窟还晚了七、八十年。宁强《敦煌佛教艺术》（高雄：复文，1992），页70表格。

⑦ 李玉珉：《敦煌莫高窟二五九窟之研究》，《国立台湾大学美术史研究集刊》第二集（1995）。

⑧ 赖文英：《北传早期的"法华三昧"禅法与造像》，《圆光佛学学报》第六期（2001），页90～91。

⑨ 此龛为八位僧人共同凿建，题记："大代太和十三年（489）岁在己巳九月壬寅十九日……发愿造释迦多宝弥勒像三区……。"参见李治国编《云冈石窟》（北京：人民中国，1995），图115，116。

⑩ 此为太和七年（483），以邑师法宗为首的五十四信士，集资为国兴福，镌造九十五区石庙形像之实例。参见李治国编《云冈石窟》（北京：人民中国，1995），图87，88。

⑪ 陇东王母宫石窟和张掖马蹄寺千佛洞第8窟，这两个二佛并坐像的断代，参考自杜浴民：《泾河两岸百里石窟长廊的五百余石窟初探》，《甘肃泾川与西王母文化》（北京：国际华文，2001年），页508；暨远志：《泾州王母宫石窟窟主及开凿时代考》，《2004年石窟研究国际学术会议论文集》下，（上海：古籍出版社，2006）。董玉祥：《河西走廊马蹄寺、文殊山、昌马诸石窟群》，《河西石窟》（北京：文物出版社，1987年），页7。

⑫ 从佛陀跋陀罗传记中可以看到当时商舶沿驶长江而进入江陵的记载。"复西适江陵，遇外国舶至，既而讯访，果是天竺五舶，先所见者也。倾境士庶竞来礼事。"梁·慧皎《佛陀跋陀罗传》，《高僧传》，《大正藏》50册，页335中。

晋、南朝本地的建寺造像经验，与长期对《法华经》的关注，或竺道生融合诸经，提炼义学，畅谈性悟之说[①]，所发挥的影响力。在南朝帝王带头崇佛讲经的影响下，弘说《法华经》的风气很兴盛！由慧观、慧聪等人于刘宋元嘉元年（424）面启文帝，请从阇婆国奉迎来华弘化的求那跋摩（功德铠）[②]，也是深达律品、妙入禅要的三藏法师。他既有建寺画壁的才能，也在祇洹寺开讲《法华经》及《十地经》，传出菩萨善戒以完备宋境比丘尼戒法的传承等。可见，外来僧侣也积极参与了《法华经》的弘扬。齐、梁之间，南京栖霞山出现了二佛并坐的法华窟[③]，造像风格异于北方，自有其产生的背景。至于梁大通三年（529）的四川绵阳平阳府君石阙遗迹[④]，则代表了南方6世纪前期的例子。

综上所述，早期陇中、河西地区的二佛并坐题材，很可能随着僧侣的迁移、布教，或民间各种交流管道，而带到四川，进入长江流域，影响到江浙一带；相对地，长江下游地区的佛学课题和文化制度等等，也势必反推，及于陇地。就其图像内涵来考虑：5世纪前期的西北独立性较弱，经常与其他题材并存，实际功能还难以断言；5世纪后期的西北出现浓厚的宗教功能与教学特质，禅观、忏仪实践与义理性都较明显，华北亦有同样的趋势，华南的个案状况仿佛，但是应理解其区域背景的差异；6世纪开始，二佛并坐题材更积极结合了涅槃、维摩等造像，不仅是当时佛学与信仰的具体纪录，还同步反映着中国佛教系统化的历程。

中国早期佛教的涅槃图像

中国南方关于涅槃佛像的最早记载，是东晋初年“庾公（庾亮）尝入浮图见卧佛”[⑤]一事，至于涅槃像两旁是否还有其他人物和情节，则无更详细的记载。同一份史料当中，还记有张玄之（4世纪中期）、顾敷在寺院佛殿见到涅槃像，以及“弟子有泣者，有不泣者”[⑥]，可知当时的涅槃佛周围也有弟子举哀的情节。东晋末的比丘尼道琼，还在建福寺造“卧像并堂”[⑦]，可知四、五世纪之间的南方寺院，已经有涅槃堂一类的建筑设置。可以说：4到5世纪的中国南方已经盛行着涅槃造像，但却没能保留至今，我们对于当时的涅槃佛造型无从想象。反之，中国北方未见于文献记载的涅槃像，倒是有实物留存下来。目前，以山西大同云冈石窟第十一窟西壁中层佛龛下方的涅槃浮雕[⑧]为最早，时间应在5世纪后期。云冈这尊涅槃佛是双手平伸地躺在双树林间的，周边有弟子围绕；这种仰睡姿势的涅槃像，与印度和西域地区那种右胁而卧的姿势完全不同，很明显是中国人寿终正寝的模样。在洛阳龙门石窟普泰洞北壁佛龛右侧[⑨]、麦积山133窟的第10号北魏造像碑[⑩]左侧上段、甘肃省博物馆收藏的西魏秦安造像塔[⑪]上段等等，都可见到这种样式的卧佛。我们或许可以合理推测：这种早期的中国式涅槃佛，很可能是由南方往

---

① 刘宋·竺道生《法华经疏序》，《卍续藏经》150册。
② 梁·慧皎《求那跋摩传》，《高僧传》，《大正藏》50册，页340上～342中。
③ 郭祐孟：《南京栖霞山石窟考察札记》，未刊稿。
④ 转引自阮荣春：《佛教南传之路》（长沙：湖南美术出版社，2000），页78。
⑤ 南朝·刘义庆，《世说新语》（上海：上海古籍出版社，1987），页25。
⑥ 同上注书，页27。
⑦ 梁·宝唱《比丘尼传》，《大正藏》50册，页938上。
⑧ 《中国石窟·云冈石窟》二（北京：文物出版社，1994），图83。
⑨ 《中国石窟·龙门石窟》一（北京：文物出版社，1991），图79。
⑩ 《佛国麦积山》（上海：上海辞书出版社，2003），页290～301。《中国石窟·天水麦积山》（北京：文物出版社，1998），图95。
⑪ 张宝玺编《甘肃佛教石刻造像》（兰州：甘肃人民出版社，2001），图175。

北方传递的；而且这也是凉州以东涅槃造像的主体样式。

根据日人宫治昭的研究，他将新疆库车克孜尔石窟的涅槃图像归纳成四大类型：佛传、单一礼拜对象、与弥勒结合以表现释迦佛入灭之后的救度思想，以及涅槃后荼毗分舍利和结集的叙事性图像。[①] 松本荣一也提出当地涅槃图像因素与《根本说一切有部毗奈耶杂事》的直接关联[②]，反映当地涅槃信仰与根本说一切有部之间的关系。这种涅槃像采取右胁而卧的姿势，约在6世纪前期传入河西地区，现存永靖炳灵寺石窟第132窟门上的涅槃龛[③]，应是时间较早者。所不同的是，河西地区涅槃像的内涵开始有了转变，不再单纯作为释迦佛圆寂的象征。

本小文主要是针对北周时期的麦积山石窟，在七佛窟当中出现了法华和涅槃经变的现象，做一些梳理和探讨，希望能找到隋唐时期的法华经变当中，紧密联系涅槃题材的图像渊源与思想结构。

麦积山石窟第26、27窟的图像结构

麦积山北周时期的开窟活动蓬勃发展，且石窟的型制和题材变化很大，其中有一类四角攒尖窟顶，且环壁面为了适应七佛造像而呈多元发展的方形窟，最终成为此期的主流样式之一。在麦积山地区，七佛造像被作为方形窟的环列主题，是从北周才开始的，一般多说是过去七佛，或主张药师七佛的也有[④]，笔者较赞同前说。这除了佛教本身禅观与忏罪的传统之外，北周恢复鲜卑旧俗的思潮，应该也是重要的原因[⑤]；毕竟，礼拜过去七佛与人间对七世父母的感恩追思，是有情感共鸣的，况且上行下效，其兴盛是可以理解的。这些七佛造像多丰腴健壮，衣纹趋向简洁，这应该是受到萧梁时期张僧繇佛像艺术风格的影响，使麦积山的北周佛像打上"张家样"[⑥] 的某些特质；事实上，这种丰腴而俭约的风格，在当时以洛阳为中心的北方地区影响很深，河西和陇地也沿袭渗透着[⑦]。

综观北周的七佛方形窟，大体可以分出两种不同的气氛：一者是环壁单纯陈列七佛造像的中小型洞窟，佛像的造型和服饰都简约利落，如：第36窟，顶高2.36米，面宽2.18米，残深2米[⑧]；一者是在环壁陈列七佛的基础上，于窟顶加绘细致的经变图者，属中型或大型洞窟，佛像和壁绘也相对精细，如：第12窟，顶高2.10米，面宽1.87米，进深1.86米。此处所要讨论的第26和27两窟皆属第二类。孙晓峰先生认为这两窟窟顶的经变画，是有效地起到弘扬中心思想的作用[⑨]；赖文英先生曾做过研究，认为此两窟是在诠释大乘法身涅槃境界[⑩]。从壁画风格来观察，这两个洞窟极可能也是同一人，或同一师门弟子所绘[⑪]。

第27窟为大型洞窟，前部坍塌过半，顶高3.25米，面宽3.33米，残深2.05米。是以七佛为主，

---

① ［日］宫治昭：《ギジール石窟における涅槃の圖像構成》，《オリエント》25：1（1982/9），页111~129。

② ［日］松本榮一：《庫車壁畫における阿闍世王故事》，《国华》556号，页3~7。

③ 《中国石窟·永靖炳灵寺》（北京：文物出版社，1989），图101。

④ 张锦秀编《麦积山石窟志》（兰州：甘肃人民出版社，2002），页69。

⑤ 孙晓峰：《谈麦积山石窟的北周窟龛》，郑炳林、花平宁主编《麦积山石窟艺术文化论文集》上册（兰州：兰大出版社，2004），页253~254，256~258。

⑥ 唐·张彦远《历代名画记·叙师资传授南北时代》。

⑦ 宿白：《北朝造形艺术中人物形象的变化》，《中国石窟寺研究》（北京：中国社科出版社，1998），页90~183。

⑧ 本文关于麦积山洞窟尺寸的度量值，皆根据张锦秀编《麦积山石窟志》（兰州：甘肃人民出版社，2002）。

⑨ 孙晓峰：《谈麦积山石窟的北周窟龛》，《麦积山石窟艺术文化论文集》上册（兰州：兰大出版社，2004），页259。

⑩ 赖文英：《南北朝"涅槃"学与"般若"、"法华"的会通》，《圆光佛学学报》第八期（2003）。

⑪ 唐冲：《麦积山石窟北周艺术浅议》，《麦积山石窟艺术文化论文集》上册（兰州：兰大出版社，2004），页377。

以千佛、法华为辅的典型。窟顶正披画着详细的彩绘，左段以山林中的二佛并坐说法图为中心，环列菩萨、比丘、天王护法等数十身，学界都认同这是“见宝塔品”的变相图（图1、2）。值得注意的是，其中出现了成群趺坐于地面闻法的弟子众，若与唐代发展成熟的法华经变构图来看，这似乎有可能是表达释迦佛为弟子们授记的情景，也就是说这是“授记品”之类的变相。而二佛前方还跪着两身比丘，这应当就是舍利弗等当机弟子了。正披右侧的城景或说是王舍城①，或说是“提婆达多品”的龙宫②，但也有部分学者认为这是描绘一群采集珍宝者，他们在导师以神力化城之后，而获得觉悟的一景，也就是“化城喻品”的经变③。左、右披残存的图像则可推断出是他方圣众赴会和飞天供养等图。很可惜的，前披已经坍塌，未知是否还有其他品经文的内容？

图1 麦积山第27窟窟顶正披法华变之 二佛并坐（魏文斌拍摄）

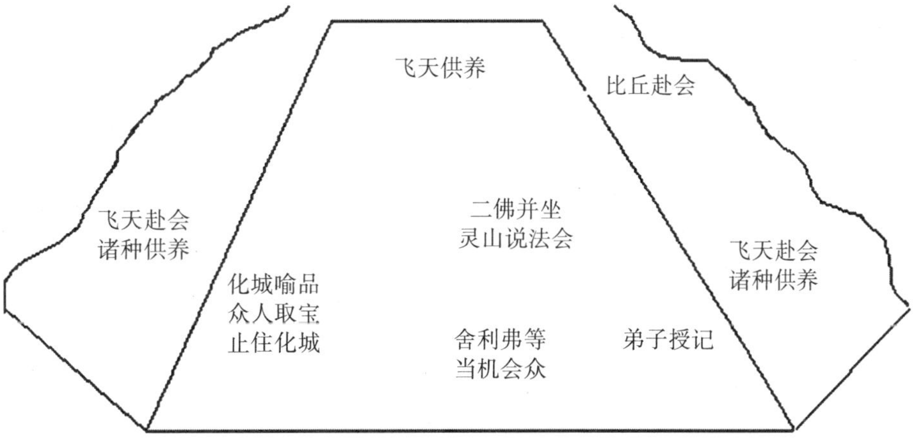

图2 麦积山第27窟窟顶壁画分布图 法华经变

① 《中国石窟·天水麦积山》（北京：文物出版社，1998），图256，258的说明，页244。

② 张宝玺：《甘肃石窟壁画艺术》，《甘肃石窟艺术·壁画篇》（兰州：甘肃人民出版社，1997）。

③ 张锦秀编《麦积山石窟志》（兰州：甘肃人民出版社，2002），页119。

事实上，若将比邻而建、形制相同的第26窟一起来看，则更有兴味！第26窟亦为大型洞窟，前部已坍塌，顶高3.86米，面宽3.83米，残深2.15米。是以七佛为主，以千佛、涅槃为辅的典型。文献上一起提及涅槃与七佛造像的最早个案，是4世纪后期比丘尼昙备（324～396）的弟子昙罗，她博览经律又兴建讲堂，应该是个很有见解的僧人①。

第26窟窟顶除了正披左下隅的林间说法图，还没有办法正确解读其内涵之外，其他的画面都是《大般涅槃经》的“序分”，强调释迦佛的临终传法与弟子们的最后供养（图3、4）。

图3 麦积山第26窟窟顶正披涅槃变（魏文斌拍摄）

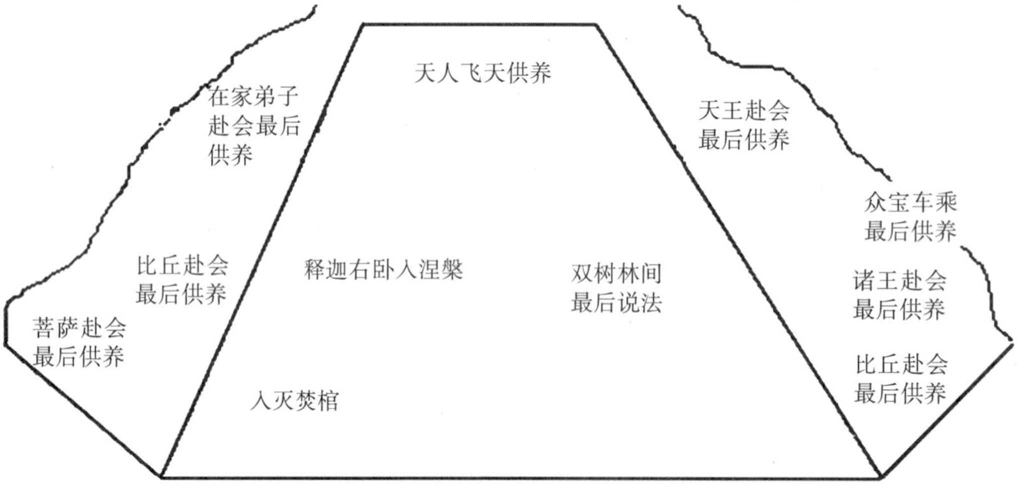

图4 麦积山第26窟窟顶壁画分布图涅槃经变

① 梁·宝唱《比丘尼传》，《大正藏》50册，页935下～936上。

如北朝禅僧所理解的，透过系念二佛并坐像，与修持《法华经》的力量，能够“五欲自断，五盖自除，五根增长，即得禅定，住此定中，深爱于佛。”① 如同亲临法华盛会，聆听实相之说，体证久远真实佛身的内涵。而佛身是“常住身、不可坏身、金刚之身、非杂食身，即是法身。”② 这不随世法无常流转的究竟真实，也使灵山法华盛会亘古常演；大众皆认为灵山一会已然散尽，却无法体会释迦佛的悲愿与宇宙人生的真实相，即是“我见诸众生，没在于苦恼，故不为现身，令其生渴仰，因其心恋慕，乃出为说法。神通力如是，于阿僧祇劫，常在灵鹫山，及余诸住处，众生见劫尽，大火所烧时，我此土安隐，天人常充满。园林诸堂阁，种种宝庄严，宝树多花菓，众生所游乐。诸天击天鼓，常作众伎乐，雨曼陀罗花，散佛及大众。我净土不毁，而众见烧尽，忧怖诸苦恼，如是悉充满。”③ 《涅槃经》以“金刚不坏”释佛身，《法华经》则以“本实常住不火”释佛寿，双诠齐彰法身的内涵；窃想，石窟图像般若的价值，在这儿和盘托出，释迦佛一生的教化可谓功德圆满啊！法华会上尚有增上慢人离席之憾，终究在涅槃会上追说佛性的肯定价值中，完备了不舍任一众生的誓愿。

尽管在北魏的麦积山造像碑中，二佛并坐像与涅槃像已经共陈于碑面（如：133 窟第 10 号造像碑），但是二佛并坐像位于中轴线，位置比较重要；相对于此，涅槃像位于两旁，仅作为佛传故事的一个情节。总之，法华与涅槃以多场景的经变图像来共陈比观，出现在麦积山北周时期的七佛窟，是甘肃石窟中比较早的例子，作为一种“说明式”或“教学式”的图像，特别值得探讨。

甘肃境内北周石窟的法华与涅槃图像共陈遗例

西千佛洞第 8 窟④坐北朝南，为北周开凿、隋代重修的中心塔柱窟，前壁已经塌毁。外围同为这类窟型的还有北魏开凿的第 7 窟⑤、西魏开凿的第 9 窟⑥，和北周开凿的第 12 窟⑦，这四个中心塔柱窟的壁画题材与分布位置，是可以一起加以观察的。先将诸窟的壁画原始分布情况表列如下：

窟号		第 7 窟	第 8 窟	第 9 窟	第 12 窟
开凿年代		北魏	北周	西魏	北周
甬道	左壁（东）				上说法图 下供养人
	右壁（西）				上说法图 下供养人
中心塔柱	正南	倚坐佛说法龛	坐佛说法龛	佛说法龛	坐佛说法龛
	右西	坐佛说法龛	说法图	千佛背景 中说法图	上飞天 千佛背景 中说法图
	后北	坐佛说法龛	（无画）		
	左东	坐佛说法龛	说法图		

① 姚秦·鸠摩罗什译《思惟略要法》，《大正藏》册 15，页 300 中。
② 北凉·昙无谶译《大般涅槃经·金刚身品》，《大正藏》册 12，页 382 下。
③ 姚秦·鸠摩罗什译《妙法莲华经·如来寿量品》，《大正藏》册 9，页 43 中。
④ 此窟号根据《敦煌石窟内容总录》的编号；石窟现场编号为第 6 窟；张大千编号为第 5 窟。
⑤ 此窟号根据《敦煌石窟内容总录》的编号；石窟现场编号为第 5 窟；张大千编号为第 4 窟。
⑥ 此窟号根据《敦煌石窟内容总录》的编号；石窟现场编号为第 7 窟；张大千编号为第 6 窟。
⑦ 此窟号根据《敦煌石窟内容总录》的编号；石窟现场编号为第 10 窟；张大千编号为第 9 窟。

续表

窟号		第7窟	第8窟	第9窟	第12窟
开凿年代		北魏	北周	西魏	北周
正壁（北壁）	上缘	天宫伎乐	飞天		
	壁身	千佛	千佛 右释迦多宝		
	壁腰	千佛	供养人		
	壁脚	力士	力士		
左壁（东壁）	上缘	天宫伎乐	飞天		
	壁身	千佛	千佛 中说法图		
	壁腰	千佛	供养人	供养人	
	壁脚	力士	力士	力士	
	人字披下		飞天 千佛	上说法图 塑立佛残像	塑立佛残像
右壁（西壁）	上缘	天宫伎乐	飞天	垂幔	飞天
	壁身	千佛	千佛 中涅槃变相	千佛	千佛中说法图
	壁腰	千佛	供养人		供养人残像
	壁脚	力士	力士		
	人字披下		飞天 千佛	浮塑项光①	塑立佛残像
前壁（南壁）	门上				说法图
	门东上缘			栏墙垂幔	伎乐飞天
	门东壁身			千佛	千佛
	门东壁腰			供养人	劳度叉斗圣变
	门东壁脚				供养人
	门西上缘				伎乐飞天
	门西壁身				千佛
	门西壁腰				睒子本生
	门西壁脚				供养人
窟顶	后段平棋	平棋	平棋莲花	平棋莲花	平棋莲花
	前段人字披		供养菩萨	飞天忍冬	忍冬莲花

① 第9窟人字披下方原来应塑有立佛。

我们不难发现，“千佛”是这些洞窟共同的基础造像题材，并在这个主轴上去增添不同特色的内容。第8窟在满堂千佛当中，纳入了说法佛、涅槃佛和释迦多宝二佛并坐的题材；除了涅槃佛之外，可以说是继承了炳灵寺第169窟东壁西秦壁画而展开的。在这儿，涅槃佛应该不是单纯的佛传故事画，而是被有意识地和二佛并坐摆在一起。第12窟则是在千佛基础上，纳入了经变画与本生故事画，这多少是继承着莫高窟北魏中心柱窟的传统，但“睒子本生”首次出现在敦煌境内，值得加以关注。

释迦多宝并坐像和涅槃经变，在西千佛洞第8窟内，是一起被纳入千佛图的，但是个别一区分开呈现；而在莫高窟第428窟①内，则是并列于正壁左段，并与多种新旧题材共处。对敦煌莫高窟北周第428窟的研究，前辈学者早已经有所努力和成果，如：认为此窟为建平公于义所开凿的宿白、施萍婷两位先生②，台北故宫李玉珉先生对其新图像源流的考证③，与敦煌研究院贺世哲、施萍婷两位先生的相关研究④等等。基本上，学界对于此北朝第四期洞窟⑤，已经有了很好的解读与诠释。放眼莫高窟北朝石窟的发展，我们不难发现这个北周时期最大洞窟的图像基本架构，仍是延续着北魏中心柱窟而来；在原来的中心柱四面佛龛，四壁佛传、本生、千佛之外，沿用了西魏第285窟的二佛并坐图；也加入了许多大乘经典的新图像因素，如：卢舍那佛（法界人中像）、涅槃图、金刚宝座塔等；并创下供养人数量最多的纪录。此窟涅槃图因为只有双手平伸的卧佛和举哀弟子两个因素，并没有天人赞叹、四天王与摩耶夫人等，而且没有摆放在正壁中央，因此可以确认它是一幅来自中土涅槃佛粉本的图像⑥。而二佛并坐图则与西千佛洞第8窟的表现风格相近，与莫高窟西魏第285窟的细致风格非常不同。

小 结

拙见认为：以上这些洞窟可能是一同反映6世纪中后期的佛教环境，诠释着释迦佛出世的本怀——令众生开示悟入佛之知见而决定成佛，以及释迦佛化缘竟功的最后教示——一切众生皆有佛性而终成佛道！而两系图像能这样成熟的共存，对于甘肃境内隋、唐石窟造像的进一步开展，具有历史时间点上之启发与传承的意义！例如：敦煌莫高窟隋代第420窟，便是延续这样的脉络，将法华、涅槃两类题材完全整合，并扩大两系图像的铺陈，成为一铺意义完整而且细节详实的义理性经变了⑦；“以法华为主干，以涅槃为扶疏”之义理教学风格，促进了石窟图像群的重构现象，这与南朝蓬勃的涅槃学、法华学，以及隋代天台教学进入敦煌的因缘是息息相关的。瞻前顾后，那一股蕴藏在图像结构演变之下的义理洪

① 敦煌研究院编号428窟，即是张大千编213号窟，史岩编300号窟。

② 宿白：《敦煌莫高窟早期洞窟杂考》，《大公报在港复刊三十周年纪念文集》（香港：大公报，1979），页406；施萍婷：《建平公与莫高窟》，《敦煌研究文集》（兰州：甘肃人民出版社，1982），页144～150。

③ 李玉珉：《敦煌428窟新图像源流考》，《故宫学术季刊》第10卷第4期（台北：故宫，1993），页1～34。

④ 贺世哲、施萍婷：《近承中原远接西域—莫高窟第四二八窟研究》，《敦煌石窟艺术·莫高窟第四二八窟》（江苏：江苏美术出版社，1998），页10～27。

⑤ 樊锦诗、马世长、关友惠：《敦煌莫高窟北朝洞窟的分期》，《中国石窟·敦煌莫高窟（一）》（北京：文物出版社，1982），页194～197。

⑥ 李玉珉：《敦煌428窟新图像源流考》，《故宫学术季刊》第10卷第4期（台北：故宫，1993），页16～17。

⑦ 郭祐孟：《敦煌隋代法华主题洞窟初探：以莫高窟419和420窟之图像结构为课题》，《兰州大学学报（社会科学版）》第34卷第4期（甘肃：兰州大学出版社，2006），页42～59。

流，将有可能逐步展露出来！

作者简介

郭祐孟，男，现任台湾中坜圆光佛学研究中心图像文献研究室副研究员。

专长：佛教艺术、石窟图像学、古文字书法。发表《试论麦积山石窟的维摩诘造像》、《敦煌密教石窟体用观初探》、《敦煌莫高窟361窟之研究》等石窟研究论文十数篇。

麦积山第 5 窟壁画遗迹的初步观察

李志荣

要　約

一般的に隋の開鑿であるとされる第 5 号窟は、東隣に北周窟である第 4 窟が開かれている。麦積山石窟東崖の上層に位置し、もともと前廊には柱間 3 間の仏殿形龕を伴っていた。前廊正壁左側（西段）の仏龕龕楣から格子天井にかけて約 15 平方メートルの壁画が現存している。1998 年 6 月に出版された『中国石窟 麦積山石窟』に紹介されたものの、条件が限られており、至近距離からの撮影と観察が出来ておらず、この壁画に対する基本的な記録は十分とは言い難い。また同書に収録されている張宝玺氏の『麦積山石窟壁画叙要』の記載も詳細ではない。しかし壁画の現存例が少ない麦積山石窟の中において、第 5 号窟壁画の存在は、非常に重要な位置を占めているのである。

2009 年夏、麦積山石窟研究所は第 5 号窟壁画の記録と模写に着手した。そのために足場を組み、至近距離からの観察と記録を可能にした。

本論は、この第 5 号窟壁画に対する、観察、記録と、初歩的研究を行っている。壁画全体の構成、建築、壁画と窟の関係に触れ、最後に壁画と窟の関係の観察から、改めて壁画の年代を考察する。この壁画は早期西方浄土変相の重要な実作例であり、多くの研究者が唐代の壁画としているが、窟の年代同様に隋代の壁画であると考えられる。壁画中の古代建築の形式からもこれを確かめることが出来る。

一般认为开凿于隋的麦积山石窟第 5 窟前廊正壁左（西）侧佛龛龛楣上方、左右壁面及前廊顶部天花平棊上部，保存着面积不小的壁画。1998 年 6 月出版的《中国石窟・天水麦积山》图录曾予刊布。限于条件，当时未能近距离拍摄和观察，对其基本情况的了解比较粗略。同书收录的张宝玺先生《麦积山石窟壁画叙要》因此未能论及。2009 年夏天，作为第 5 窟内容总录和考古报告工作的重要步骤之一，麦积山石窟研究所着手记录、临摹第 5 窟的壁画，专门斥资搭建了两层脚手架，使对第 5 窟壁画的近距离观察、记录成为可能。鉴于遗存壁画中有较多的建筑形象，期间，笔者有幸获邀上架参观这组应算“新发现”的壁画。本文就是笔者从遗迹调查角度观察所得的一些粗浅看法，聊备做第 5 窟内容总录的同志参考。承麦积山石窟研究所惠允，文中使用了未曾刊布的部分壁画图片。

一、壁画的遗存状况与窟龛形制的关系

第 5 窟是一座仿木结构的三间带前廊的佛殿形窟（图 1，第 5 窟外立面，采自《中国石窟 天水麦积山》图版 211）。因崖面早年坍塌，前廊仅东面一间半的梁枋、一斗三升并桃尖梁头柱头斗拱和人字形补间斗拱以及部分柱身尚存；西面一间半可见暴露在外的断梁和侧壁，柱额无存。前廊天花平棋，以梁为

界分为三组，各组以平棋枋分为四格长方形。殿内正壁开佛龛三。龛规模以当心间一龛为最大，为主龛，西（左）东（右）二龛以其为中心对称布局。三龛均凸饰拱形龛梁和火焰券式龛楣，下承以圆柱，柱头为一朵覆莲托火焰宝珠。主龛龛楣高阔，几乎充盈相当于前廊当心间面阔的整个壁面，其龛楣券尖直抵前廊天花平棋；左右二龛龛楣券尖高度约与主龛龛梁平齐，其阔约为其三之二。左右二龛龛楣正上方至平棋以下及其左右壁面留有较大的壁面空间。第5窟东邻第4窟，是位于麦积崖东崖最高处最西段的窟龛。其东侧壁完存，上有凿出与第4窟连接的券洞门，券洞上部至平棋，留有较大的壁面空间。其西侧壁，虽因崖面坍塌，接近前廊地面的部分已经完全不存，约相当于西侧龛龛柱柱头高度之上至平棋的壁画部分平整存在，与正壁、前廊上部断梁的交界清楚。第5窟遗存的壁画，就存在于上述西侧龛龛楣以上至平棋及其左右的整个壁面、平棋局部及西侧壁残留壁面。

遗存的壁画，根据其遗存位置，可分为三组。第一组为正壁部分，即位于左（西）侧龛龛楣以上至平棋及其左右的部分，上界以平棋，左界以正壁与侧壁交线，右以当心间龛龛楣之左界为界；第二组为侧壁部分，上至西侧断梁下皮，左至侧壁残断口，右界为侧壁与正壁交线；第三组为天花平棋部分，即西侧一间前廊平棋之紧邻正壁与侧壁的一格平棋上的壁画（图2）。

图1　第5窟　《中国石窟·天水麦积山》图

图2　第5窟遗存三组壁画所在壁面

第一组正壁部分，其主体是一组以佛说法像为中心的净土变相图。这组净土变相图的构图和图像安排，以西侧龛楣券尖为中轴，以佛为中心左右对称，同时充分考虑到左右壁面空间的区别而因地制宜地作出变化，比如，其西侧的净土图像一直转折延伸到侧壁，而其东侧的图像则延伸至当心间龛楣券尖之西的三角部分。净土图像上部以平棋枋与正壁交线为界，在中心佛首上方的华盖之上结束处的火焰宝珠绘制在西侧一间柱廊平棋正中与梁平行的平棋枋上，使佛为中心的构图更加显著（图3a，b，c，d）。

图 3a 净土图像以西龛龛楣券尖为中轴布局

图 3b 净土图像中的主尊佛像

图 3c 净土图像之东侧

图 3d 净土图像之西侧

这组净土变相图像的下部为左右相向布列的供养人行列。供养人主妇，上着交领大袖襦，下为曳地长裙；身侧两侍女，一紧随主妇身后提拽其长裙后裾，另一屈臂腋下夹裀褥随侍主妇身侧；侍女身形均小于主妇，提裙裾者最小，身高仅及主妇肩下，或以此一来表示等级，一来表示一行三人之前后左右关系（图 4a，b）。主妇与侍女为一组，由僧人带领。

图 4a 净土图像下部成组的女供养人（东）

图 4b 净土图像下部成组的女供养人（西）

左侧一僧人后面随列着的供养人共 11 组（图 4c），前引二主妇，双手隐于大袖内，捧持香炉（紧随僧人第一组供养人主妇）、钵（本列第二组供养人主妇），余夹持莲蕾做前行供养状。每组供养人像前方，遗有清晰的榜题框，字迹无存。供养人行列之下有清楚的界栏线。其下部为另一幅独立的一铺一佛二弟子二菩萨组像。这组像处左侧供养人之下、西侧龛龛楣之左侧，构图完整。从其壁画剥蚀的残迹观察，无二次设计重绘痕迹（图 4e）。

右侧的供养人与其左侧不同，由上而下排布三列。第一列由二僧引导，似一师一弟子。其后紧随供养人 8 组。第二列供养人亦 8 组，第三列 6 组。第二列头一组与上列僧人之后的第一组供养人上下对应，第三列头一组与第二列第三组相对应，后退两组空间。三列之末同止于主龛龛楣之西侧下缘。供养人像的错列，是因西龛龛楣火焰券东侧的壁面空间而作的适形安排。右侧三列 22 组，如同左侧供养人，均遗有榜题框，字迹无存。第三列供养人之下亦应有同左侧一样的下方界栏线，现已漫漶无存。供养人之下的壁面平整，上有三个桩孔上下成行，未见壁画遗迹。现主龛右侧龛柱前遗存泥塑足踏卧牛的护法像一身。左侧龛柱前相应位置也塑有对称的一身护法像，今像虽已无存，壁面残留桩孔，为塑像存在之证。然观这组护法像下面的基座，发现应为从崖面雕凿而成，也就是说，尽管此泥塑护法明显为唐代所塑，却不能排除护法像为该龛开凿时原有设计的可能。也就是说，前述三列供养人之下再无壁画遗迹的情况，不能排除是专为护法像预留位置的可能（图 4d）。

图 4c 西侧供养人行列

图 4d 东侧供养人行列

侧壁遗存的壁画，根据界栏线，可自上而下清楚地分为三部分。上者为正壁净土图像的延伸，其下界比正壁西侧供养人行列之下界栏线位置稍高。再下为一组仅存二个人物形象的画面。再下一组，为半组以一层忍冬卷草、一层火焰纹组成的背光，是整个第 5 窟壁画中色彩保存最好的。背光的右上角，保存着飞天一躯，其身姿、衣纹亦为第 5 窟壁画中保存最好的。在火焰券之右下角，在下部界栏线之上，绘制的是一铺佛像，约为一佛二菩萨，佛上有硕大华盖，样式与正壁净土变和西侧供养人下部佛像上部华盖相似（图 5a，b，c）。

图 4e　西侧供养人之下的一铺佛像

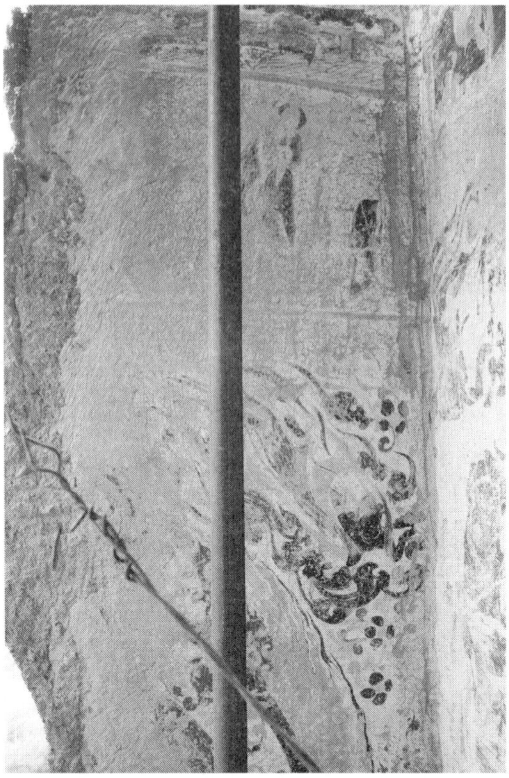

图 5a　侧壁壁画三组关系局部

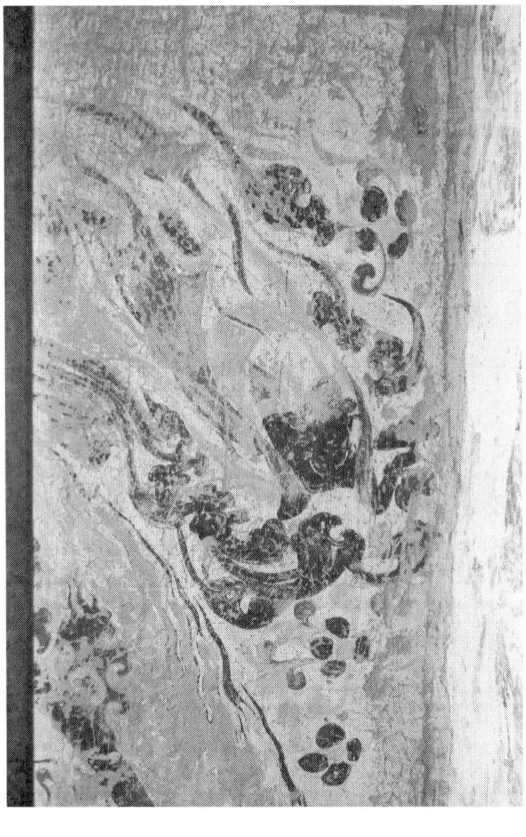

图 5b　侧壁背光之右上角的飞天

图 5c　侧壁背光右下角

平棋壁画，虽仅保存一方，但非常完整，是由平棋枋、长方形平棋格共同组成的一组画面。平棋枋满绘界栏清楚的大颗联珠纹边饰，平棋之内绘制由天马、云纹、飞天组成的图像。从平棋枋上遗存的联珠纹和正壁华盖之上延伸至平棋枋上的火焰宝珠的关系，可见，平棋壁画与正壁壁画是按照统一的布局来绘制的（图6）。

图6　平棋壁画

第5窟遗存的三组壁画，尽管各有位置、程度不同的损坏、残缺，但未显示二次重绘的迹象，是其遗迹最重要的特点；而且十分宝贵地遗存着可供我们认识其相互关系的重要遗迹，显示壁画布局与这一仿木结构佛殿窟形制密切关联。这使我们能够有机会考虑殿堂窟与壁画绘事的关系。遗存壁画显示，正壁、侧壁和平棋的壁画，是充分考虑了整个窟龛壁面、构件之间的实际情况来严格布局的，而不是来自一时的偶然安排。而整个正壁壁画，应当是以主龛为中心布局的。虽东侧壁面壁画已不存，侧壁也经后世改变，在考虑西侧的构图、内容时，也不能忽视其与对应的壁面还有关联。

事实上，从三组壁画不同部位的剥蚀残迹，可十分清楚地看出，崖壁上雕凿出的粗糙构件只有完成其上的壁画绘饰，才能成为一个殿堂式龛窟的有效组成部分，至少对麦积山的殿堂窟如此。壁画遗迹提示，一座仿木结构殿堂式窟龛开凿工程的基本程序是：雕凿成型；屋顶、外檐部分尽可能处置平整；内部则凿出构件，表面用黄泥抹平，再施以白垩粉底，然后绘画。壁画遗迹显示，对于一座殿堂窟，其壁画的计划、布局和施工次第，是窟龛开凿整体工程的重要组成。壁画的布局，可能与窟龛形制一样有事前的设计和安排。这与我们从与第5窟紧邻的完成于北周时期的第4窟观察所得的情况十分相似，或为当时开凿殿堂式窟龛的通例①。这一情况提示我们，关注开凿工程本身的规模、步骤、进程等工程技术

① 如，第4窟七座帐式龛龛楣塑作的繁缛装饰，其纹样大致均事先已雕凿而成，然后再增以塑作，使其完善。七座帐龛内部均雕凿出仿帐结构细部，在其上再施绘饰。与第5窟壁画的做法十分相似。事实上在麦积山保留壁画的诸窟中，对于壁画与洞窟年代的判断，除十分显著的晚期补入的内容外，也十分关注壁画是否重层问题。一般上认为无重层者，即为与洞窟同时期的壁画，这与笔者观察第5窟的情况相同。中国古代木构建筑没有中唐之前的实例。北朝时期石窟寺中存在的大量殿堂可以作为考虑地面建筑的间接材料，但其室内装饰的情况却很难有确切的材料。麦积山石窟西魏北周以来最突出的特点就是大量佛殿形龛窟的流行。这些窟龛从形式到细节都无所不求极致地仿地面殿堂的情况，已经引起建筑史家的极大关注和深入研究，比如傅熹年先生的卓越工作。而从张彦远《历代名画记》记载唐代两京地区寺院画壁的传统到元代遗存的永乐宫建筑画壁看来，麦积山西魏以来如此追求细节的佛殿形石窟的壁画，表达的也许就是唐以前寺院殿堂画壁的传统。

问题，对考虑麦积山东崖自西魏以来大量的殿堂式龛窟开凿和流行的社会原因，也许会有帮助；而与此同时将壁画作为殿堂式龛窟开凿工程整体的一项重要组成囊括其中，进而关注其遗存或者遗迹及其与窟龛形制的关系，亦十分必要。

二、壁画中的建筑形象与壁画的年代问题

第5窟遗存壁画的核心是正壁一组净土变相。其布局、建筑、建筑构件的特征与本窟遗存的木结构细节，或也可作为判断遗存壁画年代的考虑要素。

正壁净土变相画面，以西龛券尖为中线，左右基本对称安排。画面以绿水池渠为界，可大体可分为中、东、西三部分。

画面中心为由矮栏墙围合的广大绿水莲池，佛结跏趺坐于绿水正中安置的二重须弥莲座之上。佛座前有一华丽香炉安置于方形几案之上的莲座上。香炉前的几案角隅，有坐于莲座上双手合十的供养童子。香炉几案前左右两侧蹲坐二狮。佛身后有一座高仅及肩的屏风。屏风之后升起两根支柱，承托高度直抵天花平棋的华盖。华盖中心火焰宝珠绘制在西龛平棋居中的平棋枋与紧贴正壁的平棋枋交界处。在须弥莲座之后为一座置于高大壶门之上的方形围屏床榻。床榻上无置物，围屏骨架及骨架间安置联珠纹围屏织物刻画精致清晰（与净土变相下列供养人衣裙织物之联珠纹样类似）[①]（参见图3）。

主尊座前、身侧为莲座（漂浮于绿水之上）菩萨像，左右对称，面朝主尊。在供养菩萨之下方，佛座前广大水池之左右角隅，是一组对称布局的、浮于绿水之上的勾栏式平台。其上饰以方格形图案。平台上一组披巾婆娑的女像，因壁画彩色剥蚀，其持物或姿态只能约略见其大概，很难断定其是否为舞乐伎。由于壁面差异，西侧平台上之女像人数多于东侧。这一组女像，应属供养主尊的净土世界里的人物，不同于净土图像之下左右排列的一般俗众供养人（图7a，b，c）。

图7a 净土图像东侧之女像

① 值得注意的是，图像中的这座围屏床榻，与现存天水博物馆的周隋之间的床榻形制相似。

图7b　净土图像中部西侧台上之女像

图7c　女像之姿态衣饰

变相图中间在广大绿水莲池的布局，其中心就是主尊佛像及其部属（?），而没有出现任何殿阁式建筑形象，作为主尊的背景，如我们在唐以后所习见的那样。这是该变相值得注意的特点。

莲池以一渠绿水作为界隔，左右布局，大体对称，两部分与中间部分以若干座跨渠而设的拱桥相联系。左右两部分图像以多座建筑为主，若干女像——与前述中部平台之上的女像身姿衣饰相同——点缀在殿阁建筑之间、之内。东、西两部分的建筑形象保存状况不同，东侧较好，西侧漫漶严重，但从现存遗迹看来，左右两组殿阁建筑布局并不呈现一一对称的关系，各自就所在壁面空间自由排布。

保存较好的东部殿阁共三座。最前面为一座建在低矮台座之上的歇山顶建筑，正面开间不详，约三间（?），朝向中心主尊，山面亦约三间，其山花遗迹清楚。屋顶轮廓、正脊、垂脊（含脊饰）、鸱尾清楚，但与麦积山127窟，甚至第4窟遗存壁画中描绘的建筑特别绘出屋顶瓦垄的情况不同，屋顶整体性显著。檐下遗迹可见该殿宇出檐深远。檐下可见柱、重楣、重楣间蜀柱及重楣之上稍有舒脚的人字拱。重楣之下为一周帷幔，正面帷幔遗迹呈月牙状，似表示帷幔悬挂在室内被风鼓出的形象。此座建筑稍后，在主龛与西龛隔梁下是一座山面朝向观者的歇山敞厅，外围勾栏，内有人物活动形象。此座建筑物山面山花所示的人字叉手梁架清楚，屋脊及其装饰均可复原，进深三间可见。在这两座建筑之上、隔梁之西壁面上绘出的建筑，为一座建于低矮台座之上面朝主尊的双层楼阁，其底层、平座及上层物身、檐下部分可见遗迹，但由于彩色脱落剥蚀严重，已很难即刻复原。然底层柱枋、平座栏杆、平座斗拱遗迹清楚。从遗迹看，底层正面三间，当心间稍阔，进深两间。底层四面开敞，可见室内陈设一座壶门长案，有人活动其中。底层屋顶之上，可见承托上层平座栏杆的平座斗拱，为出一跳华拱承令拱的四铺作斗拱。楼阁二层屋身收缩，但细部已漫漶。以上几座殿阁原来刻画精细，均以画面中心透视法绘制，正面均朝向主尊，而三者之间似成品字形安排，在它们之间的空地，壁面点缀绿树、山丘（图8）。

图8 净土图像东部之建筑及绿树山丘

西侧建筑物虽大多漫漶，但与东侧二层楼阁相对应位置的一处建筑尚清晰，其亦面朝主尊，面阔均等三间，进深两间，立于低矮台座之上（绿色），立柱及柱下覆盆础痕尚存。建筑四面开敞，可见室内设壶门长案，有女像点缀其间。该建筑檐下刻画简单，屋顶之上似也存平座斗拱痕迹（图9），但之上的部分大片剥落。在这座建筑物之下偏西，还应有殿阁，但由于颜色剥蚀殆尽，仅从壁面残痕隐约可见重楣、人字拱及屋顶起稿线等遗痕。

图9 净土图像东部之建筑

西侧壁面保存最为完整的一座建筑形象，是位于中部与西部画面间隔水渠上部尽断转折处的一座单间水门。这座水门两柱立于水中，两柱间为双扇栅栏门。水门屋顶为四注顶，正脊与四戗脊，绘以绿色，与其余建筑同，屋顶面为蓝色平涂。这种反映应是隋代壁画中表现琉璃剪边的情况。檐下柱头斗拱侧面看为一斗三升，补间为有舒脚的人字拱（叉手）（图10）。

图10a 西部之建筑、绿水渠及水门

图10b 水门建筑细部

东西两部分以建筑为主体的画面，虽然不完全对称，已如前述，但如果把中、东、西，三部分总起来看，整个净土图像，可以看成是以主尊所在的广大绿水莲池为中庭的一个放大的院落。东西两侧的建筑物相互的对应关系是存在的，但却不是对方的翻版，这一点也十分引人注目。

综上，这组变相图，可特别注意者，有如下三点。

其整体布局，以处于中轴位置的佛为中心对称构图，分中、东、西三部分，东、西部分采用中心透视法表现，集中突出主尊。以中轴对称形式布局的这组壁画，代表了麦积山石窟经变相壁画图像的新风。这一构图方式，是日后流行的中轴对称以殿堂为主体表现和构图要素的唐代西方净土变相的先声。如前推测，中、东、西三部分以建筑为主体的整体画面，如果看成是以主尊所在的广大绿水莲池为中庭的一个放大的院落，则其东西两侧表现的则是庭院东西配殿的情况：有一层殿堂和二层楼阁。而唐代以来作为主尊背景的中心殿堂的缺失，正说明这种净土变相的构图属于此类布局的初级阶段。该图像中东西三路的布局，无论单体建筑，还是其整体布局，或有仿照地面建筑群，特别是寺院建筑群布局的迹象①。

建筑图像表现出来的形象和手法，比较麦积山著名的第127窟以及第4窟窟顶天花平棋壁画遗留的建筑形象，已有明显的不同。中心透视法已经影响到建筑物在整个画面中的表现。房屋建筑意在刻画整体的殿阁，硕大平缓的屋顶、深远的出檐、檐下木结构作法等细节被重点刻画，而此前刻意于屋顶瓦片细部的房屋表现方法，已经被摒弃。这一新的房屋表现方法，在北周到隋的其他墓葬建筑影作或绘画中也有表现。比如从宁夏北周李贤墓门楼、西安北周康业墓屏风绘画，到陕西2008年刊布的隋代高等级墓葬中的门楼影作看来，隋代是建筑画表现方法转变的重要时期。

壁画中刻画的建筑类型，有单层殿堂，也有多层楼阁，其侧壁净土变相延伸部分的楼阁，上可见绘作起稿线，显示为两层以上的楼阁。而刻画的建筑楼阁可见出挑斗拱承托的平座，但尽管如此，观察其檐下斗拱，即使出檐很深远的殿阁的柱头斗拱，仍多用北朝以来流行的一斗三升斗拱和稍有舒脚的人字补间，未见初唐已出现的成熟的出挑拱，更未见刻画出转角铺作。这与现存于天水博物馆的周隋石棺床上刻画的殿阁形象及其斗拱细节的情况十分相似。

最后需要特别指出的是，壁画中殿阁的主要斗拱形制，与第5窟佛殿形窟本身遗存的柱头、补间铺作大体一致，这不应该是偶然巧合。因此，从壁画建筑形象中具有年代特征的构件来看，应可以判断这组壁画的年代与窟本身为同时期②。如果此判断差误不大，这组净土变相图的意义就非同寻常。

三、结语

本文对这组“新壁画”的观察，是从基础材料的调查整理记录角度出发的，考虑了两个问题：

1、石窟寺龛窟类型与壁画作为整体的关系，在有壁画的石窟寺龛窟调查中，应予特别重视。对于麦积山东崖特有的殿堂式窟龛，壁画遗迹显示出的与窟型的相互关联，尤应作为专门问题予以注意。对

① 敦煌莫高窟和敦煌卷子中保存的净土变图像和大足北山留存的晚唐净土变相石刻，多采用的中、东、西三路展开的构图布局，与当时地面大型高等级建筑群普遍存在的中、东、西三路布局的情况，应不是毫无意义的巧合。

② 对于第5窟遗存的壁画的年代，学者有不同的看法。前文叙述中虽没有涉及壁画内容风格的细节，但强调其整体布局的统一性的同时，稍关注一下正壁净土变相中的菩萨形象与西侧供养人之下的一铺造像中的菩萨造像的相似性；侧壁残存一半的火焰背光之火焰纹、右上角之飞天的姿态，其旁云纹与正壁净土变相中的飞天、云纹及平棋壁画中云纹、飞天的身姿的相似性；正壁净土变相用色及其铅白氧化想成的黑色与其下部供养人用色、铅白遗迹的相似性，就会对这组具有统一布局安排的壁画，其制作完成的时间相差不远的判断不会有多大的怀疑。特别重要的是，麦积山第5窟遗留壁画中的飞天、菩萨、供养人及其莲花佛座的形态，平棋天马的形态和画法，甚至用色的情况，与敦煌莫高窟隋代窟龛，相似之处十分明显。对这组公认的隋代开凿的殿堂窟的壁画，根据以上的情况，判断为与洞窟开凿同时代的一个时期，应该大致可以。这是极其粗略观察下的意见。对其年代的更准确判断，还需要结合麦积山石窟开凿历史文献做深入细致的研究。

这种整体关系的关注、观察和记录（包括测绘），会有助于局部问题研究的深入。洞窟全部的遗迹及其相互关系，应成为以编写石窟寺内容总录和考古报告为目标的基础调查工作关注的重点。

2、对壁画的调查记录，除如前所述，要注意壁画与其所在窟龛整体形制、壁面空间等关系外，同样要建立从整体到局部再到细节的原则，尤应注意整体构图、布局、绘制方法等看起来与题材内容关系较远的技术性内容。这样的观察，对于石窟寺营造等历史问题讨论的深入，也不无裨益。

如此考虑的唯一目的，就是提示对包括壁画在内的石窟寺洞窟遗迹的全面关注。

第5窟是麦积山开凿最晚的窟龛，也是西魏北周以来流行的中国石窟寺开凿殿堂式龛窟的尾声。其遗存的作为殿堂式窟龛营造重要组成部分的壁画，是麦积山石窟盛期最晚的代表。随着麦积山石窟研究所调查、临摹工作的深入和成果的发表，相信会吸引佛教石窟寺研究界的学者们对第5窟研究的新热情。但愿此次刊布的材料对大家有所助益。

作者简介

李志荣，1965年生，北京大学考古文博学院副教授，历史学博士。从事中国古代建筑史与建筑考古研究和教学。著有《司马光墓余庆禅院的建筑》、《霍州州署建筑沿革考》等论著。

麦积山寺院住持资料辑录

李晓红

要　約

麦積山石窟は中国の石窟仏教遺跡である。そこに関する研究は現在、多岐にわたり行われている。しかし、麦積山における明、清時代の仏教活動及び寺院住持については、まだ手がつけられていないままである。本論文は、残されている文書、洞窟の墨書、碑刻、塔銘、鐘銘などを集め、麦積山の住持に関連するデータを整理する。歴代の住持の系図を制作することによって、麦積山寺院の宗教における法灯の伝承方式を研究する分野に、寄与することを期待する。

これら資料を分類整理し、麦積山における明、清時代の仏教活動や、周辺寺院との関係、周辺信者及びその所属団体との相互関係を明らかにする。さらに、石窟、塑像及び壁画の重修に関連する情報や、山頂に立つ舎利塔の幾度となる修復について十分な情報を提供する。近世の麦積山を研究するに、重要な資料になると思われる。

麦積山石窟芸術研究所の資料室では、文書が1600件あまり保存されている。中には瑞応寺住持伝灯記録が一件残っており、高い研究価値をもつ資料であろうことから、筆者が関連する資料を集めることにした。

資料を収集している間、明代成化20年鋳造という鐘が見つかり、その表面に瑞応寺住持静淥が十方功徳主の功徳を積むことや、鐘の鋳造の縁起が刻まれている。本論文には、新しい公表資料としてその全文を収録した。また、瑞応寺で保存されている清代乾隆年間鋳造という鉄香炉二口と、麦積山下院である崇福寺の明代万暦23年鋳造という鉄鐘一口も今回、初収録となる。

关于麦积山特别是明清时期寺院的佛教活动及寺院住持以及研究一直是一个空白，本文就麦积山遗存的文书、历代洞窟题记及碑刻、塔铭、钟铭文等中涉及到的有关麦积山住持，整理出历代住持的时代年表和住持宗系，旨在为研究麦积山寺院的传灯方式提供相关资料。同时，通过这些资料的整理归纳，可以反映出麦积山晚期佛教活动、与周围寺院的关系、周围信众团体与麦积山寺院的依存关系以及他们共同对麦积山石窟洞窟及其塑像等进行重修妆彩和麦积山顶舍利塔的几次维修活动等各方面的丰富信息，实为研究麦积山石窟晚期佛教非常重要的文献资料。

在整理搜集住持方面资料时，有一口明代成化二十年（1484）铸造的大铁钟，钟周身铸满麦积山瑞应寺住持静淥发心普化十方功德主及铸钟的缘起，这是首次新资料公布，寺院现存两尊清乾隆年间的铁香炉以及麦积山瑞应寺下院崇福寺的一口明万历二十三年（1595）铸造的铁钟也是首次资料公布。

一、瑞应寺遗存文书系

麦积山最早的寺院，据《法苑珠林》记载为周穆王所建，名为灵安寺，此说虽不可信，但却说明这里建寺很早。据碑碣记载，寺院名称历来由朝廷赐予，东晋赐“无忧寺”，北魏赐“石岩寺”，隋赐“净念寺”，唐赐“应乾寺”，宋因麦积山顶产灵芝进贡朝廷，赐名“瑞应寺”，沿用至今。麦积山寺院随着佛教的盛衰，几经兴废，历史上曾几易寺址。现存寺院在距麦积山下200米平台处，坐北朝南，建筑为明代后期重建，清乾隆八年（1743）和嘉庆二十五年（1820）由寺院住持发心重修，寺院面积2500平方米。中轴线上前为山门、次为天王殿、后为大雄宝殿，天王殿左右两侧另建钟楼和鼓楼，院内左右两侧为东西配殿（图1）。

图1 麦积山瑞应寺

麦积山资料室现存1600余件文书是1953年左右从瑞应寺寺僧处得来并保存至今，时代最早为唐，继有宋、明、清的刻写本，以明刻本居多。其中有明清住持传灯录和部分涉及住持传承的文书。

（一）瑞应寺院遗留住持传灯录

文书麦1641为麦积山瑞应寺清代住持传灯录，经折写本，首尾残缺。记载临济正宗第三十七至第三十九世和尚和瑞应堂几代禅师的传承关系。（图2－1）

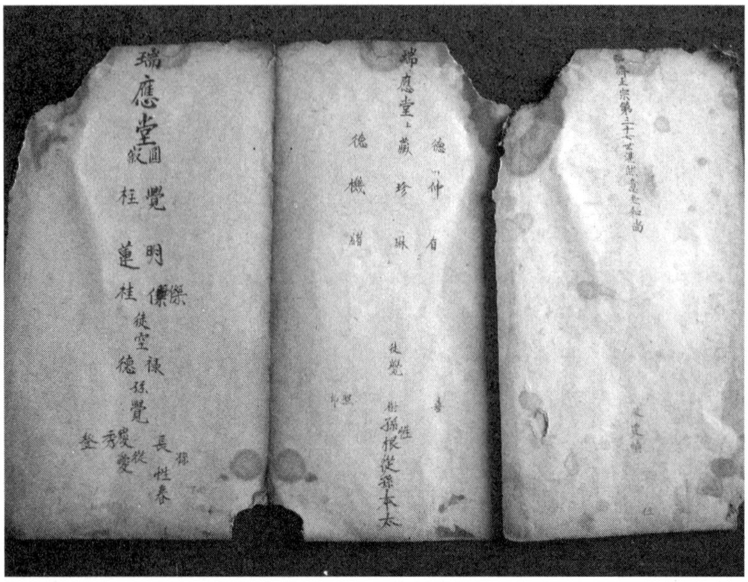

图 2－1 住持传灯录

1. 临济正宗第三十七世湛然意老和尚　　徒/达唤 位（图 2－2）
2. 临济正宗第三十八世景峰焕老和尚　　徒/悟本 位
3. 临济正宗第三十九世归园本 脱颖存　　徒/真参/真桂和尚
4. 瑞应堂圆寂大恩师觉莲参老和尚　　徒/空有/空琳/空绪
5. 瑞应堂上脱下颖存老禅师　　徒/真杰徒/真桂孙/空德 位
6. 瑞应堂上德仲有藏珍琳 德机绪　　徒/觉喜 觉树 觉照 觉印 孙性根 徒孙本太
7. 瑞应堂圆寂觉明杰 柱莲桂　　徒/空禄 空德 孙/觉长 觉爱 觉秀 觉登 徒孙/性春
8. 临济正宗第三十八世水月定老和尚　　徒/ 觉乘 孙/性满 性善 位（图 2－3）

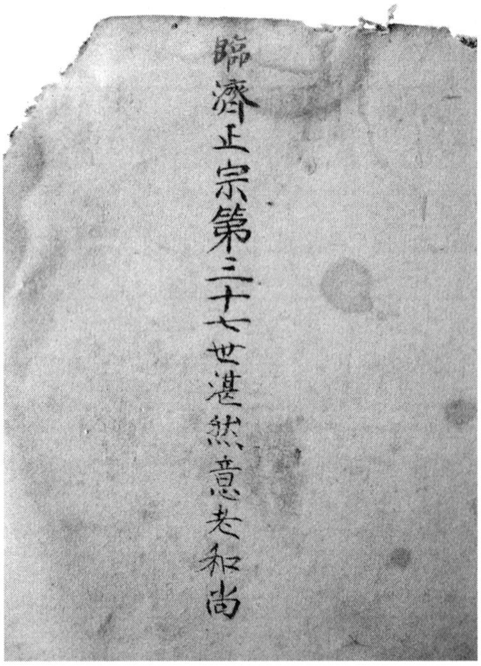

图 2－2 住持传灯录

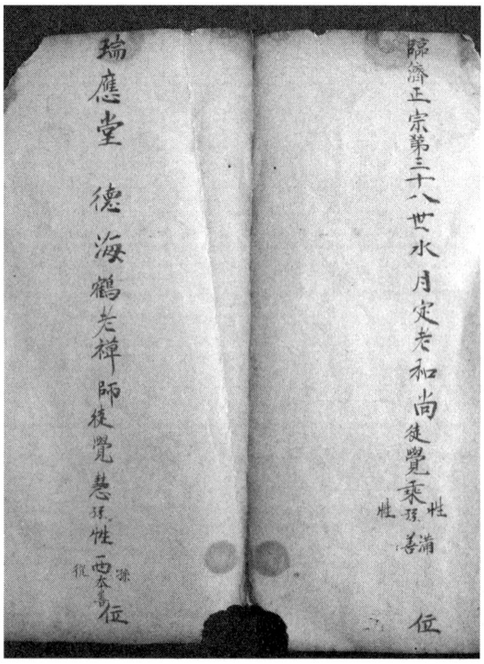

图 2－3 住持传灯录

9. 瑞应堂德海鹤老禅师徒/觉慧 孙/性西 徒孙/本善位

10. 瑞应堂圆寂三世宏喜 大宗寿树老禅师 四吉宽印 徒/性明 性宗 孙/本分 本桂 位

11. 瑞应堂圆寂正觉乘 圆光慧 徒/性善 性觉 性西 位

12. 瑞应堂圆寂恩师上性下西法师 徒本善 孙常清 常静 常元

说明：以上临济正宗为清代的住持，依据是瑞应寺院的香炉上铸铭有临济正宗三十六世圆慧为乾隆年间住持。

（二）麦积山文书中出现的住持

在麦积山的其他文书中，尤其是明清时期的刻写本中，有部分记录寺院住持传承的文书。

1. 麦 0022 毗尼日用仪范 清（刻本）

首封墨书：麦积山/正宗三十八世瑞应堂上达老和尚□□/弟子湛汾□□

2. 麦 0036 弘戒法仪下 清（刻本）

尾题：顺治戊戌岁孟夏谷旦 金陵季兰庭重刊行

墨书题记：释子麦积山景峰焕记

3. 麦 0049 青峰大云登禅师语录 清（刻本）

序一刻题：乙酉岁律应仲吕谷旦/文林郎原任鄜县知县骆文

序二刻题：时/雍正柒年梅月夏日谷旦/瀛害后学祖元敬题

刻题：时/雍正七年 月 日刊板于本山丨青峰大云和尚登禅师语录终/凤巴记录后学普舟

墨书题记：

1. 上瑞下光大和尚后学弟子觉悟

2. 可堂大师座下/积山大师座下/碧空大师座下/上了下还大和尚座下成佛有同/雍正捌迁到感应寺住居半载道友四众/同行河南监口口……

4. 麦 0050 佛说诸品仙经 清（写本）

墨书题记：

1. 佛说荷担报恩经一卷/雍正十二年五月初九日抄写比丘性骨本叩

2. 雍正八年八月吉时抄写弟子性骨本敬书

5. 麦 0079 大乘妙法莲华经要解科文 明（刻本）

刻题：隆庆二年腊月八日弟子了玄刊德一书

墨书题记：上师比丘行安铁牛寿天释友满绪发心释子真演徒真霞真喜如全徒性硕/同沾甘露同荫兹云同得真普提路 悟禅那进修圣位

6. 麦 0100 大乘妙法莲花经卷第七 明（刻本）

墨书题记：

1. 修补经弟子了玥受持/麦积山瑞应寺

2. 麦积山释子来聚

3. 内封：奉/佛施财信士师教石氏、贾氏、马氏、黎氏一家眷等/施银两道粮更祈一家吉祥如意/万历四十二年十月十五日散施造经僧麦积惠室

7. 麦 0111 慈悲道场忏法卷第九 明（刻本）

麦 0124 慈悲道场忏法卷第九 明（刻本）

墨书题记：崇祯二年四月初八日积麦晚纳本韶/置造来明收置

8. 麦 0123 妙法莲华经卷第三 明（写本）

墨书题记：写经僧人净理书/请经僧人海静/九月十三日止笔

9. 麦 0148 妙法莲华经卷第六 明（写本）

墨书题记：写经僧人净理口/请经僧人海静

10. 麦 0149 妙法莲华经卷第七 明（写本）

墨书题记：

1. 复请僧人海静/写经僧人净理口 /城县白家村石寺僧人性通口/天启五年正月十三日请

2. 镇风寺写造 四十八年贰月初十日写经卑终

3. 陕西甘肃凉州右营提标副将高孟鼎施舍表伯/大乘经壹部应供十方

11. 麦 0156 慈悲道场忏法卷第十 明（刻本）

刻题：

1. 陕西西安府三元县焦吴里见住凤县三官殿舍财信士马万朝室人傅氏/……

2. 陕西汉中府凤县僧会司护印 梅玉山/助缘比丘 辉太口……

3. 三岔驿东沟新修静室禅院发心释子了玄/上同师觉海 觉聪 ……时嘉靖岁次甲子菊月上瀚吉日 工完 刊匠雷邦宁 余明江

墨书题记（内封）：仙人岩灵应寺住持沙弥照琦/麦积山瑞应寺受持经真荣记 徒普莲 普真

12. 麦 0158 妙法莲华经卷第一 明（刻本）

墨书题记：大清国甘肃省直隶秦州仙人崖灵应寺修补/法华经释子 了玥 徒双德/皇清乾隆四十四年八月望八日成造/唯愿/佛日增辉……

13. 麦 0203 慈悲道场忏法卷第八 明（刻本）

墨书题记：麦积晚衲本韶徒来明收

14. 麦 0204 慈悲道场忏法卷第二 明（刻本）

墨书题记：麦积后学晚衲本韶置/造徒来明收

15. 麦 0214 慈悲道场忏法卷第五 明（刻本）

刻题：

1. 陕西西安府长安县大村里造经板信士张永寿室人赵氏 李氏/长男……

2. 隆庆五年六月 吉日造行二六时中吉祥如意

3. 陕西秦府长具寺释子化主宗信引众发心刊造此/经/助言人张名里信士胡大安室人王氏

墨书题记：崇祯二年四月初八日麦积晚衲本韶置/造徒来明收

16. 麦 0231 慈悲道场忏法卷第四 明（刻本）

墨书题记：

1. 崇祯三年四月初八日麦积晚衲本韶置造徒来明收记

2. 自祥受持

17. 麦 0242 未来星宿劫千佛名经 清（写本）

墨书题记：雍正十二年六月望旦麦积山住持释子际博虔书（图 3）

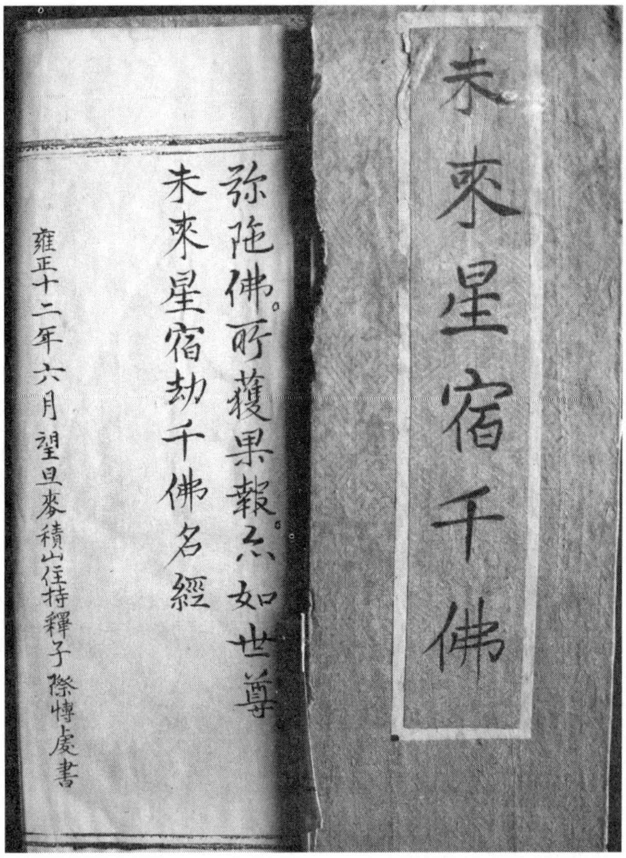

图 3 麦 0242 清雍正十二年麦积山住持际博书 未来星宿劫千佛名经

18. 麦 0246 大乘妙法莲华经卷七 清（写本）

墨书题记：康熙伍年贰月初壹日李文沐手谨书

19. 麦 0682 三劫三千诸佛名经全部（现在贤劫千佛名经）清（写本）

麦 0683 三劫三千佛 缘起 清（写本）

墨书题记：乾隆九年六月中释子际博沐手虔书

20. 麦 0271 慈悲道场忏法卷第三 明（刻本）

刻跋：大明国陕西汉中府凤县栌子沟居住 奉/佛刊板众会信士孙安……

墨书题记：

1. 自详

2. 陕西西安府咸阳县河南里民见在秦州地名/黄峧峪诚经信士黄彦雄室人杨氏男黄翰室人胡氏

3. 麦积山禅寺住持自运

4. 梁皇宝忏万德洪名。灵文三卷最宏深，字字免灾，逆顶佛名，消灾保安宁

21. 麦 0270 慈悲道场忏法卷第六 明（刻本）

墨书题记（补刻板中经文）：无量拔生死苦以今忏悔清净赞佛功/德……礼佛三进计九十四拜自运

说明："自运"与麦 0271 中自运为同一人，应为麦积山禅寺住持自运。

22. 麦 0260 慈悲道场忏法卷第七 明（刻本）

刻跋：凤县东关安和里居住奉/……/……/……/……

墨书题记：自运 /李存"

23. 麦 0275 慈悲道场忏法卷第八 明（刻本）

墨书题记：1. 麦积山僧人自祥/来溱

24. 麦 0282 禅门佛事要略 清（刻本）

墨书题记：麦积方丈景峰焕记

25. 麦 0299 慈悲道场忏法卷第十 明（刻本）

刻题：

1. 陕西西安府三原县……

2. 陕西汉中府凤县僧会司护阴……/……/……/……/……/时嘉靖岁次甲子菊月上瀚吉日工完 刊匠雷邦宁 余朝江

墨书题记：

1. 仙人岩东院僧来印受持

2. 西庵东院僧人来印

3. 大明国陕西等到巩昌府文县右所阵/百户下军余在秦州地名东沟口住奉/佛舍财印造梁皇忏．信士刘万林室人杨氏等……/……/万历拾伍年六月孟春吉日造印

26. 麦 0301 慈悲道场忏法第六 明（刻本）

墨书题记：崇祯二年四月初八日麦积山瑞应禅寺晚衲本韶置造/徒来明收/

27. 麦 0333 慈悲道场忏法卷第一 明（刻本）

刻题：西安府鄠县太乡秦渡里众社人等/……/……/……/……/隆庆伍年六月吉造张世爵刘氏

墨书题记：

1. 施财造忏信士刘仓王氏/男刘邦成徐氏刘邦具庞氏/麦积山造经释子慧虚徒本干本忻、本情、本江孙来巽。

2. 僧人惠沾记

28. 麦 0566 大乘本生心地观经卷第八 明（刻本）

刻题：万历丙申岁佛日比丘真寂续完五卷/沙门戒律熏沐续书/吴郡颍川陈祖劝刻

墨书题记（内封）：本山住持僧人来幸 来明 来金 徒自用 自详 自德 自证 自悟 自有 徒性蘖 性洁/化主僧人真祥 徒如寿 如意 如满 如随 如石 如贤 如灵 如果 徒性玉（图 4）

说明：据麦 0231 墨书题记“崇祯三年四月初八日麦积晚衲本韶置造徒来明收记”及“自祥受持”推断来幸、来明、为崇祯三年以后住持，自用（运）更晚。

29. 麦 0703 胜莲花 清（刻本）

首题：西方咏和序…… 时/顺治丁酉孟夏月/弟子石岩、妙慧题

中有西方咏和 书记湛寿录

墨书题记（首封）：峰玥记

（内封）：峰玥记□

30. 麦 0704 楞枷阿跋多罗宝经一之二 清 线装（刻本）

墨书题记（首封）：峰玥记

（内封）：修补经弟子峰玥成造

图 4 麦 0566 明嘉靖三十一年麦积山瑞应方丈景峰焕 大乘本生心地观经卷第八

说明：据麦 0703，可推断为顺治年间。

31. 麦 0736 弘戒法仪（上）

麦 0937 弘戒法仪（下）

刻题（序）：刻弘戒法仪序（序末有天启癸亥孟冬朔旦三峰菩萨戒弟子/法藏书于北禅寺禁蛙堂中板存灵应寺流通）

墨书题记：麦积山瑞鹰院 景峰焕记/知天 知性记

32. 麦 0674 禅门释氏要览全部 清 线装（刻本）

墨书题记：仙人岩灵应寺东院释子自福徒性唤□（符号）

33. 麦 0675 沙弥律仪要略 清 线装（刻本）

刻题：本山退隐老和尚上宝下仁｜藏主福慧/知客了胜｜堂主星如｜后堂智兴｜西堂道纯｜西京卧龙寺两序执职监院玉洁仝刊｜西堂绍法｜后堂昌利｜堂主宝应｜堂主宝明｜维那玉舟｜悦众玉光｜本山方丈空龄｜时/板存本寺｜光绪五年岁次己卯冬结制日谷旦

墨书题记：觉乘

34. 麦 0750 毗尼日用切要 清 线装（刻本）

刻题：

1. 序：本清光绪五年岁次己卯孟春/本山东头陁书于卧龙丈室/板存西京十方卧龙禅林

2. 同麦 0675

35. 麦 0605 慈悲道场忏法卷第二 明（刻本）

墨书题记：

1. 自祥（参见麦 0566）

2. 成经李大齐妻王氏

3. 师本敦

4. 麦积山忏摇

5. 麦积山 住持来溸 自运

36. 麦 0608 佛母大孔雀明王经卷下 明（刻本）

刻题（内封）：

1. 陕西平凉府/敕赐崆峒山香山寺住持僧同合山僧众舍财/刊版一付印造诸品经咒一百部孔雀经/一百部水忏一百二十部散施十方流传/诵念上祝/皇上万寿太子千秋国泰民安总报四恩

2. 韩王香火院/皇帝万岁万万岁/嘉靖三十一年岁次壬子夏仲月 吉日施

墨书题记：麦积山瑞应寺方丈景峰焕诵持

说明：据水陆画背题，湛然为乾隆四十四年住持，且为临济正宗 37 世，景峰焕为 38 世，故景峰为乾隆 44 年住持。

37. 麦 0642 大乘妙法莲花经卷第七 明（刻本）

刻题：

1. 铁笔匠人余良李氏赵氏

2. 大明国陕西汉中府凤县紫柏山云峰寺侍/佛募众刊板释子如正 弟如辉 如奉 如爱 徒性登 性显 性铎/右泊真俗各捐己资命工刊梓/……/嘉靖三十五年七月 日/徐尚义王氏

墨书题记：

1. 侍/佛弟子海印发心请/大乘尊经一部专祈亡过父母早在/净界者矣

2. 秦州方下里六甲付忠萧氏杨氏男诸伏保一家等/表大乘经一部/刷字匠张应啓吴氏

3. 陕西巩昌府秦州地名高桥上河会事沟观音殿住持僧性学议□口/众直聪 性德海遇前去凤县紫柏山云峰 云严二寺黑庵白云洞四/处印造/大乘经一十二部 药师经八十五卷 五经一部 梁皇忏七部 水忏一十二部发迴/后向于观音崖清风寺祈表以完首领施主吉培马氏李氏男如香双鹿/回鹿/施财信士张益纯李氏杨氏男药师保 李杨氏/造经僧眷性会性存性香/徒 海云海童等/天启五年五月二十五日起造

4. 崇祯三年十月表忏圆满以毕祈保僧俗吉祥如意

说明：观音殿与清风寺为麦积山周围的小寺院。

38. 麦 0664 教乘法数卷第六 清 线装（刻本）

墨书题记：雍正三年岁次乙巳姑洗月天水季学慧然记

39. 麦 0670 教乘法数卷四 清 线装（刻本）

墨书题记：雍正三年岁次乙巳姑洗月天水季学慧然 慧圆记

40. 麦 0677 弘戒法仪目录 清 线装（刻本）

墨书题记：麦积山景峰焕记

41. 麦 0690 弘戒法仪（下）清 线装（刻本）

刻题：顺治戊戌岁孟夏谷旦 金陵季兰庭刊行

墨书题记：

1. 乾隆五十一年正月吉日请弘戒法仪上下二本 弟子理澄受持

2. 道光四年七月朔日麦积方丈达焕请弘戒一部上下两部

42. 麦 0691 弘戒法仪（上）清 线装（刻本）

刻题：（序）天启癸亥孟冬朔日三峰/菩萨戒弟子法藏书于北/禅寺哇堂中

墨书题记：

1. 比丘理澄授持

2. 麦积方丈景峰焕授持

43. 麦 0919 毗尼日用切要 清 线装（刻本）

墨书题记（首封）：瑞鹰寺性计 性玺

44. 麦 0965 妙法莲花经卷第五至七 清 线装（刻本）

刻题：比丘恩鉴为荐/先父朱良学 先母周氏早生净土/康熙九年七月 日吉旦

墨书题记 ：麦积山景峰焕记

45. 麦 1449 药师琉璃光如来本愿功德经 清（写本）

墨书题记：

1. 乾隆十九年九月中释子际博虔诚沐手书

2. 秦州麦积山瑞应禅院方丈 景峰念诵

46. 麦 1640 山居诗偈 清（写本）

墨书题记：瑞应方丈园慧和尚

说明：据瑞应寺香炉铭文推断，园慧和尚为乾隆十三年期间的住持。

47. 麦 0618 报恩道场教诫仪文 明（写本）

首题：新集竖宗立教儒释兼济真俗混融孝顺设供拔苦报恩道场教诫仪文

尾题：弘治四年伏羌县儒学廪膳生员谢子宁述/珍荆峰 永珍记耳/孝顺设供拔苦报恩道场仪文完

48. 麦 0620 报恩仪（中）明（写本）

题记：瑞应寺僧人吴恭玲收执

49. 麦 0621 妙法莲花经卷第七 明（写本）血书

题记：比丘恭能发心刺血书写/大乘妙法莲花经一部专祈保佑/信官宋/四恩捻报……

第一卷 宋彪姚氏 第二卷……妙秀 妙惠 第三卷……惠广 第四卷……惠善 妙清

第五卷……妙源 妙成 第六卷……妙真 妙荣/成化十四年四月八日书写

通过以上所列文书，发现在一些文书中提到瑞应寺住持，有的则只涉及到寺院的僧人，可以从中排列总结出寺院的宗系。

（三）瑞应寺藏水陆画像牌

麦积山瑞应寺藏一批清代初期水陆图帧画像，计 34 幅。[①] 尺寸大小基本一致，高为 44 ~ 49 厘米不等，宽为 27 ~ 29 厘米左右。长期以来，其作为寺院财产，保存于寺院之中。其中，有 16 幅水陆像牌画

① 夏朗云《麦积山瑞应寺藏小型纸像牌水陆画》，麦积山石窟艺术研究所编《瑞应寺遗珍》，甘肃人民出版社，2008 年 9 月，第 3 ~ 12 页。

的背面有文字标明了它在水陆法会中的确切位置，麦积山这一批水陆画有着重要的艺术、文物和文献价值，它将为麦积山研究打开新领域。并对研究明清佛教史、民间宗教信仰、民俗文化、民族服饰及中国美术史等都是难得的宝贵资料。

麦 0960　释迦牟尼佛

说明：1. 贴金，裱褙多层（2 毫米）。

2. 背题：释迦文佛中

3. 背面有墨书题记：乾隆四十四年五月上瀚之吉/麦积山瑞应寺发心承造/诸佛菩萨诸天护法像牌两堂共十八尊/住持释子湛然、彻然；徒 达焕、达照（用墨涂）、达成、达贤；孙 悟本、悟真、悟修、悟信；/行慧 徒 修玮/正觉和尚笔画 徒 □□（用墨涂）（图 5）

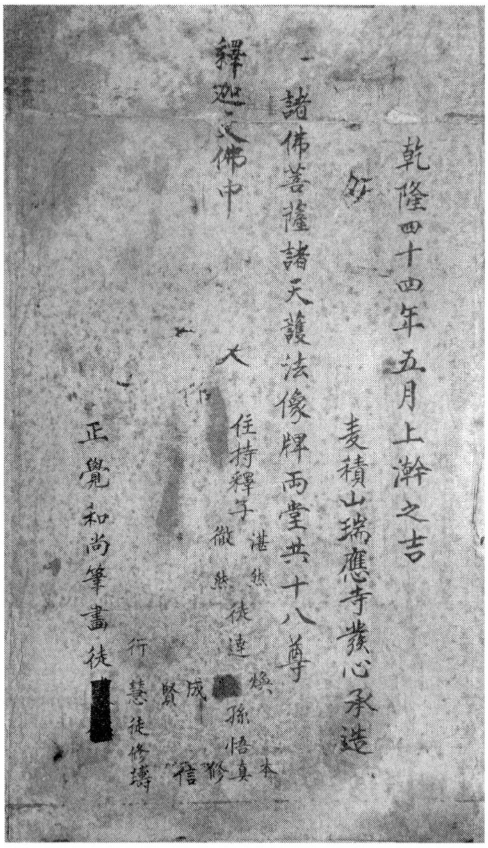

图 5　麦 0690 麦积山瑞应寺住持湛然等承造水陆画题名

（四）瑞应寺院募捐善本

1. 万善同归 1：重修麦积山瑞应寺大雄宝殿并诸殿募缘小引/……瑞应寺住持僧王空定和南/钦命花翎分巡甘肃巩秦阶道英捐银壹封/……

2. 万善同归 2：重修麦积山瑞应寺大雄宝殿并诸殿募缘小引/……首事人贾缵绪 王永苍 张旺/募化住持僧性明和南

3. 万善同归 3：（首封）莫（募）化 住持普照/万善同归/麦积岩/……（以下为个人捐款）

4. 万善同归 4：募化贾缵绪 潘世俊 潘文耀仝住持僧空德 觉乘 性明

5. 万善同归5：重修麦积山瑞应寺/大雄宝殿并诸殿募/缘小引……募化贾缵绪 潘世俊 潘文耀仝住持僧空德 觉乘 性明

6. 万善同归（福缘善庆）6：重修麦积山瑞应寺/大雄宝殿并诸殿募/缘小引……发启人 孙成祖（以下23人人名略）/瑞应寺 住持 慧安 莲溪 /公元壹九五零年古历 三月 启

7. 重建仙人岩西庵/诸佛神宫增修八卦亭募化疏引/……大清道光八年岁次戊子春二月/谷旦/住持僧人黄佛羲 孙心诚 心稳/郡学生王建绩代撰并书

8. 仙人岩万善同归：礼曰有功德于民者/加地进族又曰……/住持周源深

9. 麦1507度牒（录文如下）：仙人崖住持僧人周源深顿首百拜/大护法慈悲/僧正司周源深/僧正司据县禀/仙人崖寺僧源深/贫僧源深顶礼拜/督办秦清团练军务统带兵勇李/为僧正司周源深立/谨守清规/总办团练统带义勇李弟子徒敬范/献/宝筏渡迷/

历史上，麦积山瑞应寺为该地中心寺院，其周围分布有如仙人崖等大小寺院若干，均为麦积山瑞应寺的下寺，因此，也将其录于此，供参考。

二、洞窟题记系

麦积山现存洞窟多为北朝所开凿，但宋代以后，尤其是明清时期大力修缮，寺院僧人与周围民间各会信众联合对塑像进行妆金贴彩，做功德，并留下了大量的题记，这为我们研究晚期麦积山的佛教活动留下了极为宝贵的资料。过去的一些出版物多多少少对这些题记有所调查并记录，但并不全面，需要进行更细致的调查与核对，本文仅关注洞窟中与住持有关的题记。其时代最早的为宋代，最晚的为清代。

1. 第4窟 长廊左侧石柱下部刻石：

前住持僧智有邑上石/刘永安 赵沂登顶/政和戊戌润月

2. 第4窟第1龛左壁墨书题记：

惟/大明国陕西巩昌府秦州□庶民出□□/麦积山住持大戒僧慧莲发心承许/站/佛二尊妆彩贴完慧莲徒本□本□/□申年□月二十五日吉时生/妻王氏□大学见□文氏/父母何口口董氏姐余 亲弟慧忻□辰年九月初九日吉时生/郭字清妹何氏外□女□□□□□□/师智幻□□□□□□□□上表刘氏共成□（妃）事□/天启六年五月十九日开工七月完/七年正月初一日书名二六时中祥光（图6）

3. 第4窟第1龛右壁墨书题记1：

维/麦积山大戒比丘僧慧莲领上下众姓人等虔诚发心修贴妆彩菩萨金像……/天启六年五月十九日开工七月完/天启七年正月初一日书名各家，二六时中吉祥如意

4. 第4窟第1龛右壁墨书题记2：

西厢里三甲弟子赵永祥妻牛氏男赵干妻文氏/王釒 春 华赵朋赵五哇/赵六哇女二哇一十九甲弟子强大任妻周氏男强行健闫家氏/发心补塑圣像全完保佑一家眷等清泰/康熙二十七年八月吉日立 主持僧人性印

5. 第4窟第3龛左壁墨书题记1：

耆丘智幻 智林/本寺住持智祐 智义/ 智辉（禅）智果/惠现 惠夏 惠周 惠福 惠车 惠大 惠才 惠益 惠灵 惠增 惠梁 惠相 惠金 /本站 本清 本回 本霄 本延 本海 本河 本忻 本喜 本烟 本洁 本告 本务 本□ 本□ 本钵 本羊 本谏 本志 本顺/来启 来寿/孙仲夆□（吕）平县/高文瑛顺天人/惠灯书（图7）

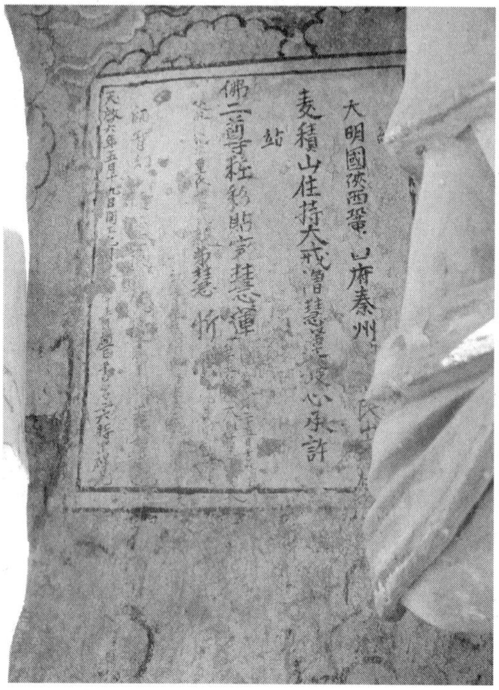

图6 第4窟第1龛左壁明天启六年
麦积山住持惠莲妆彩题记

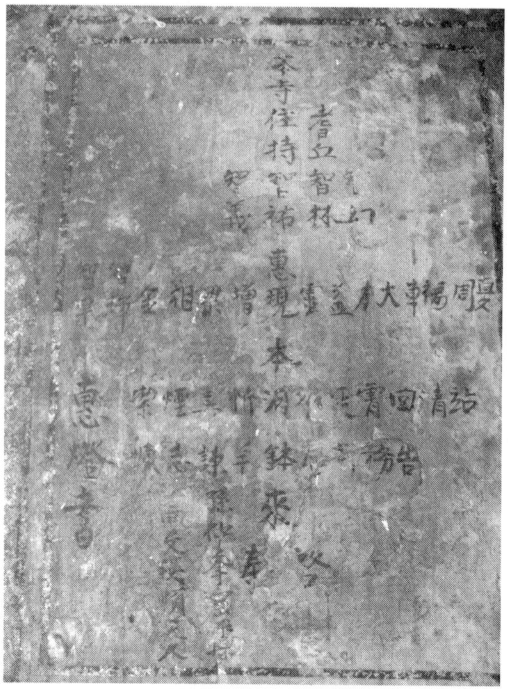

图7 第4窟第3龛左壁
住持智祐等题名

说明：应在明天启6年前，智祐为慧莲师，并与133窟甬道右壁墨书万历28年的“本山住持僧智祐为同一人）

6. 第4窟第3龛左壁墨书题记2：

惠常施艮□□/智林施艮□□□□/□□/三人进朝山/秦州三阳里□□朝山会长□□□男□康瑛

7. 第4窟第4龛右壁墨书题记1：

西厢里三甲民弟子赵永祥妻牛氏/男赵干妻文氏/赵朋女二哇/赵五哇赵六哇/本山住持僧人性印/九甲弟子强大任妻周氏男强行健闫家氏发心□□□□（补塑圣像）保佑一家眷等清泰/康熙二十六年八月吉日立

8. 第4窟第4龛右壁墨书题记2：

“发心贴金僧众会首惠进/耆老智亮 惠玉 仁□ 惠存 惠徿 汪干/□□胡氏/剡科禄氏

9. 第4窟第5龛右壁墨书题记：

□□……住持□□（性印）……/□（强）大任妻周氏……/……康熙二十□年八月□日（据第一龛和第四龛右壁题记判断，此窟题记同为康熙年间所书，内容相同）

10. 第4窟第7龛右壁墨书题记：

计开/后随会信女于后/府吏萧应召刘氏男萧汉杰萧汉相/阮士会王氏男阮化……/本寺住持领会释子智林徒慧增 慧进 孙本泽 本海 本洋□

11. 第9窟第1龛右壁墨书题记：

直隶秦州东南乡饰金五戒弟子/张门魏氏……/住持僧际博 广宽 徒了如 了智 了机 了觉 了宗 了想 孙达焕/乾隆五年吉日处 上（图8）

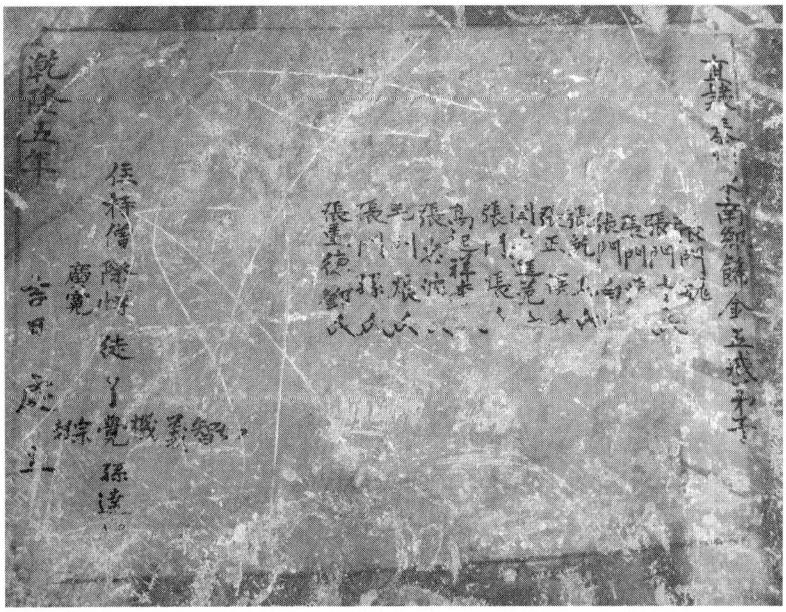

图8 第窟第1龛右壁 主持僧际博等题名

12. 第25窟佛座左侧墨书题记：

天启七年四月同妆贴菩萨，匠人陇州梨林里侯尽弟兄二人妆彩贴完。会首僧人惠莲 惠省 木匠僧人本羊

13. 第59窟墨书题记：

麦积山应干寺重妆塑东西两阁佛像施主舍钱记……有当寺山主赐紫沙门惠珍坚心立志……/景祐二年乙亥岁仲春月二十有一日记

14. 第87窟左龛刻题：

庆历口年仙人崖僧儒亮□□

15. 第117窟石雕佛座右侧刻题：

太平兴国九年四月 程秀二人□□寺主□□

16. 第127窟正中佛座左下侧墨书题记：

宣德七年十二月□□□住持……

17. 第133窟 甬道右壁墨书题记：

秦州……/本山住持僧 智祐 /耆丘僧 智林 /□□□（耆丘僧）智幻 智□（辉）智果 智义/惠□ 惠现 惠灵 惠□ 惠益 /万历二十八年九月初九日 惠灯书

说明：以上缺字依麦积山第四窟第三龛左壁墨书题记补

三、石刻碑文以及塔、钟铭文系

麦积山现存石碑、石塔、砖塔及铁钟香炉铭文等处，多次提到瑞应寺住持多位，不仅记录麦积山的历史沿革，并且也记录这些住持在其任上所作的实际工作及贡献。

1. 秦州雄武军陇城县第六保瑞应寺再葬佛舍利记（此碑现存文物库房）

长方形碑，高0.42米，宽0.75米，厚0.08米，左端残，16行，行20字。

秦州雄武军陇城县第六保/瑞应寺再葬佛舍利记□四□……至大中/二年有先师迴觉大师寻旧基圣迹构/精□（舍）……于建/中□（靖）国元年寺主僧智诩等再建宝塔……又至靖康元年管勾僧……①

说明：此碑为靖康元年再葬佛舍利所立。

2. 四川制置使司给田公据碑

碑高1.68米，宽0.98米，47行，行78字。镶嵌于麦积山瑞应寺天王殿南山墙上。录文：

契勘使司先于嘉定十四年三月内据何茂成忠申准使司……据天水军麦积山瑞应寺住持赐紫明觉大师重遇状昨赴行在尚书户部陈……出给公据付瑞应寺僧重遇胜仙寺僧智演崇果院……又奉神宗皇帝宣诏本寺得道高僧秀铁壁入内升座讲演宗乘 敕赐圆通禅师照得本寺……/钧照并据天水军麦积山瑞应寺□（僧）住持赐紫明觉大师重遇状陈作缘□（本）寺……/……还本寺及移牒总领所□会并下天水军照应施行外 知委嘉定拾伍年三月二十三日（内有篆书“四川安抚制置使之印”）②

关于秀铁壁已有研究。③

3. 瑞应寺万历十五年造的磬铸文

智药 智仪/智闲 智泵 惠贤/惠然 惠现 惠林/惠增 惠明 惠进/惠清 惠晁 惠玉/惠应 惠爱 惠彤/惠其 本平/清静道德文成/佛法能仁本来/自惟圆明大悟/大明国陕西道/巩昌府秦州/麦积山瑞应/寺住持僧人/仁绪 仁定 仁德/仁寿 仁永徒/智林 智量 智祐/智山 智方 智然/智远 智昶 智通/智丙 智来 智祥/醴泉县清/平里使得/林金火匠/陈邦相 强增田/万历十伍年

4. 石刻残碑（此碑现存文物库房）

高0.48米，宽0.30米，6行，行14不等字。录文：

大明嘉靖六年开山……宝鉴等修古桥纪瘙发心//凿洞口镌功德主刘纪刘/□其石匠僧德遇镌字康/登云仝三十八年重饬住持/添田太觉能信等立石

说明：此石刻残碑与宝鉴大禅师石塔铭和寂空大禅师石塔铭中的住持名相同。

5. 麦积山开除常住地粮碑（现立于麦积山东崖入口）

明崇祯十五年（1642）立，高1.21米，宽0.70米，厚0.22米。26行，行30字不等。

按广舆记称：麦积山为秦地林泉之冠，其古迹系历代敕建者有碑碣可考，自姚秦至今一千三百余年，香火不绝。……

崇祯十五年九月十五日庚午举人姚隆运撰

本寺僧人本洋 本深 慧沾 本珦/本勤 本孝 本廉/来复 来众 来胜 来信

禀诉住持僧慧莲 慧忻 乳孙来进 自童

僧正司署印僧 宗演 诉状开粮 慧忻④

6. 麦积山瑞应寺常住香火田地四至碑记（现刊于瑞应寺大雄宝殿前廊右墙内）

高1.44米 宽0.63米，24行，行39字。清乾隆二十九年（1764）立。

---

① 阎文儒《麦积山石窟》，甘肃人民出版社，1984年10月，第129页；张锦秀编撰《麦积山石窟志》，甘肃人民出版社，2002年4月，第168页。

② 张锦秀编撰《麦积山石窟志》，甘肃人民出版社，2002年4月，第169～173页。

③ 秀铁壁宋神宗敕赐圆通禅师。出生于天水并在麦积山出家。元丰七年（1084年），奉北宋冀国大长公主之请，奉诏住法云寺，为开山第一祖的法云法秀禅师，亦即云门宗弟十三代祖师。见《麦积山石窟艺术文化论文集》上册，屈涛《麦积山宋僧秀铁壁考》，兰州大学出版社，2004年6月，第291～320页。

④ 张锦秀编撰《麦积山石窟志》，甘肃人民出版社，2002年4月，第174～175页。

麦积山之创建由来久矣，历代称为天水第一胜境也。圆慧禅师住锡以来，竭力苦行，殿宇辉煌，……则碑载常住田地，上以供香火，下以裕僧众，庶永久不朽云尔。是为记。

僧正司僧正 王意稳

本山住持僧了智 了机 了意

徒达辉 达云 达焕 达照

乾隆岁次甲申年四月吉日立石。①

说明：此碑与瑞应寺香炉铭文中住持名相同。

7. 宝鉴大禅师石塔铭（现存文物库房）

明嘉靖三十八年（1559）前造。白色大理岩亭阁式石塔。分为基座、塔身和塔顶三部分，高1.04米。录文：

（大）明重开山祖师讳成聰号宝□（鉴）□（大）禅师塔/赐进士出身敕巡山东右副都御史京兆□□□□曹兰撰/……/……/”第四代嗣住持太能 太觉焚香拜书/第五代住持能信□（建）□（立）②

说明：由寂空大禅师石塔铭文中“……礼宝鉴大师剃孝心印，隐迹终南，禅定悟道，随师同住此山……”等文字判断，此塔应在寂空大禅师石塔前造，即明嘉靖三十八年（1559）前造。又据石刻残碑中“大明嘉靖六年开山……宝鉴等”推断，石塔铭应为嘉靖六年以后立。

8. 寂空大禅师石塔铭（现存文物库房）

明嘉靖三十八年（1559）立。白色大理岩亭阁式石塔。分基座、塔身和塔顶三部分。高1.03米。录文：

□□□□山沙门忠寂空大□（禅）□（师）塔铭

赐进士出身敕巡山东都御史雒州平田翁管□撰

□（天）地开辟以来，……五/十五位法□□□□进□□妙理圣义，□然顿悟。□□□□（忠）公寂空大/禅师者，乃岐周白□之子，兆岁省悟。礼宝鉴大师剃孝心印，隐迹终南，/禅定悟道，随师同住此山。住世六十有龄……孝徒法泉等想师教授之/恩，扶祖修蓝之化，亲资运石建塔，□□□贶传扬后世者矣。

第四代嗣住□持泰能 泰觉焚香拜书

□皇明嘉靖岁次己未孟夏上旬吉旦

佛圣诞日第五代住持能信等众建立（以下为“龟凤山”、“胜仙寺”及本山僧徒10余人名号从略）字匠康登云□（田）永寿、□□（田永）身③

说明：据观现存石塔，龟凤山、胜仙寺及本山僧徒依稀可见者有“住持……汉明□海……/

……唤古镜徒明义 真福/正云 霞□/德遇 广坚……聪拙□广真孝/……”。

其中德遇和字匠康登云出现在嘉靖三十八年石刻残碑中。

9. 明正德九年砖塔铭1（现存文物库房）

明正德九年立。高49厘米，宽33厘米。录文：

千古百年复皆昌/九宫八卦安阴阳/诸佛流下安身意/天地日月助三光/临济下二十三代/佛照本禅师圆喜 圆才 圆聪/正德九年/住持静泉海藏/父母夏纪姚氏/弟夏景禄……

---

① 张锦秀编撰《麦积山石窟志》，甘肃人民出版社，2002年4月，第175～176页。

② 张锦秀编撰《麦积山石窟志》，甘肃人民出版社，2002年4月，第185～186页。

③ 张锦秀编撰《麦积山石窟志》，甘肃人民出版社，2002年4月，第186页。

说明：与成化二十年大铁钟住持及功德主姓名相同。

10. 明正德九年砖塔铭2（现存文物库房）

录文：法乳临济/智寿惠洪/德法普静/妙性圆明/福缘善庆/觉照本宗

麦积山瑞应寺/住持僧众海藏和尚/本师普暹/徒妙玄 妙通 净亮 妙德/圆青 竟惠/正德九年七月初旬建 竟惠/作工信士妙贤男阎堂口福

11. 清乾隆年间砖塔铭1.（现存文物库房）

碑残高0.49米，宽0.29米。据碑文推断应在乾隆八年左右。录文：

"居麦积岩大佛寺作主（住）持焚修复禁步六载良□/已满异日出关同本邑缁素人重葺理山崖洞□（万）/佛堂云梯以及大雄殿阁精舍……/于本山瑞应禅院开炉数次……次年合白衣/同募诸上善人绪（续）重修麦积峻岭佛舍利塔一座……/明年季冬月望七日师值辰刻示寂于本刹丈室

12. 清乾隆十年前后砖塔铭2.（现存文物库房）

碑残。高0.52厘米，宽0.35厘米。录文：

麦积天水胜境闻起自阿育王降及魏晋六朝载记/……后僧 师上圆下慧和尚住锡于此数年之间百/废俱兴重修舍利塔于万仞峰头之上……塔名普同事关众僧供成一口"。

说明：参照瑞应寺院香炉铭文推断应在乾隆十三年左右。

13. 清嘉庆元年张翀翮作《麦积山记》砖塔铭（现存文物库房）：

录文：

……预为之志，而颂以铭曰：

太虚非虚，法空非空。有大和尚，安禅制龙……/秦安训善发弟子张翀翮沐手敬撰/弟通闻 徒达焕 达照 达孝 达元……（以下残）

14. 清砖塔铭（现存文物库房）：

碑上部残缺。为寺院僧人法号。录文：

海经 了因 了相 照德 达晓 通玉 海旺 通真 通悟 源海……/戒弟子/湛元 广云 广福 宗义 通周 源真 本容 本祥 德秀 圆福 诚教 行慧 寂德 广遇 本如 □学 □智……

说明：据清代其它砖塔铭推断应为乾隆年间。

15. 明代瑞应寺大铁钟：（现存瑞应寺院钟楼）

高134厘米 直径102厘米 明成化二十年铸造。录文：

僧正司僧正普宽 诓印 僧人/隆寐 僧吏普曜/会福寺僧成戒 深厚/……/妙净 妙德 妙□（上）/……/巩昌府秦州知洲传鼐/同知张琰/户房司吏张志通/秦州卫指挥使 吴钟 王文/百户黄庆男黄永/秦州卫舍人吴升……/

本寺住持静潦 发心普化/十方铸钟一口 上报四恩 下资/三宥 普及法界 有情同登/觉岸 本师普遏 僧人静淳/妙馔 妙因 妙锦 妙宥 性理 性琛/性瑄 园逵 园进 隆海 徒妙朗/作工人董正 杜怀……发心住持静潦号雪庭/助缘僧妙铭 居士杜刚/施主夏真……/成化二十年四月初一日铸造

下部有"住持静潦"、"夏景名"、"郭升 聂氏"、"杜果"字样。（图9）

16. 小铁钟：（现存文物库房）

钟铭□修□序/麦积圣地为天水口景之冠……故书钟铭特表云耳/传临济正宗第三十六世住持圆慧博/徒了意 了机 孙达焕 达禅 金火匠人强希圣/乾隆十三年朔立

图9 瑞应寺钟楼明成化二十年铁钟住持静潒刻铭

说明：此小铁钟与瑞应寺院香炉铭文基本相同。

17. 麦积山瑞应寺大雄宝殿顶梁墨书题记（嘉庆二十五年）

重建麦积山瑞鹰寺大雄宝殿并诸殿 住持僧映峰 景峰 灵峰 恒峰 徒悟存 悟信 悟修 悟劝 悟能 孙真荣 真参 真署 等置

18. 铁香炉（现存瑞应寺院内）：

清乾隆十三年。高1.80米，分上、中、下三层。

一、香炉左侧铸文：

第一面：碑记/乞化信士人/刘宗彦 董贵 董才……

第二面：碑记/陈趣 监生吴延祚 监生吴延行……

第三面：奉直大夫知固原州正堂加三级/祀隶二次贾/御前侍卫特授陕西秦州等/处地方参府当□府□世中□/加一级纪录三次多罗媜付□□/奉直大夫知直隶秦州正堂事/加三级纪录五次 张□……

第四面：碑记/徽郎判直隶秦州□粮□/茶总捕事务加二级甘/陕西河州镇属秦州□□□□/加一级纪银二次张……/登仕郎辇直隶秦州□□□□/直隶秦州僧正司僧正赵□□□/直隶秦州总理盐税商人/周自□

第五面：碑记/传临济正宗第三十六世/住持圆慧 圆愽/徒了参 了意 了机 了牵 了脱 /孙达福 达□ 达焕 达照/弟性海 性□/戒子普仁

第六面：碑记/金火匠人连必高 强希孝 骆延 /木匠陈连 强希发 强希圣/铁匠刘月海

香炉上部：

1. 瑞应方丈书/□钟月/引□□/五行□□/铁/□中消/八卦

2. 数十/人二连月/辩/一复红炉/鞘当特成/戊辰年/凌峰衲

二、香炉右侧铸文：

第一面：……（以上字模糊不清）僧懿可 僧性□ 僧性廷 僧□□ 僧福安

第二面：……（字模糊不清）

第三面：僧寂容 僧寂光……（以下字模糊不清）

第四面：……（字模糊不清）

第五面：□□……/莫道阴阳□明□□/天干融地支圣□□□/日月循朝暮春秋□□□/易经张卦理达士笑□□/凌峰玉人

第六面：碑记/志气欲高还须从大□□/十身雄万圣五眼□□/礼相脱三泪持名□□□/世人如信效亿德□□/乾隆十三年岁次戊辰应钟（釪）目

19. 明代麦积山下院崇福寺大铁钟 9（现存街子崇福寺寺院钟楼）

高 120 厘米，直径 94 厘米。万历二十三年铸造。分上、中、下三部分。下部八瓣，分别为八卦符号。钟身中部铸文：

大明国陕西巩昌府秦/州街子镇迢前朝勅建麦/积山下院观龙山崇福寺/坦塌年远众等起□磬/僧仁定徒智访监修众/善舍财修立佛殿献殿/僧房备铸钟盆磬/功主孙庆林舍丰地三股/其地……麦积山僧人仁绪 仁□ 仁□ 仁□师/智林 智得 智村……/智来 惠祥 惠进 惠□/惠增 惠□……/万历二十三年吉日造①

四、住持年表及住持宗系

寺院住持，亦称主僧、方丈。住持的意思，即“久住护持”。主僧即“主持寺院事务之僧”。方丈原指维摩诘的居所，室方一丈，能广容大众，唐以后就作为寺院住持者的名称。

寺院的传承方式，主要有师徒世袭和十方住持两类。根据麦积山遗存的文书、题记、碑刻及石塔、砖塔铭文、铁钟铭文等反映出的信息，麦积山在明清时期寺院住持以师徒世袭为主，如文书中有一件清代住持传灯录，从临济正宗二十三代至五十四世，是师徒世袭的传承方式。而早在十六国后秦，十方住持就有高僧玄高、昙弘。② 文书麦 0049 青峰大云登禅师语录中墨书记载：“可堂、积山、碧空、了还大师于雍正捌迁到感应寺住居半载道友四众/……”。还有来自麦积山下寺的仙人崖部分文书及下院崇福寺的铁钟铭文记载，这些都反映出麦积山与周围寺院的密切关系及与麦积山寺院的依存关系等。洞窟题记方面，由于麦积山潮湿和历代重修，早期反映住持的题记大多模糊不清，加之后人在前人的题记上面覆盖再题，使得题记保存不全，消失较多，但值得欣慰的是，明清时期的题记保留较完整，并可从碑刻等其它方面相互补充和纠正，使得明清时期住持脉络明朗化。碑刻、塔、钟铭文方面，主要反映出麦积山住持对麦积山洞窟的重修、妆彩和对瑞应寺的几次修缮及山顶舍利塔的重建和维修等重要信息。

冯国瑞著《麦积山石窟志》中，对历代名僧做过统计，其中有的时代判断错误，如唐智龙应为宋政和四年的智有邑，清代所列名僧大多被证实而有个别住持现已无法查到，如理泰禅师二十六世，宝印禅师三十三世。冯先生据瑞应寺寺僧供奉的牌位，其宗派为临济正宗，列出理泰禅师二十六世，宝印禅师三十三世，圆慧禅师三十六世，湛然禅师三十七世，景峰禅师三十八世，应峰禅师四十三世，果然禅师

① 该寺距麦积山约 20 公里，早毁。现重建，铁钟现存。碑文为 2009 年 11 月 9 日笔者调查所录。

② 梁慧皎《高僧传》卷十一《释玄高》记载：“……高乃杖策西秦，隐居麦积山；山学百余人，崇其义训，禀其禅道。时有长安沙门释昙弘，秦地高僧在此山，与高相会，以同业友善……。”

四十八世，了意禅师五十二世。并考证牌位系乾隆五年（1740），由西安雁塔寺移锡住此。[①] 虽然至今未见到以上各牌位，但冯氏所列应属实。

综合以上三方面，整理出以下历代住持年表（表1）和住持宗系列表（表2）。

表1　麦积山住持年代列表

时代	住持及法号	出　处
唐大中二年（848）	先师迥觉大师	秦州雄武军陇城县第六保瑞应寺再葬佛舍利记
太平兴国九年四月（984）	程秀二人□□寺主□□	麦积山第117窟刻题
宋景祐二年（1035）	当寺山主赐紫沙门惠珍	麦积山第59窟墨书题记
宋庆历年间（1042—1049）	仙人崖僧儒亮	第87窟刻题（左龛）
宋神宗（1068—1085）	本寺得道高僧秀铁壁敕赐圆通禅师	四川制置使司给田公据碑
宋建中靖国元年（1101）	寺主僧智诇	秦州雄武军陇城县第六保瑞应寺再葬佛舍利记
宋政和戊戌闰月（1118年）	前住持僧智有邑	第4窟 长廊左侧石柱下部刻石
南宋嘉定十五年（1222）	麦积山瑞应寺住持赐紫明觉大师重遇	四川制置使司给田公据碑
同上	圣仙寺僧智演	同上
同上	僧师众	同上 冯国瑞《麦积山石窟志》第48页
明宣德七年（1432）	住持□□	第127窟墨书题记（窟正中佛座左下侧）
明成化二十年（1484）	本寺住持静淙	瑞应寺大铁钟
明正德九年（1514）	临济下二十三代 圆喜 圆才 圆聪住持静泉 海藏	明正德九年砖塔铭1
明正德九年（1514）	麦积山瑞应寺住持僧海藏和尚 本师普暹	明正德九年砖塔铭2
明嘉靖六年左右（1527）	第四代嗣住持太能 太觉第五代住持能信	宝鉴大禅师石塔铭
明嘉靖三十八年（1559）	住持太觉 太能 能信	见文物库房现存石刻残碑
明嘉靖三十八年（1559）	第四代嗣住□持泰能 泰觉第五代住持能信	寂空大禅师石塔铭
明嘉靖四十三年（1564）	仙人岩灵应寺住持沙弥照琦 麦积山瑞应寺受持经真荣	麦0156
明隆庆二年（1568）	上师比丘行安 释友满绪 发心释子真演	麦0079
明万历十五年（1587）	瑞应寺住持僧人仁绪 仁定 仁德 仁寿仁永	见文物库房现存瑞应寺万历十五年造的磬
明万历二十三年（1595）	僧仁定 麦积山僧人仁绪	麦积山下院崇福寺大铁钟

① 冯国瑞《麦积山石窟志》，陇南丛书编印社1941年印行（石印），1989年天水报社重印线本装。

续表

时代	住持及法号	出　处
明万历二十八年（1600）	本寺住持智祐 智义 智辉 智果	第4窟（第三龛左壁）墨书题记
明万历二十八年（1600）	本寺住持领会释子智林	第4窟（第七龛右壁）墨书题记
明万历二十八年（1600）	本山住持僧 智祐 耆丘僧 智林 智幻 智□（辉）智果 智义	第133窟 甬道右壁墨书题记
明万历四十二年（1614）	麦积山释子来聚麦积惠室	麦0100
明天启五年（1625）	请经僧人海静	麦0123 麦0148 麦0149
明天启五年（1625）	海印 观音殿住持僧性学	麦0642
明天启六年（1626）	麦积山住持大戒僧慧莲	第4窟（第一龛左、右壁）墨书题记
明天启七年（1627）	会首僧人惠莲 惠省	第25窟龛（佛座左侧）墨书题记
明崇祯二年（1629）	麦积晚纳本韶	麦0111 麦0124 麦0203 麦020 4 麦0214 麦0301
明崇祯三年（1630）	麦积晚衲本韶	. 麦0231
明崇祯三年左右（1630）	本山住持僧人来幸 来明 来金 麦积住持来溙 自运	麦0566 麦0605 麦0275
明崇祯三年以后（1630）	麦积山禅寺住持自运	麦0271 麦0270 麦0260
明崇祯十五年（1642）	住持僧慧莲 慧忻	麦积山开除常住地粮碑
明末清初	理泰禅师二十六世	见冯国瑞著《麦积山石窟志》
同上	宝印禅师三十三世	同上
清康熙五年（1666）	李文	麦0246
清康熙九年（1670）	僧释元慧	僧释元慧重在山顶重建舍利塔（见麦积山石刻）
清康熙二十六年（1687）	本山住持僧人性印	第4窟（第四、五龛右壁）墨书题记
清康熙二十七年（1688）	主持僧人性印	第4窟（第一龛右壁）墨书题记
清雍正八年（1730）	瑞光大和尚可堂大师 积山大师 碧空大师 了还大和尚	麦0049
清雍正十二年（1730）	麦积山住持释子际博	麦0242
清乾隆五年（1740）	住持僧际博 广宽	第9窟（第一龛右壁）墨书题记
清乾隆九年（1744）	释子际博	麦0682 麦0683
清乾隆十三年（1748）	释子际博 麦积山瑞应禅院方丈景峰	麦1449 与麦积山瑞应寺大雄宝殿顶梁墨书题记中清嘉庆二十五年的住持景峰为同一人
清乾隆十三年前后（1748）	师上圆下慧和尚瑞应方丈园慧和尚圆慧禅师三十六世	清乾隆十年前后砖塔铭2. 及文书麦1640 冯国瑞《麦积山石窟志》中"名僧牌位"
清乾隆十三年（1748）	临济正宗第三十六世住持圆慧 圆博	小铁钟及瑞应寺铁香炉
清乾隆二十五年（1760）	僧圆觉	僧圆觉重修瑞应寺（见麦积山石刻）
清乾隆二十九年（1764）	本山住持僧了智 了机 了意 了意禅师五十二世	麦积山瑞应寺常住香火田地四至碑记冯国瑞《麦积山石窟志》

续表

时代	住持及法号	出　处
清乾隆四十四年（1779）	湛然禅师三十七世住持湛然 彻然	冯国瑞《麦积山石窟志》水陆画麦 0960 释迦牟尼佛背面题记
清乾隆四十四年（1779）	仙人崖灵应寺释子 了玥	麦 0158
清乾隆四十四年（1779）以后	景峰禅师三十八世麦积山瑞应寺方丈景峰焕	冯国瑞《麦积山石窟志》麦 0282 麦 0608 麦 0677 麦 0736 麦 0937
清乾隆四十四年（1779）以后	临济正宗第三十八世水月定老和尚	见住持传灯录
同上	临济正宗第三十九世归园本 脱颖存	见住持传灯录
同上	瑞应堂圆寂大恩师觉莲参老和尚	见住持传灯录
同上	瑞应堂上脱下颖存老禅师	同上
同上	瑞应堂上德仲有 藏珍琳 德机绪	同上
同上	瑞应堂圆寂觉明杰 柱莲桂	同上
同上	瑞应堂德海鹤老禅师	同上
同上	瑞应堂圆寂三世宏喜 大宗寿树老禅师	同上
同上	瑞应堂圆寂正觉乘 圆光慧	同上及文书麦 0750 麦 0675
同上	瑞应堂圆寂恩师上性下西法师	见住持传灯录
同上	果然禅师四十八世	同上
清乾隆四十四年（1779 年）以后	麦积山正宗三十八世瑞应堂上达老和尚	麦 022
清嘉庆元年（1796 年）	通闻	清嘉庆元年张翀翮作《麦积山记》砖塔铭
清嘉庆二十五年（1820）	住持僧映峰 景峰 灵峰 恒峰 应峰禅师四十三世	见麦积山瑞应寺大雄宝殿顶梁墨书题记冯国瑞《麦积山石窟志》中“名僧”牌位
清道光四年（1824）	麦积方丈达焕	麦 0690
清道光八年（1828 年）	仙人岩住持僧人黄佛羲 孙心诚 心稳	见瑞应寺院募捐善本七
清光绪五年（1879）	觉乘	麦 0750 麦 0675
清光绪年前后	仙人崖住持周源深	见瑞应寺院募捐善本八、九
民国十五至十八年前后（1926）	瑞应寺住持僧王空定 募化住持僧性明	见瑞应寺院募捐善本一、二
民国十五至十八年前后（1926）	住持普照	见瑞应寺院募捐善本三
民国十五至十八年前后（1926）	住持僧空德 觉乘 性明	见瑞应寺院募捐善本四、五
1950 年	瑞应寺住持 慧安 莲溪	见瑞应寺院募捐善本六

表2 麦积山住持宗系列

时代	住持	宗 系	出处
明成化十四年（1478）		比丘恭能妙秀 妙惠 妙清 妙源 妙成 妙真 妙荣 惠广 惠善	文书麦0621
明成化二十年（1484）	住持静淥本师普遏	静淥 静淳 普遏 普宽 普曜 譴印 隆寐 隆海 妙鏷 妙因 妙锦 妙宥 妙铭 妙朗 性理 性琛 性瑄 园逵 园进	瑞应寺大铁钟铭文
明弘治四年（1491）		珍荆峰 永珍 吴恭玲	文书麦0618 麦0620
明正德九年（1514）	禅师圆喜 圆才 圆聪 住持静泉 海藏	圆喜 圆才 圆聪静泉 海藏	砖塔铭1
明正德九年（1514）	住持海藏本师普暹	普暹 海藏 徒妙玄 妙通 妙德 妙贤 净亮 圆青 竟惠	砖塔铭2
明嘉靖六至三十八年（1527～1559年）	第四代住持太能 太觉第五代住持能信	太（泰）能 太（泰）觉 能信	宝鉴大禅师石塔铭及石刻残碑 寂空大禅师石塔铭
明嘉靖四十三年（1564）	麦积山瑞应寺真荣	仙人岩灵应寺住持沙弥照琦真荣 徒普莲 普真	文书麦0156
明隆庆二年（1568）	行安 释友满绪释子真演	行安友满 友绪真演 徒真霞 真喜 如全 徒性硕	文书麦0079
明万历十五年（1587）	住持仁绪 仁定 仁德等	仁绪 仁定 仁德 仁寿 仁永 徒智林 智量 智佑 智山 智方 智然 智远 智昶 智通 智丙 智来 智祥 智药 智仪智闲 智泵 惠贤 惠然 惠现 惠林 惠增 惠明 惠进 惠清 惠晁 惠玉 惠应 惠爱 惠彤 惠其 本平	万历十五年造的磬
明万历十五年（1587）	仙人岩东院僧来印 西庵东院僧人来印	僧来印	文书麦0299
明万历二十三年（1595）	僧仁定 徒智访	仁绪 仁□ 仁□ 仁□师智林 智得 智村 智来 惠祥 惠进 惠□ 惠增 惠□	麦积山下院崇福寺大铁钟
明万历二十八年（1600）	住持智祐 智义耆老智幻 智林	智祐 智义 智幻 智林 智辉（禅）智果 智亮 惠现 惠夏 惠周 惠福 惠车 惠大 惠才 惠益 惠灵 惠增 惠梁 惠相 惠金 惠灯 惠常 惠进 惠玉 惠存 惠徧 慧增 仁□ 本站 本清 本回 本霄 本延 本海 本河 本忻 本喜 本烟 本洁 本告 本务 本□ 本□ 本钵 本羊 本谏 本志 本顺 本泽 本洋来启 来寿	第4窟（第三龛左壁）墨书题记1、2 第4窟（第四龛右壁）及（第七龛右壁）墨书题记第133窟甬道右壁墨书题记
明万历二十八年前后（1600）	释子慧虚	慧虚 惠沾 徒本干 本忻 本情 本江 孙 来巽	麦0333
明万历四十二年（1614）		了玥 来聚 惠室	文书麦0100

续表

时代	住持	宗 系	出处
明天启五年（1625）	住持僧性学性会 性存 性香	净理 海静 海遇 海云 海童 性通 性学 性德 性会 性存 性香	文书麦 0123 0148 0149 0642
明天启五至崇祯十五年（1625～1642 年）	麦积山住持大戒僧慧莲 惠省慧忻	慧莲 惠省 慧忻 慧沾徒 本羊 本洋 本深 本珦 本勤 本孝 本廉 孙来进 来复 来众 来胜 来信 自童 宗演	第 4 窟（第一龛左右壁）及第 25 窟题记及麦积山开除常住地粮碑
明崇祯二～三年（1629～1630）	本韶	本韶 徒来明 自祥	文书麦 0111 0124 0203 0204 0214 0301 0231
明崇祯三年左右（1630）	住持来幸 来明 来金 来溙 自运 自祥	来幸 来明 来金 徒自用 自详 自德 自正 自悟 自有 自祥 徒性藻 性洁 性玉 徒如寿 如随 如灵 如意 如石 如果 如满 如贤 本敦	文书麦 05660605 0271 0270 02600275
顺治十四年（1657）		石岩、妙慧 湛寿 峰玥	麦 0703 麦 0704
清康熙五年（1666）		李文	文书麦 0246
清康熙九年（1670）		元慧	见麦积山石刻
清雍正三年（1725）		慧然 慧圆	文书麦 0664 麦 0670
清雍正八年（1730）	瑞光 可堂 积山 碧空 了还弟子觉悟	觉悟	文书麦 0049
清雍正八至十二年（1730）		性骨 性本	麦 0050
清雍正十二～乾隆九年（1730～1744）	住持际博 广宽 方丈景峰	际博 广宽 徒了如 了智 了机 了觉 了宗 了想 达焕	第 9 窟第一龛右壁题记及文书麦 0242 0682 0683
清乾隆十三年（1748 ）	方丈景峰景峰禅师三十八世住持映峰等	际博 映峰 景峰 灵峰 恒峰 徒悟存 悟信 悟修 悟劝 悟能 孙真荣 真参 真暑	麦 1449 及瑞应寺大雄宝殿顶梁墨书住持传灯录
清乾隆十三年（1748）	圆慧 圆愽	圆慧 圆愽 徒了参 了意 了机 了牵 了脱 孙达焕 达禅 达福 达闲 达照 性海 性明 性廷 性计 性玺 普仁 凌峰衲 懿可 福安 寂容 寂光	小铁钟及瑞应寺铁香炉以及传灯录、麦 0919
清乾隆二十九年（1764）	了意禅师五十二世了智 了机 了意	了智 了机 了意 徒达辉 达云 达焕 达照 王意稳（僧正司僧正）	麦积山瑞应寺常住香火田地四至碑冯国瑞《麦积山石窟志》

续表

时代	住持	宗 系	出处
清乾隆四十四年（1779）	住持湛然 彻然	湛然 彻然 徒达焕 达照 达成·达贤 行慧 正觉 孙悟本 悟真 悟修 悟信 修琫	麦0960 释迦牟尼佛题记
同上	仙人崖灵应寺释子了玥	了玥 徒双德	麦0158
清乾隆四十四年以后（1779）	临济正宗第三十八世水月定	水月定 徒觉乘 孙性满 性善	住持传灯录
同上	临济正宗第三十九世归园本 脱颖存	归园本 脱颖存 徒真参 真桂	同上
同上	瑞应堂圆寂大恩师觉莲参老和尚	觉莲 觉参 徒空有 空琳 空绪	住持传灯录
同上	瑞应堂上脱下颖存老禅师	脱颖存 徒真杰 真桂 孙空德	同上
同上	瑞应堂上德仲有 藏珍琳 德机绪	德仲有 藏珍琳 德机绪 徒觉喜 觉树 觉照 觉印 孙性根 徒孙本太	同上
同上	瑞应堂圆寂觉明杰 柱莲桂	觉明杰 柱莲桂 徒空禄 空德 孙觉长 觉爱 觉秀 觉登 徒孙性春	同上
同上	瑞应堂德海鹤老禅师	德海鹤 徒觉慧 孙性西 徒孙本善	同上
同上	瑞应堂圆寂三世宏喜 大宗寿树老禅师 四吉宽印	宏喜 大宗寿树 四吉宽印 徒性明 性宗 孙本分 本桂	同上
同上	瑞应堂圆寂正觉乘 圆光慧	觉乘 圆光慧 徒性善 性觉 性西	同上及文书麦0750 麦0675
同上	瑞应堂圆寂恩师上性下西法师	性西 徒本善 孙常清 常静 常元	同上
同上	麦积山正宗三十八世瑞应堂上达老和尚	上达弟子湛汾	文书麦0022
清乾隆四十四年左右（1779年）		海经 海旺 了因 了相 通玉 通真 通悟 通周 源海 源真 广云 广福 广遇 本容 本祥 本如照德 达晓 湛元 宗义 源真 德秀 圆福 诚教 行慧 寂德	清砖塔铭
清乾隆五十一年（1786年）		理澄	麦0690
清嘉庆元年（1796年）	通闻	通闻徒达焕 达照 达孝 达元	《麦积山记》砖塔铭
清道光八年（1828年）	仙人岩住持黄佛羲	黄佛羲孙心诚 心稳	瑞应寺院募捐善本七

五、结语

通过整理住持年表和住持宗系，有些年代的住持衔接不上，等今后有新材料将会不断地补充进去，使得麦积山住持这一研究领域更趋于完善。通过整理麦积山遗存的文书、题记、碑刻及石塔、砖塔铭文、铁钟铭文等信息，传递出不同的问题。这些问题有：

一、为什么明清时期，麦积山寺院统为临济正宗，这与全国各地寺院的临济正宗存在的关系。

二、关于麦积山下寺以及麦积山与古代秦州地区各大寺院乃至相邻各省如陕西、四川寺院之间的关系。据《四川制置使司给田公据碑》记载："瑞应、胜仙、崇果院"三寺的住持申诉屯田官将瑞应、胜仙两寺常住地拘作屯田的经过，反映出瑞应寺、胜仙寺和崇果院之间的密切关系，毫无疑问，瑞应寺在麦积山，胜仙寺有可能就是距麦积山30公里仙人崖，那么崇果院在何地，需要收集各方面的资料进一步论证。

三、麦积山在历代住持的带动下，对瑞应寺及洞窟内塑像的重修和妆彩以及多次重修舍利塔的工作，印证了现存洞窟内宋的重塑和明清的妆彩等事实，针对以上这些重要信息的深入研究，将另文再述。

作者简介

李晓红，1964年生，麦积山石窟艺术研究所馆员，从事古代文书的整理与研究，发表有《麦积山文书概述及几件重要文书介绍》、《麦积山藏"报恩科仪"儒释孝子事迹考及相关问题》等论文。

陕北陇东北魏中晚期之际部分佛教石窟造像考察

李静杰

要　約

陜北、隴東地区においては、北魏中期（439~493年）から晚期（494~534年）に至る時期に開窟および造像活動が非常に盛んに行われていたとみられる。この時期には中型ないし大型の石窟が見られるだけでなく特に小窟の増加が注目されるが、それは形式により平面馬蹄形窟、摩崖龕像、中心柱窟や平面長方形大口窟の4種類に分類することができ、基本的な前後関係が知られる。またこの4形式の石窟造像は、窟形式、人物造型、題材といった各方面において、雲岡石窟と非常に密接な関係がある。それは北魏の洛陽遷都前後約半世紀の間に、陜北、隴東地区の受けた平城仏教文化からの影響を反映したものと言える。

地域ごとに平城美術から受けた影響の程度は異なるが、全体として図像表現は簡略化し、地方性が見られる。また当時この地区は少数民族の生活していた重要な領域でもあり、ここに彫り出された造像は主体となる文化が受容され、この地域の文化や信仰形式へと転化していく過程を反映してもいるのである。

陕北、陇东地区，地处平城与秦州之间，北魏中期（439~493年）、晚期（494~534年）之际佛教美术发展起来，出现开窟造像的热烈景象。这一地区，不仅见有大中型石窟，小型石窟发达尤其引人注目，而且不断有佛教单体造像出土，称得上佛教美术繁荣的一方故土。陕北、陇东地区北魏中晚期之际石窟造像，呈现浓厚地方特色，也是揭示当时中原北方佛教文化传播走向的关键一环。

陇东地方北朝石窟调查研究工作开展得比较早，20世纪五六十年代已经起动，成果相对较多，近年来在石窟施主的民族成分构成研究方面，取得相当进展。陕北地方北朝石窟调查研究工作起步相对较晚，大约起始于20世纪80年代，刊布了一些小型石窟的调查报告。这些调查研究成果，为学界提供了陕北陇东北朝石窟的基本材料和线索，构成本考察的有力基础。笔者基于2005年夏季、2006年夏季，两次实地调查所得石窟造像资料，结合前人调查研究成果进行考察，希望有助于加深对陕北陇东地区，北魏中晚期之际佛教石窟造像的认识。

陕北、陇东地区北魏中晚期之际佛教石窟造像，从形式上可以分成马蹄形平面石窟、散布的摩崖龛像、中心柱石窟，以及长方形平面敞口窟四种。这四种形式石窟造像，在时代上大体前后相继，展现出当地佛教美术的面貌，亦反映了受到平城佛教美术影响的情况。

一、马蹄形平面石窟

1. 实例

这种石窟具有较大规模和空间，须有势力者或集体出资经营，应该是其时当地佛事活动的重要场所。主要实例有富县川庄第4窟、安塞大佛寺大窟。

富县川庄第4窟，为马蹄形平面穹隆顶窟，原初有无前壁不明（图1）。窟口东西宽8.45、南北进深7米，中央高4.2米（图2、图3）。北壁（正壁）高浮雕一结跏趺坐佛并二胁侍菩萨，结跏趺坐佛施禅定印，高3.44米（图4），左右立侍菩萨分别高2.9、3米（图5）。东壁开一大龛，龛内框宽2.40、高2.25米，龛中雕刻并坐释迦多宝佛（图6）。窟顶中间严重脱落（就大面积空间推测，原来可能浮雕莲花等图样），左右分别浮雕一身飞天向主尊方向飞翔（图7）。这些内容应该是当初的设计布局。与东壁释迦多宝佛龛像对应的西壁偏上位置，浮雕一结跏趺坐佛并二胁侍菩萨，高约一米余，造像形体也小于前者。这组造像不是原初规划内容，却具有与左壁释迦多宝佛龛像对称雕刻的意图。东壁释迦多宝佛大龛像的右上方，以及西壁一佛二菩萨像的左上方和右下方，还有补刻的龛像，造像样式亦有别于原初规划龛像。两侧壁靠近洞口处浮雕数排供养人，所处位置甚至高过左右壁主要龛像，不符合供养人表现在较低位置的作法。原初设计规划之外的补刻造像，人物比较瘦削，供养人着装亦非胡服，推测完成于北魏晚期。因此，川庄第4窟主体造像完成后，还有大面积壁面空白，难以说形成完整的设计布局。

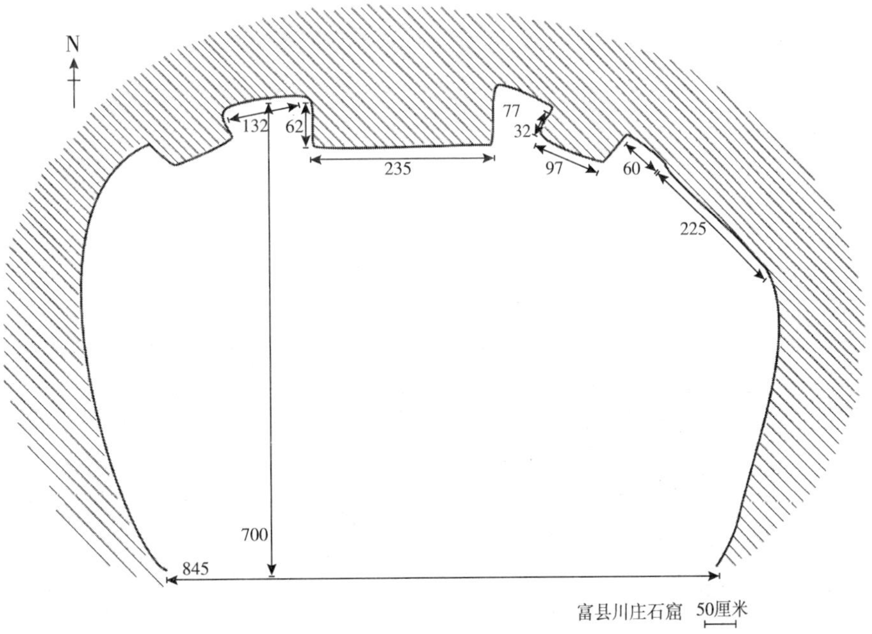

图1 富县川庄第4窟平面图

图2 川庄第4窟北壁与东壁

图3 川庄第4窟西壁

图4 川庄第4窟北壁佛像

图5 川庄第4窟北壁左侧菩萨像

图6 川庄第4窟东壁释迦多宝佛像龛

图7 川庄第4窟顶部飞天

安塞大佛寺大窟，为马蹄形平面穹隆顶窟，就现存遗迹观察，最初似乎没有设置前壁（图8、图9）。窟口南北宽5.5、东西进深4.35、高约9米。窟内设置一佛、二胁侍、二天王五尊像，分别处在覆莲圆座上。现存二胁侍弟子系后世重修时树立，原来的二胁侍为佛、菩萨或弟子已无法确知，从高大的立佛和天王推测，当初的胁侍亦为立像。佛像高7.6米，由于自然和人为毁坏，面目全非，双手为新近添加（图10）。佛像后与墙体间有203厘米高的过洞，可能用于右绕礼拜。左右二天王分别高3.44、3.27米，亦毁坏严重，不过依然可以观察到铠甲的痕迹，两天王臂部雕刻成鸟头形，形象地表现出眼和头顶羽毛（图11、图12、图13）。

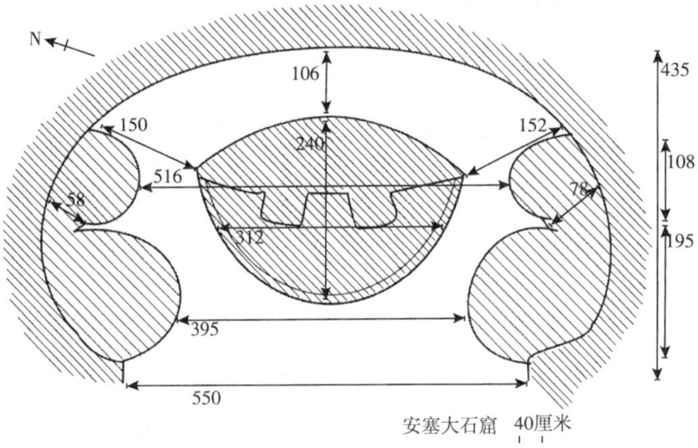

图8 安塞大佛寺大窟平面图

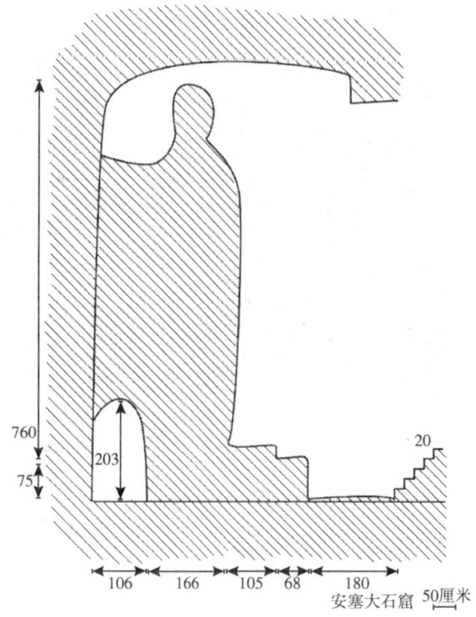

图9 大佛寺大窟纵剖面图

图10 大佛寺大窟东壁立佛像

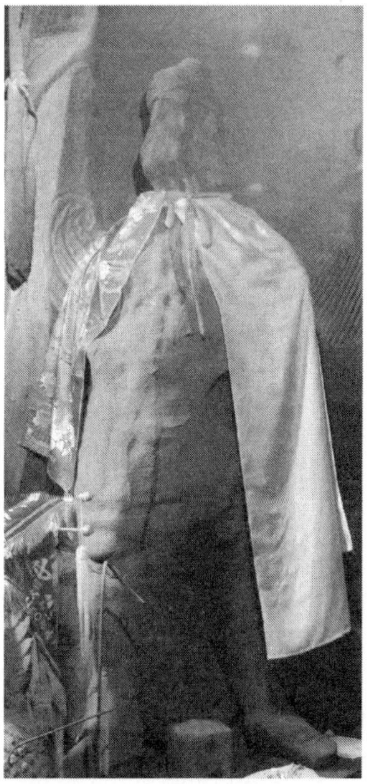

图11 大佛寺大窟北侧天王

图 12 大佛寺大窟南侧天王

图 13 大佛寺大窟南侧天王局部

2. 石窟形制与人物造型及题材分析

富县川庄第 4 窟与安塞大佛寺大窟，均作马蹄形平面、穹隆顶。这种石窟形制见于 5 世纪 60 年代开凿的大同云冈第 16～20 窟（即昙曜五窟），以及大同鹿野苑第 6 窟，其后衰歇。具体来说，川庄第 4 窟一结跏趺坐佛并二胁侍菩萨布局，类似云冈第 20 窟一结跏趺坐佛并二胁侍立佛组合，并且两窟主尊佛像均施禅定印。云冈第 20 窟主尊佛像背光两上侧各浮雕一身飞天，与川庄第 4 窟窟顶设置飞天意匠相同。云冈第 20 窟两外侧壁残破过甚，已无法判断其造像情况，不过，云冈第 17 窟两侧壁分别开凿一龛像，大体与川庄第 4 窟东壁雕刻释迦多宝佛龛像情况符合。

安塞大佛寺大窟一立佛、二胁侍、二天王布局，类似云冈第 18 窟一立佛、二胁侍菩萨、二胁侍立佛组合，天王则是新出现因素。而且，鹿野苑第 6 窟门口两外侧壁也雕刻有护法神（是否着铠甲不明，难以确认为力士或天王）。因此，富县川庄第 4 窟与安塞大佛寺大窟形制及造像布局，基本可以与云冈第一期洞窟比较。

就人物造型来说，川庄第 4 窟原初设计规划造像，能够反映石窟的时代特征。主尊佛像躯体宽厚，两臂与躯干明显分开，着右肩半披式袈裟，袈裟边缘刻画出之字形纹理，与云冈第一期洞窟和第二期（5 世纪 70 年代～90 年代中期）洞窟佛像造型仿佛。但是，川庄第 4 窟主尊佛像比较扁平，缺乏云冈佛像的丰富量感，透雕程度也比不上云冈佛像，更见不到云冈那种精细刻工。可以说受到首都平城美术深刻影响，造像工艺又呈现民间粗糙化的一面。

川庄第 4 窟二胁侍菩萨及二飞天，躯体粗壮，帔帛挎过颈后两端分别向前绕过左右肘部下垂，为云冈第一期、第二期洞窟普遍流行式样。尤其川庄第 4 窟二胁侍菩萨中左侧者，左手执物当于胸前，右手握帔帛下垂，右侧者左手握净水瓶下垂，右手执物当于胸前造型，与云冈第 20 窟主尊两侧胁侍菩萨，及云冈第19窟左胁洞二胁侍菩萨非常一致。飞天露足，则是北魏中期（439～493年）及其以前普遍流行式样。

安塞大佛寺大窟现存原初三尊造像面目全非，已经无法进行细部比较，而大型造像也不失为鲜明时代特征。云冈第一期昙曜五窟与第二期第9、10双窟、第5、6双窟，主尊均为大型造像，富县川庄第4窟与安塞大佛寺大窟，应该继承了平城方面造大像传统。比较原始的马蹄形平面穹隆顶窟形，加上人物造型与云冈第一期、第二期洞窟的诸多一致性，再考虑到文化因素传播所需要时间，将富县川庄第4窟与安塞大佛寺大窟开凿时间，限定在5世纪七八十年代前后，可能比较合理。值得注意的是，昙曜五窟窟内见不到雕刻巨大圆雕力士或天王像的情形，云冈第二期诸窟门框两侧多浮雕力士像，不过，依然没有出现天王形象，而且也不是圆雕造像。这样看来，安塞大佛寺大窟营建，在继承平城佛教美术因素同时，糅进新的设计思想。

就造像题材与功能来说，富县川庄第4窟主像为一结跏趺坐佛二胁侍菩萨组合，是佛教造像中最流行的形式。比较多的场合，这种组合的主尊佛像作为释迦佛表现，有时则是其他属性佛像。值得注意的是，同窟东壁雕刻着同一时期的释迦多宝佛龛像，释迦多宝佛为法华经象征，法华经教主则是释迦佛。从北壁主尊佛像与东壁释迦多宝佛像组合情况分析，作为法华经教主释迦佛表现的可能性很大。当然，在图像布局上，北壁佛像与东壁佛像不能构成一对图像，只能说两者密切关联，释迦多宝佛像不能够决定主尊佛像的属性。云冈第20窟两胁侍立佛的头光上方，分别雕刻一释迦多宝佛像龛，为原初图像布局内容。云冈第19窟前壁原初设计的千佛图像之中，也雕刻着释迦多宝龛像。这样看来，云冈第一期昙曜五窟经营的当时，法华经思想已经融入其中。不过，云冈第一期洞窟主要流行三佛、千佛题材，这是来自西域方面佛教美术因素，与北传佛教的禅观实践联系在一起。发端于汉文化地区的释迦多宝佛像加入进来，说明中原北方流行一种有别于广义西域的佛教信仰形态和实践。在云冈第一期洞窟中，还见不到云冈第二期洞窟的严密法华经图像构成，其释迦多宝图像可能主要适用于法华三昧观的禅观实践。川庄第4窟的情况，推测与云冈第一期洞窟差不多，是当时佛教禅观实践的产物。

安塞大佛寺大窟原初雕刻的二胁侍，已经无法判断。如果为二立佛，整体构成三世佛组合，与云冈第18、19、20窟一致，不过由胁侍台座小于力士台座的情况推测，这种可能性比较小。如果为二菩萨或弟子，主要造像实际只是一立佛，与云冈第16窟情况相近，或许作为释迦佛表现。川庄第4窟与安塞大佛寺大窟，拥有比较大的活动空间，除作为禅观场所外，还可以用于礼拜供养等佛事活动。安塞大佛寺大窟主尊立佛后留出右绕礼拜过洞，也说明了这一点。

二、散布的摩崖龛像

1. 实例

这种龛像平面做横长半椭圆形，立面作圆拱或圆拱尖楣龛形。比较分散，规模小，而且没有统一布局。不需要强大经济实力，可以个人出资开凿，用来满足一般施主和信徒的简单供养需求。主要实例有合水保全寺石窟、合水张家沟门石窟、合水李家庄石窟、甘泉老君寺石窟等。

合水保全寺石窟，结跏趺坐佛像龛数量最多，并坐释迦多宝佛像龛，及交脚坐或类似交脚的倚坐佛、菩萨像龛数量也不少。其中第3龛、第4龛造像内容，各自有组合关系。第3龛为长方形平面圆拱大龛，大龛中间雕刻着两个小龛（图14）。左侧圆拱尖楣小龛内雕刻并坐释迦多宝佛，小龛基座呈上大下小梯形，两端作倒阶梯状，推测用意在于表述多宝塔从地涌出的情景。右侧盘龙树形小龛内雕刻类似交脚的倚坐菩萨，双手当胸前说法。两小龛周围及龛顶雕刻千佛，布满全龛。两侧壁靠近龛口处各一立菩萨。

第4龛同为长方形平面圆拱大龛，大龛中间雕刻着两个圆拱形小龛，小龛造像破坏严重，但造像轮廓清晰可见（图15）。左侧龛内雕刻类似交脚的倚坐像（菩萨或佛不明），右侧龛雕刻并坐释迦多宝佛。左右侧壁内侧各雕刻两尊坐佛，外侧各雕刻一立菩萨。两小龛上方用减地平雕并施用阴线刻方法，雕刻出千佛，窟顶用朱线画出行列整齐的小长方形格，各格中绘制千佛（图16）。值得注意的是，第3龛、第4龛并列雕刻，以两龛之间为中央，两龛内侧雕刻释迦多宝佛像龛，外侧雕刻类似交脚的倚坐像，从这种对称构图情况考虑，第3龛、第4龛似乎具有组合配置的意图。

图14 合水保全寺第3龛

图15 合水保全寺第4龛

第7龛为圆拱龛，龛内雕刻类似交脚的倚坐佛（图17），佛两侧阴线刻直通龛楣的盘龙树（图18），两侧壁分别雕刻一胁侍菩萨。第15龛为圆拱形龛，龛外两侧阴线刻盘龙树，延续到龛楣（图19），龛内雕刻交脚坐佛（头部近年遭窃失），胁侍二菩萨。

图16 保全寺第4龛千佛画像

图17 合水保全寺第7龛

图 18 合水保全寺第 7 龛内盘龙树

图 19 保全寺第 15 龛

从以上实例可以看出一个十分值得注意的现象，即类似交脚的倚坐佛、菩萨像，以及交脚坐佛像的两侧或龛外，多雕刻盘龙树，盘龙树叶似菩提树叶。这种情况不见于其他种类龛像，说明其造像与盘龙树之间具有内在联系。交脚佛像由其他地方具题记实例，可以判断为弥勒佛，交脚菩萨像亦然。类似交脚的菩萨像，在时间稍晚的甘肃庆阳北石窟寺北魏永平二年（509）开凿165窟南壁、甘肃泾川南石窟寺北魏永平三年（510）开凿第1窟南壁，均与交脚弥勒菩萨像成对出现，且与同窟七佛形成一个组合，用于表述过去、现在、未来佛陀传承系谱。推测类似交脚的菩萨像与交脚菩萨像具有相同尊格，一概作为弥勒表现，基于对称构图需要，又避免造型雷同，形成这种组合。那么，类似交脚的佛像与交脚佛像，也应该具有相同尊格，即弥勒佛。迄今所知，类似交脚的佛、菩萨像分布大体局限在陇东地域，其他地方难以见到。根据上述推论，保全寺石窟所见类似交脚的佛、菩萨像，以及交脚佛像，应该作为弥勒佛、菩萨表现。根据弥勒下生类经典，弥勒菩萨从兜率天降生后，于龙华菩萨树（或云道树）下成佛。保全寺石窟所见具有类似菩提树叶的盘龙树，应该就是经典记述的龙华菩萨树，那些类似交脚的佛、菩萨像或交脚佛像，则是下生即将成佛，或已经成佛的弥勒。

合水张家沟门石窟、合水李家庄石窟（图20），地点相近，造像形式也基本相同，均为结跏趺坐佛胁侍二立菩萨组合。张家沟门石窟龛像间题记之一："太和十五年太岁在未，癸巳朔三月十五日，佛弟程弘庆供养佛时，造石坎（龛）佛一躯。"之二残存："太和廿。"为龛像断代提供了直接依据。

陕西甘泉老君寺石窟（图21），第1龛（图22、23）、第2龛均作结跏趺坐佛，胁侍二立弟子（第2龛多出一弟子）、二立菩萨组合。纪年题记已风化难辨。

图 20　合水李家庄石窟摩崖龛像

图 21　甘泉老君寺石窟

图 22　老君寺石窟第 1 龛

图 23　老君寺石窟第 1 龛局部

2. 造型与题材分析

在上述实例中，合水保全寺石窟、张家沟门石窟、李家庄石窟，处在同一地域，造像样式也非常接近。除保全寺石窟较晚龛像之外，三处石窟的结跏趺坐佛像，躯体宽厚，着右肩半披式袈裟，袈裟边缘刻画出之字形纹理，为北魏中期佛像的共同特征。而躯干与两臂之间凹入较浅，与云冈 5 世纪六七十年代洞窟造像比较，透雕程度明显减弱，接近云冈 5 世纪八九十年代洞窟造像样式，如云冈临近北魏迁都洛阳时开凿的第 5 窟明窗东侧释迦多宝佛像（图 24）。而且，张家沟门石窟拥有太和十五年（491）、太和廿年（496）纪年题记，由此推测，上述三处石窟的主要龛像，应完成于 5 世纪 90 年代前后。这三处石窟结跏趺坐佛像，头部所占比例较大，颈部矮短，反映了地域性和民间化造型特征。

合水保全寺第 15 龛交脚弥勒佛两手前后相叠，置于胸前，为一特殊形式说法印。这种印相创始于巴基斯坦犍陀罗雕刻（图 25），亦见于阿富汗迦毕试交脚菩萨像雕刻。在中原北方较早实例出现在云冈第 18 窟前壁与第 19 窟前壁，约 5 世纪 70 年代前后补刻的交脚菩萨龛像，上述云冈第 5 窟明窗东侧交脚菩萨像亦然。保全寺第 15 龛交脚弥勒佛特殊形式说法印，推测是来自平城方面的因素。就交脚坐弥勒佛造型来说，亦流行于云冈第二、三期洞窟，只是没有成为主流图像。

陕西甘泉老君寺石窟结跏趺坐佛像，躯体宽厚，躯体与两臂之间透雕显著，着右肩半披式袈裟，具有北魏中期佛像特征。推测开凿于北魏太和（477～499）末期前后。而袈裟显得过于宽松，且袈裟边缘未见之字形纹理，与云冈石窟造像差异较大。比较上述合水诸龛像，老君寺石窟龛像的地域性特征尤其显著。老君寺石窟第1龛胁侍菩萨手擎圆盘状物（可能为日或月），这种造型不见于云冈石窟。在5世纪60年代金铜佛像中，流行过手擎拂子的胁侍菩萨造型，还见于北魏中晚期之际的山西造像碑（图26），其后，胁侍菩萨举手持物造型少见。因此，老君寺石窟第1龛胁侍菩萨手擎圆盘状物，具有时代特征。

图24　云冈第5窟明窗东侧龛像

图25　松冈美术馆藏犍陀罗佛像

图26　高平王黄罗等造像碑胁侍菩萨

在题材内容方面，合水保全寺第3龛、第4龛图像组合，具有完整的教义内涵，反映了成熟的信仰形态。第3龛为释迦多宝佛＋弥勒菩萨＋千佛组合，第4龛为释迦多宝佛＋弥勒（菩萨或佛）＋千佛组合，源头在云冈第二期洞窟。云冈第二期第7・8双窟、第9・10双窟、第12窟、第1・2双窟、第6窟等，一次性设计布局洞窟，结跏趺坐释迦佛（法华经教主）与并坐释迦多宝佛（法华经象征）一对图像，交脚弥勒菩萨（弥勒上生兜率天净土象征）与倚坐弥勒佛（弥勒下生净土象征）一对图像，往往一并与千佛组合在一起，配置在中轴线上，构成洞窟的主题图像。并坐释迦多宝佛与交脚弥勒菩萨形成一对图像，或结跏趺坐释迦佛与交脚弥勒菩萨形成一对图像的情况也比较常见，并且往往交脚弥勒菩萨与释迦多宝佛或结跏趺坐释迦佛上下配置，如前述云冈第5窟明窗东侧龛像，周围附加千佛的情况也不少。由于石窟结构变化，在云冈第二期后段及第二期洞窟中，交脚弥勒菩萨与释迦多宝佛或结跏趺坐释迦佛，平列配置的实例逐渐增多，千佛图像往往被省略。

这些图像组合，实际反映了法华经流通分的思想。后秦鸠摩罗什译《妙法莲华经》（《大正藏》第九卷）卷7《普贤菩萨劝发品》云："若有人受持读诵解其（法华经）义趣，是人命终为千佛授手，令不恐怖，不堕恶趣，即往兜率天上弥勒菩萨所"（61页下）。西晋竺法护译《正法华经》卷10《乐普贤品》也有相近记述。即，法华经护持者，命终之后为千佛所救度，往生到弥勒菩萨所在兜率天上。云冈第二、三期洞窟，主题图像中不仅有交脚弥勒菩萨，还出现倚坐弥勒佛，同时呈现弥勒上生与下生净土世界的美妙图景，图像组合又超出了法华经流通分内容。

保全寺第3龛、第4龛释迦多宝佛+弥勒菩萨+千佛图像组合，可以看作云冈第二期洞窟主题图像的翻版。类似交脚的倚坐菩萨不见于云冈石窟，这种造型似乎是云冈交脚菩萨与倚坐佛的混合产物，再考虑到代表弥勒下生成佛的龙华菩提树，具备了弥勒上生与下生净土两种内涵。况且，保全寺第7龛类似交脚的倚坐弥勒佛，刻画龙华菩提树，为明确的弥勒下生成佛表现，可以作为上述推论的辅助说明。因此，保全寺第3龛、第4龛图像，构成法华经护持者，命终之后为千佛所救度，往生到弥勒菩萨所在兜率天上，并值遇弥勒下生成佛的图像组合。可见，保全寺石窟部分龛像的图像构成，强烈地受到平城佛教美术影响。暗示此处石窟营建的指导者，具备一定的佛教美术知识，尤其发挥着传布平城文化的作用。

三、中心柱石窟

1. 实例

这种石窟依据特定粉本设计，开窟造像的程序要求比较严格。大中型中心柱窟须有势力者或集体出资经营，小型中心柱窟则可以集体或个人出资经营。中心柱石窟所在地，应该是其时当地佛事活动的重要场所。主要实例有泾川王母宫石窟、庆阳楼底村第1窟、安塞云山品寺第5窟。

泾川王母宫石窟，为近方形平面大型中心柱窟，东壁（前壁）及中心柱东面崩塌（图27）。南北宽12.6、高11米。中心柱分上、下两层（图37），下层作方柱状，四面开龛造像（图28），每面龛外两侧浮雕佛传故事场面。上层作八角柱状，每面开龛造像。方柱体上方四角，各雕一象驮负楼阁式塔（图29）。四壁龛像中仅南壁保存稍好，其余三壁龛像毁坏严重 。南壁分三层造像，下层为主要龛像，并列三曲拱楣龛（图30），中央龛内雕结跏趺坐佛并二胁侍，西侧龛雕立佛并二胁侍（图31），东侧龛已毁坏。中层并列5龛，各雕结跏趺坐佛并二胁侍，上层雕刻一排千佛。

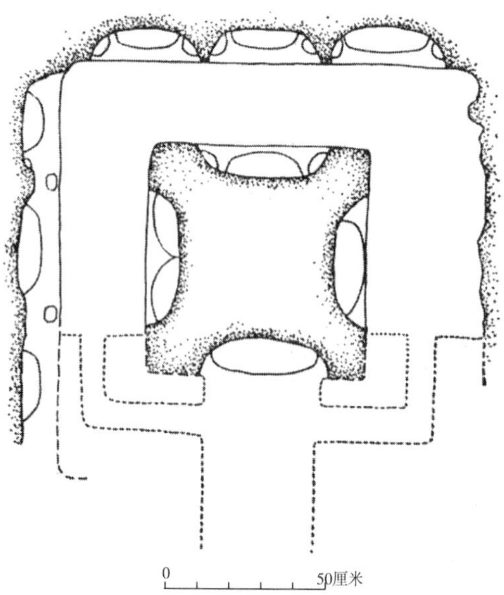

图27 泾川王母宫石窟平面图

图28 王母宫石窟中心柱南面立面图

庆阳楼底村第1窟，为纵长方形平面中型中心柱窟，东壁（前壁）崩塌（图32）。窟南北宽5、东西进深6.5、高4.6米。中心柱分上、下两层，下层作方柱状，四面开龛造像，正面龛外两侧尚存佛传故事场面。上层作八角柱状，每面开龛造像。方柱体上方四角各雕一象（图33、34）。周围四壁风化比较严重，西壁雕刻高大立佛并二胁侍菩萨。南北壁各自分三层，上层三龛，中层二龛，除南壁上层东龛为释迦多宝佛之外，其余上中层龛均为一佛二胁侍菩萨。下层造像多风化。

图29　王母宫石窟中心柱北面下层坐佛

图30　王母宫石窟中心柱东南角局部

图31　王母宫石窟南壁龛柱一面

图32　王母宫石窟南壁中层西侧立佛

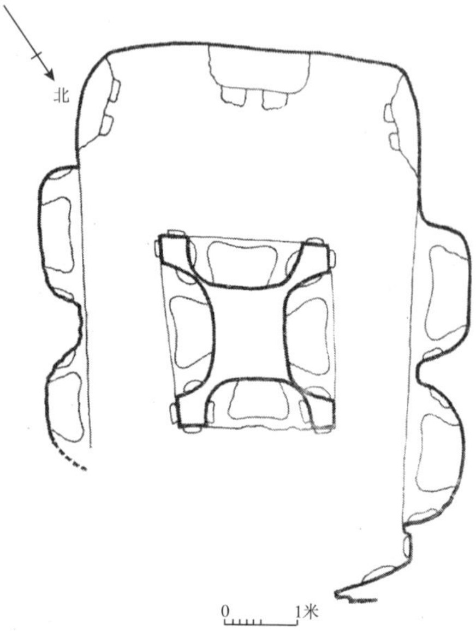

图 33　庆阳楼底村第 1 窟平面图

图 34　楼底村第 1 窟中心柱东面立面图

安塞云山品寺第 5 窟，为近方形平面小型中心柱窟（图 35）。窟东西宽 3. 13、南北进深 2. 92、高 2. 68 米。中心方柱仿楼阁式建筑，四面各分三层浮雕造像（图 36 – 39）。四壁亦各分三层开龛造千佛像。

图 35　安塞云山品寺第 5 窟中心柱局部

图 36　云山品寺第 5 窟中心柱上层南面

图 37　云山品寺第 5 窟中心柱中层北面

图 38　云山品寺第 5 窟中心柱中层东面

图 39　云山品寺第 5 窟中心柱中层南面

2. 石窟形制与人物造型及题材分析

泾川王母宫石窟与庆阳楼底村第 1 窟中心柱形制相近。中心柱分上、下两层，下层作方柱状，四面开龛造像，龛外两侧浮雕佛传故事场面。方柱体上方四角各自雕刻一象，泾川王母宫石窟的象身上还驮负着楼阁式塔。张宝玺先生已指出，这些特征与云冈第 6 窟中心柱一致（图 40），显然受到后者影响。王母宫石窟与楼底村第 1 窟中心柱上层作八面体，每面开龛造像，有意模仿塔的形状，此特征不见于云冈第 6 窟及云冈其他洞窟，形成陇东地方特色。此外，王母宫石窟南壁龛柱雕刻成大象承载多宝塔的样子，与云冈第 5 窟南壁上部雕刻大象承载多宝佛塔意图相同（图 41），应该是来源于平城方面的因素。

在人物造型方面，王母宫石窟和楼底村第 1 窟，旧式右肩半披式袈裟，及新式褒衣博带双领下垂式袈裟共存。王母宫石窟中心柱北面下层坐佛，内层着右肩半披式袈裟，外层着双领下垂式袈裟，内层袈裟外还有束带，这是一种奇怪的着衣，是受到新旧两种形式袈裟影响出现的特殊现象。王母宫石窟南壁中层西侧立佛服装，则是典型的褒衣博带式袈裟。右肩半披式袈裟为云冈第一、二期洞窟普遍流行式样，褒衣博带双领下垂式袈裟出现在临近迁都洛阳的第 5、6 双窟。加上文化传播所需要的时间，如张宝玺先生分析的那样，王母宫石窟和楼底村第 1 窟开凿于北魏末期前后，合乎情理。而且，王母宫石窟与楼底村第1窟中心柱结构相近，下层为方柱体，上层作八面体，这种情况不见于其他石窟，表明两者之间具有相互影响关系。王母宫石窟和楼底村第1窟，在中心柱上方四角处雕刻大象，前者大象驮塔，后者塔被省略，推测后者承继前者基本因素同时，又进行了简化处理。那么，楼底村第1窟开凿时间，应稍完于王母宫石窟。

安塞云山品寺第5窟中心柱，作三层仿木结构楼阁式。冉万里先生认为与云冈第2窟中心柱形制接近（图42），实际情况也是这样。云冈第1、2双窟开凿时间略早于第5、6双窟，约在5世纪80年代，袈裟见有右肩半披式袈裟与尖垂领袈裟，菩萨帔帛存在挎肩后左端绕左肘右端绕右肘后下垂的旧式，及挎肩后在腹前呈X交叉再分别绕过两肘下垂的新式。云山品寺第5窟佛着尖垂领袈裟，或许受到云冈第1、2双窟同类袈裟影响。云山品寺第5窟坐佛袈裟悬裳，且外侈显著，菩萨帔帛亦为新式，具有北魏晚期特征。云山品寺第5窟人物造型，两肩部陡然下削，可以看作地方性特征。

图40　云冈第6窟中心柱北侧立面图

图41　云冈第5窟南壁上部多宝佛塔

图42　云冈第2窟中心柱南面

在题材内容方面，中心柱图像反映了石窟的主题思想。首先将云冈第6窟中心柱图像，与王母宫石窟、楼底村第1窟中心柱图像对比考察。

云冈第6窟中心柱	下层	上层	备　注
前面	结跏趺坐佛	立佛	下层龛外两侧浮雕佛传场面
后面	并坐释迦多宝佛	立佛	
左面	交脚弥勒菩萨	立佛	
右面	倚坐佛	立佛	

	下层		上层		备注
王母宫石窟中心柱	前面	结跏趺坐佛	八面	结跏趺坐佛	下层龛外两侧浮雕佛传场面
	后面	结跏趺坐佛			
	左面	结跏趺坐佛			
	右面	并坐释迦多宝佛			

	下层		上层		备注
楼底村第窟中心柱	前面	结跏趺坐佛	八面	结跏趺坐佛	正面下层龛外两侧浮雕思惟菩萨牵象、思惟菩萨牵马场面
	后面	结跏趺坐佛			
	左面	结跏趺坐佛			
	右面	并坐释迦多宝佛			

由上述表格观察，云冈第6窟中心柱下层四面图像，分别构成法华经教主结跏趺坐释迦佛与法华经象征并坐释迦多宝佛，以及弥勒上生兜率天净土象征交脚弥勒菩萨与弥勒下生净土象征倚坐弥勒佛两对图像，在于表述法华经护持者，命终之后往生到弥勒菩萨所在兜率天净土，并值遇弥勒下生成佛的思想。释迦多宝佛图像配置在中轴线上，表明法华经受到非常重视。佛传故事场面则用来说明法华经方便说法的意图，为佛教徒提供成就佛道的范本。中心柱上层四方立佛与四壁上方立佛，可能是向众生方便说法的十方三世诸佛表现。

王母宫石窟中心柱下层，见有法华经象征释迦多宝佛，却没有弥勒菩萨与弥勒佛的表现。中心柱图像只是部分地继承了云冈第6窟因素，释迦多宝佛也没有配置在中轴线上，致使图像组合表述的思想变得非常模糊。由于释迦多宝佛的存在，可以肯定王母宫石窟中心柱下层佛龛两侧诸佛传故事场面，依然是法华经方便说法的表现。

楼底村第1窟中心柱下层四面，一概为结跏趺坐佛，很难看出与云冈第6窟图像的联系。正面下层龛外两侧浮雕思惟菩萨牵象、思惟菩萨牵马场面，与云冈第三期第38窟乘象入胎、骑马出城一对图像仿佛，目的在于表述法华经“入大乘为本”的思想。不过，此窟没有表现法华经象征释迦多宝佛，只好借助云冈石窟的情况加以推测。

然后，将云冈第2窟中心柱图像，与云山品寺第5窟中心柱图像对比考察。

云冈第2窟中心柱	下层	中层	上层
前面	并坐释迦多宝佛	一结跏趺坐像胁侍二倚坐像（具体风化不明）	一交脚弥勒菩萨胁侍二结跏趺坐佛
后面	结跏趺坐佛胁侍二立佛	三坐像（具体风化不明）	一交脚弥勒菩萨胁侍二结跏趺坐佛
左面	三结跏趺坐像（具体风化不明）	三结跏趺坐像（具体不明）	三结跏趺坐佛（具体风化不明）
右面	三结跏趺坐像（具体风化不明）	一交脚弥勒菩萨胁侍二倚坐像（具体风化不明）	三结跏趺坐像（具体风化不明）

云山品寺第5窟中心柱	下层	中层	上层
前面	结跏趺坐佛	交脚弥勒菩萨	半跏思惟坐菩萨
后面	结跏趺坐佛	鹿野苑初转法轮	结跏趺坐佛
左面	结跏趺坐佛	涅槃	结跏趺坐佛
右面	结跏趺坐佛	结跏趺坐佛	结跏趺坐像

云冈第2窟中心柱部分图像已经模糊不清，为解释其图像构成带来一定困难。就下层释迦多宝佛，与上层交脚弥勒菩萨组合的情况分析，法华经护持者命终之后往生到兜率天净土思想，还是主题表现。而云山品寺第5窟没有表现释迦多宝佛，难以用法华经思想解释其图像。值得注意的是，中心柱中层后面鹿野苑初转法轮、左面涅槃、前面交脚弥勒菩萨，形成一个完整组合，目的在于通过佛陀传承，表述佛法延续思想。半跏思惟坐菩萨像，是云冈第二期洞窟流行的造像形式之一，多与交脚弥勒菩萨、倚坐弥勒佛组合雕刻，推测表述思惟成佛的过程。云山品寺第5窟中心柱前面上层半跏思惟坐菩萨，图像含义应该相近。

上述情况表明，泾川王母宫石窟、庆阳楼底村第1窟、云山品寺第5窟中心柱图像，不同程度地继承了云冈石窟图像因素，图像组合更多地体现了地方性特征。

四、长方形平面敞口龛像

1. 实例

这种龛像平面作横长方形，与前述横长半椭圆形平面的圆拱龛不同，可能受到方形或长方形平面石窟影响。规模较小，因陋就简设计建造。推测由个人或少数人出资开凿，用于满足一般施主的简单供养需求。仅知宜君彭镇苏家山石窟一个实例。

宜君苏家山石窟造像龛（图43），开凿在山崖坠落的一块巨石上。像龛南北宽1.61、东西进深0.9、高1.62米。西壁（正壁）分三层，上层为飞天，中层并列三龛，中央龛原初雕刻坐像（应为佛陀），毁坏殆近。两侧龛雕刻胁侍菩萨立像。下层为供养人。南北壁各分四层（图44），上起第一层为飞天，第二层圆拱龛内雕刻一结跏趺坐佛二胁侍菩萨立像。第三层，左侧壁造像记（几乎风化），右侧壁雕刻一结跏趺坐佛二胁侍菩萨立像。第四层为供养人。龛顶大部残破。

2. 造型与题材分析

苏家山石窟结跏趺坐佛像，均着右肩半披式袈裟，为北魏中期通行的袈裟式样。但躯体趋向瘦长，躯体与两臂之间凹入较浅，人体造型呈现退化迹象，具有某些北魏晚期造像特征。菩萨帔帛从颈后绕过两肘下垂，飞天露出两足，以及供养人着胡服等，则是北魏中期造像因素。因此，苏家山石窟人物造型，拥有北魏中晚期混合特征，推测处在北魏晚期的前段。

苏家山石窟三壁主要龛像，分别为一结跏趺坐佛二胁侍菩萨组合，三壁又形成三佛组合。三壁三龛式洞窟北魏晚期出现并流行开来，见于云冈、龙门、巩县和麦积山等石窟，就苏家山石窟结跏趺坐佛着右肩半披式袈裟情况分析，推测受到平城方面影响。不过，云冈三壁三龛式窟一般以并坐释迦多宝佛，

图 43 宜君苏家山石窟

图 44 苏家山石窟南壁

或结跏趺坐佛为主尊，两侧壁分别表现结跏趺坐佛、交脚弥勒菩萨，与苏家山石窟差别较大。北魏晚期弥勒通常用交脚菩萨或交脚佛形式表现，因此，苏家山石窟三壁三结跏趺坐佛，很难看作过去、现在、未来三世佛表现，推测出于简单造型考虑的结果。这样小规模的龛像，对于施主来说只是用来简单供养的对象，以表达概念化的佛教信仰心里，推测当时没有苛求表现具有逻辑关系的佛教思想内容。

小 结

以上介绍了陕北、陇东地区北魏中晚期之际马蹄形平面石窟、散布的摩崖龛像、中心柱石窟，以及长方形平面敞口窟四种形式石窟造像。这些形式石窟造像，在洞窟形制、人物造型、题材内容方面，与云冈石窟存在千丝万缕联系。反映了北魏迁都洛阳前后的近半个世纪，陕北、陇东地区处在平城文化的覆盖之下，平城文化如缕不绝地对这一地区施加影响。北魏早中期，平城作为中国北方政治文化中心积聚着雄厚能量，同时，平城文化在接受南朝文化与西域文化过程中丰富壮大。直至北魏晚期前段，平城发挥着北中国文化中枢和文化传播源头的作用。陕北、陇东地区处在平城与西域的连接线上，不仅是平城文化的辐射地，还是西域文化输入平城的中转地。在这一背景中，陕北、陇东地区佛教石窟造像艺术繁荣发展。实际，作为汉文化中心的洛阳、长安及其周围的中原腹地，直到北魏晚期后段，佛教石窟造像艺术才得到普及，在时间上明显晚于陕北、陇东地区。这种情况从侧面说明，陕北、陇东地区处在特殊历史背景中的特殊地理位置，成为其佛教美术产生和发展的根本条件。

北魏时期的陕北、陇东地区，为少数民族部族活动的重要区域，在文化交流与传播的氛围中，发展起当地的佛教艺术。当时传播平城佛教文化的佛教徒们，尤其那些具有一定知识素养的僧侣，可能是这些石窟造像的主要指导者。由于他们传道布教努力，当地以部族为主体的住民们接受了佛教信仰，并成为石窟造像的施主。而大中型石窟，应该在当地有势力者的号召和资助下完成。上述四种类型石窟，尽管不同程度受到平城美术影响，整体来说图像表现简单化，如果不借助云冈石窟，将难以理解其图像表述的思想。因此，陕北、陇东地区北魏中晚期之际石窟造像，与平城美术的差别显而易见，只能看作地方类型的佛教美术。北魏末期（520～534）及以后，该地区佛教造像基本在既有基础上发展，地域特征日益显著。

作者简介

李静杰，1963 年生，1987 年 7 月吉林大学历史系考古专业毕业。1992 年 7 月获北京大学历史学硕士学位。2002 年 3 月于名古屋大学文学部美术史研究室，获文学博士学位。先后在河北省文物研究所、故宫博物院工作。现为清华大学美术学院 教授、博士生导师。从事中国佛教美术研究。

北朝泾州地区部族、世族石窟的甄别、分期与思考

暨远志

要 約

北朝時代、涇州地域（現在甘粛省平涼地域隴山東側、寧夏固原地域南部）では、漢民族及び少数民族（部族）が主な住民であった。漢民族及び少数民族の間に続けられた交流によって、涇州地域の独自の文化形態が出来上がった。具体的には、漢民族の代々の名門が両漢時代から涇州地域で暮らしており、強い基盤を築いてきた。しかし、十六国北朝時代になると、涇州安定郡といった狭い地域で、活動を展開していた。漢民族内部の絆を強くすることによって、漢民族文化の優位性を保っていた。

一方、漢武帝の統治が始まった後、特に東漢、魏晋時代、羌、氐、屠各、盧水胡など少数民族が帰順するようになり、辺境にある州や郡に安置されるようになった。漢民族とともに、内陸へ向かって、涇州新平郡、趙平郡、平涼郡に定住するようになった。これら少数民族が新しい環境に順応しつつ、遊牧民から半遊牧半農耕民ないし農耕民に過渡し、新しい住民になった。

漢民族の世族と少数民族の部族とともに、長期にわたる文化の交流及び融合の中、涇州地域における素晴らしい北朝仏教石窟造像美術を作り上げた。

北朝涇州地域における世族と部族の地理的な分布の違いから、涇州地域の石窟造像美術にも影響を与えた。世族と部族はともに、仏教を信仰し石窟を造営する。さらに、窟の形や題材においても、一致する点が多い。しかし、様式においては、北魏、西魏時代に異なった風格から、北周時代ではまったく融合してくるといった軌跡をたどる。本文では部族主導による石窟を部族石窟と称し、漢民族名門の主導による石窟を世族石窟と称する。部族石窟及び世族石窟が、様式の相違から融合に至る変化というのは、まさに北朝民族美術の融合というものである。

平凉地区位于甘肃省东部，地处陇山东西两侧，辖平凉市和灵台、泾川、崇信、华亭、庄浪、静宁六县，面积1.1万平方公里，人口214万①。平凉地区地跨陇东、陇西黄土高原。中部有陇山。陇山以东的平凉市和灵台、泾川、崇信、华亭四县为黄土塬、梁、沟壑区，有泾河及支流汭河、杨涧河等，属于泾水流域，北朝时期归属泾州管辖；陇山以西的庄浪、静宁二县为黄土梁、峁、沟壑区②，有渭河支流葫芦河，属于渭水流域，北朝时期归属秦州管辖。

① 《甘肃省地图册》，中国地图出版社，2002年。

② 泾水、洛水流域地处黄河中游。黄河中游今天的地形主要是塬与沟壑交错，各种大小不等的沟壑纵横分布，侵蚀切割，使原来较为广阔的塬逐渐分裂成数个小塬，塬进一步受到侵蚀，则变成了狭长的梁，梁进一步发展变化则变成了茆。沟壑的增加和延伸，从塬到梁到茆的变化过程，可以说是黄河中游地形变化的一条主要线索。参考史念海《历史时期黄河流域的侵蚀与堆积》，收入氏著《河山集》二集，生活·读书·新知三联书店，1981年；王元林《泾洛流域自然环境变迁研究》，页29～81，中华书局，2005年。

平凉地区陇山东侧的北朝石窟，主要有位于泾川县的王母宫石窟、南石窟、丈八寺石窟、千佛寺石窟、罗汉洞石窟和华亭县的石拱寺石窟（图1），其中，罗汉洞石窟、丈八寺石窟的绝大部分洞窟已毁，仅存零星残痕可以定为北朝遗迹。

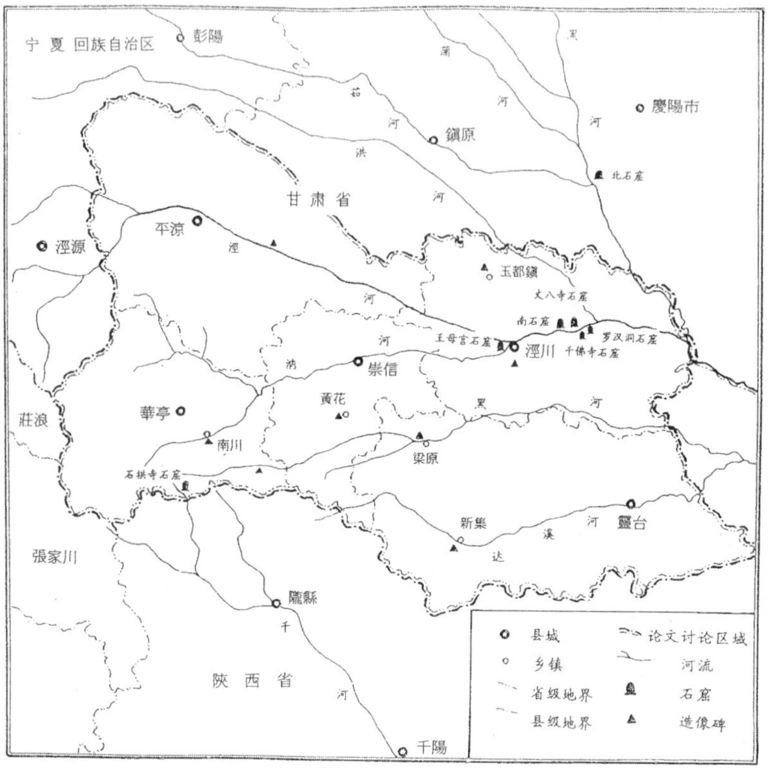

图1 甘肃省平凉地区（陇山东侧）北朝石窟分布图

1925年，陈万里先生陪同美国哈佛大学福格艺术博物馆敦煌考古旅行团西行考察，在泾川发现南石窟和王母宫石窟，对洞窟进行了清理，这是关于泾州地区佛教石窟调查的最早记录①。1929年，霍勒斯发表了考察收获，并公布了美国哈佛大学弗格博物馆所藏的泾川王母宫石窟石佛头像及造像碑残件10件，进行了初步研究②。

二十世纪七、八十年代，甘肃省考古所张宝玺先生对平凉地区北朝石窟进行了全面系统的调查，1983年发表《甘肃泾川南石窟调查报告》③，1984年发表《甘肃泾川王母宫石窟调查报告》④，张宝玺先生利用调查所得，提出了眼光独到的见解。1987年，张先生又结集出版《陇东石窟》，同时公布了泾川丈八寺石窟、千佛寺石窟、罗汉洞石窟和华亭县的石拱寺石窟简要材料，并将“陇东”的地理概念和“世族”的文化概念应用于石窟研究，进行了十分有益的探讨⑤。2005年，麦积山石窟艺术研究所再次调查了华亭县石拱寺石窟，发表了全新的调查简报⑥。

① 陈万里《西行日记》，北京朴社，1926年。

② Horaceh. F. Jayne The Buddhist caves of Ching Ho valley. Eastern Art. 1929：1，2. 1991年6月，笔者随同敦煌研究院资料中心冯志文老师赴全国各大学图书馆搜集资料，在南京大学西文期刊室复印此文。后由梁旭萍翻译、李崇峰校《泾河流域的佛教石窟》，刊《敦煌学辑刊》1992年1、2期。

③ 甘肃省博物馆《甘肃泾川南石窟调查报告》，《考古》1983年10期。

④ 甘肃省博物馆《甘肃泾川王母宫石窟调查报告》，《考古》1984年7期。

⑤ 甘肃省文物工作队、庆阳北石窟寺文管所《陇东石窟》，文物出版社，1987年。

⑥ 魏文斌《甘肃华亭石拱寺石窟调查》，《敦煌研究》2007年3期。

北朝时期，泾州地区（今甘肃省平凉地区陇山东侧、宁夏固原地区南部）的居民主要由汉族与少数民族（部族）组成，他们不断融合的民族关系，形成了泾州地区独特的文化景观。具体来说，汉族中世家大族根深蒂固，两汉以来就长期生活在泾州地区，十六国北朝时被迫收缩活动区域，聚居在泾州安定郡的小范围内，通过加强族群内部凝聚力，继续保持汉魏文化优势；而自汉武帝以来，尤其是东汉、魏晋时期，少数民族中的羌、氐、屠各、卢水胡等大规模内附，不断被安置于沿边州郡，随着汉族的不断内迁，逐渐深入到泾州新平郡、赵平郡、平凉郡腹地，形成新的居民①，他们适应新的生存环境，逐渐从游牧过渡到半游牧半农耕甚至完全农耕的经济生活。部族与世族一起，在长期的文化交流、碰撞、融合中，创造了泾州地区灿烂的北朝佛教石窟造像艺术。

北朝泾州地区部族与世族地理分布上的差异，影响到泾州地区佛教石窟造像艺术的发展。虽然，部族与世族都信仰佛教，都开凿佛教石窟，并且在洞窟形制、佛教题材的选择上表现了高度一致，但在艺术风格方面，则体现了从北魏、西魏时期的迥然不同，到北周时期完全一致的变化轨迹。我们把部族为主体开凿的石窟称为部族石窟，而将汉族世家大族为主体开凿的石窟称为世族石窟。部族石窟、世族石窟在艺术风格上从截然不同到完全一致的变化，正是北朝民族艺术融合的真切反映。

本文就是在1990年6月、2005年5月、2007年4月三次实际调查的基础上，充分利用前人的研究成果，对泾州地区的北朝世族石窟和部族石窟进行甄别、分期，判别年代，并与同时期的豳宁地区部族石窟进行横向比较，做出的一次新的探索。

一、北朝泾州地区的部族与世族

元鼎三年（公元前114年），西汉分北地郡置安定郡，郡治高平（今宁夏固原）②，管理降附羌、胡的属国都尉治于三水（今宁夏同心县韦州镇）③。东汉时期，安定郡改治于临泾（今甘肃镇原）④。政府与羌族间的关系长期紧张，双方在陇山西侧多次发生战斗，和帝永元元年（89年），羌族的一部降附，他们被安置在安定郡各地⑤。其后羌族东侵日甚，安帝永初五年（111年）、顺帝永和六年（141年），安定郡曾被迫两次寄治扶风郡美阳（今陕西省武功西北），居民也被迫内迁⑥。汉羌间战争持续到214年

---

① 马长寿《氐与羌》，广西师范大学出版社，2006年；唐长孺《魏晋杂胡考》，收入氏著《魏晋南北朝史论丛》，页368～434，河北教育出版社，2000年。周一良《北朝的民族问题与民族政策》，收入氏著《魏晋南北朝史论集》，页127～189，北京大学出版社，1997年。周伟洲《中国中世西北民族关系研究》，页17～91，西北大学出版社，1992年。

② ［东汉］班固《汉书》卷二十八下《地理志下》，中华书局点校本。

③ 三水县，西汉设置，治于今宁夏同心县韦州镇，隶属北地郡，郡治义渠（今甘肃西峰）。元鼎三年（公元前114年），西汉从北地郡分出安定郡，郡治高平（今宁夏固原），三水改属安定郡。东汉因袭不变，东汉末，放弃边地，安定郡范围收缩，郡改治今甘肃镇原。两汉时期，三水设置属国，安置匈奴降附，并设立盐官。三国时期，《三国志》卷二十六《郭淮传》记载，正始元年（240年），“凉州休屠胡梁元碧等率种落二千余家附雍州。淮奏请使居安定之高平，为民保障，其后因置西川都尉。”《元和郡县图志》卷三邠州三水县条记载，“本汉旧县，有盐官，属安定郡……魏改三水县为西川县，亦属安定。”可证曹魏时期改三水县为西川县，安置凉州降附的屠各部族；不久，西川县改置于今甘肃正宁县罗川镇，西晋因袭不变。北魏侨立三水县于今陕西彬县白马堡（今新民镇），归属泾州新平郡，郡治今陕西彬县。关于三水县迁移的具体考证参见王北辰《三水、乌氏、他楼城考》，《王北辰西北历史地理论文集》，学苑出版社，2003年。

④ ［西晋］司马彪《续汉书志》卷二十三《郡国志五》。

⑤ ［南朝刘宋］范晔《后汉书》卷八十七《西羌传》记载，“东号子麻奴立。初随父降，居安定。”

⑥ 《后汉书》卷八十七《西羌传》记载，“羌既转盛，而二千石、令、长多内郡人，并无守战意，皆争上徙郡县，以避寇难。朝廷从之，遂移陇西徙襄武，安定徙美阳，北地徙池阳，上郡徙衙。百姓恋土，不乐去旧，遂乃刈其禾稼，发彻室屋，夷营壁，破积聚。时连旱蝗饥荒，而驱蹙劫略，流离分散，随道死亡，或弃捐老弱，或为人仆妾，丧其太半。”

才告结束，东羌大部降附了汉朝，降附者仍被安置在安定郡各地①。

魏晋十六国时期，安定郡成为氐、羌、屠各、卢水胡等部族活跃的大舞台。这些部族深入安定腹地，加快了民族大融合的步伐，同时也改变了本地区的居民构成比例②。

430年北魏统一关中、秦陇后，在今甘肃省平凉地区陇山东侧、宁夏固原地区南部和陕西省咸阳地区北部设立泾州，并立安定镇。泾州下辖安定郡、石堂郡、新平郡、赵平郡、陇东郡、平凉郡六郡，州治安定（今泾川县城北泾水北岸）③，太和十一年（487年），石堂郡并入安定郡，安定郡管辖安定、临泾、乌氏、石堂、朝那五县④，其中，安定、临泾为旧县，石堂为新置县，乌氏、朝那为侨置县，汉代乌氏治于今宁夏固原县瓦亭河谷一带⑤，汉代朝那治于今宁夏彭阳县⑥，北魏时期，两县都改治于今甘肃泾川县境内⑦（图2）。

524年，北魏将新平郡（今陕西省咸阳地区北部）升格为南豳州⑧，泾州仅管辖安定郡、赵平郡、陇东郡、平凉郡四郡。西魏时期，泾州管辖安定、赵平、安武、平凉、平原五郡⑨，北周维持不变，隋

---

① 马长寿《氐与羌》，页92～94，页107～128，广西师范大学出版社，2006年。

② 马长寿《氐与羌》，广西师范大学出版社，2006年；唐长孺《魏晋杂胡考》，收入氏著《魏晋南北朝史论丛》，页368～434，河北教育出版社，2000年。周一良《北朝的民族问题与民族政策》，收入氏著《魏晋南北朝史论集》，页127～189，北京大学出版社，1997年。周伟洲《中国中世西北民族关系研究》，页17～91，西北大学出版社，1992年。

③ [北齐] 魏收《魏书》卷一〇六下《地形志下》记载，泾州领六郡，分别是安定郡（太和十一年罢石堂郡，以其县属）、新平郡、赵平郡、陇东郡、平凉郡、平原郡；而且，“平凉郡，领县二：鹑阴，郡治，前汉属安定，后汉属武威，晋罢，后复属，有瓦亭、泾阳、平凉城；阴密，前汉属安定，后汉罢，晋复，后属。平原郡，领县一：阴盘，二汉属安定，晋属京兆，后属。有安城、安武城。”实际上，北魏设立泾州时，领安定郡、石堂郡、新平郡、赵平郡、陇东郡、平凉郡六郡，无平原郡。理由有三：

A，《隋书》卷二十九《地理志》记载，“阴盘，后魏置平凉郡，开皇初郡废。”页810。说明北魏阴盘县曾归属平凉郡管辖。

B，宁夏彭阳县出土的北魏景明三年（502年）《员标墓志》称“泾州平凉郡阴盘县武都里人”，说明今彭阳县在502年时归属泾州平凉郡阴盘县。详细论证参考赵丰《北魏员标墓志》，见氏著《胡汉之间——丝绸之路与西北历史考古》，文物出版社，2004年。

C，北魏永平二年（509年）《嵩显禅寺碑记》、永平三年（510）《南石窟寺之碑》碑阴题刻的泾州军政官员名录中，有安定内史、新平太守、赵平太守、陇东太守、平凉太守，而无平原太守，说明510年，平原郡尚未从平凉郡中分出。详细论证参考秦明智《北魏泾州二碑考》，《西北史地》1984年3期。

④ 《魏书》卷一〇六下《地形志下》。

⑤ 王北辰《三水、乌氏、他楼城考》，《王北辰西北历史地理论文集》，学苑出版社，2003年。

⑥ 周振鹤编著《汉书地理志汇释》，页367，安徽教育出版社，2006年。

⑦ 北魏乌氏县，在今泾川县东三、四十里。[西汉] 司马迁《史记》卷一百一十《匈奴列传》，[唐] 张守节《史记正义》注引[唐] 李泰《括地志》云：“乌氏故城在泾州安定县东三十里。”《史记》卷一百二十九《货殖列传》，张守节注“乌氏”云：“县，古城在泾州安定县东四十里。”[唐] 李贤注《后汉书》卷十三《隗嚣传》乌氏县云：“故城在今泾州安定县东也”。北魏泾州安定郡下设置乌氏县，而唐代泾州安定郡下辖县并无乌氏县，因此，唐人所记乌氏故城为北魏乌氏县，非汉代乌氏县。

北魏朝那县，在今泾川西北七十里。《魏书》卷一〇六下《地形志下》“泾州安定郡”记载：“朝那，二汉、晋属。有当原城、胡城。”《魏书》卷七十三《崔延伯传》记载：“延伯既破秦贼，乃与[萧] 宝夤率众会于安定，甲卒十二万，铁马八千匹，军威甚盛。丑奴置营泾州西北七十里当原城……”《大清一统志》引《平凉府志》云：“兼山西二十里曰皇甫头，又十里曰阁道，又十里曰当原城。”兼山在今泾川县北五里，则当原城在今泾川县西北四十里许，北魏朝那县当在今泾川县西北方向，皇甫头正是朝那世族皇甫氏聚居之地。谭其骧《中国历史地图集》第四册《东晋十六国・南北朝时期》将安定郡朝那县标于陇东郡内，显然有误，页55，中国地图出版社，1982年。

⑧ 《元和郡县图志》卷三《关内道》邠州：“文帝大统十四年（548年），于今理置南豳州，废帝除‘南’字。隋大业二年（606年）省入宁州，义宁二年（618年）复为新平郡，武德元年（618年）复为豳州。开元十三年（725年），以‘豳’与‘幽’字相涉……改为‘邠’字。”《太平寰宇记》：“后魏大统十四年，分泾州之新平郡置南豳州，以北别有‘豳’，故此为南。废帝三年（554年），废北豳州，此遂去‘南’字。后周因之。”按《魏书》卷五八《杨椿传》：正光五年（524年），“都督雍、南豳二州诸军事、本将军、雍州刺史……以萧宝寅代椿为刺史、行台。”同书卷五九《萧宝夤传》：孝昌三年（527年），“都督雍、泾、岐、南豳四州诸军事。”则正光时已设置南豳州。而永熙中贺拔岳所督雍泾二十州中无南豳州，是孝昌后又废省。按《太平寰宇记》“永寿县”条云：南豳故城，后魏时所筑，在永寿县。北据山，其东西南三面绝险，实控御之地。是后魏本有南豳州，但在永寿界。孝昌后废。至西魏大统十四年复置南豳，始移州治于新平城也。具体考证参见王仲荦《北周地理志》，页83～84，中华书局，1980年。

⑨ 《周书》卷十七《王德传》记载，“及侯莫陈悦害岳，德与寇洛等定议翊戴太祖。加征西将军、金紫光禄大夫、平凉郡守。德虽不知书，至于断决处分，良吏无以过也。泾州所部五郡，而德常为最。”说明至迟到侯莫陈悦谋杀贺拔岳的永熙三年（534），泾州领有安定、赵平、安武、平凉、平原五郡，具体论证参考王仲荦《北周地理志》，页75～83。大约在此前后，以平凉郡阴盘县单立平原郡。

代改泾州为安定郡，管辖七县①。因此，从北魏末开始，泾州的管辖范围基本未变。

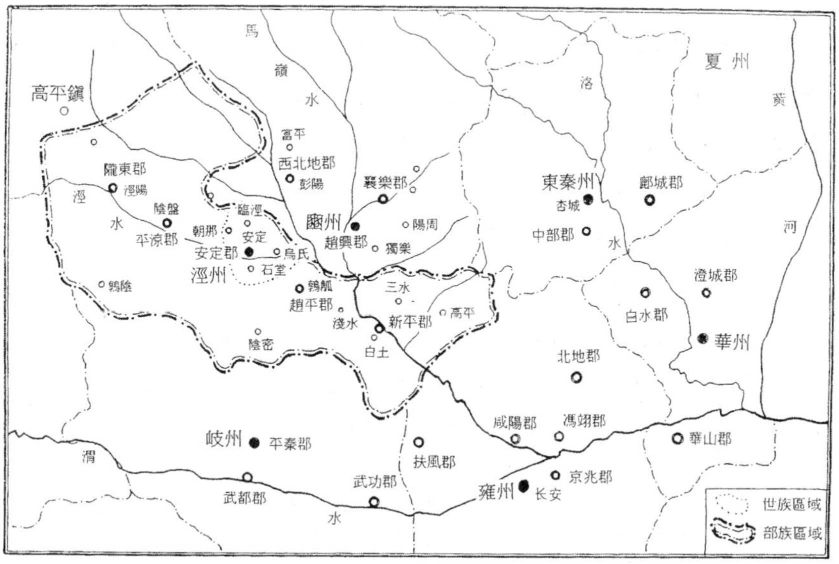

图2　北魏（510年）泾州地区郡县设置

北魏时期，泾州地区的氐、羌、屠各、卢水胡等部族主要分布于陇东郡、新平郡、赵平郡、平凉郡四郡，金氏、路氏、陈氏是屠各部族首领②，狄氏、彭氏为羌族豪酋③，盖氏、成氏、刘氏是卢水胡大姓④。北魏首任泾州刺史即为归附羌人狄子玉，安定镇将为鲜卑人巴东公延普。延和二年（433年）二月，“征西将军金崖与安定镇将延普及泾州刺史狄子玉争权构隙，举兵攻普，不克，退保胡空谷，驱掠平民，据险自固。诏散骑常侍、平西将军、安定镇将陆俟讨获之……［十二月］金崖既死，部人立崖从弟当川领其众。”三年（434年），金当川再反，三月，“金当川率其众围西川侯彭文晖于阴密。”⑤显然，这是泾州地区羌族与屠各族之间的部族争端。

太平真君六年（445年），安定卢水胡盖吴率众于杏城起义，一时关中的氐、羌、屠各、卢水胡群起

① 《隋书》卷二十九《地理志》记载，“安定郡，旧置泾州。统县七，户七万六千二百八十一。安定，带郡。鹑觚，旧置赵平郡，后周废郡，并以宜禄县入焉，大业初分置灵台县，二年废；阴盘，后魏置平凉郡，开皇初郡废，有卢水；朝那，西魏置安武郡，及析置安武县，开皇三年郡县并废入焉；良原，大业初置；临泾，大业初置，初曰湫谷，寻改焉；华亭，大业初置，有陇水、芮水。”

② 屠各金氏：《魏书》卷四十《陆俟传》记载，“平凉休屠金崖、羌狄子玉等叛，复转为使持节、散骑常侍、平西将军、安定镇大将。既至，怀柔羌戎，莫不归附。追讨崖等，皆获之。征还，拜散骑常侍。”

屠各路氏：《晋书》卷一百三《刘曜载记》“黄石屠各路松多起兵于新平、扶风（319年），聚众数千，附于南阳王保。保以其将杨曼为雍州刺史，王连为扶风太守，据陈仓；张顗为新平太守，周雍为安定太守，据阴密。松多下草壁，秦陇氐、羌多归之……曜进攻草壁，又陷之。松多奔陇城，进陷安定，保惧，迁于桑城，氐、羌悉从之。”《魏书》卷四《世祖本纪下》“（太平真君七年八月）高凉王那破盖吴党白广平，生擒屠各路那罗于安定。”

屠各陈氏：《北史》卷五十八《杨椿传》“秦州羌吕苟儿、泾州屠各陈瞻等聚众反。”

③ 羌族狄氏：《魏书》卷三《太宗本纪》记泰常五年（420年）“十有二月丁亥，杏城羌酋狄温子率三千余家内附。”《魏书》卷四十《陆俟传》“平凉休屠金崖、羌狄子玉等叛，复转为使持节、散骑常侍、平西将军、安定镇大将。既至，怀柔羌戎，莫不归附。追讨崖等，皆获之。”

羌族彭氏：《晋书》卷一百一十八《姚兴载记下》“时秃发傉檀、沮渠蒙逊迭相攻击，傉檀遂东招河州刺史西羌彭奚念，奚念阻河以叛……［姚］兴如贰城，将讨赫连勃勃，遣安远姚详及敛曼嵬、镇军彭白狼分督租运。”

④ 卢水胡盖氏、成氏：《魏书》卷四十三《唐和传附兄子玄达传》“显祖时，出为华州刺史，将军如故。杏城民盖平定聚众为逆，显祖遣给事杨钟葵击平定，不克而还。诏玄达讨平之。杏城民成赤李又聚党，自号为王，逼掠郡县，残害百姓。玄达率骑二百，邀其狭路，击破之。叛民曹平原复聚为乱，玄达追击，悉平之。”

卢水胡刘氏：《魏书》卷四十《陆俟传》“安定卢水刘超等聚党万馀以叛，世祖以俟威恩被于关中，诏以本官加都督秦雍诸军事，镇长安……上马大呼，手斩超首。士卒应声纵击，杀伤千数，遂平之。”

⑤ 《魏书》卷四上《世祖本纪上》。

响应，声势浩大。盖吴“又遣其部落帅白广平西掠新平、安定，诸夷酋皆聚众应之，杀汧城守将。”① 七年（446 年），泾州、秦州氐、羌、屠各部也积极响应，“金城边冏、天水梁会谋反，扇动秦、益二州杂人万余户，据上邽东城，攻逼西城……氐、羌一万屯于南岭，休官、屠各及诸杂户二万余人屯于北岭，为冏等形援。”② 北岭指大陇山，南岭指小陇山，这也说明，当时聚居于小陇山南北两侧的部族以氐、羌族为主，而聚居于大陇山（今六盘山）东西两侧的部族以屠各为主。秦州义军首领梁会是氐族人，秦州以北，是接应他们的安定义军，其首领路那罗则是屠各人。446 年八月，高凉王那打败盖吴余部白广平，在安定俘获屠各首领路那罗，起义失败。但不久，安定卢水胡刘超聚众万余再次起义，太武帝任命“恩被于关中”的陆俟担任长安镇将，加以镇压③。

正始三年（506 年）正月，秦陇地区又发生大规模民族起义。先是秦州屠各王法智推秦州主簿吕苟儿为主，聚众二千，自号王公，号建明元年，置立百官，攻逼州郡。泾州人陈瞻亦聚众自称王，号圣明元年。北魏派安西将军元丽为使持节、都督，与杨椿平乱④。王法智、陈瞻都是屠各人，吕苟儿是羌族⑤。

表一　北朝泾州地区地理沿革表

名	名	侨置	名	北魏			西魏			北周			隋	
				太武	孝文	北魏末								
州	郡		县				州	郡	县	州	郡	县	郡	县
泾州	安定郡 石堂郡		安定	√	√	√	泾州	安定郡	安定	泾州	安定郡	安定	安定郡	安定
			临泾	√	√	√			临泾			临泾		临泾
		★	乌氏	√	√	√			乌氏			乌氏		
			石堂	√	√	√			#					
		★	朝那	√	√	√			#					
	陇东郡	★	泾阳	√	√	√			#					
		★	祖厉	√	√	√			#					
		★	抚夷	√	√	√			抚夷			抚夷		
	平凉郡	★	阴密	√	√	√		平凉郡	阴密		平凉郡	阴密		良原 华亭
		★	鹑阴	√	√	√			鹑阴			鹑阴		※平凉
		★	阴盘	√	√	√		平原郡	阴盘		平原郡	阴盘		阴盘
	赵平郡		鹑觚 浅水	√ √	√ √	鹑觚 东阴盘 浅水		赵平郡	鹑觚 宜禄 #		赵平郡	鹑觚		鹑觚

① 《魏书》卷四下《世祖本纪下》。

② 《魏书》卷五十一《封敕文传》。

③ 《魏书》卷四十《陆俟传》记载，“安定卢水刘超等聚党万余以叛，世祖以俟威恩被于关中，诏以本官加都督秦雍诸军事，镇长安……上马大呼，手斩超首。士卒应声纵击，杀伤千数，遂平之。”

④ 《魏书》卷四下《世祖本纪下》；又《北史》卷十七《元丽传》。

⑤ 《北史》卷五十八《杨椿传》。

续表

名	名	侨置	名	北魏			西魏			北周			隋	
				太武	孝文	北魏末								
州	郡		县				州	郡	县	州	郡	县	郡	县
泾州		★					泾州	安武郡	朝那	泾州	安武郡	朝那	安定郡	朝那
									安武			安武		
	新平郡	★	白土	√	√	√	南豳州	新平郡	白土	豳州	新平郡	白土	隶属北地郡	新平
			爱得	√	√	√			爱得					
		★	三水	√	√	√			三水			三水		三水
		★	高平	√	√	√			高平					
									广寿			永寿		

根据《魏书·地形志》、《隋书·地理志》、《元和郡县图志》、《太平寰宇记》、王仲荦《北周地理志》制表。

★表示侨置县，√表示继续设置，#表示裁撤，※表示隶属隋代平凉郡。

西魏时期，还可以见到泾州地区部族反抗的踪迹。《周书》卷二十七《梁台传》记载：

大统初，复除赵平郡守。又与太仆石猛破两山屠各，诏增邑一百户，转平凉郡守。时莫折后炽结聚轻剽，寇掠居民。[泾]州刺史史宁讨之，历时不克。台陈贼形势，兼论攻取之策，宁善而从之，遂破贼徒。

莫折后炽是羌族①，他联合大、小陇山的屠各部族数次起义，持续多年。《周书》卷三十九《王子直传》记载，“大统初，[莫折]汉炽、屠各阻兵于南山，与陇东屠各共为唇齿。太祖令子直率泾州步骑五千讨破之，南山平。”《周书》卷二十五《李贤传》记载，“[大统]四年（538），莫折后炽连结贼党，所在寇掠。贤率乡兵与行泾州事史宁讨之。”由于泾州、原州政府军的连手，起义最终失败。

北周时期，泾州地区再没有见到部族活动的踪迹，说明氐、羌、屠各、卢水胡等部族已完全成为国家的编户齐民，与汉民族完全融为一体了。员氏、彭氏、路氏、韩氏是泾州地区的部族大姓，在长期的定居生活中也走上了民族融合的道路。

二十世纪四十年代，陈寅恪先生论魏晋南北朝学术与宗教时，指出：②

盖自汉代学校制度废弛，博士传授之风气止息以后，学校中心移于家族，而家族复限于地域，故魏晋南北朝之学术、宗教皆与家族、地域两点不可分离。

由于家族“以累世之产业”为基础③，既维系着家族内部的宗法关系和血缘纽带，又垄断了地方官职，并进而猎取中央政治权力，奠定其政治地位与社会影响，形成中古时期蔚然成风的地方郡望④。

郡望，从字面上理解，即显贵的家族世代聚居某地，为当地所仰望，形式上则一般以郡名表示。这

① 马长寿《碑铭所见前秦至隋初的关中部族》，中华书局，1985年。
② 陈寅恪《隋唐制度渊源略论稿》，页17，生活、读书、新知三联书店，2001年。
③ 陈寅恪《论李栖筠自赵迁卫事》，见氏著《金明馆丛稿二编》，页1～18，生活、读书、新知三联书店，2001年。
④ 周振鹤《中古时期郡望郡姓的地理分布》，见氏著《中国历史文化区域研究》，页146～196，复旦大学出版社，1997年。

种显贵的家族称为郡姓，或世族、世家大族、门阀士族等。他们据以显耀者，“太上有立德，其次有立功，其次有立言，其次有爵为公卿、大夫，世世不绝”①。因此，崇尚源流成为家族的重要特征，这一特征与家族地域观念相结合，便凝成了郡望顽强的继承性与稳定性。皇甫氏、胡氏、梁氏、席氏是安定地区汉族中的世家大族，两汉时期就定居于此（表二）。两晋之际的人口大迁徙中，一部分安定世族南迁襄阳或汉中。417 年刘裕攻占关中长安后，又有一部分安定世族辗转迁往襄阳②，南朝侨立安定郡，归属设置于襄阳的雍州管辖③。而留居本土的安定世族逐渐聚居于临泾、乌氏、石堂、朝那等较为集中的区域（表三），走上了与北方少数民族政权相结合的道路。但是，在少数民族广泛分布且占主流的泾州地区，汉族中的世家大族在地理分布上，形成了部族文化区域中的一个独特“孤岛”④。

---

① ［北宋］欧阳修《新唐书》卷八十九《高俭传》。

② 史书上屡见安定世族南迁事，如安定皇甫氏迁徙到襄阳、寿春：

A，《晋书》卷五十一《皇甫谧传》附皇甫方回传记载：“皇甫谧，字士安，幼名静，安定朝那人，汉太尉嵩之曾孙也。出后叔父，徙居新安。……方回少遵父操，兼有文才。永嘉初，博士征，不起。避乱荆州，闭户闲居，未尝入城府。蚕而后衣，耕而后食，先人后己，尊贤爱物，南土人士咸崇敬之。刺史陶侃礼之甚厚。”

B，《新唐书》卷七十五下《宰相世系表》记载，“皇甫氏，……裔孙晋广魏太守固生柴，徙襄阳，后又徙寿春。

C，《高僧传》卷八《义解编五》记载，“释僧慧，姓皇甫，本安定朝那人。高士［皇甫］谧之苗裔，先人避难寓居襄阳，世为冠族。”

D，《魏书》卷七十一《夏侯道迁传》附皇甫徽传记载，“时有皇甫徽，字子玄，安定朝那人。仕萧衍，历诸王参军、郡守。及道迁之入国也，徽亦因地内属。徽妻即道迁之兄女……后刺史羊祉表授征虏府司马，卒官。

安定席氏迁徙到襄阳、寿春事例见：

A，《梁书》卷十二《席阐文传》记载，“席阐文，安定临泾人也。少孤贫，涉猎书史。齐初，为雍州刺史萧赤斧中兵参军，由是与其子颖胄善。复历西中郎中兵参军，领城局。高祖之将起义也，阐文深劝之，颖胄同焉，仍遣田祖恭私报高祖，并献银装刀，高祖报以金如意。和帝称尊号，为给事黄门侍郎，寻迁卫尉卿。颖胄暴卒，州府骚扰，阐文以和帝幼弱，中流任重，时始兴王憺留镇雍部，用与西朝群臣迎王总州事，故赖以宁辑。高祖受禅，除都官尚书、辅国将军。封山阳伯，邑七百户。出为东阳太守，又改封湘西，户邑如故。视事二年，以清白著称，卒于官。”

B，《周书》卷四十四《席固传》记载，“席固字子坚，其先安定人也。高祖衡，因后秦之乱，寓居于襄阳。仕晋，为建威将军，遂为襄阳着姓。固少有远志，内明敏而外质朴。梁大同中，为齐兴郡守。属侯景渡江，梁室大乱，固久居郡职，士多附之，遂有亲兵千余人。梁元帝嗣位江陵，迁兴州刺史。于是军民慕从者，至五千余人。固遂欲自据一州，以观时变。后惧王师进讨，方图内属。”

C，《魏书》卷七十一《夏侯道迁传》附席法友传记载，“席法友，安定人也。祖父南奔。法友仕萧鸾，以膂力自效军勋，稍迁至安丰、新蔡二郡太守，建安戍主。萧宝卷遣胡景略代之。法友遂留寿春，与叔业同谋归国。景明初，拜冠军将军、豫州刺史、苞信县开国伯，食邑千户。始，叔业卒后，法友与裴植追成叔业志，淮南克定，法友有力焉。寻转冠军将军、华州刺史。未拜，改授并州刺史。岁余代还。萧衍遣将杨公则寇扬州，假法友征虏将军以讨之。法友未至而公则败走。后假法友前将军、持节，为别将出淮南，欲解朐山之围。法友始渡淮而朐山败没，遂停散十年。恬静自处，不竞势利。世宗末，以本将军除济州刺史，在州廉和著称。又徙封乘氏。肃宗初，拜光禄大夫。熙平二年卒。赠平西将军、秦州刺史，赠帛三百匹，谥襄侯。”

安定世族南迁襄阳、寿春，逐渐形成南朝雍州、豫州的豪族，在南、北政治斗争中发挥了举足轻重的作用，具体论证参考韩树峰《南北朝时期淮汉迤北的边境豪族》，页 77～165，社会科学文献出版社，2003 年；李文才《南北朝时期益梁政区研究》，页 335～342，商务印书馆，2002 年。

③ 《宋书》卷三十七《州郡志三》记载，“雍州刺史，晋江左立。胡亡氐乱，雍、秦流民多南出樊、沔，晋孝武始于襄阳侨立雍州，并立侨郡县。宋文帝元嘉二十六年，割荆州之襄阳、南阳、新野、顺阳、随五郡为雍州，而侨郡县犹寄寓在诸郡界。孝武大明中，又分实土郡县以为侨郡县境……秦州刺史，晋武帝太始五年，分陇右五郡及凉州金城、梁州阴平并七郡为秦州，治天水冀县；太康三年并雍州，惠帝元康七年复立。何志晋孝武复立，寄治襄阳。安帝世在汉中南郑。领郡十四，县四十二，户八千七百三十二，口四万八百八十八。”

南朝侨置的安定郡位于汉中，同书记载，“安定太守，汉武帝元鼎三年立。《永初郡国志》无。领县二，户六百四十，口二千五百一十八。朝那令，汉旧名；宋兴令，何志新立。”

《南齐书》卷十五《州郡志下》记雍州领安定郡，管“思归、归化、皋亭、新安、士汉、士顷”六县，秦州领领安定郡，管“朝那、宋兴”二县。

关于南朝侨置州郡的研究，参考胡阿祥《六朝疆域与政区研究》，学苑出版社，2005 年。

④ 从 1938 年上海沦陷日本，一直到 1941 年 12 月太平洋战争爆发，上海租界一直活跃着一批从事抗日救亡运动的中国文学创作，被称为“孤岛文学”。

表二 东汉、西晋安定世族表

世族	籍贯	史料及出处
皇甫氏	安定朝那（宁夏彭阳）	①皇甫规，字威明，安定朝那人也。（《后汉书》卷六十五《皇甫规列传》） ②皇甫嵩，字义真，安定朝那人，度辽将军规之兄子也。（《后汉书》卷七十一《皇甫嵩列传》） ①皇甫谧，字士安，幼名静，安定朝那人，汉太尉嵩之曾孙也。出后叔父，徙居新安。（《晋书》卷五十一《皇甫谧传》）
	安定三水（宁夏同心韦州镇）	皇甫璠，字景瑜，安定三水人也。世为西州著姓。后徙居京兆。（《北史》卷70《皇甫璠列传》）
卢氏	安定三水（同上）	卢芳，字君期，安定三水人也，居左谷中……王莽末，乃与三水属国羌胡起兵。更始至长安，征芳为骑都尉，使镇抚安定以西。（《后汉书》卷十二《卢芳传》）
梁氏	安定乌氏（今宁夏固原瓦亭）	①梁统，字仲宁，安定乌氏人，晋大夫梁益耳，即其先也。统高祖父子都，自河东迁居北地，子都子桥，以资千万徙茂陵，至哀、平之末，归安定。（《后汉书》卷三十四《梁统列传》） ②梁商、梁翼（《后汉书》卷三十四《梁统列传》附梁商、梁翼传）
张氏	安定乌氏（今宁夏固原瓦亭）	张轨，字士彦，安定乌氏人，汉常山景王耳十七代孙也。家世孝廉，以儒学显……轨少明敏好学，有器望，姿仪典则，与同郡皇甫谧善，隐于宜阳女几山……公卿亦举轨才堪御远。永宁初，出为护羌校尉、凉州刺史。于时鲜卑反叛，寇盗从横，轨到官，即讨破之，斩首万余级，遂威著西州，化行河右。（《晋书》卷八十六《张轨传》）
胡氏	安定临泾（甘肃镇原）	安定“胡”，汉有胡建，始居焉。后汉有太尉胡广。魏胡质，荆州刺史；生威，青州刺史、平春侯，又居淮南。晋左仆射胡奋，石季龙入关，与梁、皇甫、韦、杜、牛、辛皆以华胄，不在戍役之限。奋裔孙国珍，后魏司空，女为宣武帝皇后，生孝明帝。（《元和姓纂四校记》卷三）

北魏非皇室成员进封安定公或安定侯者，先后有韩茂①、邓宗庆②、抱嶷③、胡国珍④、皇甫度⑤，在安定郡范围内，不同郡姓先后受封安定公或安定侯，这一现象昭示了安定郡姓的地位变化。471～475

① 《魏书》卷五十一《韩茂传》记载，“韩茂，字元兴，安定安武人也……从平凉州，茂为前锋都将，战功居多。迁司卫监。录前后功，拜散骑常侍、殿中尚书，进爵安定公，加平南将军……太安二年夏，领太子少师。冬卒，赠泾州刺史、安定王，谥曰桓王。长子备……袭爵安定公、征南大将军……备卒，无子，[弟] 均袭爵安定公、征南大将军。出为使持节、散骑常侍、本将军、定州刺史，转青冀二州刺史，余如故。”

② 《魏书》卷二十四《邓渊传》记载，“邓渊，字彦海，安定人也……[孙] 宗庆，以中书学生，入为中散。稍迁尚书，加散骑常侍，赐爵安定侯。”

③ 《魏书》卷九十四《阉官列传·抱嶷传》记载，“抱嶷，字道德，安定石唐 [堂] 人，居于直谷。自言其先姓杞，汉灵帝时，杞匡为安定太守，董卓时，惧诛，由是易氏，即家焉……没于京都，遂为宦人。小心慎密，恭以奉上，沉迹冗散。经十九年，后以忠谨被擢，累迁为中常侍、安西将军、中曹侍御、尚书，赐爵安定公。”

④ 《魏书》卷八十三下《外戚列传·胡国珍列传》记载，“胡国珍，字世玉，安定临泾人也。祖略，姚兴渤海公姚逵平北府谘议参军。父渊，赫连屈丐给事黄门侍郎。世祖克统万，渊以降款之功赐爵武始侯，后拜河州刺史。国珍少好学，雅尚清俭。太和十五年袭爵，例降为伯。女以选入掖庭，生肃宗，即灵太后也。肃宗践祚，以国珍为光禄大夫。灵太后临朝，加侍中，封安定郡公，给甲第，赐帛布绵谷奴婢车马牛甚厚。”

⑤ 《北史》卷八十《外戚传》记载，“太后舅皇甫集，字元会，一字文都，安定朝那人。封泾阳县公，位仪同三司、雍州刺史、右卫大将军，赠侍中、司空公，谥曰静。集弟度，字文亮，封安 [定] 县公，累迁尚书左仆射，领左卫将军。”

年，邓宗庆担任家乡泾州刺史，其任人政策引起安定世族的极大不满，“泾土夷民一万余家，诣京申诉，”① 安定世族皇甫麟被推举为进京申诉的首领。这次斗争的结果，就是邓姓势力被排挤出泾州②。可以说，安定皇甫氏、胡氏的势力根深蒂固。

表三 北朝安定世族表

世族	籍贯	史料及出处
抱氏	安定石唐（甘肃泾川）	抱嶷，字道德，安定石唐人，居于直谷。自言其先姓杞，汉灵帝时，杞匡为安定太守，董卓时，惧诛，由是易氏，即家焉。（《魏书》卷94《阉官列传・抱嶷传》）
皇甫氏	安定朝那（甘肃泾川）	①［灵］太后舅皇甫集，字元会，一字文都，安定朝那人。封泾阳县公，位仪同三司、雍州刺史、右卫大将军，赠侍中、司空公，谥曰静……集弟［皇甫］度，字文亮，封安县公，累迁尚书左仆射，领左卫将军……然所历官，最为贪蠹。（《北史》卷八十《外戚传》附） ②君讳麟，子真驹，安定朝那人也。卿士之苗裔，渡潦之琼胤，荆州刺史之孙，辟主簿、州都处士之元子。（《皇甫麟墓志》）
梁氏	安定乌氏（甘肃泾川）	①梁昕，字元明，安定乌氏人也。世为关中著姓。其先［祖］因官徙居京兆之盩至。（《北史》卷七十《梁昕列传》） ②梁士彦，字相如，安定乌氏人也。少任侠，好读兵书，颇涉经史。周武帝将平东夏，闻其勇决，自扶风郡守除为九曲镇将，进位上开府，封建国县公，齐人甚惮之。（《北史》卷七十三《梁士彦传》）
胡氏	安定临泾（甘肃镇原）	①胡国珍，字世玉，安定临泾人也。（《魏书》卷八十三《外戚・胡国珍传》） ②宣武灵皇后胡氏，安定临泾人，司徒国珍女也。（《魏书》卷十三《皇后列传・宣武灵皇后胡氏列传》）
席氏	安定临泾（甘肃镇原）	①席阐文，安定临泾人也。（《梁书》卷十二《席阐文传》） ②席固字子坚，其先安定人也。高祖衡，因后秦之乱，寓居于襄阳。仕晋，为建威将军，遂为襄阳着姓。（《周书》卷四十四《席固传》） ③席法友，安定人也。祖父南奔。法友仕萧鸾，以膂力自效军勋，稍迁至安丰、新蔡二郡太守，建安戍主。（《魏书》卷七十一《夏侯道迁传》附席法友）

延昌四年正月（515年），年仅33岁的宣武帝元恪病逝，年仅4周岁的太子元诩被推为皇帝，是为孝明帝（庙号肃宗），孝明帝的生母胡氏被尊为胡太后。北魏正式开始了灵太后胡氏的临朝听政时期。灵太后极力清除外戚于忠的势力，重点培养自己的势力集团。一方面大胆起用元魏宗室亲王，高阳王元雍、清河王元怿、任城王元澄、广平王元怀都“入居门下，同厘庶政”；另一方面大力扶持自己的姻亲宦官势力，灵太后的父亲胡国珍以及太后舅家皇甫集、皇甫度都身居高官，掌控机要部门，可谓“一人

① 国家图书馆收藏《皇甫麟墓志》拓片记载，“君讳麟，子真驹，安定朝那人也。卿士之苗裔，渡潦之琼胤，荆州刺史之孙，辟主簿、州都处士之元子。金紫扶疏，冕冠今古，风节朝略，载在史籍。君胄藉深华，性自奇拔，是以早延休誉，夙播高问，刺史王公召简高梁，澄练泾土，尔日搜扬，无先君者。辟为州都，君铨才举第，称允群望，平直之选，歌声满路。刺史嘉告忠笃，即科为主簿。君轻贱儒术，意蔑经读，照赏之情，自然孤解。即年中，复贡秀才，君仁恕宽洽，接赉深到，共事之处，无不乐仰。延兴（471～475年）中，泾土夷民一万余家，诣京申诉，请君为统酋。然华戎理隔，本不相豫，朝议不可。圣上以此诸民丹情难夺，中旨特许。”参考赵超《魏晋南北朝墓志汇编》，页81，天津古籍出版社，1992年。

② 详细论证参考暨远志《世族与泾州地区北朝石窟》，收入《大足石刻研究文集［5］》，重庆出版社，2005年。

得道，鸡犬升天”，灵太后的妹夫元叉得以出任领军将军，执掌禁军。此外，也重用部分汉族士人崔光、李平、李崇、崔亮、甄琛等，形成了权倾朝野的灵太后统治集团①。

胡国珍先与安定世族皇甫氏联姻，皇甫氏亡后，又续娶安定世族梁氏②。因此，灵太后听政后，其舅家也得以青云直上，官运亨通。可以说，灵太后执政时期，安定胡氏、皇甫氏、梁氏在朝中的势力达到极盛。至于在其家乡安定，安定胡氏、皇甫氏也得以相继出任泾州刺史一职（附《北魏泾州刺史表》）。

528年河阴之变后，在洛阳北魏政权中留存下来的安定胡氏、皇甫氏走上了依附东魏、北齐政权寻求发展，而与西魏、北周政权分道扬镳的道路③。

东、西魏分裂后，世居安定的世族皇甫氏、梁氏势力也大为削弱。此时，部族势力成为泾州、原州地区的新生力量，建明二年（531年），屠各族金神庆担任泾州大中正④，一改过去由安定世族控制泾州中正的局面，也表明经过民族融合之后，本地区的部族、世族界限已经模糊。同时，移居关中的安定皇甫氏、梁氏后来居上，成为西魏、北周时期关陇军事贵族集团的重要组成部分⑤。

北朝时期，世族与部族地理分布上的不同，以及不断融合的民族关系，都深刻影响了泾州地区的佛教石窟艺术。

二、泾州地区北朝石窟的分期与年代

泾州地区的石窟，多开凿于河流两岸或沟壑边的断崖间。在被河流冲刷及沟壑深切的黄土层下面，

---

① 张金龙《北魏政治史研究》，页270～278，甘肃教育出版社，1996年。

② 《魏书》卷八十三下《外戚列传·胡国珍列传》记载，“灵太后临朝，加侍中，封安定郡公，给甲第，赐帛布、锦谷、奴婢、车马牛甚厚。追崇国珍妻皇甫氏为京兆郡君，置守冢十户……寻进位中书监、仪同三司，侍中如故，赏赐累万。又赐绢岁八百匹，妻梁[氏]四百匹，男女姊妹兄弟各有差，皆极丰赡。又追京兆郡君为秦太上君，太上君景明三年（502年）薨于洛阳，于此十六年矣。太后以太上君坟瘗卑局，更增广，为起茔域、门阙、碑表。……封国珍继室梁氏为赵平郡君。”

③ [唐]李百药《北齐书》卷四十八《外戚列传·胡长仁》，页668～669，同书卷三十五《皇甫和传》，页467～468，中华书局点校本，1972年。

④ 1981年，宁夏彭阳县新集乡村民栽树时发现了一批佛教造像8件，其中一件“建明二年造像碑”左侧、背面阴刻有“使持节、假镇西将军、镇军将军、西征都督、泾州大中正、安戎县开国子金神庆敬造石像二区，建明二年二月十七日”。图片参考固原县文物站《固原县新集公社出土一批北魏佛教造像》，《考古与文物》，1984年6期；又宁夏固原博物馆编《固原历史文物》，页139～140，科学出版社，2004年。

2004年10月，深圳博物馆举办“宁夏固原历史文物展览”，笔者仔细核对“建明二年造像碑”，发现原始报告及《固原历史文物》释读有误，漏“大中正”三字。另，金氏当为平凉屠各部族大姓。

⑤ 《北史》卷七十《皇甫璠列传》记载，“皇甫璠，字景瑜，安定三水人也。世为西州著姓。后徙居京兆。父和，本州中从事。大统末，追赠散骑常侍、仪同三司、泾州刺史。璠少忠谨，有干略。永安中，辟州都督。周文帝为牧，补主簿，以勤事被知。大统四年，引为丞相府行参军。周孝闵践祚，为守庙下大夫、长乐县子。保定中，为鸿州刺史。入为小纳言。累迁蕃部中大夫，进骠骑大将军、开府仪同三司。”

《北史》卷七十四《皇甫绩传》记载，“皇甫绩，字功明，安定朝那人也。祖穆，魏陇东太守。父道，周湖州刺史、雍州都督。绩三岁而孤，为外祖韦孝宽所鞠养……于是专精好学，略涉经史。周武帝为鲁公时，引为侍读。建德初，转宫尹中士……迁小宫尹。”

《北史》卷七十《梁昕列传》记载，“梁昕，字元明，安定乌氏人也。世为关中著姓。其先[祖]因官徙居京兆之盩厔。祖重耳，漳县令。父劝儒，中散大夫，赠泾州刺史。昕少温恭，见称州里。从尔朱天光征讨，拜右将军、太中大夫。周文帝迎魏孝武，军次雍州，昕以三辅望族上谒。周文见昕容貌瑰伟，深赏异之，即拜右府长流参军。累迁丞相府主簿。大统十二年，除河南郡守，迁东荆州刺史。昕抚以仁惠，蛮夷悦之。封安定县子。周孝闵帝践祚，进位骠骑大将军、开府仪同三司。明帝初，进爵胡城县伯。天和初，拜工部中大夫，出为陕州总管府长史……”

《北史》卷七十三《梁士彦传》记载，“梁士彦，字相如，安定乌氏人也。少任侠，好读兵书，颇涉经史。周武帝将平东夏，闻其勇决，自扶风郡守除为九曲镇将，进位上开府，封建国县公，齐人甚惮之。后以熊州刺史从武帝拔晋州，进位大将军，除晋州刺史。……及齐平，封郕国公，位上柱国、雍州主簿。”

暴露出沉积岩的地质结构。这种沉积岩又称红砂岩，砂石柔细，易于雕塑，多数石窟都选择在红砂岩断面上开凿，构成了以红砂岩为主的佛教石窟艺术。

北朝时期，泾州地区开凿的石窟，主要有泾川县的王母宫石窟、南石窟、千佛寺石窟、丈八寺石窟、罗汉洞石窟和华亭县的石拱寺石窟。泾川县的石窟主要分布于古代交通要道的泾水河谷地带，形成了东西不过16公里的石窟长廊，石拱寺石窟则地处偏僻的小陇山深处。

1. 泾川王母宫石窟

王母宫石窟，位于今泾川县西郊0.5公里处的宫山山腰，汭河与泾河交汇于宫山脚下。宫山是七千万年前白垩纪形成的泥岩和页岩。这种岩石呈板结状，比较坚硬，但易碎裂、掉块。泾川王母宫石窟仅开凿一个洞窟。

泾川王母宫石窟1窟，为平面长方形的中心塔柱窟，洞窟坐西朝东，窟高11米，宽12.6米，进深8米（图3）。

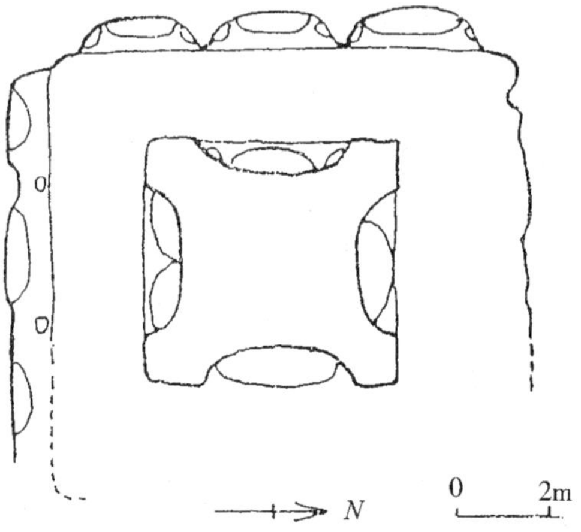

图3　泾川王母宫石窟平面图

洞窟四壁中，东壁已不存。南壁保存较好，壁面分四层，从上往下：最上层开一排小型列龛（现存二龛），龛内雕小佛，应是千佛题材。上层开五圆拱形龛，龛内雕一佛二菩萨，应是五佛题材。中层开三个帐形龛，三龛组成一坐佛二立佛题材；龛楣内浮雕飞天，龛柱柱身为上小下粗的八角柱，即方柱抹角，四面雕列龛，转角部分雕忍冬纹，龛柱柱础为圆形，柱头雕成斗拱；中龛内雕一佛，结跏趺坐，面相方圆，肉髻较大，施说法印；西龛雕一立佛，头残，着双领下垂大衣，平行阶梯式衣纹，东龛位置，由于后代以土坯砌墙而被覆盖，但龛内立佛仍然可以看到。最下层脱落严重，内容不清（或雕刻供养人行列）。

西壁即洞窟正壁，壁面组合布局与南壁相同。从上往下：最上层开一排小型列龛，上层开五个圆拱形龛，中层开三个帐形龛，但龛形与造像均为后代重修，龛内现存一佛二菩萨的塑法粗劣。

北壁残毁严重，仅存左侧立佛残痕，从遗迹观察，本壁壁面组合布局应与西壁、南壁相同。

中心塔柱分二层，下层为四方形，每面均开一圆拱形龛，雕回首龙头龛头，力士承托龛柱，龛外浮雕佛传故事。中心塔柱上层为八角形，每面均开一龛，每龛内塑一佛二菩萨。上下层交接的四个转角处，雕身负楼阁式方塔的大象（图4）。

龛内造像，南龛雕释迦多宝并坐，佛像面相方圆丰满，嘴角上翘，面含微笑，鼻准高直。西、北、东面龛均雕一佛二菩萨，其中，西龛坐佛后代已改成菩萨，北龛内左菩萨不存，南龛内佛像也被改塑。龛外佛传故事：南龛龛外左侧浮雕三人，结发髻，袒上身，下着裙，双手捧物，作供奉状，应是佛传故事中的“商人献蜜”；右侧浮雕大部分被砌于墙内，只能看见华盖下坐一人，长袍大袖，已无法确认具体内容。西龛龛外左侧浮雕三人，均菩萨装，跪立，左手持剑砍树，三棵树分别表现了直立、倾斜、斩断，应是佛传故事中的“太子试技”。右侧浮雕五人，其中，后二人戴项光，分别作男女装，坐于方台上，男者穿交领大衣，右手上举，女者挽发髻，下着裙，双手合什；前三人裸上身，着下裙，肩背包袋，双手合什；后二人应是净饭王和摩耶夫人，前三人则是婆罗门，画面表现佛传“婆罗门占梦”；右

图4 泾川王母宫石窟造像布局图

侧浮雕不存。北龛龛外左侧浮雕不存，右侧浮雕三人，菩萨装，分别作牵象、托象、举象的姿势，画面表现佛传“太子试技”。①

显然，泾川王母宫石窟壁面分层开龛布局，中心塔柱分两层，四面造像，主像组合以一佛二菩萨、释迦多宝对坐为主。龛外浮雕大量的佛传、本生故事。坐佛高肉髻，或右袒，或着褒衣博带式袈裟，立佛着双领下垂大衣，平行阶梯式衣纹，佛像面相清秀。流行圆拱形龛，并出现仿自佛寺木构殿堂的帐形龛，由八角柱分隔。圆拱形龛楣尾部都雕出回首龙头，力士承托龛柱。纹饰出现单列忍冬。

2. 泾川南石窟寺

南石窟寺位于今泾川县城东7.5公里，泾水北岸崖壁上，坐北朝南，共编号5个洞窟，除第1窟是北魏永平三年（510年）所建外，第5窟是唐代洞窟，其他洞窟已是空窟。

南石窟第1窟，是一个大型洞窟，平面横长方形，覆斗形顶，三壁设坛，窟门方形，其上开明窗。

南石窟1窟高11米，宽18米，深13.2米，门外二力士立像经后代补塑。窟内正壁和东、西壁设坛，雕造七佛及十四身胁侍菩萨，其中，北壁（正壁）三佛六菩萨，东、西壁各二佛四菩萨。佛高6米，菩萨高3.5米，前壁门两侧各雕弥勒菩萨一身，高5米，未见庆阳北石窟165窟的乘象普贤和阿修罗天。窟顶北披及东、西披浮雕佛传故事，画面有树下诞生、阿私陀占相、拘尼立塔、宫中观舞、逾城出家、犍陟马辞别、树下思惟等，原作似乎包括了佛传中由乘象入胎到涅槃的较为完整的内容，只是现存首尾残缺不全。窟顶南披浮雕本生故事，由于风化严重，大部分已辨识不清，有一幅尚存三人出游，应是

① 本文关于泾川王母宫石窟中心塔柱上浮雕的佛传故事，完全采用张宝玺先生的判定，参考甘肃省博物馆《甘肃泾川王母宫石窟调查报告》，《考古》1984年7期。1992年，笔者陪同敦煌研究院孙修身先生考察王母宫石窟时，孙先生完全肯定了这些故事的内容。

“舍身饲虎”。①

3. 丈八寺石窟

丈八寺石窟，位于今泾川县城东14公里，泾水北岸崖壁上，坐北朝南，共编号6个洞窟，除第1窟为丈八大像外，其他洞窟已是空窟（图5）。

图5 泾川丈八寺外景

丈八寺石窟1窟，平面马蹄形，窟顶坍塌不存，正壁保存一身石胎泥塑大立佛，约高4米，泥皮早已脱落，仅存石胎，其上敷泥桩孔清晰可识。从残存石胎痕迹看，大立佛昂首挺腹，腰部以下袈裟外撇；右手上举，残断，似施无畏印，左手完整，施与愿印（图6）；两侧壁各保存一身石胎泥塑立菩萨，左菩萨身躯修长，左手下垂，似提物（香囊或净瓶?），右手持物（似莲蕾），举于胸前②（图7）。

4. 千佛寺石窟

千佛寺石窟，位于今泾川县城东14公里，泾水南岸崖壁上（图8），坐南朝北，与丈八寺石窟隔泾水相望。由于旧西［安］兰［州］公路从石窟前经过，路面垫高接近2米，致使东段造像风化殆尽；泾河引水渠道又正好将西段石窟造像切割成一个相对独立的小山包，石窟外貌也完全改变；新的西兰公路又改从石窟中部穿过，转辗上塬，中部石窟则大部被破坏或掩埋。现东段残存9个洞窟（龛），西段残存4个洞窟。

① 甘肃省博物馆《甘肃泾川南石窟调查报告》，《考古》1983年10期。

② 根据2007年4月笔者实地考察记录。

图6 泾川丈八寺第1窟立佛

图7 泾川丈八寺第1窟左胁侍菩萨

图8 泾川千佛寺外景

西段四窟处于同一水平位置，均为方形平顶窟，三壁无龛，造像不存。东段九窟情况如表四①(图9)。

图9　泾川千佛寺立面、连续平面图

表四　泾川千佛寺石窟东段洞窟细目表

窟号	洞窟形制	造像内容与特点
1	方形平面，平顶，正壁一坛	正壁雕刻一坐佛二胁侍菩萨
2	方形平面，平顶，无龛无坛。	三壁三佛
3	方形平面，平顶，无龛无坛。	正壁一坐佛，两侧壁各立一胁侍菩萨，菩萨身躯修长。
4	浅龛，	坐佛
5	深龛，正壁一坛	正壁雕刻一坐佛
6	浅龛	坐佛
7	浅龛	三坐佛
8	浅龛	三坐佛
9	浅龛	一坐佛二胁侍菩萨

根据笔者实地考察笔记制表

① 根据2007年4月笔者实地考察记录。

5. 罗汉洞石窟

罗汉洞石窟，位于今泾川县城东15公里，泾水南岸崖壁上，坐南朝北。石窟东西绵延五十余米，原有洞窟二、三十个，绝大多数已毁（图10）。

图10 泾川罗汉洞外景

东段洞窟编号19个，分二层，下层时代偏早，新发现释迦多宝窟；另外，第5窟为大像窟，保存完整的石胎泥塑露天大佛，高约4米（图11）。上层时代偏晚，第10窟为北宋窟，中心设坛基，坛基四角立柱直达窟顶，每柱四面浮塑天王，洞窟形制与陕北地区有纪年的北宋石窟完全一致①。

图11 泾川罗汉洞第5窟

6. 华亭县石拱寺石窟

石拱寺石窟，位于今华亭县东南41公里的上关乡半川村北侧的山梁崖面上，半川村海拔1700~2012米，属于小陇山山脉。石窟开凿于朝南的崖壁上，距地表5~10米，东西长120米，从西向东排列，共有15个窟龛，基本都处于同一水平上（图12、图13）。其中，第2、6窟为大型穹隆顶洞窟，第8、9、11、12、13、14窟为三壁三龛式窟，第3、4、5、7、10为小龛。从崖面上遗留的桩眼观察，原洞窟之间有栈

① 根据2007年4月笔者实地考察记录。

道相连，现已不存。崖面东段第 11～第 14 窟之间有大面积的坍塌，使这几个洞窟前部大部分破坏①。

图 12　华亭石拱寺外景

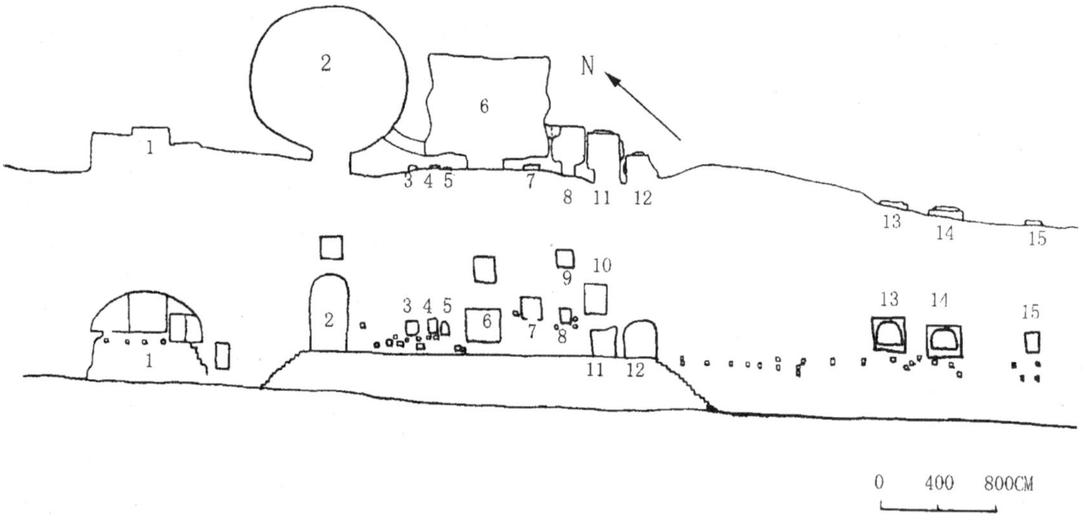

图 13　华亭石拱寺立面、连续平面图

石拱寺石窟没有任何可以判断洞窟年代的文字资料，唯一有纪年的第 5 龛外面的天德二年（1150 年）题刻，是后来的游人题刻。因此，只能根据洞窟形制、造像风格、装饰特点等方面的综合比较，才能得出较为合理的年代推断。

根据表五，我们将石拱寺现存的窟、龛分为二期：

第一期，中小型窟有 11、12、13、14 四窟，为平面方形、三壁三龛窟，基本处于同一水平位置，窟形结构一致，壁面布局相同，造型风格相近。造像题材有三佛、一佛二菩萨、释迦多宝二佛并坐、释迦

① 魏文斌《甘肃华亭石拱寺石窟调查》，《敦煌研究》2007 年 3 期。

以及维摩和文殊、一立佛、阿育王施土、飞天、供养菩萨及弟子、供养人等。此外，5、7二小龛，造型风格相类，坐佛均肩宽体健，或着双领下垂袈裟，僧祇支结带外露，衣角敷搭左手，或通肩，衣襞繁复，呈四瓣式覆于台座。立佛身躯修长，立于仰莲上。供养人着交领宽袖长袍。

表五　华亭石拱寺石窟具体情况表

窟号	洞窟形制	造像布局与组合	造像风格
1	摩崖大龛	造像不存	无法判断
2	方形平面，穹隆顶、前壁凿明窗，三壁三坛，大窟。	三佛、正壁一坐佛二弟子二菩萨，左右壁各一倚坐佛二弟子二菩萨，前壁门两侧各雕一立菩萨。	坐佛结跏于须弥座上，肩宽体健，矮壮敦厚。菩萨收胸挺腹，帔帛绕胸腹间三周。
3	方形敞口浅龛	造像不存	无法判断风格。
4	方形敞口浅龛	未完工，一佛二弟子。	坐佛着通肩袈裟，挺胸收腹，肩宽体健。
5	圆拱形浅龛	一佛二菩萨	坐佛溜肩，着双领下垂袈裟，衣角敷搭左手，衣襞繁复，覆于台座，呈三瓣式。
6	方形平面，穹隆顶，前壁凿明窗，三壁三坛，大窟。	三佛、一立佛二菩萨，前壁窟门两侧各雕一力士，下方浅浮雕供养人。	造像被毁，从残迹看，立佛肩宽体健，矮壮敦厚。供养人戴笼冠，着汉服。
7	方形浅龛，雕出帷帐	一坐佛	
8	方形平面，三壁三龛	正壁雕一佛二菩萨，左壁无造像，右壁释迦多宝二佛并坐，前壁分层，上层一佛龛及供养比丘，下层窟门两侧分别雕释迦多宝二佛并坐、阿育王施土因缘。	正壁坐佛肩宽体健，矮壮敦厚，前、右壁坐佛溜肩清瘦，均着双领下垂袈裟，衣角敷搭左手，衣襞繁复，覆于台座。
9	方形平面，三壁三龛	正壁龛内释迦、多宝二佛并坐，龛外两侧各浮雕一菩萨一弟子，左壁龛内一佛二弟子，右壁龛内一佛二菩萨，龛外两侧各浮雕一弟子。	坐佛颈短，肩宽体健，挺胸收腹，
10	方形浅龛	一坐佛	风化严重，风格无法判断。
11	方形平顶，三壁三龛	三壁三佛，一佛二菩萨，前壁窟门上方龛内雕释迦，两侧雕维摩、文殊对坐。窟顶浮雕大莲花与环绕的飞天。	坐佛均肩宽体健，或着双领下垂袈裟，僧祇支结带外露，衣角敷搭左手，或通肩，衣襞繁复，呈四瓣式覆于台座。立佛身躯修长，立于仰莲上。供养人着交领宽袖长袍。
12	方形平面，三壁三龛	三壁三佛，一佛二菩萨，窟顶浮雕大莲花与环绕的飞天。	同11窟
13	方形平面，三壁三龛（部分坍塌）	三壁三佛，一佛二菩萨	同11窟
14	方形平面，三壁三龛（部分坍塌）	三壁三佛，一佛二菩萨	同11窟

根据魏文斌《甘肃华亭石拱寺石窟调查》与笔者实地考察笔记制表

根据魏文斌的研究，11窟三壁三龛的窟形、飞天环绕莲花藻井的结构形式，与巩县石窟5窟较为接近，忍冬纹式的龛楣尾与巩县石窟1窟西壁诸龛的形式相似，这种样式的龛楣也见于龙门石窟莲花洞北魏孝昌三年（527年）法恩龛。巩县石窟1、3、4、5窟的开凿年代最晚到北魏孝昌年间（526～528年）。此外，石拱寺11窟坐佛下摆衣襞呈四瓣式，与龙门莲花洞孝昌二年（527年）宋景妃龛主尊、麦积山石窟第142窟正壁主尊的衣襞相同①。

地处豳宁地区的陕西省旬邑县黑牛窝石窟2窟，窟门上方浮雕帷帐、垂幕，模拟帐形龛饰，窟门帷帐之上阴刻“大统五年（539年）”题记一方，庆阳北石窟第135窟窟外也是浮雕帷帐、垂幕，模拟帐形龛饰，因此，我们将石拱寺一期窟龛推断为北魏末西魏时期。

第二期，主要有2、4、6、8、9等窟龛，8、9窟继续沿用平面方形、三壁三龛形式，但风格发生变化，新出现大型方形平面、穹隆顶窟，如2、6二窟。题材上依然流行三佛，最大的特点就是坐佛肩宽体健，矮壮敦厚。菩萨收胸挺腹，披帛绕胸腹间三周，已经是典型的北周风格。第2窟菩萨佩挂的穗状长璎珞，与宁夏固原须弥山第45窟北周菩萨相同。供养人戴笼冠，着汉服。因此，我们将石拱寺二期窟龛推断为北周时期。

总体来说，泾州地区的北朝石窟，在地理分布上有一个显著的特点，即泾川王母宫石窟、南石窟、千佛寺石窟、丈八寺石窟、罗汉洞石窟基本上位于泾水两岸，不仅地处古代交通要道的附近，而且也是北朝安定世族聚居之地。而华亭石拱寺地处小陇山深处，正是北朝屠各、羌族等部族活动地区。部族、世族地理分布上的差异，也深刻影响到相关石窟造像艺术的风格。根据洞窟形制、造像布局、主像组合、造像形制、装饰特点，我们将泾州地区北朝石窟区分为部族石窟、世族石窟两类，在时间上分为五个阶段（表六、图14）：

表六　北朝泾州地区石窟的分类、分期与豳宁地区石窟比较表

分期与年代	泾州地区北朝石窟		豳宁地区北朝石窟
	世族石窟	部族石窟	部族石窟
一期 （494～500年）	泾川王母宫石窟		合水县张家沟门石窟、保全寺石窟，旬邑县堡子湾石窟1、2窟。庆阳楼底村1窟
二期 （509～510年）	泾川南石窟寺第1窟		庆阳北石窟165窟
三期 （516～529年）	千佛寺石窟6、7、8、9窟		庆阳北石窟113、237、244、250窟
四期 （530～549年）	千佛寺石窟1、2、3窟罗汉洞石窟新发现窟	石拱寺石窟11、12、13、14窟，5、7龛。	北石窟28、44、70、135、229窟，旬邑县黑牛窝石窟第1、2窟及周边小龛。
五期 （550～581年）	丈八寺石窟第1窟、罗汉洞石窟第5窟	石拱寺石窟2、6、8、9窟，4龛。	庆阳北石窟240窟、彬县大佛寺西区第3窟

一期（494—500年）：泾川王母宫石窟。

二期（510年）：泾川南石窟寺第1窟。

三期（516—529年）：千佛寺石窟6、7、8、9窟。

① 魏文斌《甘肃华亭石拱寺石窟调查》，《敦煌研究》2007年3期。

四期（530—549 年）：千佛寺石窟 1、2、3 窟、罗汉洞石窟新发现窟；石拱寺石窟 11、12、13、14 窟，5、7 龛。

五期（550—581 年）：丈八寺石窟第 1 窟、罗汉洞石窟第 5 窟；石拱寺石窟 2、6、8、9 窟，4 龛。

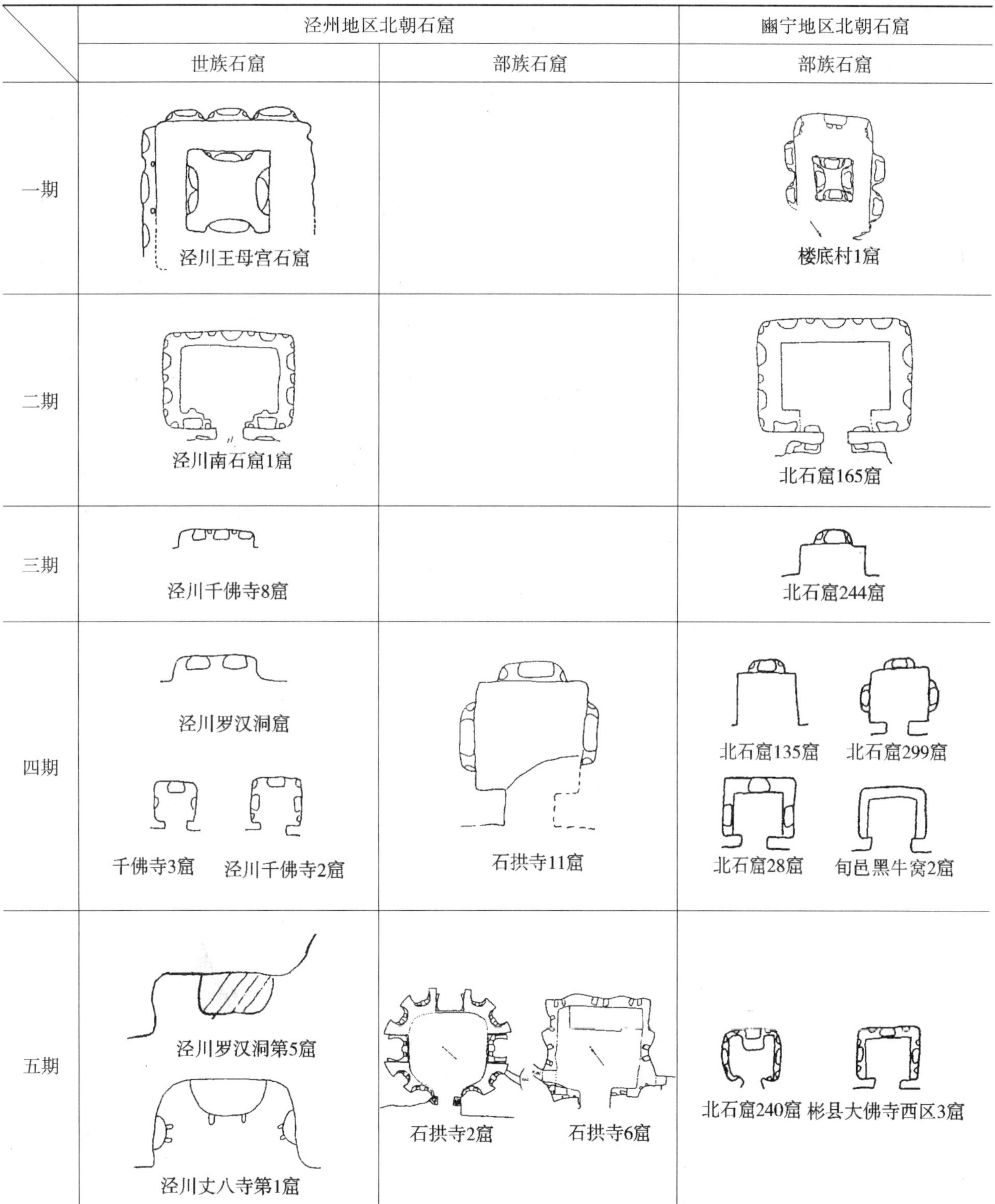

图 14　泾州地区北朝石窟形制演变

关于泾川王母宫石窟的开凿年代，张宝玺先生推断为北魏太和——景明之间①，温玉成先生根据《金石录》的记载，最早推断"有可能是杞嶷于太和末年经营的'化政寺石窟'，完工或在景明年间"②。抱嶷担任泾州刺史，当在太和十八年（494年）至宣武帝景明（500～503年）初（见附《北魏泾州刺史表》）。因此，泾州地区王母宫石窟，即抱嶷所开凿的"化政寺石窟"，应当在494～500年之间。

根据南石窟第1窟窟前竖立的《南石窟寺之碑》，南石窟1窟当为北魏永平三年（510年）泾州刺史奚康生倡议开凿。

至于泾州地区北朝第四期石窟，存在部族石窟与世族石窟两种类型，显然，这两种类型的石窟在洞窟形制、题材内容方面保持了高度一致，但在风格上则截然不同，世族石窟追求秀骨清像、褒衣博带的风格，而部族石窟保持了游牧民族固有的慓悍、健壮风格。如前所述，石拱寺第7龛浮雕帷帐，与有"大统五年（539）"题记的旬邑县黑牛窝石窟第2窟窟门上方浮雕帷帐、垂幕一致，因此，推断为530～549年的北魏末西魏时期。

第五期题材流行三佛、大立佛，无论是部族石窟，还是世族石窟，造像样式均为丰壮型风格，这是宇文泰文化整合运动的产物，因此，比定为550～581年（大体为北周时期）。

第三期石窟没有纪年，根据二、四期的时间排定，推断为北魏末（516～529年）。

三、泾州世族石窟的甄别与豳宁部族石窟的比较分析

泾水流域分为泾州地区和豳宁地区，饶有兴趣的是，在490～510年的北魏时期，泾州地区只有世族石窟，未见部族石窟；而与之相邻的豳宁地区，则存在大量的部族石窟。

如表七所示，泾川王母宫石窟和庆阳楼底村1窟这两个平面长方形的中心塔柱窟，更多地与云冈5、6窟双窟表现了很大的一致性，尤其是与云冈6窟相比，无论是洞窟形制、造像布局，还是主像组合、造像形制、装饰特点，都如出一辙。突出之处，就是出现了褒衣博带式服饰。因此，泾川王母宫石窟是对云冈6窟整体及细部的完全模拟③。

但是，地处泾州的王母宫石窟与地处豳宁地区的楼底村1窟，在风格上就存在巨大差异。楼底村1窟明显存在两种风格：一种是沉静清秀型，一种是矮壮敦厚型；而泾川王母宫石窟只具备沉静清秀型风格造像，却没有矮壮敦厚型风格的造像。这种风格，云冈石窟不具备，龙门石窟也不具备，只有关中、秦陇地区的部族石窟和部族单体造像具备，因此，矮壮敦厚型风格是关中、秦陇地区特有的造像样式——部族风格④。

同样，泾州地区南石窟第1窟与豳宁地区北石窟165窟比较，虽然洞窟形制相同，造像题材、布局组合也相同，都是七佛与交脚弥勒。但是，在艺术风格上则截然不同⑤。与云冈石窟、龙门石窟比较，地处泾州地区的南石窟第1窟明显模仿、继承了云冈石窟二期洞窟；而地处豳宁地区的北石窟165窟则

① 甘肃省博物馆《甘肃泾川王母宫石窟调查报告》，《考古》1984年7期。2005年，张宝玺先生同意笔者的推断，见《北魏太和期的中心柱窟》，收入《2005年云冈国际学术研讨论文集》（研究卷），文物出版社，2006年。

② 温玉成《中国石窟与文化艺术》，页177，上海人民美术出版社，1993年。

③ 暨远志《泾川王母宫石窟窟主及开凿年代考》，收入敦煌研究院编《2004年石窟研究国际学术会议论文集》，上海古籍出版社，2006年。

④ 暨远志、宋文玉《北朝豳宁地区部族石窟的分期与思考》，《艺术史研究》第7辑，2005年。

⑤ 甘肃省文物工作队、庆阳北石窟寺文管所《陇东石窟》，文物出版社，1987年。

更多地体现了地方风格①——即我们称之的部族风格。

两窟中的七佛都是双领下垂，内穿僧祇支，束胸打结，袈裟敷搭左手，衣褶外撇，这与云冈石窟11、13窟七佛造型相同。但是，在衣着的具体运用上又有所突破，北石窟165窟、南石窟第1窟七佛穿双层僧祇支，因此两次打结。其中，北石窟165窟七佛的束胸结带掩于袈裟内，南石窟第1窟七佛的束胸结带均外露，前者内敛，有稳重之感；后者外露，有飘逸之态。

北石窟165窟佛像头部与身长之比为1∶5，而南石窟第1窟则为1∶5.5，个别为1∶6；北石窟165窟佛像肩宽颐广，部族造像健壮的形象犹可仿佛，而南石窟寺第1窟造像已非常俊秀（图15a、15b、15c）。

图15a　南石窟第1窟

图15b　南石窟1窟立佛

图15c　北石窟165窟立佛

① 对于北石窟165窟的风格特点，美术史家王子云曾指出，“就造型风格和雕塑手法来看，佛洞中的佛、菩萨像虽具有北朝的一些样式，尤其是胁侍菩萨的脸型和肩帔衣带等都和敦煌千佛洞同一时期的菩萨像有很多相似之处。只是七尊立佛的体躯，不仅比例不匀，而且还臃肿矮笨，雕技粗拙，显系出自当地匠工之手”。见氏著《中国雕塑艺术史》，页134～137，人民美术出版社，1988年。

显然，泾水流域北朝佛教石窟明显存在两种造像风格，一种是部族风格，豳宁地区的保全寺石窟、张家沟门石窟、庆阳楼底村1窟以及庆阳北石窟165窟都是这种风格的体现①；另一种就是世族风格，泾州地区的王母宫石窟、南石窟第1窟就是这种风格的典型代表。

那么，何以判断泾州地区的王母宫石窟、南石窟第1窟为世族石窟呢？我们还是从石窟的开凿者入手，考察他们与上述二窟的渊源关系②。

北魏永平三年（510年），泾州刺史奚康生倡议开凿泾川南石窟1窟。根据窟前竖立的《南石窟寺之碑》称：③

大魏永平三年（510年）岁在庚寅，四月壬寅朔十四日乙卯，使持节都督泾州诸军事、平西将军、□华、泾二州刺史、安国县开国男奚康生造。

表七 泾川王母宫石窟、庆阳楼底村1窟、云冈石窟6窟比较表

	泾川王母宫石窟	楼底村1号窟	云冈石窟6窟
洞窟形制	平面长方形，平顶，中心塔柱窟；前壁窟门不存。	平面长方形，平顶，中心塔柱窟；前壁窟门不存。	平面方形，平顶，中心塔柱窟；窟口上方凿明窗，窟外正中镌刻丰碑。
造像布局	各壁分四层布局，最上层开千佛小龛，上层开五龛，中层开三帐形龛，下层脱落不清。 塔柱分两层，下层方形，四面皆布龛，龛外浮雕本生、佛传故事；上层八角形，八面皆开龛。上层四角各雕出大象驮楼阁式塔。	正壁雕一佛二菩萨，南、北两壁分三层布局，上层开三龛，中层开二龛，下层浮雕力士行列。 塔柱分两层，下层方形，四面皆布龛，龛外或浮雕本生、佛传故事；上层八角形，八面皆开龛。	主像位于后壁上下两层龛中，其他三壁分五层布局，最上层浮雕天宫伎乐，上、中两层开龛，下层浮雕分栏长卷式画面，最下层为供养人行列。塔柱方形，两层，四面皆布龛，龛内外雕出画面，上层转角处雕出大象驮楼阁式塔。 窟门外两侧各雕天王形象的护法像。
主像组合	南壁中层龛为坐佛，其两侧龛各一立佛。西、北壁相同。塔柱下龛南面释迦多宝，东、北二面皆坐佛，西壁弥勒菩萨。	正壁为立佛，其两侧各一菩萨；除南壁上层东龛为释迦多宝外，各龛皆为一坐佛二菩萨。	正壁下龛为坐佛，其两侧各一立佛；上龛为三立佛。塔柱下龛南面为坐佛，西面为弥勒菩萨，北面为释迦多宝，东面为倚坐佛像。上龛四面皆立佛。前壁有维摩文殊龛。
造像风格	坐佛双领下垂，内穿袒右衫，僧祇支打结外露，袈裟敷搭左手；立佛双领下垂，平行阶梯衣纹；菩萨特点不清。 造像面相方圆，俊朗，褒衣博带。	佛像分二类：一类清秀沉静型，修长脸庞，修长身躯，或右袒，施偏衫，或双领下垂，内穿袒右衫，僧祇支打结外露；一类矮壮敦厚型，面相方圆，身躯矮壮，或通肩，阴线刻U字形衣纹，或双领下垂，内穿袒右衫。菩萨也存在两种风格，一类潇洒飘逸，另一类则显拘谨、呆滞，通身裹衣裙。	佛像双领下垂，内穿袒右衫，僧祇支打结外露，袈裟敷搭左手，总体褒衣博带，面相颊部椭圆；菩萨帔帛交叉。

① 暨远志、宋文玉《北朝豳宁地区部族石窟的分期与思考》，《艺术史研究》第7辑，2005年。

② 关于王母宫石窟与世族后裔抱嶷的关系，参考暨远志《泾州王母宫石窟窟主及开凿时代考》，收入《2004年敦煌国际学术讨论会论文集》，上海古籍出版社，2007年。修改稿收入《深圳文博论丛（2005~2006合刊）》，文物出版社，2007年。

③ 张宝玺《甘肃佛教石刻造像》，甘肃人民出版社，2001年。

续表

	泾川王母宫石窟	楼底村1号窟	云冈石窟6窟
装饰特点	龛面除圆拱、帐形龛外，出现雕出梁柱的木构殿堂形式。龛楣尾部雕出回首龙头。 装饰纹带有单列忍冬	圆拱形龛，龛楣尾部浮雕回首龙头。	龛面装饰同9、10窟，龛楣尾部雕出龙形。供具多博山炉。 装饰纹带有莲瓣、联珠、单列忍冬、环状忍冬等。
开窟者	泾州刺史抱嶷	豳州部族	大长秋卿抱嶷

表八　泾川南石窟1窟、庆阳北石窟165窟比较表

	泾川南石窟1窟	庆阳北石窟165窟
洞窟形制	①平面长方形，覆斗顶，佛殿窟；方形窟门，上开明窗。 ②宽18米，进深13.2米，窟高11米。	①平面长方形，覆斗顶，佛殿窟；方形窟门，上开明窗。 ②宽21.7米，进深15.7米，窟高14米。
造像布局	①窟内正壁和东、西壁设坛，雕造七佛及十四身胁侍菩萨，其中，正壁（北壁）三佛六菩萨，东、西壁各二佛四菩萨。佛高6米，菩萨高3.5米。 ②前壁窟门两侧各雕弥勒菩萨一身，高5米。 ③窟顶浮雕佛传、本生故事，窟顶北披及东、西浮雕佛传故事，窟顶南披浮雕本生故事“舍身饲虎”。 ④门外二力士立像经后代补塑。	①窟内正壁及南、北壁置高坛基，上雕七身立佛及十身胁侍菩萨。其中，正壁三身立佛，南北壁各两身立佛。佛高8米，菩萨高4米。 ②前壁（西壁）窟门两侧，各雕交脚弥勒菩萨一身，高5.8米。门左侧还雕乘象普贤菩萨，高3.4米，及深目高鼻的驭象奴；右侧雕阿修罗天，通高3.5米，三头四臂，手持日、月、山及金钢杵。 ③窟顶浮雕佛传、本生故事，窟顶西披残存有“睒子本生”、“舍身饲虎”及北披残存有“割肉贸鸽”等本生故事。“降龙入钵”、“猕猴献蜜”佛传故事。 ④窟门外左侧雕一力士，右侧雕刻一天王立像，身高6米。天王、力士的外侧各有一身蹲狮。
主像组合	七佛与一交脚弥勒菩萨	七佛与一交脚弥勒菩萨、乘象普贤及驭象奴、三头四臂的阿修罗天。
造像形制	①立佛双领下垂，内穿两层僧衹支，两次结带并外露，袈裟敷搭左手。交脚弥勒菩萨戴宝冠，上身袒露，下着裙，帔帛自双肩垂下，于腹前交叉或穿璧而下。 ②佛像头部与身长之比为1∶5.5，个别为1∶6；立佛与菩萨身躯修长、面目清秀、俊美，体态飘逸。	①立佛双领下垂，内穿两层僧衹支，两次结带，带掩于袈裟内，袈裟敷搭左手。交脚弥勒菩萨戴宝冠，上身袒露，下着裙，帔帛自双肩垂下，于腹前交叉或穿璧而下，项圈上挂铃形饰物。 ②佛像头部与身长之比为1∶5，立佛与菩萨身躯健壮，面目方圆、浑厚，体态敦厚、稳重。
开凿年代	永平三年（510年）	永平二年（509年）
主体开凿者	北魏泾州世族	北魏豳州部族

在北魏皇室崇佛的社会风尚影响下，各地军政官员与地方上的世家大族也不断开凿石窟，兴建寺庙。永平二年（509 年），泾州沙门刘慧汪聚众造反，北魏派华州刺史奚康生平乱①。《魏书》卷七十三《奚康生传》记载："出为平西将军、华州刺史，颇有声绩。转泾州刺史，仍本将军。以辄用官炭瓦，为御史所劾，削除官爵，寻旨覆之。"同传又称奚康生"久为将，及临州尹，多所杀戮。而乃信向佛道，数舍其居宅以立寺塔。凡历四州，均有建置。"奚康生担任泾州刺史，在永平二年（509 年）至三年（510 年）。

以往，学者们将南、北石窟寺的开凿归功于泾州刺史奚康生，但是，在同一时期、同一地区，同一个人主持开凿的两个石窟，艺术风格的差异为何如此强烈呢？对于这种差异，黄文昆先生将南、北石窟寺看做一个整体，认为从北石窟 165 窟（509 年）到南石窟第 1 窟（510 年），是艺术发展进程中的转型。②

笔者并不苟同，相反，认为这是同一时期同一地区的两种风格，即南石窟为世族风格，北石窟为部族风格。

表九　永平三年（510 年）《南石窟寺之碑》捐款芳名表

平西将军府僚佐			泾州刺史僚佐			郡级官员		
官职	人名	籍贯	官职	人名	籍贯	官职	人名	籍贯
平西将军	奚康生	河南人■	泾州刺史	奚康生	河南人 ■	安定内史	□□	临泾人 △
长史	陈平	河南人√	治中从事史	□□□	安定人 △	平凉太守	□□	朝那人 △
司马	皇甫慎	安定人△	别驾	胡武□	安定人 △	新平太守	□□	□□人 ？
府主簿	尹宁	天水人▼	主簿	员祥	平凉人 ▲	赵平太守	□□	□□人 ？
功曹参军	屈□	昌黎人√	主簿	梁僧授	安定人 △	陇东太守	□□	河南人 ▼
仓曹参军	梁瑞	天水人▼	西曹书佐	□□	□□□			
法曹参军	□□		西曹书佐	彭颜	赵平人 ▲			
铠曹参军	□□	赵平人▲	祭酒从事史	皇甫询	安定人 △			
田曹参军	董辩	陇西人▼	部郡从事史	席道原	安定人 △			
默曹参军	□□	□□人	部郡从事史	张广昌	□□人 ？			
中兵参军	王□广	略阳人▼	部郡从事史	员英	平原人 ▲			
外兵参军	赵忻	金城人▼	部郡从事史	田雍芝	冯翊人 √			
骑兵参军	段迤	辽西人√	部郡从事史	□□	□□□			
长流参军	韩洪超	昌黎人√						
城局参军	冯澄	新平人√						
录事参军	马瓒	扶风人√						
参军事	□□	冯翊人√						
参军事	邴哲	北海人√						
总人数	18	16	总人数	13	10	总人数	5	3

根据《南石窟寺之碑》制表，部族姓氏的具体考证参见暨远志《秦陇地区部族佛教造像的分期与思考》。
△表示泾州世族，▲表示泾州部族，▼表示秦陇部族，■表示汉化鲜卑贵族，√表示外来士人。

① 《魏书》卷八《世祖本纪》。
② 黄文昆《南北石窟寺》，载《中国大百科全书（中国美术卷）》，中国大百科全书出版社，1992 年。

近年来，随着对关中、秦陇地区佛教石窟和佛教造像研究的深入，我们深切体会到，南、北石窟寺的风格差异，源自于豳、泾地区的文化差异。实际上，如前所述，从十六国以来，豳、泾地区就存在两股势力，一股是世族势力，他们是传统的汉族农耕文化，另一股是部族势力，他们是从游牧文化逐步走向半农耕半游牧乃至农耕文化的，因此，这种文化上的巨大差异，导致在文化融合的过程中，相当长的时期内，同一地区两种风格并存，而随着文化互动的加快，这种差异会趋于消失，最后产生新的风格。北魏时期，豳、泾地区两种风格并存，正是该地区民族文化融合初期的必然产物。

《南石窟寺之碑》是最直接的石窟开凿史料，也是我们分析这种风格差异的关键所在，但是，长期以来，该碑并没有引起足够的重视（图 16、17）。根据严耕望先生对魏晋南北朝地方行政制度的研究，我们将碑阴捐款题名表列如后（表十）。

图 16　南石窟寺之碑

图 17　南石窟寺碑碑额（采自《陇东石窟》）

表十　永平三年（510 年）《南石窟寺之碑》碑阴人名构成比例表

	统计	总数	世族				部族		
			泾州	汉化	外来	小计	泾州	秦陇	小计
泾州军府僚佐	人数	16	1	1	8	10	1	5	6
	比例	100%	6.3%	6.3%	50%	62.5%	6.3%	31.3%	37.5%
泾州州府僚佐	人数	10	5	1	1	7	3		3
	比例	100%	50%	10%	10%	70%	30%		30%
郡级	人数	3	2		1	3			0
	比例	100%	66.7%		33.3%	100%			

备注：总数为有籍贯数，“汉化”指汉化鲜卑贵族，“外来”指外来世族；秦陇部族不包括泾州部族。

魏晋南北朝时期，加将军称号的州刺史有两套领导班子，一套为州级僚佐，一套为将军府佐。州级僚佐主要由别驾、治中、主簿、西曹书佐、祭酒从事史、分司诸曹（田曹、水曹、铠曹、刑狱、城局、长流、骑兵、仓曹、户曹、兵曹）、门下都、省事、录事、西曹月令、朝直、记室、幹等组成，由刺史自辟，任用本地人，主管地方行政；将军府佐由司马、长史、主簿、行参军、分曹参军（默曹参军、士曹参军、法曹参军、城局参军、长流参军、骑兵参军、外兵参军、中兵参军、仓曹参军、功曹参军、录事参军）、统府功曹、录事、司马省事、长史省事等组成，由中央任命，否则谓之兼行，主要参用外地人，主管地方军事①。如果说，由于《南石窟寺之碑》残缺了县级官员名录部分，使我们的研究推论稍感欠缺的话，那么，同样出土于泾川的永平二年（509 年）《敕赐嵩显禅寺碑记》，碑阴题名完整无缺，就很好地解决了这个问题。

永平二年（509 年），在今泾川县城南 2 公里的高峰山山顶，北魏泾州刺史高乘信倡议修建嵩显寺，并由宣武帝赐以“嵩显禅寺”之名，嵩显寺与化政寺石窟（即王母宫石窟）遥相呼应。据《敕赐嵩显禅寺碑记》尾书：②

大魏永平二年岁在己丑，四月戊申朔，八日乙卯，使持节都督泾……（下残）

该碑历来为金石学者所重视，《金石萃编》③、《甘肃新通志稿》、《陇右金石录》④ 及陈万里《西行日记》中皆有著录。嵩显寺现已残毁，该碑也在 20 世纪 30 年代以后散失⑤。据《古今图书集成》卷五五三记载，嵩显寺在唐代又名高峰寺。

高峰寺，在州南五里笔峰山顶，魏永平年泾、平二州刺史高乘□造，唐开国伯段归文重修。

如表九、十、十一、十二，我们将永平二年（509 年）《敕赐嵩显禅寺碑记》、永平三年（510 年）《南石窟之碑》的题刻供养人加以分析，就会发现在泾州安定郡地区石窟开凿、寺庙兴建中，安定世族、汉化的鲜卑贵族与外来世族发挥了举足轻重的作用。

（一）修建嵩显寺时，泾州军府僚佐 16 人中，安定世族、汉化的鲜卑贵族、外来世族 12 人，占 75%，部族上层人士 4 人，占 25%；泾州州府僚佐 13 人中，世族 7 人，占 53.8%，部族 6 人，占 46.2%；郡县级 14 名官员中，世族 13 人，占 92.9%，部族 1 人，占 7.1%。

开凿南石窟时，泾州军府僚佐 16 人中，安定世族、汉化的鲜卑贵族、外来世族 10 人，占 62.5%，部族人士 6 人，占 37.5%；泾州州府僚佐 10 人中，世族 7 人，占 70%，部族 3 人，占 30%；郡县级 3 名官员中，全为世族，占 100%。

（二）泾州地区世族中，主要是皇甫氏、胡氏、梁氏、席氏，其中长期担任泾州司马、别驾职务的多为皇甫氏、胡氏，可见，安定世族中，皇甫氏、胡氏起着决定性的作用。虽然，嵩显寺是北魏泾州刺史高乘信带头修建，南石窟是奚康生于永平三年（510 年）主持开凿的。但是，真正参与开窟建寺，并

---

① 严耕望《中国地方行政制度史》第二部《魏晋南北朝地方行政制度》上册，中央研究院历史语言研究所专刊之四十五，1990 年。

② 张维《陇右金石录》卷一，页 32～37，甘肃省文献征集委员会，1943 年。甘肃省文物工作队、庆阳北石窟寺文管所《陇东石窟》，附图版目录页 9～12，文物出版社，1987 年。《南石窟之碑》现存甘肃省泾川县王母宫文管所。

③ 《金石萃编》卷二十七，惜未录人名。

④ 张维《陇右金石录》卷一，页 32～37，甘肃省文献征集委员会，1943 年。

⑤ 秦明智《北魏泾州二碑考》，《西北史地》1984 年 3 期。

从财力上给予极大支持的应该是当地的世族。因此，安定世族皇甫氏、胡氏的礼佛与审美趋向，就决定了泾州安定郡地区的世族佛教艺术发展趋势。

表十一 永平二年（509年）《敕赐嵩显禅寺碑记》捐款芳名表

平西将军府僚佐			泾州刺史僚佐			郡、县级官员		
官职	人名	籍贯	官职	人名	籍贯	官职	人名	籍贯
平西将军	高乘信	渤海修人√	泾州刺史	高乘信	渤海修人√	安定内史	元□	河南人 ■
长史	张洪□	辽东人 √	治中从事史	梁徽	安定人 △	平凉太守	皇甫□	安定人 △
司马	吐谷浑	叶谷浑人■	别驾	皇甫轨	安定人 △	新平太守	元宪	河南人 ■
府主簿	魏文	巨鹿人 √	主簿	路彰	安定人 ▲	赵平太守	□□	太原人 √
功曹参军	郭□	山□人 ?	主簿	韩邕	安定人 ▲	陇东太守	张华	河南人 √
仓曹参军	梁穆	安定人 △	西曹书佐	梁瑞	安定人 △	安定令	阴慜	南阳人 √
法曹参军	□□	辽东人 √	西曹书佐	彭颜	赵平人 ▲	朝那令	叱吕起	河南人 ■
铠曹参军	裴□	河东人 √	祭酒从事史	程熙	安定人 ▲	临泾令	茹荣	河南人 ■
田曹参军	□□	河南人 ■	部郡从事史	彭袭	赵平人 ▲	乌氏令	元□	河南人 ■
默曹参军	尹显	天水人 ▼	部郡从事史	张炽	安定人 △	石堂令	段德	武威人 √
中兵参军	王□	乐浪人 √	部郡从事史	张□	安定人 △	阴槃令	元延	河南人 ■
外兵参军	宋和	敦煌人 √	部郡从事史	冯堆	新平人 △	三水令	杨英	恒农人 √
骑兵参军	元镇	河南人 ■	部郡从事史	员佑	平凉人 ▲	高平令	王冲	□□ ?
长流参军	梁□	天水人 ▼				鹑觚令	姚玉	□□ ▼
城局参军						租居令	梁通	安定人 △
录事参军						抚夷令	黄□	□□ ?
参军事	□□	天水人 ▼						
参军事	庞显	南安人 ▼						
军主	张□	魏郡人 √						
总人数	17	16	总人数	13	13	总人数	16	14

根据《敕赐嵩显禅寺碑记》制表，部族姓氏的具体考证参见暨远志《秦陇地区部族佛教造像的分期与思考》。

△表示泾州世族，▲表示泾州部族，▼表示秦陇部族，■表示汉化的鲜卑贵族，√表示外来士人。

表十二 永平二年（509年）《敕赐嵩显禅寺碑记》碑阴人名构成比例表

	统计	总数	世族				部族		
			安定	汉化	外来	小计	泾州	秦陇	小计
泾州军府僚佐	人数	16	1	3	8	12		4	4
	比例	100%	6.3%	18.8%	50%	75%		25%	25%
泾州州府僚佐	人数	13	6		1	7	6		6
	比例	100%	46.2%		7.7%	53.8%	46.2%		46.2%
郡、县级	人数	14	2	6	5	13		1	1
	比例	100%	14.3%	42.9%	35.7%	92.9%		7.1%	7.1%

至于庆阳地区的保全寺石窟、张家沟门石窟、庆阳楼底村1窟以及北石窟甄别为部族石窟，并判定为部族风格，则与部族为豳州主体居民密切相关。

根据2004年甘肃省宁县出土的《大代持节豳州刺史山公寺碑颂》，正始元年（504年）豳州刺史山累带头兴建三级浮图的历史。碑阳题称：

维大代正始元年（504年）岁在甲申七月丙午朔十五日庚申，羽真散骑常侍、安南将军、殿中尚书、泰山公之孙，安南将军、比部尚书、泰山公之子，持节都豳州诸军事、冠军将军、豳州刺史山累率州府纲［僚］佐，仰为孝文皇帝立追献寺三级……

碑阴镌刻捐款芳名录，涉及豳州地区一州三郡八县的地方军政官员，根据统计分析，当时豳州地方政府中，部族在州级官员中占87%，在西北地郡的郡级官员中占87.5%，在赵兴郡的郡级官员中占93%，在襄乐郡的郡级官员中占100%，而在豳州所辖的县级官员中占100%。在这些部族中，又以羌族最多，占38.4%，屠各次之，占32.2%，氐族占13.7%，卢水胡占5.5%，粟特胡占0.7%，外来任职的鲜卑贵族仅占2%。由于十六国北朝时期，地方政府僚佐多用本地人，因此可以说，部族在豳宁地区居民人口中占绝对多数①。

北魏豳州地区的官员主要由两部分组成，一部分来自于中央的汉化鲜卑贵族，一部分来自于本地的屠各、氐族、羌族、卢水胡等部族，前者基本控制了豳州地区的军事大权，后者则把持着豳州地方行政，他们的政治取向决定了豳州地区的主流文化。因此，一旦内外关系融洽，民族融合深化，则豳州本地部族就容易接受来自中央的先进文化，在保持传统部族文化的同时，与时俱进，不断创造新的民族融合文化，从而具备文化的兼容性；一旦地方独立性强，中央无力控制，则地方文化色彩强烈，从而具备文化的排它性。北魏时期的豳州，正是民族融合快速发展的地区，其文化特征突出表现了兼容性的一面。

正始元年（504年）豳州刺史山累带头兴建寺塔活动中，豳州本地部族占了主流，外来的汉化鲜卑贵族也占有相当重要的地位。楼底村1窟和张家沟门石窟、保全寺石窟、庆阳北石窟正处于北魏豳州境内，其石窟艺术必然打上了外来的时尚文化与本地传统的部族文化烙印。楼底村1窟的造像，兼有京都平城地区沉静清秀型风格和地方矮壮敦厚型两种风格，北魏时期，定居豳州地区的部族及任职豳州的中央官员是这种兼容风格形成的关键。

楼底村1窟、庆阳北石窟165窟的部族风格造像可以追溯到同一地区较早的张家沟门石窟、保全寺石窟和宁县单体造像。显然，楼底村1窟、庆阳北石窟165窟矮壮敦厚型风格的造像，与同一地区的部族石窟造像和单体造像是一脉相承的②，它们都是北魏豳州地区部族所创造。

① 暨远志、宋文玉《北朝豳宁地区部族石窟的分期与思考》，《艺术史研究》第7辑，2005年。

② 太和后期，北魏豳州地区的佛教单体造像也呈现出相同的风格特征。1999年5月，宁县城内发现窖藏佛像，出土佛教石刻造像89件，窖藏的深度和直径宽2米左右，是一人工挖成的圆坑，其中有一件为太和十二年（488年）成丑儿造像碑（图版7），砂岩，高60厘米，宽30厘米，碑中心开一大龛，尖拱形龛楣，圆拱形龛梁，楣端刻二龙，并二小佛。龛内造一佛二菩萨，坐佛高肉髻，双领下垂，通身施楞状密集的衣纹。二菩萨作裙披式，面容胖圆。造像的最大特点，就是头大身短，身躯矮壮，衣纹细密，显示出嫩拙、矮壮敦厚的人物风格。碑下部浮雕供养人，左四身男供养人均头裹巾帻，着窄袖短袍，腰属带，右三身女供养人上衣下裙，系部族服饰，碑右侧及供养人上方刻造像发愿文和题名，发愿文称："太和十二年岁次戊辰二月十二日，弟子成丑儿合家眷属为七世父母历劫诸除一切众生敬造石像十四区。"碑下部供养人题名："成双会、成发文、成□龙、成□□、王□□、成法□。"成氏为卢水胡或屠各族姓氏，魏晋北朝时期，活动于关中秦陇地区。宁县窖藏的大部分北魏造像，风格与成丑儿造像碑大体接近，说明这批造像是当时豳州地区的部族造像。详细材料参考张宝玺《甘肃佛教石刻造像》，页88～94，甘肃人民出版社，2001年；甘肃宁县博物馆《甘肃宁县出土北朝石造像》，《文物》2005年1期。

部族艺术完全不同于京都地区的皇族艺术，也不同于同时期的安定郡世族艺术，它带有鲜明的民族性，既具备民族艺术特有的粗犷、嫩拙，也具备民族融合进程中艺术取向的矛盾性、多样性、兼容性。楼底村1窟正是北魏时期部族艺术兼容特性的真实反映。

南石窟第1窟俊秀风格的出现，与北魏时期泾州安定地区世族的审美趋向有着密切关系。换言之，南石窟第1窟是泾州安定地区世族在泾州刺史奚康生倡议下所开凿。北魏时期，安定世族与当时的京都平城（今大同）、洛阳保持着密切联系，他们或担任中央要职，或出任泾州刺史，尤其是完全控制了泾州中正一职和泾州、安定郡以及下属县级的僚佐职位，因此，与外界交流特别频繁。这样一来，给稳定的传统家族注入了新鲜的血液，从而决定了泾州安定地区的文化艺术的创新性，具体表现为，无论是在内容、题材上，还是在艺术风格上，泾州南石窟1窟都是对云冈石窟二期的模仿和超越，这正是京都文化与地方文化交流的必然结果。

因此，泾州南石窟1窟和庆阳北石窟165窟的艺术差异也就迎刃而解。泾州南石窟1窟就是泾州安定世族为主体开凿的，而庆阳北石窟165窟则是豳州部族为主体开凿的。

四、北朝泾州部族石窟造像艺术的源流分析

北朝时期，泾州地区部族开凿的石窟，主要有位于华亭县境内的石拱寺石窟，时代从北魏末、西魏一直延续到北周时期。有意思的是，北魏末、西魏时期的泾州地区部族石窟，仍然流行北魏太和——永平之际（490～509年）豳宁地区矮壮敦厚型的部族风格，并未吸收长安地区秀骨清像、褒衣博带的佛教主流艺术风格。显然，传统的部族风格仍然是这一时期泾州地区的部族佛教艺术的主流风格。

问题的关键在于，何以证明石拱寺石窟是部族石窟呢？虽然，由于石窟遗存较少，保存的题刻史料匮乏，我们不能像王母宫石窟、南石窟那样找到直接的文字材料，但是，在石拱寺周边地区，也就是说方圆十公里范围内发现的佛教造像碑，保存了弥足珍贵的文字题刻，这些造像碑的捐献者族属以及造像风格无疑是我们解决问题的钥匙。

1990年9月，华亭县南川乡南10公里谢家庙村（距离石拱寺不到十公里）的一座佛寺遗址中，发现一个地窖，出土石造像23件，这批造像现存于华亭博物馆①。其中一件为永熙三年（534年）张生德造像塔（图18），塔侧面题刻：

永熙三年太岁在寅八月十四日，弟子□县张生德为亡息大奴敬造石佛图三劫，愿上生天上诸佛，下生人间□王，长寿若□，三□速令解脱，善愿从心。

第二件造像塔，风格为北魏，北周明帝二年（558年）补刻“路为夫造像”记（图19）②。发愿文称：

---

① 张宝玺《甘肃佛教石刻造像》，甘肃人民出版社，2001年。

② 此碑造像初雕时代与文字题刻时代不一。根据陈垣《二十史朔闰表》，按照“二年岁次戊寅六月癸寅［亥］朔十七日乙丑”，当为北周建明二年（558年）；而雕刻风格又与同地同批出土的永熙三年（534年）张生德造像塔相同，也与宁夏彭阳县新集乡出土建明二年（531年）金神庆造像碑风格相近。张宝玺先生将造像定为北周建明二年（558年）有误，参考氏著《甘肃佛教石刻造像》，页154，216。

二年岁次戊寅六月癸寅［亥］朔十七日乙丑，清信佛弟子路为夫、长功曹南从□□□中敬造石像一区，愿三涂地□□□□□，愿一切众生龙花三会，得成佛道，所□所愿从心；佛弟子□安家□大小，常住三宝。

显然，张生德、路为夫属于屠各族①。

另外，华亭南川出土的一件造像碑，风格为北魏，北周保定四年（564年）补刻“张丑奴造像”记（图20）②。发愿文称：

图18 张生德造像塔
（采自《甘肃造像》）

图19 路为夫造像塔
（采自《甘肃造像》）

图20 张丑奴造像碑
（采自《甘肃造像》）

保定四年十一月乙卯朔，发次佛弟张丑奴为身，为息墉仁、为忘［亡］息墉子，父子三人为造石像一区，愿忘［亡］者三人三除地狱，速令解脱，愿忘［亡］者上生天上，愿得佛道。□儿母路女妃愿身道报安，令□茂，愿息女、姊女、息□女、□女今祐得佛□，所愿从心。

张丑奴、路女妃也是屠各族③。由此看来，北朝时期，以屠各族为主的部族一直生活在石拱寺周边地区，这样，石拱寺石窟也应当是当地居民——以屠各族为主的部族所开凿。石窟造像所体现的部族风格也就顺理成章了。

如果我们将视野扩大，将泾州地区北朝造像碑、造像塔通盘考察，通过碑刻材料的搜集、比较，就会勾勒出泾州地区部族佛教艺术发展的脉络。同样，平凉地区陇山东侧出土或发现的造像碑、塔，主要集中在平凉、泾川、崇信、灵台、华亭等县，既有成批窖藏，也有单件征集④。另外，陕西长武县（北

① 部族姓氏的考证参见暨远志《秦陇地区部族造像的分期与思考》，待刊。

② 此碑造像初雕时代与文字题刻时代不一，张宝玺先生已经辨明，参考氏著《甘肃佛教石刻造像》，页118，211。但董玉祥先生将造像定为北周保定四年（564），并认为“造像布局简洁明快，朴实雄浑，代表了北周佛教艺术的水平，其明确的造像纪年铭文，为研究北周佛教艺术的分期断代，提供了依据”。见甘肃省文物局《甘肃文物菁华》，页262，文物出版社，2006年。

③ 部族姓氏的考证参见暨远志《秦陇地区部族造像的分期与思考》，待刊。

④ 张宝玺《甘肃佛教石刻造像》，页97～112，页144～148、154、161、230，甘肃人民出版社，2001年。

朝隶属泾州赵平郡)①、宁夏彭阳县（北魏隶属泾州平凉郡，西魏改属平原郡)② 也有大量造像碑出土。除华亭县南川乡出土外，窖藏出土的北朝造像碑主要有三批：

1. 19 世纪 80 年代，平凉市以东 20 公里的潘原故城禅佛寺遗址，出土石造塔、碑残件 40 多件，其中纪年最早的为景明四年（503 年）造像塔，另有延昌三年（514 年）、神龟元年（518 年）纪年的石造塔残件。这批造像塔现收藏于平凉地区博物馆。

2. 1981 年，宁夏彭阳县新集乡村民栽树时发现一批造像碑，共 8 件，其中一件为“建明二年（531 年）金神庆造像碑”（图 21)，这批造像现收藏于宁夏固原博物馆。1985 年，在彭阳县红河乡河边出土一批造像碑，共 9 件，这批造像现收藏于彭阳县文管所，最大的特点就是用白色滑石雕凿而成，存在溜肩清秀和圆肩壮实两种风格，但下摆衣褶的处理又如出一辙（图 22、23)。

图 21　金神庆造像碑正面
（采自《固原历史文物》)

图 22　彭阳县红河乡造像碑 1
（采自《固原历史文物》)

图 23　彭阳县红河乡造像碑 2
（采自《固原历史文物》)

3. 1996 年 7 月，陕西省长武县丁家乡直谷村发现一处佛教石刻造像窖藏，共出土砂岩质地的佛教造像 24 件，近半数刻有明确的纪年题记，多为北魏时期的作品，包括太和、景明、延昌等纪年。形制为背屏式高浮雕和背龛式高浮雕，题材多为一佛二菩萨三尊像（图 24、25、26)。这批造像现收藏于长武县博物馆。

① 张燕、赵景普《陕西省长武县出土一批佛教造像碑》,《文物》1987 年 3 期；刘双智《陕西长武县出土一批北魏佛教石造像》,《文物》2006 年 1 期。

② 固原县文化站《固原县新集公社出土一批北魏佛教造像》,《考古与文物》，1984 年 6 期；杨明《宁夏彭阳红河乡出土一批石造像》,《文物》1993 年 12 期。又宁夏固原博物馆编《固原历史文物》，页 139～140，科学出版社，2004 年。

4 5

1. 北魏太和三年刘元天造像(ZHY:23) 2. 北魏景明元年毛阳造像(ZHY:18) 3. 北魏延昌二年郭伏安造像(ZHY:11)
4. 北魏延昌二年比丘僧法慧造像(ZHY:24) 5. 北魏太和廿三年张佰安造像(ZHY:24)

图 24 陕西省长武县出土北朝造像碑（采自《文物》2006 年第 1 期）

1 2 3

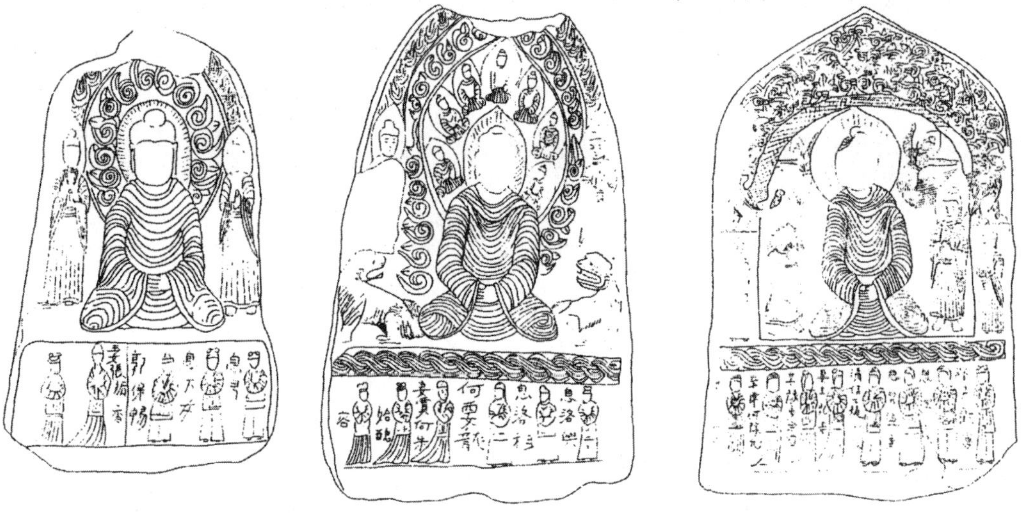

4 5 6

1. 北魏延昌二年郭愿保造像(ZHY:17) 2. 北魏延昌三年交脚弥勒造像(ZHY:12) 3. 北魏延昌年刘泓之造像(ZHY:8)
4. 北魏郭保畅造像(ZHY:7) 5. 北魏何要龙造像(ZHY:10) 6. 北魏赵小川造像(ZHY:5)

图 25 陕西省长武县出土北朝造像碑（采自《文物》2006 年第 1 期）

1 2 3 4

5 6 7 8

1. 北魏刘范可造像(ZHY:2) 2. 一佛二弟子造像(ZHY:20) 3. 北魏郭氏造像(ZHY:22) 4. 北周晚期造像(ZHY:9)
5. 北魏神龟元年郭始树造像(ZHY:13) 6. 北魏刘真孙造像(ZHY:6) 7. 北魏造像(ZHY:3) 8. 北魏刘吏奴造像(ZHY:21)

图 26 陕西省长武县出土北朝造像碑（采自《文物》2006 年第 1 期）

此外，多年以来，甘肃省博物馆也一直致力于收集省内的造像碑，从泾川县水泉寺征集的隋开皇元年（581年）李阿昌造像碑都是部族造像中的精品①。随着文物保护意识的提高，甘肃省内的县级博物馆、文化馆也加强了流散文物中佛教造像碑的收集工作。崇信县文化馆就收藏了本县黄花乡黄花塬出土的多件造像碑和泾川县玉都乡出土的一件北魏造像碑。

表十三 泾州地区北朝造像碑、塔分期表

阶段	纪年	造像碑名	出土地	族属	造像特点	收藏地
第一阶段（477～503年）	太和三年（479）	刘元天造像碑	长武	屠各	碑面分栏布局，上层高浮雕一佛二菩萨，下层浅浮雕男女供养人。坐佛或右袒，右肩覆偏衫，或通肩，阴线刻细密U字形衣纹。风格古朴、拙嫩。	长武博物馆
	太和十六年（492）	郭元庆造像塔	灵台	屠各		大阪市美术馆
	太和廿三年（499）	张佰安造像碑	长武	屠各		长武博物馆
	太和？	昭仁寺北魏碑	长武			长武博物馆
	景明元年（500）	毛阳造像碑	长武	氐族		长武博物馆
	景明四年（503）	禅佛寺造像塔92	平凉	？		平凉博物馆
	景明？	黄花造像碑113	崇信	？		崇信县文化馆
第二阶段（504～515年）	正始四年（507）	吕太元造像碑97	平凉	羌族	以造像碑为主，出现少量造像塔。碑面分栏布局，上层高浮雕一佛二菩萨，或开龛，内雕一佛二菩萨；下层浅浮雕与一期相同的男女供养人。坐佛高肉髻，或通肩，阴线刻细密V字形衣纹，或双领下垂，阴线刻衣纹。男供养人头戴风帽，上穿圆领衣，下着裤；女供养人上穿交领衣，下着长裙。	平凉博物馆
	永平二年（509）	成愿德造像碑	长武	屠各		陕西博物馆
	延昌二年（513）	郭伏安造像碑	长武	屠各		长武博物馆
	延昌二年（513）	郭愿保造像	长武	屠各		长武博物馆
	延昌二年（513）	僧法慧造像	长武	？		长武博物馆
	延昌三年（514）	交脚弥勒造像	长武	？		长武博物馆
	延昌□年	刘泓之造像碑	长武	屠各		长武博物馆
	延昌？	郭保畅造像碑	长武	屠各		长武博物馆
	延昌？	何要龙造像碑	长武	？		长武博物馆
	延昌？	赵小川造像碑	长武	屠各		长武博物馆
	延昌？	刘范可造像碑	长武	屠各		长武博物馆
	延昌？	刘吏奴造像碑	长武	屠各		长武博物馆
	延昌？	比丘重仁碑	长武	？		长武博物馆
	延昌三年（514）	禅佛寺造像塔98	平凉			平凉博物馆
	507～514年？	禅佛寺造像塔91	平凉			平凉博物馆
第三阶段（516～529年）	神龟元年（518）	郭始树造像碑	长武	屠各	造像碑、塔较多，塔四面开龛，碑分层布局。题材上流行一佛二菩萨、释迦多宝、阿育王施土、罗睺罗授记因缘。坐佛双领下垂，矮壮敦厚，衣襞形成三瓣式，或四瓣式。菩萨帔帛于胸腹间缠绕而下。	长武博物馆
	神龟元年（518）	禅佛寺造像塔102	平凉			平凉博物馆
	518年以后？	玉都乡造像碑111	泾川			崇信县文化馆
	518年？	南川造像碑129	华亭			华亭博物馆
	518年？	南川造像碑130	华亭			华亭博物馆
	518年？	南川造像碑131	华亭			华亭博物馆

① 秦明智《隋开皇元年李阿昌造像碑》，《文物》1983年7期。

续表

阶段	纪年	造像碑名	出土地	族属	造像特点	收藏地
第四阶段（530～549年）	建明二年（531）	金神庆造像碑	彭阳	屠各	碑、塔并存，碑分层布局。题材上流行一佛二菩萨、释迦多宝，造像褒衣博带，清秀俊朗，坐佛露右脚，袈裟绕右肘下后，敷搭左手，下摆覆于台座，	固原博物馆
	?	路□□造像碑	华亭	屠各		华亭博物馆
	永熙三年（534）	张生德造像塔	华亭	屠各		华亭博物馆
	保定四年（564）	张丑奴造像碑	华亭	屠各		华亭博物馆
	531～534年?	南川造像塔124	华亭			华亭博物馆
	531～534年?	南川造像碑127	华亭			华亭博物馆
	531～534年?	南川造像碑118	华亭			华亭博物馆
	531～534年?	南川造像塔124	华亭			华亭博物馆
	?	禅佛寺造像塔179	平凉			平凉博物馆
	?	禅佛寺造像塔181	平凉			平凉博物馆
	?	新开造像碑184	灵台			灵台博物馆
	?	新开造像碑186	灵台			灵台博物馆
第五阶段（550～581年）	天和元年（566）	神峪造像碑212	华亭	屠各	多见造像碑，题材上流行一佛二菩萨、释迦多宝、文殊维摩对辩。佛像衣纹简疏，下摆成褶，体态丰壮。	华亭博物馆
	天和二年（567）	宝宁寺石佛座	平凉	羌族		平凉博物馆
	天和三年（568）	昭仁寺北周碑	长武			长武博物馆
	开皇元年（581）	李阿昌造像碑	泾川			甘肃省博物馆

根据张宝玺《甘肃佛教石刻造像》、张燕《陕西省长武县出土一批佛教造像碑》、刘双智《陕西长武县出土一批北魏佛教石造像》、《固原历史文物》和实地考察制表。“造像碑名”后所附数字为《甘肃佛教石刻造像》图版。

泾州地区现存时代最早的造像，当属泾川县玉都乡出土的十六国金铜佛造像①，佛像为趺坐式，双手施禅定印，束发型高髻，身着通肩式袈裟，胸部衣纹呈U字形平行排列，衣纹断面为阶梯状。该像与日本大阪市立美术馆收藏中书舍人施文造金铜佛造像特征、风格大同小异，后者为匈奴赫连夏胜光二年（429）制作②。因此，玉都乡出土的十六国金铜佛造像当是大夏统万城被北魏攻陷后，赫连定等夏国残余势力逃到安定地区携带的宫中文物。

耐人寻味的是，我们将泾州地区出土的北朝造像碑、塔集中分析。如表十三，对碑中题刻的人名进行族属甄别，并根据题材内容、艺术风格等方面的变化，将造像碑、塔划分为四期。

首先，造像碑、塔的捐助者基本是氐、羌、屠各、卢水胡等部族③。其次，在形制上，泾州地区造

① 甘肃省文物局《甘肃文物菁华》，图版268，页252。文物出版社，2006年。

② 金申《十六国金铜佛像》，《中国文物报》1993年1月3日。

③ 如长武出土太和三年（479）刘元天造像碑，发愿文称“太和三年九［月］廿五日，清信士刘元天为养蜀［叔］造石像一躯，愿富洛长来，常相保首［守］，所求如意。”供养署名为“清信士刘元天一心、刘□、刘□、刘□，妻赵□□、息女愿。”显然，刘氏为屠各族，赵氏为氐族或羌族。

长武出土太和廿三年（499）张佰安造像碑，供养署名为“清信士张佰安、清信士张佰子、清信士张佰欢，母程□、妻王清女一心、小媚一心、杏香。”左侧题记为“太和廿三年七月廿六日，佛像”，右侧题记为“曹进起造年，胡无之一心。”张氏、胡氏为屠各族，王氏为屠各或氐或羌族，曹氏为粟特胡。

长武出土景明元年（500）毛阳造像碑，碑下左侧阴刻“景明元年四月廿六日造”，右侧阴刻“阳息为家口大小□□石像”，碑下供养人像侧阴刻“毛阳、□安、郭后进，库白□、后香”。毛氏为氐族。

灵台出土的太和十六年（492）郭元庆造像塔，底缘刻发愿文：“唯大代太和十六年岁次壬申正月戊午朔四日寻酉，阴密县清信弟子郭元庆、彭□□敬□□□□。”郭氏为屠各，彭氏为卢水胡或羌族。

像碑可以分为背屏式高浮雕和扁平式列龛两种，至于多级造像塔，或称塔节，是泾州地区北朝流行的佛教造像形式。平凉禅佛寺北魏景明四年（503年）造像塔、延昌三年（514年）造像塔、神龟元年（518年）造像塔及数十座没有纪年的残塔，它们都应是一石一层的多级塔，而现存仅为其中的某一层，无法恢复原貌。地处陇山西侧的庄浪水洛城（北朝隶属秦州）出土的卜氏造像塔，是造像塔中最完整的一座①，卜氏为屠各族，雕刻技法为典型的部族风格。

根据目前搜集到的材料，塔节主要分布于今陇山东西两侧地区，如甘肃省秦安、庄浪、平凉②，以及宁夏隆德③，这些地区在北朝时期均为部族聚居地，因此，塔节是北朝秦、泾、原州地区部族特有的佛教造像形式。

泾州地区北朝造像碑、造像塔在时间上的变化主要是题材内容、艺术风格的演变：

一期（477～503年），背屏式造像碑和塔节都已经出现。太和三年（479年）刘元天造像碑就是典型的背屏式造像碑，而灵台出土的太和十六年（492年）郭元庆造像塔（图27）就只是塔节中的一级。造像碑碑面分栏布局，上层高浮雕一佛二菩萨，下层浅浮雕男女供养人。坐佛或右袒，右肩覆偏衫，或通肩，阴线刻细密U字形衣纹。风格古朴、拙嫩。

图27　太和十六年（492）郭元庆造像塔（采自松原三郎图版）

二期（504～515年），背屏式造像碑和塔节非常流行。塔节四面开龛，造像碑碑面分栏布局，上层高浮雕一佛二菩萨，或开龛，内雕一佛二菩萨；下层浅浮雕与一期相同的男女供养人。坐佛高肉髻，或通肩，阴线刻细密V字形衣纹，或双领下垂，阴线刻衣纹。男供养人头戴风帽，上穿圆领衣，下着裤；女供养人上穿交领衣，下着长裙。其中，衣纹阴线刻处理方式、坐佛通肩清瘦式的造像风格、供养人的

① 张宝玺《甘肃历代佛教造像概述》，《甘肃佛教石刻造像》，页15～27，甘肃人民美术出版社，2001年。
② 张宝玺《甘肃历代佛教造像概述》，《甘肃佛教石刻造像》，页15～27，甘肃人民美术出版社，2001年。
③ 宁夏固原博物馆编《固原历史文物》，页144～147，图版86，科学出版社，2004年。

部族服饰，都与杏城地区的部族造像一致，说明泾州地区和杏城——鄜州地区的部族有着比较密切的文化交流，屠各、氐、羌、卢水胡等正是活跃于上述两地主要部族。

三期（516～529年），背屏式造像碑和塔节仍是主流，新出现扁平造像碑。塔节四面开龛，造像碑分层布局。题材上流行一佛二菩萨、释迦多宝、阿育王施土、罗睺罗授记因缘。造像褒衣博带，坐佛露右脚，袈裟绕右肘下后，敷搭左手，下摆覆于台座，衣襞形成三瓣式或四瓣式，雕刻简洁明快，如行云流水，菩萨披帛于胸腹间缠绕而下。这些特征明显受到“南石窟寺之碑”碑额世族造像风格的影响。

四期（530～549年），碑、塔并存，碑分层布局。题材上流行一佛二菩萨、释迦多宝，造像清秀俊朗。说明“南石窟寺之碑”碑额简洁明快的世族造像风格得到部族的普遍认同和模仿。

五期（550～581年），多见造像碑，题材上流行一佛二菩萨、释迦多宝、文殊维摩对辩。佛像衣纹简疏，下摆成褶，体态丰壮。

如果以东、西魏对峙为讨论中心，并从西魏、北周的角度出发，那么，大统六至十六年（540～550年），西魏进入战争相持阶段。一方面，宇文泰继承北魏孝文帝以来的民族融合政策，加快了关中秦陇地区部族的融合步伐[①]，推行“文武合一”的用人政策[②]，不论是关中世族，还是秦陇部族，如果拥有支持中央的地方武装——乡兵，即授以“乡帅”、“帅都督”之职[③]，逐步改编，归入府兵系统，以惊人的速度扩军备战，形成“关陇军事贵族集团”。[④] 另一方面，宇文泰陆续颁布六条诏书，在文化上否定北魏孝文帝迁都洛阳以来的浮华之风，强调改弦更张，另起炉灶，崇尚质朴，与同时期的政治、军事、经济措施交相辉映，使西魏走上了富国强兵的道路。丰壮型佛教艺术正是宇文泰文艺改制所倡导的主流艺术[⑤]。

开皇元年李阿昌造像碑[⑥]，原存于泾川县水泉寺，现收藏于甘肃省博物馆。碑分四层造像，第一层雕帏帐龛，中为释迦、多宝，两侧为一佛二菩萨；第二层中造一佛二菩萨，两侧菩提树下雕舒相菩萨；第三层中造依坐弥勒佛二弟子，两侧各为一佛二弟子小龛；第四层雕维摩、文殊对坐，维摩仰坐于帐内，与坐在另一侧的文殊进行激烈的辩论。造像保持了北周以来的丰壮型风格（图28）。

图28 开皇元年李阿昌造像碑

（采自松原三郎图版）

---

① 黄仁宇指出，“中国的长期革命，近百年来有了重大的发展。继自强运动、百日维新、辛亥革命及五四运动以后，蒋中正及其所领导的国民党建立了一个新的高层机构；毛泽东和中共则建立了新的低层机构。今后中国的重要课题，是如何在高低层结构中建立法制性的联系，使整体发展走向合理化。”参考氏著《中国大历史》，页281～310，生活、读书、新知三联书店，1997年。实际上，北朝时期的民族融合中，北魏孝文帝主要侧重于鲜卑上层贵族的汉化，而西魏宇文泰所推行的文化整合运动则偏重于部族底层的汉化。

② 黄永年《关陇集团始末》，载氏著《六至九世纪中国政治史》，页40～76，上海书店出版社，2004年。

③ 唐长孺《魏周府兵制度辨疑》之《乡兵与乡团》一节，收入氏著《魏晋南北朝史论丛》，页263～267，河北教育出版社，2000年。

④ 黄永年《宇文泰所以建立八柱国制的一种推测》，《文史探微——黄永年自选集》，中华书局，2000年。又见黄永年《府兵的兴衰》，载氏著《六至九世纪中国政治史》，页77～112。

⑤ 暨远志《北周丰壮型佛教艺术是如何形成的》，2005年11月山东诸城“北朝造像艺术研讨会”论文。

⑥ 秦明智《隋开皇元年李阿昌造像碑》，《文物》1983年7期。

碑阴上部正中雕弥勒菩萨龛，碑身通碑刻发愿文和供养人题名，是李阿昌等廿家结社造像碑。我们对供养人名（27家业主）进行统计分析，发现2人为长安人外，绝大多数属于泾州当地的部族。但是，从艺术风格来分析，该造像碑则和关中北周艺术完全一致，表明北周时期，融合世族与部族的新风格的佛教艺术产生了。

表十四　开皇元年李阿昌造像碑统计

职务	姓名	族属	职务	姓名	族属	职务	姓名	族属	籍贯或兼职
邑师	比丘僧钦		邑师	比丘道珍		都邑主	李显	屠各	鹑觚令
都化主	杨奴奴	氐族	化主	董伯奴	屠各	都邑主	李阿昌	屠各	前宜阳郡守
都邑正	白李香	羌族	都维那	胡元集	屠各	典录	员安和	屠各	
典录	华继世	羌族	香火	郭序礼	屠各	香火	郭道集	屠各	
浮图主	霍定	?	像主	左赤头	?	斋主	李运祥	屠各	
斋主	杜伏荣	?				邑子	周延矩	屠各	
邑子	李道□	屠各	邑子	庞猛集	羌族	邑子	刘小洛	?	长安县人
邑子	李道□	屠各	邑子	李道□	屠各	邑子	梁孟先	▲	
邑子	孟□□	?	邑子	胡苟奴	屠各	邑子	梁令伯	▲	前河东郡守
邑子	吕□□	羌族	邑子	袁元□	?	邑子	韩定□	?	长安县人
统计	10（9）		9（8）			10			
总人数	29		姓氏	27		部族	18		

▲属于屠各/氐/羌。

北周时期，泾州地区的石窟造像艺术也是丰壮型风格，部族与世族的造像艺术已经看不出民族之间的界限了，艺术风格趋于统一，表明本地区已实现了真正意义上的民族文化融合。

根据上述所论，我们进而可以推断，现收藏于日本浜松美术馆的二件造像碑（图29、30），以及甘肃省博物馆收藏的一件造像碑（图31），都应当是延昌年间泾州地区部族的典型佛教文物。

图29　日本浜松市美术馆藏造像碑1
（采自松原三郎图版页184）

图30　日本浜松市美术馆藏造像碑2
（采自松原三郎图版页185）

图31　泾川出土延昌造像碑
（采自《甘肃文物菁华》）

后　记

本论文的写作始于2003年，中间多次易稿，均未能解决南、北石窟寺风格差异的问题，在与敦煌研究院梅林副研究员的多次来回讨论中，深受启发，于是根据相关的碑刻史料，提出了部族、世族、皇族的文化理念，并坚持实地考察，寻找证据。同时，在本课题的多次实地考察中，得到甘肃省考古研究所张宝玺研究员、庆阳北石窟文保所宋文玉所长、麦积山石窟艺术研究所魏文斌研究员和陕西省长武县博物馆刘双智副馆长、宁夏固原博物馆陈坤馆长等先生的帮助，在此一并致谢。

图版来源

甘肃省文物工作队、庆阳北石窟寺文管所《陇东石窟》，文物出版社，1987年。

甘肃省文物工作队、庆阳北石窟寺文管所《庆阳北石窟寺》，文物出版社，1985年。

［日］松原三郎《中国佛教雕刻史论》，吉川弘文馆，1995年。

金申《中国历代纪年佛像图典》，文物出版社，1994年。

张宝玺《甘肃佛教石刻造像》，甘肃人民美术出版社，2001年。

刘双智《陕西长武出土一批北魏佛教石造像》，《文物》2006年1期。

魏文斌《甘肃华亭石拱寺石窟调查简报》，《敦煌研究》2007年3期。

甘肃省文物局《甘肃文物菁华》，文物出版社，2006年。

作者简介

暨远志，1967年生，北京大学考古系毕业，历史学硕士。深圳市文物考古研究所，研究员。从事佛教石窟考古研究。

6 世纪末至 7 世纪初的四川造像

王剑平　雷玉华

要　約

近年来、四川の仏教石窟と造像の問題は学会の注目を集め、これまで多くの研究成果が世に問われてきた。私たちは、19 世紀の末から四川地方の各地において系統的に調査し、四川石窟と造像の編年作業を熱意を込めておこなってきた。本文における分析や研究は、6 世紀末から7 世紀はじめ（すなわち隋時代から初唐の貞観年代にかけて）の四川造像を対象としたものである。この時期は、中国石窟造像が南北朝時代様式から唐時代様式へ移行する過渡期であり、また四川地区の石窟の造像が徐々に盛んになっていく時期に相当する。造像は比較的数が少なく分散しており、調査には困難が伴う。それゆえこれまでになされた仕事もわずかである。いくつかの造像については、その識別および特徴などについて意見が一致しておらず、それが研究の深化につながっている。私たちは、野外の調査により入手した紀年銘を持つ龕像を参考として、いくつかのこの時期の造像に関して論述をおこなった。

南朝の梁武帝の時期、益州は西域交通の重要な地区であり、すでに長江上流域におけるもっとも重要な仏教の中心地区として発展を遂げていた。隋が建国し、四川地方は隋時代の銃後となった。蜀王秀は、仏教にすこぶる傾倒し、梁の益州を鎮圧する際、首都の浄影寺の高僧善胄を同行させた。益州では高僧大徳が集まり、『続高僧伝』に北周から隋時代の益州で活動した著名な僧侶が30 人近くも収録されたことは、当時の益州仏教が盛んであったことの証明となる。隋末から初唐はまた、多くの高僧大徳が蜀に入り、蜀の地の仏教は一気に発展しその勢いを増した。

この時期の造像は、中原と成都を結ぶ金牛道、米倉道など古道上に位置する場所、あるいは東は長江に通じ西は成都と繋がる嘉陵江、渠江主流やその支流周辺、あるいは成都から西に向かうシルクロードの河南道上などに存在している。全体として数量は少なく小規模で、いまだ発展段階にある。少量の大型龕があるものの、小型の浅い龕が主流である。小型龕は、比較的簡単なつくりだが、大型龕は装飾が複雑で連珠文様が一般的に使用されている。造像の主題には、釈迦、弥勒、西方三聖、二仏、三仏、双観音、天龍八部、定光仏、道教の天尊、護法の神々等がある。組み合わせには五尊像（一仏二弟子二菩薩）、七尊像（五尊像に二力士を加えたもの）、九尊像（七尊像に二天王を加えたもの）があり、龕壁には多く菩提樹が浮き彫りされ、双樹の間には、2 体から8 体の天龍八部などの護法神像や阿弥陀仏と五十二菩薩、天龍八部など新しい主題が出現した。造像の様式は、四川地区の南朝時期の特徴を継承しており、また長安地区からもいくらかの影響を受けていた。人物の造詣は豊満壮健で、菩薩装飾は瓔珞が複雑であり、唐朝の造像に影響した。新しく出現した外方内円拱額は、その後、四川地区唐代のもっとも流行した龕形となった。

近年来四川石窟和造像已成为学术界十分关注的问题，有许多研究成果问世。然而其最基本的年代问题却少有学者涉及，原因是四川石窟基础调查工作薄弱，学者们不能全面掌握基础资料，因此不能进行分期排年，建立四川石窟和造像的年代序列。我们从 20 世纪 90 年代末开始在四川各地进行系统的调查工作，发表了一系列调查资料，并对一些地区的造像进行了初步排年研究，力图建立起四川石窟和造像的年代序列。已完成了成都地区的南朝造像、广元石窟、巴中石窟等部分区域造像的分期排年工作，取得了初步成绩。①

本文将继续这一课题，研究 6 世纪末期至 7 世纪初（与历史上对应的时代即隋至唐初贞观时期）的四川造像。这个阶段是中国石窟造像从南北朝到唐代的过渡阶段，也是四川地区石窟造像逐渐兴起的时期。由于造像数量较少而且分散，调查不方便，因此所做的工作较少。对于一些造像的年代问题也有不同看法，由此影响了更一步的研究。本文拟从时代背景和调查中发现的纪年材料入手，归纳这一时期造像的特征，同时简要分析其造像的渊源，以便学者们在准确辨别造像年代的基础上对四川石窟造像进行系统认识和深入研究。

一、分布范围

从 2000 年起我们在调查中即开始留意于这阶段的造像。我们发现从四川石窟开凿最早的川北重镇广元开始，往南沿金牛道经剑阁、梓潼、绵阳，直至成都一线；然后是成都以西的彭州、蒲江、茂县等地均有这个阶段的造像；从广元东行，同是川北区域的旺苍、巴中；巴中以南的广安、潼南也有这一时期的造像。这些发现早期造像的地区或处在金牛道、米仓道与中原和成都相通的古道上；或处在嘉陵江、渠江主流或支流边，东与长江相通，西与成都相联；或处在成都往西的丝绸之路河南道上。如广元往南直至成都的造像，均处在金牛道上；巴中北有米仓道与中原相联，南有多条道路可达成都，往东通过渠江支流可与长江下游交通。旺苍则位于广元、巴中之间，两处石刻均在古道旁。广安冲相寺位于渠江边，潼南造像位于嘉陵江边，茂县造像位于丝绸之路河南道上。这些位于古道边的地区与川中和川南相比，造像开始时间都要早一些（图 1，表一）。四川以东的重庆长江三峡地区也有这个阶段的造像。②

---

① 参见成都考古所等《巴中石窟内容总录》，巴蜀出版社，2006 年。姚崇新《广元石窟分期研究》，北京大学博士生论文。雷玉华《巴中石窟研究》，四川大学博士生论文。雷玉华《成都地区的南朝佛教造像研究》，《少林文化研究论文集》，宗教文化出版社，2001 年。2000 年至 2004 年《成都考古发现》上载有多篇四川石窟和摩崖造像调查简报，成都科学出版社，2003 年至 2006 年。如：成都考古所等《巴中石窟调查简报》（《2000 年成都考古发现》，2002 年）、《广元剑阁横梁子摩崖石刻像调查简报》（《2001 成都考古发现》，2003 年）、《广元旺苍县木门寺摩崖石刻调查简报》（《2001 成都考古发现》，2003 年）、《蒲江佛尔湾摩崖石刻造像调查简报》、《蒲江龙拖湾摩崖石刻造像调查简报》、《安岳灵游院摩崖石刻调查简报》（以上三篇均刊于《2002 年成都考古发现》，2004 年）等。

② 重庆三峡博物馆展出的从三峡地区忠县龙滩河边整体搬迁的唐代摩崖造像中就有这个阶段的造像。

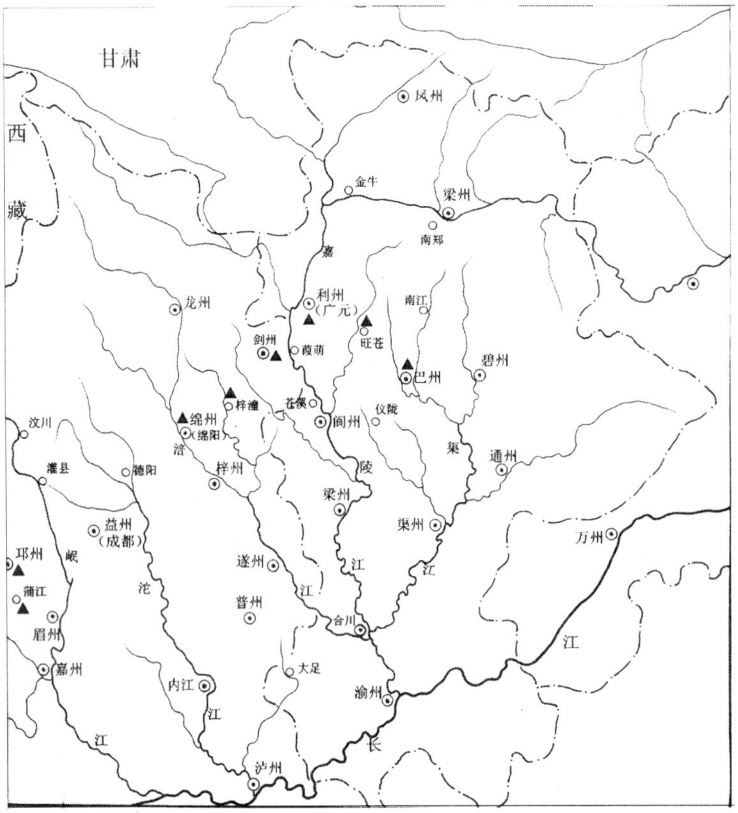

图1 6至7世纪四川石窟和摩崖造像分布图

表一 6世纪末至7世纪初的四川造像

地点		类别	代表龛像	时间	内容	造像人
广元	皇泽寺①	摩	28、12、13、55、56等多龛	贞观二年（12、13号龛）	阿弥陀、二佛、三佛等	利州都督武士䨇和夫人杨氏
剑阁	鹤鸣山	摩	2号	隋至唐初	天尊、女冠、护法群像	
	觉苑寺藏	石	3尊	隋至唐初	菩萨、力士	
	环梁子②	摩	1－16号龛	2号龛（贞观廿一年），另外有大业三年、贞观廿一年、贞观廿三年摩崖题刻	一佛二弟子二菩萨、一观音二弟子、双观音、双立佛等	弟子王颖、任玄荣

① 王剑平、杨栋《广元皇泽寺28号窟时代考证》，《四川文物》2004年1期；王剑平《广元皇泽寺28号窟时代续考》第594—600页，重庆大足石刻艺术博物馆编《2005年重庆大足石刻国际学术研讨会论文集》，文物出版社出版，2007年12月。广元皇泽寺博物馆等《旺苍县普济镇佛爷洞摩崖石刻造像调查简报》，《四川文物》2004年1期。

② 成都考古所等《广元剑阁横梁子摩崖石刻像调查简报》，《2001成都考古发现》，科学出版社，2003年。

续表

地点		类别	代表龛像	时间	内容	造像人
绵阳	西山观玉女泉①	摩	玉女泉北面崖壁尚存 8 龛造像，上世纪初尚存十余龛。	大业六年、十年	一天尊二胁侍像	三洞道士黄法暾、文托生母
	碧水寺②	摩	1、4，5 号等龛	正（贞）观时	弥勒佛、阿弥陀佛和五十二菩萨等	令狐文轨施造
梓潼	卧龙山千佛崖四面龛	摩	四龛	贞观八年七月	阿弥陀佛并五十二菩萨、千佛、弥勒等	僧人道密
三台	文献记录③			武德七年九月	一菩萨	
				武德七年	菩萨、金刚等 7 身	隆兴寺比丘尼妙音
				武德八年	弥勒像	尼净明
成都	万佛寺④	石	数尊	隋－唐初	力士、观音、弥勒、释迦等	
	文献记录益州⑤			隋	造千尺道像	道士韩朗、黄儒林、蜀王杨秀
蒲江	新建乡大石堡	摩	2 号龛	大业	一佛二菩萨等	
彭州	龙兴寺⑥	石	1 件	开皇十一年	背屏式，造一天尊二胁侍	道民谯贾奴
茂县	校场坝⑦	摩	21 龛	贞观四年九月至十一月	弥勒、释迦与药师并坐、观音等	翼州刺史上大将军李玄嗣及其部属等人
旺苍	普济佛爷洞⑧	摩	1 号龛	隋至唐初	一坐佛二弟子四菩萨二力士	
	木门晒经石⑨	摩	1 号龛	隋	一佛二菩萨等	

① 清·燕庭《金石苑》卷二（见台湾新文丰公司，1976 年出版《石刻史料新编》第一辑）、清·陆增祥《八琼石金石补正》卷二十七（文物出版社 1985 年 12 月影印）均录。

② 何志国、李其堂《绵阳碧水寺摩崖造像》，《四川文物》1987 年 3 期。

③ 《八琼室金石补证》卷二十九录。

④ 刘志远、刘廷壁《成都万佛寺石刻艺术》，中国古典艺术出版社，1958 年出版。该书著录有持瓶观音像（图片 19）、力士像（图片 24）、释迦坐像（图片 18）、倚坐弥勒像（图片 15）等，这几尊像的时代都应该是隋至唐初时期。另外，书中引用王廉生《天壤阁笔记》记清光绪壬午年（1882 年）万佛寺出土的造像中有开皇年间的造像。

⑤ 《法苑珠林》卷五十五《破邪篇·感应缘》，《大正藏》第五十三册，第 704 页。

⑥ 雷玉华等《四川彭州龙兴寺出土石造像》，《文物》2003 年 9 期。

⑦ 于春、蔡青《四川茂县点将台唐代佛教摩崖造像调查简报》，《文物》2006 年 2 期。

⑧ 广元皇泽寺博物馆等《旺苍县普济镇佛爷洞摩崖石刻造像调查简报》，《四川文物》2004 年 1 期。

⑨ 成都文物考古研究所等《广元旺苍县木门寺摩崖石刻调查简报》，《2001 成都考古发现》，科学出版社，2003 年。

续表

地点		类别	代表龛像	时间	内容	造像人
巴中①	西龛	摩	18、21、22等号龛	隋	一佛二菩萨二弟子等	
	南龛	摩	139、140等号龛	初唐	一佛二弟子四菩萨二天王二力士天龙八部等	
	东龛	摩	1号龛	初唐	一佛二弟子四菩萨二力士天龙八部等	
	水宁寺	摩	12～19号龛	隋至初唐	道教造像	
	恩阳佛尔崖	摩	1、3号龛	隋至初唐	一佛二菩萨等	
广安	肖溪冲相寺②	摩	一批龛像	开皇八年、贞观等	定光佛等	流江郡守袁君等
潼南	大佛寺③	摩	3龛	大业六年	道教像	
忠县	黑龙滩④	摩		初唐贞观		

※表格类别一栏中“摩”表示石窟或摩崖龛像，“石”表示出土石刻造像。

二、造像特征

从调查情况看，隋至唐初贞观时期四川造像地点比南北朝时期明显增多⑤，但总体数量不多，规模不大，尚处于兴起阶段，并且主要分布在当时的交通线上。主要有以下一些特征：

1. 道教造像兴起

四川在历史上道教比较流行，也是道教造像分布广泛的地区，隋末唐初，道教在四川民间有广泛信仰，其势力在某种程度上超过了佛教。《续高僧传·释道会》载：“于时国初，僧尼道士所在多度，有道士宋冀，是彼梁栋，于隆山县下新立道观，屋宇成就，置之十人，会经总管段伦陈牒改观为寺，其郭内住者并是道宗，不伏……，（道会）贞观末卒”⑥。隆山县，即今之彭山县，在成都以南。同书《释宝琼》记：宝琼“益州绵竹人，……本邑连比什邡诸县，并是道民，尤不奉佛，僧有投寄无容施者，致使老幼之徒於沙门像不识者众，琼虽桑梓，习俗难改，徒有开悟，莫之能受。李氏诸族正作道会，邀琼赴之，来既后至，不礼而坐，佥谓不礼天尊非法也，琼曰：‘邪正道殊，所事各异，天尚为礼，何况老

① 雷玉华、程崇勋《巴中石窟》第81页，巴蜀书社，2003年8月；雷玉华、程崇勋《巴中石窟内容总录》第189～191，267～276，333～334等页，巴蜀书社，2006年12月。

② 刘敏《文物考古集》，广安地区文化体育局，1998年。

③ 胡文和《四川道教佛教石窟艺术》，四川人民出版社，1994年。

④ 今重庆三峡博物馆有一块从三峡忠县搬回的崖石，石上有十余龛初唐贞观时期造像。这些摩崖造像龛周多用联珠纹装饰，像座很高，座下浮雕莲茎。

⑤ 目前所见四川地区的南北朝造像有广元千佛崖和皇泽寺、剑阁下寺的北朝石窟和摩崖造像、广元城区出土的北朝造像，绵阳城区平杨府君阙南朝和北周造像，成都、茂县和彭州出土的南朝造像等。2008年12月，我们在四川中部乐至县调查时，发现马锣镇睏佛寺有一龛南朝造像（文管所编号20），资料尚未发表，这是目前四川中部腹地发现的唯一一龛南朝造像。

⑥ 《续高僧传》卷第二十四，《大正藏》第五十册，第642页。

君'。众议纭纭，颇相凌侮。琼曰：'吾礼非所礼，恐贻辱也'。遂礼一拜，道像并座动摇不安，又礼一拜，连座返倒摧残在地……，合众惊惧，举掌礼琼 ，一时回信，从受戒法，傍县道党相将叹讶，咸复奉法，时既创开释化，皆授菩萨戒法。傍县道党相将叹讶。咸复奉法。时既创开释化。皆授菩萨戒焉。县令高远者。素有诚敬。承风敷导。更于州寺召僧弘讲合境倾味自此而繁。以贞观八年，终于所住。"① 绵竹在成都以北，广元以南。这些记载表明四川传统的道教势力十分巨大，以至于隆山、绵竹、什邡附近诸县都是道民，许多人都不识佛像，在唐初才开始有所变化。

从调查情况看，早期的道教造像主要集中在广元与成都之间，成都西安路曾出土一尊南朝道教造像②，绵阳平阳府君阙上有三龛北周时期的道教造像③，2006年11月在剑阁下寺新县城建设中，于清水河岸边的崖壁上发现七龛北魏晚期风格的道教造像，这应是目前四川地区发现开凿时间最早的道教摩崖石刻造像（图2）。④ 以上造像地点均位于广元与成都之间。从隋代开始，四川道教造像开始兴盛，这时四川道教造像最多的绵阳西山观也位于广元与成都之际间。至唐代道教造像遍布四川各地，成为四川石窟造像中的另一支奇葩，几可与佛教造像相抗衡。除了剑阁下寺和鹤鸣山、丹棱龙鹄山等少数地点是单一的道教造像外，其他道教造像往往与佛教造像共存于一处，这是四川隋唐造像的特点之一。造像情况随历史背景变化而不同。

图2 剑阁下寺北魏道教造像全景

2. 龛形和装饰

这个时期造像规模很小，佛道龛像很相似，以小型浅龛为主，有少量大型龛。小型浅龛主要有尖拱形龛、圆拱形尖楣龛、外方内圆拱形龛等几种类型。通过纪年材料，我们可以知道，隋代流行的小型圆

① 《续高僧传》卷第二十八，《大正藏》第五十册，第688页。

② 成都市文物考古工作队《成都市西安路南朝石刻造像清理简报》，《文物》1998年11期。

③ 孙华《四川绵阳平阳府君阙阙身造像——兼谈四川地区南北朝佛道龛像的几个问题》，《汉唐之间的宗教艺术与考古》，文物出版社，2000年。

④ 因该处造像挖出后很快被回填，据剑阁文管所蒲龙先生介绍，其中间最大龛侧有"大代……"的铭文。

拱形尖楣龛，龛楣以素面为主，少装饰，如潼南大佛寺隋大业六年的3龛道教造像（图3、4），绵阳西山观隋代大业六年、大业十年及唐初道教造像龛等（图5、6、7）。大型尖拱形龛只见于皇泽寺28号大龛。唐贞观时期开始出现并流行外方内圆拱形龛，这是唐代四川地区最流行的龛形。贞观时期内龛龛楣上多有装饰，小型龛比较简单，装饰一圈联珠纹，如茂县校场坝点将台、剑阁环梁子贞观年间的小龛造像等（图8、9）。大型龛装饰比较复杂，内层龛雕出桃形龛楣，桃形光尖折至外层龛顶，近龛沿处饰一圈联珠、回纹、联珠组成的纹饰带，光楣中浮雕忍冬纹，在忍冬纹中均匀开凿七个圆形小龛，小龛内雕禅定坐佛。如贞观二年的皇泽寺13号龛，贞观八年（625年）七月的梓潼卧龙山千佛崖西面、北面龛等（图10）。但这种龛楣和装饰基本上只流行于四川地区贞观时期龛窟中，到贞观晚期，越来越简化，以至很快消失。另外还有一种由方形、圆拱形和佛帐形龛组成的三层龛，见于巴中西龛21号龛，外层方形，内层圆拱形，中层佛帐形，模仿佛帐的正立面，雕出帐脊、帐楣、帐柱等，装饰十分华丽。佛帐形龛是巴中地区唐代最流行的龛型，并对川中、川西其他地区的龛窟形制有重要影响。装饰纹样方面，联珠纹使用十分普遍，在龛楣以及造像的头光、宝冠、项圈、璎珞、佛座上大量分布，是这个时期最流行的纹样，也是最显著的特征（图11）。

图3　潼南大佛寺道教造像全景

图4　潼南大佛寺道教造像龛

图5　绵阳西山观部分6～7世纪道教小龛

图6　绵阳西山观19号龛

图7　绵阳西山观21号龛，6～7世纪

图 8　剑阁环梁子贞观造像全景

图 9　剑阁环梁子、4 号龛

图 10　梓潼卧龙山阿弥陀佛与五十菩萨龛　贞观八年

图 11　茂县点将台贞观造像龛之一

造像功德主中以蜀王杨秀的官爵最高，他曾在益州造千尺道像，皇泽寺28 号龛亦有可能是他出资捐造的①。其他见于铭文中的造像官员有利州都督武士彟和夫人杨氏贞观二年在皇泽寺造像（12、13 号龛）、翼州刺史上大将军李玄嗣及其部属等人贞观初年在茂县较场坝的造像、令狐文轨在绵阳碧水寺造像等。其余造像者多是僧人、道士或者普通百姓，这也是贞观时期龛窟规模普遍较小的原因。

3. 造像题材与风格

这个阶段造像题材很多，有释迦、弥勒、西方三圣、二佛、三佛、双观音、天龙八部、定光佛；道教的天尊、护法群像等。组合有五尊像（一佛二弟子二菩萨），七尊像（由五尊加二力士）、九尊像（由七尊加二天王），龛后壁多浮雕菩提双树，双树间雕 2 ~ 8 身不等的天龙八部等护法像，有的多至 10 多身。道教造像以一天尊二胁侍三尊像的组合常见。值得重视的是这个时期新出现了阿弥陀佛与五十尊菩萨以及天龙八部雕刻。

阿弥陀佛与五十菩萨造像，四川最早于贞观八年梓潼卧龙山，并成为四川地区初、盛唐表现阿弥陀信仰的主要形式。《集神州三宝感通录》卷二:《隋释明宪五十菩萨像缘》记载此像来缘及传承甚详，梓

① 参见拙作《广元皇泽寺 28 号窟时代续考》，《2005 年重庆石刻国际学术研讨会论文集》，文物出版社，2007 年 12 月。

潼卧龙山贞观八年造像龛旁铭文记录与之大体相同①。阿弥陀佛与五十菩萨像（石窟造像中往往雕出五十二尊菩萨或不足五十菩萨）原是天竺之瑞像，隋文帝时，先在京邑流传，后遍布宇内。贞观八年开凿于石窟中这龛像也是国内最早雕刻此题材的石窟造像。天龙八部亦是这个时期出现的重要题材，②在四川石窟中以广元皇泽寺28号窟最早，约在隋代；其次皇泽寺贞观二年开凿的13号窟和梓潼卧龙山贞观八年（634年）僧人道密所开凿的四面龛（其中两个窟后壁浮雕有天龙八部）。之后从唐初一直持续到五代均有雕刻，以盛唐时期最为繁荣，安岳圆觉洞23号佛道合龛右壁所凿之天龙八部，时间约在五代前蜀时期。

这个阶段的造像与南北朝时期相比有了很大变化，佛像均螺发，面相长而丰满，躯体健壮。流行双领下垂式袈裟，袈裟右领在腋下内折，右肩敷偏衫。内着袒右肩僧祇支，胸、腹间十字形结带。有的佛像袈裟下摆悬垂座上，还有南北朝时期“悬裳座”重重叠叠的遗风（图12、13）。戴珥珰、手执桃形宝珠也是这个时期比较常见的做法。佛像戴珥珰最早见于成都出土梁太清三年释迦双身像，之后有广元出土的北周兴安县令刘约造像碑，以及皇泽寺15号、46号龛，巴中西龛18号龛等主尊都饰珥珰；绵阳碧水寺初唐时期佛像都有圆形大珥珰，本文所举图片中的主尊也差不多都有圆形珥珰。手执宝珠的佛像早期见于四川大学藏梁中大通四年（532年）释迦像。因此，佛像饰珥珰和手握桃形宝珠极可能是四川成都地区萧梁晚期出现的一种特征，在四川地区一直流行到唐初贞观时期，并影响到其他地区同期造像，个别地方保留到盛唐时期③。同时，这个时期雕造有四川最为精美的菩萨，如广元皇泽寺28号龛、梓潼卧龙山造像、成都万佛寺持瓶观音像、绵阳碧水寺藏开元寺出土观音菩萨像等。菩萨身姿绰约，装饰繁细，头戴三珠形宝冠，缯带长长垂于肩侧。饰联珠纹项圈，有的胸前缀悬铃，X形联珠纹璎珞或穗状的大璎珞交叉于腹前，沿体侧再饰一道U形长璎珞，装饰华丽。帔帛饰法多样，既有旧的因素如X形帔帛，也出现了如横膝部一道或两道的新做法，显示出过渡时期新、旧因素交织的特征。总之，菩萨的装饰以隋代最为华丽和繁缛，贞观初年开始简化，时间越晚，简化趋势越明显。天王和力士造像还比较少，但很有特色。隋代的力士多戴项圈和饰X形联珠纹璎珞，装饰较复杂。如我们认为开凿于隋代的皇泽寺28号龛和巴中西龛21号龛的力士都戴项圈和装饰璎珞。贞观初年，力士就只戴项圈，没有了联珠纹璎珞，如皇泽寺开凿于贞观二年的13号龛及与之时代接近的55、56号龛（图14）；越往后，项圈也

---

① 《集神州三宝感通录》卷二：“阿弥陀佛五十菩萨像者，西城天竺之瑞像也，相传云，昔天竺鸡头摩寺五通菩萨，往安乐界请阿弥陀佛，娑婆众生愿生净土，无佛形象愿力莫由，请垂降许。佛言，汝且前去，寻当现彼。及菩萨还，其像已至，一佛五十菩萨各坐莲花在树叶上，菩萨取叶所在，图写流布远近，……隋文开教，有沙门明宪，从高齐道长法师所得此一本，说起本纪与传符焉，是以图写流布遍于宇内，时有北齐画工曹仲达者，本曹国人，善於丹青，妙尽梵迹，传模西瑞，京邑所推，故今寺壁正阳皆其真范”。《大正藏》第五十二册。

② 所谓天龙八部，《妙法莲华经》记其为“天、龙、夜叉、乾达婆、阿修罗、紧那罗、迦楼罗、摩睺罗迦”八部：一天众，包括欲界、色界诸天，常见的帝释天、梵天、四大天王等都属于这个系统。二龙众，有八大龙王以及百千眷属。三夜叉，亦名药叉，食人，飞行空中之鬼神。四乾闼婆，译作香阴，帝释天之乐神，此神不食酒肉，惟求香以资阴身，住十宝山中，天欲作乐时，此神体上有相出，然后上天，有四乾闼婆王及其百千眷属。五阿修罗，译作无端，容貌丑陋之义，有美女而无酒，好斗，常与帝释天战斗，有四阿修罗王及其百千眷属。六迦楼罗，译作金翅鸟，两翅相去有三百三十六万里，常撮龙为食，有四迦楼罗王及其眷属。七紧那罗，译作歌神，似人而头上有角，故名人非人，为帝释天之乐神，有四紧那罗王及其眷属。八摩睺罗迦，译作大蟒神。八部中以天、龙二部为上首，并且神验殊胜，故名“天龙八部”。

③ 佛像戴耳珰和手执桃形宝珠还见于陕西慈善寺2号窟主尊和关中出土的佛像以及云南巍山出土的佛像；在四川地区盛唐时期开凿的安岳卧佛院大卧佛还戴耳珰，可见，此风格的佛像影响了关中地区和云南地区的造像，并在四川地区流传很久。对此种风格的佛像目前学术界还没有比较准确的解释。由于目前见到的最早实例是成都萧梁时期的佛像，考虑到成都南朝造像受建康地区的影响，推测此种风格的佛像应渊源于建康地区，或许与皇帝菩萨的梁武帝关系密切。宝珠是佛舍利的化现，和梁武帝崇奉佛舍利有关。这种新样式的佛像出现后在四川地区得到了模仿和追捧，在北周、隋、唐初的佛像造作上十分流行，只不过后来的造作者只是继承了前朝的样式而可能已经不太明白它最初的意义了。

不戴了，如贞观四年开凿的茂县点将台 1、2、3、5、6 号等龛，除 1 号龛力士戴项圈外，其他几龛力士似乎都不戴项圈；贞观八年的卧龙山雕刻，六身力士除一身戴项圈外，其余五身力士也不戴项圈。这时戴盔着甲的天王形象开始成对出现，但数量不多，梓潼卧龙山东面龛、北面龛，皇泽寺 13 号、56 号，巴中西龛 21 号龛都有雕刻，其中皇泽寺 56 号、巴中西龛 21 号天王保存较好。皇泽寺 56 号天王头戴盔，身着裲裆甲，系护颈，披披风。左天王腰挂剑鞘，右手执环首剑，脚穿靴；右天王虬髯，左手执环首剑，右手握剑鞘，脚穿麻鞋。西龛 21 号左天王头束发，发带上翘，系护颈，身着裲裆甲，右手握剑囊，臂绕帔帛，游戏坐于须弥座上，垂下的一脚踩在地鬼头上。总的来看，这个时期的天王雕刻都比较瘦小、纤细，不及力士威猛雄壮。

图 12　剑阁下寺北魏道教造像龛

图 13　广元皇泽寺 55 号龛佛像之一

图 14　广元皇泽寺 56 号龛右侧菩萨像等

这个时期有几种比较特别的像座，瓶花承托莲座、狮子口衔莲花承托莲座、八角束腰座基承托莲座等。特别是八角形座基，转角处雕兽头或宝珠，十分华丽。弟子、菩萨立于兽吐莲茎或宝瓶生莲茎承托的莲座上，莲茎很高，使座高基本上接近像高成为这个时期造像的一个特征（图 15、16、17）。与南北朝时期以低莲座或平座为主的情况有所不同。

图 15　巴中东龛 1 号龛像座

图 16　广安肖溪冲相寺造像之一

图 17　广安肖溪冲相寺造像之二

三、造像渊源

1. 历史背景

南朝梁武帝时期，益州已发展成为长江上游最重要的佛教中心，其地位仅次于都城建康以及长江中游重镇荆州。公元 553 年，西魏占领益州，周氏建国，有“益州大德五十余人，各怀经部，送像至京”①。有名的高僧阇那崛多，“以周明帝武成年初届长安，……会谯王宇文俭镇蜀，复请同行，于彼三年，恒任益州僧主，住龙渊寺，又翻观音偈，佛语经。”②被隋文帝誉为“一国名僧”的释智炫，益州成都人，曾被众僧推荐执如意，与周武帝、张宾在大殿上辩佛道之优劣，武帝不能屈。由于益州是南朝与西域联系的主要通道，治所成都在南朝时已成为重要佛教中心。佛教兴盛的同时，自然会带动佛教造像艺术的繁荣。成都万佛寺遗址就曾出土大量南朝至唐代的石刻造像③。近年，成都市西安路④、商业街⑤、宽巷子等地亦曾出土南朝时期的造像。目前所见南朝造像大都出自以成都为中心的四川地区。已有学者指出，成都南朝造像多渊源于建康，代表了南朝造像样式，其中虽有齐梁之际“秀骨清像”的代表作品，但最主要的应是梁中后期代表张僧繇“面短而艳”和“丰壮”风格的张家样。汶川县文管所藏南朝双观音立像，以及成都万佛寺、西安路、商业街出土的南朝和北周造像已具“丰壮”造型，这种风格深刻影响了四川地区 6、7 世纪之交的造像（图 18）。

图 18　汶川双观音

公元 589 年，隋文帝杨坚一举攻灭陈，统一全国。政治上的统一，促进了南北经济、文化的交流。杨坚在历史上是一位比较有作为的皇帝，在位期间社会经济繁荣。同时他又是一位很崇信佛教的皇帝，自幼在尼寺中由智仙抚养长大，对智仙有很深的感情。即位后“每以神尼为言，云我兴由佛教，于天下舍利塔内各作神尼之像，”⑥ 深信自己的帝业是由佛法保佑而来。仁寿元年，他在《隋国立佛舍利塔诏》中称：“朕归依三宝，重兴圣教，思与四海之内，一切人民俱发菩提，共修福业，使当今见在，爰及来世，永作善因，同登妙果。”⑦ 同时派遣沙门三十人往诸州送舍利起塔，“任人布施，钱限止十文已下，不得过十文，所施之钱以供营塔；若少，不充正丁，及用库物。率土诸州僧尼普为舍

---

① 《续高僧传·释僧实》卷十六，《大正藏》第五十册，第 577 页。

② 《续高僧传·阇那崛多》卷二，《大正藏》第五十册，第 433 页。

③ 刘志远、刘廷壁《成都万佛寺石刻艺术》，中国古典艺术出版社，1958 年出版；袁曙光《四川博物馆藏万佛寺石刻造像整理简报》，《文物》2001 年 10 期。

④ 成都市文物考古工作队《成都市西安路南朝石刻造像清理简报》，《文物》1998 年 11 期。

⑤ 张肖马、雷玉华《成都市商业街南朝石刻造像》，《文物》2001 年 10 期。

⑥ 《广弘明集·佛德篇·隋国立舍利塔诏》卷十七，《大正藏》第五十二册，第 213 页。

⑦ 《广弘明集·佛德篇·隋国立舍利塔诏》卷十七，《大正藏》第五十二册，第 213 页。

利设斋，限十月十五日午时同下入石函。总管刺史已下，县尉以上，自非军机，停常务七日，专检校行道及打刹等事务”①。由于皇帝的提倡，佛教经过北周短暂的灭法后，在隋代又得到了迅猛的发展。隋立国之后，四川为隋之后方，地理位置很重要。当时统治者认为“巴蜀险阻，人好为乱”，开皇初即以文帝四子杨秀为蜀王，拜柱国、益州刺史、总管二十四州诸军事。十二年，又为内史令，右领军大将军，出镇于蜀。文献上说蜀王秀颇倾心于佛教，出镇梁益时，携京师净影寺高僧善胄同行②。在益州时，亦延揽高僧大德，据《续高僧传·释智诜》记载，智诜原在长安敷扬律藏，“益州总管蜀王秀，奏请还蜀，王自出迎，住法聚寺，道俗归崇”。同书卷二十《释惠宽》记载：“时隋蜀王秀在益，请入城内，妃为造精舍，镇恒供养。”《续高僧传》收录有周、隋之际益州著名僧人近三十人，可证当时益州佛教之盛。

隋末唐初，北方战乱频仍，许多高僧均避乱于蜀，隋代汇聚于中原的高僧大德门纷纷入蜀，玄奘法师兄弟即是此时来蜀求学：“是时，国基草创，兵甲尚兴，孙吴之术斯为急务，孔释之道有所未遑，以故京城未有讲席，法师深以慨然。初炀帝于东都建四道场，召天下名僧居焉，其征来者皆一艺之士，是故法将如林，景脱、基暹为其称首。末年国乱，供料停绝，多游绵蜀，知法之众，又盛于彼。……经子午谷入汉川，遂逢空、景二法师，皆道场之大德，相见悲喜。停月余，从之受学，仍相与进向成都。诸德既萃，大建法筵，于是更听基暹摄论、毗昙及震法师迦延……。时天下饥乱，唯蜀中丰静，故四方僧，投之者众，讲座之下常数百人。”③ 因此，这个时期蜀中又是一时之佛教中心。

2. 艺术源流

从艺术源流上看，本阶段的造像具有明显的四川地区本土风格和承袭成都地区南朝造像的特点，在某些方面也受到长安地区的影响。人物造型丰满健壮，明显承袭南朝后期出现于四川地区的造像形像，并进而影响到唐朝造像的开凿；在龛形方面出现外方内圆拱形龛，之后成为四川地区唐代最流行的龛形。佛座由兽吐莲茎、瓶花或六角形束腰座基承托莲座，特别是六角形座基，转角处雕兽头或宝珠，十分华丽；弟子、菩萨立于兽吐莲茎承托的莲座上，莲茎部分很高，使整个座高接近龛高的一半。瓶花承托莲座最早见于四川大学藏梁太清三年释迦双身像④、成都万佛寺双观音像⑤，此种座式应是直接承袭南朝成都地区造像而来。八角形座基，转角处雕兽头（狮子和大象两种），过去有学者将之称为生灵座，认为与密教有关⑥，此种座式在四川地区出现的时间约在隋代，绵阳西山观大业十年文托生母造天尊像座即为此种座式，与此相同的像座还有两龛。唐代四川石窟造像中也多有发现，如广元皇泽寺13号龛佛座，千佛崖744号、689号、827号龛佛座⑦；巴中东龛1号龛佛座等⑧，这应是四川石窟中颇具地方特征的像座，和密教没有多大的关系。戴珥珰和手执宝珠是这个时期佛像的基本特征。佛像戴耳珰四川最早亦见于四川大学藏梁太清三年释迦双身像⑨，流行于四川北周、隋、唐初贞观时期，个别例子可到盛唐时期，如安岳卧佛院大卧佛亦戴珥珰。手执宝珠四川最早见于四川大学藏梁中大通四年（532年）释

① 《广弘明集·佛德篇·隋国立舍利塔诏》卷十七，《大正藏》第五十二册，第213页。
② 《续高僧传·释善胄》卷十二，《大正藏》第五十册，第515页。
③ 《大唐大慈恩寺三藏法师传》，《大正藏》第五十册，第221页。
④ 霍巍《四川大学博物馆收藏的两尊南朝石刻造像》，《文物》2001年10期。
⑤ 袁曙光《四川省博物馆藏万佛寺石刻造像整理简报》，《文物》2001年10期。
⑥ 丁明夷《广元千佛崖石窟调查记》、《川北石窟札记——从广元到巴中》，《文物》1990年6期。
⑦ 雷玉华、王剑平《广元石窟》巴蜀书社，2002年12月。
⑧ 雷玉华、程崇勋《巴中石窟内容总录》，巴蜀书社，2006年。
⑨ 霍巍《四川大学博物馆收藏的两尊南朝石刻造像》，《文物》2001年10期。

迦像[①]，流行于四川北周、隋、唐初贞观时期，宝珠的形象为桃形光焰的圆片状，至唐高宗、武周、盛唐时期，宝珠则变为圆球形。力士戴项圈，饰 X 形璎珞，亦最早见于成都南朝造像，在石窟中流行到贞观初期。在关中地区开皇四年董钦造阿弥陀一铺像中的力士也饰项圈和璎珞，龙门石窟则出现在高宗时期，如敬善寺、万佛洞、奉先寺等龛窟力士都戴项圈，饰 X 形璎珞，一直到武周时期才逐渐消失。关中、龙门出现的时间都比四川晚，这应该是受到了四川地区力士样式的影响。虽然，四川地区力士的项圈在贞观时期基本消失，但似乎在开元初年又出现了复古思潮，在广元千佛崖的造像中，个别龛窟的力士又戴起了项圈，当然，这只不过是昙花一现。

题材方面，双立佛（剑阁环梁子 13 号）、双坐佛（皇泽寺 56 号）、双观音（剑阁环梁子 8、15、16 号）继续开凿。剑阁环梁子 13 号的双立佛立于束腰的仰覆莲低圆座上，对称式构图，如左佛穿袒左肩僧衹支，右佛则穿袒右肩僧衹支；左佛袈裟衣纹向右腋下密集，右佛则向左腋下密集；靠内的两只手施与愿印，靠外的两只手施无畏印。皇泽寺 56 号龛的二坐佛亦是对称式构图，靠内的两只手握宝珠，靠外的两只手施无畏印。这种构图形式的双立佛或双坐佛可以理解为释迦双身像。这种双身像的开凿承袭了成都地区南朝造像的传统。

天龙八部造像亦起源于南朝，唐惠详撰《宏赞法华传》卷一：“（南朝）宋景平元年，瓦官寺沙门帛惠高造灵鹫寺，有沙门释惠豪……于中置灵鹫山图，奇变无方郁似睹真，其山林禽兽之形，天龙八部之状，历代未有。”[②]《出三藏记集》卷十二：“右三首龙华像会集卷第七”记宋明帝、齐文皇、文宣造行像八部鬼神。在四川地区出现的时间约在隋代，《续高僧传・释慧聪》卷三十五记益州福化寺僧人慧聪：“姓王，出家以后游行斋讲，手不释卷……常礼万五千佛，依经自唱，一一礼之，寺僧怪其所作，於壁隙伺之，见礼头下，天龙八部等亦头下，数数非一。”[③] 慧聪活动的时间约在隋代，寺庙中有天龙八部造像，并很快影响到石窟的开凿，隋代石窟中已经成组出现，并成为唐代四川石窟中最流行的题材。

菩萨宝冠璎珞，雕饰华丽，璎珞、珠佩遍饰全身，与《历代名画记》记隋代画家郑法士人物风格近似。郑法士是北周、隋代著名画家，并师法张僧繇一派画风，其人物“气韵标举，风格遒俊，丽组长缨，得威仪之樽节；柔姿绰态，尽幽闲之雅容”。[④] 其人物特点是装饰复杂的佩玉和长长的璎珞，在关中长安地区曾出土过一批装饰华丽的隋代菩萨像，就是这种画风的反映。郑法士“取法张公”、“伏道张门”并进而融合南北造像风格，创造出这种柔姿绰态、风格遒俊、丽组长璎的菩萨像，成为隋代新的菩萨样式，这种新样式又反过来影响到全国各地石窟的开凿，皇泽寺 28 号窟和梓潼卧龙山的菩萨造像就是这种新样式的明显反映，与广元相邻的麦积山这时也流行装饰华丽的菩萨像，特别是串珠组成的穗状长璎珞，和健壮的体格与四川地区的同期菩萨像极相似。广元城区出土的北周刘约造像即是这种特征，其造像铭文中有“秦州沙门……”，说明广元有来自天水一带的僧人参与造像活动[⑤]，这两地造像不仅与长安造像关系密切，二者之间也有联系。长安地区对四川造像的另一影响是“阿弥陀佛与五十二菩萨”瑞像题材，前面已叙及，此不赘述。

---

① 霍巍《四川大学博物馆收藏的两尊南朝石刻造像》，《文物》2001 年 10 期。
② 唐・惠详撰《宏赞法华传》卷一，《大正藏》第五十一册，第 13 页。
③ 《续高僧传・释慧聪》卷二十五，《大正藏》第五十册，第 663 页。
④ 唐・张彦远著，俞剑华校《历代名画记》卷八，第 160 ~ 161 页，上海人民美术出版社，1964 年。
⑤ 盛涛、吴春丽《广元新发现的佛教造像》，《文物》1990 年第 6 期。

（本文是蒋经国基金会“四川唐代佛教研究计划”成果之一）

作者简介

王剑平，1968 年生，1990 年山东大学历史系考古专业毕业。四川省广元皇泽寺博物馆副研究员。发表《四川的菩提瑞像》、《再论四川的菩提瑞像》、《阿育王像的初步考察》等论文，合作出版《广元石窟》、《广元石窟内容总录·皇泽寺卷》等专著。

雷玉华，1966 年生，1988 年毕业于四川大学历史系考古专业。2005 年获四川大学历史学博士学位，兰州大学敦煌学研究所博士后。现为四川省成都市博物院研究员，佛教考古研究室主任。从事田野考古和佛教石窟的调查研究工作。发表有《成都市南西安路南朝造像清理简报》、《成都市商业街南朝造像清理简报》、《巴中石窟研究》等论文，出版《广元石窟》、《巴中石窟》、《广元石窟内容总录·皇泽寺卷》等著作。

编后记

麦积山石窟的研究开始于20世纪40年代冯国瑞调查麦积山。20世纪50年代初，文化部组织的麦积山考察图对麦积山的考察和研究，引起了国内外对麦积山的极大关注。东山健吾先生欣闻这次关于麦积山石窟的考察，即对麦积山产生了无限的向往。1957年先生第一次来麦积山考察，随即对麦积山石窟有了浓厚的兴趣并投入了极大的热情和关注。之后无数次来麦积山考察，完成了数篇重要的论文，为麦积山在日本的展览做出了他的贡献。2002年我第一次在麦积山见到东山先生的时候，对他对麦积山的熟悉感到惊讶！之后的每年，我都能在麦积山接待东山先生，一起考察洞窟，探讨有关问题，并建立了深厚的友谊，成为忘年之交。

2005年5月，东山先生偕夫人东山セツ子再次来麦积山参观考察，东山夫人第一次到麦积山，非常喜欢麦积山的环境景观与雕塑艺术，于是与东山先生商议决定给麦积山石窟捐款100万日元。当年10月，东山先生再次来到麦积山，并实现了自己的诺言，带来了100万日元，并希望资助出版一本研究麦积山石窟的论文集。这是麦积山石窟接受的首次国外捐款。再次感谢他们夫妇对麦积山石窟做出的贡献！

2006年，在主编马世长教授的支持和建议下，我们组织了大陆、台湾和日本一批在石窟考古与艺术上颇有建树的学者参与本论文集的撰稿，感谢诸位学者的鼎力支持和响应，终于完成了18篇论文，其中多数为麦积山石窟的专题研究，比较深入地探讨了麦积山石窟的开凿年代、编年、造像与壁画内容、建筑、文献等方面的重大问题。相信这些论文会促进麦积山石窟的深入研究。同时，李静杰、王剑平、雷玉华、暨远志等先生的论文对麦积山周边地区如陇东、四川等早期石窟与造像的调查与研究，将有助于我们对麦积山石窟研究的视野的拓展。尤为可敬的是，两位老先生即东山健吾和原甘肃省博物馆馆长初世宾先生，他们在不会使用电脑的情况下，手写完成了稿件的撰写，孜孜不倦，数易其稿，其严谨的治学精神令人十分敬佩！

本文集的日文和中文提要的翻译由八木春生、小泽正人、末森薰、李梅、村井惠、熊坂聡美等完成，东山健吾先生文稿的翻译由官秀芳完成，在此表示由衷的感谢！

本论文集编辑开始，文物出版社的苏士澍社长会见了东山先生，并对本文集的编辑和出版给予了大力的支持。文物出版社资深编审黄文昆先生也自始至终关注本文集的编辑，并付出了辛苦的劳动，责任编辑李净更是尽心尽力，使本文集得以顺利出版，感谢他们为此付出的辛勤劳动和心血！

麦积山石窟艺术研究所花平宁所长、朱毓中书记对东山健吾先生的每次考察给予了极大的帮助，并对本文集的编辑和出版给予了经费上的支持。

魏文斌

2009年11月30日于麦积山